中小学艺术教育的有效路径

张峥嵘 主编

南京大学出版社

图书在版编目(CIP)数据

中小学艺术教育的有效路径 / 张峥嵘主编. -- 南京：
南京大学出版社，2024.10. -- ISBN 978-7-305-28169
-3

Ⅰ. G633.950.2

中国国家版本馆 CIP 数据核字第 2024UJ0348 号

出版发行　南京大学出版社
社　　址　南京市汉口路 22 号　　邮　　编　210093
书　　名　**中小学艺术教育的有效路径**
　　　　　ZHONG-XIAOXUE YISHU JIAOYU DE YOUXIAO LUJING
主　　编　张峥嵘
责任编辑　高　军　　　　　　　编辑热线　025－83592123

照　　排　南京布克文化发展有限公司
印　　刷　苏州市古得堡数码印刷有限公司
开　　本　787 毫米×1092 毫米　1/16　印张　42.75　字数　996 千
版　　次　2024 年 10 月第 1 版　2024 年 10 月第 1 次印刷
ISBN 978-7-305-28169-3
定　　价　195.00 元

网　　址　http://www.njupco.com
官方微博　http://weibo.com/njupco
官方微信　njuyuexue
销售咨询热线　025－83594756

2023全国中小学艺术教育学术研讨会与会专家合影

序 言
Preface

朱恒夫

  中华人民共和国成立以来,党和政府高度重视中小学艺术教育。1951年3月,教育部在第一次全国中等教育工作会议上便提出了要"使青年一代在智育、德育、体育、美育各方面获得全面发展"的教育方针。1952年,教育部在其颁布的《小学暂行规定(草案)》《中学暂行规定(草案)》等文件中,再次确定以培养"德智体美"全面发展的学生为我国基础教育的目标。从1950年到1955年教育部多次颁布的有关中小学教学计划,都将音乐和美术课程列为必修科目,分级分类地规定了从小学一直到高中的音乐、美术课程的开课数量。1988年、2002年,国家教育委员会、教育部相继颁布了《全国学校艺术教育总体规划(1989—2000)》《学校艺术教育工作规程》《全国学校艺术教育发展规划(2001—2010)》等文件,制订了我国中小学艺术教育的规章制度,初步构建了中小学艺术教育教学体系。党的十八大之后,以习近平同志为核心的党中央更加重视中小学生的艺术教育,将美育列入国家教育战略。2013年11月,在党的十八届三中全会决议《中共中央关于全面深化改革若干重大问题的决定》中,强调要"改进美育教学,提高学生审美和人文素养"。2014年,教育部发布了《关于推进学校艺术教育发展的若干意见》,就建立评价制度、完善艺术教育保障机制,提出了具体的指导性意见。2016年,教育部发布了《中国学生发展核心素养》,提出了各级学校艺术教育的目标。2022年4月,教育部颁布了新的《义务教育艺术课程标准》,首次将音乐、美术、舞蹈、戏剧/戏曲、影视/数字媒体艺术合为一本课标,提出审美感知、艺术表现、创意实践以及文化理解四个核心素养。

  党和政府高度重视青少年的艺术教育,教育主管部门也不断地对艺术教育进行指导,但艺术教育的必要性并没有成为全社会的共识。许多学校不配置艺术教育的专业师资,仅安排其他专业的教师代上艺术课程,认为它们不是主科,与高考没有什么关系,甚至取消艺术教育的课程,以给与高考相关的课程腾出时间。这种现象在广大的乡村中小学中普遍存在。许多家长也不支持孩子学习艺术,甚至认为学习艺术是不务正业,会耽误他们的"前途"。因而,在中小学推进艺术教育,还是较为困难的。

  其实,艺术教育无论是对于国家、民族,还是对于学生的家庭或个人,意义都是非常大的。

艺术是一个国家、一个民族文化的重要组成部分。中华民族因有着灿烂辉煌的文化而骄傲自豪，然而，如果抽去祖先所创作的音乐、绘画、书法、建筑、雕塑、服饰、刺绣、瓷器、戏曲、诗歌等经典性的艺术作品，我们还有多少值得骄傲之处？文化的建设，很重要的部分就是艺术的创作，伟大的艺术作品不是天上掉下来的，而是要靠一代一代经过刻苦训练掌握了基本技艺之人创作出来的。但如果我们不重视青少年的艺术教育，创作艺术的人又从哪里来？没有艺术创作，文化建设又从何谈起？艺术的训练都是从青少年开始的。

艺术对于社会生活非常重要。发达的农业、工业和强大的国防等对于社会生活固然是必要的，因为没有发达的农业，我们吃不饱肚子；没有发达的工业，我们没有丰富的生活用品；而没有了强大的国防，我们就可能受外民族的欺凌。然而，艺术也绝不是可有可无的。可以设想，如果我们的生活中，没有音乐，没有诗歌，没有戏剧，没有电影，没有电视等艺术，生活将会多么寂寞，我们将是多么无聊。一两天、三四天还可以，长时间这样，有多少人能受得了？

艺术能够提升人的能力。首先是创造力。艺术作品是创造力的集中体现，没有创造力的人，是创作不出伟大作品的。即如一首流行歌曲，听起来简单，其实，能够"流行"起来十分不易。作曲家要找到不同性别、不同年龄、不同阶级、不同信仰、不同区域、不同学识的听者都喜欢的旋律、音调，该是多么难啊！否则，怎么得到大众的欢迎？长期接受艺术教育，创新性的思维就会得到训练，从而使创造力得到提升。科学与艺术有着内在的联系，就是从创造力这个角度来说的。其次是社会生活的能力。一个人长大之后，能否做出一番事业，以最大限度地实现人生价值，往往取决于他的社会生活能力，而艺术教育则能提升这方面的能力。譬如学习戏剧表演，可以让他懂得如何在社会生活中扮演好"角色"，可以在"一颗菜"的戏剧表演训练中增强团队合作的意识，可以经过多次面向千百人的表演而去掉人性中多有的腼腆害羞的毛病。再次是修复精神创伤的自愈能力。一个人在工作与生活中，不可能总是精神愉悦的，会因与他人的矛盾、工作的繁巨、目标的不能实现等而痛苦。如果受过艺术教育，有一定的艺术修养，通过弹琴、绘画、唱歌，或观赏戏剧、电影，参加音乐会等，可以减轻或消除精神的痛苦，重新扬起生活的风帆，再度启航。而如果没有任何的艺术活动，痛苦后只会一个人生闷气，那么，精神的痛苦只会愈来愈重，恶性循环，致使工作与生活愈来愈不如意。

由上述可知，艺术教育，尤其是对青少年的艺术教育是非常重要的。那么，如何让中小学的艺术教育蓬勃顺利地开展起来呢？关键是要有艺术教育的优秀师资，而艺术教育师资的培养则主要靠师范院校。

上海师范大学是一所致力于教师教育的高校，艺术教育历史悠久，且取得了辉煌的成绩，近半个世纪中，为上海乃至全国中小学培养了数以万计的艺术教师，并一直自觉地肩负起引领中小学艺术教育与时俱进的责任。

2023年12月，由上海师范大学副校长张峥嵘先生组织举办的"全国中小学艺术教育学术研讨会"即是这种责任感的表现。这次研讨会邀请了全国180多所中小学校从事艺术教育的教师以及教育专家参会并做报告，大家相互交流艺术教育的经验，共同探讨突破瓶颈的方法，展望光明的前景。与会者纷纷赞扬说，这场会议让大家得到了许多艺术教育方法的启发,增强了艺术教育的信心,对提高艺术教育的质量极为有益。为了让更多的学校分享这次会议的成果,张峥嵘副校长决定将会议论文编辑出版,公开发行。

这次会议能够取得成功,除了张峥嵘副校长的正确领导之外,还得力于基础教育处、影视传媒学院、音乐学院与美术学院的共同努力,而出力较多者为基础教育处的王健处长、李晓芳副处长,影视传媒学院的杨康贤书记、孙宝国院长、张华副院长、张婉婉副主任,音乐学院的施忠院长、高婷书记,美术学院的周朝辉院长、时臻书记等人。

(作者是上海师范大学学术委员会主任、中国艺术教育促进会常务理事)

目 录
Contents

艺术教育概论

戏剧影视教育

美术书法教育

音乐教育

舞蹈教育

艺术教育概论

中小学艺术教育发展现状及策略研究

上海师范大学　张峥嵘

摘要：当代中小学艺术教育的发展理念，已经逐渐从对艺术知识、技能的掌握，转向学生综合艺术审美能力的全面提升。艺术教育理念的转变，引发了多种艺术科目的互动和融会，学校与社会等多方艺术资源的整合，共同创造出中小学艺术教育欣欣向荣的发展现状。当然，目前还存在着各地区发展不均衡、艺术师资缺乏及教学评价体系有待改进等问题，而具有中国特色的中小学艺术教育课程资源体系及艺术师资培育体系，也依然需要我们进一步去探索与建立。

关键词：艺术教育；中小学；发展现状；应对策略

艺术教育是指通过艺术活动和艺术体验，培养学生的审美能力、创造力和人文素养的教育过程。在中国的中小学教育体系中，艺术教育作为美育教育的重要依托和主要构成元素，始终备受关注，其教育理念、教学目标和课程设置也随着时代和社会的需求，经历着不断更新、进化、修正和完善。

中华人民共和国成立后，我国的中小学教育提倡"五育并举"，美育教育以音乐、美术等课程的形式体现在义务制教育中。经过半个多世纪的实践探索和理论总结，我国出台了一系列关于艺术课程建设和艺术师资配备的具体文件和要求，并在 20 世纪末基本建立起涵盖九年义务制教育以及高中三年教育等较为完善的艺术课程体系，这标志着具有中国特色的中小学艺术教育教学体系的初步形成。[①]

进入 21 世纪以后，艺术教育在国际化、信息化和现代化理念的影响之下，教学思想和教学实践都迎来了飞速发展的新阶段。在政策导向方面，以党的十八大报告为标志，美育作为"立德树人"教育根本任务的重要维度被提出，成为国家教育战略的组成部分。2013年，党的十八届三中全会在《中共中央关于全面深化改革若干重大问题的决定》中，专门提道"改进美育教学，提高学生审美和人文素养"。这是中华人民共和国成立以来首次将美育纳入国家重大改革事项中，对我国艺术教育的发展具有里程碑意义。[②] 在课程建设指导方面，2022 年 4 月颁布的《义务教育艺术课程标准》，首次将音乐、美术、舞蹈、戏剧戏

---

① 教育部体育卫生与艺术教育司，教育部艺术教育委员会.艺术教育 60 年：1949—2009[M].长沙：湖南师范大学出版社.相关课程建设文件见《九年制义务教育全日制小学音乐教学大纲》《九年制义务教育全日制初级中学美术教学大纲》《关于在普通高中开设"艺术欣赏"课的通知》等。

② 李瑞奇.新中国成立 70 年来美育在教育政策中的嬗变研究[J].湖北社会科学，2019(5)：155-161.

曲、影视数字媒体艺术合为一本课标，提出了审美感知、艺术表现、创意实践以及文化理解四个核心素养①的要求。

可见，当代中小学艺术教育的发展理念，已经逐渐从对艺术技能的掌握，转向对提升学生综合艺术审美能力的全面追求。本文将以当代中小学艺术教育的发展现状为研究视角，分析总结当下艺术教育所取得的突破与面临的一些问题，并尝试提出具有可操作性的应对策略。

一、中小学艺术教育的发展现状

教育观念的进步、艺术类课程比重的加大、教学内容的拓展以及多元化教育形式的参与，是中小学艺术教育发展现状中较为显著的特征。

1. 艺术教育理念的转变

教育根本目标的确立，促进了艺术教育理念的转变。教育的根本要旨是促进人的发展，这是马克思主义教育理论的基本观点。习近平总书记在庆祝中国共产党成立 100 周年大会上强调，要"推动人的全面发展"。推动人的全面发展，就是要培养德智体美劳全面发展的社会主义建设者和接班人。

要培养全面的人，以此为导向的艺术教育就不应该只是一种针对少数人的"精英化"教育，而是要把提升全体学生的艺术审美能力作为素质教育的核心之一。这是对社会和个人发展需求的适应，也是对艺术的本质和功能的重新认识。因为艺术不仅是某种艺术专业技能的培养，更应该是一种人文素养、一种生活方式和一种创新思维。艺术教育不仅是为了培养专业的艺术家，也是为了提高全民的艺术素养，增强人们的审美能力和创造力，丰富人们的精神生活，促进社会文化的多样性和进步。因此，艺术教育应该面向所有人群，而不仅仅是少数有天赋或兴趣的人。

在我国，近年来出台了一些文件，标志着此方面的积极探索。如《国家中长期教育改革和发展规划纲要（2010—2020 年）》提出了"推进素质教育""加强美育"等目标；《全国中小学美术课程标准（2011 年版）》强调了"美育与生活相结合""美育与社会相联系"等原则；《全国中小学音乐课程标准（2011 年版）》突出了"音乐与文化相融合""音乐与情感相沟通"等特点；《全国中小学舞蹈课程标准（2017 年版）》明确了"舞蹈与身体相协调""舞蹈与创新相促进"等要求。

这种导向的转变，有利于拓展中小学生的视野和思维，激发他们的兴趣和潜能，同时有利于普遍提升中小学生的艺术综合素养和审美能力。

2. 艺术教学课程建设的不断丰富与完善

艺术教育可以培养学习者的感知、体验、想象、情感、创造、表达、批判和欣赏能力，也可以通过集体的艺术活动来培养学习者的社交与合作能力。各种艺术形式，如音乐、舞蹈、戏剧、美术、设计、影视等，都应该融入中小学艺术课程建设中。

---

① 教育部关于印发义务教育课程方案和课程标准（2022 年版）的通知[EB/OL].（2022-04-20）[2023-12-25]. http://www.moe.gov.cn/srcsite/A26/s8001/202204/t20220420_619921.html.

一是对已有的传统中小学音乐课和美术课课程作深度的开掘和广度的拓展。例如，音乐教学不再局限于歌唱，美术课也不再仅仅只有绘画。音乐课堂可以包括听、唱、读、奏、舞、演、创等多种体验形式，美术教育则可以涉及绘画、雕塑、拼贴、各类绘图软件视觉传达，需要运用多种工具和媒介去进行艺术创作和审美表达。

二是增加新兴课程在中小学艺术课程建设中的比重。例如，戏剧已经成为艺术教育中非常重要的一个模块。戏剧情境可以呈现在中小学的课堂现场，通过一系列课本剧的改编演出以及学校生活可探讨议题的现实演绎，既完成对戏剧艺术的传达，也使学生在排演中学会沟通、合作、信任与投入。目前，戏剧课程已经在我国一些大型城市的中小学中逐渐推广开来。以上海为例，上海市教委在对全市中小学艺术项目的统筹布局中，戏剧是重点项目，由 1 所实验性示范性高中和 2～3 所初中、4～6 所小学达成课程教学、师资队伍、场地设施、科研及评价等资源共享，从而实现全市范围内 14 条"戏剧一条龙"的课程建设目标，共计约 100 所中小学参与。

3. 艺术教学活动的多元化发展

艺术创作和审美行为本身具有鲜明的体验性和实践特性，因此艺术教育的教学也应该注重学习者的切身感受和现场认同。这让目前中小学的艺术教学活动突破了场地、师资的局限，拥有了更为活泼多元的现场感。

一些学校开设了每个月固定的"社会体验课程"，把学生带到各个社会场景中去调研各行各业的工作情境。在艺术参观的领域，就把学生的艺术教育课堂搬到博物馆、艺术馆和各类剧院去。博物馆和艺术馆是收藏和展示各种艺术作品的地方，它们既可以让学生接触到不同历史时期和文化背景下的艺术风格和思想，也可以让学生亲眼见到一些名家名作，激发他们对艺术的兴趣和敬意。艺术教学的多元发展，让学生跳出教科书，感受到艺术与生活、历史、社会等方面的联系，也可以让学生与老师、同学、讲解员等进行交流和讨论，增强他们的参与感和收获感。

此外，艺术教育也开始与中小学社团建设以及课后延时服务相结合。利用课后时间，既可以邀请艺术行业的从业人员或志愿者来校展开艺术普及的教学工作；也可以举办各种艺术展示和比赛活动，让学生交流艺术创作的心得；还可以开放学校的各种艺术资源和平台，如图书馆、音像室、工作室等专门的空间，提供书籍、杂志、视频、音乐、画材等各种资源，供学生自由使用。

二、中小学艺术教育目前的不足

艺术教育的探索和实践均表明，当下的中小学艺术教育正在从传统的以专业技能训练为主的模式，向更加开放、多元、学生积极参与的方向发展。在诸多探索中自然也会有不足之处，这亦值得我们用更加辩证的态度予以关注。

1. 城市与乡村地区艺术教育发展水平不均衡

目前，我国中小学艺术教育的发展分布呈现出以北京、上海、广州等特大型城市为核心，其他各线城市的普及程度逐渐递减，乡村地区则较为落后的面貌。

首先，城市与乡村地区在艺术教育的投入和支持上有着较大的差异。城市地区通常有着更充足的财政预算和更完善的教育体制,能够为艺术教育提供更多的资金、师资、设备和课程。而乡村地区则面临着经济落后、教育缺乏、人才流失等问题,导致艺术教育的投入和支持不足,很难保证艺术教育的质量和效果。

其次,城市与乡村地区在艺术教育的需求和认识上也有所不同。城市地区的人们通常有着更高的文化素养和更广阔的视野,更加重视和欣赏艺术教育的价值和意义。而乡村地区的人们则往往受到生存压力的影响,缺乏对艺术教育的需求和认识。从目前的调研来看,一些偏远乡村学校连最基本的音乐与美术课程都无法保证正常开设,戏剧类等其他新兴艺术科目几乎没有开设,只有极少数乡村学校的学生接受过短期工作坊性质的戏剧、摄影、表演等艺术教学。

受经济、资源、政策等因素的影响,乡村地区在资金投入、师资规模与教学水准、教学资源和硬件设施等方面,均与城市存在着较大的差距。这些问题严重制约了乡村中小学艺术教育的发展,也影响了农村学生的艺术兴趣和审美能力的培养。

2. 艺术师资普遍缺乏

据统计,截至 2021 年,我国中小学艺术教师总数约为 83 万人,而中小学生总数约为 1.58 亿人,平均每名艺术教师要负责培养 190 多名学生,远远超过国际上通常认为的合理人数。

除了数量上的不足,还有专业上的不足。中小学艺术教师中有相当一部分是非专业或跨专业任教的,他们缺乏专业知识和教学经验。一些中小学甚至没有专职的艺术教师,只能由其他科目教师兼任或外聘老师来授课。我们可以通过一些具体的案例来说明中小学艺术师资不足的问题。以戏剧学科为例,目前大部分学校的戏剧指导工作都是由语文教师、大队辅导员、团委书记等青年教师担任,只有少数学校在特殊的市级或重要演出比赛时,会通过各种途径请专业戏剧教师进行相关排练。还有现在各小学诸多的课后艺术社团,因为缺乏相应的师资,所以影视、器乐或艺术赏析类的课程大多是由语、数、英等专职教师来兼任,即便一些老师曾有过相关艺术的学习经历,但大多没有系统的专业知识和技能,只能按照自己的理解和喜好来进行指导。长此以往,学生必然对相关艺术知识缺乏深入理解和欣赏的能力,不利于艺术教学的可持续发展。

3. 缺乏完善的艺术教学质量评价机制

虽然艺术教育已经得到了社会各方面的重视和关注,但系统完善的艺术教育课程设计尚处于起步阶段。不仅各地区(高水平师资)分布不均衡,即便是同一地区的不同学校、不同艺术科目之间的评价方法和教学标准也不尽相同,有些甚至没有明确的评价规范。有些问题可能导致艺术教育的质量参差不齐:有些地方或学校重视艺术教育,有些则忽视或形式化;有些教师专业水平高,有些则缺乏培训和指导;有些学生对艺术感兴趣并得到进步,有些则厌倦或放弃。这些问题不仅局限于艺术教育本身的发展,还可能影响学生整体素质的提升。

放眼一些发达国家或地区,如美国、欧盟、新加坡等,都有比较完善的艺术教育质量评价机制。科学的艺术教育教学质量评价体系,应该包括标准化的考试、评估指标、监督机构等,也可以从学生的艺术作品、艺术作品分析能力等角度来进行艺术教育的水准衡量。

总之,目前各地艺术教育各自为战的状况,从长远来看,并不利于我国中小学艺术教育长期健康的发展。

三、中小学艺术教育发展策略初探

1. 探索与建立基于核心素养的中小学艺术教育课程资源体系

完善中小学艺术教育课程体系是培养学生创新能力和审美素养的重要途径,但目前我国尚缺乏自上而下、涵盖艺术各门类的课程资源建设,因此出现了一些问题,如课程设置不合理、教师资源缺乏且不够专业、教学方法有待改进等。

首先,从法律与政策的层面,制定和完善相关的法律法规、政策措施和规划方案,明确艺术教育的目标、内容、标准和要求,保障艺术教育的地位和权益,提供必要的物质和资金,推动艺术教育的改革和创新。

其次,从社会参与的角度,调动各方资源,建立以班级—学校—剧院和艺术馆—艺术家为一体的中小学艺术教育开放课程资源。这样的课程设计,既贯穿小学、初中到高中的艺术课程总体规划,还须把社会各个艺术机构都纳入开放的课程资源体系中,以提供更具实践性、开放性的教育环境。同时,各艺术领域的从业者及艺术家能够指导学生进行包括音乐、美术、戏剧、影视、各类"非遗"艺术等在内的诸种教学实践,帮助各地区的学生提高各具特色的艺术能力。

最后,以提升艺术教学质量为追求目标,建立完善的艺术教育课程评价方法。艺术教育需要多方面和多层次的评价,它需要考查学生的相关知识、技能、态度、情感、价值等方面的表现和发展,也需要考查艺术教育对学生的其他学科学习和素质的影响和促进。建立以素质教育为导向的评价理念和指标体系,突出艺术教育的特点和目标;探索多元化和创新性的评价方法和工具,注重艺术教育的过程和结果;建立有效的评价反馈和运用机制,达到艺术教育的专业水准。

2. 建立完善的艺术师资培育体系

建立完善的中小学艺术师资培育体系是提高中小学艺术教育质量的重要途径。在教育大方针的引导之下,很多学校都开始积极践行和推广艺术教育。但无法否认的是,当一些新兴的艺术学科被纳入中小学课程建设,专业的艺术师资的缺乏已成为艺术教育推广和普及的一大瓶颈。正如上文提及的,戏剧、影视等新兴艺术学科,目前大部分学校都缺乏相应的师资。即便是音乐、美术等传统科目,教师的教学观念也更多地偏向于在课堂上进行艺术技能的培训。培育既懂专业技能,更具审美视野的艺术师资,是艺术教育得以健康发展的重中之重。

首先,为中小学增设专门的艺术教师工作编制。根据教育方针的要求,让美术、音乐、戏剧以及其他艺术专门科目的教师都有固定的工作岗位和职责,让艺术专业院校的毕业生们有机会进入中小学开展稳定的教学工作,这能在很大程度上解决目前很多艺术社团的指导教师多为其他专业教师兼任的问题,从而在体制上为艺术教育的开展提供保障。

其次,艺术师资的培育需要各艺术领域的专业人员共同参与,要为教师们提供更广泛的培训空间。例如,每学期常规开展的培训活动,让中小学的艺术教师到专业的美术学院、音乐学院、戏剧学院、影视学院接受系统的教育,开阔艺术视野,了解更为活泼生动也更为有效的教学方法。

最后,为教师提供示范性的教材与课程。由艺术专家和教育专家共同完成一些示范性的课程,让艺术教师在培训的过程中,领会示范性课程的每个步骤与具体的教学目标,再与每个教师的授课风格与教学经验相互结合,以保证各个地区、各个艺术学科教学质量的统一水准。

践行"立德树人"的教育根本任务,美育是重要内容。近年来艺术教育无论是在广度还是深度上,都越来越受到重视,也取得了显著的成绩。以学生综合艺术审美能力的全面提升为目标,艺术科目的互动融会、学校与社会等多方艺术资源的彼此整合等举措,都让中小学艺术教育蓬勃发展。当然,中小学艺术教育在具体实践操作上,还有很长的路要走,具有中国特色的中小学艺术教育课程资源体系仍有待完善,系统化的艺术教育教师培育体系也须继续建立。为了让艺术教育成为名副其实的素质教育和"全人"教育,我们必须继续上下求索。

"求真创艺"特色课程的实践与探索

上海市奉贤区古华中学　杨莲花

摘要:本文主要介绍了古华中学在艺术教育特色课程方面的实践及成效。学校以美育和创客教育为主线,通过构建多个艺术课程和活动,以综合实践为平台,丰富学生的美育课程样态;编制了成套学材并建设配套资源库,提供课程实施的支持;加强了教师队伍的培训和转变,促进了信息技术与教育的融合。此外,学校还探索转变艺术课程育人方式,传承和创新中华优秀传统文化。学校的艺术特色课程已经初步形成,但仍需要持续改进和提升。学校将继续探索改进艺术实践空间、开发新课程和优化教学模式,进一步拓展艺术教育的领域,并提升学生的核心素养。

关键词:美育教育;艺术课程;创客教育

2008 年起,国家相关部门相继颁布了《关于进一步加强中小学艺术教育的意见》《关于推进学校艺术教育发展的若干意见》和《关于全面加强和改进学校美育工作的意见》《关于全面加强和改进新时代学校美育工作的意见》等文件,明确了艺术教育是全面实施素质教育的必然要求,是学校美育的主要载体。我校将美育作为立德树人的重要载体,坚持弘扬社会主义核心价值观,强化中华优秀传统文化、革命文化、社会主义先进文化教育,引领学生树立正确的历史观、民族观、国家观、文化观,陶冶高尚情操,塑造美好心灵,增强文化自信。

在国家推进艺术教育发展的过程中,学校始终以提高学生审美和人文素养为目标,聚焦以美育人的课程追求,弘扬中华美育精神。同时,学校的艺术教育也得到了进阶式发展:从立足基础型艺术课程校本化实施,到以美育为导向的艺术校本课程群建设,再到完善以"五育"融合为导向的项目化学习课程体系,不断提升学校艺术课程的品质和育人价值。学校始终坚持进行中华优秀传统文化艺术传承和发扬,开展丰富的艺术实践活动,优化育人方式,培育学生核心素养。坚持面向全体,坚持改革创新,整体推进学校美育发展、特色发展,形成了"一校多品"的学校美育办学特色。

一、以艺术课程和活动为主线,传承优秀传统文化

课程是实施素质教育的主要载体,活动让学生从中得到锻炼,提高综合素质。2022年版义务教育课程方案和课程标准,是基础教育课程改革的重要依据,也是学校课程规划的指引。课程的最终目的是要促进学生的发展,这并不是一个政策风潮或转向,而代表课

程的意义在政策领域的"回归"和"恢复"。①

艺术课程和活动是推进优秀传统文化教育的主线之一。将优秀传统文化融入艺术课程中,让学生在参与艺术活动的过程中,通过唱、演、画、弹等艺术表现形式,深入了解和体验传统文化的魅力。

(一)优化艺术课程建设,以点带面有序推进

学校推进课程活动化、活动课程化方针的实施,提升学生的审美情操、创造力和艺术修养。学校除了定期组织开展元宵节、清明节、端午节、重阳节、春节等传统节庆系列主题活动外,还依据教育部印发的《完善中华优秀传统文化教育指导纲要》和《关于在全国中小学开展中华优秀文化艺术传承学校创建活动的通知》精神与要求,组织开展优秀文化艺术传承活动。2008年开始,学校积极推进音乐、美术课程校本化实施,开设了电子乐器、合唱、舞蹈、戏曲、版画、剪纸、书法、工艺制作等艺术课程,让学生在课程活动中不断提升艺术素养、审美能力和创造力。

(二)聚焦艺术特色课程,守正创新重点实施

学校围绕中华优秀传统文化的传承和发展,把版画、剪纸和书法作为重点课程活动进行推进,营造学校文化氛围,优化课程建设,搭建多元活动平台,逐步彰显优秀传统文化教育特色。2018年成为第二批全国中小学中华优秀文化艺术传承学校。

1. 墨海扬波远——注重书法课程的普及性

学校历来重视中华传统文化教育,从创办之初就开设了相关兴趣小组和学习社团,作品丰厚。我校除了在写字课和美术课上全面进行书法课程实践,还成立了"华韵墨涵"书法社团。在上海市书法家协会会员、学校书法教师夏老师的指导下,学生和教师作品在各级各类比赛中多次获奖。除此之外,学校还精心挑选学生的优秀作品在校园中展示,用优秀的学生作品进行校园文化墙布置。书法练习提高了学生的艺术修养,培养了学生高雅的审美情趣,传承了中华优秀传统文化。

2. 剪纸影众生——加强剪纸课程的实践性

剪纸作为学校传统艺术项目,深受学生喜爱,在美术课程和拓展课程中,都开设了剪纸课程,并且把剪纸艺术与生活联系起来,开展书签、贺卡和封面设计等艺术创作活动,师生作品在各级各类比赛中多次获奖。学校连续多年参加奉贤区"迎新生肖撕纸展",获得好评。在国际文化交流活动中,我校教师为英国、澳大利亚学生开设剪纸课和撕纸课。传统剪纸艺术不仅在校园、社区推广,还在国际文化交流活动中分享了中华传统艺术之美。

3. 刀笔抒情怀——提高版画课程的综合性

学校版画课程从2008年开设至今,已经成为学校优质课程和奉贤区艺术特色课程。课程以粉印木刻版画教学为主,结合纸版、玻璃版、新孔版等其他版画形式。教学内容涵盖素描、剪纸、图案、设计等美术基础知识,并且注重与信息技术结合,以3D打印制版、激光雕刻

---

① 夏雪梅.基于学生核心素养的学校课程建设:水平划分与干预实例[J].课程·教材·教法,2013(7):12.

制版等创新版画实践,让课程更具有时代性和综合性。学生及教师的版画作品每年都在各级各类比赛中获奖,版画社团被评为区级特色社团。版画学习提高了学生的艺术修养,培养了学生高雅的审美情趣,塑造了学生健全的人格,为学生终身发展奠定了基础。

二、以艺术实践活动为平台,丰富美育课程样态

美育是审美教育、情操教育、心灵教育,也是丰富想象力和培养创新意识的教育,能提升审美素养、陶冶情操、温润心灵、激发创新创造活力。我校美育课程建设以艺术课程为主体,各学科相互渗透融合,重视学生的美育基础知识学习,增强课程综合性,加强实践活动环节。以审美和人文素养培养为核心,以创新能力培育为重点,科学定位各级各类学校美育课程目标。积极为学生创设艺术实践活动内容,搭建学生创新实践平台。

(一)加强艺术课程规划,明确课程实践路径

在这个阶段,我们对艺术课程进行进一步思考,从学科育人和课程育人等方面,对艺术课程进行整体规划,修订课程方案。明确了课程有效实施的一般路径和方法。包括课程内容、学习目标、活动形式、实施过程、组织管理、课程评价等方面,旨在有序推进美育课程,保障课程实施。确保学生通过系统、有序的艺术实践活动,提高艺术素养。在实施过程中,根据实际情况调整课程计划,营造有利于学生发展的学习环境,使艺术课程取得最佳育人实效。

(二)加强校本课程开发,融合艺术实践项目

艺术课程是学校美育课程的主体,在学生掌握必要基础知识和基本技能的基础上,学校不断丰富学生艺术实践活动,重点推进了原创大型古典舞剧《少年木兰》和"美术创客"课程项目,探索提升学生文化理解、审美感知、艺术表现、创意实践等核心素养的路径。

1. 围绕舞剧项目,开展多种学科美育实践

由六、七年级的 140 位学生演员担纲主演的四幕原创古典舞剧《少年木兰》,华丽的服装设计、精良的道具制作、气势恢宏的演出场面,让学生站在舞台上,亲身感受最直接的舞台魅力和浸润心田的中华优秀传统文化。演绎舞剧是进行美育感悟的完美方式。通过舞剧演绎,让学生感悟花木兰"忠孝两不渝,千古之名焉可灭"的英雄形象,使其扎根在学生的心灵深处,唤起学生对"敬奉贤人、见贤思齐"文化内涵的追求,继承与弘扬中华优秀传统文化,以坚定的文化自信走进新时代,为中华民族伟大复兴作贡献。学校抓住舞剧《少年木兰》的编演契机,构架多元艺术课程,定期开展综合主题学习活动,丰富学生艺术实践内涵,例如:3 月读书节、4 月英语节、5 月艺术节等,除诗词吟诵、舞剧演绎外,还在艺术课上指导学生创作《木兰诗》诗词配画、《花木兰》剪纸作品等,直观呈现花木兰"孝""忠""义""勇"的英雄形象,唤起学生的审美意识、艺术天赋、家国情怀。

2. 搭建创客平台,推进科艺融合课程实践

我校以"广告公司"的模式创建"美术创客中心",打造学生活动的"综合实践平台"。学生结合学校活动、社会活动,在项目引领下进行美术创客学习,美术创客课程的主要目

的是让学生通过学习实践,将创意转变为现实作品或产品。我们从课程标准、校情学情、地方特色和生活情境等方面进行美术创客教学内容的思考和规划。我们开发了融艺术、科技、文化、工程等学科为一体的美术创客课程,我们称之为"创艺"课程。课程内容包括:面向全体学生的平面设计课程,面向社团学生的网站设计课程,面向毕业学生的室内设计课程,基于现实需求的手机摄影课程,基于学生兴趣爱好的动漫课程,基于学生认知能力的文创课程,基于传统项目的数字版画课程等。让课程走向创造化,学生通过创造和再创造知识而学习知识。①

学生美术活动与校园生活、社会环境等紧密联系,使美术活动真正能与现实接轨,学以致用。围绕真情境、真问题开展的真学习,能真正培养学生的创造力和创意思维。

三、以项目化学习为载体,推进艺术综合素养培育落地

(一)构建"五育"融合课程体系

2022年,国家颁布了新课程方案和各个学科的课程标准,标志着我国基础教育全面进入"核心素养"时代。国家提出"坚持立德树人,着力培养担当民族复兴大任的时代新人""坚持德智体美劳五育并举,全面发展素质教育"。学校聚焦学生发展核心素养,通过人文底蕴、科学精神、健全人格、责任担当四个维度的课程培养,让学生成为崇德尚贤、创新进取、身心健康、求真创艺、勤劳善良的人(详见图1、图2)。为实现学校育人目标,学校课程按照国家课程、地方课程、校本课程的基本结构进行设置,三类课程共同构建"五育"融合的课程体系。

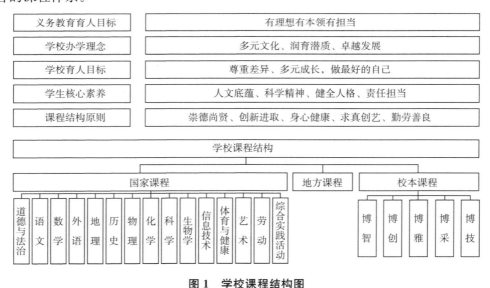

图1 学校课程结构图

---

① 张华.让学生创造着长大:2022年版义务教育课程方案和课程标准核心理念解析[M].北京:教育科学出版社,2022:37.

图 2　校本课程群与育人目标关系图

（二）明确"求真创艺"校本课程发展目标

在现有学校艺术教育办学特色的基础上,加强美育与德育、智育、体育、劳动教育的融合,开展以美育为主题的跨学科教育教学和课外实践活动。学校对 6～9 年级学生"求真创艺"发展目标进行了分解,以跨学科解决问题和项目化学习为载体,开展五育融合的创客校本课程的实践,丰富"求真创艺"校本课程。

表 1　古华中学各年级"求真创艺"校本课程学生发展目标

年段	六年级	七年级	八年级	九年级
求真创艺	在学习掌握艺术技能,参与各类艺术活动的过程中发现美、感受美,培养个性特长	在参与各类活动中建立美的概念,欣赏美、理解美,发展个性特长	积极主动参加各类活动,培养健康的审美情感,表现美、展现美,不断发展个性特长	在培育美的情操和素养的过程中展现美、创造美,提升综合素质,适性扬长

（三）建立覆盖广泛的创客课程体系

学校通过对审美教育、核心素养、创客教育、创客课程等相关理论的研究,厘清了美育教育、核心素养培育和创客课程之间的契合点;从创客空间建设和管理等方面开始实践,提供了搭建学生综合实践平台的可操作方案;从中华优秀传统文化艺术、地方特色、社区生活、校园活动等四个方面进行校本课程开发。教学案例以及课程设计基于学校、学生和教师的实践,为广大教师提供开展创客教学的操作范式及参考案例。为学校寻找课程突破、提升课程育人价值提供新路径。

学校从培养学生的艺术涵养、人文底蕴、热爱生活、学会学习、服务社会、实践创新的六大素养出发,在教学实践中开发和实施特色课程。围绕"求真创艺,多元成长"育人目标,构建创客课程群(详见图 3)。

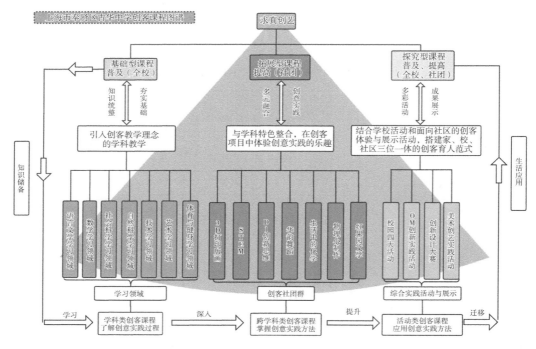

图 3　古华中学创客课程图谱

1. 修订课程方案，构建创客课程

项目组通过调查研究对创客教育的实施现状有了新的认识、看法和态度；通过在教学中的实际运用和课程情况，揭示创客教育的实施情况，认识创客教育的理念和方法，探求成功实施创客教育与各个学科相结合的路径，项目组以现代媒体艺术为创客教育的媒介，构建"科艺融合"的创客课程，希望通过学习创客课程培养学生的核心素养。我们认为课程方案的制定是创客课程顺利实施的前提，因此制定了《古华中学创客课程方案》。明确了课程目标、课程内容、课时安排、课程评价、师资配备等内容。并在大的课程方案基础上又针对不同子课程的内容，分别制定了子课程的方案，即科目设计方案。

2. 编制创客学材，建设配套资源

基于古华中学创客空间硬件设施、师资配备、学生情况等实际因素，本项目组遵循基于课程标准、基于地方特色、基于学生生活、基于传统文化的开发原则开发了平面设计、平板摄影、定格动画、室内设计、VR设计、数字版画、网站设计、生活中的化学、创新思维、梦想家园等课程，并撰写了《会刺绣的缝纫机》《探秘VR全景》《用镜头记录生活》《魔方绘英雄》等6～9年级学生38门创客课程方案，设计制作了120余节微课，选编了课堂教学案例集与学历案，结构化呈现课程实施的配套资源库。

3. 开设创客课程，归纳教学范式

在课内课外有效融通的创客教育实践中，创建基于真实情境下的实践内容，结合学校活动开设创客课程，让课程与学生的校园生活紧密结合，提供更多的学生实践平台。例如：舞剧《少年木兰》平面设计、垃圾分类宣传海报设计等。针对我校九年级毕业班、集团学校和社区举办了四届"创客夏令营"活动,让更多的学生享受到高品质的创客教育。我们以项目化学习的方式开展活动,教师以"逆向教学设计"的方式开展创客教学。让学生经历"建立小组—制定计划—创意实践—展览展示"等创客学习历程,在自主学习中主动获取知识,提高综合素养和能力。

让学生基于真实生活问题去学习,在过程中收获解决问题的能力。像专家或艺术家一样去进行创艺设计,经历了借鉴、构思、设计、制作的真实过程,真正提升学生的核心素养(如图4)。为学生的综合实践活动,提供了一个有效平台,引导学生在课程中成长。

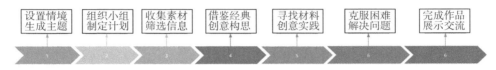

设置情境 生成主题 | 组织小组 制定计划 | 收集素材 筛选信息 | 借鉴经典 创意构思 | 寻找材料 创意实践 | 克服困难 解决问题 | 完成作品 展示交流

图4　创客课程学习路径示意图

四、成效与反思

古华中学的"求真创艺"特色课程在区域科艺教育"一条龙"体系中起到了承上启下的作用,为区域特色高中创建提供了有力支撑。学校领衔奉贤区艺术教育联盟,为"双减"背景下学校艺术教育提供了做大、做强、做实的样本,丰富了深度学习理念指引下的综合实践活动课程的新样态。具体成效如下:

(一)提升学生艺术素养

古华中学艺术特色课程教学有序、内容适宜、受众面广。课程实施后,结合学生的学习过程和作业的反馈情况,可以发现学生的合作意识、实践能力、创新素养有了显著的提升。

(二)转变教师育人观念

优秀的教师队伍是课程实施与改革的中坚力量。学校通过课程开发与实践,转变了教师的课程观、学生观、教学观和质量观。教师实践了课程规划—课程设计—课程实施—课程评价—课程反思的整个过程,并积极把创客教育教学实践转化为研究成果,开展了案例、论文等的撰写。论文《初中美术创客教学项目化学习实践》发表于国家核心期刊,《美育导向的创客校本课程的实践》获上海市中小学课程领导力项目(第三轮)结项优秀等级并选入汇编,多篇论文在《上海课程教学》《奉贤教育》等杂志上发表。

(三)促进信息技术赋能

信息技术可以赋能教育,但是往往投入高,让人望而却步。而我校通过项目资金申请、整合学校现有资源、挖掘周边资源、利用社会资源等方式,投入了新设施和设备,因地制宜,每一分钱都花在刀刃上,补充了课程必备的空间、设施、材料。

（四）优化跨学科创客课程

基于课程统整的理念、学习积累理论，结构化地统筹课程，形成点性课程、线性课程和面性课程，我们把这种立体型结构课程体系，称为"木、林、森"跨学科创客课程（如图5）。

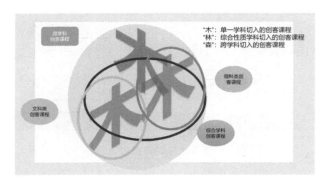

图 5 跨学科创客课程性质图

我校的艺术特色课程已经逐渐步入正轨，课程建设基本成型。当然，项目的发展需要持续改进和提升。我们要进一步改进艺术实践空间、开发新课程和改进教学模式，提升课程育人价值。争取将古华中学创客中心打造成创新教育的基地、综合实践的中心、职业体验的场所，并将创客教育理念进一步拓展到更多的学科，开设跨学科的综合实践活动课程，提升学生的核心素养，力争让每一位学生在创造中成长。

关于上海中小学艺术教育项目"一条龙"布局的思考

上海市建平中学　孙丹阳

摘要:2019 年 11 月 8 日,上海市人民政府办公厅发布了《关于加强本市中小学体育艺术工作的指导意见》。2020 年 1 月 21 日,上海市教委等六部门又联合出台了《上海市中小学艺术工作管理办法》,要求各区实施艺术教育项目"一条龙"布局。本文分别从"一条龙"布局的意义、如何统筹"一条龙"布局的艺术项目、如何组建"一条龙"布局的学校链、如何管理"一条龙"布局、如何建设发展"一条龙"布局的艺术项目等五个方面进行了思考及分析。

关键词:"一条龙"布局;艺术项目;组建;管理;建设与发展

一、"一条龙"布局提法的由来及内涵

2019 年 11 月 8 日,上海市人民政府办公厅印发了《关于加强本市中小学体育艺术工作的指导意见》(沪府办规〔2019〕10 号)[以下简称《指导意见》],《指导意见》中指出:"到2021 年底前,在全市学校体育艺术特色普遍形成的基础上,形成统筹兼顾、重点突出的中小学体育艺术项目布局结构,形成有序衔接的人才培养体系和科学完善的综合素质评价机制。原则上,一所市实验性示范性高中阶段学校按照项目与一定数量的初中和小学共同组成一个基本的一条龙布局单位,在课程、师资、场地、科研及评价等方面,形成相关项目的高品质、系统性供给。"

2020 年 1 月 21 日,上海市教委等六部门又联合出台了《上海市中小学艺术工作管理办法》(沪府办规〔2019〕10 号)[以下简称《管理办法》]。其中指出:"按照青少年身心成长规律和艺术教育规律,本市加强不同学段学校间艺术项目布局统筹,以实现承担各重点项目及推进项目布局建设任务的学校覆盖各学段,且不同学段学校间数量比例适当。原则上,由 1 所市实验性示范性高中阶段学校按照项目与至少 2~3 所初中、4~6 所小学共同组成一个基本的学校艺术项目'一条龙'布局单位。在课程教学、师资队伍、场地设施、科研及评价等方面形成相关项目的高品质、系统性供给,促进实现各学段间培养的有序衔接。"

以上的《指导意见》和《管理办法》就是"一条龙"布局的由来并揭示了具体的内涵。

"一条龙"布局实际就是由各区根据本区的实际情况,统筹安排相关中小学,以一个共

同的艺术项目组成一个连续发展的链接,形成一种联合发展艺术项目及人才有序衔接培养的机制。

接下来,"一条龙"布局将正式开始执行,对于各区艺术教育委员会和各级中小学来说,"一条龙"布局是一个创新的做法,之前没有经验和模式可供借鉴,在具体实施的过程中会遇到哪些问题? 由此,笔者从不同角度,对"一条龙"布局的有效途径及发展进行了以下思考及分析。

二、"一条龙"布局的意义

《管理办法》中指出:"按照教育部中小学艺术展演项目设置,结合实际,本市在全市范围内加强艺术项目统筹布局,其中,中西器乐(含管乐、弦乐)、合唱、舞蹈、戏剧(含戏曲、影视、朗诵)及美术(含书画、篆刻、设计)等5个项目为各区必选的布局项目(以下简称'重点项目'),在此基础上,在具有育人效应的'非遗'、中华传统及海派文化等项目中选择若干个进行布局(以下简称'推进项目')。总体上,各区形成以5个重点项目为主,若干个推进项目为辅的'5+X'学校艺术项目布局结构。"

由文件可知,"一条龙"布局的基础是各所学校的艺术项目,各学段学校建设艺术项目的目的是适应教育改革的需要,提升学生的艺术素养,让学生有更多参与学校艺术活动和实践的机会,"一条龙"的布局,就是把多所学校结成一个联盟单位,使这些学校参加艺术项目的学生有一个连续学习和发展的环境。

同济大学教育政策研究中心主任张瑞鸿认为,一名合格的现代人不仅需要智力水平的发展,更需要身心健康以及艺术的发展。他说:"从某种程度上来说,出台加强中小学艺术体育工作的政策将改变体育和艺术的副科偏见。""一条龙"将成为艺术学习的"成长阶梯",让学生的特长爱好跟随不同学段延续。

"一条龙"布局的艺术项目对应了教育部每四年举办一次的中小学艺术展演中的艺术项目设置,这样的做法与教育部提倡的发展有关艺术项目的总体方向保持一致,能够为上海市参加教育部的相关展演比赛储备优秀的团队和人才。但是,从另一个方面来看,艺术教育的本质是使更多的学生获得艺术学习和实践的机会,让学生获得良好的审美素养,获得在生活中创造美的能力。对于义务教育阶段以及普及性教育而言,参加各级别比赛不是学校艺术教育的主要目的。所以,"一条龙"布局多少带有一些应对教育部展演比赛的意图。

三、如何统筹"一条龙"布局的艺术项目

《管理办法》中要求各区需首先统筹布局好学校必选的4~5项艺术项目,并且尽量覆盖所有的中小学,然后在这个基础上,各所学校选择一个艺术项目参与"一条龙"布局。其中器乐、合唱、舞蹈、戏剧和美术这5个重点艺术项目是各区必选的布局项目,另外,各区可根据需求,自行选择创立X个推进项目。

从目前各学校的艺术项目情况来看,很多学校都开展了合唱、美术的艺术项目活动,而舞蹈、戏剧、器乐等项目因对学生的艺术基础要求较高,在部分学校没有组织固定长期

的艺术项目活动。所以,各区"一条龙"布局的艺术项目需要平衡分布。

"一条龙"布局的艺术项目究竟是由区艺术教育委员会指定分配还是由学校自主选择?目前笔者还未掌握各区的具体操作办法。如果是由区艺术教育委员会指定艺术项目,则需要考虑到区内分布均衡的原则,根据需要安排部分学校重新组建艺术项目,这些新组建的艺术项目相对较弱,会对"一条龙"布局的艺术项目整体质量带来一定的影响。如果是由各学校自愿选择布局项目,学校大都会选择做得最好的团队参与布局项目。这样又会造成某些项目的重复及集中,从而导致各区不能合理均衡地进行"5+X"布局。

所以,笔者建议采取两者相结合的选择办法。各学校先上报可以参与布局的2个艺术项目,然后由区艺术教育委员会调配,按照学区、学署、文化成绩、艺术水平层次等因素进行匹配或指定,这样可以满足一些学校选择自己的艺术强项的需要。

按照文件中的布局要求,小学和初中各需开展4个以上艺术项目,高中需开展5个以上艺术项目。以目前中小学音乐及美术教师的师资编制及设备场所条件而言,小学和初中的音乐及美术教师人数较多,分别承担学校里4个艺术项目的组织管理应该没有问题。但是,很多高中则很难做到,因为高中大多只有1~2位音乐、美术方面的艺术教师。每位艺术教师每周要应付至少一个年级的艺术课程,如果要抽出时间来完成5个艺术项目的组织管理,困难可想而知。所以,高中先以2~3个艺术项目作为重点,进行统筹布局比较合理。

另外,《指导意见》和《管理办法》中没有提到"一条龙"布局的艺术项目以什么样的实体方式来实施。虽然文件中提到了各级中小学需加强"三团一队"及学生社团的建设,但没有说明"三团一队"与艺术项目的关系。大家都知道,艺术教育在中小学是以课程、团队和活动三大板块进行的。笔者个人判断,"一条龙"布局所指的艺术项目,应该是以团队的实体方式实施的。

四、如何组建"一条龙"布局的学校链

按照文件的要求,"一条龙"布局大致由7~10所学校组成。其中1所高中对应2~3所初中,2~3所初中分别对应3~4所小学。从"一条龙"布局的链接来看,"一条龙"布局是各级学校艺术团队人才梯队依次输送的模式,高中是布局链的终点。涉及这么多的各学段学校,到底采用什么办法来组建"一条龙"布局链呢?

如果仅由各级学校自愿选择而结盟,显然不太可行,在当前优秀教育资源比较紧俏的情况下,教学质量好的初中、高中供不应求,各级学校都想加入好的初中和高中布局中,而且各级学校在教育行政体系上没有从属关系,各学校学生的平均文化成绩也有差异,由各级学校自行联系,组建"一条龙"布局的学校链,工作上会带来很多困难。

笔者认为,组建"一条龙"的布局学校,有两种方式可考虑:第一种,以由高中到小学的反向顺序来选择组建布局学校,即以一所实验性示范性高中作为"一条龙"布局的第一主体来选择,因为高中是小学与初中生源的输入终点。高中选择与自己艺术项目的水准和规模以及学生文化成绩相应的初中,初中选择与自己艺术水准、规模和学生文化成绩相应的小学。对于不足5所示范性高中的行政区,可以在区艺术教育主管部门的指导下,以某

所区示范性高中作为第一主体来选择布局。这样可以避免学生文化课成绩及艺术水准相差较大而导致的无法输送生源的情况。第二种,可以由区艺术教育委员会牵头来指定组建"一条龙"布局的学校。这样的做法的优势是,区艺术教育委员会熟悉本区各学校艺术教育及团队的现状,可以较快地完成"一条龙"布局单位的组建。但是,可能有些学校不能够保证学生的文化课成绩达到输送生源的要求。

还有一点值得关注的是,各区原有的水平较高的少年宫团队将在"一条龙"布局中扮演什么角色,目前不得而知。少年宫艺术团由于在人才聚集资源上的优势,可以全市招生,整体艺术水准较高。但是"一条龙"布局,要解决的是小学升初中、初中升高中的艺术生源的衔接问题,反观少年宫团队却不具备这一功能。所以,建立起"一条龙"布局后,少年宫的艺术团项目将会受到一定的生源冲击。比如,有些学生在进入较好的"一条龙"布局学校后,因为时间精力有限,可能会退出参加的少年宫团队。因此,笔者建议,将各区的少年宫艺术团队纳入"一条龙"项目小组,参与共建,协作发展,承担一些"一条龙"艺术项目的教学活动、演出及资源共享。

五、如何管理"一条龙"布局

(一)布局整体管理

"一条龙"布局单位组建完成后,成为一个利益关联的整体。因为这个整体涉及多所学校,所以,一定要形成一个"一条龙"的管理体系,使"一条龙"布局单位在艺术项目的组织规模、教学水平、发展机制、艺术团队质量等方面得到保证。首先要形成各级学校艺术项目之间的行政管理衔接,组建领导小组,落实具体分工。另外,还要制订各级学校在具体的团队组织管理、课程教学、生源管理、建设与发展、共享等工作方面的有序管理制度。这样的整体管理体系才能有利于"一条龙"布局学校的整体运作和发展。

如果"一条龙"布局是由区艺术教育委员会管理,这样的管理关系虽然有利于艺术项目的集中统一组织领导,但是,由于各级学校没有相互的行政领导关系,因此也很难形成主动的相互协作。

所以,笔者建议,"一条龙"布局的管理体系应该借鉴集团学校管理模式,形成一个艺术项目的集团学校管理体制,也可以组建艺术项目委员会,定期召开联席会议,可由高中领导主体艺术项目,也可采取各布局单位分季度轮流负责制。所有的管理体系都在区艺术教育委员会的直接领导下运行,这样,就形成了全区一盘棋的艺术教育"一条龙"管理体系。

(二)布局生源输送管理

《管理办法》中指出:"各'一条龙'高中阶段学校对按照择优原则通过艺术专业测试且初中学业水平考试成绩达到一定要求的艺术骨干学生按计划足额录取。其中,市实验性示范性高中招收艺术骨干学生的录取分数线达到当年度普通高中自主招生批次最低控制分数线,其他高中阶段学校录取分数线不低于当年度相应录取批次最低控制分数线。艺术骨干学生投档录取工作在自主招生批次完成。"

在"一条龙"布局单位的管理链接中,生源的输送是关键点,涉及布局项目的生存和持续发展。生源输送还涉及公平、公正、公开等社会问题,所以,须把生源输送作为整体布局的重点进行管理。各区需要建立起一套严格规范的生源输送管理制度,并制定统一有效的测试标准,以及生源输送考核档案。

过去学校艺术团的生源,可以靠自主招收相关的艺术特长生满足一部分。现在的"一条龙"布局则是依据学生综合测评及艺术特长测评选择对应的布局学校输送生源,其与过去艺术特长生的招生考试的区别在于,招生主要是面向"一条龙"布局的中小学。

这种生源输送的方式存在一个问题,就是对应布局学校的生源是否能够达到下一级学校的招生要求?因为生源输送涉及学生的艺术水平及文化课成绩,假如学生的文化课成绩达不到当年自主招生最低控制分数线,或者该学生的艺术水平一般,不能够满足下一个链接学校的要求,那么势必在艺术生源的人才梯队上产生一定的断层,影响艺术项目的发展和质量。另外,市教委的文件中没有说明参与某一布局单位的学校有艺术特长的学生,是不是可以参加其他"一条龙"布局学校艺术项目的招生考试。这样的生源输送模式,可能会造成一些学校想要的人考不进来,其他学校有艺术特长的学生却没机会输送进来的局面。所以,笔者认为,各区应该拨出一些指标,给其他非"一条龙"布局学校有艺术特长的学生参加招生考试的机会。

六、如何建设发展"一条龙"布局的艺术项目

"一条龙"布局的艺术项目的建设与发展,事关整体布局链的共同生存和未来,是"一条龙"布局能够持续发展的基础。艺术项目建设得好,势必带动各级学校艺术教育的发展,给学生提供更多参与艺术实践的可能。所以,布局单位的各级学校都应该把参与布局的艺术项目作为重点进行建设。建立一个能够持续发展的机制很有必要,这个机制必须确保各级学校艺术项目团队在管理、教学、排演等一系列环节中的长期良好运作。

为此,可借鉴集团学校管理发展模式,以"一条龙"布局的高中单位为核心,制定规范有效的艺术项目的统一制度章程,并且得到"一条龙"布局相关学校的共同认可,便于操作和执行,最后,签订"一条龙"艺术项目发展及合作协议备忘录。

布局的相关学校可以建立起相关教师、课程资源、学生以及设备的管理及共享机制,不定期地开展教学、排演和交流,在课程教学上互相交流、互相支教、互相研讨。

各校对艺术项目的组织管理,必须安排校级领导兼任职务,服从"一条龙"布局的整体管理,这样既能保证学校行政上与其他各级学校的密切联系,同时也能够保证在校内顺利地开展工作。具体工作上至少安排1名艺术教师分管艺术项目及学生。学校课程处为每位学生建立艺术档案,记录他们的学习成长情况,并将艺术项目教学及排演按照课程教学规范进行学分管理,形成有序的教学机制。

教学是艺术项目建设发展的核心,也是艺术项目质量的保证,必须保证有一支艺术专业能力较强的教师队伍参与"一条龙"布局学校的教学指导。目前,社会上主要有两种艺

术项目的教学模式,第一种是由学校外请艺术院校的教师团队全程执教艺术项目,学校另安排教师协助艺术项目的学生管理。这种模式的优势在于学生在专业上可以得到有效提高,但是,学校每月支出的指导经费较高,许多学校有一定的支付困难。第二种就是由学校内具有较高艺术专业能力的教师全程承担艺术团队的艺术指导工作。这种模式的优势在于便于教师对艺术团队发展各环节的组织管理,可以为学校节省经费。但是,教师的水平将决定艺术团队的发展水平,有一定的专业局限性,而且,艺术教师的工作量很大、很辛苦。所以,综合以上两种模式,笔者建议各学校将两种教学模式结合。首先,对本校的艺术教师进行专业评估,有与艺术项目专业对口的教师的学校,以本校教师为主,外聘专业院团的老师为辅,给予本校教师合理的教学管理津贴。没有专业对口的教师的学校,则需要采用以外聘专业院团的老师为主,本校教师为辅的做法,并对本校教师逐步实施培养带教。

在艺术项目的教学资源、场所的使用上,各学校也要定期地共享、提供帮助。艺术资源是非常重要的教学材料,因为版权问题,很多好的教学资源都不容易得到,比如一些乐谱、学习用的音频及视频材料、剧本等等。另外,有些学校条件有限,没有较好的场所来支持艺术项目开展大型活动。这些资源如果能够在"一条龙"布局单位内进行一定程度上的共享,则可以改变这个现状,实现布局内各学校艺术项目建设共同学习、共同提高、共同发展、共同受益的目的。

定期组织"一条龙"布局的艺术项目成果展演是艺术项目建设的一个重要手段,也是一种对布局项目的整体检验和考核。因此,"一条龙"布局中的所有学校应每年定期举办联合汇报演出,展示布局单位在艺术项目上的建设和发展成果,同时,促进各学校之间的相互了解和学习。在成果展演中,各学校也可以相互借用学生参加展演,形成"一条龙"布局艺术项目中生源的融合。

"一条龙"布局的艺术项目在建设过程中,也存在一些制约因素。比如,因为各学段学习年限的长短差异,艺术项目的发展存在着不同程度的不平衡现象。"一条龙"布局的终点是高中,而高中与大学并没有建立"一条龙"输送关系,一切凭高考成绩说话,所以,高中学生还是更加重视文化课程的学习。另外,他们参与艺术团队的时间也较短,高二年级在第二学期有一个俗称"小高考"的学业等级考试,这个考试对学生而言非常重要,所有高中高二第二学期即开始进入应对"小高考"的各种考试模式,升入高三后,绝大部分学生都没有时间再参加艺术项目团队活动了。所以,高中学生参加艺术项目活动的时间其实只有一年半左右。因此,目前"一条龙"布局的艺术项目在高中难有大的提高和发展的空间。

七、结语

随着"一条龙"布局的具体实施,各区内学校的艺术项目将重新开始进行整体布局和建设。目前,上海市还没有颁布各区统一的具体实施办法,"一条龙"布局在各区县一定会产生不同的方式方法。最后,各区布局单位的组织关系具体将以何种方式呈现?各校艺术项目生源是否能够公平、公正、公开地有效输送?各校艺术项目是否能够相互协作发展顺畅?"一条龙"布局对学校艺术教育的影响究竟如何?都值得我们期待。

美育引领　创意发展

——北外田园高中艺术教育特色学校建设

北京外国语大学附属上海闵行田园高级中学　陆　荣

摘要：北京外国语大学附属上海闵行田园高级中学（以下简称北外田园高中）以"美育引领、创意发展"为办学理念，将美育作为学校发展底色，艺术文化创意作为办学特色，以美辅德、以美益智、以美健体、以美养性、以美创新，全力在各方面创新性地打造一所特色鲜明、在全市有示范作用的高中艺术特色学校。

关键词：艺术教育；学校建设；课程建设

北外田园高中是闵行区实验性、示范性公办高中，七宝中学教育集团核心学校，颛桥学区化办学领衔学校，也是上海市文明校园、上海市中小学行为规范示范校、上海市特色高中建设项目学校、上海市综合艺术实践基地、上海市书香校园、全国校园文学示范校和全国文明校园创建校。

一、健全的管理机制与全方位的支持保障

（一）组织管理

1. 组织机构

面对各项艺术教育工作，我校成立艺术教育领导小组。作为美术特级教师的校长担任艺术教育主管领导，副校长为分管领导，对我校艺术教育教学工作十分重视。机构网络健全，各个艺术团队和工作坊主持老师职责明确。学校将艺术教育纳入学校教育工作的全局，并将文化创意中的创意素养、人文素养、科学素养、审美素养的培养渗透到各个学科。

2. 规划计划

学校艺术教育相关的各级部门不断深入研究以文创为代表的艺术教育规律，深入发掘教育资源，经常请专家开设讲座，不断给全校老师引入新的教育思想，开拓育人渠道。我校艺术教育发展方向明确，从学校到艺术教师个人都制订了三年教育规划。学校里每次艺术比赛、文化交流等艺术活动都制订出详细方案，活动结束即进行艺术工作总结。

3. 制度建设

学校围绕高考改革,将学生艺术教育评价纳入综合评价体系,每学期艺术欣赏课、艺术拓展课和艺术比赛的成绩等都纳入学生综合素质评价体系和学生成长档案。艺术社团团队活动有完整的规章制度与档案管理规则。

4. 监督管理

学校依法规范开展和管理艺术教育工作,无违规违纪问题。未组织学生参加以社会考级活动或营利为目的的艺术培训和竞赛,未组织学生参与商业性活动。

(二)支持保障

1. 师资保障

我校艺术专职教师有五位,专职艺术教师中的三位美术、音乐老师被评为区级骨干教师和骨干后备教师。兼职的艺术教师也对艺术教育十分热爱和投入,积极提升专业水平,已逐步成为他们所在艺术专业领域中的行家能手。艺术教师教学水平和专业水平突出,近三年来,我校教师多次在省、市、区开展示范课、公开课,老师们教学特色鲜明,教学设计和教学方法富有创意,公开课均获良好的展示效果。

艺术类专职师资水平高、教研强。艺术类专职教师重视教科研的结合,积极参加教科研的培训,投身于课程改革的实践,教育论文、课题研究多次在市、区级比赛中获奖,相关论文发表于市区级教育学术刊物上。

2. 硬件保障

学校尤其是新校区,完整配备了两个美术专用画室、音乐专用教室、合唱排练厅、舞蹈排练厅,并根据专业要求配足钢琴、音箱、话筒、画架等设备和器材。另外,我校十大工作坊的建设得到区教育局的大力支持,多次添置专业设备,录音棚、电影拍摄器材、缝纫机、纺织品喷绘机、复印打印机、电脑等教学材料齐备,专业程度甚至超过一些专业院校。

图1　小剧场

图2　影视赏析大厅

图 3　录音棚

图 4　戏剧工作坊

图 5　艺术设计工作坊

3. 经费保障

教育活动资金保障：学校优先保障艺术教育活动经费，能够在年度预算中确定一定比例的金额，鼓励多渠道筹集艺术教育资金。

设立相应奖励机制：学校鼓励奖优推优，制定相应的奖励机制，推动艺术教育活动的高质量发展，建立较完善的艺术教育保障奖励机制。对每学期或重大艺术活动中表现突出的艺术教师、学生予以物质奖励和行政奖励。

4. 资源保障

多年来，学校一直关注艺术场馆对学生审美素养的培养，积极组织学生参观上海博物馆、上海电影博物馆、中华艺术宫的艺术场馆欣赏中外绘画艺术品，组织学生走进上海大剧院、上海交响音乐厅、东方艺术中心等场所欣赏高雅音乐。同时作为上海国际艺术节合作学校、吕凉戏剧工作室合作学校，每年将高雅音乐和戏剧表演引进学校，让学生不出校门就能领略来自话剧中心、大洋彼岸的艺术家们的精彩表演。学校重视校外优秀专业教育资源对学生成长的重要作用。我校和上海视觉艺术学院德稻实验班合作，成为德稻实验班的实践基地。引进先进国际教学理念、设计课程及邀请包括国际设计大师在内的专业教师团队来校指导学生学习定格动画、服装和 LOGO 设计，大师高超的教学方法和专业课程有效地培养了同学们的创新思维并开阔了学生们的视野。学校也和市里、区里以及学区里的其他兄弟学校合作，通过学区化办学，将学校优良的硬件设备和教学资源向周边中小学校辐射，通过创新夏令营为兄弟学校的学子创意素养的培养搭建平台。学校同时和上海话剧艺术中心、上海戏剧学院、吕凉戏剧工作室、叶逊谦戏剧工作室、华东师范大学、区青少年活动中心等单位、工作室和高校紧密合作，经常邀请专业老师指导艺术教师教学方法和专业能力，创编和排练节目，并指导艺术社团学生。

二、"美育引领 创意发展"的艺术教育特色学校建设实施途径

（一）课堂教学

学校将艺术教育纳入学校整体教学计划，严格执行课程标准，按有关规定开齐开足艺术类课程，高一至高三每个学期都确保艺术课完整开设，结合课程改革要求开设艺术社团与工作坊多达十二个。我校为弘扬中华优秀传统文化专门开设国学礼仪工作坊，课程板块有国学经典、华夏霓裳、文人雅事、"非遗"手工等。

图 6　国学礼仪工作坊

（二）实践活动

学校校园艺术活动丰富多样，形成鲜明的校园文化特色。定时定期开展国际艺术交流节、戏剧节、服装秀、班班唱、迎新会演等校园艺术活动，纳入每年学校教育计划，已形成艺术特色活动的序列和制度，并做到常态化、系列化，参与活动的同学达到 100%。丰富的艺术活动，以及基础课和拓展课的正常开展和面向全体，确保了每位学生每周不少于3.5 小时的艺术实践活动记录。

（三）三团一队

学校重视"三团一队"建设，教师专业特点和"三团一队"师资专业要求一致。"三团一队"齐全，能定时、定点、定人开展活动；参加艺术类兴趣小组学生人数基本稳定，尊重学生兴趣爱好和艺术特长，除"三团一队"外，我校多达十二个门类的艺术社团和工作坊尽可能做到让学生选到符合自己特长的社团。每个社团都按计划开展活动，并有活动记录，培养学生自主学习能力，体现学生自主管理的特点。

在新生入学后和平时师生相处过程中，各位艺术教师都积极主动发现优秀艺术苗子和学生潜在的艺术天赋，鼓励学生投入艺术的学习和发挥自己的艺术特长，积极参与各项艺术活动和比赛。同时，学校和老师通过拓展课甚至个别辅导的方式，辅导艺术骨干生的专业技能，并为艺术骨干生和艺术苗子提供展示舞台。为了骨干生专业能力的进一步提升，学校有时还请来专业性更强的包括高校、艺术中心、青少年活动中心等的老师辅导，许多同学最终走向专业发展道路，考取理想高校。

（四）文化建设

学校十分注重校园优美环境的营造，通过优美环境提升学生审美素养。2018年我校迁入新校区，一方面进一步营造优美的艺术教学环境，将一幢教学楼作为文创大楼，在其三、四两个楼层作为创意工作坊的各个教室进行内部环境的个性化设计，对灯光、色彩、材质、结构进行精心选择和装饰，充满艺术和创意氛围。走进文创大楼，每个热爱设计的学子，创新热情都会被点燃。这样优良的硬件设施和优美环境在全市也是首屈一指的。新校区坐拥可坐五百多人的校园剧场，结合戏剧、舞蹈、歌唱等艺术的表演特点，建造开阔的舞台，音质高度保真的音响和种类丰富、能烘托表演气氛的舞台灯光，声光效果甚至得到要求苛刻的专业艺术家的认可，上海国际艺术节"高雅艺术进校园"活动和"上话中心"的话剧都曾在这个舞台上展演。

2021年我们创造性地引进了上海知名旅法艺术家方世聪先生绘画工作室，方世聪先生除了把一生画作都保存在我们学校外，还定期分批将画作原作在我校建设的"生命之歌——方世聪艺术空间"展出。同时，他还在学校内进行绘画创作，给学校师生做绘画艺术示范、绘画作品鉴赏讲座，让北外田园高中的学生足不出户就能欣赏到名家绘画原作，聆听到画家的创作讲解，让学校成为一座有故事的美术馆，为学生打造绘画艺术赏鉴的殿堂。除此之外，我校师生在着装上也力求美观，校园中绿化、园艺设计与名人雕塑相互辉映，赏心悦目。

图 7　方世聪艺术空间（一）　　　　　图 8　方世聪艺术空间（二）

（五）联盟建设

戏剧项目是北外田园高中传统艺术项目，2016 年 12 月闵行区成立美育联盟，北外田园高中通过竞争成为"戏剧"项目区盟主校，邀请六所兄弟学校组成戏剧联盟，举办戏剧节、举行专家讲座、开设工作坊等，方便更多学校师生分享戏剧教育资源；2020 年至今举办颛桥学区夏令营活动，颛桥小学、北桥小学、北桥中学、君莲学校、田园外小及初中、文来高中等校学生参与学习，戏剧教育优良资源辐射惠及颛桥学区及闵行区，影响和带动了本区戏剧特色发展。

三、传统艺术项目成绩突出，新兴艺术创意工作坊特色鲜明

（一）传统艺术项目成绩突出

我校戏剧教育特色项目一直以来在市、区都享有盛誉，"金葵话剧社"在上海市、闵行区的相关戏剧比赛中屡获佳绩，话剧社团每年暑期承办上海市科创夏令营的戏剧活动、针对颛桥学区的暑期夏令营，师资力量稳定，每年举行戏剧节，高一学生自主改编、导演课本剧或经典话剧，100％学生参与其中。

我校合唱特色项目面向全体学生，学校将合唱教学融入日常教学中，全校学生每天下午第一节课前都会有 15 分钟左右的"每周一歌"时间，由各班级校合唱团同学带领全班同学放声歌唱。另外，学校每学期会有"班班唱"（图 9）和校园十大歌手大赛等活动，这些活动都促进了合唱教学的普及化发展并推动了合唱团的专业化发展。校合唱团从各班级中挑选音乐素养较好的学生，分为一团和二团两个梯队。一团为新生社团，新生社团经过一年训练后经选拔进入二团。校合唱团主要负责校内外各类演出和比赛（图 10）。从校合唱团中再选拔 15 位左右的队员组成特色小合唱团。特色小合唱团主要表演阿卡贝拉以及一些原创和改编的富有创意、能够展现学生个性的小组唱、表演唱等形式的节目（图 11、图 12）。这些节目也是校内外演出中的特色和亮点。另外，针对有声乐特长想要

考入音乐专业的学生,我们提供了专业类拓展课程,每年都有一批优秀的队员考入专业的艺术类院校。

校学生特色小乐队、校舞蹈团、校美术社团能积极参加区艺术节的各项专业比赛,艺术单项比赛,上海市学生绘画、书法比赛等艺术比赛和展演,多次获市、区一、二等奖。特色项目或特色团队在区内成绩突出、特色鲜明,有良好的口碑和较大的影响力。

图 9　校"班班唱"活动

图 10　校合唱团参加区合唱比赛

图 11　特色小合唱团参加上海市
艺术教育委员会年会演出

图 12　特色小合唱团参加校艺术节展演

（二）新兴艺术创意工作坊特色鲜明

学校在"一校多品"艺术项目建设方面成绩突出。为了进一步给予学生更多艺术学习选择,学校除了传统的"三团一队"外,还开创性地成立了平面设计、服装设计、摄影、播音、动漫、戏剧、微电影、机器人、主持、辩论十大文化创意工作坊。在课程引导和稳定的教师队伍指导下,有效培养学生的创意思维和创新素养,并获得大量教学成果。为培养具有国际竞争力的文创人才,我校特别开设文创实验班,满足有创新才能的学生个性化发展。

　　我校在市、区领导的支持与关怀下，在全校师生的共同努力下，致力于将学校发展成在市、区有一定影响力的艺术特色学校，以"美育引领、创意发展"为办学理念，将美育作为学校发展底色、艺术文化创意作为办学特色，以美辅德、以美益智、以美健体、以美养性、以美创新，五育并举，致力于将每位学子培育成追求真、善、美的全方位人才。

关于高中艺术课程开展情境化教学的探究

上海市建平中学　孙丹阳

摘要: 教育部 2017 年颁布的《普通高中艺术课程标准》中,提出了"开展情境化教学"的教学理念。高中艺术课程教学中所使用的材料大部分都涉及通过人体的听觉、视觉、动觉、触觉、情感知觉等多种感觉来感受艺术形象,引起学生的情感及思维反应。所以,高中艺术课程提出开展情境化教学的理念是教学改革的必然结果。文章从高中艺术课程开展情境化教学的要点、高中艺术课程开展情境化教学常见的三种样式、高中艺术课程开展情境化教学与其他教学理念的联系、高中艺术课程开展情境化教学存在的误区和难点四个方面对高中艺术课程开展情境化教学进行了探究。

关键词: 高中艺术课程;开展情境化教学

一、高中艺术课程开展情境化教学的由来

教育部 2017 年颁布的《普通高中艺术课程标准》中,提出了一个全新的教学理念——"开展情境化教学"。文中是这样表述的:"开展情境化教学,提高学生解决实际问题的能力,通过创设不同文化、生活和科学的情境,进行艺术教学;学生在实践中感悟艺术,建构知识,积累艺术经验,解决实际问题。"

这个理念是艺术课程改革多年发展得到的一个认识成果,为新课程标准指导下的高中艺术课程教学指明了方向。如何认识与开展情境化教学是值得广大艺术教师探究的问题。

(一)何为情境化教学

何为情境化教学? 笔者认为,就是指师生在教学中,通过语言、行动、表情情绪、服装以及视听音画和环境布置等要素创设某种情境,让学生在这个情境中进行知识的感受、认知、实践的一种教学方法。首先需要营造特定的情境,然后才是师生沉浸在这个情境中进行相关的教学活动。与教学密切相关的情境能让学生充分沉浸在知识探究、知识感知、知识表现、知识创造的场景中,感受与知识相关的视觉、听觉、触觉、动觉、情感知觉甚至是味觉带给人的直接体验,从而触发学生对知识的深层次感受、认识和判断,激发学生的求知创新思维,提高其解决生活中实际问题的能力,提高课程教学的有效性。

教学情境是课堂教学的基本要素,创设有价值的教学情境则是教学设计的一个重要

内容。教学情境架起了一座与生活、文化、科学相关的桥梁,它也提升了学生对抽象的、理性的知识的认知,开展情境化教学无疑可以促进学生对知识的理解和吸收。

(二)高中艺术课程的性质决定开展情境化教学的必要性

艺术是人类通过创造性地塑造艺术形象,来表达思想和情感的一种活动。艺术的形式、内容、形象、情感,往往包含多种艺术元素和不同的艺术门类特点。高中艺术课程是由多门类艺术相互融合的一门课程。高中艺术课程教学中所使用的材料大部分都涉及通过人体的听觉、视觉、动觉、触觉、情感知觉等多种感觉来感受艺术形象,引起学生的情感反应及思维创造,所以,高中艺术课程提出开展情境化教学的理念是教学改革的必然结果。

《普通高中艺术课程标准(2017 版)》明确提出了高中艺术课程培养学生四个方面的核心素养,即艺术感知、创意表达、审美情趣、文化理解。为了达到这个教学目标,必须以开展情境化教学为基本理念。

高中艺术课程开展情境化教学,主要是在主题作品教学中,围绕某一个艺术事件或艺术作品,营造一种还原性的氛围或者环境。让学生在这种类似"规定情境"的场景中,展开对作品的听、看、动、画、创、思等学习活动。

二、高中艺术课程开展情境化教学的要点

(一)开展情境化教学的核心是促进学生对艺术作品的艺术感知

艺术感知是指学生通过自己的身体器官对艺术作品的艺术性、形式、内容和情感,生成的具体的、较全面的感受认知。这种感知涉及了人体的多种器官感觉,如听觉、视觉、动觉、触觉等,也是创意表达、审美情趣、文化理解的基础。促进学生获得这种感知,最佳的手段就是创设出与艺术作品相关的情境,让学生沉浸在这个情境中进行艺术感受、艺术审美、艺术表现、文化理解等活动。情境化可以在最短的时间内把学生带进教学所需要的艺术时空维度,提高学生学习的专注度,从而高效地获得对艺术信息的感知。所以,教师创设情境的要点是从艺术作品的感知角度考虑,来设计教学情境。

(二)开展情境化教学,必须围绕艺术作品主题形象来设计

根据艺术作品主题形象的需要,设计出感受艺术作品所需要的描述语言、场景、表情情绪、动作、服装等要素。再结合不同的文化、不同的艺术风格,以及与艺术作品相关联的生活场景、科学场景来进行深度设计。这就好像参观一个博物馆,当人们走进博物馆展室的时候,会立刻感受到展馆内的环境和氛围以及视听的整体特点,在这种场景中,参观者很快就会进入观展所需要的特定的精神状态。再如游乐园中的鬼屋。相信大家都有这种经历,只要走进鬼屋,立刻就会真切感受到那种黑暗、诡秘的可怕场景带给我们的情感体验。我们在高中艺术教学中,就是要借鉴这种情境的创设。当然,在艺术教室里完全模拟出逼真的生活场景是不现实的,只能尽可能通过有效的手段创设教学情境。

（三）开展情境化教学，需要以学生为教学主体来设计

以学生发展为本，不能是一句空洞的口号。高中学生正逐步显示出成人化的思维和自主意识，他们已经有了质疑问题和探索未来的欲望，有了一定的艺术基础知识，也有了一定的社会生活经验。所以，教师创设教学情境需要面向全体学生，从学生的认知角度来考虑设计，从学生学习心理的角度来考虑设计，从学生年龄特点的角度来考虑设计。在创设某些教学情境时，可以加入一些学生熟悉的艺术形式和内容，加入一些学生能够把握的艺术技能体验，加入一些适合学生的娱乐活动，并且适当增加一些让学生自己去创造完成的艺术空间。

三、高中艺术课程开展情境化教学常见的三种样式

（一）创设与艺术相关的生活感受情境

任何艺术作品都是对生活中事物的艺术化塑造和表现。欣赏感知艺术作品，教师通常可以对教室进行一些环境布置，用语言描述出与作品相关的自然生活环境，再结合一些与作品相关的动作、服装，以及视频和音频或者表演来展现艺术作品。比如，蒙古族舞蹈的教学主题，教师可以用一些草原的绿色元素来布置教室，课堂教学中再用诗意的语言描绘出美丽辽阔的大草原景色，师生还可以穿上民族服装，教学中配合播放蒙古族风格的舞蹈配乐，让每一位学生都感受到蒙古族的舞蹈情境。

（二）创设与艺术相关的表演实践情境

这种方式主要适用于对艺术作品的表现及创作环节。艺术作品大部分是需要通过表演者对作品的二次创作演绎，呈现在观众面前的。艺术实践是学生最能够直接体验创作者意图的一种活动，也是提高学生艺术素养的非常重要的手段，所以，艺术实践体验是艺术学科重要的学习方式。艺术作品的表演实践，既是对艺术作品的深入学习，也是展示学习成果的载体，还是艺术创意交流的绝佳机会。比如，在欣赏话剧《雷雨》时，组织学生对作品进行表演实践，其他不参与表演实践的学生也能从中获得一定的表演经验。

（三）创设与艺术作品相关的探究、创作、创新情境

探究、创作、创新活动是在对生活、艺术的内容、形式以及情感具备一定的认知和感受的基础上产生的。艺术作品的生命力来源于不断探究、创作和创新，有助于学生形成创新的思维，高中艺术课程要鼓励学生进行此类活动。教师在教学中，要创设出能够激发学生创作欲望的教学情境，并运用思考、讨论、创作等方法，来激励学生的探究、创作和创新。比如，对于同一个电影艺术作品片段，让学生以小组竞赛的方式，设计不同的拍摄角度、表演方式，看看哪一个小组的表达最富有艺术创意。

四、高中艺术课程开展情境化教学与其他教学理念的联系

（一）与培育艺术学科核心素养的联系

高中艺术学科核心素养是学科育人价值的集中体现，是学生通过学科学习而逐步形成的正确价值观念、必备品格和关键能力。艺术学科核心素养包括四个方面：艺术感知、创意表达、审美情趣、文化理解。开展情境化教学虽说也是一种教学理念，但是，它更多体现在教学手段上，或者说是一种教学形式。情境化教学可以在情境中把艺术作品的各种艺术元素，予以强化或者突出放大让学生进行体验，从而帮助学生获得良好的艺术学科核心素养。

（二）与强调整体性和关联性的联系

在艺术课程开展情境化教学中，不能忽视艺术教学的整体性和关联性。高中艺术教学涉及的艺术门类较多。包含了音乐、舞蹈、美术、戏剧、影视、设计等各种要素。创设教学情境时，不是简单地以某一种艺术形式为主，也不是简单地以某种艺术元素为主，而是要从作品的整体性、综合性和关联性来考虑，既有与艺术家或者艺术作品内容相关的整体性，又有各种艺术门类的综合性特点，还融合了各艺术元素的关联性。这样，学生在综合性情境化教学的实践场景中，能够把握整个作品的艺术美的脉络，以及它每一个美的细节，并且形成全面的感性认识。

（三）与探索信息技术和艺术教学深度融合的联系

当前，社会已经进入了高度发达的信息化时代，特别是 5G 网络环境和人工智能的飞速发展，给教育乃至课堂教学带来变革性的发展。艺术课程开展情境化教学要充分利用这些科技因素，把信息技术与艺术教学深度融合起来，比如，利用一些智能化设备来帮助实现艺术教学所需要的声光影的场景，也可以利用 5G 高速网络实时连接社会艺术场馆或某个展览表演现场，还可以利用一些智能创作设备来记录或者表演艺术作品，进行直播乃至网络环境互动。

五、高中艺术课程开展情境化教学存在的误区和难点

艺术课程开展情境化教学看似容易，实则存在着一定的误区和难点，需要教师关注教学设计和现场调控。

（一）开展情境化教学可能存在与艺术作品关联度不够或者审美情趣低俗的误区

很多艺术教师都喜欢把课上得很热闹，看似很成功，但也容易出现问题。比如，以低俗的情境化教学来展现感受、艺术作品，或者情境化教学与艺术作品的关联不够密切，都会对学生产生审美情趣的误导。情境化教学不是单纯为了热闹的课堂教学而设计，也不

是为了与艺术作品无关的场景、人物而设计,而是需要站在立德树人的高度,把握艺术表达的政治方向,培养学生热爱祖国、崇尚真善美的价值观,密切联系课堂教学材料。比如,教师先要研究艺术教学中使用的材料表现了什么样的思想、情感和内容,表现了什么样的艺术形象,艺术材料与教学目标的关系,艺术材料与核心素养的关系,再考虑创设与之密切相关的教学情境。

（二）学生在情境化教学中的专注度不够

在艺术课教学当中,有的学生在学习中没有良好的专注度,或者是能够专注的时间很短,这样的学生,不能在开展情境化教学时进行深度的感受和体验。还有一部分学生,由于过去的艺术基础比较差,在艺术教学情境体验中,抱着一种漠视、旁观甚至是排斥的心态,也就影响了艺术教学的效率。要克服这个难点,教师要关注全体学生的认知基础和学习能力,站在学生的角度来考虑情境创设,通过有感染力、饱含激情的语言来进行引导,通过新颖的活动来创设。另外,要深入挖掘艺术作品的美感和情感内涵,找准它们的切入点,以美感人、以情动人,提高学生参与的专注度。

（三）开展情境化教学的难点

艺术课程开展情境化教学在操作上要自然顺畅,但是往往有些教师不注意细节,造成一些问题。除了导入情境化教学的语言以外,艺术教师有时候还要兼顾环境布置、服装道具设计,以及科技设备的运用。例如,某个教学内容中,教师导入教学情境后,同时现场操作音频或切换视频,指导民族服装的穿戴、道具的配合使用或者演奏、演唱的结合,时不时会出现一些状况或者小问题,给人一种生硬切换情境的感觉。为了克服这些问题和难点,使艺术课程开展情境化教学变得轻车熟路,艺术教师必须充分做好课前的准备工作,熟练使用有关的设备和道具,演唱、演奏的部分要事先练习一下,这样,在教学中才可以做到自然地把学生带进"规定情境"中。

高中艺术课程的每一次改革,都是对艺术教育的一次提升,也是时代发展的必然趋势。高中艺术课程标准第一次提出了开展情境化教学的教育理念,就是为了着力发展学生的核心素养,培养具有高雅气质、人文情怀和健康审美价值观的学生。

基于艺术核心素养开展美育项目化学习的活动设计与实践研究

——以"寻找美的历程:走进上海博物馆数字化平台美育项目化学习"为例

上海师范大学第一附属小学　赵亦珺

摘要:在新时代教育改革背景下,培养人的审美意识,使其得到全面发展,是美育的根本使命与目标。本文围绕"我们为什么要保护历史文物"这个本质问题,引导学生探索历史文物背后所蕴藏的中华优秀传统文化。上海博物馆数字化平台作为学生了解中华优秀传统文化的媒介,使学生在收集整理资料、完成项目化活动单的过程中,理解文物与古人生活的联系,领悟文物背后蕴藏的中华优秀传统文化,让学生在产生深度理解的基础上进行作品创作。智能时代的艺术教育不仅体现在教育信息化上,更重要的是在艺术教育实践中促使智能技术实现从为教育服务到赋能教育的转变,通过二者融合,建立起新时代背景下的艺术教育方式。

关键词:信息技术赋能;美育活动;项目化学习

一、引言

(一)研究背景

笔者所在的上海师范大学第一附属小学一直十分强调艺术课程的实践导向,重视艺术与其他学科的联系、融合,通过探究各种问题,提高学生综合探索与学习迁移的能力。在本校"和美校园"理念引领下,同时结合《艺术课程标准(2022年版)》中提出的引领学生在健康向上的审美实践中感知、体验与理解艺术;强调艺术课程的实践导向,使学生在以艺术体验为核心的多样化实践中,提高艺术素养和创造力,始终坚持每年开展"走进场馆"项目化活动。

"寻找美的历程——走进上海博物馆数字化平台美育项目化学习"以上海博物馆作为三年级学生了解中华优秀传统文化的媒介,合理利用上海博物馆中琳琅满目、丰富多彩的文物,引入"在文化情境中认识美术"的观念,使学生在项目实践中"学习和领会中华民族艺术精髓,增强中华民族自信心与自豪感,充分发挥艺术课程在培育学生审美和人文素养中的重要作用"。进而达到新课标中提出的"引导学生树立正确的历史观、民族观、国家观、文化观,增强爱党、爱国、爱社会主义的情感,坚定文化自信,提升人文素养,树立人类命运共同体意识,为实现中华民族伟大复兴而不懈奋斗"的目标。[①]

(二)研究意义

1. 理论意义

本研究将探索学生借助上海博物馆数字化平台开展美育项目化学习的活动设计与实践方法,希望通过学生在项目化学习各阶段的过程性表现,总结其特点和发展规律,丰富智能时代艺术课程项目化学习的活动设计与实践方法的实例。

2. 实践意义

本研究中的案例项目围绕"我们为什么要保护历史文物"这个本质问题,引导学生探索历史文物背后所蕴藏的中华优秀传统文化。学生通过上海博物馆数字化平台进行自主学习,可以帮助教师了解学生在收集整理资料、完成项目化活动单的过程中的发展与表现概况,适时转变教学策略。对于学生而言,可以在项目实践中了解文物的相关信息,理解文物与古人生活的联系,学习和领会文物背后蕴藏的中华优秀传统文化,在产生深度理解的基础上进行作品创作。

二、研究概况

(一)研究目标

1. 研究本次美育项目化活动设计的依据、方法、内容与工具,编制本次美育项目化活动单,提升学生在审美实践中感知、体验与理解艺术的能力

2. 分析观测学生的活动单完成情况,了解学生探究各种问题以及综合探索与学习迁移的能力

3. 项目所涉及的主要知识点

第一,借助网络等资料了解上海博物馆的十大镇馆之宝。

第二,了解十大镇馆之宝的种类特点并进行归纳。

第三,借助平面图设计出适合自己的最佳参观路线 。

第四,知道文物的造型、纹样或艺术特征。

第五,了解文物与古人生活的联系,以及其中体现的中华优秀传统文化。

4. 学科关键概念或能力

关键概念:作品创作。

(二)研究内容

1. "寻找美的历程"美育项目化学习的活动设计依据与内容

---

① 中华人民共和国教育部. 义务教育艺术课程标准:2022 年版[M].北京:北京师范大学出版社,2022:1.

（1）从本质问题"文物体现了何种中华优秀传统文化"出发，根据新课标针对第二学段美术课程目标以及课程性质提出的"义务教育艺术课程以立德树人为根本任务，培育和践行社会主义核心价值观，着力加强社会主义先进文化、革命文化、中华优秀传统文化的教育"，提取活动设计中高阶知识要素与相应的知识维度。

表1 "寻找美的历程"美育项目化学习高阶知识要素

高阶知识	主要的高阶知识策略： 问题解决（　）决策（　） 创见（√）：能结合中华优秀传统文化创作作品。 系统分析（　）　实验（　）　调研（　）

（2）对全体三年级学生进行课前调研，掌握学生对上海博物馆中文物的了解情况、存在的不足以及欠缺的知识技能。

（3）从驱动性问题"我们为什么要保护历史文物"出发，梳理本次活动设计中的知识维度，总结活动设计与活动内容。

2. "寻找美的历程"美育项目化学习的活动方法

（1）活动设计模式。本次项目化学习活动是一个学生之间自主合作、相互影响的过程，因此研究者的活动设计模式需要层层递进，引导学生思考与探索，并着重启发学生在活动中不断转换思路进行多元思考。

（2）活动设计方法与工具。结合学生现阶段的学情以及本活动的特性，研究者设计相应的项目化学习活动单，梳理多种活动方法组合运用的操作要点及操作流程，形成相应的活动方案。

3. 分析活动实践结果

表2 "寻找美的历程"美育项目化学习成果与评价要素

成果与评价	个人成果： 创作一幅能体现中华优秀传统文化的作品	评价的知识和能力： • 中华优秀传统文化 • 美术基础知识
	团队成果： 结合每组作品，设计出不同的个性化参观路线	
	公开方式： 上海博物馆小小讲解员	

针对学生活动实践结果即项目化学习活动单中的成果进行分析，了解本次项目化学习培育学生审美和人文素养，提高学生艺术素养和创造能力的情况。评价方法包括过程性评价和结果性评价，在评价中重视艺术与其他学科的联系，充分发挥协同育人功能。

（三）核心概念界定

1. 信息技术赋能

本研究中的"信息技术赋能"是指美术教师借助上海博物馆数字化平台有效整合美术

教育资源,以此优化教学内容,丰富教学形式,拓展教学平台,全方位提升美术教学的效率。同时,学生在利用信息技术收集整理资料、完成项目化学习活动的过程中理解文物与古人生活的联系,更全面、更深刻地了解中华优秀传统文化,从而对传统文化形成认同感和传承意识,促进学生综合素养得到全面的培养与提升。

2. 美育活动

本研究中的"美育活动"是通过参观上海博物馆数字化平台,让学生亲身感受中华优秀传统文化的力量。这种融合了历史的艺术教育可以让学生从中汲取智慧和力量,提高他们的历史意识和文化素养,增强他们的民族自豪感和历史使命感,激发他们的爱国情感,增强他们的国家意识和民族感情。

3. 项目化学习

本研究中的"项目化学习"是指通过集中关注美术学科的核心概念和主题,设计"我们为什么要保护历史文物"这一驱动性的问题,学生在完成自主收集文物资料、合作探索文物的历史意义与人文内涵等项目任务的过程中,通过积极学习和自主探究,感知、体验与理解艺术,在项目实施中充分发挥自己的个性特长与创造性,生成感受美、欣赏美、表现美、创造美的能力,培养学生的审美意识,使其得到全面发展的一种学习方式。

(四)研究方法

1. 文献法

通过查阅、收集国内外艺术教育中博物馆资源运用的相关研究成果、为选择和确立课题提供理论依据,也为日后开展实践研究明确方向。

2. 调查法

通过课前调查,了解全体三年级学生对上海博物馆中文物的了解情况、存在的不足以及欠缺的知识技能,分析博物馆资源在艺术教育活动中运用的现状。

3. 个案分析法

在活动实践过程中,积累典型活动案例和学生活动档案,为总结学生的创意表现和所培养的核心素养提供实证依据。

4. 行动研究法

以项目化学习的形式整体设计基于核心素养的美育活动方案,并在活动中实施,在课堂教学中观察学生的行为表现,发现问题后及时调整方案,在螺旋反复的行动过程中总结和提炼上海博物馆数字化平台美育项目化学习活动设计与实施的方法。

5. 经验总结法

通过对相关资料的搜集、分析、归纳和提炼,对"寻找美的历程——走进上海博物馆数字化平台美育项目化学习"中的活动实践研究及时作过程性、阶段性的总结。

(五)研究步骤

1. 准备阶段(2022 年 6 月—2022 年 9 月)

通过文献法和调查法了解艺术教育中博物馆资源运用的现状及需求,运用个案分析法聚焦"寻找美的历程——走进上海博物馆数字化平台美育项目化学习"活动设计与实施的价值。

2. 实施阶段(2022年9月—2023年6月)

运用文献法、个案分析法、行动研究法等对文献资料进行收集、整理,对研究方案进行设计、优化,对借助上海博物馆数字化平台开展美育项目化学习的活动内容进行罗列、选择、分析和解读,对活动内容序列进行开发、制定、实践和反思,对本项目化学习的开展成效进行评价。

3. 总结阶段(2023年6月—2023年9月)

将"寻找美的历程——走进上海博物馆数字化平台美育项目化学习"活动设计与实施中遇到的问题和收到的成效进行梳理、归纳和提炼,形成对关键性问题的综合性回应。

三、研究成果与研究结论

(一)"走进上海博物馆数字化平台美育项目化学习"方案设计

1. 项目化学习主题设计依据

活动的主题设计首先要从学生的兴趣出发,因此本研究前期作了问卷调查;其次,基于新课标、校园文化、"和美校园"理念,活动要符合三年级学生的学情以及三年级美术课程标准的要求和内容;最后,还要思考闭馆等情况带来的实际阻碍,确保活动的可操作性。最终确定了"寻找美的历程——走进上海博物馆数字化平台美育项目化学习"这一主题。

2. 项目化学习核心知识制定依据

根据《艺术课程标准(2022年版)》中明确的艺术学科核心素养,为了有效落实艺术学科核心素养教育,并使学生在项目实践中学习和领会中华民族艺术精髓,领悟中华优秀传统文化的博大精深,增强民族自信心与自豪感,在制订活动目标时,分"主要知识点"和"学科关键概念教育"两类目标,充分发挥艺术课程在培育学生审美和人文素养中的重要作用。

3. 项目化学习内容说明

基于时事话题与网络热点,结合网络短剧《逃出大英博物馆》火爆全网,引发学生对海外流失文物的探讨与关注的现实情况,设置五大环节,分别是入项活动、知识与能力建构环节、探索与形成成果、组内评价与修订、公开成果,让学生有更多团结合作和自主探究的机会,更好地落实学科核心素养教育。

4. 项目化学习策略的制定

本研究采用"活动整体架构"和"评价前置"两种策略,形成项目化学习方案。学生的学习形式以小组合作为主,教学模式以实践为主,因此运用较多的是"参与—体验"模式、"引导—发现"模式、"自学—合作"模式、"探究—创作"模式。

5. 项目化学习的设计路径

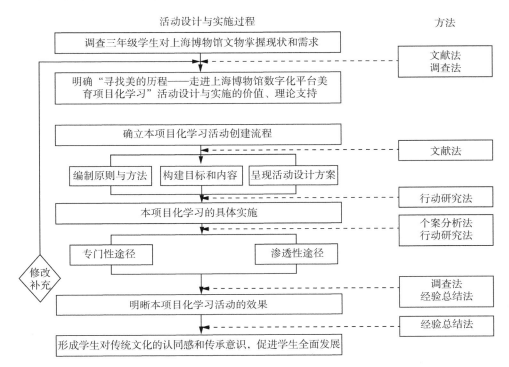

图1 "寻找美的历程——走进上海博物馆数字化平台美育项目化学习"设计路径图

6. 项目化学习设计方案

表3 "寻找美的历程"美育项目化学习方案

项目名称:寻找美的历程		
学科:美术	教师:赵亦珺	年级:三年级
相关学科:信息技术		
项目简述: 　　本项目围绕"我们为什么要保护历史文物"这个本质问题,引导学生探索历史文物背后所蕴藏的中华优秀传统文化。以上海博物馆作为学生了解中华优秀传统文化的媒介,学生在收集整理资料、完成项目化活动单的过程中,通过上海博物馆线上数字化平台了解文物的相关信息,理解文物与古人生活的联系,领悟文物背后蕴藏的中华优秀传统文化,在产生深度理解的基础上启发学生进行作品创作。		
教材和相关资料:美术教材;上海博物馆官网;上海博物馆 App		
核心 知识	1. 项目所涉及的主要知识点 　• 借助网络等资源了解上海博物馆的十大镇馆之宝。 　• 了解十大镇馆之宝的种类特点并进行归纳。 　• 知道文物的造型、纹样或艺术特征。 　• 了解文物与古人生活的联系,从中体会中华优秀传统文化。 　• 借助平面图设计出适合自己的最佳参观路线。 2. 学科关键概念或能力 　关键概念:作品创作。	

续表

驱动性问题	1. 本质问题 　此文物体现了何种中华优秀传统文化? 2. 驱动性问题 　我们为什么要保护历史文物?	
成果与评价	个人成果: 　创作一幅能体现中华优秀传统文化的作品。	评价的知识和能力: • 中华优秀传统文化。 • 美术基础知识。
	团队成果: 　结合每组作品,设计出不同的个性化参观路线。	
	公开方式: 　上海博物馆小小讲解员。	
高阶知识	主要的高阶知识策略: 问题解决(　　)　　决策(　　) 创见(√):能结合中华优秀传统文化创作作品。 系统分析(　　)　　实验(　　)　　调研(　　)	
实践与评价	涉及的学习实践: 　探索性实践(√):探索历史文物背后所蕴藏的中华优秀传统文化。 　社会性实践(√):向大家介绍和展示自己的作品;向大家介绍自己小组设计的个性化参观路线。 　调控性实践(√):明确目标,在过程中制订计划,调节自己的情绪。 　审美性实践(√):让自己的作品更具有美感。 　技术性实践(√):运用网络搜集上海博物馆十大镇馆之宝的信息;借助上海博物馆数字化平台完成项目化活动单;选择绘画、剪纸、拓印、彩泥、书法等形式完成作品。	
所需资源	信息化资源:上海博物馆线上 App、官方网站等数字化平台。 作品创作材料:各种美术工具与材料。	

(二)"走进上海博物馆数字化平台美育项目化学习"活动设计

1. 活动设计路径

针对此项目化学习可总结出如下活动设计路径:

图 2　"寻找美的历程——走进上海博物馆数字化平台美育项目化学习"的活动设计路径

(1)整理并将核心知识进行阶段性分类。将各类核心知识分布于各阶段的活动中,运用不同活动方式获取相应的核心知识。

(2)合理分解阶段活动目标。根据教学需要,重新划分不同阶段的活动目标。比如在入项阶段的活动中需要达成的目标是借助网络等资源了解上海博物馆的十大镇馆之宝;了解十大镇馆之宝的种类特点并进行归纳。

(3)基于驱动性问题与本质问题进行项目化学习活动设计。活动是教学目标达成的手段和载体,通过创设不同情境,将资料收集、自主探究、小组合作等环节贯穿于活动中,达到从文化情境中认识美术的目的。

(4)整理此类项目化学习中的活动设计案例,总结经验,归纳活动设计的原则并形成有效的教学及活动策略。

表4 "寻找美的历程"美育项目化学习活动过程

活动阶段	活动过程
一、入项活动	• 通过官网、官方 App 等数字化平台相关途径,了解上海博物馆十大镇馆之宝,同时初步了解上海博物馆的楼层设置和文物布局,了解不同主题馆内的代表性文物。
二、知识与能力建构	• 教师提出问题:网络短剧《逃出大英博物馆》火爆全网,引发人们对海外流失文物的探讨与关注。为什么我们如此重视历史文物、保护历史文物呢? • 美术教师进行著名历史文物的讲座,使学生了解文物所体现的中华优秀传统文化的博大精深与文明的悠久深厚。 • 在上海博物馆十大镇馆之宝中选择自己感兴趣的几件文物,了解文物的时期、材料、器型、纹饰、用途等。
三、探索与形成成果	• 5~6 人一组,通过上海博物馆数字化平台仔细观赏文物造型细节,归纳文物的造型、纹样或艺术特征。 • 通过文物的时期、材料、器型、纹饰与用途,思考此文物与古人生活的联系,进而明了此文物反映出古人何种愿望与诉求,以及体现了怎样的中华优秀传统文化。 • 在上海博物馆平面图上标注文物序号,设计出初步的参观路线。 • 以探索过程中获得的知识为基础,创作一幅具有审美价值的、能体现中华优秀传统文化的艺术作品。
四、评价与修订	• 小组内部完成分享后,根据组内文物在上海博物馆平面图中的位置,对前期设计的初步参观路线进行优化与完善。 • 形成具有可操作性的个性化参观路线。
五、公开成果	• 每个小组以同主题的中华优秀传统文化为核心,将创作的系列作品进行全校展示。 • 将个性化参观路线进行线下实地实践与推广。
六、反思与迁移	• 撰写反思笔记。 • 演讲。讲述自己和团队在了解文物、体会中华优秀传统文化过程中的感悟。

2. 活动组织与实施

(1)设计与组织说明

考虑到学生现阶段的学情和知识技能储备,将本项目化学习活动设计为自主探究与小组合作两部分。自主探究的部分采用螺旋递进的形式设计活动任务,保证不同层次的学生都能参与;小组合作活动,学生可以借助同伴的力量,相互促进,加以协调,学生在合作之余还可以互相讨论遇到的困难、解决的方法和自己的收获等。

(2)活动任务

任务一:上博寻宝

①上海博物馆有十大镇馆之宝,你们知道是哪些吗?

表 5　"寻找美的历程"美育项目化学习活动任务 1

寻找上海博物馆十大镇馆之宝					
序号	文物名称	所属年代	类别	所在展馆及楼层	兴趣度（勾选）
1					😀 🙂 🙁
2					😀 🙂 🙁
……					😀 🙂 🙁
10					😀 🙂 🙁

任务二：走近文物

表 6　"寻找美的历程"美育项目化学习活动任务 2

1. 十大镇馆之宝中你最感兴趣的是哪几件文物？
2. 对于这件文物，你有什么想了解的？（例如：时期、材料、器型、纹饰、用途等等）
3. 请简单描述文物的造型、纹样或艺术特征。
4. 这件文物与古人的生活有什么联系？
5. 你认为这件文物反映出古人何种愿望与诉求？体现了怎样的中华优秀传统文化？

②请将这些文物的序号标注在相应的展馆中，并选择自己感兴趣的文物设计出适合自己的最佳参观路线。

任务三：走近文物

表 7　"寻找美的历程"美育项目化学习活动任务 3

1. 你想用哪种形式呈现作品？（勾选一种）					
绘画	剪纸	拓印	彩泥	书法	其他
（作品展示区）					

续表

2. 以小组为单位,对前期设计的初步参观路线进行优化、完善以及实地考察,呈现出适合本组的具有可操作性的个性化参观路线。

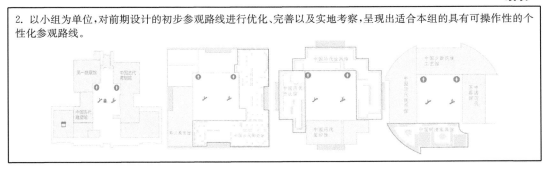

（3）活动指导

活动以学生自主探究为主,课堂上互动交流。在活动二知识与能力建构中,美术教师会进行著名历史文物的讲座,分析文物的时期、材料、器型、纹饰、用途等,使学生了解文物所体现的中华优秀传统文化的博大精深与文明的悠久深厚。

（4）活动成果分享

活动成果交流和分享是最受学生期待的环节,一共分为"作品成果"与"实践成果"两部分展示。"作品成果"是每个小组以同主题的中华优秀传统文化为核心,将创作的系列作品进行全校展示。"实践成果"是学生在活动一中设计的初步参观路线经由小组讨论、整合资料、实地走访得出的完善的个性化定制参观路线,并由小组成员进行宣传与推广。

3. 活动实施与反馈

（1）入项活动成果反馈

任务一:"上博寻宝"为入项阶段活动,这一环节需要学生运用已有的信息技术知识思考和解决问题,践行审美实践力的培养,从中感知、体验与理解艺术。以部分学生的活动任务一完成情况为例,结果如下:

序号	文物名称	所属年代	类别	所在展馆及楼层	兴趣度（勾选）
1		西周	青铜	1	
2		西周	青铜		
3		元	绘画	3	
4		唐	书法	4	
5		春秋	陶瓷	3	
6		春秋	青铜	1	
7		秀	青铜	2	

序号	文物名称	所属年代	类别	所在展馆及楼层	兴趣度（勾选）
1	大克鼎	西周	青铜器	一楼 青铜馆	
2		西周	青铜器	一楼青铜馆	
3		唐朝	绘画	三楼绘画馆	
4		北宋	书法	三楼书法馆	
5		春秋	青铜	三楼青铜馆	
6		唐朝	玉	三楼青铜馆	
7		春秋	青铜器	一楼青铜馆	

寻找上海博物馆十大镇馆之宝

图3 活动任务一"上博寻宝"学生完成情况

多数学生能够首先通过浏览官网、官方 App 等数字化平台对文物有一定的初步认识,其次阅读、梳理文物简介,根据材质、类别将文物进行简单分类。在分类的过程中确定文物所在的场馆,例如知道大克鼎、晋侯苏钟、子仲姜盘的材质都是青铜,属于青铜器,会展示在一楼青铜馆。此过程能进一步帮助学生明确区分文物的类别,知道上海博物馆的设置和展品的布局,为后续初步设计参观路线打下基础。

（2）探索与形成成果反馈

任务二:"走近文物"需要学生将收集的资料内容进行归纳、整合,在探索与解决问题的过程中对文物有更深层次的理解,将文物与古人的生活相联系。

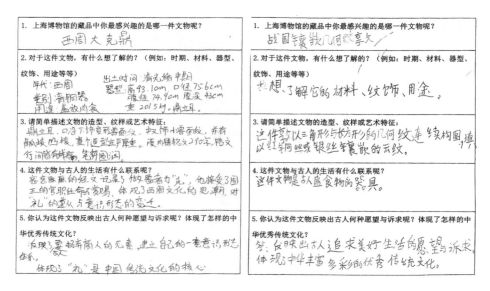

图 4　活动任务二"走近文物"学生完成情况

学生在详细阅读活动单明确任务要求的基础上,能够自行分组并明确分工,为接下来的参观活动作好前期铺垫。结合前期收集资料时对文物产生的疑惑,学生能够带着各自的问题与思考进行有目的的参观活动。同时,通过活动单上的问题逐步引导学生针对文物进行细致深入的探索与研究,学生在实地参观与探究某件文物的过程中,结合文物简介尝试对其进行描述与思考,分析了解原始或古代社会的生活状况及历史背景,归纳感悟并形成个人态度和观点。进而在活动实践中学习和领会中华民族艺术精髓,领悟中华优秀传统文化的博大精深,增强民族自信心与自豪感。

任务三:艺术创作。每个学生都有自己擅长和喜爱的艺术表现形式,学生在感受过馆藏文物的艺术魅力并且完成前两项研学任务后,已经具备了探究历史的兴趣和保护文物的意识,能够从中体会中华优秀传统文化的博大精深与文明的悠久深厚。教师应鼓励学生将对文物的兴趣转化为艺术创作的动力,培养学生在文化情境中认识美术并灵活运用的能力,促进学生在项目实施中充分发挥自己的个性特长与创造性,生成感受美、欣赏美、表现美、创造美的能力,培养学生的审美意识,使其得到全面发展。

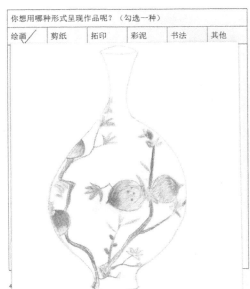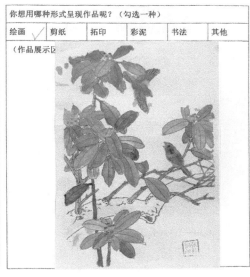

图 5 活动任务三"艺术创作"学生绘画作品成果

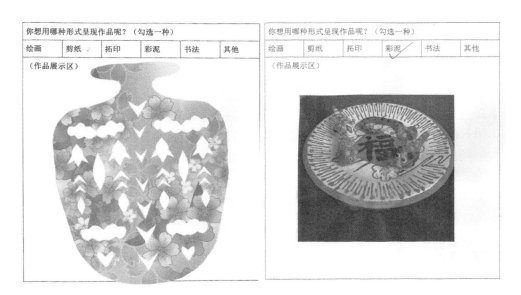

图 6 活动任务三"艺术创作"学生工艺作品成果

（3）组内评价与修订成果反馈

学生将初步设计的参观路线在组内进行分享、交流,分析、归纳、整合小组内部的路线设计思路,根据新的需求与兴趣,设计出自己小组的参观路线,再通过线下实地考察、实践,对参观路线进行优化与完善,形成最终可以线下实地推广的具有可操作性的个性化参观路线。此活动能够促进学生综合素养得到全面培养与提升。

四、反思与展望

（一）活动效果

1. 切实提高了教师对项目化学习活动的指导能力

笔者在研究过程中邀请组内教师开展教研，对教师的指导活动进行观察，同时结合学生对活动单的完成情况与组内教师进行沟通交流。在研究深入过程中，教师也在不断分享成果并优化方案。教师逐步调整相应的教学设计，重视学生的艺术体验并且重视美术与其他学科的联系，充分发挥学科的协同育人功能，并且在各个阶段不断优化评价机制，体现美术学科学习特点。

2. 明确了"寻找美的历程——走进上海博物馆数字化平台美育项目化学习"的价值

学生对中华优秀传统文化的兴趣得以提高，虽然只是短短的一次对馆藏文物的参观，但能启发学生课后主动深入学习，养成反复多次探索的好习惯，如"文物中还隐藏了怎样的细节""文物背后还蕴藏了怎样的古代智慧与信仰，这些智慧与信仰在当下有何种演变与发展"，学生每次都有新的收获。千百年来，无数文物经历过战火与离散，最后回到博物馆得以一代代传承，正是因为专家们像爱护生命一样爱护这些文物。这可以激发学生的敬畏之心，对历史的敬畏，更是对优秀传统文化的敬畏之情，从而去挖掘、领悟、品味源远流长的中华优秀传统文化。

（二）活动反思

1. 扩大学段范围

本次项目化学习开展和实践的对象为三年级学生，涉及面不广，在未来的研究中笔者会将本研究的结论推广到小学其他年级的教学中，进一步完善不同学段学生借助上海博物馆数字化平台开展美育项目化学习的活动设计。

2. 拓展多元评价

本次项目化学习作为学科在课外的延伸部分，其评价方式、评价内容以及评价维度都不同于传统的美术课堂评价、作品评价，所以，笔者将在接下来的研究中继续深化、完善此类项目化学习的评价体系，针对不同活动、不同表现予以分别考虑，进行美术学科项目化学习实践性活动多元评价的研究。

五育并举视域下中学艺术学科的育人功能探索

——以沪教版八(下)第一单元《艺术展现的社会风貌》教学为契机

上海市怒江中学　钟常近

摘要:纵观中外教育发展史,审美素养的培养一直是教育领域备受关注的话题。新时代教育变革与人才培养的基本要求是实现德智体美劳全面发展。然而,在现有教育体制的影响下,五育发展呈现出不均衡的状态,其中美育易被忽视。[①] 本文主张培养全面发展的人才应以"美育"为轴,明确以"以艺育美""以美促智""以美促德""以美促体""以美促劳"为维度实现"五育并举",从而落实中学艺术学科育人的现实任务。通过在五育并举的视域下探索艺术学科的育人功能,有望促使学校更加注重美育的实施,为培养具有全面素养的新时代人才提供更有力的支持。

关键词:五育并举;美育;核心素养;艺术教育;学生全面发展

美育在中国教育历史上有着重要的地位。早在春秋时期,孔子就强调了美育的价值,《论语·八佾》中记载:"子谓《韶》,尽美矣,又尽善也;谓《武》,尽美矣,未尽善也。"[②]蔡元培更是在近代中国美育奠基过程中,强调纯粹之美育可培养感情、培养高尚纯洁之习惯。美育一直以来被赋予提升人性修养、培养高尚情操的重要使命。2015 年 9 月 15 日,国务院办公厅印发《关于全面加强和改进学校美育工作的意见》(国办发〔2015〕71 号),文件中明确提出:"德智体美劳全面培养体系进一步完善,立德树人落实机制进一步健全。"[③]其中特别突出了美育在"五育并举"体系中的核心地位,强调美育培育学生认识美、感受美、鉴赏美和创造美的能力,不可或缺也不可替代。不仅如此,2024 年 1 月 3 日,教育部印发通知,全面实施学校美育浸润行动,其中包括实施美育教学改革深化行动、教师美育素养提升行动、艺术实践活动普及行动等,进一步加强学校美育工作,强化学校美育的育人功能。

由此可见,美育一直是全面育人中的重要着力点,本文以"五育并举"为出发点,以"美育"为切入点,探索中学艺术学科更为全面的育人功能,探索如何在全面培养体系中更好

---

① 孙勇,范国睿.我国学校美育工作的现状、问题与对策[J].教育科学研究,2018(10):70-75.

② 李健,李进,王远征.中小学艺术美育的内涵本质、现实困境及未来图景[J].重庆第二师范学院学报,2022(6):76-81+124.

③ 中共中央办公厅、国务院办公厅印发《关于全面加强和改进新时代学校美育工作的意见》[N].人民日报,2020-10-16(4).

地发挥美育的作用。本文旨在为学校提供实施素质教育、培养德智体美劳全面发展人才的具体路径和建议,使美育成为推动学校育人方式改革的重要力量。

一、概念界定和理论基础

(一)五育并举

"五育并举"最早由中国教育家蔡元培提出,他将教育划分为"军国民教育""实利主义教育""公民道德教育""世界观教育""美育教育"五个方面。[①] 其中,军国民教育体现为体育,实利主义教育涉及智育,公民道德教育强调德育,而美育教育则辅助德育,最后,世界观教育整合德智体三育,旨在培养"共和国民健全之人格"。这一概念中,蔡元培强调五育缺一不可,旨在实现全面人才的培养。军民、实利主义、公民道德、世界观、美育五育并举,以政治为主导,体现了当时中国社会的需求和教育理念。

在新时代背景下,"五育"被重新定义为"德、智、体、美、劳"。全面育人已经发展成为中国教育的基本趋势,强调整体性和完整性。这不仅是一种观念或政策,更是一种体系和机制,体现在教育的各个层面,推动全面素质教育的实施。这个概念的演变,标志着中国教育走向更加全面、多元、综合的培养方式,培养适应社会需求的新时代人才。

(二)五育并举理论下美育建设的理论基础

在五育并举的理论框架下,美育建设的理论基础显得至关重要。审美被视为判断美的一种能力,是思维、感觉和情感相互交织的复杂过程。席勒认为美育是培养具有道德和理性的人的手段,强调审美是一种由感觉而生的思维过程。这与五育并举所追求的全面发展理念相契合,将审美作为一种全面培养人的手段,突显了其在培养学生的道德、理性等方面的关键作用。

美育建设的理论基础之一源自艺术的情感性。[②] 席勒强调审美是由感觉而生的过程,与情感紧密相连。审美情感是学生通过审美活动培养的,而这种情感将影响其道德和理性的发展。情感的培养,使学生能够更好地理解、感受、评价美,进而影响其整体的人格发展。

美育建设的理论基础之二源自艺术的实践性。这意味着不仅要关注理论层面的审美认知,更要注重实践性的培养过程。通过实际的美育活动,学生能够在创造、欣赏、表达的过程中全面发展,实现审美的实际运用,从而更好地影响其道德情感和理性思维。美育建设的理论基础的实践性体现了对学生综合素质的培养的追求。

二、五育并举视域下中学艺术学科的育人功能分析

美育在五育并举体系中并非偶发性活动,也非形式化过程,而是贯穿于课程体系之

---

① 刘登珲,李华."五育融合"的内涵、框架与实现[J].中国教育科学(中英文),2020,3(5):85-91.
② 钱初熹.艺术教育研究的新视野与新范式[J].美育学刊.2018,9(4):1-6.

中,与学生的日常生活紧密相融。基于对五育并举理论以及美育建设的理论基础的深入研究,我们着眼于具体案例,探讨中学艺术学科在五育并举视域下的育人功能。本案例选自沪教版八年级下册艺术教材中《艺术展现的社会风貌》单元。本案例分析将有助于揭示五育并举理论在中学艺术教育中的实际运用,为培养全面发展的新时代人才提供有益启示。

(一)以艺育美,贯彻艺术学科的核心价值

相较于文化课教育,美育的独特之处在于其感受难以以显性知识形式呈现,更多地体现为润物细无声的过程,从而深刻影响个体的审美情感与认知。在学校中,每一个元素都蕴含着设计者的审美认知,校园环境、教室文化、艺术活动以及美育课程等都能在潜移默化中培养学生的审美能力。艺术课程贯彻美育理念具有独特的优势。艺术课程通过绘画、音乐、舞蹈等方式,引导学生进行感性的美的体验和情感的表达。这不仅有助于培养学生对美的敏感性,也促使他们通过艺术作品表达自己的情感,培养审美情感。艺术课程涉及各种文化表达形式,有助于学生理解和尊重不同文化的审美观念。通过接触不同的艺术作品和艺术家,学生能够开阔视野,培养跨文化的审美理解能力,在具体的作品的影响下沉浸式地获得美的感受。

《艺术展现的社会风貌》单元的教学片段之鉴赏交响诗套曲《沃尔塔瓦河》,便可引导学生感受纯粹的音乐之美,获得良好的审美体验。《沃尔塔瓦河》是捷克作曲家的经典代表作之一,作品中长笛与单簧管的吹奏声仿佛是沃尔塔瓦河潺潺的源头,为乐曲奠定了清新、流动的基调。通过穿插民间婚礼舞蹈和神话传说的场景,乐曲呈现了充满诗意的画面,使听者仿佛置身于宁静的乡村,感受乡愁和自然之美。河面渐阔、河流渐涌的描绘,以及管弦乐队浓重的音响如河水般奔向大海,展现了河水的壮阔与奔放,使整个乐曲充满了强烈的音乐动感和情感张力。乐曲中运用了丰富的音色变化,搭配和谐的和声与合理的节奏动态,形式的巧妙安排,如重复、对比、发展等手法,使乐曲在结构上更为丰富和有机。这种巧妙的结构安排使整个交响诗套曲呈现出内在的统一感,使听者在音乐的律动中感受到一种完美的作曲布局的和谐之美。

(二)以美促智,促进多元智能的全面发展

传统的智力理论认为人类的认知是一元的,个体的智能是单一的、可量化的,然而美国教育家、心理学家霍华德·加德纳(Howard Gardner)在1983年出版的《智能的结构》一书中提出"多元智能理论"。他认为智力不仅仅是单一的、统一的能力,而是涉及多个独立的、相对独立的智能维度。加德纳在其多元智能理论中提出了七个主要的智能维度:语言智能、逻辑数学智能、音乐智能、空间智能、身体运动智能、人际关系智能和内省智能等。[①] 多元智能理念深得国内外教育专家的认可。音乐智能本身就属于智能的一个分支,包括对音乐的敏感性、音调的辨别力和音乐创作的能力,这些能力在某些程度上可以

---

① 张春玲. 多元智能理论及其对素质教育的启示[J]. 中国教育学刊,2002(3):9-12-60.

反映出一个人的智商水平。多元智能理论体现出美育与智育的内在必然联系。

不仅如此，通过音乐教育学生还能获得其他的"智能"，对于培养个体的思维力、创造力、想象力都具有重要意义。《艺术展现的社会风貌》单元的教学片段之学唱《长江之歌》，便可通过学唱、创编等环节促进学生智能的提升。首先在学唱过程中，引导学生深入理解歌词的内涵，探讨歌曲所表达的主题和情感。教师与学生互动讨论，激发学生对歌曲的思考和解读能力。其次引导学生参与艺术综合表演创编活动，让他们自主设计乐器编配、动作编排、表演情境等元素，发挥创造力和想象力，同时通过合作锻炼他们的协同创作和团队合作技能。这种全方位的学习方式有助于激发学生对音乐的兴趣，促使其在学习中全面发展。

（三）以美促德，满足立德树人的根本要求

德育，即道德教育，是培养学生良好道德品质和道德观念的过程，具有深远的社会意义。德育不仅有助于个体人格的全面发展，更是社会和谐稳定的基石。德育注重培养学生正确的人生观、价值观和行为规范，使其成为有担当、有责任心、有道德良知的社会成员。美育和德育有许多共通之处，关键点在于二者都具有感染力和塑造力。欣赏艺术作品，学生能够被美的力量深深感染，产生积极向上的情感，进而形成良好的道德情操。艺术作品中蕴含的情感和道德观念能够在学生心灵深处生根发芽，影响其言行举止。总之，音乐课堂作为实施美育的重要场景，在培养学生德育方面发挥着重要作用。

《艺术展现的社会风貌》单元的教学片段之欣赏《保卫黄河》（选自《黄河大合唱》），学生在观看相关素材的过程中，首先通过《将进酒》《母亲黄河》等多样艺术作品的展示，感受到黄河文化的丰富内涵，激发其民族自豪感。其次，共同朗诵《黄河吟》这一充满力量感的诗作，学生更深刻地感受到黄河的宏伟气势和中华民族坚忍不拔的精神。在诵读中，学生不仅理解了文字表达的情感，还通过声音的表达方式更加直观地体验到了文学作品的艺术美。在这个过程中，学生逐渐形成对黄河的尊敬之情、对祖国的热爱之情，实现了情感态度的塑造和德育目标的达成。最后成功引导学生感受黄河的壮阔，激情澎湃，一起合唱《保卫黄河》，唤起学生对祖国的热爱之情。

（四）以美促体，提供终身发展的坚实保障

体育学科致力于培养学生的身体素质，包括力量、速度、灵敏度、耐力、柔韧性等方面，通过各种体育运动和锻炼，提高学生的身体机能，使其具备健康的生活方式，同时体育学科注重培养学生的体育道德素养，包括公平竞争、尊重对手、团队合作、遵守纪律等方面。通过深挖艺术学科内涵，可以发现"艺术无疆"，艺术课程中蕴含着无尽的可能性，涵盖音乐、舞蹈等多个门类。音乐作为一种抽象而富有表达深度的艺术形式，以及舞蹈这种通过身体语言传递情感和意境的艺术，在培养学生团队协作意识、提高学生身体协调性和提升学生运动技能等方面与体育有着共通之处。

《艺术展现的社会风貌》单元的教学片段之鉴赏踢踏舞剧《大河之舞》中，踢踏舞作为一种充满活力和节奏感的舞蹈形式，不仅展现了音乐与舞蹈的完美结合，也为学生提供了

锻炼体能、促进身体素质发展的绝佳机会。学生在学习踢踏舞时,需要跟随音乐的节奏进行身体的协调运动。这种与音乐相结合的动作能够有效提升学生的力量、速度、柔韧性和身体的灵活性。随着舞蹈动作的展开,学生在感受音乐的同时,通过舞蹈动作的练习,增强了肌肉的协调性,提高了身体的灵活度和协调能力。这种有机结合的方式不仅开阔了学生的审美视野,也使得学生在体育锻炼中感受到愉悦,实现了美育与体育的共通。

(五)以美促劳,实现艺术与生活的良性互动

劳动教育旨在培养学生的劳动技能、劳动素养以及劳动价值观。其主要目标是让学生参与实际劳动,使其深刻理解劳动的重要意义和价值,同时掌握实用的劳动技能,培养其全面的劳动素养。美育教育虽然未直接涉及与劳动教育相关的内容,但通过深刻挖掘艺术作品的内容,可实现对劳育目标的促进。正所谓"艺术来源于生活,又高于生活",艺术作品在描绘劳动场景或表现劳动精神时具有天然优势,因为艺术可以通过绘画、雕塑、音乐等形式,更深刻地传达劳动的情感和内涵,通过生动的画面和情感表达,向人们展示劳动的辛勤、耕耘与创造。这种表现既可以启发人们尊重劳动、珍惜劳动成果,又能反映社会的价值观和人文关怀。

《艺术展现的社会风貌》单元的教学片段之鉴赏《伏尔加河船夫曲》,作品描绘了劳动者们在伏尔加河畔齐心协力、艰苦劳作的场景,学生可以感受到劳动者们团结一致、共同努力的激情,体验到劳动的艰辛与奋斗的豪情。同时教师还可以现场设计任务,让同学们一起随着音乐的节拍,唱着歌词"哎哟嗬、齐心协力吧",完成一项小小的劳动,如搬桌子等。通过亲身参与劳动,同学们能够更好地理解曲中所表达的劳动精神。

三、结语与展望

《艺术展现的社会风貌》第一课《江河意蕴》,以"母亲河"在各国人民心中蕴含的深情及意蕴为主线,结合音乐、舞蹈、诗歌、绘画等艺术作品的欣赏,使学生理解不同艺术门类在表现"母亲河"的意蕴和品格上的共性与差异。教师可以通过各种角度的内容挖掘、不同教学环节的精心设计,体现艺术学科中蕴含的五育价值。

五育并举理念下中学艺术学科的育人过程显得尤为重要,可以更好地满足新时代对人才培养的需求。我们衷心期待艺术教育成为学生终身发展的助推器,激发他们对艺术的热爱,使之在未来的学习与生活中始终保持对美的敏感和对创新的追求。通过综合发展的艺术教育,培养出更具创造力、情感丰富、有文化修养的学子,为社会的进步与繁荣贡献力量。

指向核心素养的中学艺术教育模式实践探究

——以上海中学东校为例

上海中学东校　刘　琦

摘要：本文从组织管理、注重面向全体学生的基础艺术教育、尊重个性差异的分层艺术教育、核心素养培育的落实与评价、改进与创新五个方面，论述上海中学东校多年来在艺术教育模式方面进行的一些实践探究，以期给读者以启发，完善中学艺术教育模式，培育学生核心素养，完成立德树人根本任务。

关键词：核心素养；中学艺术教育模式

上海中学东校矗立在美丽的东海之滨、滴水湖畔，创建于 2009 年，是根据市教委优质教育资源辐射新城区的发展要求，由上海中学与浦东新区教育局合作开办的现代化、高标准、寄宿制公办完全中学。学校自 2023 年 9 月起，分为两个校区，初中部和高中部。校园环境优雅，水岸风景秀美。教育教学设施按照上海市实验性、示范性学校标准配置，功能齐全。多年来，学校始终秉承"为学生的终身发展奠基，为教师的和谐成长赋能"的办学理念，"以尊重个性差异，促进素养提升"的课程理念，以及"学会做人，学会生活，学会学习"的育人目标，办人民满意的好学校。

学校始终把艺术教育摆在教育教学的重要位置。多年来，坚持"面向全体学生的基础艺术教育，注重学生个体差异的分层艺术教育"相结合的原则和模式，开展丰富多彩的艺术课程和活动，在保证全体学生艺术素养提升的同时，也能满足不同艺术特长学生的发展需求。经过多年的探索与实践，形成了一套自成体系的管理模式和运作机制。

一、组织管理

为全面贯彻全国教育大会精神，坚持立德树人，促进学生的全面发展，完成现阶段艺术教育工作的目标和任务，学校成立了由校长、书记、教导主任、教研组组长、备课组组长组成的艺术教育工作领导小组，其主要职责如下：①拟定学校艺术教育工作整体规划，制订学校艺术教育活动总体方案；②确定、调整年度艺术教育活动内容，督促检查学校艺术教育活动的开展；③协调和解决艺术教育活动中出现的问题，对艺术教育活动情况进行评估；④领导小组办公室具体组织开展学校相关艺术教育活动，汇报艺术教育活动开展情况，加强艺术教育队伍建设，管理和使用好艺术教育教学设施。

此外，学校还建立了教导处、学生处、教研组、年级组、信息组、后勤组分级管理责任制度。教导处负责日常教学管理,以及艺术社团课程的安排;在教研组组长的带领下,教研组内相互听课、评课,定期研讨,同时组织规划安排好校内外艺术活动;学生处、年级组负责学生的管理,以及配合艺术组的各项活动;后勤组和信息组积极支持艺术教育工作,添置和维护设施设备。

这种管理模式的优势在于各部门各负其责、分工明确,又能及时沟通、互相帮助,做事效率较高,有"1+1＞2"的效果。艺术活动的策划大都以艺术组为主导,也能更好地发挥艺术教师的专长,策划的活动有新意、更专业。

二、注重面向全体学生的基础艺术教育

(一)课程设置

我校按教育局要求,开足开齐艺术课程。初中六、七年级开设音乐、美术课;八、九年级开设艺术(音乐、美术)课;高一年级开设艺术课;高二年级开设艺术选修课。这些课程严格按照新的课程标准和教学大纲的要求,由校内在编教师执教,以学科大概念为核心、以学科内容结构化为原则进行教学设计,课程内容落实习近平新时代中国特色社会主义思想,有机融入社会主义核心价值观,中华优秀传统文化、革命文化和社会主义先进文化的教育内容。这类课程的设置全面贯彻党的教育方针,促进全体学生基本艺术素养的提升,培养学生艺术感知、创意表达、审美情趣、文化理解的核心素养。

(二)艺术比赛与展演活动

学校十分注重组织集体艺术比赛活动,每年举办两次集体舞比赛、一次合唱比赛和一次朗诵比赛等,均要求全员参与。"六一"儿童节活动是预初、初一年级全员参与。校艺术节是全校学生共同参与。

1. 校园集体舞比赛

我校每学期开展集体舞比赛,形式多种多样:有体育组老师集体编创、全体学生跟学模式的"我们都是追梦人"校园集体舞比赛;也有各班根据主题自主策划、自主编创展演模式的"舞出精气神 奋进新征程"校园集体舞比赛。

2. "迎国庆"红歌比赛与朗诵比赛

每年"十一"前夕,我校会在预初和高一年级举行"迎国庆"红歌比赛,在初一、高二年级举行"迎国庆"朗诵比赛。各班在推荐作品中选一首,再自选一首作品,由班级自主策划、编创,可加入其他艺术形式进行综合表演。

这类集体活动深受大家的喜爱,在深情与活力四射的表演中,同学们释放了压力,强健了身心,增强了自信。在自主策划和编创时,同学们各抒己见,充分发挥自己的聪明才智,为集体献计献策,增进对彼此的了解,增强集体凝聚力,同时也提高了编创能力,在真实情境中完成表现性任务,培养了创意表达的核心素养。

3. 庆"六一"彩绘童年现场绘画活动

每年的"六一"儿童节,在学校的篮球场上或篮球馆里,总会有预初、初一年级学生的

身影，他们用手中的画笔，绘出心中多彩的童年。此项活动，我们还多次以音配画的形式展开。

如"弘扬传统文化 彩绘京剧脸谱"活动，开场是两位同学演唱，八位同学头戴面具、披上戏服，表演戏歌《说唱脸谱》，瞬间营造了京剧的氛围。在由表演创设的京剧情境中，进入接下来的彩绘京剧脸谱环节。经过短短四十分钟，同学们绘制出形态各异的京剧脸谱。本活动让同学们感受、了解京剧脸谱夸张的图案、鲜艳的色彩，并绘制出一张张精美的脸谱形象。

再如"一伞一韵 花开海上"彩绘纸伞活动，开场时几位同学身着汉服、手持纸伞，伴随着两位小歌手演唱的《半壶纱》翩翩起舞。同学们被此情此景深深吸引，他们迅速融入，打开伞面，铺开画笔，围成一圈，勾勒线条。组内同学分工明确，或扶稳伞面，或研磨水彩，或涂抹色块，经过一节课的精心绘制，创作出风格各异的作品：有传统工艺美术图案，工整规律，大方美观；有中国山水画风，红梅青莲、徽派建筑，还配有题词；也有现代画风，抽象的线条，渐变的色彩；甚至还有同学别出心裁地把校徽图案放在伞面上，真是别具匠心。

此项活动注重音乐、美术、舞蹈等多种艺术形式的综合，培养了学生艺术感知、创意表达的核心素养。同时，中西不同风格、不同流派艺术作品的交流与展示，也培养了学生文化理解的核心素养。

4. 校艺术节

学校每年十二月举办全校规模的大型艺术节，历时一个月左右。前期是各类艺术比赛，表演类比赛包括校园歌手大赛、主持人选拔大赛、"青春律动"歌舞类比赛、"金色旋律"器乐类比赛、"幽默·励志·向上"语言类比赛、心理剧比赛，表演形式包括独唱、重唱、合唱、小组唱、歌剧、音乐剧、话剧、小品、相声、舞蹈等。美术类比赛包括硬笔书法比赛、节徽设计大赛、美术作品征集大赛、心理漫画创作大赛等。

经过三周的比赛，选拔并编排优秀节目参加最后一周的闭幕式文艺汇演，全校师生在体育馆或大剧院一起享受视听盛宴。艺术节闭幕式除了歌舞、器乐、语言、社团展演等节目外，还有艺术鉴赏栏目，即现场聆听音乐作品，以及现场观看世界名画，回答问题。通常是在高二年级进行，每班派出三位代表，答对的题目加分，没答对和未答出的题目不扣分，最后选出答对数量最多的三个班级评奖。评选的优秀美术作品也将以画展的形式在图书馆画廊展出。

艺术节比赛活动丰富，实现了人人参与艺术节的目标。这一表演、编创和鉴赏的大型活动，培养了学生的艺术感知、创意表达、审美情趣、文化理解的核心素养。

三、尊重个性差异的分层艺术教育

（一）课程设置

我校分层艺术教学以选修课的形式呈现，多年来先后开设了油画、版画、扎染、篆刻、书法、茶艺、合唱、口琴、声乐表演、民乐合奏、室内乐合奏等艺术课程，供不同爱好的学生选修。这类课程学生可以零基础选修，通过一年甚至更长时间的学习，学生能在中学阶段习得一门艺术特长,甚至成为终生爱好。这些课程学生是真的因为爱好才选修的,受兴趣驱动,学生的积极性比较高,容易取得较好的成果。阶段性的成长反过来又大大激发了学生的学习兴趣,他们沉浸在艺术的熏陶中,享受着艺术美带来的愉悦感,大大促进了身心健康,同时也提升了艺术素养,开阔了视野。

(二)社团活动

分层教育的另一种模式是开展各类社团活动,学校多年来先后开设了现代舞社、电影社、歌剧社、音乐社、摄影社等社团,其中大多数社团是以学生自主活动为主,教师指导为辅,旨在丰富学生的校园文化生活,提高学习效率,为学生的特长提供展示的平台,同时也为各类演艺活动作准备。而管弦乐团和舞蹈团则是我校精心打造的两个社团,在社团管理模式上也进行了探索和尝试。

1. 分层教学模式

我校管弦乐团成立于2021年9月,现有团员80多人。现任指挥是毕业于美国加州大学、现任上海音乐家协会考级优秀生综合展演"音乐梦想家"音乐总监樊大卫先生。两年来主要采用小课分声部和大课合奏的方式进行教学,即AB班的教学模式。A班是基础班,由各乐器级别相对较低的学生和一些钢琴10级打算转管乐的同学组成,这些学生的乐理基础还不错,需要学习和提高各乐器的演奏水平;B班是各乐器级别较高的学生,经短期训练,就可以直接参与各类比赛和演出活动。每学年进行一次学生演奏水平考核,A班好一些的学生可以进入B班,跟不上B班进度的同学也会调到A班。

2021年,我校当选为上海市学校艺术"一条龙"人才培养体系首批高中阶段舞蹈龙头学校之一,于2021年9月成立惊鸿舞蹈团,现有高中团员12人,初中团员25人。平时的训练内容包括中国古典舞、民族舞和校园青春风格的现代舞,注重形体、技巧、舞姿等基本功训练,在此基础上编排剧目。在准备一些演出和比赛活动时,进行分舞种、分层训练,学生可选择适合自己的舞种参加,这样可以最大限度地发挥学生的特长。我校现有一位舞蹈骨干生,每个月也会请专业教师给舞蹈骨干生单独上课,以保证舞蹈骨干生的专业水准。

2. 校内外师资力量

我校目前有在编在职艺术教师8位,音乐教师5位,美术教师3位,主要进行基础艺术课程以及艺术选修课的教学。管弦乐团和舞蹈社团长期聘用校外艺术团队进行授课,本校在编教师负责管理和平时带学生训练。

此外,我校还定期邀请专家来我校指导和开展讲座,如上海海事大学马骈老师的《走进交响音乐世界》、上海沪剧院副院长洪立勇老师的《沪剧艺术赏析》讲座等。此外,在浦东新区教育局的支持和帮助下,还邀请了胡蕴琪名师团队来我校指导。

社团管理模式的好处是能够保证专业性,尤其是管弦乐团的小课训练,大大提高了各声部学生的演奏能力。同时,在编教师在长期的跟学中,也收获了很多,积累了一定的经验,将来可以独立带队训练和参加演出比赛活动。

（三）艺术比赛与展演活动

1. 展现个人艺术特长的"月月演"活动

我校每学期以年级为单位，举办"月月演"活动，即每个月有一个年级的学生进行演出。每班推选优秀节目，一个年级组成一台晚会，有歌舞、器乐、语言类节目。学生自主策划，教师给予指导，最后的演出由学生们召集志愿者集体完成。这样的实践活动，从策划到排练，从彩排到最后正式演出，学生们完整经历了一台节目从无到有的过程，是在真实情境中完成项目任务最好的实践，是课堂教学任务的延伸。这一过程培养了学生的集体意识和观念、克服困难的勇气和决心，提升了学生创意表达的核心素养。

2. 展现一定专业水准的音乐会

我校还鼓励一些专业能力较强的学生举办音乐会。有多人共同演奏的"群英荟萃"钢琴专场演奏会，也有双人演奏的"追忆古典"钢琴专场音乐会、"浪漫流行"钢琴专场音乐会，还有"唱响校园"系列演唱会，如"兰怡"演唱会、"啸卓演唱会"，即以两名同学名字中各一个字组合命名。此外还有"中西合璧"器乐专场音乐会，"笛韵飘香"民乐专场演奏会等。

学生们学了多年的才艺以举办音乐会的形式在学校展现，大大增强了他们的自信，使其发自内心地感谢母校，若干年后回校，当走到学校的"艺术角"，相信当年的琴声还会在他们耳边回响，别有一番感触。

3. "龙门杯"系列艺术比赛

我校各类"龙门杯"比赛已成为传统，艺术学科也不例外。我校已举办了三届"龙门杯"钢琴比赛，一届"龙门杯"民乐比赛，均受到了广泛好评。一般六级以上的学生才有参赛资格，可以独奏，也可以重奏。经过预赛，选拔优秀学生参加决赛。

4. 与高校联合展演的草坪音乐会

2023年6月，由我校主办、上海海事大学协办的首届"临港之声"草坪音乐会在临港新片区"星空之境"海绵公园（星毯）隆重举行。活动主题为"爱国、青春、奋发"，由上海中学东校管弦乐团、上海中学东校合唱团与上海海事大学交响乐团共同演绎了上海中学东校校歌《远航》、上海海事大学校歌《破浪向前》以及《在灿烂的阳光下》《牛仔狂想曲》《加勒比海盗》《龙舌兰》《北京喜讯到边塞》等十四首曲目，五百多名师生、家长、社区居民齐聚，同时也吸引了周围的游客驻足观看，在临港新片区掀起了阵阵浪潮。

四、核心素养培育的落实与评价

（一）面向全体学生的基础艺术教育评价方式

基础艺术课程评价采用过程性评价和结果性评价相结合的方式，过程性评价在课堂上以观察、记录、反馈等方式进行，结果性评价采用期末考查、作业、项目成果等方式进行。集体艺术比赛和展演则颁发班级集体荣誉证书，评分标准包括上下场、精神面貌、着装、表演等多方面。

（二）尊重个性差异的分层艺术教育评价方式

选修课和社团活动的考核同样采用过程性评价和结果性评价两种方式,包括学生平时的出勤、练习的态度、是否有较大的进步,以及定期的考核等。各类展演和比赛活动,除了颁发证书,还会通过颁发奖杯、奖牌,把学员的名字刻在学校荣誉墙上等方式来激励学生。

对于艺术方面较为优秀的学生还可评选学校的"荣誉毕业生"。荣誉毕业生评选采用个人申请和评审考核相结合的方式。考核标准包括学业表现、艺术实践、专业特长三方面,高中阶段艺术课程学年总评获得 90 分及以上,高中阶段参加艺术选修课不少于 2 个学期,且考核优秀;积极参加校学生艺术团、高水平文艺展演和各项竞赛,取得显著成绩;能熟练掌握一种绘画方法或一种乐器演奏方法,并达到一定的级别。

五、改进与创新

通过多年的实践,我校已积累了一定的艺术教育经验,在新课标出台后,我们又做了深入的学习和反思,计划从以下几方面进行改进与创新:

（一）课程的设置

按照新的课程标准要求,从学校层面重新规划艺术课程的设置,除了开设必修课程外,选择性必修课程的种类也要尽量丰富,为学生提供多种选择。

教师要提前做好课程内容的规划,即采用大单元教学设计的方式,将课程内外的教学资源进行重新整合。在课堂上,创设真实情境,以教师为主导,以学生为主体,在实践中解决问题,习得核心素养,落实立德树人根本任务。

（二）指向核心素养的系列化艺术活动设计

1. 提升创意表达素养的"龙门杯""专场演出""社团展演"系列活动

学校今后计划扩充"龙门杯"系列艺术比赛的门类,比如在原有的钢琴比赛和民乐比赛的基础上,增设"龙门杯"舞蹈比赛、西乐比赛等。

专场演出除了原有的钢琴音乐会、演唱会、民乐演奏会之外,增设西乐演奏会,话剧专场、音乐剧专场演出等。

以前我校虽有社团活动,但缺社团展演平台,仅在艺术节中进行过个别社团、个别节目的演出,今后计划每年举办一场各社团的节目展演,有些优秀社团甚至可以举办一场自己社团的专场展演。最大限度地激发学生的学习兴趣,培养其创意表达核心素养。

2. 提升艺术感知、审美情趣素养的"艺术鉴赏""名家进校园""走进音乐厅"系列活动

艺术节闭幕式的艺术鉴赏环节可促使学生平时多积累世界名曲、世界名画的审美经验,让学生们更注重艺术课程的学习。学校今后计划在其他场所进行艺术鉴赏活动,比如午间休息时间在"艺术角"进行艺术问答等活动。

学校计划把"名家进校园"做成系列活动,每学期邀请专家来我校做一到两次艺术方

面的讲座,充分利用临港地区高校资源,形成大学、中学联动教育模式。

随着临港地区艺术氛围越来越浓厚,临港演艺中心、青少年活动中心等建设和启用,"走进音乐厅"系列活动的举办成为可能。学校将与这些场所建立密切联系,把学生带进音乐厅,观摩、欣赏中外优秀艺术作品,开阔他们的视野,培养其艺术感知和审美情趣核心素养。

3. 提升文化理解素养的"艺术与文化"系列演出和展览活动

学校计划开展"艺术与文化"系列展览和演出活动,比如在学校的艺术长廊,展出古典主义时期的绘画作品,绘画作品旁边配有文字讲解,同时播放古典时期的音乐,也可以让学生讲述古典音乐故事。学生们在这一时段、这一时刻享受艺术的熏陶,感受那个时代的艺术与文化,理解世界艺术的多样性,提升文化理解核心素养。

综上,我校长期以来把艺术教育摆在重要位置,尤其是作为舞蹈"一条龙"的龙头学校,我们有责任和义务在艺术教育方面不断学习和创新,做出自己的特色,起到"龙头"作用,辐射龙身、龙尾以及临港地区的中小学。在新课程改革的背景下,未来我校将把艺术核心素养的培育作为艺术课程设置和活动设计的标准之一,以艺术审美为核心,培养学生的兴趣爱好,增强其创造意识,促进学生在情感、想象力、创造性思维、人际交往与合作以及文化修养等方面全面提升,将艺术之花种在学生心里,培养德智体美劳全面发展的社会主义建设者和接班人,完成立德树人的根本任务。

"人人艺术"让每个生命都精彩绽放

上海师范大学附属青浦实验学校　宋　青

摘要：随着时代的变迁，以及人才培养需求的提高，艺术教育在提升学生综合素质方面有着不可替代的作用，更是美育教育的核心。学校应构建艺术教育格局，从课程建设、设施设备建设、环境建设及人才培养等方面着手，努力为学生德智体美劳全面发展提供保障。

关键词：艺术教育；课程建设；美育水平

艺术教育是美育的核心，在提高人的综合素质方面有着其他学科不能替代的作用。2015年9月，国务院办公厅在《关于全面加强和改进学校美育工作的意见》中强调学校美育课程体系要以艺术课程为主体，坚持育人为本、面向全体、因地制宜的基本原则，建设现代美育体系。在新课标中，艺术在教育中的比重也发生了翻天覆地的变化，多年来一直被公众视为"选修""辅修"的课程，也开始成为必修课，这将是推动美育工作的又一重要举措。因此上海师范大学附属青浦实验学校作为新开校，如何构建艺术教育格局，提升学校美育水平，成了学校教育工作者的一个重大课题。本文结合学校的"十四五"规划和艺术教育实践经验，就这个问题进行了一些思考和探索。

一、营造校园艺术氛围，夯实艺术教育基础

良好的校园艺术氛围，是学校夯实艺术教育的基础，润物无声，却能在潜移默化中提升全校师生对美的感知。让每一面墙能说话，充分挖掘校园艺术资源，从而筑牢学校艺术教育根基。

1. 艺术校舍，大象无形

学校整个布局北高南低，"面向未来的沿河生态学习聚落"是校舍的设计理念，整个学校看上去蜿蜒曲折、行云流水，波浪形的外部轮廓与芦花浜河相互呼应，很有艺术性。在这里，师生们每天都能遇见灵动亮丽的校园景物，闻到青草绿树散发的气息，在潜移默化中接受美育教育，对校园的热爱油然而生。

2. 人各其美，方圆共济

学校以"人各其美，方圆共济"为办学理念，以地域文化孕育学校文化，五育并举，尊重每个学生的个性和特长，充分发挥他们的潜能，帮助他们找到自己的兴趣和优势，从而实现个性化教育。让每个孩子都找到自己的位置，让每个生命都焕发出独特的光彩，这是学校追求的目标，而艺术教育是不可或缺的教育工作。

3. 真抓实干,一校多品

学校严格落实国家课程计划,开足开齐音乐、美术等艺术课程,除此之外,学校充分挖掘区域资源,开设尤克里里、舞蹈、泥塑、绘画、民间艺术体验等专题活动课程及社团。各门艺术课程的开设都落实相应评价,并形成行之有效的制度化、规范化管理,建立了良好、高效的工作秩序。充分挖掘校内教师潜力,发挥特长,构建校本课程,相互协作,努力形成学校艺术品牌,让艺术气息弥漫校园,滋养生命,真正在区内乃至市内成为响当当的上师附校艺术教育品牌。

二、开展艺术教育研究,打造艺术教育团队

教育教学的落实关键在于教师,只有拥有心灵之美的老师,才能真正发现艺术教育的美,打开学生发现美的眼睛。

1. 强化艺术学科组建设,提升专业能力

学校专职艺术教师 4 人(其中音乐教师 2 人,美术教师 2 人),全部具有大学本科学历,每位教师也积极主动负责一个专业社团的指导与管理。每周一次的学科组学习,每月两次的学科研讨,每学期一次的汇报展演,从未间断。学校也定期邀请市、区专家、教研员为我校艺术教师进行专题培训,提升教师专业能力。借助工会活动、教师培训等,组织全体教师参加艺术相关学习;观看大剧院艺术演出,发布区内美术馆展览通知;到兄弟学校参观学习交流,鼓励教师带团队参加各级各类的比赛和演出交流,为艺术教师提供更广阔的发展舞台。同时积极邀请区教研员在学校开展区内教学展示、教师教学研讨,不断促进教师自我学习,提升修养,开阔视野,修炼本领,提升艺术教师的价值感、荣誉感,激发他们专业成长的内生力。我校先后有老师参加市级教材编写工作、市级教师工作室,获评区级名优骨干教师等荣誉称号。

2. 引进艺术专家团队,向高水平发展

为促进各个艺术团队向高水平、高层次发展,学校借助高校合作办学和区域资源,邀请专家团队来校,对教师定期进行专业指导。走进课堂,为学校艺术教师的教学“把脉问诊”、指明方向。走进社团,指导学校教师的社团建设。目前舞蹈团、尤克里里社、蝶翅飞舞社、戏剧社都有专业的教学模式。走近教师,一对一地促膝长谈,为教师的教学提出改进意见,帮助教师快速成长。

3. 严把外聘教师资质,监控课程质量

对课后服务、高校社团、培训机构和体育俱乐部的外聘教师,我们立足校本,引进外援,内外融合,立足选好品牌,对教师资质严格把关,加强教学内容和课堂实施的监管,立足真实评价,家校共同参与,结合学生学习成果展示,遵循优胜劣汰原则,确保教学成效。

4. 开设艺术校本课程,用心开发落实

学校要形成持续课程,必须以校本课程内容为抓手,促进课程开发,提升教师教学能力,深入推进实践,形成学校特色的艺术校本课程。美术组教师基于地域资源福泉山,对福泉山进行文化开发并开设“有点艺思”校本课程,老师们力求将美术与文化、与时代、与素养相结合,让孩子不仅能够感受到家乡地域文化,还能切身体会从古至今美的传承;音

乐组开发音乐特色作业"趣味创编",老师根据学生特点设计相应的实践作业,多角度探索"以美育人"的途径,激励学生主动参与,积极投入,在生动演绎的氛围中,赢得了学生的喜爱和共鸣,更带领学生走进音乐、感受音乐、表现音乐,提升艺术鉴赏能力。

5. 开发艺术教育课题,潜心实践研究

一手抓教学,一手抓科研,两手都要硬,要让课程内容有生命力,必须不断进行课题研究。学校不断完善教育科研制度,鼓励教师参与和主持课题,全面提高教师科研能力。艺术组教师不断借助课例研究,积累素材;美术组教师已经多次参加和主持校、区和市级课题,也在校内形成了各自相应的校本课程。课题成果不断完善,相关论文也有发表。

三、搭建艺术展示平台,提升艺术教育品质

适应地域特点,贴近学生生活,满足学生需求,搭建艺术平台,为学生提供舞台,去学习,去展示,去创造,让艺术教育深入学生内心。

1. 丰富艺术社团,引领学生发现美

学校新建不到两年,学校从 0 开始已经开设 15 个兴趣社团,组建沪语、软笔书法、戏剧、硬笔书法、中国舞、尤克里里、"有点艺思美术"等社团,吸引了全校 630 名学生及家长的关注。

沪语社团:以说、唱、演为主基调,积极发掘学生个性特长与兴趣爱好,为学生搭建学习沪语、弘扬和传承上海传统文化的平台。通过教学让学生不仅能听懂沪语,还能较流利地说好沪语,而且能够唱沪剧的片段。学生在传承和弘扬沪语文化精髓的同时,娱悦身心、激发情感,进而爱家乡、爱上海、爱祖国。

软笔书法、硬笔书法社团:书法是一门独特的艺术,既有深厚的历史底蕴,又在现代社会中具有广泛的应用价值。学习书法,学生可以深入理解汉字文化的内涵和美学特征,提高自己的文化修养和艺术鉴赏能力。同时,书法在文化交流以及现代设计等领域中也发挥着积极的作用。书法课程不仅可以帮助学生们掌握一种实用的书写技巧,还能为他们打开一扇通向中国传统文化的大门。

戏剧社团:课程契合低龄学生的天性,在课堂中开发以口头表达能力为主的戏剧课程,结合小学语文教材与教学,编创课本剧,糅合声、台、形、表等戏剧要素,激发学生对戏剧的兴趣,提高学生肢体和口头语言表达能力。

中国舞社团:中国舞主要包括民族舞、古典舞等,本课程能帮助有舞蹈爱好或者特长的学生在良好的舞蹈氛围中提高自己对身体的控制力、舞台的表现力,在集体训练中树立团结协作的思想,增强学生的集体荣誉感。

尤克里里社团:以"弹"和"唱"为主题积极发展学生的个性和特长,为爱好音乐的同学们提供一个乐器学习交流的平台。通过课堂教学让孩子们感受尤克里里丰富的和声和透亮的音色的同时娱悦身心,发挥自己的音乐想象力和创造力,用心体会音乐带来的快乐。

"有点艺思"美术社团:融合多样化的艺术表现形式,以感知、探索、创作的方式,走进丰富多彩的艺术世界。通过绘画、捏塑、拍摄、制作等表现方式,提升学生的动手创作与构思表现能力。

学生们沉浸在社团浓郁的艺术氛围中，在对色彩美、声音美、形体美、视觉美的不断学习和体验中，培养发现美、体会美、感悟美的能力，也逐渐明白更美的自己、更美的生活、更美的社会、更美的生命。

2. 开展艺术活动，引导学生创造美

学校不断为学生提供艺术活动，如一年一度的科艺节，一学期一度的社团汇报演出、学生才艺比赛等，不断满足学生的艺术需求。每学年第二学期，学校都会精心策划、统筹安排，家校社一体共同参与，让学生们全身心投入，玩起来、唱起来、跳起来、乐起来，让学生感受美的同时，更去创造美。师生围绕学校办学理念，结合学校合作办学的特色，以及地域文化精神，设计校徽，并且还创造了学校的吉祥物"小琮宝"。一年一度的科艺节，艺术组的老师们为学生提供许多科技画及工艺作品的创作方法与设计思路，"小琮宝"们积极地交流与讨论，碰撞出许多创意的火花。看着学生们沉浸在音乐与美术的海洋中，人们都会不自觉面带笑容，这是艺术的魅力；看着学生们优美的舞姿与稚嫩的书法，人们都会竖起大拇指，这是艺术的磁力；看着学生们童趣的作品与优雅的演奏，人们都会赞不绝口，这是艺术的魔力，这些无不彰显出上师附校少年们良好的艺术素养。

3. 参加艺术比赛，引领学生展示美

一切的付出都是会有收获的，师生齐心协力，使学校的艺术教育崭露头角、硕果累累。学生们在上海市学生绘画书法摄影比赛、青浦区动漫画比赛中，捧回来多个区级优秀奖项，更获市级二等奖等荣誉。同时学校在新校舍里，新建2个美术教室、2个书法教室、2个音乐教室、1个舞蹈教室和一个可以容纳超600人的大剧场，为后续艺术展演提供了充足的硬件保障。

四、拓展艺术教育途径，彰显艺术教育价值

在"双新""双减"的背景下，我们不断探索"五育融合"的育人机制，整合协调多方资源，将艺术教育与多学科、德育、校园文化建设相结合，项目活动不断向家庭、社会辐射，真正在全校落实艺术教育，从而提升艺术教育的育人价值。

1. 整合学校的资源，融合艺术教育

不断扩充艺术教育资源，挖掘其育人价值，通过跨学科、项目式学习等进行有效整合，不断完善学校整体校本课程，在全学科教学中持续提升学生核心素养。

2023年，学校通过项目申报，创建了学校"来来小镇"创新实验室。实验室将申请配备一些比较专业的设备，如电子绘图工具、各种传感器等，这些硬件设备可以进一步满足师生对新时代科学技术协作的需求，为数字化新技术赋能教学提供了可能。同时，充分利用seewo和智能手机的互通，在日常教学场景中，艺术赏析变得更加有趣，实践的过程更加好玩，表达的方式更加多元。

美术组老师以上海教育出版社二年级美术教材第六单元《走近名作》中的第2课《多视角的脸》为内容，重构教学，基于素养导向与当下时代教育背景，借助上海市中小学数字教学系统"三个助手"平台创建互动教学资源，创设富有趣味的教学情境。课堂上学生跟随"小猪佩奇与乔治"探秘名画，环节层层递进，在点触"名画""资料片""交互体验游戏"的

学习过程中,以指尖为媒介,突破空间限制,跨越现实与虚拟空间的维度,逐步走近"毕加索的立体主义"。沉浸式的教学氛围,大大激发了学生自主探索与创作的兴趣,为美术课堂与数字平台携手共育打开新思路。结合数字化平台搭建的"个人作品展厅"与"小组作品展厅"成为本课的一大亮点。

2. 结合跨学科教学,突破探索思路

2023 年,学校以课程领导力项目开展跨学科教学研究。对如何跨学科,艺术组达成了共识,一是以艺术的学习为载体依托现有的课程;二是聚焦艺术和科技融合的适切度,体现融合的合理性和必要性;三是尝试运用不同的学习模式,比如 PBL 项目化的学习;四是解决具体的问题、呈现跨学科学习的综合性特征。

学校校徽和吉祥物的征集,需要学生对地域和实际情况进行整理,对信息材料进行提炼理解,进行相关元素的再改造、再运用,借助语文学科的归纳能力和写作说明能力,数学学科的作图工具和方法以及统计能力等,不断突破创新,在实践探索中孵化项目;因此必须依靠新技术赋能,将平面设计转变为三维图形,并且尝试将静态转化为动态,加以各种装饰,形成多姿多彩的项目成果。

3. 密切家校社合作,共襄艺术教育

不到两年时间里,我们开展了多种形式的活动,不断促进学校、家庭和社会的交流合作。学校借助区、镇团委,妇联等,不断挖掘和利用各种社会教育资源,努力做到校内外、课内外相结合,以"大手牵小手"亲子活动进行艺术教育熏陶和学习,实现家校社共享共建共育,也为艺术教育提供了有力保障。

五、辐射艺术教育成果,推广艺术教育特色

艺术教育的成果不是局限于一校一班,而是要不断延伸拓展,这样才能充分辐射其成果影响。

1. 合作辐射,让艺术教育专业

区政府和上海师范大学合作办学,充分发挥师范学校教育资源优势,以高起点办学,坚持局校双向合作办学,追求同频共振。在艺术教育方面,以专家指导讲座、课堂教学指导、特色活动支持等途径,提升学校艺术教育的专业程度,将高校丰富的艺术教育资源辐射到合作学校,有效推动合作办学学校的艺术教育发展。

2. 集团推广,让艺术教育拓展

在不断促进教育均衡发展的探究路上,紧密型学区和集团化办学,极大加强了学校间的沟通交流,为更好地推进艺术教育的均衡发展,艺术组老师都积极梳理自己有效的教育教学经验,学校间相互交流,不断彰显学校艺术教育品牌。

美育是国家教育方针的有机组成部分,艺术教育是学校实施美育的基本途径,是素质教育不可或缺的重要内容。小学是学生艺术教育的关键期,只有真正落实美育,让艺术被学生认可,才能使学生乐于接受艺术教育,逐渐提升其修养,培养创造力,立德树人,实践五育并举,在高质量素质教育路上迈出坚定的步伐。

学校少年宫课程建设的策略研究

——基于五育融合视域下的枫泾中学学校少年宫课程实践

华东师范大学附属枫泾中学　　徐　龙

摘要：本文以枫泾中学枫彩学校少年宫为案例，探讨了五育融合视域下的学校少年宫课程体系建设。在实践创新点上，提出了整合家长资源和社会资源，共同创建具有地域特色的课程。通过深入分析和论证，本文揭示了五育融合课程在促进学生全面发展和提高教育教学质量方面的积极作用，以及整合家长和社会资源共创地域特色课程的创新性。

关键词：五育融合；地域特色课程；创新性；课程建设

一、绪论

（一）研究背景与意义

学校少年宫作为全面实施素质教育的重要平台，其课程体系建设具有深远的影响。近年来，以五育融合为指导思想的新型课程体系被广泛引入学校少年宫，但在实践中，如何真正整合家庭和社会资源共创地域特色课程，仍需进一步探索。文章对五育融合视域下枫泾中学学校少年宫的课程体系建设进行深入剖析，从而为我国学校少年宫课程体系建设提供借鉴。

（二）研究方法与思路

本研究采用文献研究法、实地考察法及案例分析法，以枫泾中学枫彩学校少年宫为案例，深入分析研究其在五育融合背景下的课程体系建设的特点和模式，并提出整合家长和社会资源共同创设具有地域特色的学校少年宫课程。研究思路为：首先梳理研究背景与意义，然后分析已有实践和研究现状；接着系统地阐述课程内容、对象、教育过程与方法等要素；最后对研究成果进行评价、反馈和总结。

二、已有实践与研究现状

（一）学校少年宫课程体系建设的实践现状

五育融合课程作为实践素质教育的关键途径，在全国范围内得到了广泛关注和深入推行。学校少年宫课程体系建设以积极贯彻国家政策为出发点,经过数年的发展,已取得了显著的成果。然而,在实践过程中,许多学校依然面临一系列挑战,诸如课程内容缺乏多样性、课程标准缺乏统一性、教师资源不均衡、评价体系亟待优化、资源配置存在差距、亲子互动不足等。为进一步推动学校少年宫课程体系建设,有必要充分整合家庭及社会各方资源,密切合作,共同探索具备地域特色的课程创新。

(二)学校少年宫课程体系建设的研究现状

学校少年宫课程体系建设研究,关注层面主要集中在五育融合视域下的课程建设、教育资源整合、课程改革及创新等方面。然而,关于如何在五育融合的背景下,有效整合家庭和社会资源,共同创建地域特色课程,研究成果尚不丰富。以下从全国、上海市和枫泾中学三个层面进行分析。

1. 全国情况

全国范围内,学校少年宫课程体系建设积极致力于五育融合,通过丰富课程内容、提高课程标准、加强师资队伍建设等方面进行改革创新。在这一过程中,家长和社会力量得到了一定程度的调动,但还需进一步加强资源整合和共享,以促进地域特色课程的发展。

2. 上海市金山区学校少年宫联盟发展模式

上海市金山区学校少年宫联盟在探索五育融合课程体系建设的过程中,通过搭建学校少年宫联盟课程网络平台,即"践行码"平台,实现了资源共享,整合了区内外教育资源。此外,金山区通过系统的教师培训和课程建设,形成了具有地域特色的课程体系。然而,课程联盟的发展模式仍有待进一步完善,以满足不同学校及学生的需求。

3. 枫泾中学枫彩学校少年宫的发展情况

枫泾中学枫彩学校少年宫在学校少年宫课程体系建设方面,积极尝试引入五育融合理念,不断调整课程结构。同时,枫彩学校少年宫与家长、社会机构等密切合作,以共享资源、课程开发、实践活动的形式,共同推进地域特色课程的创建。但如何进一步挖掘地域特色和优势资源,以提升课程吸引力和影响力,仍需关注并深入研究。

综合全国情况、上海市金山区学校少年宫联盟发展模式和枫泾中学枫彩学校少年宫的发展情况,可以看出五育融合背景下学校少年宫课程体系建设在不断探索和创新,但在整合家庭和社会资源共建地域特色课程方面,研究仍需深入拓展。

(三)五育融合视域下枫泾中学少年宫课程体系建设存在的问题

1. 课程设置重叠,缺乏特色

在现有的课程体系中,枫泾中学少年宫的课程设置与学校课程有所重叠,缺乏自身的特色,浪费了学生的学习时间。长此以往,对学生的个性化发展极为不利,因为学生无法体验到有特色的、多样化的学习内容。此外,这种缺乏自身特色的课程设置,也无法满足学生对学习的多样化需求。学生渴望在少年宫中获得与学校不同的学习体验,但是现有的课程体系显然无法满足这一需求。这不仅影响了学生的学习积极性,也制约了学校少年宫的课程建设。

2. 教育资源分配不均,优质课程资源匮乏

部分热门课程受到家长和学生的广泛关注,其资源变得异常紧张。这导致了许多学生难以选到心仪的课程,甚至可能因为资源的限制而放弃在少年宫的学习机会。与此同时,一些相对冷门的课程则面临资源浪费的困境。它们的资源配置充裕,甚至可能超过实际需求,造成了不必要的浪费。在追求高品质教育的今天,学生对优质课程的需求与日俱增,但现有的资源显然无法满足这种需求。这种供需之间的矛盾,不仅影响了学生的学习效果,也制约了少年宫整体教育水平的提升。

3. 课程实施效果评价体系不完善

当前,枫泾中学在课程实施效果的评价上,缺乏一套客观、公正的评价标准来衡量课程的质量和学生的学习成果。这不仅影响了对学生学习成果的公正评价,也使得教师和课程设计者难以获取关于课程质量的真实反馈。进而,这种不完善的评价体系无法为课程体系的持续优化提供有力的数据支持。

三、枫泾中学少年宫课程实践分析

(一)课程内容构建途径与对象

枫彩学校少年宫课程体系建设研究,关注层面主要集中在五育融合视域下的课程建设、教育资源整合、课程改革及创新等方面。在此基础上有效整合家庭和社会资源,共同创建地域特色课程群。

1. 课程内容构建途径

第一,根据课程实践分析的基本理论和概念,包括课程设计原则、评估方法和教学策略等,构建课程理论框架。第二,课程开发小组探讨各种课程分析方法,如需求分析、目标分析、评估分析等,以帮助指导教师深入了解和分析课程的设计与执行过程。第三,开展课程实践案例研究。通过研究真实的课程实践案例,分析和评估课程实施的效果,并提出改进建议。第四,数据收集和分析。通过问卷调查、观察记录和访谈等,收集和分析与课程实践相关的数据。第五,教学实践反思。引导教师进行反思和探讨,分析课堂教学实践中遇到的问题和挑战,并提出改进的具体措施。第六,课程改进策略。定期讨论,不断改进策略和调整措施,以达到更好的教学效果。

2. 课程开发对象

通过课程开发,教师能够结合自身专业和地域资源开展课程设计和实践分析,提高他们在教育领域的能力。此外,该课程还可以为学生提供丰富的课外学习资源。

(二)枫彩学校少年宫课程体系的建设情况

枫彩学校少年宫在学校少年宫课程体系建设方面,以五育融合的理念,构建课程框架。现已形成的课程群分为四大类:灵韵系列、灵巧系列、灵动系列和灵创系列(图1)。

灵韵系列课程包括合唱、钢琴、舞蹈、沪剧、葫芦丝等,体现综合艺术教育的魅力。

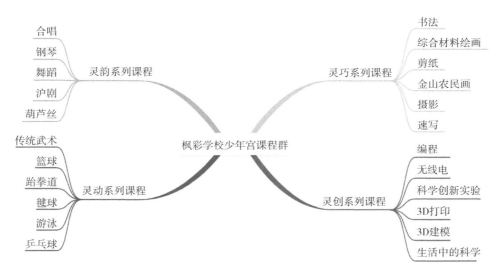

图1 课程群结构

灵巧系列课程包括书法、综合材料绘画、剪纸、金山农民画、摄影、速写等,展现传统文化与现代技艺的结合。

灵动系列课程包括传统武术、篮球、跆拳道、毽球、游泳、乒乓球等,锻炼学生体能、培养团队意识。

灵创系列课程包括编程、无线电、科学创新实验、3D打印、3D建模、生活中的科学等,激发学生创新意识。

(三)家校社资源整合

本课程整合家庭资源、社区学校资源和社会力量办学机构资源,针对枫泾镇12～16岁青少年设计开发相关课程内容。

课程内容不仅涵盖了五育课程,还结合了枫泾镇的江南文化地域特色,以满足学生的个性化需求。

(四)教育过程与方法

在枫彩学校少年宫课程体系建设中,教学内容涵盖了五育融合理念下的地域特色课程,其中,金山农民画和古镇江南文化特色尤为突出;整合了家庭资源,如中国书法家协会会员冯强老师;专业师资,所有老师均具备本专业教师资格和中级以上职称。此外,冯强老师的书法课程和徐龙老师的葫芦丝课程勇于创新,在课程建设中运用进阶式课程模式,针对不同需求的学生设计了初级班—进阶班—高阶班的梯队化教学模式。

1. 教育过程

在课程体系建设过程中,首先关注学校、家庭和社会三者的密切合作与协同,以更好地整合多方资源。在此基础上,教师充分运用自身专业优势,通过系统的课程设计,为学生提供丰富多样的教育活动。在实施五育融合课程建设的过程中,教师以学生为本,培养和挖掘学生的兴趣和潜能,使学生在课程体验中全面发展。

2. 教育方法

(1)以学生为中心。强调学生主体地位,教师在教学过程中既是知识的传授者,也是学生学习的引导者和助手。关注学生的需求,关心个性发展,有针对性地进行教学。

(2)家校社协同教育。倡导家校共育,着力打造学校、家庭、社会的良好教育环境。启发家长积极参与,协助教师教育工作,共同推进地域特色课程的建设。

例如:在枫彩学校少年宫课程体系建设过程中,协同教育起到了重要作用。以中国书法家协会会员冯强老师为例,他在书法教学中通过积极吸收家庭资源,促进家庭、学校和社会的共同参与,以提高教育质量。具体操作方式如下:

邀请家长参与课程设置。在开展书法课程之初,冯强老师主动向家长征询意见,了解他们对孩子学习书法的期望,以便设计更贴近实际需求的教学方案。

组织家长座谈会:定期举行家长座谈会,让家长了解孩子在书法课程中的学习进度和表现,及时反馈意见和建议。通过此种方式加强家校沟通,构建家校双向培育模式。

开展家庭书法活动。鼓励家长与孩子共同参与书法活动,如家庭书法比赛、亲子书法创作等。这样不仅能让家长了解孩子的学习成果,还有助于传承中华优秀传统文化,进一步增进家庭成员之间的感情。

搭建联系桥梁。学校少年宫管理团队还通过微信群、电子邮件等途径,定期向家长推送孩子的学习资料、课程动态和书法作品,让家长时刻关注孩子在书法领域的成长。

协助校外活动。家长可以在课外活动中提供帮助,如参与学校举办的书法展览的策划组织,或者协助孩子参加社区、市级甚至更高层次的书法比赛,提升孩子的综合能力和丰富孩子的社会实践经验。

通过以上方式,冯强老师成功地将家长的力量融入书法教学中,实现了家校共育的协同教育目标。这种模式强调家庭、学校和社会的互动合作,对传承中华优秀传统文化以及提高学生的书法水平产生了积极的推动作用。

(3)创新与实践。促进学生通过参与课程活动,学会探索、思考、实践。在课程实施过程中,鼓励学生勇敢地发挥自己的想象力和创造力,挑战新的事物。

(4)寓教于乐。通过趣味性强、情感丰富的教育活动,激发学生对学习的热情,提高学生的积极参与程度。在愉悦的学习过程中,学生不仅能获得知识技能,还将培养良好的情感态度和价值观。

综上,枫彩学校少年宫在五育融合课程体系建设中,充分结合地域文化特色,挖掘优秀教师团队的潜力。教育过程和方法的创新与实践,使得课程更符合学生特点,也有力地推动了地域特色课程的发展。

四、效果与影响

(一)效果

五育融合视域下的枫彩学校少年宫课程体系建设,不仅提高了学生的综合素质,而且培养了学生的创新能力和审美鉴赏力。同时,课程体系通过有效利用家庭和社会资源,共创地域特色课程,为学生提供了更加丰富的学习机会,促进了多元化教育发展。

（二）影响

枫彩学校少年宫的课程体系建设与实施,不仅对学生产生了积极影响,还使得家长和社会人士更加关注并积极参与到学生的培养过程中。这种模式有助于形成全社会共同关心学生成长的良好氛围,并促进学校、家庭和社会深度融合,提升教育公共服务水平。

五、五育融合视域下枫泾中学少年宫课程体系建设的优化策略

针对枫泾中学枫彩学校少年宫五育融合课程体系建设的实践,提出如下优化策略:

（一）明确课程定位,打造特色课程

首先,课程体系要立足地域特色,紧密结合枫泾古镇江南文化特色及枫泾中学枫彩学校少年宫审美素养培育特色,充分挖掘地理、历史、文化等方面的资源,以确保课程设置符合学生和地域特点的需求。在此基础上,充分发挥枫泾古镇江南文化的独特魅力,为学生提供多元化的审美教育,帮助其建立正确的审美观念和价值观。其次,充分利用五育之间的互补关系,创新课程形式,将德育、智育、体育、美育和劳动教育有机融合,使学生在多元化的学习过程中得到全面发展。

（二）优化教育资源配置,提升课程品质

枫泾中学枫彩学校少年宫五育融合课程体系建设过程中,充分整合校内外资源,包括学校现有的教育资源、家庭及社会资源,形成了一个富有地域特色的综合性课程体系。同时,与专业师资力量合作,共同研发高品质的课程内容,为学生提供更具启发性和实际应用价值的课程。这样的合作不仅能提升课程品质,还能引入新的教育理念和方法,为学生带来更丰富的学习体验。对于需求量大的热门课程,应适当增加资源投入,以满足更多学生的学习需求;对于相对冷门的课程,可以通过优化资源配置,提高其教育价值,吸引更多学生参与。

（三）完善课程实施效果评价体系,确保课程效果优化

建立一个科学、完善的课程评价体系,既注重学生学术能力的发展,同时又重视学生审美素养、实践能力、创新能力等多元化发展。设置多元化评价指标,合理评价学生在不同领域的表现,有助于全面了解学生的成长状况,为进一步优化枫泾中学枫彩学校少年宫课程体系提供依据。这一体系应包括课程目标的明确性、课程内容的实用性、教学方法的创新性以及学生的学习成果等多个维度。通过设置合理的评价标准和方法,对课程进行定期评估,获取关于课程质量的真实反馈。评价过程中,应确保评价的客观性和公正性,避免主观臆断和片面之词。同时,加强对学生学习成果的考核,了解他们在实际操作和问题解决中的能力提升。通过对比学生在课程前后的表现,评估课程的有效性。一旦发现

课程体系中的不足之处，应及时进行调整和完善。对效果不佳的课程，应重新审视其教学内容和方法，进行必要的优化或淘汰。而对表现优秀的课程，应总结其成功经验，进行推广和分享。

（四）持续改进与反思

在枫泾中学枫彩学校少年宫课程体系建设过程中，要始终保持开放的心态、以学生为中心的教育理念，持续改进与反思。了解学生需求的变化，及时对课程体系进行调整优化，以适应时代发展和学生发展的需求，促进学生全面发展。

数字化转型助力教师成长

虹口区教育学院　宋　洁

摘要：数字化时代下，教师的学习和专业成长产生了新的需求，数字技术成为助力教师学习和成长的重要载体与路径。文章立足以数字技术助推教师能力发展、以多源学习促进教师知识建构，通过优化共研共享机制满足教师的学习需要，引领教师成长。

关键词：数字化；学习共同体；教师成长

教师是立教之本，兴教之源，是实现高质量教育的根本力量。加强教师队伍建设是党在二十大报告中提出深入实施科教兴国战略的重要环节。为此，虹口聚焦区域教育改革发展的根本性、基础性、长远性工作，利用现代信息技术，通过学科团队研修、院校合作培养以及"共研共享"机制构建等举措，探索数字化转型背景下艺术教师培养关键策略。

一、数字化转型背景下虹口区艺术教师发展背景

2023年世界数字教育大会以"数字变革与教育未来"为主题，于2月13日至14日在北京举办。大会上教育部部长怀进鹏发表题为《数字变革与教育未来》的主题演讲，其中提道："发展数字教育，推动教育数字化转型，是大势所趋、发展所需、改革所向，更是教育工作者应有之志、应尽之责、应立之功。"中共中央办公厅、国务院办公厅在2020年印发的《关于全面加强和改进新时代学校美育工作的意见》中提道："深化教学改革，逐步完善'艺术基础知识基本技能＋艺术审美体验＋艺术专项特长'的教学模式，在学生掌握必要基础知识和基本技能的基础上，着力提升文化理解、审美感知、艺术表现、创意实践等核心素养。"在高中全面推行新课程新教材的大背景下，2022年义务教育也迎来了新的课程方案和课程标准，新三科的设立是一个重大的新举措，也是一个重要的新突破。不难发现，文件强调了艺术实践活动的重要性，而数字化转型背景下的艺术课程，合理运用"互联网＋"模式展开教学，无疑能够丰富艺术课堂，助力教师的教和学生的学。

数字化转型是推进教育现代化与高质量发展的重要引擎，其作为一个系统性工程，将使信息技术深度融合、教育资源无缝整合、教与学高度契合，教师的作用内涵越来越丰富。以往教师通过各种方式习得知识、技能，往往是以知识习得为目的进行自主建构，教师之间缺少交往，缺少共同学习课程内容、协作完成活动或任务的体验。这与数字化时代强调的协作建构、知识共享的趋势相背离。教育学院作为区教师发展专业机构，面临未来高质量教师队伍建设的时代召唤，对标区教师发展机构建设标准，本课题在数字化转型过程中

尝试构建新型的研修组织方式和教师培养模式,持续提升教师教学质量,促进艺术教育发展,助力教师专业成长等方面,进行了初步的探索和研究。

二、数字化转型背景下虹口区艺术教师培养探索

基于以上背景,我区积极进行艺术教师培养的实践探索,通过数字化技术,准确把握教师状态和诊断相应问题,反思区域艺术教师培养过程和优化培养策略,并结合培养目标,有意识地提炼区域艺术教师培养方法与策略。

(一)顶层设计,构筑区域艺术教师专业成长快车道

数字化转型背景下,虹口区艺术教师培养由区教育学院艺术教研团队整体设计与组织探索实践,其培养流程可概括为以下三步。

1. 第一步:顶层架构、组建团队、院校协同

梳理各项资源,确定顶层框架。在顶层设计之下,原先学校教师单兵作战的状态转变为虹口区基础教育人才梯队(艺术教研团队)这一"学习共同体",紧密联结。根据各级人才培养要求,逐层细化分工及协作,从"独奏""协奏"到"合奏",在此基础上进一步厘清院校培养重点和目标,达到协同培养。

2. 第二步:专家引领、平台搭建、实践探索

虹口区艺术教研团队聘请市、区、高校等优质专家资源,充分发挥专家的示范引领作用。同时与上海师范大学、上海京剧院等高校、专业院团联动,为教师提供互动合作的学习平台与多样化实践探索的场地和资源,提升教师教学品质,促其发展。

3. 第三步:交流展示、经验提炼、推广辐射

经过悉心指导孵化与扎实培养,团队内教师在各个层面的交流展示活动中勇挑重担,在各类平台上崭露头角。借助经验提炼、教师画像等,把握每位艺术教师的不同发展情况,并利用展示机会对教师进行个性化指导、点拨、交流等,精准培育教师。精心打磨并生成优质艺术作品和教育教学资源,受到广大艺术教师与中小学生的欢迎,为从校到区再到市层面的推广辐射打下坚实基础。

(二)多措并举,形成区域艺术教师培养有效路径

基于智能平台的支持,区域学科教研员积极实践,探索了多样化的培养新样态,提升了教师发展品质。在交互式的实践过程中,又形成多条路径共同推进区域艺术教师成长发展。

1. 学科团队研修——艺术教师专业成长的核心渠道

学科团队研修是促进教师专业发展的重要途径,针对学科团队的真实情况和教师成长阶段、区域条件等特点,根据政策文件精神和要求,以需定训,深入推进基于需求的学科团队研修,积极建构分层分类的教师培养体系,为不同发展阶段的教师实现最大化发展赋予有利条件。多年来我们形成了"整体设计,分类推进"的原则,推进教师梯队发展:青年教师团队强调规范教学实践、夯实专业基础、积极创新;经验型教师团队要求持续学习、突

破经验瓶颈、内涵发展;骨干教师团队着重提升专业实力、引领课堂实践、扩散专业影响。

在团队研修中,注重专家学者的专业引领点拨,给予教师专业发展更具针对性的支持;在团队研修中,注重设计实践研修任务,帮助教师在公开教学、带教、学科建设、科研、对外培训等方面都能有所突破;在团队研修中,注重团队成员之间的合作共赢,为团队创建学习支持共同体。

2. 院校协作项目——艺术教师专业成长的主要渠道

根据《关于全面加强和改进新时代学校美育工作的意见》,鼓励各校特色发展,形成"一校一品""一校多品"的学校美育发展新局面。虹口艺术教师教研团队,集聚各校优质师资和资源,以区域基地学校为立足点,通过院校协作项目探索艺术教师培养路径。

区域将基地学校的经验、资源进行提炼固化,辐射至更广的范围,以校带校,通过这样的方式,更具效率地让新课标的理念在基层学校扎实落地,也使院校协作项目的培养路径形成模板,供兄弟学校参考借鉴模仿,促进教师团队成长。

3. 项目化学习——艺术教师专业成长的核心抓手

在项目化学习过程中,教师需要转变传统的教学观念和角色,从知识的传授者转变为项目的引导者和指导者,引导学生主动参与项目,帮助学生解决问题和实现目标。这需要教师具备较高的专业素养和教学能力,包括对学科知识的掌握、对项目的规划和设计能力、对学生的学习特点和需求的了解、对项目实施过程中的突发情况的处理能力等。

深入实施和推进项目化学习具有很重要的借鉴和启发意义。当教师思想上迈出一小步,开始尝试进行项目化学习,区域和学校就迅速对接教师的需求,提供全方位的支持,建立项目化学习常态化开展的教师专业发展和教研体系,将项目化学习中积累的实践经验和成果加以提炼、固化,将之转变为教研的课程资源,进行分享、辐射和推广,形成项目化学习教师成长路径。

三、数字化转型背景下虹口区艺术教师培养成效

经过长期努力,艺术教师培养终于取得一些成效。

(一)依靠专家"真"引领,聚焦教师"真"探索

艺术作为人类文化重要组成部分,承载着立德树人的目标。学科教师唯有树立正确的育人观、课程观、课堂观和学生观,深入研究学科德育课程一体化策略,才能真正达成全面育人目标,促进学生的健康发展、终身发展和可持续发展。在数字化转型的背景下,专家名师切近的指导,为教师提供个性化的指导和帮助,缩短教师成长发展的"磨合期",促使青年教师茁壮成长,更上一层楼。

教师在此过程中也进行了真实场域下的探索和实践。将数字化技术运用到教学中,不断尝试新的教学方法和手段,提高教学效果和质量。不断反思自己的教学实践,总结经验,发现问题,提出解决方案。学科专家曹晏平、顾颖老师作为音乐、艺术《德育学科案例研究》编委,分别向梯队成员进行了全方位的解读。项目研究初期以学科主题的分领域界定及教学内容与资源统整为研究切入点,从学科化、学段化、实践化三方面制定有区域特

色的课程实施方案。围绕"中国戏曲""民族音乐""时代旋律"三方面主题,梳理教材,统整教学内容。完成《京韵课程》单元教学录制;《民族音乐》区级教师培训课程录制;《时代旋律》单元教学案例。学科课程着眼实际,实现与学生的"具体学习活动有机融合",建立活动课程与理论课程相结合的"立体化课程结构";教学层面,改善教学品质、提高课堂效率,完成主题单元教学设计。另一方面以网络为依托,建立区域平台,构建学科线上线下全方位育人平台。实验中学龚燕霞老师的"梨园国粹 梅香雅韵"、鲁迅中学林芷立老师的"用'四史'讲艺术 以美育促德育——'裁云剪水妙生花'"教学实践案例撰写成文,并入选2021年虹口区"四史"进课堂案例集。

(二)搭建平台"真"展示,立足需求"真"成长

数字化转型为区域艺术教师的培养提供了许多新的平台和机会,教师们充分展示了自己的教学成果和经验,互相学习和借鉴。市、区各类评选活动,让优秀的教师脱颖而出,激发教师的积极性和创造力。教学是一个不断实践—反思—总结—实践的过程,艺术学科亦是如此,要在艺术学科中进行数字化融合,以真实课例为依托,把握音乐学科融合的内涵和本质,发现其存在的现实问题,提出有针对性的建议。另外,关于音乐学科数字化融合的研究,无论是音乐学本体、音乐数字化案例还是音乐教师素养的养成,最终都应当回归课堂本身,在课堂中进行检验。

鲁迅中学林芷立老师结合上海市高中《艺术》必修一《艺术与生活》的第二单元《艺术展现时代》开展了单元教学案例研究。根据《上海市中学艺术学科德育教学指导意见》,梳理本单元的德育核心要求,运用多种感觉方式,了解艺术和时代的关系,知道艺术与时代息息相关,体会艺术家如何运用艺术语言表现时代精神。能综合运用多种艺术手段进行创意表达,讴歌楷模人物的优秀品质。

我们也欣喜地看到了教师们获得的成长。鲁迅中学林芷立老师多次参加市区各类评比,获得佳绩,2020年成功入选上海市艺术学科"青年才俊"培养项目,三中心沈洁老师成长为2022年新一轮小学音乐梯队学科带头人,小学音乐教研员杨震、丰镇中学秦瑶老师获评中学高级教师,6位教师获评中学一级教师。梯队成员拍摄空中课堂跨越12个年级,音乐、艺术,必修、选择性必修,6套教材近50节课,这个团队的卓越表现得到了上海市的大力表扬。

(三)课题项目"真"研究,课程成果"真"共享

虹口艺术教研团队坚持科研先行,邀请市区专家"深度介入",通过专题讲座为教师梳理教学改革前沿趋势,引领教师深入了解艺术教育前沿理论,促进艺术教育服务于立德树人的根本任务,以课程为载体,指导教师掌握科研写作和课程开发方法。团队教师还积极"走出去",到改革先进学校参观学习,观摩课堂;主动参与各级教研员的研究课题和相关学科的课程开发。在这样的活动中,教师逐渐了解了什么是教科研以及如何进行研究与课程开发。他们浸润在专业氛围里,潜心修炼,迅速成长。《体态律动教学法在中学音乐教学体验性活动中的运用》是由虹口区人才梯队艺术(音乐)宋洁团队的老师们开发的一

门实践性课程。课程采用网络学习的方式,包括问题思考、主题学习、案例分析和实践反思四个环节。课程通过主题讲座、课堂教学、教研活动、文本资料和作业方式,将理论与实践教学案例相结合,让教师们在掌握体态律动教学法原则、教学理念及教学方法的基础上,学会体态律动的身体运用语汇,并结合具体教学案例的呈现与研讨,提高教师在课堂教学中运用体态律动教学法的能力。

数字化转型背景下合理运用"互联网＋"模式,展开课程开发与共享,形成课程资源库,能够丰富艺术课堂,延伸学习空间,助力教师的教和学生的学。

四、数字化转型背景下虹口区艺术教师培养展望

数字化转型、信息技术 2.0 时代为教师专业发展带来新的时代机遇与现实挑战。数字技术、数字空间、数字资源的迭代融合,革新教育理念、变革教育模式、创新教育评价、改革教育措施,转变教师专业发展的现实境遇,赋予教师专业发展新的时代特征。

针对目前数字化转型与艺术教师培养的实践情况,个人有以下两点思考:

(一)实现新技术与教师培养的深度融合

教育的最终目的是推动人的发展,满足人的需求。在区域教师培训项目中应用教育数字化技术的最终目标应该是实现教师的专业化发展,需要在引进数字化技术之前就深入挖掘教师的真实需求、了解教师的个体差异,再结合区域实际情况,合理设计应用场景,尽量避免"唯技术论"的弊端。

(二)教师适应新模式下角色转变与定位

数字化技术不断普及与应用,传统的教学环境发生了改变,在新模式下,教师已不能仅仅专注于如何讲好一堂课,而是要思考"如何调动每个学生的学习积极性"以及"如何为不同认知风格的学生和不同知识层次的学生推送学习资源,以满足学生的最优化发展"等问题。除此之外,教师不光是数字化资源的利用者,更是数字化资源的建设者,因此,教师要不断更新已有的知识库,成为平台资源的"源头活水",这也对教师的专业发展提出了新的要求。

团队始终坚持以艺术教育为基点,以促进教师专业发展为目标,致力于用新理念引领区域艺术教师及艺术教育事业朝着专业化、信息化、国际化的方向发展,彰显区域艺术教师的影响力和成长力!

艺术教育丰富校园生活　实践创新搭建成长平台
——上海市敬业中学艺术教育发展探索与实践

上海市敬业中学　陈思雨

摘要：根据国务院办公厅《关于全面加强和改进学校美育工作的意见》（国办〔2015〕71号）和教育部《中小学生艺术素质测评办法》（教体艺〔2015〕5号）等文件的要求，2023年上海市敬业中学艺术教育整体工作，全面贯彻党的教育方针，以立德树人为根本任务，把培育和践行社会主义核心价值观融入学校美育全过程。坚持育人为本，面向全体。遵循美育特点和高中学生成长规律，以美育人、以文化人，在整体推进学校美育发展基础上，结合时事、坚持特色，探索出一条融在课程、亮在活动、强在保障的发展之路。

关键词：艺术教育；戏剧；课程；活动

一、办学理念

上海市敬业中学创建于1748年（清乾隆十三年），迄今已有270多年历史，是上海最古老的学校。诚如原上海市教育局局长杭苇所说："从敬业校史的沿革，可以完整地了解我国学制的演变。"从敬业中学走出过3位全国人大常委会委员长，还有中国近代物理学奠基人叶企孙，敬业中学培养了无数社会英才与国家栋梁。

学校秉承"敬业乐群，和谐发展"的办学理念。"敬业者成事"，用敬畏的态度对待自己所做的事，专心致志、精益求精，才能取得成绩；"乐群者多助"，只有热爱所处环境，学会欣赏他人，融入集体，才会由内而外迸发出活力和创造力。"和谐发展"则着眼于学生终身发展、全面发展，是"以人为本"理念的集中体现。

二、育人目标

学校确立的育人目标是：把学生培养成为"基础实、能力强、潜力大，具有敬业特质，适应时代需求的优秀学子"。

学校以"高一学习敬业文化，高二理解敬业内涵，高三弘扬敬业精神"为主题开展分年段主题教育，逐步培育学子"敬业乐群"特质。以"高一认识自我，高二探索职业，高三规划未来"为目标分阶段推进学生生涯规划。通过积极的探索与实践，培养肩负新时代新征程使命、堪当民族复兴重任的时代新人。

三、学校艺术教育传承与发展

翻开上海的教育发展史,敬业中学以其悠久的办学历史而闻名遐迩。早在中华人民共和国成立初期,时任校长翁曙冠坚持认为,德、智、体三者是对立统一的整体。尽管面对繁重的升学压力,学校德智体各方面的教育活动却始终得到有效开展,敬业的课程被评价为"副科不副",音、体、美、劳都得到了应有的重视。二十世纪五十年代,学校在初中组织了红色少年艺术团,下设话剧队、合唱队等,排演了《清凌凌的水绿油油的山》等歌曲。高中部也组织了由学生主导、教师监管的课余文艺社团,为蓬莱区学生课余歌舞团输送了许多演员。六十年代,高中的课余艺术团已发展成为舞蹈队、民乐队、话剧队、口琴队、管弦乐队等,各种歌咏会、诗朗诵会结合时事经常举行,学生的艺术活动开展得红红火火,也为国家输送了一批艺术人才,如曾译制《铁臂阿童木》,获得"飞天奖"的李真惠;中国第一代电视节目主持人陈铎;我国著名男低音歌唱家高志平;等等。七十年代末八十年代初,我校开始实行艺术教学改革,把五线谱教学、视唱和器乐演奏有机结合起来,把器乐声乐和形体舞蹈教学结合起来,并在高中开设音乐欣赏课程,自创一套既使学生掌握音乐知识和技能,又能培养他们的感受能力、鉴赏能力和表现能力的新的教学方法。九十年代,艺术欣赏课程纳入我校高中必修课,高一、高二年级每周一课时,欣赏音乐、舞蹈和美术,是学生公认的效果最好的一门课。二十一世纪初,我校各艺术社团缩小规模,力争形成小而精的特色,舞蹈、话剧等项目继续保持一定优势。2000年小话剧《一双旅游鞋》在上海市学生戏剧节中获一等奖,校舞蹈队自编自演的《快乐的伙伴》《花裙子飘起来》《时代草原》《欢乐节拍》等作品连续四年获得集体舞或表演舞创作表演一等奖。学校于2003年被评为黄浦区艺术教育特色学校。

近年来,我校根据《国家中长期教育改革和发展规划纲要(2010—2020年)》《关于全面加强和改进学校美育工作的意见》《中小学德育工作指南》《关于本市新时代推进普通高中育人方式改革的实施意见》等文件精神,积极落实艺术教育工作,培养学生"坚守中华文化立场、展现中华审美"的文化自觉和自信。依据普通高中课程方案,合理安排三年各学科课程,开齐开足艺术、综合实践活动等课程。结合办学目标、学生特点和实际条件,合理设置课程实施规划。艺术课程门类众多,其文化属性以及与其他艺术形式的交融呈现,很难体现出知识技能层次的递进,更多呈现的是平行、并列关系。[①] 由此我校按课标落实必修课、选修课内容,在保证共同基础的前提下,为不同发展方向的学生提供有选择的课程。依托校内外师资力量,丰富选修课程,加强学校特色课程建设。

(一)融在课程

学校深入推进上海市"新课程、新教材"的"双新"教育综合改革,树立以学生发展为本的教育教学基本理念,重视学生的必备知识、关键能力与核心素养,取得了长足的进步和发展。此外,学校也致力于结合必修课程组织开展丰富的主题活动,在选修

---

① 董方.遵循艺术课程高选择性的发展动力:基于"音乐管理"选修课的思考[J].现代教学,2023(7):21-22.

课程中进一步挖掘高校、青少年活动中心、专业机构等可利用的社会资源，为学生提供社会实践大课堂。通过艺术教育达到树德、增智、强体、育美、创劳的目标，推动学生全面健康成长。

落实必修课程。学校在高一、高二年级开设音乐、美术类艺术课程，保证每周一个课时。高一年级开设普及类美术必修课程，课程内容融入丰富的美术实践活动，如工笔国画、水墨山水、书签制作、扎染等，使学生感受中华优秀传统文化的魅力。高二年级开设普及类音乐艺术必修课程，课程结合多元的艺术门类，挖掘其中的共性与个性特点，如探讨不同艺术门类所表现的生命节奏，了解图腾符号在建筑、工艺等艺术领域的文化传承功能等。艺术必修课程引导学生对历史悠久的中国艺术作品和异彩纷呈的外国经典作品的学习，使学生理解艺术的形象塑造和情感表达方式，了解、尊重中国和世界艺术的多样性，达到一定深度和广度的文化理解，提高其艺术感知能力。

丰富选修课程。学校聘请专业人士，面向高一及高二年级，开设丰富多元的艺术选修课。除戏剧、合唱、舞蹈外，衍纸艺术、海派旗袍盘扣制作技艺、书法等非物质文化遗产研习课程也加入了选修课行列。2023学年学校还引入了体育运动与传统文化元素相结合的"舞狮"课程，在艺术教育中融合传承与创新，培养学生的文化自信。以2023学年第一学期为例，26门选修课中，艺术类有10门，上课人数共计245人，占高一、高二年级总人数的41%。在选修课的基础上，学校继续组织、维护"又新"戏剧社、艺苑美术和"三团一队"的建设与发展。新一届合唱团、室内乐团、民族舞团和爵士舞队以选修课学生为班底，进行选拔，并利用选修课及课余时间对作品进行排演，满足学生的个性化需求，培养学生的兴趣爱好，丰富学生的艺术生活。

推进跨学科融合。高中艺术教育涉及多学科的交叉融合，如音乐需要理解数学和物理原理，绘画需要了解人文历史背景等，这种跨学科的交流可以促进不同学科之间的互动与融合，激发学生的学习兴趣和探索精神。[1] 我校的艺术教育工作强调整体性和关联性，鼓励艺术与其他课程进行跨学科融合，学生通过探究各学科间的相互影响和相互作用，超越简单的形式叠加，认识艺术的真谛及艺术与其他学科之间的有机联系，例如结合语文与艺术学科加深学生对《红楼梦》的理解。语文必修课程中融入剧本改写、台词技巧、角色扮演、即兴表演等戏剧教育内容，提升课堂教学有效性，培养学生的戏剧素养，并进一步开展戏剧节"寻脉红楼文化 经典浸润人生"——经典名著《红楼梦》精彩片段排演活动，对排演成品进行分享评比。学生通过演绎经典桥段，利用服装、舞美、戏剧表演技巧等丰富呈现形式，沉浸式穿越时空，感受文学作品与艺术表现形式碰撞的魅力。

（二）亮在活动

学校积极组织学生参与高水平艺术实践活动，在艺术社团活动中推进项目化、剧目式的艺术教育。学校与上海戏剧学院、上海话剧艺术中心、上海师范大学、黄浦区青少年艺术活动中心等专业单位积极开展持续性密切合作，为学生提供优质美育资源，发展兴趣，

---

[1]　廖娜.高中艺术教育开展途径[J].天津教育.2023(27):138-140.

培养能力。

校园内,学校组织各类演出、作品展示和艺术讲座等。艺术节的小型多样表演专场以及大型迎新文艺汇演给有演奏、歌唱、跳舞等才艺的同学展示的舞台;在校园内布置学生个人绘画作品展、名画 COS 秀等;策划敬业创客"梦想改造家"教学楼楼面门厅设计、高三毕业礼、高一录取通知书和入学礼等文创产品设计,在校园中、在学生身边定格他们自己的艺术创意。学校也通过开设各类艺术讲座以提高学生的文化素养,如黄浦区文化馆的"戏曲进校园"讲座,学生通过戏曲赏析、演绎模仿等形式体验了传统戏剧的艺术精髓,提升了自身的艺术素养,丰富了学校艺术教育途径。学校还在各类主题教育中融入特色戏剧教育,如学生媒体中心继续推进"敬业思政说""时政点评"等金牌项目,以"红色思政 铸魂育人"为主题,师生共同演绎的升旗仪式等。搭建校内多样化的交流展示平台,营造校园艺术教育文化氛围。

校门外,学生积极投入各类艺术比赛及展演活动。在必修课与选修课的基础上,学校鼓励有特长的学生发挥优势,积极引导学生挖掘自身艺术潜能。我校弦乐四重奏乐队以一曲《我和我的祖国》献演第 18 届倡棋杯中国围棋锦标赛开幕式;每年黄浦区学生艺术节艺术单项比赛中敬业学子都大有斩获。学校也进一步加强与本区优质社会文化艺术单位的紧密合作,与当代艺术博物馆、上海书城、公益新天地等协同开展适合学生的实践活动,以美育人、以美润心。新一届敬业中学合唱团成立于 2023 年 9 月,由高一及高二年级选修课学生及热爱合唱的同学组成。指导老师为校内艺术专职教师陈思雨,另聘请校外专家上海市黄浦区青少年艺术活动中心春天少年合唱团艺术总监徐亮亮老师担任客座指导。曾排演《敬业少年》《不忘初心》《Seasons of love》《我相信》《你曾是少年》等歌曲。在新团队组建两个月后,我校合唱团受邀担任"青少年合唱团的组建与基础训练"工作坊示范团,在徐亮亮老师和上海回声(Echo)合唱团艺术总监兼常任指挥洪川老师的指导下完成了声音的初步融合,并在工作坊中将改编版的混声合唱作品《不忘初心》进行展示,获得来自全国各地的专业声乐教师及专家的好评。学校地处历史悠久的老西门街道,目前正处于旧改的过渡期,敬业学子连年参加老西门街道举办的"我在老城厢'修'建筑"活动,学校也已连续承办两届"西门一绘新"城市更新创意赛决赛。今年,我校同学在决赛中再一次从八支战队中脱颖而出,以"'敬'修蓬莱战队"的响亮名称,为历史悠久的蓬莱路街道在旧改过渡期间的美化提出创意,通过石库门等历史建筑和现代科技的融合充分体现街道的历史文化气息,并利用 3D 打印技术制作街道的沙盘,用建模软件制作了街道漫游视频,以虚拟艺术作品为媒介,介绍了老西门的历史、推广了本土优秀文化遗址,将传统海派建筑文化与科技创新、艺术虚拟技术完美地结合在一起。

（三）强在保障

我校目前已有专职专任艺术教师 2 人,分别指导合唱及美术专项学科。专职跨学科兼任教师 8 人,协同管理学校爵士舞、啦啦操等选修课。其中高级职称 1 人,硕士研究生学历 6 人。立德树人、教学相长,学校会聚了一支有活力、有实力的师资团队。为进一步丰富多元化艺术课程内容以及提升教学质量,学校常年聘请高校专家、高水平演职人员、文化名家等到校开展专业指导。包括上海话剧艺术中心国家一级演员吴静、上海大光明文化集团国家二级编导王萌悦、上海市黄浦区青少年艺术活动中心戏剧教研组组长胡云飞、上海市黄浦区青少年艺术活动中心春天少年合唱团艺术总监徐亮亮、上海市万沐从中文化有限公司万好、舞邦文化传播有限公司李丽萍等专业师资，为学校各项艺术工作的师资配备、专业指导等方面提供了充足的保障。学校还积极引入各行各业优质的社会文化艺术资源，多元保障学校的美育工作。

同时，我校艺术专职、兼职教师积极参与市级、区级各类教研活动，通过交流研讨提升专业技能。2023 年 9 月，学校艺术教师陈思雨参加意大利 La Baracca 剧团大师班，学习博洛尼亚教师的戏剧教学法；10 月，学校艺术教师丁江平，以美术结合戏剧舞台艺术设计，《画外有话》一文发表于《黄浦教育》2023 年第 10 期；11 月，校艺术总辅导员袁凌蓉老师牵头的德育研究协会课题"美育背景下艺术戏剧专项课程的实践研究"于 5 月获批立项后进行了中期汇报；校艺术教师陈思雨参与在大同中学举办的黄浦区艺术学科教研活动；12 月，学校参与 2023 年全国艺术教育工作研讨会，由合唱教师陈思雨执笔的《艺术创新源于生活 美育打造多彩校园》一文收录于《2023 全国中小学艺术教育学术研讨会论文集》中，德育分管校长钟思慧代表学校做了专题分享交流。学校坚持实践研究，探索在艺术教育中，符合教育规律和高中生年龄特征的艺术教育教学方法，以研促教，收集、汇总、形成了《高中戏剧经典剧目》戏剧教育素材集、《校园原创、舞台改编剧本合集》等校本戏剧教育成果集，为进一步完善和丰富本校戏剧课程提供了强有力的研究基础。

2023 年，学校在专项经费被大量削减的情况下，继续投入公用经费用于学校艺术教育工作。例如打造专用音乐教室、优化舞台舞美设计、增补演出设备器材等。在场地条件等硬件方面，学校克服了中心城区办学场地先天不足的困难，充分挖掘、用足用好现有校园教室，不断完善艺术教育专用教室，如先后完成戏剧、舞蹈、音乐合唱等专用教室的打造，充分满足艺术教育及展演的需求。在财政经费方面，2023 年艺术"一条龙"戏剧项目使用经费近 4 万元，市区艺术学校及特色项目使用经费 10 万元，另有学校公用经费支出近 3 万元，对艺术教育给予充足经费支撑及保障。

四、特色实践

我校戏剧教育作为上海市学校艺术"一条龙"人才培养体系首批艺术项目，努力挖掘戏剧人才，为热爱戏剧表演的学生搭建学习和展示的平台。学校"又新"戏剧社由学校专职跨学科兼任负责人袁凌蓉老师统筹组织，区艺术活动中心老师担任常任指导老师提供专业指导。学校作为基础教育的一员，近年来也致力于携手高校联动发展。我校与上海师范大学影视传媒学院共同开展产学合作教育基地项目，接收了来自动画、表演、播音主持、戏剧编导等众多专业的在读艺术类专业本科生、硕士生来校实习，以协助学校开展艺术教育工作，为学校戏剧教育的人才选拔与项目发展融入了新鲜血液。学校在 2023 年度继续健全优化戏剧艺术团的管理机构，不断完善各项管理制度。戏剧艺术团通过入校学生择优及海选招生等多元渠道定期扩充队伍，每周固定活动训练时间，每学期完成不少于 40 课时的艺术团训练计划，保证戏剧艺术团的持续发展。学校努力发展戏剧特色，挖掘戏剧人才,为热爱戏剧表演的学生搭建学习和展示的平台。

特色课程。学校以课程为引领,分年级制定戏剧课程目标,开设高一、高二年级的戏剧特色课程。在必修课程中,高一从服装、化妆、道具、舞美等角度对戏剧元素进行美术赏析。高二从人物、冲突、场景三个要素对戏剧内容进行深入学习,并在课上以小组为单位进行排演展示。在必修课的基础上开设戏剧选修课程,进一步挖掘有戏剧特长的学生。结合校外专业戏剧教师的指导,精化剧目的排演,搭建校内校外展演平台,提供展示提升的机会,相继创作排演《同归》《与志愿者同行》《最美敬业》《警察与赞美诗》等多部作品。高三则以生涯规划为切入点,引入戏剧职业教育方向,结合具有戏剧特长的学生职业性格、职业兴趣及职业能力三维特点,开展具有职业倾向的生涯规划教育。

辐射引领。随着戏剧教育的不断深化,学校一直追求更高、更专业、更多元的艺术教育形式及可持续的发展方向,始终探索、不断加强戏剧布局学校内艺术骨干学生、教师联合学、练、演及衔接培养的新模式。集合上海师范大学、区青少年艺术活动中心戏剧教研组 10 余位师生开展了戏剧专项教育的工作研讨,就戏剧专项化教育教学的未来工作内容进行了专题讨论,并对艺术一条龙戏剧项目的三年规划实施进行了具体细化的研究分析,达成了对戏剧经典剧本《西门豹治邺》、二度创作舞台剧《红星照耀中国》等在形式和途径方法上的共识。与高校牵手、协同发展,获得高中生提升综合艺术素养、高校学生得以实习锻炼的最佳辐射局面。

同时,学校有效利用黄浦区豫园学区办学优势,与区域内的市南中学初中部、敬业初级中学联手,打造"龙身龙尾",共享戏剧教育资源。

成果成效。学校自获批成为戏剧项目龙头学校至今,每周校内、校外学生艺术实践活动时间大于等于 3.5 小时;专业教师每周带团排练时长不少于 2 小时。利用寒暑假及节假日加强训练,积极参与市教委组织的各类活动评比展演,保持着一年一部大剧的创作节奏,编排产出多部优秀而有教育意义的戏剧作品。配音诗朗诵《将进酒》曾登上"光影筑梦强国有我"第五届全国中小学生电影周闭幕式舞台、"星光粲然耀春华 挺膺担当创荣光"2023 年黄浦区中学生社团文化节颁奖典礼;诗朗诵《光的力量》曾在专业录音棚进行录制并参加黄浦区"为国育才担使命 创新发展向未来"第 39 个教师节庆典演出;原创穿越剧目《同归》荣获 2023 年第七届全国中小学生艺术展演上海市活动艺术表演类戏剧专场中学甲组三等奖;在戏剧选修课中对经典话剧《茶馆》片段进行排演。在丰富多彩的校内外活动中展现了学生优秀的戏剧素养,更体现了学校戏剧教育的成效。通过戏剧舞台的语言表达抒发了高中学子对革命先辈的崇高敬仰,对祖国的赤诚热爱,对经典戏剧作品的敬意,同时也发掘培养了一大批热爱戏剧的敬业学子。

学校多年的戏剧教育已初显成效,戏剧社的早期社员中不乏大学毕业后投身戏剧表演领域的专业人才。近年来陆续有敬业学子进入上海戏剧学院、上海大学、华东师范大学、上海师范大学等高校影视传媒专业,将在高中期间对艺术的热爱与实践延伸至个人未来的专业发展方向。2014 届学生姚远考入东华大学后,成为东华话剧团团长,如今已成为专业演员;2018 届学生宋海玲,历任工程技术大学梦工厂话剧团社长,参演话剧《我们的樱桃园》《恋爱的犀牛》;2021 届戏剧社社长朱铮忠也已经登上戏剧舞台。2023 届有多位同学分别升学至高等院校艺术相关专业,如上海音乐学院杨祉萱、上海师范大学陆陈澄、同济大学王思涵等。年轻的戏剧人还利用业余时间回馈学校,协助学校戏剧教育进一步发展。

　　以美育浸润学生,全面提升学生文化理解、审美感知、艺术表现、创意实践等核心素养,丰富学生的精神文化生活,让学生身心更加愉悦,活力更加彰显,人格更加健全。敬业中学始终坚持在艺术教育中融合、发展、管理并进,不断提高生产、创作、传播、服务艺术的能力,努力实现校园采集、多渠道发布、快速传播、戏剧艺术化呈现、受众广覆盖的全新格局,提升学子艺术修养,鼓励学生创意表达,最终培养德智体美劳全面发展的社会主义建设者和接班人。

聚焦核心素养,探寻高中艺术单元作业设计路径

黄浦区教育学院　王朝红

摘要:探寻高中艺术单元作业"一体化"设计路径,让每一位学生充分体验艺术学习的快乐与成功,寻找学科核心素养培育的有效路径,落实立德树人的根本任务。

关键词:单元作业;一体化;核心素养;设计路径

一、研究背景

(一)问题的提出

1. 上海的艺术课程从"步履维艰",走到全国艺术综合课程建设的前列

在上海艺术课程推进的 20 年间,艺术教师用其智慧与韧性,为艺术学科打开了一片天地,从"步履维艰"走到全国艺术综合课程建设的前列。

从 2010 年首届上海市艺术学科中青年教学比赛开始,艺术课程的单元设计逐步推进,至今,基于标准的单元构建理念,已经深入基层的每位艺术教师心中。在教学实践中,教师能依照单元开展整体构建,从单元教学目标到分解目标,从单元活动目标到单元作业目标,一应俱全。

2. 作业被推上"风口浪尖",科学合理布置作业,开展单元作业设计,是提高作业品质的有效路径

中小学生负担过重已引起了教育部的高度重视,为中小学生减负受到社会各方面的普遍关注,作业被推上了"风口浪尖"。

近年来,中共中央办公厅、国务院办公厅等部门相继出台了意见、通知等,指出"中小学要改变育人方式""科学合理布置作业""安排学生参与各种兴趣小组或音体美劳活动"。透过这些文件,我们不难发现,作业设计作为教师的专业能力之一,在教育行政部门的文件中得以确认。我们不仅要严格控制作业数量、作业时间,更需要注重作业的精心设计,提高作业品质,切实减轻学生的课业负担,提高教师的教育教学能力。

以单元为基本单位开展作业设计,是提高作业品质的有效路径。

3. 艺术学科的单元作业落实较难,区域间、学校间差异大

对于"年轻"的艺术课程来说,作业,尤其是单元作业,才刚刚起步。有别于考试学科的"受重视",有别于其他以纸笔性作业为主的学科,艺术学科的作业落实情况不尽如人

意,区域间、学校间差异较大。艺术教师对课标的理解、对教材的把握、对学情的了解、对评价的认知等存在一定差异。

对高中学段师生的访谈发现,无论是教师还是学生,普遍认可单元作业的重要性及其对学科核心素养培育的价值。学生非常乐意参与其中,现实却让学生却步,每天时间不够用,显得心有余而力不足。那么如何巧妙安排,精心设计,在不增加学生学习负担的前提下,促成单元作业的有效实施呢?

(二)研究的意义与价值

1. 艺术教育不以培养艺术家为目标,贵在让学生体验艺术学习的快乐与成功,造就热爱艺术的公民

在艺术课程的诸多实践活动中,单元作业以"适应每一个学生的发展"为目标,是培养学生艺术素养的有效途径。单元作业改变单纯的知识与技能的学习,改变单一不变的学习方式,鼓励合作与分享,关注学习经历的丰富,着眼于每一个学生的终身发展,提升学生的学科核心素养,造就热爱艺术的公民。

2. 关联多种资源,开展"一体化"设计,培育学科核心素养

艺术学科的单元作业具有鲜明的学科特点,以丰富的艺术实践形式,增强学生的艺术体验与感知能力,对提高学生的综合艺术素养、培育学生的学科核心素养有很大的功效。然而艺术学科的单元作业在当前大背景下较难落实,唯有巧妙设计、创设情境、充分利用身边的优质资源,整合时间、空间等要素,联结艺术与美育,既体现各艺术门类间的综合性,又与相关社会、自然、科技、文化等知识相关联。

二、研究方法

(一)行动研究

探寻高中学段艺术教师开展单元作业设计面临的亟须解决的现实问题,打开研究思路,在行动中研究。

在具体研究过程中,笔者通过梳理高中艺术第一学期"空中课堂"中教师设计的单元作业、高中艺术教材的单元作业内容等,对接《普通高中艺术课程标准(2017年版)》的学科核心素养与课程目标,对一线教师开展问卷调查和访谈,梳理基层一线教师单元作业的设计现状、思考以及难点等,调整不同研究侧重点,开展教学研究,进而厘清高中单元作业设计"一体化"的目标要求和研究策略。

在具体实践过程中,组织黄浦区区域内高中阶段艺术教师,通过教研等各类活动,边研究、边改进、边分析,在行动中研究,在反思中提升;组织部分学校试点,开展高中阶段艺术单元作业"一体化"设计实践,探索单元作业多样的艺术实践形式,构建高中学段艺术单元作业"一体化"设计的可复制、可推广模式。

在研究与实践过程中,对学生开展访谈,了解单元作业的难度、完成时间以及学生对单元作业的态度等,反思单元作业难度与作业量,从而基于学情,梳理并调整单元作业的

设计。

（二）文献研究

查阅资料、文献,分析国内外相关研究的动态,分析解读现阶段艺术学科单元作业一体化现状,研究与之相匹配的理论依据。

各国艺术教育课程标准的启示:聚焦核心艺术素养培养,凸显"以美育人"的美育价值;构建艺术美育一体化课程标准和具体的美育目标体系;注重教育过程中学生学习方式的变革和学生的创造性与情感体验;与社会场馆广泛融合,并注重学校美育教师培养和学校美育创新。

各国艺术教育教学方式的启示:强调基于不同发展阶段的学生学习规律和特点设计美育教学;更加注重整体教育教学中艺术教育的功能性、综合性、融合性;艺术教育从"技艺"教学逐步转向"创意"与"社会"相结合;紧跟当代科学技术发展趋势,促进艺术教学与信息技术相结合。

美国、英国等国家对家庭作业、课程作业等的研究由来已久,成果有论文,也有专著,如美国学者对家庭作业的影响、目的、政策、体量等方面进行了全方位、多视角的研究。

我国的研究起步相对较晚,通常关注语数外等考试学科。如上海市教委教研室《关于社会与人文学习领域改进作业的建议》、"2018 年上海市中学优秀单元作业、试卷案例征集评选"等文件和活动,很多学科成立了"作业研究项目组",出版了学科单元教学设计指南系列丛书。《现代教学》杂志社也举行了"2019 作业实践与研究"主题征文活动,旨在促进中小学教师的专业发展和提高中小学教师的教学研究能力,反映教师在教学实践中关于作业研究的最新成果。

关于中学艺术课程作业的研究,仅体现在《中学艺术单元教学设计指南》一书的第五章《单元作业设计》中。

在"中国知网"检索平台上,以"篇名""关键词"为检索项,以"单元作业""一体化""核心素养"为检索词,采用快速检阅方式进行检索,检索到如下与本课题相关的各类文献:

表 1 "中国知网"检索结果

检索项"篇名"	单元作业	单元作业 （仅检索艺术学科）	一体化	一体化 （仅检索艺术学科）
检索结果/篇	3142	0	615454	1
检索项"关键词"	单元作业	单元作业 （仅检索艺术学科）	一体化	一体化 （仅检索艺术学科）
检索结果/篇	194	0	106117	0
检索项"篇名"	核心素养	核心素养 （仅检索艺术学科）	单元作业 一体化 核心素养	单元作业 一体化 核心素养 （仅检索艺术学科）
检索结果/篇	81827	18	0	0

检索项"篇名"	单元作业	单元作业 (仅检索艺术学科)	一体化	一体化 (仅检索艺术学科)
检索项"关键词"	核心素养	核心素养 (仅检索艺术学科)	单元作业 一体化 核心素养	单元作业 一体化 核心素养 (仅检索艺术学科)
检索结果/篇	75927	0	0	0

将搜集到的情报细细梳理,本文试图呈现出艺术学科"单元作业、一体化、核心素养"的研究现状,整理分析已有的成果,从已有研究的不足与盲点上找到本课题的研究视角。

在"中国知网"平台上,虽然关于"一体化""核心素养"和"单元作业"的研究硕果累累,然而,同时满足核心素养、艺术学科单元作业、一体化检索条件的相关文章几乎没有,也就是说对这个话题的研究几乎为空白,这也是本课题研究的价值与意义所在。

（三）案例研究

从高中艺术第一学期"空中课堂"中选取不同年级、不同形式的单元作业案例,从区域单元作业研究中寻找案例,研究高中阶段艺术单元作业设计的特色与创新之处。

三、研究步骤

（一）准备与梳理阶段

在单元教学实践、教学视导调研等活动中,通过观课、磨课、评课以及教师访谈,可以发现教师在设计单元作业时随意性较大,缺乏目标指向和设计路径;通过观课、与学生交流以及访谈,可以发现学生对单元作业这种艺术实践形式有着完全不同的态度。对接课程标准中学科核心素养的相关要求,梳理并整合教材中的内容素材,厘清拓展与选择、研讨与创造两个板块的任务与要求,开展单元教学设计,重点关注单元作业"一体化"的设计。

（二）实施与探索阶段

以高起点的"空中课堂"、日常课堂的"家常课"这两个不同层面的课堂为载体开展实践研究。

探索阶段由区域教研员引领,通过市区教研、培训,集体备课、研课、磨课等途径,将单元教学一体化的设计融入单元整体设计中,以培育学生核心素养为主旨,在同伴研讨、专家指导、师生互助的行动中,探寻指向核心素养的、单元教学一体化设计的策略与路径。

（三）总结与提炼阶段

尝试提炼出实践中行之有效,又能让每一位学生充分体验艺术学习快乐与成功的单元教学一体化设计路径,开拓教师的思路,寻找培育学生学科核心素养的有效路径,落实立德树人的根本任务。

（四）反思与再实践阶段

交流分享→研讨→反思→再实践。

四、研究成果

（一）依据课程标准，确定单元作业指向的核心素养

教育部颁布的高中各学科课程标准中，凝练了学科核心素养，明确了学生学习该学科课程后应获得的正确价值观念、品格和关键能力，集中体现学科育人的价值。艺术学科核心素养主要包括四个方面：艺术感知、创意表达、审美情趣、文化理解。

依据课标精神，建立单元教学内容与学科核心素养的关联框架，确定单元作业指向的核心素养。

（二）梳理单元学习内容要素，确立单元作业目标，探寻"一体化"整合点

教材中的单元是一种能独立，又与其他单元相互关联的学习内容。以单元为基本单位，可以避免教师难以把握学科课程的整体要求，也可以避免教师"只见树木，不见森林"的局限，从"一节课"到"单元的整体构建"，从"课堂教学"到"课程视野下的教学"，架起了"课程单元""教材单元""教学单元"之间的桥梁，转变了教师的"教"，改变了学生的学习方式。

（三）聚焦目标，探寻高中艺术单元作业设计路径

艺术学科单元作业是学生通过艺术课程的学习，运用所学艺术知识技能、艺术手法等进行艺术体验、艺术实践的有效途径。

在不增加学生学习负担的基础上，单元作业以课内为主，走向课外，结合校园文化，与课外的资料搜集、编排、演练、制作等相结合；以校内活动为主，走向场馆，走向社区，开阔眼界，拓展思路，校内校外相结合；以线下为主，充分利用信息技术，改变线下有余、线上线下结合不足的局面。

教师需要突破原有的教学固化思路，改变依赖经验的习惯，充分利用身边的优质资源，实现跨越时空"一体化"、与学校特色"一体化"、与学校活动"一体化"、与综合评价"一体化"等整体构建，始终贯彻以学生发展为本的思想。

1. 跨越时空"一体化"

区域内教师结合教学内容，将单元作业的视角延伸至学校周边的艺术场馆、专业剧院、外滩、老城厢、石库门等，如高一年级《匠心构筑 巧夺天工》单元教学以外滩为考察点，将单元作业设计为"比较中国与欧洲古典建筑之美"。构建学生与艺术场馆亲密的"伙伴关系"，关注艺术与生活的内在联系，关注不同艺术门类之间的联系，关联教学内容与区域文化，丰富学生的艺术实践体验，激发学生的艺术想象力，挖掘中华优秀传统文化在教育

中的丰富内涵。

2. 与学校特色"一体化"

将单元作业与学校特色相融合,寻找"共融点",在课程学习之余,学生投放在单元作业上的点滴精力,都能在学校中寻找到展示的特色舞台,张扬个性,收获经历。

上海市光明中学艺术教研组的单元教学设计《品不尽的"国粹"——京剧》中的单元作业"我是国粹小传人",教师突破了原有教学固化思路,改变学生的学习方式,拓宽学生的学习空间,打通课内课外、校内校外、线上线下,将高中艺术单元作业与学校京剧特色进行"一体化"整体构建。学生走近戏曲,与戏曲结缘,发现中国戏曲艺术之美,做传统戏曲文化的传承者,做弘扬中华文化的使者。

3. 与学校活动"一体化"

关注学生学习方式与学习空间的转变,学生学习方式的转变是通过活动设计、作业设计等来体现的。活动是最好的经历,教师需要突破原有的教学固化思路,改变依赖经验的习惯,单元作业走出课堂,走向校园,与校园艺术节、新年音乐会等活动相结合。

单元作业是为了丰富学生的学习经历,而非增加学生的学习负担,与学校活动"一体化"的设计搭建了很好的实践平台,围绕一个主题,学生可以全员参与,实现普及与提高的统一,既有在面上全体的普及,也有在点上个体的提高。

享有盛名的"进才'霓裳杯'服装秀",带给我们很多启示。每年年末,进才中学高二年级学生全员参与,架起艺术课程与校园活动"一体化"的桥梁。

4. 与综合评价"一体化"

新课改背景下的上海市普通高中学生综合素质评价,反映学生的全面发展情况和个性特长,着力促进每一个学生的终身发展,促进高中人才培养模式的转变。

抓住这一契机,充分利用和开发各种课程资源,将艺术学科的单元作业与综合评价相结合,构建学生的课题研究。学生们感兴趣的影视配音、音乐治疗、动画片的中西方比较等,都能与教材中的内容相匹配。如:结合高一年级《肢体语言 心灵律动》单元,学习小组完成单元作业"东西方不同舞韵之比较""浅谈中国古典舞的'圆'""最美古典舞"等课题研究;结合高一年级《匠心构筑 巧夺天工》单元,学习小组完成单元作业"上海石库门的过去与现在——拓展与选择中城市发展的见证"等课题研究;结合高二年级《古老传奇花木兰 孝忠勇爱家国情》单元,学习小组完成单元作业"中国动画片的发展""动画片的中西方比较"等课题研究。

五、结论

(一)从"单一"向"一体化"转变

单元视角和核心素养所追求的项目式学习、主题式学习的方向是一致的。从单元视角设计单元作业,避免了教师将单元中各课割裂开来,而是架起单元中各课间的桥梁,有利于整体把握单元的学习。单元作业的"一体化"设计,打通课内课外、校内校外、线上线下等不同空间、不同地域,进行统筹思考;关联艺术与社会、自然、历史、科技、文化等,有助于从单元整体的视角,开展设计与统筹分配;充分利用身边的优质资源,将单元整体培养目标、作业、评价以及资源等进行系统思考,融合创新。

从"单一"的作业设计到"一体化"的单元设计,不增加学生的课业负担,提高学生的学科核心素养,是提高作业品质的有效路径。

(二)从"知识点"向"核心素养"转变

基于问题的解决,从"外压"向"内生"转变,让学生学会学习,从"知识点"向"核心素养"转变。

改变过去教学只关注知识、将知识与技能割裂的做法,关注学习方式的变革,强调"实践中学习",强调整体性和关联性;改变简单的技能传授、枯燥单调的训练,关注学生学习的能动性,关注学习内容与学习空间的联动,强调"一体化"的活动设计;改变"为了活动而活动"的现象,关注学生创造力的培养,关注学生可持续发展,强调学生艺术素养的提升。

艺术学科单元作业设计,需立足于学生实际,着眼于学生发展。改变活动形式,体现"实践中学习"理念,突显"大艺术,小活动"的设计,始终贯穿以学生发展为本的思想,关注学生学习经历的丰富,关注学生核心素养的培育,造就热爱艺术的公民。

"双新"背景下高中艺术项目化教学设计的实践研究

——以艺术教材必修一《艺术与生活》为例

上海市市西中学　顾圣婴

摘要：项目化教学作为一种基于实践和问题解决的教学模式，逐渐受到教育界的关注和推崇。尤其在高中艺术教育领域，项目化教学对培养学生的综合能力有着显著的作用。笔者作为高中一线教师，对艺术教材的二期课改已有多年的教学经验，并在新教材的推广过程中，有感于教学理念的革新换代，在高中艺术项目化教学的实践过程中，积累了一定的心得和体会，并对项目化教学设计培养高中学生艺术核心素养的有效性进行了一定的探索。本文以高中艺术教材必修一《艺术与生活》中的单元教学实践为案例，研究并探索高中艺术项目化教学设计的实践效果，以提供对高中艺术教育改革的有益经验和借鉴，积极培育学生学科核心素养，促进学生全面发展，落实立德树人的教育总目标。

关键词：项目化教学；高中艺术；核心素养；单元教学；教学设计

一、"双新"背景下高中艺术课程的改革创新与实施要求

有别于旧有的学科课程标准，在《普通高中艺术课程标准（2017 年版 2020 年修订）》[以下简称新课标]中，有以下几方面的改革与创新。

1. 凝练学科核心素养

新课标凝练了本学科的核心素养，明确了学生学习该学科课程后应达成的正确价值观、必备品格和关键能力，对传统的三维目标，即知识与技能、过程与方法、情感态度与价值观进行了整合，形成了以艺术感知、创意表达、审美情趣、文化理解为培育目标的艺术学科核心素养。四个方面的核心素养之间不是递进关系，而是不同维度的体现，具有紧密的内在联系。

2. 更新教学内容

新课标进行了教学内容的革新，进一步精选了学科内容，重视以学科大概念为核心，使课程内容结构化，以主题为引领，使课程内容情境化，促进学生学科核心素养的培育。新课标设置了"艺术与生活""艺术与文化""艺术与科学"的必修模块，还依据高中学生个性发展和参与艺术类高考的需求，设置了"美术创意实践""音乐情境表演""舞蹈

创编与表演""戏剧创编与表演""影视与数字媒体艺术实践"的选择性必修模块,供学生自主选择。

3. 明确学业水平标准

新课标明确了学生完成本学科学习任务后,学科核心素养应该达到的水平层级,构成评价学业质量的标准,引导教学更加关注育人目的,更加注重培养学生核心素养,更加强调提高学生综合运用知识解决实际问题的能力。

4. 增强指导性

本着为教学服务,突出可操作性的原则,新课标中对每个教学模块或主题列举了多个教学与评价案例,增强了对教学和评价的指导性。

新课标的实施建议板块中指出,课程内容、教学方法和评价方式等方面,始终贯彻培育学生艺术学科核心素养的宗旨,落实立德树人的根本任务;重视中国优秀传统文化艺术的学习;围绕同一单元主题进行综合性教学,引导学生学习相关艺术门类的知识技能,并在多种艺术形式中感悟艺术的丰富性和表现力;注重艺术学科与人文学科、自然学科的关联,拓展学生跨学科多向思维的能力;创设解决实际问题的教学情境,培养学生的艺术实践能力和解决实际问题的能力;采取师生互动研究的教学形式,让学生掌握学习的主动权,提高学习研究的能力;因地制宜开发教学资源,灵活利用当地的艺术资源,结合学校、社区、家庭三个层面,创编、生成有特色的教学活动;充分利用信息技术带来的丰富资源和大信息量,作为教学的新媒介和灵活手段。

新课标中明确的教学实施建议与要求,为一线教师解读和理解新课标提供了重要的参考依据,不仅有助于学生和家长对高中艺术课程有更清晰的认识,实现师生教与学的有效互促,也为笔者探索项目化教学实践提供了初步的思路。

二、项目化教学的核心理念与实践价值

从教育学的渊源角度考察,项目化教学的来源可以追溯到建构主义学派和进化主义教育理论。建构主义学派的代表人物如皮亚杰(Jean Piaget)和维果茨基(Lev Vygotsky)等提出了学生主动构建知识的理论。他们认为学生通过与真实世界的互动和合作来建构知识和理解。进化主义教育理论强调学习应当与真实生活和实际问题相结合。约翰·杜威(John Dewey)作为进化主义教育理论的重要代表人物,明确倡导"做中学"的教与学模式,他的弟子克伯屈(William H·Kilpatrick)则进一步提出了教学法,将其解释为体验式教学(Experiential Learning),主张通过与真实环境的互动和合作来推动学习。

以上理论观点在当代项目化教学实践中都有充分的体现,强调学生在实际项目中的主动参与和合作,鼓励学生通过项目和任务来解决实际问题,培养实际应用能力。

笔者在进一步对项目化教学进行文献研究的过程中发现,戴维·科尔伯格(David Kolb)提出的经验学习理论认为学习是一个经验和反思的循环过程,这也提示了笔者,项目化教学的设计应用,不仅提供了学生参与实际项目和任务的机会,能够将理论知识与实际操作相结合,更要深化对知识的理解和应用,将之转化为学生高阶思维能力的发展,尤其在批判性思维、创造性思维以及反思能力等方面,教学设计的环节应做进一步的思考和

提升。

总体来说,项目化教学作为一种学习的革命进入人们的视野,更多的学者从多角度、深层次阐释项目化教学。项目化教学被认为是 21 世纪技能运动的先驱,它蕴含着传统教育无法替代的创新观念:使教师角色得以重塑,从讲授者和指导者转变为学习资源的提供者和学习活动的参与者;关注学生兴趣,注重真实的原始材料和情境;促进了评价方式的革新,强调综合应用和跨学科学习的能力。项目化教学极大地增强了学习成果的实用性和可持续性,具有重要的实践价值。

三、项目化教学在高中艺术课程中的实践研究状况

项目化学习在教育领域已有广泛应用,在近年市教研室的优秀课例的推广中可以看到,一些实际应用案例在许多初高中的艺术课程教学中取得了成果,这些案例提供了宝贵的经验和启示,为进一步研究和实践提供了借鉴。

但笔者在进行文献检索和资料查阅的过程中也发现,项目化教学在高中艺术教育领域的研究仍存在一些不足之处。首先,目前对高中艺术项目化实践的研究相对较少,以"中国知网"为例,搜索相关关键词条,项目化教学大多是与美术、设计等学科关联,所涉及的教材也多局限于美术鉴赏这类相对专业化的教材内容,对高中阶段艺术新教材,以及音乐鉴赏类教材的实践探索,文献资料较为匮乏,且大多数研究还停留在描述层面,对项目化学习在高中艺术教育中的实际效果和机制的探究不足。

其次,项目化学习是一个较长时间的过程,但目前高中艺术教育领域的实践研究多为短期实施和评估,缺乏对学生长期发展和成长的跟踪研究。这有待于艺术新教材在高中阶段持续推广和实践过程中,进行有规划性的长期跟踪性研究,以进一步了解项目化实践对学生综合素质和职业发展的影响。

四、项目化教学设计实践与研究

(一)以"艺术展现时代"为例的项目化教学设计初探

笔者曾参加 2022 年上海市中青年教师教学评选,并以高中艺术教材必修一《艺术与生活》中,第二单元《艺术展现时代》的《延安文艺》一课,荣获一等奖。课上以"今天的愚园路"为题进行的项目化教学设计获得了专家评委们的一致好评。在后续的教学打磨中,逐步形成了完整的单元项目化学历案,并将这种项目化教学的设计思路应用推广到了更多的单元教学设计中。以下,本文将以《艺术展现时代》单元为例,进一步阐述项目化教学设计在高中艺术学科中的实践与应用。

1. 教材分析

"艺术与生活"是普通高中艺术学科的三门必修课程之一,是普通高中学生艺术发展的共同基础。在"艺术与生活"的教学中,要引导学生关注艺术与自然及其与生活的联系。在艺术与生活相关联的情境中,参与各艺术门类实践活动,获得艺术感知、创意表达、审美情趣和文化理解的学科核心素养。

第二单元主要传递艺术展现时代的观念,从认识艺术与社会生活的紧密关系切入。本单元包括了三个主题内容:文艺复兴、延安文艺和当代颂歌。在进行单元教学设计时,应将其视作一个整体,开展多样化的学习活动和单元综合活动。新教材指向学科核心素养的四个方面,提出了以下几点要求:

表 1　教学要求

1	能从历史或文化角度分析、领悟艺术家对不同时代生活的反映,分析其艺术作品独特的审美价值。
2	从生活中提炼时代楷模人物形象的创作素材,进行新颖独特的创编、设计和实践,能撰写评论文章,发表自己的看法和意见。
3	在多元文化情境中,认识讴歌时代楷模的不同艺术形式在情感表达方面的多样性。
4	能主动参与艺术活动,收集与时代楷模相关的文化背景资料。

结合对教学要求的理解,笔者围绕学科核心素养,在第一课"文艺复兴"中,引入艺术展现时代的观念,第二课"延安文艺"作为单元学习重点,着重学习艺术形式的总体特征与时代的内在联系,分析延安文艺时期文艺作品独特的审美价值,体会其团结民众共同抗战的独特社会功能,深入理解延安文艺的精神对我国现当代文艺创作的深远影响。把第三课"当代颂歌"作为学习实践的材料,设计学习任务,引导学生运用前两课学习的成果,进行自主性学习实践与拓展。

笔者梳理了第二单元的主要教学资源,并进行以下的罗列:

表 2　教学资源

资源类型	资源目标	资源名称
教材资源	1. 理解艺术与时代的关联。 2. 从历史与文化角度理解艺术作品独特的审美价值。	1. 湿壁画《雅典学院》 2. 桑塔玛利亚大教堂 3. 秧歌剧《兄妹开荒》 4. 纪录片《延安与八路军》 5. 报告剧《生命的高度》 6. 电影《焦裕禄》 7. 豫剧《焦裕禄》
补充资源	1. 理解艺术对时代楷模和时代精神的讴歌和赞扬。 2. 了解艺术形式在情感表达方面的多样性。	1. 合唱曲《保卫黄河》 2. 现代诗《我爱这土地》 3. 木刻版画《为群众修理纺车》 4. 大型情景史诗《伟大征程》 5. 特别节目《与人民同行》 6. 系列节目《从延安出发》 7. 纪录片《愚园路》 8. 演员秦怡电影片段合集 9. 电视剧《焦裕禄》

2. 项目化教学的设计思路

①选择项目主题。

在项目化教学的初期,首先要选择与学科内容相关、能够激发学生兴趣的项目主题。可以考虑与现实生活相关的问题或挑战,让学生能够在项目中发现并解决问题。

笔者借校园位于历史悠久的百年马路之便,试图鼓励学生通过探究每天亲身行走的道路愚园路,来了解这条路上更多的历史和文化。而微视频是一种当下流行的视频形式,短小精悍,能以简洁、直观的方式传达信息,通过影像、声音和文字等元素来表达观点、情感或故事。鼓励学生在微视频的架构下运用多种艺术语言,以个性化的艺术创作展现上海的时代精神,理解艺术与时代的内在联系,是笔者进行项目化教学的基本思路。项目化教学的分步骤实施能帮助学生积累多样的艺术实践经验,加深对生活的观察和感悟,并进一步了解生活中的文化和历史渊源。

②制定项目目标。

明确项目的学习目标和预期成果能确定学生需要掌握的知识和技能,以及他们在项目中应该完成的任务。

笔者根据教学基本要求,以及本单元的大单元概念,拟定了以下活动目标:

表3　活动目标

1	从历史和文化角度出发,搜集并提炼愚园路相关的创作素材,以个性化的艺术创作展现上海的时代精神,理解艺术与时代的内在联系。
2	从历史和文化角度出发,搜集并提炼愚园路相关的创作素材,以个性化的艺术创作展现上海的时代精神,理解艺术与时代的内在联系。
3	尝试以项目化教学模式,引导学习小组明确分工协作,在实践创作过程中能用镜头语言等表现手法对特定的主题和时代风貌进行展现,投入艺术情感,积累艺术审美经验,获得审美愉悦。
4	在分享交流中培养团队合作能力,理解艺术对时代生活的讴歌和颂扬,体会时代的人文精神和革命情怀。

③组建项目团队。

根据不同的项目内容,可以让学生以不同形式进行分组,例如:兴趣、能力、合作关系等,以小组为单位进行团队合作,可以较好地让班级中的每一位学生实际参与到项目的各个阶段和不同分工中,鼓励学生在团队中相互合作、分享资源和承担责任。

笔者的实践过程中,从学生初次接触艺术课起,就通过互相介绍的方式,让班级同学结对形成四到五个学习小组,并设计整合了课堂活动、学习任务单、作业等内容为一体的单元学习手册,每个小组的各项学习活动、研究性学习和评价等内容都能在单元学习手册中进行记录和反映,以此作为团队考核评价的依据。所以在"今天的愚园路"主题微视频制作的项目化实践中,各学习小组已有一定的团队合作经验,这是有效完成项目化实践的重要基础。

④设计学习活动。

教师应根据单元教学目标和拟定的项目目标,设计并在整个单元中贯穿一系列的学习活动。这些活动可以包括课堂范例的赏析、关键设问的研究性学习、切实可行的实地考察,以及根据项目目标设定一定对象的访谈、文献研究、成品制作等,以帮助学生获取必要的知识和技能。

以"今天的愚园路"项目化教学为例,本单元以感知艺术创作的总体特征与时代的内在联系,体会延安文艺的精神和创作范式对我国现当代文艺创作的深远影响为重点。

笔者设计了以下活动内容：

表 4　活动内容

1	在微视频的架构下运用多种艺术语言,以个性化的艺术创作展现上海的时代精神,理解艺术与时代的内在联系。
2	聚焦愚园路上的人、事、景所反映的文化和历史渊源,并以此作为创作素材,通过多样化的学习过程,积累多样的艺术实践经验,拍摄并制作一段约 2 分钟的文化导览微视频。
3	能在项目实践过程中与同伴进行合作与探究,能对微视频创作做出评价并与他人交流分享,加深对时代的观察和感悟。

为了更好地落实项目活动内容,笔者从单元的第一课时起,以感知不同时代艺术家们的创作为切点,引导学生通过赏析以延安精神为引领的现当代艺术作品,初步学习并了解延安文艺的创作范式。在作品的赏析和探讨中,迁移课堂所学的知识,师生共同聚焦、挖掘生活中的创作素材。学生能在艺术与生活相关联的情境中,通过素材搜集、艺术采访、制定计划、确立主题、脚本撰写、剪辑制作、艺术展示等创意实践活动,进行团队合作与艺术实践,进一步加深对本单元"艺术展现时代"这一观念的理解。

⑤设计项目实施步骤。

项目化教学有明确的活动目标、活动内容,而实施步骤的设计是非常关键的一环。合理的实施步骤可以让项目的目标更加清晰、具体,而学习成果也更有预判性和可操作性,兼顾学生的学习需求、兴趣、能力,并与单元教学的目标保持一致。

教师在设计并细化项目实施步骤时,应注重让任务具有一定的复杂性和开放性,能够引发学生的思考和探究。调查研究、实地考察、实验实践、文献阅读、合作讨论等多样的学习活动,可以提高学生的学习和实践能力。同时,项目化教学实施的过程中也应该整合多学科的知识和技能,培养学生跨学科思维能力,尝试将不同学科的概念和方法应用于问题解决过程中。

笔者认为,项目的每一个实施阶段都应当以合适的形式进行记录和评估,这是评价学生学习过程和成果的重要依据,所在项目实施的过程中,教师可以提供评估工具和策略,包括学生自我评估、同伴评价、教师评价等。同时,要设计有效的反馈机制,及时给予学生指导和建议,促进他们的进一步学习和成长。

以下为"今天的愚园路"文化导览微视频项目实践步骤与要求：

表 5　实践步骤与要求

1	明确项目,建立小组。通过观赏纪录片,明确以愚园路的历史发展和名人轶事为研究内容,以"今天的愚园路"为主题,制作文化导览地图,建立项目实践小组。
2	实地采风,确定研究对象。以学习小组为单位,进行实地走访采风,筛选合适的研究对象,制定项目拍摄计划。
3	查阅资料,设计拍摄脚本。小组通过资料收集、合作讨论等研究性学习,讨论微视频架构,进行初步的脚本设计。
4	分享交流,完善脚本设计。通过组与组之间分享交流,进一步明确拍摄主题,在互相借鉴、修改和细化中不断完善小组脚本拍摄方案,学习相应的拍摄手法。

5	实景拍摄,明确分工。根据拍摄计划,明确实景拍摄中组员的不同分工,关注组内成员的过程性评价,落实脚本设计。
6	视频制作,解决生成性问题。通过视频剪辑、后期制作等过程进一步完善导览地图。在出现生成性问题时,能与同学展开交流与讨论,逐一解决问题。
7	展示成果,交流评价。通过艺术布展等形式,展示各组的文化导览地图,运用评价标准,对作品的主题立意、形式美感进行讨论和评价。
8	项目总结与反思。小组分享项目实施过程中遇到的困难、解决方法和收获,进一步加深对艺术创作时代性特征的理解。
9	条件允许的情况下,可对采访拍摄地进行回访交流,在校园进行互动多媒体布展,或捐赠微视频促进文化公益事业发展。

⑥过程性指导与支持。

教师在进行项目化教学过程中,应在各阶段向学生提供必要的指导和支持,帮助学生理解项目要求,发掘问题,也要鼓励学生独立思考、主动学习、寻求解决问题的方法,掌握所需的知识和技能,提高艺术实践的能力,真正落实学科核心素养的培育。例如:

• 学习资源和信息获取。相关内容包括书籍、网络资源、实验设备、专家访谈等。教师可以提供相关的学习资料和参考文献,以及指导学生如何有效地搜索和评估信息的质量和可靠性,确保学生能够方便地获取必要的信息和资源,并提供他们所需的支持和指导。

• 学习策略和技能培养。教师可以教授学习策略和技能,帮助学生在项目中有效地组织和管理学习。这可能包括时间管理、信息整理、问题解决、批判性思维等方面的技能培养。

• 合作与团队建设。项目化教学通常强调学生之间的合作和团队工作。教师可以提供合作和团队建设的指导,帮助学生学会有效地沟通、分配适当的角色和责任、协作和解决冲突、提高团队的凝聚力和合作效能。

• 反思和评估指导。在项目结束时,教师可以引导学生进行反思和评估,帮助他们总结和梳理项目经验,思考所学到的知识和技能,以及提出进一步的改进和发展建议。

结合以上要点,笔者以单元学习手册为依托,为学生提供了一系列的指导和帮助,例如:

推荐愚园路相关专著、共同观赏纪录片;建立微视频制作的过程性档案;针对各学习小组的微视频脚本提出修改意见;师生共同完善项目评价标准;等等。

以下内容节选自第二单元学习手册:

表6 学习并探讨纪录片《愚园路》中的表现手法

探究纪录片《愚园路》中展现时代特征的表现手法				
片段	主要内容	反映的时代	主要表现手法	艺术表现效果
愚园路亨昌里				
愚园路上的乐声				

探究纪录片《愚园路》中展现时代特征的表现手法				
片段	主要内容	反映的时代	主要表现手法	艺术表现效果
愚园路的百岁老人				
岐山村钱学森故居				
愚园路的城市更新计划				

表 7　建立完整的微视频创作档案

第一阶段　素材积累	
拍摄时间	（第一次采风拍摄的日期记录）
拍摄对象	（可插入拍摄的标志性图片）
文字资料	（如:代表性建筑/典型人物的历史发展过程 对社会的影响/某方面的成就 在展现时代方面的典型性/研究价值 ……）
图像资料	
第二阶段　明确主题	
微视频名称	
拍摄对象	
主题	
内容	
手法	

第三阶段　拍摄制作		
任务内容	负责人	时间节点
脚本构思		
镜头素材		
文本素材		
旁白		
……		

第四阶段　展示交流	
评价方向	评价标准内容
主题与内容	视频内容翔实,结构完整,主题明确,能体现艺术对时代风貌的展现与歌颂
创意与表现	视频叙述角度新颖;拍摄取景运镜表现力强;能运用多种艺术语言
制作与呈现	视频清晰度高,画面剪辑、转场、字幕等后期处理恰当,音画配合度高

⑦设计项目评估与反思。

判断是否达成项目目标和预期成果,需要对学生的项目成果进行评估。根据项目化内容的不同,可以采用多种形式呈现项目成果,如口头汇报、成品展示、文字总结等,对成果的评价可以结合自评、同伴评价和教师评价等,利用问卷调查、观察记录等多样的评估工具,旨在综合考查学生在项目中的表现和成果。

在设计评估标准时,要确保各项指标能与项目的学习目标相一致,能够反映学科核心素养的培育要求,体现学生各方面的成长和发展。项目化教学强调学生综合运用知识和技能解决问题的能力,所以评估也应该注重学生的综合素养和能力,评估不仅仅关注学生的知识掌握程度,还应该关注他们的批判性思维、创造性思维、合作能力、沟通能力等方面。

表8 "今天的愚园路"文化导览微视频项目评价标准

	优良	合格	须努力
主题内容	内容紧扣主题,素材翔实,结构完整。	内容能反映主题,有一定素材积累,结构较完整。	内容素材较少,结构不完整。
过程表现	小组分工明确,成员积极投入讨论、设计、制作等实践创作环节。	小组有基本分工,成员能基本参与实践创作环节。	小组无分工,成员不参与。
作品表现	艺术表现形式丰富,对艺术与时代的内在联系有个性化的表达,呈现较高的审美价值。	艺术表现形式单一,有一定个性,表现效果较好。	未参与活动。

另一点需要注意的是,项目化教学的终点不应是学生的成品递交,结项后的反思环节是学生进一步提升高阶思维的重要契机。学生通过回顾整个项目的经历,总结项目实施过程中的问题和解决方案,分享自己的体验和感悟,促进批判性思维、创造性思维和认知能力的提升,强调问题的解决和决策能力,加强学生的合作和沟通能力,更好地将理论联系实际。

教师不仅可以引导学生从项目实践的角度进行学后反思,还可以从整个单元学习的角度开展,在复述、关联、转化中对接学科核心素养的培育,实现深度学习。教师也可以通过学生的反思得到真实有效的反馈,对自身项目化教学的设计效果进行评估,发掘优缺点,并为以后的项目化教学做新一轮的准备。

(二)实施项目化教学的适应变通和经验总结

在"今天的愚园路"这一项目化教学成功实施后,笔者尝试将此类教学模式推及新教材中的不同单元,并根据每个单元的核心观念设计了不同内容类型的项目化教学方案。

如第三单元《艺术赞美生活》中,笔者运用项目化教学原理,鼓励学生观察、发现、提炼校园生活的艺术要素,运用多种艺术表现形式,以"校园春景"为题创排一个综合艺术作品并进行现场演绎,表达对自然、校园和生活的赞美。与"今天的愚园路"项目化作业要求不同的是,"校园春景"要求以班级为单位进行整体演绎。各学习小组根据自身组员的学习能力、艺术专长的不同,会运用不同的艺术门类,如绘画、音乐、舞蹈、戏剧甚至与艺术相关的其他学科领域,如文学、历史、科学等视角对校园生活进行表现和赞美,而各个学习小组的艺术概念又必须融合在一个作品中。

笔者在进行活动设计时,将"校园春景"设定为一个综合性艺术作品,是"综合"的也就没有了呈现方式的局限性,而每一个学习小组成员不同,艺术能力不同,每一个班级,甚至每一届学生在进行这一次的项目化实践时,都可能会呈现出截然不同的创作思维。允许学生在一定框架内自主选择和规划艺术项目的方向和内容。通过给予学生决策权和自主性,激发学生的学习热情和创造力,同时培养学生自主学习的能力、解决问题的能力,求同存异、合作沟通。当然,这对教师的过程性指导提出了很高的要求,必须能在学生作品思路的基础上引导他们进行合理的整合与梳理,集零为整。

在经过一段时间的实践后,笔者认为,项目化教学设计应紧密对接各单元的教学目标,通过对教学内容的整体规划,以大单元问题链贯穿,围绕核心素养进行项目主题、活动任务和评价标准的设计,为学生创造方式多样的学习经历,有预设、有评价、有反思,结合单元学习手册等不同类型的学习工具,形成了学生完整的单元学历案。

项目化教学不仅对学生具有一定的挑战性,对教师同样也是挑战,教师的"角色转换"一直是近年来教育教学关注的重点,但教师往往很难从传统的知识传授者的局限中跳脱出来,直白地说,这也是教师对学生自主学习能力不信任、对自身应对教学过程中的生成性问题能力不自信的表现。项目化教学中,教师是引导者,也是倾听者。教师不仅要为学生提供有力的理论支持、营造积极的学习氛围,还要能倾听学生的意见和想法,并根据学生的实际需求"因材施教",提供个性化的帮助。项目实施的过程中,教师也是学习者,根据不同项目的类型和内容,需要持续学习和更新自身的知识与技能、不断改进教学策略与方法,并与其他教师进行交流和经验分享,寻求学校和社区等社会资源的帮助,以最大限度地发挥项目化教学的优势,师生共同收获富有意义和成效的艺术学习体验。

五、项目化教学的建议和展望

项目化教学模式对学生综合能力的培养有着显著的优势,随着高中艺术新教材新课标的推出,艺术学科的项目化教学实践探索还有很大空间,如何更好地实现项目化教学,发挥学生的自主学习能力,是所有一线教师共同的课题。笔者结合自身教学环境以及教学实践经验,对高中阶段艺术的项目化教学提出了更多的展望。

1. 提供多样化的项目选择

笔者所在的学校根据艺术教师的不同专业背景和技术专长,开设了艺术专项化课程,在确保符合课程计划的基础上,为学生提供更多的课程选择,内容涵盖了必修板块中的书法、国画、舞蹈等,以满足不同学生的兴趣和学习需求。考虑到学生的个体差异,教师可以进一步设计具有不同主题、媒介和技巧要求的项目,鼓励学生在自己感兴趣的领域进行深入探索和创作。

2. 技术融入教学

现代技术融入艺术教学也是新教材教学要求中关注的重点之一。科技赋能,新的项目化教学设计可以大胆利用现代技术和数字工具并将其与艺术项目结合起来。例如,使用计算机辅助设计软件、数字绘画工具或虚拟现实技术,让学生探索数字艺术、动画制作或交互式媒体创作等领域;利用互联网和在线学习平台,引导学生浏览艺术博物馆的在线收藏,观看艺术家的讲座,参与在线艺术课程等,开阔学生的视野;鼓励学生利用社交媒体和在线平台分享他们的艺术作品和创作过程,鼓励优秀的学生作品得到更广泛的展示和反馈。

3. 强调跨学科学习

跨学科融合式学习的核心理念是,真实世界中的问题和挑战往往需要综合性的解决方案,而不仅仅是单一学科的知识和技能。高中艺术学科的项目化教学,可以通过将多个学科的知识和技能相互交叉和整合,例如,将艺术与历史、文学或社会学等学科联系起来,让学生在艺术创作中探索不同的主题和概念,更好地理解问题的复杂性,培养综合性的思维能力。

4. 建立合作关系

项目化教学可以尝试与当地艺术机构、博物馆、画廊或社区组织建立长期的合作伙伴关系。通过与外部专业人士的合作,学生可以接触到真实的艺术实践和专业经验,开阔他们的视野,并获得更多的学习资源和机会,有利于项目化教学实践长期的跟踪性研究。

六、总结

通过文献研究和实践研究,我们可以发现项目化教学在高中艺术学科中具有许多明显的优势,不仅能够提升学生的创造性思维、合作精神和解决问题的能力,还促进了学科之间的整合与交叉学习,培养了学生的沟通技巧、互助精神和团队合作能力,是符合"双新"背景下教育教学理念的一种科学的教学模式。同样,项目化教学的实施也面临一些挑战,一方面教师需要适应角色转变,放手于学生,另一方面教师也要具备良好的课程设计能力和项目管理能力,能够采用更加综合和多元的方式对学生在项目中的表现和成果进行评估。

高中阶段艺术学科的项目化教学实践有待于进一步的挖掘和探究。

数智时代下,基于艺术教育思考科技与艺术相融

上海市卢湾高级中学　李　晨

摘要:科技与艺术的融合已成为新时代发展的趋势,艺术日益向科技渗透,为科技的发展提供了新视角;科技不仅使艺术创作媒介更多元,且催生了新的艺术形态。科技与艺术相融,为艺术教育带来了新的表现形式和体验方式,将激活艺术教育的无限可能。

关键词:数智时代;科技;艺术;艺术教育

科技的革新会催生出新的艺术形态;科技的进步会引发艺术的变革。近年来,随着以数字技术、新能源技术、生物技术、人工智能等为代表的新一轮科技革命的兴起,科技和艺术进入了彼此交融的时代,为艺术教育带来了新的表现形式和体验方式。相较于传统艺术的"静观"体验,科技与艺术相融,一系列的数字技术赋予艺术作品较强的互动性、参与性。同时,艺术与科技的结合也将为课堂教学带来更广泛的文化影响和创新驱动。

在学校智能化的教学中,我们通过 VR 技术、全息技术、显示技术、人工智能等手段,模拟人类过去文明景观、万物多元的超大奇观及无限共创的元宇宙空间。学生通过参观,沉浸体验元宇宙世界的浩瀚,运用沉浸式交互、艺术装置、空间互动等丰富的体验形式,创造了意境美学的感官盛宴。

一、时代的变迁,引发科技与艺术的结合

随着科技与艺术的不断进步以及人类对自身全面发展的不断追求,艺术与科学在走过了彼此分离的那些年,时代呼唤艺术与科学的融合。艺术与科学都产生于人类的实践活动,都是人类认识世界、改造世界的手段和方法。艺术追求美,是人类对客观世界内在美感的外在表达;而科学追求真,是人类对客观世界内在本质的真实展现。美与真,统一于人类实践,艺术与科学又在人类实践中相辅相成。

一般而言,科学偏重抽象思维,艺术偏重形象思维。科学史对客观事物本质属性的揭示和证明要尽可能地排除人的主观因素,确保科学发现的客观性和普遍性。就现代学科而言,科学一般指自然科学。艺术是对美的追求,美是人类的内在体验,它无法进行精确计算,它不是理性的推理,而是形象的直觉,是创作者主观情感的外在表达,不具有客观普遍性。艺术与科学不论是在思维方法、研究手段上还是在价值目标上,确实都存在一定的差别。艺术与科学的分野始于 18 世纪后期法国大革命后建立的学院制度,学院制度把

"科学分析和哲学思辨分开,技术和科学分开,科学和艺术分开"。在实证主义、客观主义和传统的理性主义科学观把科学与客观性、真理性画了等号之后,艺术与科学的分离变得日益严重,造成了艺术与科学的分离。艺术与科学的分离,使得艺术家和科学家之间存在很大隔膜,以致彼此之间相互指责,艺术与科学交流困难,甚至形成沟壑。

从本源上说,艺术与科学是同源的,彼此相依,难以分离。艺术家是科学家,科学家是艺术家。如欧洲文艺复兴时期的达·芬奇,他是意大利"文艺复兴三杰"之一,也是整个欧洲文艺复兴时期最完美的代表。他是一位思想深邃、学识渊博、多才多艺的画家、雕塑家,同时还是一位发明家、哲学家、音乐家、医学家、生物学家、地理学家、建筑工程师和军事工程师。达·芬奇在音乐、建筑、数学、解剖学、生理学、动物学、植物学、天文学、气象学、地质学、地理学、物理学、光学、力学、土木工程等领域都有显著的成就。正如诺贝尔奖得主、物理学家李政道所指出的:"科学和艺术是不可分割的,就像一枚硬币的两面,它们共同的基础是人类的创造力,它们追求的目标都是真理的普遍性。"艺术与科学之间相互影响、相互促进。

人对美与真的探求活动总是使艺术与科学交织在一起:"科学家的灵窍,诗人的心扉,画家的慧眼,这里所感受到的都是同样的和谐,同样的优美,同样的富有韵律和节奏。"艺术与科学,彼此渗透融合,彼此也难分难舍。

二、时代的发展,呼唤科技与艺术相融

当人类对外在的客观世界还没有能力完全把握时,对自然界只能从不同层面,分门别类地进行研究,把知识分割为不同的学科。不同的学科又对应了不同的分工,不同的分工造就了不同的职业,不同的职业划分了不同的人群,知识被专业化,人群被分工化。知识被划分为不同的学科,与前期未分化时相比,显然是进步和发展了,因为它促进了人类对自身以及自身之外客观事物的认识和再认识,从而使人类越来越能有效地把握、利用自然。人类在进一步把握、利用自然的同时,也深刻地认识到自然界是一个难以分割的整体。也就是说,随着科技的不断进步,自然界必须被看作一个有机整体来进行研究,而且,对自然进行研究的同时,一定要考虑人的因素,否则,难以满足社会和人自身发展的需求。

艺术与科学在经历了否定之否定之后,终于内在地要求融合在一起。正如法国著名现实主义文学大师福楼拜所说:"科学与艺术在山麓下分手,必将在山顶重逢。"艺术与科学的重逢,是科技不断进步、社会不断发展的需求。艺术与科学的融合,不仅是科技发展的内在需要,也是艺术本身发展的内在需要。

如今,科技为人们提供了解决问题的工具和方法,但艺术赋予人们审美与情感的体验,艺术是非常大的改变世界的源动力,当教育者主张艺术和科学这两种最富有创造力的能量结合起来的时候,才会有互相对话、碰撞、激发、产生新的不一样的想象力和创造力。

艺术的本质在于人的想象力和创造性,这是人的体力和智力的统一、物质劳动和精神文明的统一。人类对艺术的追求,也是对自由的追求,对自身全面发展的追求。随着科技的不断进步,生产力不断提高,人越来越有能力和时间追求自身的自由全面发展。因为,现代科技在为人类带来巨大物质财富的同时,也制约了人对审美情感和鉴赏力的培养,马

克思指出："对于没有音乐感的耳朵来说,最美的音乐也毫无意义,如果你想得到艺术的享受,那你就必须是一个有艺术修养的人。"所以,审美能力的培养和熏陶,对人的自由全面发展意义极其重大,而审美能力的培养和熏陶主要来自好的艺术教育,特别是生活化的优秀艺术作品。单一的艺术教育和艺术作品已经不能满足人类自由全面发展的综合需要了。时代呼唤艺术与科学的融合,在艺术教育中真正做到艺术与科学的融合,是解决所有问题的关键所在。

三、时代的变革,推动科技与艺术在教育中崛起

艺术创新、科学创造,都少不了独立精神和自由思想。好奇心便是创新、创造的起始。好奇心可以让我们更好地学习,人若缺少好奇心就会知识面狭窄,变得冷漠。好奇心虽然源自本能,但仍可以通过后天培养而激发。

在教育中为什么要关注好奇心? 因为好奇心是从事科学研究和艺术创作最原始、最根本的动力,好奇心是人类认知世界的主要内在驱动力。没有了好奇心就提不出问题,没有了问题,我们就很难深入探究。爱因斯坦曾经说过:"我没有特殊的天赋,只是拥有热切的好奇心。"居里夫人也曾说过:"很多人都说我很伟大,很有毅力,其实我就是对事物特别具有好奇心,好奇得上瘾。"

世界上很多杰出的人都是好奇心帮助他们走向成功。比如:达尔文从小就迷恋收集昆虫标本,16岁时便被父亲送到爱丁堡大学学医,但他仍沉迷于博物学;19岁被送到剑桥大学改学神学,然而他初心不改,兴趣还在自然科学上,并接受了植物学和地质学研究的科学训练。达尔文在30岁时当选为英国皇家学会会员,他的壮举之一就是参加了"小猎犬号"环球科考,他认为这是他一生中最重要的经历,奠定了他的整个学术生涯。他实际上真的是凭着一种持久的兴趣进行研究,然后才能取得这样的成果。当然,有时候好奇心之外,还需要一种坚毅的精神。

人的大脑深处有一个神经中枢,人的好奇心被引发时会刺激中枢产生多巴胺等神经递质,进而让人感到期待、兴奋、满足等情绪,客观上能够提升学习效能,比如使人处于强烈的专注状态,拥有更强的记忆力并保持大脑的高速运转,这是科学研究得出的一个证据,好奇心确实能够让人学习得更好。

(一)科技与艺术发展需要保持创新

小时候我们都喜欢刨根问底,求知若渴,但长大之后,我们的"先天本能"与"后天学习"怎么逐渐失衡了? 主要是现代教育方式呈现出的程式化、规模化,它适应了社会对普通型人才的需求,但是也不可避免地压制了人类的天性,削弱了自主性,导致了孩子们的好奇心缺失。加之盲目崇拜权威、缺少质疑和冒险的精神,这些都是不利于好奇心培养的。

(二)科技与艺术发展需要培养创新能力

好奇心是天生的,但是我们对某一个领域的兴趣是可以培养的。知识越多,往往就越

有兴趣。我们对某事物了解得越多,对其未知部分的好奇心就越强烈。所以,要鼓励孩子深入地了解与学习本专业领域的知识,同时进行广泛的阅读、探索和实践,对社会、自然、科学与艺术等多个话题予以关注,就会自然地生发出更多的想象力与更强烈的好奇心,并找到自己的兴趣所在。千万不能好奇心被没有知识营养的短视频所利用,人沉迷其中,可能会逐渐丧失深度学习的能力,只习惯于被动接受浅层次思维的碎片化的信息。

当今的课堂,鼓励学生多提问,就是为了满足学生对知识的渴求和喜爱,鼓励学生在科学探究和艺术创新中摆脱生活中的平庸和倦怠,以及人们自身反复无常的欲望的枷锁。其实,教育的最高境界就是要延续青少年时期的兴趣,鼓励每一个人坚持做他最喜欢的事情。

(三)科技与艺术发展需要融合创新

进入数智时代后,随着科学技术的飞速发展,科技和艺术又逐渐走进了融合发展的新阶段。在全面智能化的今天,我们需要更加重视以人为本和人的全面发展。只有打破学科壁垒,实现科学与艺术的有机融合,才能达到与这个文明时代相称的智慧顶点。

学校教育基于科学与艺术的辩证关系,要加强对艺术与科学结合的实践探索,进一步促进科学与艺术的融合创新发展。让科学与艺术携起手来,以灵活多样的教学方式和丰富精彩的活动方案,培育科学理性的质疑与批判精神,促进科学与艺术的互动、互补与融合。

同时,通过科学与艺术的相互交融来促进科学传播的艺术化,让未来的科学家能跨越科学与艺术之间沟壑,将科学与艺术完美地融合在一起,从而产生更多的灵感,更加有利于促进科技发展和艺术创新。

四、时代的推进,加快科技与艺术的发展

当今时代的科学与艺术,看似是分立于理性世界与感性世界的两极,其实也可以跨界融合。当艺术成为科学的表达方式,当科学成为艺术的叙事母题,会诞生出别样意蕴的丰硕成果。学校的教育活动要为学生提供一个走进科学空间和艺术空间的机会,让孩子们在成长的旅途中,不断获得新的思考和审美,感悟科技与艺术的魅力,从而探究艺术与科学的奇妙。

更多的科学家和艺术家都认识到,创造性的合作关系可以将科学变成迷人的艺术。当新一代的科学家跨越科学与艺术之间的沟壑,将科学与艺术完美地融合在一起的时候,也许在未来会产生更多的灵感,从而促进科技发展。

现代生活离不开设计感、娱乐感和意义感,学校教育要从共情感、趣味性和价值感等方面来培养人。为未来的创意时代培养富有情感的、富有社会责任与担当的、具有创新思维与创造能力的人。

今天,科技与艺术作为探寻物质与精神大千世界的手段,比以往任何时候都更加紧密相连。科技为艺术的表现手段带来的互动性、虚拟体验感,以最直接和生动的形式架起艺术家与观众之间的沟通桥梁;同样,科学的表现语言、晦涩奥妙的前沿理论和发现,通过艺

术的表现(如海报、视频、装置等)加以展示,启发观众的科学想象力,促进公众科学文化素养的提升。艺术家和科学家正利用相似的工具、方法和程序,突破人类的自然感知极限,进一步感知世界、理解世界,进而改变世界。

面对瞬息万变的时代和人工智能、元宇宙等层出不穷的新概念,科学与艺术融合学习带来的创造力能帮助孩子未来走得更远。作为教育者,我们一直在探索科技与艺术的跨界融合,拓展艺术的概念与边界。而科技与艺术,正是教育一直探索和关注的方向。科技与艺术美妙共舞,永不停歇。在这个未来触手可及的时刻,在学校这座文明久远且生生不息的文化场中,我们将持续以丰盈的艺术与无垠的想象,共同探寻当下的意义与未来的可能,让我们共同开启一段未来的奇妙旅程!

艺术为科学打开无限表达、触及大众的一扇门,科学让艺术形式焕发恒久的生命力,它们共同成为关系社会发展的宏大命题。在科艺融合的世界里,充分发挥孩子的想象力和创造力,为应对未来多变与不确定的挑战奠定了基础。科学与艺术融合课程,让孩子们通过感知、认知、理解和创造,保留对世界的好奇心和探索力,让思维藤蔓无限延展。无论时代如何变换,面向未来的教育需要培养孩子科学与艺术融合碰撞的"思考力",这是助推孩子终身学习的内在动力。

高中艺术教学中实施小课题研究的实践与思考

上海市扬子中学　仇　娅

摘要：本文分析了高中艺术的教育现状和新课标之间的矛盾点，浅谈了实践过程中小课题研究的优势，并以"城桥地区古建筑艺术保护现状的调查与研究"小课题研究步骤为例，说明了小课题研究的具体实践过程和取得的相应效果。这些都充分证实了小课题研究实践的可行性和有效性，为今后小课题研究更多地引入艺术课堂做了很好的铺垫。当然，小课题研究过程中也存在着一些有待解决的问题，如很难面向全体学生等，相信在今后的艺术教学实践中必将摸索出一套可行的方案。

关键词：小课题研究；实践；思考；高中艺术

《上海市中小学艺术课程标准》实施意见中指出要充分体现先进的教学理念和策略，遵循现代艺术教育的自身规律，应当从单纯的技能、技巧学习，拓展到艺术文化的学习，想方设法为学生提供自主探索、合作交流、操作实践等多样化的学习方式。要注意加强教学过程中的师生互动，使课堂充满生命活力，促进学生艺术素养的不断提高。

在应试教育的影响下，九年制义务教育中的艺术教育"层层分化"、学生个人艺术鉴赏能力差异日趋突出、学生个性日趋张扬等因素都让高中艺术教学处在被动地位。艺术欣赏课只能局限于课堂教学的 40 分钟内，时间和空间难以拓展，要满足新课程理念中的"引导学生参与文化传承和交流，增强对自然和生活的热爱及责任感，培养美化生活和保护自然意识，使学生在实践中不断提高美术素养"等要求，似乎有着更大的困难。在高中艺术欣赏课中，学生和老师交流的时间不多，老师往往在课下根据教材内容完成一个课件，课上根据备课内容一灌到底，从美术作品的时代背景、作品构图到色彩；从画家的生平轶事到后人的评说……一节课被安排得满满的，真可谓内容丰富、面面俱到。而课堂中感兴趣的学生可能只有几个，大多数学生感到枯燥无味而昏昏欲睡。

实际教学中，我们发现高中阶段的学生对艺术欣赏学习的兴趣不仅仅是建立在单纯的视觉刺激上，研究问题、求得新知才是使他们真正产生兴趣的驱动力。小课题研究为学生构建了开放的学习环境，学生可以通过自己喜爱的多种渠道自我获取知识，并将学到的知识综合应用于实践中。

一、高中艺术教学中实施小课题研究的优势

何谓小课题研究？艺术教学中的小课题研究其实就是根据艺术教材中的某一个专

题,通过课题研究的形式,学生自主运用研究性学习方式进行更深入的学习研究,从而获得相应的知识和技能的一种学习行为。近几年,笔者以艺术教材中的教学内容为切入点,展开了"对中国动漫艺术的调查与研究""走进中华艺术经典人物系列""崇明绿色食品包装设计的调查研究""城桥地区古建筑艺术保护情况的调查与研究"等和高中艺术教学有关联的小课题研究,有效地带动了高中艺术教学,引导学生在小课题研究的实践过程中通过自主学习掌握课本中的知识点,并以此为突破口,逐步向艺术教学的每个"角落"延伸,让研究性学习逐步成为艺术教学中一种常用的教学方式。在实际操作的过程中,笔者认为在艺术教学中运用小课题研究具有以下优势。

（一）小课题研究针对性强

小课题研究是研究性学习中一种相对综合的、高级的、有针对性的探究,它对学生的探究能力常常能起到很大的提升作用,对高中阶段学生的年龄层次具有针对性。在课题研究中,可以直接通过实地寻访、采访有关专业人士等方式进行针对性的调查,逐步形成善于质疑、乐于探究、勤于动手、努力求知的积极参与意识,产生积极情感,激发学生探索和创新的欲望。

（二）小课题研究开放性强

小课题研究的地点不拘泥于课堂,不拘泥于校园,学生可以走出教室,走出校门,把学习的地点延伸到社区,把学习的环境扩展到整个社会和自然界,时间上也不受限制,可以根据小组成员的商定,约定空余时间完成调查研究工作。这就有利于学生充分利用校内外资源,如美术馆、博物馆、优秀建筑等资源组织美术学习。甚至可以充分利用网络资源,积极开发信息资源,获得最新的教育资源,提高学生的自主拓展能力。

（三）小课题研究发展性强

同学们可以围绕一种画派、一个地方特色建筑、一种身边流行的艺术现象、一个当下的时尚话题等展开研究。教师引导学生应用已有的知识与经验,以科学的研究方法观察问题——发现问题——提出问题——解决问题——产生新问题,在问题的循环研究中不断发展出新的问题、新的探究,培养学生主动发展的能力。

（四）小课题研究合作性强

在高中艺术教学中开展小课题研究,教师要努力创设有利于学生相互沟通与合作的环境,让学生在合作中建构新的、更深层次的理解,学会交流信息、享受合作的过程,分享集体的研究成果。在研究过程中,可以明显观察到不同的学生有不同的特长,每个人的能力都是不同的。有的学生组织能力强、有的学生善于操作电脑软件、有的学生专业绘画功底深厚、有的学生社交能力强,研究小组注重的就是队员之间的相互合作,学生们在合作交流中获得知识、增进友谊、得到提高。

小课题研究是艺术教学一个有效的实践载体,它强调学生的主体参与,这使学生蕴藏已久的积极性和创造热情被极大地调动起来。就如"风乍起，吹皱一池春水"，给高中艺术教学带来了一股清新的空气。

二、高中艺术教学中实施小课题研究的步骤

在教学实践中，小课题研究一般包含以下五个步骤，下面以"城桥地区古建筑艺术保护情况的调查与研究"小课题研究为例，谈谈在高中艺术教学中实施小课题研究的具体步骤。

步骤一：设置目标　确立课题

教师依据教材的内容并结合相关本土资源提出参考性的课题名称，也可以按照同学们的喜好，从课本相关知识里拓展或延伸，教师则起统筹、策划、指导作用。学生可以从教师给出的相关课题中选出自己比较感兴趣的研究项目，根据实际研究的情况对课题研究范围加以细微改动。确立课题时，范围不宜过大，以适合学生展开调查为宜。

高一美术鉴赏教材中第二单元第五课《土木营造》的教学内容和建筑相关，在蜻蜓点水地介绍了北方皇宫建筑、四合院民居、南方苏州园林和徽州民居后，我开始反思：我们崇明本土到底有哪些建筑呢？它们的保存现状如何？为什么我们不能以此为题做一个与本地古建筑艺术相关的小课题研究呢？我根据建筑板块的教学目标提供了"（上海市、崇明区、城桥镇）古建筑艺术保护现状的调查和研究"的课题。我指导学生遵循适切性、适取性、就近性、延伸性等原则，尽可能做到思考由大到小，操作由小到大。

中国→上海市→崇明区→城桥镇→社区→学校→年级组→班级

说明：学生可根据实际的操作条件自动调节课题研究的范围，找寻各小组最适合调查的对象，从该处着手展开调查。操作过程中，可以根据调查情况，加大或减小研究范围。

确立了课题，下一步确立课题的研究目标，让整个研究工作做到有目标可循，围绕目标确立内容、开展研究，而不是盲目行事、"开无轨电车"。如本课题通过讨论把知识目标定位为对该身边建筑的功能特点和构造方式进行探究，培养学生欣赏身边古建筑艺术的能力，提高艺术欣赏水平，树立正确的审美观点。德育目标定位为激发学生关注家乡变化、参与家乡生态岛建设的热情和对本土古建筑文化遗产的热爱。增强学生的民族自豪感、自尊心。

步骤二：依据特长　合理分组

1. 人员分组

依据学生的学业水平、个性特征、性别等按需要分成若干小组。主要关注学生的个性特长，擅长网络检索的负责查资料，写作在行的可以负责撰写结题报告。特别是在艺术方面、电脑制作方面有才能的学生，在分配工作时可以做适当的调整，尽量发挥他们的特长。

2. 内容分组

除了给人员分组，课题研究方向及研究内容的分组也是必需的。你们小组所研究的

是哪一类型的建筑？这类建筑的主要结构方式是什么？由哪些部分组成？此建筑的平面布局有何地域特色？凸显了怎样的文化内涵？……同学们从身边熟识的建筑物开始，分工合作，分别查找资料、设计调查表、采访、深入分析和思考。由于建筑艺术和生活有着密切的关系，学生自然而然地实现了研究性学习中自身角色的转换，学习便越来越主动。

步骤三：查阅信息　收集资料

在真正动手操作以前，教师指导学生首先通过报刊、网络等媒介查阅了解这个课题是否已有研究，并了解研究的有关动态。同样的课题在不同的环境下研究的过程和得到的成果是有差异的，若有雷同则可以指导小组成员收集已有的相关资料加以借鉴，讨论自己小组将重点研究的特色部分，抓住已有资料中还没有完善的部分做文章，继续完善课题，也可根据现状重新为课题划定范围界限。

教师——根据学生的能力，指导学生确定课题研究的主题、研究的范围，并收集资料。指导小组中选出组长组织小组活动，并指导学生把收集的资料进行整理、分类、加工。引导学生在汇总的过程中发现新问题，为顺利进行下一阶段的研究工作指出方向。

学生——通过实地采访、网络搜索、书籍查询、邮票收集、摄影采风等手段收集城桥地区古建筑的相关资料。在老师的指导下对资料进行合理的整理、分类。

步骤四：调查研究　交流讨论

小组成员收集到了大量城桥地区古建筑的资料，经过一个阶段的调查研究，小组成员对城桥地区古建筑的现状已经有了初步的了解，但不知道校内其他学生对身边的古建筑了解程度如何，经过小组讨论，设计了一张简单的调查问卷，小组成员分成三个梯队，对身边的同学、家长、老师进行了古建筑方面的采访，得到了珍贵的一手资料，从调查到的资料中，发现了存在的一些问题，整理后继续进行调查研究工作。

走近你身边的古建筑调查问卷
1. 列举你所了解的城桥地区的古建筑。
2. 在以上所列举的古建筑中，你最喜欢哪个古建筑？
3. 你是从哪些审美角度来欣赏这些古建筑的？
4. 你认为我们崇明的古建筑有哪些艺术特色？（如建筑的艺术风格、建筑的构造特点等）
5. 你认为保护这些古建筑应该采取什么措施？
6. 政府对这些古建筑有何保护措施？你有什么更好的建议？

经过问卷调查、采访，我们掌握了周围人对城桥地区古建筑现状的了解程度、对古建筑保护的个人看法等真实信息，切实感受到了本土古建筑保护力度不足。

本次小课题研究活动后，同学们关注家乡变化、参与家乡生态建设的意识更强烈了，主体精神、实践能力、人际交往能力也得到了培养和锻炼。

步骤五：汇总结题　展示评价

学生通过小课题研究展开了丰富多彩的活动，获取了大量感性材料，但他们缺少去粗取精的方法和归纳分析的能力，不知道怎样展示自己的研究性学习成果，不会写结题报告。为解决这一问题,在结题时教师应该注重在形式上对学生进行指导,帮助学生从大量感性材料中选择结题所需要的有价值的资料,并对有关资料加以整理、分析。让学生明确结题应递交的材料,并给予学生必要的结题样式,对撰写格式也应加以指导。

交流展示是整个小课题研究活动的重要组成部分。同学们通过交流分享成果,产生思维碰撞的火花。学习小组经过单独、合作研究后,在课堂上以小组为单位,把小组的研究学习成果以各种形式展示给全班。在学习成果的交流过程中,学生占有很大的主动权,占有大部分的课堂时间,从而提高了他们对艺术欣赏的自主性。教师所起的作用则是指导该课题研究在整个课程中的"最佳定位"、对研究或展示过程中出现的困难提供有效的帮助,最终对学生的努力给予适当的评价。

小课题研究的评价重在对学习过程而不是成果的评价。教师在评价时,应该抱着一种充分尊重和信任的态度,耐心地运用恰当的评语表达自己的体会和对学生的期望,适时地予以总结,对正确的做法加以肯定、鼓励。让学生主动对自己和其他同学的调查研究活动经历做出评价,帮助学生逐步学会客观地评价自己和别人,使评价过程本身也成为学生学习、体验、发展的过程。当然,评价是贯穿于整个小课题研究过程中的,评价者可以是个人,也可以是小组,还可以是老师,这样评价的教育功能才能更充分地发挥。

三、高中艺术教学中实施小课题研究的效果

在小课题研究学习中,学生可以根据自己的兴趣、爱好、特长,自主选择研究课题,从选题、收集资料到撰写报告、展示成果等全过程,都是学生的自主决断过程,教师只起指导者和协助者的作用。在整个学习过程中,学生真正展示了自主、自立、自强的精神风貌。参与研究活动,学生们各方面素质都得到了提高:

（一）学生的学习态度更积极主动了

小课题研究活动需要从现实情景中提出问题、认识问题、收集材料、调查研究、解决问题。指导老师必须采取多种多样、行之有效的研究形式来激发学生的学习兴趣,让学生真正做到"我要学"。经过课题研究实践,小组成员在调查中真正感受到了成功的喜悦,学习态度也变得积极主动了。

（二）学生的探究能力提高了

在小课题研究活动中采用研究性学习方式,学生自主、独立地发现问题、提出问题,设计调查问卷,通过资料查询、实地考察、专家采访,最后形成课题报告。因此开展小课题研究有利于丰富学生的学习方式,使学生的学习方式从单一的接受性学习,转变为接受性学习和研究性学习相结合,并使研究性学习成为学生的一种基本学习方式。经过实践,学生的探究能力也得到了相应提高。

（三）学生的合作学习真正落实了

在小课题研究的活动中,课题研究小组的成员为了完成共同的任务,有明确的分工合

作,相互交流信息、分享资源,讨论解决新问题,体现出团结友爱、相互协作的团队精神。课题小组中的每一个队员既获得知识和技能,更有情感与态度的发展。在以后的学习中,合作、交流、共享成了主流。

（四）学生的社交能力更强了

整个研究活动是通过学生的小组合作、收集资料、实地考察、课堂讨论等才得以圆满开展的。整个研究活动给小组成员提供了一个有利于人际沟通与合作的良好平台。

小课题研究让教师们旧的思想理念、备课方法、教学手段等都有了质的改变。小课题研究对教师既是严峻的挑战也是难得的机遇,更是教师提升自己素质的一个良好契机。

实践证明,以小课题研究展开日常的艺术教学,使老师和学生都受益匪浅。同学们喜欢这类让人真切触摸到艺术的新型研究性学习方式。因此,应通过不断积累,逐步向学习的各个空间、时间延伸,让研究性学习慢慢成为艺术教学中一种常态化的学习方法,而不仅仅是一个特例,这才是开展各类研究性学习科研的最终目的,也是奋战在艺术教育第一线的教师们努力探索的方向。

以"德贝秀舞台"为例,探索课内外一体化艺术活动的实践

交大附中附属嘉定德富中学　王　萍

摘要:学校教育对学生的影响不仅体现在课堂上,还体现在校园文化上,校园生活润泽学生的生命。学校不仅是传承知识的场所,更是有生命力的学习场域。营造润泽学生心灵的艺术文化氛围,焕发学校应有的青春活力,应搭建相应的"艺术平台"。"德贝①秀舞台"的艺术展示阵地,使艺术学科课堂学习内容和课外实践活动有机结合,提升了学生的艺术鉴赏能力,提高了学生的艺术核心素养。

关键词:德贝秀舞台;艺术活动;课内外一体化

一、研究背景

(一)学生的午间艺术文化生活匮乏

笔者所在学校位于上海郊区的五大新城之一嘉定新城,2015 年建校至今仅有 8 年校龄,本着高起点办学宗旨,我校学生的文化课成绩一直位居全区前列。但是如果静悄悄的校园只有学生们忙碌赶作业的情景,那给初中学生们带去的只有越来越压抑的"青春"。学校培养的不是"读书机器",我们面对的是一个个鲜活的生命体。营造润泽学生的艺术文化氛围,焕发学校应有的青春活力,彰显学生的个性发展,搭建学校的"艺术平台"显得尤为重要。

(二)学校校园文化建设的需要

校园文化是指以学生为主体,以校园为主要空间,以育人为主要导向,以物质文化、精神文化、环境文化、行为文化、制度文化建设为主要内容,以校园精神文明为主要特征的一种群体文化。学校教育对学生的影响不仅体现在课堂上,还体现在校园文化上。学校的校园文化建设是学校育人工作的重要环节之一,营造良好的校园文化氛围,让学校文化有内涵,才能真正使学生"会学习、会生活、会做人、会创造"。

---

① 德贝,德富中学的宝贝的简称。学校前身为嘉定区德富路中学,2021 年更名为交大附中附属嘉定德富中学,从建校开始一直称学生为"德贝"。

秀舞台——学校为德贝搭建的展示个人艺术风采的场地,配备有桌椅、遮阳棚、背景墙、音响设备等。它位于学校主干道和食堂一侧,是师生们饭后驻足观赏展演的地方。

（三）贯彻实施《义务教育艺术课程标准（2022 年版）》的举措

2022 年版课标遵循学生艺术学习和身心发展的整体性、阶段性、连续性等特点,强调学习主体在场与具身参与,以核心素养为导向,以艺术实践活动为载体,进行大观念引领下的教学方式的变革与探究,鼓励学生自主参与各种艺术实践和探究活动,加强学生的自主体验、自信表现、主动创造,不断增强其艺术的实践能力和创造能力。

新的艺术课程设置遵循了艺术学科发展规律,课标中明确规定将学生艺术课程学习与实践活动纳入学业评价,特别是在艺术核心素养的指引上。开展“德贝秀舞台”的艺术活动,让学有余力的学生进行艺术的体验、展示,同时,对于观看的学生来说,又是一种“课外艺术学习”的体验。

2022 年版课标将艺术课程要培养的核心素养聚焦于“审美感知、艺术表现、创意实践、文化理解”四个方面,着力构建核心素养和课程之间的内在联系,将核心素养的培养贯穿始终,落实到具体的课程目标、课程内容、学业要求和学业评价之中,对于艺术教师而言,这是明晰自身所肩负的使命,进行专业化发展的机遇之一。

二、研究过程

（一）准备阶段

1. 撰写“德贝秀舞台”的活动实施方案

方案提请学校艺术教研组和文教部审议。以校级文化活动的形式,向全校师生做相关宣传,并利用学校微信公众号和网站等媒介进行推广,提升活动影响力。

2. 申请相关的硬件设施保障

由文教部申请表演区域、音响设备、观赏区域等相关硬件设施,纳入学校校园设施设备的统一购买、装修、维护和管理计划中。

3. 专人牵头,统筹配合

活动由文教部牵头管理,由校艺术辅导员配合实施,由音乐教师和班主任老师们协助指导。同教学部和学工部联合,设置专场活动时间,纳入学校课程时间表中,写入学校每周工作安排。

4. 具体的设置

活动对象:由教学班承办活动,以该班级德贝为主体进行展示,观众是全校学生。

活动时间:每周开展 1 次,学生午休时间（周三 12:15～12:40）,时长 25 分钟。

活动形式:学生自己喜闻乐见的艺术表现形式,涵盖艺术课上学到的部分艺术表现形式,例如:歌唱、舞蹈、小品、相声、器乐、微戏剧、课本剧等。

活动内容数量:每期活动节目数量为 3～4 个。

（二）实践阶段

1. 计划在先，设置排片表

每个学期初就制定好"德贝秀舞台"的排片表，一个学期有19～20周，大致由三个年级（每个年级有六个班级）进行展演，一般第一学期是依九、八、七年级的顺序依次开展，六年级学生观摩、学习、借鉴。第二学期是六、七、八年级各班承办，以主题竞演的模式开展活动。

2. 有主题的竞演活动

这是秀舞台的重中之重，学生们表演的内容设定。德贝秀舞台的这种艺术展示形式，许多学校有先例并在实践中，如音乐角、午间音乐厅等。笔者学校秀舞台与众不同的地方在于这不仅仅是学生展示艺术个性与特长的阵地，也是学校落实美育、落实艺术学科课程标准的重要一环，是艺术学科课堂教学内容的延伸阵地。

各年级的节目主题是结合该年级学段中音乐学科中涉及的某个单元主题或某个板块，开展节目展演。比如说六年级音乐学科第二学期第一单元"世代相传的歌"这一主题内容中，学科教师组织六年级各班学生围绕"中国民歌"主题，开展相关的竞演活动。有演绎民歌、演奏民歌旋律、说一说关于民歌的脱口秀等等。与教材相结合、与课标相对应，既保证了秀舞台展演内容的聚焦，又能保障秀舞台内容的可持续性，更是艺术课堂内容进行延伸的有效途径之一。

3. 学生主体，教师协助

德贝秀舞台，这个舞台属于德贝，属于学生自己，学校的音乐备课组教师只是活动的后方支援者，主要对展演班级节目内容进行指导。节目的召集组织由各班音乐课代表负责，节目初审由课代表和班级文艺委员、班长负责，这既保障了基本的节目质量，也让音乐教师再次协助审核节目时可以有轻重缓急。在班级表演的当天，由音乐课代表邀请班主任、班级的导师、相关任课教师来观看学生的表演，这增进了教师对班级艺术特长生们的认识和了解，同时提升了学生的集体荣誉感，增强了团队意识。

三、阶段性研究成果

"德贝秀舞台"自2021年4月开展以来，已经连续开办了近百期。形成推送报道30余篇。每周三的中午时分，德贝们相约来到秀舞台占领最佳的观看阵地，成了他们每周最开心的事情，在这个场域里有德贝们自信的艺术表现，也有德贝间鼓励、赞许、羡慕的眼神，还有为同学加油的掌声和喝彩声，"德贝秀舞台"的搭建填补了学校午间艺术文化的空白，成为学校校园艺术文化生态最有效的一种呈现方式。

（一）极大地丰富了学生的业余文化生活

"德贝秀舞台"激发了学生对艺术的喜爱和兴趣，学生们的艺术欣赏、艺术表现、艺术理解、艺术实践等方面的能力在潜移默化中得以提升。一场活动中表演者收获艺术成果展示的喜悦，观众得到艺术鉴赏能力的提升，对学习内容再巩固。同时，主持人、微信推广撰稿人以及承担摄影、摄像、场务、化妆、音乐播放等工作的学生,都受益匪浅。

(二)有效提升学生的艺术核心素养

围绕艺术课内学习内容,进行相应的实践探索,将音乐学科的作业用学生喜爱的艺术形式呈现给大家。同时,对于艺术音乐教师而言,在进行音乐课堂单元教学设计的过程中,可以把学生的艺术实践与德贝秀舞台的表演有机结合,巩固学生课堂所学的内容。

(三)发掘艺术特长生

在这个舞台上,学校的音乐组老师们相继挖掘了相声能手、戏曲达人以及校园十大歌手。他们都曾代表学校参加市区级别的艺术单项比赛,并获得了优异的成绩。

例如,在2023年区学生艺术单项比赛中,我校获金、银、铜奖的学生有40余人,金奖获得数、总获奖人数均达历年之最;参加市合唱联盟、市戏剧联盟、市打击乐联盟、市民乐联盟组织的比赛和展演活动,均获得奖项;参加市学生校园戏剧节闭幕式的演出活动;由区教育局组织的学生管弦乐、打击乐、戏剧的所有专场演出均有我校的学生参与。在艺术特长生培养方面:2023年管弦乐有2位学生考入市级学生艺术团,戏剧有4位学生考入市级学生艺术团,戏曲有1位学生在市学生艺术团;学校获得新一轮的嘉定区艺术特色校称号。师生们已经逐渐从观众成为演员,从旁观者转化为参与者、组织者、策划者。这些成绩的获得得益于良好的校园艺术氛围,是对"德贝秀舞台"最好的回馈。

四、研究思考

为非艺术特长生搭建平台,激发艺术特长生持续参与"德贝秀舞台"活动的兴趣,需要音乐教师在音乐课堂上展现教学智慧,培养自己发现美的"眼睛"。

未来我校将进一步完善"德贝秀舞台"这一阵地;聚焦学生课内外一体化发展,让学生在艺术学习活动中得到实践的历练、得到鼓舞的掌声、得到美的体验互动。

"德贝秀舞台"这一课内外一体化的艺术活动基于核心素养导向的教学实践与尝试,学生们经历活动化的艺术学习体验,形成艺术学习活动的闭环,提升了艺术核心素养。

以艺术互联网学校创建助力乡村美育共富共美

浙江省桐乡市互联网学校　钱建良

摘要：用数字化手段与方法解决教育领域中的疑难问题、痛点问题无疑是教育信息化的正确打开方式。桐乡市通过推动艺术互联网学校建设，开启"智能美育"模式，从而拓展了乡村学生获取优质艺术师资和课程资源的渠道，有效缓解了乡村学校艺术类教师结构性短缺问题。

一、乡村学校艺术教育现状背景分析

笔者通过对桐乡市基础教育阶段乡村艺术教育的调查发现，乡村小学特别是小规模学校，艺术教育与城镇学校有较大差距。

（一）缺艺术专职教师

乡村学校艺术类教师结构性短缺问题突出（按照师生比，教师总量是富余的，但是无法保证专职化）。以美术学科为例，在桐乡全市乡村学校中有近 90 个班级的美术课由兼职教师任教，乡村学校美术专职教师配备齐全的学校仅有 4 所，美术教师缺编的学校有 16 所，占比为 57.14%。美术名优教师在乡村学校的占比不到 10%。在人员编制总量无法实现突破的情况下，只能通过兼职授课方式实现艺术课程师资调剂，艺术教师的专职化配置显得遥不可及。

（二）缺艺术教育资源

乡村学校缺少各类艺术教学资源与艺术类场馆资源，绝大多数的乡村学生缺少艺术熏陶。调查发现，80% 的乡村学校艺术专用教室不足，近 67% 的学生从未参观过专业性艺术场馆。

（三）缺艺术能力素养

乡村学校艺术类兼职教师缺乏专业功底与教学能力，且大部分兼职教师为语文、数学等学科的教师，无法通过专业化艺术教学提升学生艺术素养。受限于乡村教学环境，学生接受校外艺术培训的机会也明显少于城镇学生，艺术素养普遍低于教育教学要求，在全市艺术水平监测中，乡村学生优秀率仅为 12.4%，远低于全市平均水平 40%，乡村学生艺术素养亟待提升。

以"温饱型"为主的乡村艺术教育供给体系已经滞后于教育现代化发展需求,仅靠扩大教育服务供给总量,难以满足学生日益增长的多样化、高质量艺术教育需求。

二、艺术互联网学校解决乡村艺术教育问题的路径

为更好地解决乡村学校的"三缺"问题,桐乡市搭建了"桐艺云校"平台,组织艺术教师入驻并开展线上艺术教学,从技术创新、教学创新、制度创新三个层面保障线上艺术教学质量。

(一)多维技术路径创新,实现育人场景的多维融合

桐乡市通过平台技术融通教学场景,开发集约课、资源、直播、拓展、教研、评价六大功能为一体的艺术互联网学校平台"桐艺云校",有效创设了"双师一班"线上授课、名师大讲堂、"双师多班"等授课场景。通过互联技术拓宽辐射范围。千兆带宽联通 7 个艺术互联网学校分校、10 个互动直播教学,课程输出全域覆盖桐乡市域内所有农村学校。同时与"山海协作""东西部帮扶"结对学校共享教育资源,常态化开展线上直播互动课与教研活动,通过数据分析技术精准实施教学。开发"三屏"数据驾驶舱、可视化的学生课堂表现与作业的评价系统,为教师优化线上教学提供常态化、精准化的依据,提升教学质量。目前,已经实现七大场景活动,开发各类教学资源 1820 个,点击量达 3.6 万人次。

图 1　桐乡市艺术互联网学校二级分校布置图

(二)多元教学方法创新,实现育人模式的全流程重塑

从课程资源和课堂教学两个维度寻求创新。课程资源创新主要从"基础课程重构""特色课程补充""跨界课程协同"三个方面实现。通过双师协同重构授课流程,精心打磨

双师协同互动课型,即线上与线下教师同步上课,达成协同备课、上课、指导、评价双师同步的授课流程。实施双屏互动,优化核心环节。桐乡市首创双屏互动教学,实现学生现场屏幕操作演示、名师远程同步指导。打造全景课堂,提升教学实效,通过高清技术,教师全息影像"出镜",畅通教与学的"直接"交流,营造"老师就在身边"的学习氛围。目前,已开展线上美术课程上万节,与辖区内 18 所农村小规模学校及浙江开化、四川松潘等地区学校结对,开展线上美术直播教学试点工作,共计有 11200 多名农村娃在该项目上受益。

图 2 桐乡市艺术互联网学校客座名师正在授课

(三) 多层保障制度创新,实现育人效能的全方位提升

落实制度保障,确保建设规范化。桐乡市制定并发布了《桐乡市艺术互联网学校创建行动方案》,明确艺术互联网学校的建设标准与制度体系;制定《桐乡市艺术互联网学校美育共同体实施方案》等,为项目常态化实施保驾护航。落实人员保障,确保运行专业化。明确艺术互联网学校实体化运行,规范编制管理。组建艺术互联网学校工作专班,下设工作组与课程组,形成权责一致、执行顺畅、监督有力的管理体系。首期安排100 万元经费专门用于学校直播点及直播教室的设备添置与改扩建,设立 30 万元经费奖励参与艺术互联网学校工作的教师团队,保障艺术互联网学校常态化运行。建立客座名师考核奖励机制与"全科教师"成长保障机制,在市级层面上统筹艺术网校人力资源的合理运行。

三、艺术互联网学校解决乡村艺术教育问题的实践成果

(一) 数字赋能:开发了多元融通的全景平台与应用场景

1. 下沉式直播点辐射全域学校

桐乡市已经以市区为中心设立了 6 个艺术互联网学校分校,共建互动直播教学点 10

个,覆盖桐乡市域内 28 所乡村学校,并出台了直播点建设的硬件标准,组织了近 50 名线上客座讲师为区域内所有没有美术专职教师的乡村学校开展多种课型的线上互动课程 4000 多节。同时为市域外"城乡教育共同体""山海协作"结对的浙江开化及四川松潘提供"双师一班""双师双班"线上直播互动课。

2. 数据分析技术提升治理效能

开发"三屏"数据驾驶舱,围绕结对学校、客座名师、全科教师、学生考核评价等方面的核心信息,推动可视化、常态化、精准化、智能化的治理体系建设,提升项目治理的科学性与效能。

(二)课堂转型:创生了双屏互动、双师协同的直播教学流程与模式

1. 双屏互动达成技术深度融合

双屏互动教学提升了学习互动参与的效果。课堂上,教师采用双屏互动教学,平均时长超过 12 分钟,使用率达到了 100%,学生课堂的参与率提升了近 30%,线上授课达到了与线下授课同等的效果。

2. 双师协同多维重构授课流程

目前,桐乡市艺术互联网学校已经完成对 5 种课型的教学流程再造,完成 42 节双师课程教案,形成典型教学案例 12 个、相关课例视频 16 个。

3. "全景课堂"全面提升教学效果

在"双师一班"的线上教学过程中,"全景课堂"的打造让学生感觉老师就在身边,交流与互动更加畅达,学生学习兴趣浓、效果好。试点学校美术学科后测调查对比发现,有 97% 的学生认为自己的美术能力有较大的提升,对美术课感兴趣的学生数量占比由之前的 69.3% 提升到 95.44%,对于线上美术课学习的满意度达到 94.11%。学生日常优秀作业在市级以上报刊媒体发表近 600 人次。

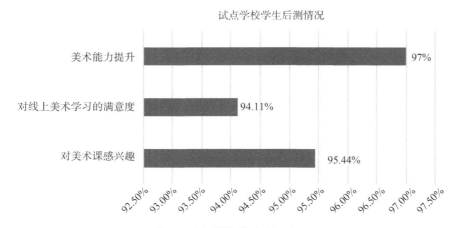

图 3　试点学校学情后测情况

（三）制度保障：推出了激发活力提升效率的制度体系与保障机制

桐乡市艺术互联网学校创建行动方案发布。桐乡市教育局发布了《桐乡市艺术互联网学校创建行动方案》，以6大板块涵盖18项建设内容，顶层架构了桐乡市艺术互联网学校的整体行动方案，为艺术互联网学校创建制定建设标准与制度体系。

制定了10项艺术互联网学校的制度条例。从桐乡市教育局发布《关于成立艺术互联网学校工作专班的通知》开始，桐乡市教育局各相关科室先后出台了《桐乡市艺术互联网学校创建行动方案》《桐乡市艺术互联网学校全科教师工作职责》《桐乡市艺术互联网学校"客座名师"考核细则》《桐乡市艺术互联网学校"客座名师"培训方案》《艺术互联网学校教学规范标准》等10项制度条例与保障措施。通过建设有效的激励考评机制，为常态化实施该项目保驾护航。

作为浙江省教育领域数字化改革创新试点项目，桐乡市艺术互联网学校项目从试点到不断推进已有2个年头，从"一地创新"到"多地复用"，从一家试点到全省推广，所形成的建设标准、应用场景、操作流程、教学模式、制度机制等日渐成熟。提高优质教学师资和课程的覆盖率，惠及教育薄弱地区更多学校及学生，从而缓解教育资源配置不均衡问题，助力教育公平，实现教育共富！

"非遗"教育

"非遗"进校园的路径和"非遗"传承的有效方法研究

上海师范大学附属第五嘉定实验学校　褚长轩　刘嘉欢　唐凌沈　王嘉琪

摘要: "非物质文化遗产"(Non—material Cultural Heritage,以下简称"非遗")指的是人类文化发展过程中,以口头传统、表演艺术、社会实践、仪式、节庆活动、自然知识和手工技艺等方式存在的传统文化表现形式。"非遗"作为人类民族文化的重要组成部分,具有极为重要的社会历史、精神价值。然而,随着现代化进程的加速,以及经济全球化的不断冲击,许多"非遗"项目面临着严重的生存危机和挑战。因此,保护和传承"非遗"成为当前的重要课题。本文以上海师范大学附属第五嘉定实验学校(以下简称上师五实验)为客观案例,分析"非遗"进校园的路径和"非遗"传承的有效方法,并探寻此做法产生的长远意义,希望能为学者和师生们提供一点拙见。

关键词: 非物质文化遗产;非遗传承;中小学艺术教育

一、关于"非遗"艺术

"非遗"的特色主要体现在其丰富多样的传统表现形式方面。"非遗"包括但不限于:表演艺术、传统知识和技能,以及与之相关的器具、实物和手工制品,等等。这些"非遗"项目不仅是中华优秀传统文化的重要组成部分,也是中华文明绵延传承的生动见证,它们不仅具有历史价值和文化价值,而且在当今社会中仍然有着重要的社会价值和经济价值。

此外,"非遗"项目还具有鲜明的民族特色和地域特色,它们是民族文化多样性的重要体现,也是民族情感和认同的重要载体。[①] 同时,由于"非遗"项目与群众生活密切相关,因此它们在社会生活中占有重要地位,在维护社会和谐稳定、推动文化创新发展等方面都有着重要作用。

我校计划开设的"非遗"土布课程源于嘉定土布(见图1、图2),这是一种民间传统手

---

① 王娟.民俗学概论:第2版[M].北京:北京大学出版社,2011:40.

工织出的布。^① 在江南一带,曾经几乎每家都有织布机,土布在当时人们的生活中扮演着不可或缺的角色。然而,随着科技的进步和时代审美的变化,土布逐渐失去了人们的关注,纹样也未能跟上时代的步伐,导致其逐渐消失。

 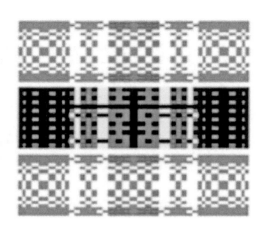

图 1　皮球花双喜布　　　　　　　　　图 2　皮球花双喜布纹样提炼

　　近年来,土布的纺织技艺被列入了上海非物质文化遗产保护名录中,这标志着人们对土布文化的重新重视和保护。为了进一步传承和发展土布文化,崇明还专门建造了一座土布博物馆,供人们了解和学习土布的历史和技艺。^②

　　这些举措不仅表明了人们对土布文化的重视,也为土布的传承和发展提供了有力支持。如今,越来越多的手作人开始利用土布制作各种生活用品,如包包、桌布等。^③ 这些作品不仅具有实用性,还融入了现代元素,使得土布文化得以焕发新的生机。

　　在校园内开设"非遗"土布课程,我们希望能够让更多的人了解和学习土布的技艺,传承和发扬这一宝贵的文化遗产。同时,我们也希望让学生们认识到传统文化的重要性,培养他们对传统文化的兴趣和热爱。

二、"非遗"进校园的路径和传承方法

(一)建立"非遗"教育体系

　　建立"非遗"教育体系是非遗进校园的基础。学校可以将"非遗"教育纳入课程体系中,开设相关的选修课或必修课,让学生了解"非遗"的历史、文化和技艺,培养学生对"非遗"的兴趣和热爱。同时,学校还应该组织学生参加"非遗"实践活动,如参观"非遗"展览、学习传统手工艺等,让学生亲身体验"非遗"的魅力。

　　我校开设的"非遗"课程有茶担舞等。茶担舞是嘉定地区的茶担从业者根据当地的基

---

① 王晓蕾. 土布的形式语言及在现代服装设计中的应用研究[D]. 杭州:浙江理工大学,2014:14.
② 任红霞,李晓英,金玉. 传承视角下的土布肌理再造及应用[J]. 服装学报,2017,2(6).
③ 高月梅,陈冬梅. 南通色织土布的应用创新研究[J]. 江苏工程职业技术学院学报,2016,16(2).

本条件和风俗习惯创作的一种民间舞蹈,至今已有一百多年历史。茶担舞于2007年被列入嘉定区第一批非物质文化遗产代表名录。引进茶担舞课程,正是我校"非遗"教育的一次成功实践。

在将嘉定土布的内容融入学校的"非遗"课程体系的过程中,我们可以采取多种方式引入嘉定土布的实物制作和现代视觉元素相关的设计内容。首先,我们可以在艺术和手工课程中加入嘉定土布的制作实践环节,让学生亲自动手制作土布产品,体验"非遗"的魅力。通过实际操作,学生可以深入了解土布的制作工艺和技巧,培养他们的动手能力和创造力。

其次,我们可以在校园内设立"非遗"教育基地,这个基地可以是一个展示馆、工作室或者专门的课程实验室。在这个基地里,我们可以展示嘉定土布的历史、制作工艺和应用价值,让学生通过观察和学习来了解土布的文化内涵。[①] 同时,学生还可以在这里进行实践和学习,在"非遗"传承人或专家学者的指导下,深入了解"非遗"的背景和特点。

此外,我们还可以组织各种"非遗"教育活动,如土布文化展览、讲座等。学校可以邀请"非遗"土布传承人、相关专家学者来校园进行讲解和指导[②],让学生有机会与专业人士面对面交流,深入了解"非遗"的精髓。这些活动不仅可以激发学生对"非遗"的兴趣和热爱,还可以增强他们对传统技艺的传承意识和创新能力。

为了进一步推动"非遗"教育工作,学校还可以成立"非遗"志愿者团队。这些志愿者可以参与"非遗"教育活动的组织和实施,帮助宣传和传播"非遗"。他们可以与当地"非遗"传承人、"非遗"组织或相关机构建立合作关系,共同推动"非遗"教育工作的开展。通过志愿者的努力,"非遗"可以在校园中得到更广泛的传播和推广。

此外,学校与社区可以开展联合展览、交流活动,增进学生对"非遗"的了解和认知。通过与社区合作,学生可以更好地了解"非遗"在当地的传承和发展情况,增强他们对"非遗"的认同感和自豪感。

以上措施可以增强学生对"非遗"的兴趣和热爱,培养其对"非遗"传统技艺的传承意识和创新能力。在学校建立一个全面的"非遗"土布课程教育体系的同时,也能够为"非遗"的传承和发展作出积极的贡献。

(二)加强师资队伍建设

师资队伍的力量是决定"非遗"进校园的关键之一。作为"非遗"教育的传播者和建设者,学校应加强对教师队伍的培训和指导,提高其自身的"非遗"素养和教学能力。[③] 此外,学校还可以邀请"非遗"传承人和专家来校授课,让学生接触到最正宗的"非遗"技艺。[④]

为了让茶担舞这项"非遗"后继有人,嘉定工业区教委与我校联合举办"'非遗'进校

① 戴鞍钢. 中国地方志精读[M]. 上海:复旦大学出版社,2008:33.
② 周丽静. 南通传统色织土布工艺流程探究[J]大众文艺,2011(17):167-168.
③ 陈宗花. 国民音乐教育改革研讨会研究:1986—1998[M]. 北京:中国社会科学出版社,2023:88-90.
④ 马津,马东风. 音乐教育理论与科研方法[M]. 北京:中央编译出版社,2020:33-35.

园"活动,邀请专业舞蹈老师授课(见图3)。茶担舞作为上师五实验的特色课程,围绕"大格局、宽视野、优表达、精实践、强创造"的育人目标,让孩子们全面发展,在创造中成长。

图3　上师五实验的孩子们正在接受茶担舞训练

在"非遗"土布的课程教授中,学校可以采取多种措施来提升教师的专业素养和教学水平。首先,学校可以招聘具备相关领域专业知识和实践经验的教师。这些教师应该具备劳动技术学科、视觉设计或相关领域专业背景,能够针对嘉定土布的特点和应用进行深入的教学。他们可以通过自己的专业知识和经验,为学生提供更加全面和深入的学习体验。

其次,学校可以寻求渠道来提供专业培训。这包括为教师提供专业的培训课程,涵盖嘉定土布的历史传授、制作技巧、视觉设计原则等方面的知识。培训可以邀请相关领域的专家或学者进行讲解,以确保教师能够掌握最新的教学方法和技巧。同时,学校也可以组织实践活动,让教师亲自参与制作和设计过程,从而加深他们对嘉定土布相关知识的理解和掌握。

此外,学校还可以建立合作平台,与相关机构、企业或艺术家建立合作关系。这样的合作可以为教师提供更多的资源和机会。例如,与当地嘉定土布工作坊合作,让教师和学生有机会参观和学习传统制作技艺。通过与实际工作环境的接触,教师可以更好地将理论知识与实际应用相结合,提高教学质量。

同时,学校也可以鼓励教师参与学术研究、开展相关项目或创作。这不仅可以提升教师在"非遗"课程领域的专业水平和影响力,还能够激发他们的创造力和研究热情。为了激励教师在该领域作出杰出贡献,学校可以设立相关奖项或资助计划,以表彰他们的努力和成就。

最后,学校应该建立定期的教学评估和反馈机制。通过学生评价和专业评审等方式对教师进行评估,及时发现问题并提供改进意见。同时,也要给予教师充分的支持和鼓励,让他们感受到自己在课程教学中的重要性。教师得到充分的认可和支持,才能够更好地发挥自己的教学潜力,为嘉定土布课程的教学提供坚实的师资基础。

以上措施的综合应用,可以不断提升教师的专业素养和教学水平,为嘉定土布课程的教学提供更加优质的师资支持。这将有助于培养学生对"非遗"土布的兴趣和理解,推动嘉定土布的传承和发展。

(三)利用现代科技手段

现代科技手段可以为"非遗"进校园提供有力的支持。学校可以利用互联网、多媒体等技术手段,为学生提供更加丰富、生动的"非遗"教育资源。例如,学校可以建立"非遗"网站或在线课程平台,让学生随时随地学习"非遗"知识;学校还可以利用虚拟现实技术,让学生身临其境地感受"非遗"。①

茶担舞课程属于我校博学课程体系中的博行课程。开设茶担舞课程既有利于提高少儿身体素质,增强形体与气质美感,响应国家素质教育的要求,又对传承中华优秀传统文化、培养学生的民族荣誉感和文化认同感有着重要作用。在教授茶担舞的课堂中,我们可以借助科技手段,让学生欣赏不同版本的茶担舞视频,并邀请专家远程授课,提升学生的舞蹈水平。

在土布课程中,我们可以充分利用虚拟现实技术来模拟实物制作的过程。使用 VR 设备,学生可以在虚拟环境中亲身体验织土布的整个过程,从而更加深入地理解和掌握制作技巧。这种模拟体验不仅能够提高学生的动手能力,还能够激发他们对土布制作的兴趣和热情。

1. 虚拟现实技术可以为学生提供鲜活的学习环境

戴上 VR 设备,学生可以进入一个逼真的虚拟世界,仿佛置身于真实的织土布工作室中。他们可以看到织土布所需的工具、材料以及整个制作过程的细节。通过与虚拟环境中的物品进行互动,学生可以更好地理解每个步骤的操作方法和技巧。这种沉浸式的学习体验可以帮助学生更快地掌握织土布的技能,并且在实践中避免一些常见的错误。

2. 数字化设计工具可以为学生提供更广阔的创作空间

例如,Adobe Photoshop、Illustrator 等强大的数字化设计工具可以帮助学生更轻松地提炼出土布纹样元素,并进行多元化的应用设计。学生可以利用这些工具对土布纹样进行编辑、调整和组合,创作出独特的设计作品。同时,数字化工具还可以帮助学生更直观地呈现自己的设计作品,使他们的作品更具吸引力。学生可以通过数字化设计工具将自己的创意和想法转化为实际的设计作品,展示给其他人。在完成作品制作后,学生可以利用线上展览平台将自己的作品展示给更广泛的受众。这不仅可以增加他们作品的曝光度,也有助于他们学习如何进行后期宣传和推广。通过线上展览平台,学生可以与来自不同地区、不同文化背景的人们分享自己的作品,从而开阔视野,提高自己的审美能力和创新思维。学生可以通过线上展览平台与其他学生、教师以及专业人士进行交流和互动,获得更多的反馈和建议,进一步提升自己的设计水平。

---

① 张振鹏,王玲.我国文化创意产业的定义及发展问题探讨[J].科技管理研究,2009(6):564-566.

3. 利用在线教学平台进行课程教学

在面对面授课受限的情况下,可以考虑利用在线教学平台(如 Zoom、百度云课堂等)进行课程教学。通过在线分享 PPT、视频教程等教学资源,学生可以更方便地接收课程内容,随时随地进行学习。同时,在线教学平台还可以提供即时问答及课堂互动等功能,为学生提供更加丰富的学习体验,增强他们的学习兴趣和积极性。学生可以通过在线教学平台与教师和其他学生进行实时互动,加深对土布制作技能的理解。

总之,运用虚拟现实技术、数字化设计工具、线上展览平台和在线教学平台等多种教学手段,我们可以为学生提供更加丰富、多元的学习资源和学习环境,帮助他们更好地掌握土布制作技能,培养他们的创新思维和实践能力。这些教学手段的结合可以使学生在学习过程中更加积极主动,提高学习效果,同时也为他们未来的职业发展打下坚实的基础。

(四)"非遗"传承

上师五实验的茶担舞社团,经过两年多的不断训练与打磨,社员们已越发能体会出茶担舞背后的文化内涵,演绎水平也在一次次的舞台实践中得到不断提升。

基于"办一所看得见未来的儿童大学"的办学理念,我校始终围绕"大格局、宽视野、优表达、精实践、强创造"的育人目标,构建促进每一位学生发展的厚基础、多选择、深层次的综合性博学课程体系,努力践行"儿童大学之道",让孩子全面发展,在创造中成长。

三、"非遗"传承的重要意义

(一)为社会文化发展培养"非遗"传承人才

人类文明走到今日依托的是"继往开来",没有"继往"何以"开来"? 坚持将"非遗"引入校园,将"非遗"的种子播撒下去,并在校园里生根、成长,在校园里开设有关"非遗"的课程,提供"非遗"在当代校园生存的环境,在校园文化营造上,将"非遗"潜移默化地融入其中,激发学生对本土文化的自信心和自豪感,真正让孩子从心里产生对传统文化的学习兴趣,引导他们对"非遗"充满探索欲与好奇心,培养真正热爱"非遗"、传承"非遗"的"非遗"接班人。

(二)"非遗"的传承与学习,是学生思维在不同学科间进一步思考和融合的路径之一

学习"非遗"的过程,也是培养学生群体观察力和注意力的过程。[1] 首先,在学习"非遗"的过程中,学生需要仔细观察和研究传统艺术形式的细节和特点。例如,学习茶担舞时,学生需要注意乐曲的节奏、音调和舞蹈技巧。不断观察和练习,可以提高学生们的观察力和注意力,培养细致入微的思维能力。其次,传承"非遗"的过程也可以培养学生的创

① 李翔宇,黄蓉. 历时性视角下的中国音乐教育:形态断代、理念嬗变与发展特点[J]. 南昌师范学院学报,2021,42(3):91-96.

造力和想象力。"非遗"作为源远流长的传统文化,其中蕴含着丰富的艺术创造力和想象力。[1] 学生通过学习和传承"非遗",可以接触到各种各样的艺术形式和表达方式,激发他们的创造力和想象力。"非遗"是历史和文化的结晶,其中蕴含着丰富的社会和人文背景。学生通过学习和传承"非遗",可以深入了解传统文化的内涵和意义,并学会分析和评价其中的观念。学生在学习、传承的过程中往往会深刻地感知到现代文化与"非遗"的碰撞,在这个过程中思考,进而进一步修正自身的审美观,并将这种思考结果无形地运用到其他课程的学习当中,真正实现融会贯通,学生的思维更具包容性和融合性,这种思维方式的养成对学生来说可谓有百利而无一害。[2]

(三)"非遗"进校园是实践教育与审美教育相融合、美育与思政教育相融合的另一种教育方式

"以实践为核心"是 20 世纪末以戴维·埃利奥特为代表的美国教育家所建构的一种新的教育哲学观,意在通过更加多样化的人类实践与有目的的活动来实现教育,它更具主动性,是以培养学生创造力为目的之一的一种教育理念。我国的"五育并举"教育方针,也旨在培养更加全面的、能够投入社会实践并拥有良好审美思维的人。[3] "非遗"进校园,不仅仅是将"非遗"传播进校园,更重要的是作为一种实践课程,学生在接受、学习"非遗"的过程中,也在进行着创造,它不仅仅是纯粹的理论输出,更是一种实践式教学。学生与授课教师进行双选,实现十几人的小班化教学。同时,审美教育始终融入其中,学生在学习过程中,通过感知古典文化与现代文化的差异,形成新的审美观和审美思维,不断完善自身的审美情操和审美情趣。而从思政教育发展的角度来说,"非遗"进校园,传播的是上海本土的珍贵文化,其中不仅承载着社会历史的变迁,更包含着上海社会发展的缩影,学生通过在这些文化中感受美、寻找美,同时在这个过程中探索社会历史的发展,从而在心底真正认可本土文化,激发他们作为中国人的自豪感和荣誉感,培养他们的爱国情怀,实现教育的人文性与审美性的统一,塑造学生更加健全的人格。

四、结语

理论源于实践,又能指导实践。无论是"非遗"进校园抑或是"非遗"在当今社会的进一步传承,都需要广大教师在实践中不断摸索,总结经验,而后将这份经验作用于"非遗"的宣传与发展之中。本文仅将我校在"非遗"传承中获得的一些经验进行总结,相信随着艺术教育在现阶段中小学教育中的比重日益加重,"非遗"会逐步在中小学校园里生根发芽,培养出一批又一批优秀的"非遗"传承者。

---

[1]　雷默.音乐教育的意义与价值探秘:雷默文选与反思[M].刘沛,译.上海:上海教育出版社,2018:138.
[2]　霍乃瑞.音乐教育中实践性与审美性的融合[J].当代音乐,2021(10):60-63.
[3]　陈薇.踏歌前行:小学音乐教育教学的实践与思考[M].上海:上海科学技术文献出版社,2016:66.

"非遗"进校园的路径与"非遗"传承的有效方法

——以"STEAM 创意农民画"教学为例

上海师范大学附属金山前京中学　侯雨豪

摘要:将非物质文化遗产融入学校教育,不仅有助于保护和传承这些珍贵的文化遗产,也为学生提供了更丰富的学习体验,同时促进了学校教育的多元化发展,满足学生全面发展的需求。本文以上海师范大学附属金山前京中学开展的"STEAM 创意农民画"实践活动为具体实例,探索"非遗"进校园的路径及其有效的传承方式,并为此提出针对性的建议和措施,希望通过分享这一实践经验,为其他学校开展"非遗"进校园活动提供新的思路和启示。

关键词:"非遗"传承;农民画;教育创新;前京中学

一、引言

非物质文化遗产(以下简称"非遗")是中华优秀传统文化的珍贵遗产,但由于现代社会的快速发展和全球化的推进,许多传统技艺和习俗面临生存危机。[①] 为了应对"非遗"保护和传承的严峻形势,"非遗"进校园项目被启动,旨在让学生亲身感受并传承宝贵的文化遗产。通过在校园中融入"非遗"课程和活动,让学生深入了解和接触"非遗",生成年轻一代对本土文化的认同和对家乡的情感联结。

上海师范大学附属金山前京中学(以下简称"前京中学")大力推进"非遗"教育与文化教育的深度融合,开发"STEAM 创意农民画"课程,巧妙地将金山农民画这一独特艺术形式与多个学科知识融合,培养学生的跨学科综合能力和创新思维,促进现代艺术设计的创新和发展,积极推动校园文化建设,为学校的长期进步注入新的动能。

二、"非遗"走入校园:实践之路与探索之火

(一)校园"非遗"项目选择

1. 选择具有时代特征、地方特色的"非遗"项目

将"非遗"融入校园活动时,应充分考虑学校的实际情况和资源条件,结合学校特色、

---

① 闫京榜.浅议非物质文化遗产保护与中国传统文化传承[J].文化产业,2022(15):67-69.

学生需求,深入挖掘其文化内涵,进行创新性的融合,制定详细的计划和实施方案,确保可行性和长期发展。金山农民画,源自上海金山区独具一格的民间绘画形式,被列为上海市"非遗"。前京中学位于金山农民画的发源地,为了在校园中更有效地推广和传承"非遗"文化,学校选择了金山农民画作为创新课程,融入 STEM 教育理念,将多种学科知识融入农民画教学中,不仅丰富了学校的课程体系,还提升了学生的艺术鉴赏能力和动手能力。

2. 考虑校园环境与师生需求,将"非遗"融入校园生活

选择合适的校园"非遗"项目,需充分考虑校园的文化传承、艺术教育、创新教育、校园文化建设等方面,注重学科特点以及学生认知水平,引导学生的文化体验,注重创新思维,推动"非遗"的传承与繁荣。

前京中学创设的"STEAM 创意农民画"课程,注重项目的实际操作性和可行性,针对不同年级设计不同层次和形式的教学活动,适应了学生的兴趣和文化需求。低年级学生以创作平面化、立体化农民画为主,高年级学生以创作数字化、多维度的农民画文创产品为主,确保了农民画项目在校园环境中持续生存和发展。

(二)"非遗"与校园的融合之道

1. "非遗"教育与文化自信的相互促进

"非遗"教育能够帮助学生深入了解家乡的文化根源和历史传承,增强文化自信和自豪感。这种自信的树立,将有力地推动"非遗"的传承和发展,形成一种相互促进的良性循环。

前京中学注重培养学生的文化思维,关注地方传统文化的传承和学习。为了让学生更好地了解现代艺术的前沿趋势和创新方向,学校组织学生走出校园,深入探索金山农民画的元素如何巧妙地融入现代艺术中。通过这样的方式,学生可以领略到传统文化和现代艺术相结合的魅力,进一步增强对文化传承和创新的认识。

2. "非遗"教育与文化教育的深度融合

将"非遗"与多学科进行有效的融合,能够开辟一条独特的跨学科传统文化研学之路,不仅为现代艺术和传统文化打开一片全新的创作领域,更有助于培养学生的文化自信和传承意识。通过这种融合教育的方式,学生能够创作出更多具有创新性和时代感的作品,进一步推动传统文化的传承和发展。

前京中学的"STEAM 创意农民画"项目致力于创新应用农民画这一传统文化艺术形式,融合艺术与科技,组织学生创作出富有创新意识的农民画作品,不仅培养学生的创新思维和艺术鉴赏能力,更推动了地方文化的传承与发展。

3. "非遗"教育与地方产业发展的紧密结合

学校"非遗"教育与地方产业发展之间具有纽带关系,将"非遗"融入美术教学中,不仅丰富了学生的艺术视野,也为"非遗"文化传承发扬提供了人才储备,还为"非遗"产业的转型升级提供了新的思路和方向,有助于推动当地产业的转型升级和发展,获取经济与文化的双重效益。

前京中学鼓励师生们参与"非遗"文创产品的研发与展览等创新活动,将"非遗"元素

与现代设计理念相结合,赋予民间美术新的生命力,彰显了前京中学在"非遗"教育领域的前瞻性和创新性,为培养具备文化意识和创新能力的优秀人才、促进社会进步作出了积极贡献。

(三)科技助力"非遗"在校园中的活态传承

1. 现代科技手段的多元化应用与整合

运用数字化技术转化和存储"非遗"信息,建立"非遗"数字化平台,借助现代科技手段,如 AI 技术和虚拟现实技术,深入挖掘其文化内涵,"非遗"得以与现代艺术完美融合,为后人学习"非遗"提供便捷的方式,以更有效地传承、保护和发扬"非遗"。

前京中学运用先进的数字化技术,成功构建了金山农民画的数字化教学平台,开发了"STEAM 创意农民画"课程。该课程涵盖了农民画的历史、艺术特点、创作技巧以及在当代的应用等多个方面的资源,学生可以随时扫码访问并学习不断实时更新的金山农民画知识库。学校还借助先进的 AI 技术,指导学生通过智能化的绘画软件进行创作,将学生们的创意和想法转化为独特的艺术品,激发其学习兴趣和创造力。

2. 虚拟现实技术与数字化传承平台的创新整合

运用虚拟现实技术,"非遗"传承得以实现沉浸式体验,让人身临其境般感受"非遗"的独特魅力,领略其博大精深。这种方式不仅让观众获得更加生动、真实的文化体验,得以跨越时间和空间的限制,也让更多人领略到传统文化的精髓。现代科技手段与"非遗"的紧密结合,使"非遗"能活态传承,也为学生提供了更加丰富的学习资源和体验机会。

前京中学运用虚拟现实技术模拟了金山农民画的创作过程和场景,让学生可以在虚拟环境中体验和学习金山农民画的创作技巧和艺术风格,更深入了解金山农民画的艺术价值和文化内涵。同时,学校还利用虚拟现实技术开展了金山农民画的展览活动,让观众更加深入地了解和欣赏金山农民画。

(四)"非遗"与社团的校园交响

1. 校园社团:"非遗"的传播大使

校园社团在"非遗"的传播中起到了关键的作用,精心组织各类"非遗"活动,为学生提供了体验"非遗"的机会,成功激发了他们对传统文化的兴趣和热情。

前京中学"STEAM 创意农民画"工作坊开展各类研学活动,让学生亲身体验金山农民画技艺,深入了解农民画背后的文化内涵,亲身感受"非遗"的独特魅力,有助于"非遗"的传承,激发了学生的创新精神。

2. 携手"非遗"传承人:共同传承与创新"非遗"

校园社团与"非遗"传承人紧密合作与交流,学生能够直接从"非遗"传承人那里学习经验和技艺,感受"非遗"技艺的魅力和价值,有助于营造浓厚的校园"非遗"氛围。

前京中学定期邀请金山农民画传承人来到校园,学生们在传承人的指导下,掌握了独特的农民画绘制技巧和艺术风格,创作出具有个性和创意的农民画作品,展现了他们对传统文化的理解和创新。

3. 深挖本土"非遗"宝藏:打造文化交流的桥梁

学校加强与当地文化部门的联系,可以获得更多的"非遗"资源,包括文献资料、实物展品、传承人技艺等方面的支持,共同探索"非遗"的传承与创新之路。

前京中学与上海市金山农民画院建立了紧密的合作关系,带来了关于农民画项目的第一手资料和研究成果,为学校开展"STEAM 创意农民画"教学提供了坚实的基础,有助于推动"非遗"的传承与发展。

（五）校园与社会的"非遗"联动

1. 学校面向公众展示"非遗"

学校参与"非遗"公益教育活动,不仅向公众普及"非遗"的知识和技艺,让"非遗"在大众中得到更广泛的认知和认同,展现其不可替代的价值,也为师生提供了互动交流的平台,有助于传承和发扬"非遗"技艺,培育"非遗"传承人。

前京中学积极推动金山农民画走进社区,举办农民画展览和体验活动,向社区居民介绍了金山农民画的历史背景、创作技艺和艺术成就,并辅导他们动手绘制金山农民画,丰富了社区居民的文化生活,促进了学校与社区之间的交流互动。

2. 学校创新与拓展"非遗"社会公益活动

学校在"非遗"保护与传承的道路上,应当积极探索创新方式,将传统的"非遗"与现代科技手段相结合,开展一系列富有创意和影响力的"非遗"公益教育活动,吸引更多的社会关注,提高学校"非遗"教育的知名度。

前京中学在"非遗"传承方面进行了大胆的创新,开发了金山农民画的数字模拟体验系统,利用互联网资源开展线上教学活动和社区推广活动,不仅展示了前京学生的农民画作品,还向社区居民传授了农民画的绘制技巧,增进了公众对"非遗"的认识和了解。

三、"非遗"深入课堂:前京中学"STEAM 创意农民画"教学创新与实践

（一）融入"非遗":制定跨学科的"STEAM 创意农民画"教学计划

"STEAM 创意农民画"课程设定四个层次的教学计划,帮助学生系统掌握农民画技艺。第一阶段,激发学生的审美感悟潜能,引导学生发现、欣赏和理解金山农民画的独特美感和艺术价值,激发其对家乡文化的热爱和兴趣;第二阶段,提升学生在艺术创作中的表现技巧和表达能力,引导学生学习和模仿金山农民画的传统技巧和手法,掌握金山农民画的精髓和技艺;第三阶段,培养学生的创新能力,引导学生将个人风格融入金山农民画的创作中,提升创意和实践能力;第四阶段,培养学生的文化理解能力,引导学生深入剖析金山农民画的文化内涵,提升文化自信心和增强对家乡的归属感。

前京中学以"STEAM 创意农民画"课程为特色,着力打造专供学生进行农民画实践的场所,不断尝试与探索办学资源整合的新模式,开发各种艺术资源和渠道,为学生提供多维度的研究性学习空间,满足学生研习传统技艺和利用数字化技术进行创作的两大核

心需求,培养学生的创新能力和实践能力。

(二)创新教学:激发学生对农民画的探索与创作

前京中学致力于在艺术与科技的融合中创新农民画教学,运用 STEAM 教学概念,以农民画为主题,进行项目化教学。鼓励学生通过数字绘画软件,创作出独特的农民画作品,探索农民画构图、造型和色彩的魅力;采取跨学科的教学手段,引导学生了解农民画中色彩搭配和光影运用所涉及的物理原理,从而在创作过程中更好地掌握色彩运用和光影表现;运用 3D 打印技术,帮助学生将平面作品转化为立体模型,为学生提供更加真实的金山农民画创作体验和艺术感知。

前京学子在绘画作品中展现出卓越实力,近两年获得众多荣誉和奖项,包括 3 项区级荣誉称号、5 项区级优秀组织奖、6 项市级优秀组织奖。学生美术作品在国际、国家级、市级和区级等各个层面都获得了丰硕的荣誉,共计荣获国际奖项 21 项、国家级奖项 68 项、市级奖项 57 项、区级奖项 46 项。这些荣誉和奖项充分展现了前京学子的艺术才华和金山农民画元素的独特魅力。

(三)内外联动:与专家和传承人的共同教学与实践

前京中学在强化校内农民画教学的基础上,实施一系列多样化的 STEAM 农民画创新实践项目,积极与校外专家和农民画传承人展开合作,让学生们近距离接触和学习原汁原味的农民画技艺。组织学生前往金山农民画发源地参观、学习和实践,让学生们身临其境,了解农民画的创作环境和文化内涵,更全面地掌握金山农民画的传统技艺和文化底蕴,提升学生的艺术素养和技能水平。

前京中学以金山农民画艺术进校园、"非遗"传承和社区服务三大切入点,形成"理论学习、实践操作和社区参与"相结合的区域化研学体系,将课后活动与社区服务相互融合,推动社区成为学生实践的崭新平台,让学生们在"STEAM 创意农民画"课程中获得更多实践经验。同时,促进校内外交流,已有区内外 20 余所中小学、高校师生莅临参观学习,学校成为宣传展示金山农民画艺术的主要阵地和窗口。

(四)师资培训:提升教师队伍的农民画"非遗"素养

在日常教学中有效地融入农民画元素,提升教师对农民画的理解和传承能力,是实现"STEAM 创意农民画"教育目标的重要步骤。首先,学校邀请农民画专家亲临指导,开展现场教学和培训,鼓励教师们参与农民画的创作实践,为教师们在教学中更好地引导学生进行创作积累了宝贵的经验;其次,学校还注重传授教师与时俱进的教育教学方法,组织教师们参加数字化教学、项目化教学等培训课程,帮助教师们将农民画教学与现代科技手段相结合。

前京中学教师创新推进"非遗"教育,开设的"金山农民画的色彩表现"公开课的相关活动新闻登上"学习强国"平台,教师运用金山农民画元素创作的文创产品荣获了国家级一等奖,充分展示了本校教师在"非遗"传承和创新方面的实力和成就。同时,他们辅导学生创作少儿绘画作品,15 人被评为市级优秀指导教师,4 人被评为全国优秀指导教师,彰显了农民画教学领域的特色和优势。

(五)营造氛围:创建农民画艺术展示与文化沉浸空间

"非遗"的传承和发展需要集结全社会的力量,前京中学打破学校的"围墙",实现教育资源的共享和交流,与地方政府、社会、家庭等力量共同参与农民画的教育与推广。[①] 一方面,学校积极与地方政府合作,借助政府资源和社会力量,共同打造农民画艺术展示空间和文化沉浸空间;另一方面,学校还倡导校地共建和校校共建,积极与周边社区和学校开展合作,共享资源,拓展教学空间,充分彰显了学校在农民画教学领域的特色和优势。

前京中学"STEAM 创意农民画"夏令营多次被评选为区级未成年人暑期工作优秀活动项目,"STEAM 创意农民画"课程也被评为金山区三星级校本课程,"STEAM 农民画"科创实验室被上海市金山区人民政府命名为"金山区专家工作站",这些荣誉充分展现了学校在"非遗"传承和科技创新方面的实力和专业性,也进一步推动了学校在未成年人教育领域的发展和探索。

四、"非遗"融入创新:农民画的传承与教育方法

(一)培养农民画传承人的创新路径与策略

前京中学采取了系统化的培养计划和策略来培养农民画的后续人才,为新一代的传承者提供全面、系统的教育支持,并促进农民画的传承和发展。

1. 融入现代科技

学校运用现代科技手段,将农民画的知识和技能融入现代教育中,使学生能够系统地接受"非遗"教育,并培养对"非遗"的认同感和自豪感。

2. 鼓励实践与探索

学校大力支持学生参与农民画的创作与实践,通过举办展览、比赛等活动,激发学生的实践能力和创新思维。同时,学校鼓励学生发挥想象力,探索新颖的创作方式和技巧,培养他们对"非遗"的独特理解和创新思维。

3. 联合专家和传承人

学校与专家和传承人紧密合作,共同制定培养计划和教学策略,提供全面的教育支持,将农民画的技艺和文化内涵传授给学生,同时推动"非遗"的传承和发展。

4. 拓展社会领域

通过与社区和家庭的互动,学校将农民画带入更广泛的社会领域,提高社会对"非遗"的关注度和认同感。这有助于为新一代的传承者提供更广阔的发展平台,并提高"STEAM 创意农民画"的教学质量和效果。

通过实施上述措施,前京中学成功地打开了"非遗"传承人培养的新篇章,学校不仅注

---

① 李舒好.非遗文化传承的教育路径研究[J].南京艺术学院学报(美术与设计),2023(3):191-195.

重提升学生的艺术素养和技能,更致力于激发他们对"非遗"的热爱与追求。

(二)创新"非遗"传承方式与方法

前京中学在农民画的传承过程中,积极探索创新的方式和方法,借助现代科技手段,守护与传承农民画技艺。学校通过数字化教学手段,为农民画的教学和展示提供了新的可能性。

1. 资源采集与转化

通过先进的数字化技术,学校对农民画资源进行了系统性的采集和整理,不仅实现了资源的共享和长久保存,还为学术交流和研究合作提供了有力支持。

2. 创新教学方法

学校不断探索"STEAM 创意农民画"教育的新方法,利用虚拟现实技术,为学生提供沉浸式的农民画学习体验,更直观地了解农民画的创作技巧,进一步提升了学习效果和教学效率。

3. 跨领域合作与交流

学校不仅注重与社区和其他文化机构的互动和合作,还通过与这些合作伙伴的合作和交流,将农民画带入社区,激发大众对"非遗"的兴趣。

前京中学通过实施一系列创新措施,成功地开辟了"非遗"传承的新途径,让学生在轻松愉快的学习氛围中深入感受"非遗"的魅力,为"非遗"的传承和发展注入了新的活力。

(三)强化师生互动与参与的机制建设

前京中学致力于强化师生互动与参与,构建了一系列高效的教学机制,采取了多种有效措施,提升教学效果和教学质量。

1. 建立教学研讨机制

学校定期组织农民画教学研讨会,校内外专家、教师分享教学经验、教学方法,共同探讨农民画教学的最佳实践,不断提升"非遗"教学水平和能力。

2. 建立反馈机制

学校设立了完善的反馈机制,积极鼓励师生为课程活动提供建议和意见,不断改进和优化教学活动,更好地满足学生的学习需求和促进教师的专业成长。

3. 建立合作学习机制

学校鼓励小组讨论和合作学习,师生间互相交流、互相学习,促进师生的互动和参与。

4. 提供教师指导机会

学校鼓励教师参与学生农民画的创作,这种模式不仅提升了学生的学习效果,还有助于教师的专业成长,共同为"非遗"传承注入新活力。

5. 提供展示作品的平台

学校让师生展示创作的农民画作品,互相学习和交流,促进技艺的提升和文化的传播。

通过这些机制措施,前京中学成功营造了一个充满活力、开放而高效的学习环境,师生之间的互动得到了促进,教学质量得到了提升,为金山农民画的传承与发展注入了新的活力。

(四)"非遗"进校园的多元评价体系构建

前京中学致力于建立多维度的农民画教学评价体系,旨在激发学生的兴趣和动力,助力他们在农民画领域实现全面成长。

1. 评价主体多元化

学校倡导多方评价机制,鼓励教师、学生、家长以及公众共同参与评价过程,确保评价结果的严谨性和可信度,不仅增强了社会对农民画教学的关注,还激发了更广泛的参与,共同促进农民画教学的持续发展。

2. 关注学习过程的评价

学校高度重视农民画学习过程中的评价,实施多元化的评价策略。不仅观察学生课堂上的表现和作品创作,还充分考虑到每个学生的独特性,以组织小组讨论等方式培养学生的思考技能、创新能力和问题解决能力。

3. 注重评价反馈

学校重视评价结果的反馈与应用,确保学生及时了解自己的学习状况,并适时调整学习策略。同时,教师也能根据评价结果优化课程设置,更精准地满足学生的学习需求,进一步提升教学效果。

通过多元化评价体系的构建,前京中学努力营造积极、开放和有效的学习氛围,提高教与学的效果和质量,推动"非遗"的传承和发展。

五、结语

前京中学在农民画传承教育方面进行了一系列创新实践,不局限于传统的教学模式,而是采用跨学科的 STEAM 教学理念,将农民画与科学、技术、工程和数学等学科知识相结合,引入数字化教学手段,为农民画的教学和展示提供了更多的可能性,不仅激发了学生的兴趣,还提高了教学效果。前京中学的经验可以为其他学校和"非遗"传承者提供有益的借鉴,共同推动"非遗"的传承和发展。

"非遗"视域下农村小学开展"崇明灶文化"传习体验教育的研究

上海市崇明区向化小学　　陈锦娟

摘要:"花开满瀛洲,赏花到向化。"崇明灶花,风格迥异于北国、有别于江南,具有构图饱满、造型简练、题材广泛、画面通俗明了、工笔写意兼具等艺术特点。向化小学坐落于崇明岛东部素有"灶花之乡"美誉的向化镇,毗邻崇明灶文化博物馆,丰厚的地域文化在润泽一方百姓的同时,更为学校中华优秀传统文化教育提供了肥沃的土壤。基于校情和学情,文章从分析网络情报和文献资料出发,基于"非遗"传承模式的共性情况,整理分析已有的研究成果和结论,从"崇明灶文化的传习体验教育育人目标体系""崇明灶文化传习体验教育课程内容体系""崇明灶文化传习体验教育实施途径""崇明灶文化传习体验教育评价体系"等方面进行原创性、本土化、个性化的实践研究。

关键词:"非遗"视域;"崇明灶文化"传习体验教育

一、研究背景

(一)实践背景

1. 传承中华优秀传统文化的需要

习近平总书记在党的十九大报告中指出,深入挖掘中华优秀传统文化蕴含的思想观念、人文精神、道德规范,结合时代要求继承创新,让中华文化展现出永久魅力和时代风采。我们要在校园的土壤里播下一颗种子,深耕中华优秀传统文化。习近平总书记在党的二十大报告中指出,要"传承中华优秀传统文化"。中华优秀传统文化积淀着中华民族最深沉的精神追求,代表着中华民族独特的精神标识,是中华民族生生不息、发展壮大的丰厚滋养,是中国特色社会主义根植的文化沃土。而"崇明灶文化"则面临多方面的冲击,正渐渐淡出与消失,亟待我们进行传承与创新。①淡出。随着时间的推移、岁月的变迁,灶头已开始渐渐淡出了老百姓的生活领域。尽管在崇明乡间灶头还大量存在,但是这些灶头大都已经不是原来的模样,或用液化气灶替代了烧柴草的灶头。即使灶头仍在,有的农户也不是经常使用。②代替。手工绘制的灶花渐渐被瓷砖画所代替。③泥瓦匠的"敬业、勤劳、向美"等匠心精神和灶花的文化寓意的挖掘与传承。

2. 学校校本课程开发的需求

本课题主要源于以下实践背景:学校自 2011 年 11 月开始崇明灶文化的传习研究,开发了"灶花农家乐"课程,实践与研究中碰到了关键问题,亟待解决与突破。①碎片化的课程不能满足不同年级学生的需要。②碎片化的课程只停留在传承层面,没有融入其他地区,抑制了地域文化之间的交流传播。

3. 学校文化品牌深化的需求

向化小学作为上海市中华优秀传统文化研习暨"非遗"进校园优秀传习基地、上海市中华优秀传统文化教育暨社会主义核心价值观教育重点品牌培育项目实验学校,将"崇明灶文化"作为学校"一校一品"建设的重点,以"树品牌"为指引,纳入学校三年发展规划和课程计划,以"夯实＋发展"为推进策略,积极打造市级"中华优秀传统文化和社会主义核心价值观教育"重点品牌项目,助推学校特色发展,提升学校办学影响力。

4. 推进学校美育教育的需要

学校结合地域文化特点,借力区域灶文化博物馆,将独特的乡土文化资源与学校美育相融合,形成了具有乡土特色的"行走中的'灶花风韵'"美育传习课程,为学校美育教学拓宽了时空,实现了美育与诸育的有机融合,提升了美育的育人价值,为学校办学特色的形成和学生多样化学习需求的服务提供了支持。

5. 乡土文化育人目标的需要

"崇明灶花"是崇明民间草根艺术,是上海市非物质文化遗产之一。作为一种乡土文化资源,具有激发孩子家国情怀的潜在功能;作为一种社会文化基因,具有实践育人的特点;作为一种校本课程资源,具有拓展美育学习方式与丰富美育学习经历的作用。

（二）情报背景

本课题研究基于"中国知网"平台,采用主题及关键词精确查找的方式对"灶文化"相关信息进行了检索,检索结果为 0 篇,没有同题研究。输入"灶文化"的相关词"灶花",检索结果为 4 篇情报。在百度搜索引擎上搜索"灶文化",查找到《灶文化研究》1 篇;在百度搜索引擎上补充搜索"基于'非遗'视域"及"崇明灶文化",没有任何相关研究成果。文汇出版社出版的《崇明灶花（文论篇、诗词篇、作品篇）》丛书,对崇明灶文化进行了相关研究。

梳理与归纳搜集到的网络情报和文献情报,没有从学校层面对"灶文化"进行的相关研究。因而,《"非遗"视域下农村小学开展"崇明灶文化"传习体验教育的研究》基于"非遗"文化传承模式的共性情况,拟从"崇明灶文化的传习体验教育育人目标体系""崇明灶文化传习体验教育课程内容体系""崇明灶文化传习体验教育实施途径""崇明灶文化传习体验教育评价体系"等方面进行实践研究。

二、研究价值

（一）研究意义

1. 学生发展
丰富学习经历,发展学生核心素养。研究有利于"崇明灶文化"传习体验教育课程整体性的构建,有利于传习体验教育的系统化、整体化推进,能满足本校不同年龄段、不同地域学生的成长需求。"灶花风韵"系列课程的开发与实施,使学生在有计划、有组织、有层次、有序列的活动中得到认知、体验、感悟、成长,从而提高"崇明灶文化"传习体验教育的针对性、实效性和创造性。

2. 学校特色

研究有利于学校基于"崇明灶文化"进行德育、智育、美育和劳育等融通性的一体化变革,彰显"崇明灶文化"的传承与创新,促进学校内涵特色发展;有利于学校立足于"崇明灶文化"系列课程的开发与实施,促进"崇明灶文化"学生实践工作坊活动的提升和全方位的整体推进。

3. "非遗"传习

研究有利于"崇明灶文化"区域推进,促进"崇明灶文化"联动共习、共育、共播、共创。"'非遗'进校园"市区两级联盟学校的联动、崇明区创玩项目的推进与拓展延伸以及"崇明灶文化传习"上海市未成年人暑期实践快乐体验活动,有利于为本市同类学校、本区"崇明灶文化"研究协会和本校相关后续实践研究提供借鉴。

(二)研究特点

1. 具有原创性

"崇明灶文化"作为一种乡土文化资源,具有激发孩子家国情怀的潜在功能;作为一种社会文化基因,具有实践育人的特点。

2. 具有整体性

"崇明灶文化"传习体验教育系列课程,具有拓展学生学习方式与丰富学生学习经历的作用,促进学校"整体带特色,特色推整体"的课程统整与螺旋滚动式发展。

3. 具有体验性

"崇明灶文化"传习体验教育是在"文化育人、课程育人、实践育人、活动育人、管理育人、协同育人"的实施过程中,组织和引导学生在"崇明灶文化"传习实践中习得知识与技能的同时,以不同层次的文化内涵和育人目标伴随学生道德认知的不同阶段和全过程,伴随孩子道德内化的不同阶段和全过程,伴随孩子道德养成的不同阶段和全过程,伴随孩子道德形成的不同阶段和逐步社会化的全过程。让学生触摸"灶文化",了解家乡的历史,感受地域文化,弘扬中华优秀传统美德,传承工匠精神,淬炼品格。

三、概念界定

1. "非遗"视域

本课题研究立足"非遗"的视角,探寻"崇明灶文化"的保护、传习、传播与发展。

2. 崇明灶文化

本课题指的灶文化具体包含"民俗民风""艺术审美""人文生态""科技创新"四方面的范畴。

3. 崇明灶文化传习

本课题本着对非物质文化遗产的保护、传播和发展的理念,以学生为主体,注重课内课外、校内校外、线上线下联动的校本化的、活态化的学习、传播和创新的体验教育活动。

4. 崇明灶文化传习体验教育

本课题组织和引导学生在崇明灶文化传习的亲身实践中充分发挥自己的主观能动性、积极性和创造性,在"崇明灶文化"传习认知与实践中不断探究、不断感悟、不断内化、不断思考,把习得的知识转化为技能,把做人做事的基本道理内化为健康的心理品格,转化为良好的行为习惯,让学生在参与中获得积极体验,内化于心,外化于行,实现以艺育人、以美育人、以技育人、以文化人。

四、研究内容

(一)确定"崇明灶文化"传习体验教育的育人目标体系

"崇明灶文化"传习体验教育的理念是"童心向真向善向美"。我们采用整体教育策略,形成了"民俗民风、人文生态、艺术审美、科技创新"文化范畴"灶花风韵"校本课程体系,架构校内学习与校外实践、知识学习与动手操作、艺术学习与文化传承相贯通的学习实践体系,让学生在充满生命活力的实践探索、自我建构、交流分享等多种开放性活动中,获得对生活的真实体验,对生命成长的真切感悟。

1. 民俗民风类课程传习体验教育目标

学生在活动中探究"崇明传统节日"和"灶文化"有关的习俗和民风,加深"春节、元宵节、端午节、重阳节是民俗类非物质文化遗产"的认识,激发对"传统节日习俗"的探秘兴趣,传承崇明人民"敬业、诚信、友善、节俭、勤劳"等优秀传统美德,增强家国情怀。

2. 艺术审美类课程传习体验教育目标

学生在"绘画、粘贴、唱响"等"灶文化"传习途径中了解画灶花的知识与方法,掌握画灶花的技能,感受灶花的艺术特色。鼓励学生欣赏灶花的美,丰富学生的审美经验,体验艺术活动的乐趣,发展艺术实践能力,陶冶学生的审美情操,传承传统文化,培育乡土情怀,实现以美育人、以艺育人。

3. 人文生态类课程传习体验教育目标

在"寻找、游说、撰写"等"灶文化"传习途径中了解灶头的结构、演变、生态功能和资源利用等,了解"灶文化"童谣、诗歌、散文等不同文体,感悟"灶文化"意蕴,激发学生对中华优秀传统文化的热爱之情。

4. 科技创新类课程传习体验教育目标

了解灶头的结构、灶花图案、灶娃,掌握"灶花拼图、灶模拼装、陶艺灶头、灶娃、灶文化演示文稿"的知识与方法,培养学生的观察能力,培养学生的动手动脑能力,培养学生对周围世界的好奇心与求知欲以及大胆想象、敢于创新的科学态度和创新精神。

(二)架构"崇明灶文化"传习体验教育课程内容体系

在对学生发展需求和基地资源进行调研的基础上,架构了由"四个板块八个系列"组成的"灶花风韵"校本课程,四板块为"民俗民风、人文生态、艺术审美、科技创新",八个系列为"寻找、游说、拼出、贴出、品尝、唱响、描画、抒写"。"四个板块八个系列"课程内容与育人目标有机融合,凸显了学科之间的有机融合与对接,实现了美育与德智体劳育的有机融合与整体协调发展。

同时,学校把区级重点课题"'非遗'视域下的农村小学开展'崇明灶文化'传习的实践研究"和市级课题"农村小学开展'崇明灶文化'传习体验教育的研究"作为统领性课题,不仅发挥课题研究的引领功能,而且把课题研究与课程开发、美育课堂教学(活动实施)与教师专业发展相结合,实现课题、课程与课堂的三位一体。

(三)构建"崇明灶文化"传习体验教育活动实施体系

1. 多项活动,实现文化体验化

我们以"今天行动计划·快乐活动日、乡村学校少年宫、课后服务"为平台,以"崇明灶花"学生艺术实践工作坊为抓手,引导学生开展"我是小小绘画家、我是小小制作家、我是小小糕点师、我是小小创意师、我是小小讲解员、我是小小探秘家"的"六小"美育实践活动的追梦体验之旅。

(1)活动之一:我是小小绘画家

在学校美术拓展类实践活动中有机融入"灶花风韵(美术篇)"校本课程,学生在"灶山画、灶屏画、灶裙画、灶边画、烟柜画"等各种灶头配画的学习体验中,掌握了画灶花的方法和技巧,提升了选画、配画、画画等能力,发展了美术实践能力。让学生在灶花知识学习与美术创作的过程中娱悦自己,增强审美意识,促使学生将自己的心理需求诉诸美术创作,以美悦人。

(2)活动之二:我是小小制作家

我们结合美术和劳技学科教学有机融入"灶花风韵(拼图篇)"和"灶花风韵(灶模拼装篇)"课程。让学生将分割成不同形状的灶花图拼成"年年有余、锦上添花、喜鹊登梅"等40多幅灶花拼图。根据砌灶的方法拼成"木质版灶头和纸质版灶头"。不仅发展学生的观察力和发散性思维能力,而且促进学科间的有机融合,提升学生创新能力。

(3)活动之三:我是小小糕点师

我们结合"元宵节"等传统节日,"灶花节"等民俗文化节,举行"学做崇明糕点"活动,学生在搓米粉、揉米粉、印板糕、捏生肖、说寓意、品糕点……系列活动中,不仅运用美术学科所学的知识,发挥自己的想象,体验美育活动的乐趣,获得对艺术学习的持久兴趣,提升审美感知能力,促进美育思维品质的提高,而且体验了中华优秀传统文化的丰富内涵,促进了人文素养的提升。

(4)活动之四:我是小小创意师

"灶花风韵(灶模拼装篇)"中"陶泥(彩泥)灶头(灶娃)的制作"学习和体验,以彩泥或陶泥的形式,指导学生通过按、压、搓、团、叠等方法,运用点线面材料进行叠加、排列、粘贴、装饰,制成"灶娃"或创作"陶土(彩泥)灶头",不仅使学生在美术和劳技学科中学到的知识在"泥灶娃(泥灶头)"的创作中得以运用,而且增强了学生的创新实践能力,培养了学

生发现美和创造美的能力。

"灶花风韵(贴画篇)"的开发和实施,以"创意土布灶花贴画"学生艺术实践工作坊为主要载体,根据"崇明灶花"图画,把灶花图以土布贴画的方式呈现,学生通过"根据颜色的搭配选择土布料,根据画面的内容剪成不同的形状,把剪好的不同形状贴成一幅创意画"的学习和体验,不仅学会了"选、剪、贴"土布贴画的方法,而且丰富了审美经验,实现了画与贴的有机融合、灶花和土布的有机融合,彰显了艺术表现的灵动,陶冶了学生的审美情操。

(5)活动之五:我是小小讲解员

在三年级普及实施的基础上,我们采取"学生自荐,教师推荐"相结合的方式,组建"我是小小讲解员"工作坊,"灶花风韵(讲解篇)"中"讲解员的站位、站姿、走姿、声音、眼神、手势、表情"等学习和崇明灶文化博物馆现场讲解的指导和训练,不仅使学生学会了讲解员的讲解方法和艺术,而且使学生在讲解中感受美和美的熏陶。同时,学生在有声有色讲解中感悟"非遗"之魅力,提高了学生的社会参与素养与语言表达能力。

(6)活动之六:我是小小探秘家

结合主题综合实践活动,借助亲子活动的形式,学生在寻访农家灶头、探究灶花的演变与历史、探究崇明灶花与其他地区的异同等过程中,不仅进一步发现了"崇明灶花"的艺术魅力,感悟了"崇明灶花"的文化底蕴,而且增强了保护和传承民间草根艺术的责任感和使命感,更发展了学生的动手动脑、观察思考与科学探究的能力。

2. 多位联盟,实现发展区域化

为了提升"崇明灶文化"传创活动的品质,扩大传承辐射的影响力,由教育局牵头,构建了"一校联动十校"和"科创项目进校园"辐射机制。一是建立了以"崇明灶文化传习"为特色的中小幼一体化的"非遗"传习校校联盟,与周边 10 所学校形成联盟体,共同推进。二是依托科创项目走进校园,区域性推进快乐活动。三是参加市级"非遗"联盟体 B 组。如"灶模拼装与绘画上色"作为科创项目之一走进全区每所小学,区域性整体推进。我们还探索了"馆校联盟、家校联盟、村(居)校联盟、校际联盟"等传习模式,不断夯实"崇明灶文化"传习活动的基础,整合资源,实现共建共享共长。

3. 营造氛围,实现环境熏陶化

学校积极推进"崇明灶花"校园文化环境中的美育。例如,"崇明灶花"学生作品艺术展示室、"崇明灶花"学生艺术实践创新美术室等美育乐园建设等。这是一个"童心飞扬,让学生在灶文化的世界里穿越"的艺术乐园,每幅作品都摇曳着学生阳光般绚丽、月光般洁净的童心;这是一个情感的精神家园,每一幅作品都蕴含着学生热爱自然、热爱生命、热爱家乡的情愫;这是一个学习交流的成长舞台,学生在欣赏中学习—体验—感悟—成长。

(四)探索"崇明灶文化"传习体验教育评价体系

1. 对学生"学习"的评价(评价方式:体现评价的过程性、发展性、灵活性和多元性;评价手段:自评与互评相结合,课内与课外相结合,过程与结果相结合;评价奖章:灶娃)

表1 向化小学"灶花风韵(美术篇)""崇明水仙花"课程学习评价单

评价内容	评价等第	评价方式		
	A优 B良 C中 D须努力	自评	互评	教师评
内容	有寓意或积极向上			
线条(疏密)	对作品线条疏密的建议			
色彩(合理)	对作品色彩的建议			
构图(饱满)	对作品构图的建议			
态度	学习态度			

表2 向化小学"灶花风韵(讲解篇)""灶花集锦"课程学习评价单

评价内容	评价等第	评价方式		
		自评	互评	教师评
故事园	能有感情讲故事园的内容	☆☆☆☆☆	☆☆☆☆☆	☆☆☆☆☆
拓展园1	选择一幅灶花,能说出它的寓意	☆☆☆☆☆	☆☆☆☆☆	☆☆☆☆☆
拓展园2	能讲解三幅松鹤延年图	☆☆☆☆☆	☆☆☆☆☆	☆☆☆☆☆
讲解技能	能有声有色讲解第三展厅内容(注意表情、手势、站位和站姿)	☆☆☆☆☆	☆☆☆☆☆	☆☆☆☆☆

2. 对教师"教学"的评价

表3 教师教学评价单

评价指标	星数		
	三星(须努力)	四星(良好)	五星(优秀)
课程(活动)目标达成度	☆☆☆	☆☆☆☆	☆☆☆☆☆
学生的发展达成度	☆☆☆	☆☆☆☆	☆☆☆☆☆
学生的满意度	☆☆☆	☆☆☆☆	☆☆☆☆☆
活动成效与影响力	☆☆☆	☆☆☆☆	☆☆☆☆☆
课程(活动)实施评价	☆☆☆	☆☆☆☆	☆☆☆☆☆

3. 学生对"课程"的评价

表4 课程评价单

评价指标	星数		
	三星(须努力)	四星(良好)	五星(优秀)
你对这门课程的喜欢程度	☆☆☆	☆☆☆☆	☆☆☆☆☆

评价指标	星数		
	三星(须努力)	四星(良好)	五星(优秀)
你对辅导老师的喜欢程度	☆☆☆	☆☆☆☆	☆☆☆☆☆
你在活动过程中的收获程度	☆☆☆	☆☆☆☆	☆☆☆☆☆

五、研究成果与成效

（一）已编印的主要成果集

表5　研究成果一览表

成果名称	日期
文化根 乡土情 生态梦——"崇明灶文化"传习基地简介	2015 版
童心飞扬(学生成长集)	2016 版
灶花风韵——学生艺术实践工作坊作品集	2016 版
文化根 乡土情 生态梦——"崇明灶文化"传习基地简介	2018 版
"非遗"进校园 文化润童心——"崇明灶文化"传习课例集	2018 版
传灶花风韵 润质朴童心——"崇明灶文化"传习基地简介	2023 版
灶花风韵(德育篇)(美术篇)(拼图篇)	2015 版
灶花风韵(灶模拼装制作篇)	2016 版
灶花风韵(习作指导篇)(讲解篇)	2017 版
灶花风韵(演示文稿制作篇)	2018 版
灶花风韵(创意灶花土布贴画篇)	2020 版

（二）主要成效

1. 厚植学生家国情怀

"崇明灶花"传习课程的开发与实施,为学生探究"崇明传统节日"和"灶文化"提供了学习资源和实践平台。孩子们在学到灶花知识与技能的同时,增强了"非遗"的活态传承与保护以及创生的意识,实现了知情互补、以美育人、以文化人,从而进一步厚植家国情怀,增强了学生保护和传承家乡优秀传统文化的责任感,促进了学生核心素养的协调发展。

2. 实现一体化的育人机制

我们采用"渐渐推进,分步实施;渐渐渗透,潜移默化;渐渐深化,夯实发展"的"三渐"策略。注重"校园环境的融合,学科间的融合,馆校间的融合,校际融合,家校间的融合,课内外活动融合,线上线下活动融合,校村(居)间的融合"的"多位融合"传创路径,在"课堂教学、课外活动、校园文化"三位一体的基础上初步形成了"学校、家庭、社会"多位一体的协同育人机制。

3. 提升了美育育人价值

在"崇明灶文化"传习实践活动中,我们不仅注重课堂教学主渠道的作用,采用整体教育策略,架构了校内学习与校外实践、知识学习与动手操作、艺术学习与文化传承相贯通的学习实践体系,而且注重"灶花风韵"课程螺旋滚进式的开发与实施,如从"灶花风韵"课程的先行开发逐步渗透到基础性学科,从"灶花"一个资源点到挖掘学科"非遗"多个资源点的拓展延伸,螺旋上升、多维深化、有机融合,扩展了美育学科育人时空,提升了美育的育人价值,形成了亮点和特色。

4. 传承了地域优秀传统文化

当然,"崇明灶文化"传习项目的推进,也使得"崇明灶文化"这一非物质文化遗产得以更好地传承与发展。

5. 扩大了学校办学影响力

经过多年的实践,学校先后参加全国第五届中小学生艺术实践工作坊展演、第十五届上海教育博览会展演、首届上海市中小学乡土课程成果展演、上海市中华优秀传统文化成果展演、上海市"中华优秀传统文化研习暨'非遗进校园'传习"主题月集中展演以及"相聚云端 走近灶花"线上直播等活动40多场,区级"中华优秀传统教育暨'非遗'进校园"推进展示等10多次,接待跨省市跨区骨干教师来校访学研讨18次。学校获"全国第三批中华优秀传统文化传承学校""全国第五届中小学生艺术实践工作坊优秀展示奖""上海市首届'非遗在校园'示范校""上海市未成年人暑期活动优秀项目"等荣誉,"童心在灶文化世界里穿越"获"首届上海市校外实践活动课程一等奖";上海市"我是'非遗'传习人"和"'非遗'空中课堂"比赛中师生和家长共有60多人获奖;东方卫视艺术人文频道艺术课堂和上海市教育电视台《一起来成长》进行了《花开满瀛洲》节目录播等。

六、思考

在后续发展中,我们将基于学生核心素养的培育、教育综合改革的深入推进,围绕"艺术审美和人文素养"的两大范畴开展活动。进一步优化"灶花风韵"美育课程建设,做强、做实、做亮"崇明灶花"艺术项目;进一步融入美育基础型课程的建设,基于美育学科元素与特点,实现目标与内容的有机结合,提升学科的育人价值,促进课程目标的深度达成;"双减"背景下,在课后服务时段开展"灶花风韵"特色多元化的美育综合实践活动和德育实践活动,厚植学生的乡土情怀,赓续中华优秀传统文化血脉;依托数字化赋能"崇明灶文化"。

核心素养导向的高中美术项目化学习设计与实践

——"乡情雅韵"浦东土布文创课程单元设计

上海南汇中学　郁燕萍

摘要:随着信息技术的突飞猛进,传统手工工艺——"浦东土布纺织技术"濒临失传。在核心素养的导向下,高中"乡情雅韵"浦东土布文创课程单元设计着眼于乡土资源的开发,将浦东土布作为一种文化载体,以项目化学习为抓手,引导学生用艺术的表现形式和手法,进行浦东土布的资源整理,形成有审美和实用价值的系列文创产品,培育学生的核心素养,激发学生的创新能力,传承浦东土布文化记忆。以此让学生爱民族、爱家乡,认同乡土文化、乡土艺术,赋予"非遗"传承新的时代内涵,以乡情滋养美好心灵。

关键词:核心素养;高中美术;项目化学习

随着科学技术的迅猛发展,纺织行业从最初的人工化、机械化转向数字化发展。有着上百年历史的上海市郊农民手工生产的土布,由于费时、费力等因素,逐步淡出人们的视线且濒临失传,许多上了年纪的农妇只能把仅存的土布压在箱底作为一种承载历史的纪念和眷恋。

浦东土布作为一种文化的载体,有着无可替代的美学的、历史的、人文的价值。笔者结合传统乡土文化,让学生接触土布、感悟土布,了解浦东、了解家乡。着眼于乡土资源的开发,将浦东土布作为一种文化载体,以项目化学习为抓手,引导学生用艺术的表现形式和手法,进行浦东土布的资源整理,设计"乡情雅韵"浦东土布文创课程单元框架,形成有审美和实用价值的系列文创产品,培育学生的核心素养,激发学生的创新能力,传承浦东土布文化记忆。以此让学生爱民族、爱家乡,认同乡土文化、乡土艺术。赋予"非遗"传承新的时代内涵,以乡情滋养美好心灵,实现生活美育,以美育人。

一、项目实施的背景与意义

(一)基于传承民俗文化的需要

对"浦东土布"这种非物质文化遗产的再次开发,是通过对现实生活的关注,对濒临消失的传统文化进行重新思考,传承浦东土布文化记忆,从而实现美育的目标。学生将在这一课程中学到土布所承载的本土文化——浦东当地劳动人民的智慧结晶,和土布纹样中蕴含的深刻民族叙事。生于斯,长于斯的学生,对土布文化的学习,是了解祖辈情怀最直接的方式之一。通过项目化学习的实施,锻炼学生的动手实践能力,体验祖辈追求卓越的工匠精神。

(二)基于实施新课程标准的需要

《普通高中美术课程标准》(2017 年版 2020 年修订,以下简称新课标)明确指出:"普通高中美术课程以立德树人为根本任务,通过以美育人,引导学生以自主、合作、探究的方式参与美术学习,学会在现实生活情境中发现、提出和分析问题,综合运用美术学科及跨学科知识与技能解决问题,增强社会责任感,形成高中生必备的图像识读、美术表现、审美判断、创意实践和文化理解等美术学科核心素养。"学科核心素养的提出,为美术学习活动的设计与实施明确了内容依据和支架。

项目化学习的要素是驱动性问题、持续性探究、表现性评价、展示性作品等,笔者以"浦东土布文创课程"为教育实践载体,开展了该课程的项目化学习系列实践。着眼于乡土资源的开发,尝试以浦东土布作为载体,在课程内容上以单元模块的形式完成,让学生了解家乡、感悟传统文化,发展学生的实践能力和创新素养,全面提升学生的核心素养,达到美育的目标。

(三)基于落实学生核心素养培育的需要

浦东土布文创课程的开发与实践过程中,通过对现实生活的关注,促进学生对濒临消失的传统文化进行重新思考。在设计与实践中,学生围绕驱动性问题,将现有的知识与情境连接,强调真实学习的过程。通过小组合作、探究的方式,学生在原有知识体系的基础上提升认识,解决实际问题。我们给予学生学习的自由、丰富的精神生活和自主探究的权利,使学生得到情感体验、人格提升,生命价值得以提高。

二、"乡情雅韵"项目化学习的单元课程框架设计

(一)项目化学习的含义

项目化学习是学生通过合作学习,在真实情境中,对与学科或跨学科有关的驱动性问题进行深入持续的探索,创造性地解决问题、形成公开成果,最终获得核心素养发展的一种新的学习方式。项目化学习强调设计思维和核心知识的理解,在持续的探究与实践中,指向真实而有挑战性的问题,培养高阶思维,引发高路径、跨学科的知识迁移,产生可见的公开成果。

(二)"乡情雅韵"浦东土布文创课程中的项目化学习

项目化学习是发展高阶思维、促进深度学习的手段。在高中美术学科教学中,教师基于精心设计的项目化学习活动,让学生在真实而开放的"项目任务"中掌握核心知识和技能,感知美、探索美,从而创造美。

"乡情雅韵"浦东土布文创课程的教学依托课程标准,从学生的实际出发,结合地方特

色,注重学生生活经验,让美真正来源于生活,更高于生活。项目化学习否定学习的一次性、知识介入的一次性、完成成果的一次性。让学生拥有解决问题的真实经历,真正做到有迹可循,更肯定了学生思考、探究、创造、挑战的价值。

(三)"乡情雅韵"浦东土布文创课程核心素养与项目化学习

"核心素养"是继"三维目标"后新的教育教学改革理念,即学生应具备的,能够适应终身发展和社会发展需要的品格和关键能力。美术学科的核心素养涵盖图像识读、美术表现、审美态度、创新能力、文化理解五个方面。项目化学习作为当今全球领域的一个热点话题,已成为落实核心素养培育的重要方式之一。"'乡情雅韵'浦东土布文创课程的项目化学习与探索"是校艺术组 2020 年起开发的区级项目化课题,引导学生自主、合作、探究学习,了解浦东土布及其发展历史,了解家乡文化,初步理解浦东区级"非遗"项目"浦东土布的编织技艺",充分调动学生已有的知识能力,创造性地解决真实情境中的问题,设计制作相关文创产品,赋予"非遗"传承新的时代内涵。

(四)"乡情雅韵"项目化学习的单元设计框架

"乡情雅韵"浦东土布文创课程单元设计框架
1. 遇见"土布"——走近"非遗"传统美学
2. 设计的思考——纹样之美 形式之美
3. 设计的挑战——文创产品 个性设计
4. 设计与文化——深度理解 传承发展
5. 展示与交流——过程评价 成果展示

三、"乡情雅韵"项目化学习的初步实施

(一)遇见"土布"——走近"非遗"传统美学

教师以任务单的形式,制定初步的研究主题、目标、内容,拟订评估量表。学生分组,每班 6 个大组,每组 6~8 人。学生自主选择、创设主题,进行合作、探究。

1. 浦东土布的历史追溯

浦东土布纺织技艺,是指当地农村妇女自己植棉、脱籽、轧绒、纺纱、染色、经纱、刷布、织布的传统工艺,距今有五百多年历史。"浦东土布纺织技艺"已成为浦东"非遗"项目。素净的色彩、简朴的花纹,浦东土布纺织技术里,凝聚着先辈的智慧与勤劳。

(1)文化记忆:找寻浦东土布逐渐消失的历史轨迹,重温那段经典的记忆。

(2)工匠精神:土布以新的面貌回归生活,传递手艺的温度。

工业时代,机器制造快速、低价,土布早已不是必需品。而今却有不少年轻人、手艺人过起慢生活,重新拾起它。土布从压箱底的老货成为时尚的宠儿。手制是机器制造无法

取代的,蕴藏着时光留下的素雅印迹,有一种低调而奢华的美。

(a)   (b)

(c)   (d)

图 1　浦东土布

2. 文化对接行动

(1) 调查问卷:学生看到压箱底的浦东土布,如何处理?

【例】学生调查问卷

1. 你看到过浦东土布吗? 在哪里见过?
2. 浦东土布给你留下的印象是什么?
3. 浦东土布是否有传承的价值?
4. 浦东土布能否融入日常生活?
5. 你看到过新颖的浦东土布设计作品吗?
6. 谈谈你对浦东土布发展前景的认识。
7. 你不喜欢浦东土布制品的原因有哪些?
8. 你会购买和浦东土布相关的文创产品吗?

(2) 收集、整理土布,发动南中的校友、民间艺人、传统土布手工艺人等。尝试运用数字化技术整理归类:按纹理、色彩、文字花色等分类。浦东土布为手工织造,存在个体纹样的差异。

(3) 分组进行文化对接行动:走进文化社区、新场古镇文化馆、民间社团、特色小店等。

（4）尝试参加各级各类工艺比赛：本校学生的手工艺土布文创产品包括土布贴画、土布刺绣等。

图 2 浦东土布纹样

（二）设计的思考——纹样之美、形式之美

1. 纹样之美

浦东土布由经纬交织、纵横交替的线构成，集合点、线、面的构成元素，展现出不拘一格的形式美。

（1）看一看有关土布的文创产品设计；

（2）品一品"高大上"的故宫文创产品；

（3）评一评、选一选你喜欢的优秀文创产品。

评价标准：作品的外观、时尚元素、独特创意、文化价值等。

2. 无形创想

设计土布文创产品，保留土布文化和美学价值之外，理解与感悟生活美学。让文化传承不仅是重拾土布织造技艺，而且是高科技的应用与创新。

（1）尝试开发一个浦东土布文创产品的体验馆。

浦东土布文创产品的虚拟空间布展，将土布的纺织技术、历史发展等用人工智能、虚拟仿真技术等形式更直观地表现出来，可以结合当地文化和学生课本剧展演，运用软件辅助设计。

（2）开设淘宝小店，将土布文创产品的开发与经济和管理挂钩，和新场古镇布艺店、土布手工艺坊直接对接。

（三）设计的挑战——文创产品 个性设计

在教师精心设计的项目化任务中,学生围绕驱动性问题,与现有的知识和情境建立联系,小组合作、探究,在原有知识的基础上提升认识,解决实际问题。通过参与一定形式的艺术实践活动,提高艺术表现与创造能力;通过艺术鉴赏,培育健康的审美情趣,提升人文情怀。

1. 设计与生活

结合学校的艺术节、德育节,学生义卖等活动,进行相关任务设计,理解美术的实际应用价值。

内容	任务单:请学生为学校 100 周年校庆设计一款个性化的浦东土布文创产品。形式为简单的环保袋、明信片等,纹样建议选用传统图案。(见图 3)	图 3　学生设计的浦东土布文创产品(一)
方式	分主题、分小组,自由组合设计。作业分层设计,供学生自主选择。(见图 4)	图 4　学生设计的浦东土布文创产品(二)
	分步式作业设计:标题,创意草图—平面图绘制—效果图分解—创意土布形式表达—生成更深层次作品。(见图 5)	图 5　学生设计的浦东土布文创产品(三)

2. 设计与文化——深度理解 传承发展

了解、尊重中国和世界艺术的多样性,达到一定深度和广度的文化理解。任务单形式:以浦东土布为载体,请学生自主选择以下 1~2 个主题,尝试创意设计。

主题	内容
(1)民族文化的传承和发展	• 革命精神　　• 红色文化(建党百年)　　• 海纳百川的旗袍文化
(2)世界性主题	• 环保可持续发展　　• 生命
(3)手工工艺的传承和发展	• 瓷器纹样　　• 刺绣纹样　　• 书法艺术

图6　学生设计的浦东土布　　　图7　学生设计的浦东土布　　　图8　学生设计的浦东土布
　　文创产品(四)　　　　　　　　文创产品(五)　　　　　　　　文创产品(六)

（四）展示与交流——过程评价成果展示

（1）小型布展呈现:不同形式归类、展示。

（2）对作品开展评一评、议一议活动,互相交流。

（3）采用自评、师评、小组评等形式,让知识在实践中得到内化。

图9　学生设计的浦东土布
　　文创产品(七)

四、"乡情雅韵"项目化学习的成效与反思

（一）实践成效

1. 提升了学生的识读审美能力

项目化学习采用单元设计方法,创设情境,真正让师生在真实的情景下,有效地分工合作,边学边调整。熟练运用跨学科知识,以最贴近学生生活的点切入,层层递进,在充分发挥团队合作精神的前提下,深入浅出,注重体验和过程,让学生体会成功的喜悦。

"乡情雅韵"浦东土布文创课程,以项目化学习进行课程规划和框架设置,结合传统乡土文化,让学生接触土布,感悟土布,了解浦东。土布是良好的载体,文化的印记,有着无可替代的美学、文化、历史、人文价值。从蕴含东方审美特征和艺术语言的民族文化入手,真正让学生在学习过程中不断感知美、探索美,从而创造美。

2. 增强了学生的动手实践能力

项目化课程单元以"主题、探究、表达"的方式来设计,让学生经历分工、设计、制作、展示、交流、评价的学习活动过程。课前准备充分,为课中学习做好了铺垫。小组合作的形

式在学习中不断尝试、调整,提升了艺术课堂教学的有效性。注重过程体验,强调创意成果展示,通过任务单学习和过程性评价,真正关注每一位学生的成长。

真实有效的情境创设达到事半功倍的效果。让学生广泛表达、参与交流,在审美判断中不停地思考,将"情"与"景"相连。学习不再仅仅是纸上谈兵,实打实地发挥集体的大智慧,真正做到取长补短,力求教学相长。2020 年起,学生在土布贴画比赛中获得区级一等奖一个,二等奖一个,三等奖两个的佳绩,作品入选市级比赛;学生手工艺类刺绣团花、包袋文创在 2022 年屡屡获奖;数字类板绘作品更是获得区级、市级的金奖,学生的动手实践能力有了很大提升。

（二）实践反思

1. 指导项目化学习的精细化

在班级中全员推进项目化学习,初步实施分层后,由于教师的精力有限,精细化的指导难以跟进,这就需要给予学生更好的自主学习方式,同时又能有结构化、个性化的指导。学历案强调学生立场、学习经历,指向更明确。精心设计的学历案可以作为项目化学习的有效补充,兼顾了教师的指导和学生的自主探究。

2. 确保项目化学习的延续性

一些精细化的制作需要延续性,如刺绣、缝制等。高一学生基本都是零基础上手,课堂时间有限。随着项目化学习的推进,不同学生身上的闪光点开始显现。如新疆班学生在校时间较长,动手能力强,刺绣等手工艺的推进效果较好。一方面可以借助数字技术将学生的创意快速地呈现出来,另一方面创造条件保障学生有充裕的时间进行设计制作,项目化学习的成果会更加精彩。

如何运用艺术课堂传承"非遗"——皮影戏

摘要：在文化教育学中,运用艺术课堂传承中国非物质文化遗产——皮影戏,是一项重要而具有挑战性的任务。本研究从文化传承和教育角度出发,探讨如何有效地开展皮影戏教学,以传承和保护这一独特的艺术形式。研究通过学生的实地观摩、实践参与和创作互动等方式,构建了以体验和互动为核心的艺术课堂教学模式,促进了学生对皮影戏的理解。通过对该教学模式的探索与实践,本研究发现,艺术课堂是一种有效的"非遗"传承途径,不仅能够培养学生的艺术素养和审美能力,也能够激发他们对传统文化的热爱和自豪感。进一步研究还发现,传承"非遗"不仅是为了文化的延续,更是为了培养学生的文化认同感和价值观。本研究的结果为文化教育学领域提供了一种创新的教学模式和实践路径,有助于推动艺术教育与"非遗"传承的融合,为培养具有民族文化自信的青少年作出贡献。

关键词：非物质文化遗产传承；艺术课堂；皮影戏；培养学生；文化教育学；数字化

一、皮影戏的价值和危机

（一）皮影戏的历史价值及存在的危机

皮影戏作为中国非物质文化遗产的重要组成部分,具有高度的历史价值。在过去的几个世纪里,皮影戏一直是中国人民喜爱的传统艺术形式。它不仅展现了中国古代文化的独特魅力,还承载着许多历史和文化的记忆。

一方面,皮影戏是中国古代戏曲艺术的重要组成部分。它起源于古代的皮影技艺,经过演变和发展,逐渐成为一种独特的表演形式。皮影戏在古代是一种重要的娱乐方式,受到了社会上层的喜爱。在皮影戏中,演员利用手工制作的皮影人偶,在灯光的照射下进行表演,通过人偶的动作和人的声音,讲述各种故事和传说。这种独特的表演形式不仅体现了古代艺术的精髓,还反映了古代社会的文化和审美观念。

另一方面,皮影戏作为一种"非遗"传统艺术形式,2011年被列为世界人类非物质文化遗产,但随着现代科技的发展,传统的皮影戏表演方式逐渐被其他娱乐形式所替代,导致皮影戏的传承和发展面临严峻的挑战。然而,皮影戏作为非物质文化遗产的独特性和历史价值,使得人们对其保护和传承予以重视。许多文化教育学者和艺术教育工作者致力于研究如何通过艺术课堂来传承和保护皮影戏,以便让更多的人了解和欣赏这一传统艺术形式。尽管国家在努力保护皮影戏这样的非物质文化遗产,但如果学生不能真正地接触和体验这一古老艺术,那么这种保护可能就只停留在理论或形式层面。

(二)皮影戏的教育意义

皮影戏作为中国非物质文化遗产之一,具有丰富的教育意义。在艺术课堂中传承和保护皮影戏,可以培养学生的艺术素养和审美能力,激发他们对传统文化的热爱和自豪感,促进学生文化认同感和价值观的培养。

皮影戏的教育意义在于培养学生的艺术素养和审美能力。皮影戏作为一种独特的艺术形式,具有丰富的艺术元素和表现形式。在皮影戏教学的过程中,学生可以通过观摩、实践参与和创作互动等方式,深入了解皮影戏的艺术特点和表现手法。这种亲身体验和参与使得学生能够更加深入地理解和欣赏皮影戏的艺术之美,培养其艺术素养和审美能力。

皮影戏教学可以激发学生对传统文化的热爱和自豪感。皮影戏作为中国的传统艺术形式,承载着丰富的历史文化内涵和民族精神。在艺术课堂中,学生可以通过学习和参与皮影戏的传承,深入了解和感受中国传统文化的魅力。文化认同和自豪感的培养不仅能够增强学生的文化自信心,还能够增强他们对传统文化的热爱和保护意识。

笔者进一步研究发现,传承"非遗"不仅是为了文化的延续,更是为了培养学生的文化认同感和价值观。在皮影戏教学中,学生不仅可以学习和掌握皮影戏的技巧和表演方式,更重要的是通过与老师和艺术家的互动交流,理解和感悟皮影戏背后的文化内涵和价值观。这种培养学生的文化认同感和价值观的教学模式,有助于学生树立正确的人生观和价值观,培养他们健康的心态和积极的人生态度。

(三)传统文化在现代教育中的重要性

传统文化在现代教育中的重要性是一个备受关注的议题。随着社会的不断发展和进步,传统文化面临着被遗忘和淡化的风险。然而,传统文化是一个国家、民族的瑰宝,它承载着历史的记忆和文化的智慧,对培养学生的文化认同感和价值观具有重要意义。

在现代教育中,传统文化的重要性体现在多个方面。首先,传统文化是民族的精神支柱和文化根基。通过学习和传承传统文化,学生可以更好地了解自己民族的文化,增强对民族的自豪感和归属感。其次,传统文化教育是培养学生艺术素养和审美能力的重要途径。传统文化中蕴含着丰富的艺术形式和美学观念,通过学习传统文化,学生可以培养对美的感知和欣赏能力,并通过艺术创作表达自己的情感和思想。此外,传统文化还是培养学生社会责任感和道德观念的重要资源。传统文化蕴含着丰富的道德理念和价值观,学生可以从中汲取道德力量,塑造正确的价值观念。

在运用艺术课堂传承"非遗"——皮影戏的过程中,我们深刻体会到了传统文化在现代教育中的重要性。皮影戏作为中国非物质文化遗产的一种,承载着丰富的民族文化和艺术价值。通过开展皮影戏教学,我们不仅可以传承和保护这一独特的艺术形式,还可以促进学生对传统文化的理解。

在现代社会中,文化认同感和价值观的培养对青少年的成长和发展至关重要。只有具备了文化认同感和正确的价值观,他们才能够树立正确的人生目标,做出正确的选择,成为具有民族文化自信的青少年。

二、艺术课堂中传承皮影戏的策略

(一)课堂教学内容的设计

在皮影戏的教学中,合理的课堂教学内容是十分关键的。

1. 组织学生进行实地观摩

通过参观皮影戏的演出和实地考察,学生可以亲身感受到皮影戏的独特魅力和艺术价值。他们可以近距离观察皮影戏的表演过程,进一步提高对皮影戏的兴趣。

2. 鼓励学生进行实践参与

在课堂中,我们引导学生亲自动手制作皮影,让他们亲身体验制作过程中的艰辛和乐趣。通过参与实践,学生可以更深入地理解皮影戏的技术要点和艺术特点,同时培养他们的动手能力和创造力。

3. 鼓励学生进行创作互动

在艺术课堂中,我们引导学生进行皮影戏的创作,让他们根据自己的创意和想法设计角色和故事情节。通过创作互动,学生可以发挥自己的想象力和创造力,提升他们的表达能力和艺术素养。

通过以上的教学内容设计,我们发现艺术课堂成为一种有效的"非遗"传承途径。

进一步研究发现:"非遗"进艺术课堂不仅是一种传承文化的有效方式,更是一种提高学生综合素质和促进学生全面发展的途径。通过参与"非遗"项目,学生可以深入了解传统文化的魅力和价值,培养他们的文化自信和民族自豪感。同时,"非遗"项目中的工艺也可以提高学生的动手能力和创造力,促进他们的全面发展。

此外,"非遗"进艺术课堂还可以促进教师的专业成长。在"非遗"传承过程中,教师需要不断学习和探索新的教学方法和技巧,提高自己的专业素养和教学能力。同时,教师也可以通过与"非遗"传承人的交流,拓宽自己的知识面,提升自己的综合素质。

综上所述,"非遗"进课堂是一种有益的尝试和实验,它可以促进"非遗"的传承和发展,提高学生的综合素质和教师的专业素养。未来,我们应该进一步推广"非遗"进课堂的模式,让更多的学生和教师参与其中,共同为传统文化的传承和发展作出贡献。我们通过对课堂教学内容的设计,构建了以体验和互动为核心的艺术课堂教学模式。通过这种教学模式的探索与实践,我们不仅为文化教育学领域提供了一种创新的教学模式和实践路径,也为推动艺术教育与"非遗"传承的融合作出了贡献,为培养具有民族文化自信的青少年提供了一种有效的途径。

(二)课堂教学方法的选择与实践

在运用艺术课堂传承中国非物质文化遗产——皮影戏的过程中,选择合适的课堂教学方法至关重要。

1. 传统课堂教学方法

（1）为了使学生更好地了解和体验皮影戏，组织学生观看表演，学生可以亲身感受到皮影戏的艺术魅力和独特之处。在观摩中，注重对学生进行导览解说，向他们介绍皮影戏的历史背景、演出技巧和艺术特点等，以增进学生对皮影戏的认识和理解。

（2）为了增强学生的参与感和创造力，我校成立了光影剧社。在课堂中，组织学生进行皮影戏的学习和创作活动，让他们亲自动手制作皮影，学习剪纸技巧，并尝试进行小剧场表演。通过实践参与，学生更加深入地了解了皮影戏的制作过程和演出技巧，同时培养了他们的艺术创造力和动手能力。

（3）为了营造积极的学习氛围，我们倡导以体验和互动为核心的教学模式。在课堂中，我们鼓励学生积极参与讨论和分享自己的观点和体验，通过小组合作和角色扮演等方式，让学生在互动中深化对皮影戏的理解和感知。我们也注重与学生之间的师生互动，通过提问、解答和鼓励等方式，激发学生的学习兴趣和积极性。

（4）开展跨学科合作项目。与计算机科学、物理学等其他学科合作，共同开展皮影戏相关项目的研究。例如，研究如何利用先进的投影技术改进皮影戏的表演等。跨学科合作不仅可以拓宽学生的知识面，还能培养他们的团队协作和创新能力。

2. 引入数字化技术保护皮影戏。

（1）利用数字化展示工具（如投影仪、交互式白板等）展示皮影戏的历史、文化背景以及表演技巧。通过视频、图片和音频等多媒体形式，让学生更直观地了解皮影戏的魅力。

借助虚拟现实技术，为学生提供沉浸式的皮影戏观赏体验。通过 VR 眼镜等设备，学生可以身临其境地感受皮影戏的表演氛围，提升对皮影戏的兴趣。

（2）利用 Disco Diffusion 技术创作皮影戏。教会学生使用软件，引导他们根据皮影戏的特点创建人物、道具等。这既可以培养学生的艺术创作能力，又能让他们深入了解皮影戏的造型艺术。通过动画制作软件，教授学生制作皮影戏动画。学生可以根据传统皮影戏的剧本或自己创作的故事，制作出具有个人特色的皮影戏动画，从而传承和发扬皮影戏艺术。

（3）结合人工智能与机器学习技术研究皮影戏。引导学生利用人工智能和机器学习技术对皮影戏进行分析和研究。例如，通过图像识别技术分析皮影戏中的人物造型特点，或者通过语音识别技术分析皮影戏的唱腔韵律等。

鼓励学生将研究成果应用于皮影戏的创作和表演中，为皮影戏注入新的活力。

（4）搭建交互式展示与传播平台。在课堂中搭建一个交互式展示平台，让学生将自己的皮影戏作品进行展示和交流。这既可以增强学生的自信心和成就感，又能促进同学之间的互相学习和进步。

还可以邀请皮影戏传承人、艺术家等进行线上或线下的讲座和教学，为学生提供更多学习和了解皮影戏的机会。

以上策略的实施，可以在艺术课堂上实现科技与艺术的完美结合，为保护和传承皮影戏这一非物质文化遗产贡献力量。

三、传承效果的考察与展望

（一）传承效果的考察

通过以上皮影戏进艺术课堂教学模式的探索与实践,本研究取得了以下传承效果。

1. 学生对皮影戏的兴趣和认知显著提高

在观摩和参与的过程中,学生们对皮影戏的历史、艺术形式、技巧等方面有了更深入的了解,对皮影戏产生了浓厚的兴趣。

2. 学生的动手能力和创造力得到了锻炼

在实践参与和创作互动环节中,学生们积极动手制作皮影,进行表演和创作,他们的动手能力和创造力得到了锻炼和提升。

3. 学生的团队协作精神得到了培养

在实践参与和创作互动环节中,学生们通过分组合作,相互配合、共同完成任务,团队协作精神得到了培养。

4. 学生对传统文化的热爱和自豪感得到了激发

通过"非遗"进艺术课堂的艺术教学方式,学生们深入了解了皮影戏这一非物质文化遗产的独特魅力和艺术价值,激发了对传统文化的热爱和自豪感。

5. 皮影戏进艺术课堂一学年研究实践成果与分析

表1 皮影戏进艺术课堂一学年研究实践成果表

组别	成员人数	皮影戏表演作品	创作情况	材料选择
第1组	8人	武王伐纣	查资料,自创,自制道具,自编表演	透明硬塑料片
第2组	8人	陈毅失战马	查资料,自创,自制道具,自编表演	透明硬塑料片
第3组	8人	被核污染的海洋	原创剧情,自编、自导、自演,自制道具表演	透明硬塑料片
第4组	8人	复活——第七章	查资料,自创,自制道具,自编表演	瓦楞纸

（1）成员人数:各组人数均为8人,说明皮影戏的学习和表演需要一定的团队合作,每组都有足够的人手完成各种任务。

（2）皮影戏表演作品:4个组选择了不同的主题进行表演,涵盖了历史、战争、环保和文学等多个方面,显示了学生们对皮影戏表演的广泛兴趣和多元化选择。

（3）创作情况:

①第1组和第2组选择了历史故事进行改编,通过查资料、自创、自制道具和自编表演的方式,将传统与现代相结合,赋予了皮影戏新的生命力。

②第3组选择了环保题材进行原创剧情创作,自编、自导、自演、自制道具,展现了学生们对现实问题的关注和创新能力。

③第4组选择了文学作品进行改编,通过查资料、自创、自制道具和自编表演的方式,将文学作品与皮影戏相结合,展现了跨界的艺术魅力。

（4）材料选择：

①第 1 组、第 2 组和第 3 组都选择了透明硬塑料片作为皮影的材料，这种材料透光性好，易于切割和塑造，适合用于皮影戏的表演。

②第 4 组选择了瓦楞纸作为材料，虽然与传统的皮影材料有所不同，但瓦楞纸具有一定的硬度和可塑性，通过巧妙的设计和制作，也能呈现出独特的效果。

此外，学生们还通过创作和表演的形式，将所学的知识和技能转化为具有观赏性和艺术性的作品，进一步推动了皮影戏在当代社会的传播和发展。这些作品不仅保留了传统皮影戏的经典元素，还融入了现代科技和创新思维，为观众带来了全新的视听体验。

这一年来，学生们通过运用数字化技术，在皮影戏的学习、创作和表演方面取得了显著的成果。他们不仅掌握了皮影戏的基本知识和操作技巧，还能够独立或合作完成原创的皮影戏作品。这些作品既保留了传统皮影戏的魅力，又融入了现代科技元素，为皮影戏的传承和发展注入了新的活力。

（二）对未来传承工作的展望

随着社会的不断进步和发展，文化教育学领域对非物质文化遗产的传承工作也面临着新的挑战和机遇。尤其是在当今信息化、全球化的背景下，如何有效地传承和保护"非遗"成为一个亟待解决的问题。本研究以皮影戏为例，探索艺术课堂教学模式对"非遗"的传承，为未来的传承工作提供了一些借鉴。

一方面，未来的传承工作需要注重传统文化与现代教育的结合。传承"非遗"不能只停留在传统的手工艺上，更应该与现代教育相结合，将"非遗"融入学生的学习过程中。艺术课堂作为一个重要的教育平台，能够提供良好的传承环境和条件。通过艺术课堂的互动和体验，学生能够更深入地了解"非遗"的内涵和意义，从而培养对传统文化的热爱和自豪感。

另一方面，未来的传承工作需要注重实践和创新。"非遗"的传承不能仅仅停留在传统的表演形式上，更应该与时俱进，适应现代社会的需求。艺术课堂可以提供一个创新的平台，通过学生的实地观摩、实践参与和创作互动等方式，促进"非遗"的传承和保护。例如，可以通过创作新的剧本和角色，将传统的皮影戏与现代故事相结合，使其更贴近现代生活，激发学生的兴趣。

同时，未来的传承工作需要注重跨学科的合作与交流。"非遗"的传承需要多学科的支持和合作，只有各学科共同努力，才能更好地传承和保护"非遗"。艺术课堂可以与其他学科进行合作，如历史学、人类学等，共同探讨"非遗"的历史背景、文化内涵等方面的问题，从而增进学生对"非遗"的认知和理解。

未来的传承工作需要注重国际交流与合作。随着全球化的发展，"非遗"的传承已经不再局限于国内，更需要与国际社会进行交流与合作。艺术课堂可以成为国际交流的平台，与国外学校和机构合作，共同开展"非遗"的传承工作。例如，可以邀请国外的皮影戏团体来校进行交流演出，学生通过观摩和学习，能够更好地了解国际上传承和保护"非遗"的先进经验和理念。

通过以上举措，我们有信心能够更好地传承和保护中国非物质文化遗产，为培养具有民族文化自信心的青少年作出贡献。

"非遗"进校园的路径与"非遗"传承的有效方法

——以"非遗"海派蜡笺为载体的书画传承和教学

上海市光明中学　应逸翔

摘要:本文主要研究以"非遗"海派蜡笺为载体的书画传承和教学,将"非遗"融入课堂,集合新教材内容进行单元教学。多角度、多维度辐射,让学生了解、探究、参与海派"非遗"蜡笺的制作,传承匠心精神,传承中华传统优秀"非遗"技艺,增强文化自信。

关键词:"非遗"传承;蜡笺传习;书画教学

一、"非遗"海派蜡笺的历史背景

蜡笺技艺创始于唐代,鼎盛于清代,已经有一千多年的历史。它是一种高档古笺纸,多为皇家使用,故也被称为宫廷宣纸。蜡笺的制作工艺复杂,造价高昂,因为它巧妙地融合了吸水的"粉"和防水的"蜡"两种材料,既不失纸张易于书写、绘画的特点,又平滑细密,富于光泽,可历数百年而坚韧如新。金银粉绘成的各种秀丽图案,又为蜡笺增添了典雅的气质,使之完美地兼具了实用性和观赏性。

然而,蜡笺技艺在清末民初时期逐渐衰微。到了20世纪80年代后期,上海的俞存荣先生在日本求学期间认识了日本收藏家宇野雪村,并帮助他在中国采买乾隆仿澄心堂纸。在宇野拿出其收藏多年的乾隆仿澄心堂纸的过程中,俞存荣先生得知其制作技艺已经消失多年,于是他开始潜心研究澄心堂纸的制作技术,获得了理论基础,后来又通过不断摸索,终于恢复了古法蜡笺技艺,后来成为上海市非物质文化遗产。作为俞存荣先生的弟子,也作为艺术教师,传承和发展海派"非遗"蜡笺,并结合中小学艺术教材中相关单元教学内容进行普及,我深感责无旁贷。

(一)蜡笺的历史

中国人对书写材料的探索,经历了漫长的过程。文房四宝中,纸占据了不可或缺的地位。殷商时期的先民,已经在龟腹甲片、牛肩胛骨上刻写占卜文字,史称"卜辞"。随着生产力的提高,青铜器上出现了长篇铭文,是刻于陶范后浇铸成型的,称"金文"。商代甲骨文中,"册"字是一个象形字,就是几个竖笔并列,中间有横线串联的字符,正像两根带子缚了一排竹木简。

大约到了春秋战国之际,中国出现了写在丝织品上的文字,称帛书。帛是本色丝织物,汉代将丝织品统称为帛或缯,合称缯帛,故帛书亦称缯书。《国语·越语》:"越王以册书帛。"汉代古籍中也出现了"帛书"一词,如《汉书·苏武传》:"言天子射上林中,得雁,足有系帛书。"现存最早的完整帛书 1942 年发现于湖南长沙子弹库楚墓,那是战国时期的遗物,发现不久就流失海外。整个帛书共 900 多字,内容极为丰富,包括四时、天象、月忌、创世神话等,对研究楚文字以及当时的思想文化有重要价值。帛书比竹木简轻便,且易于书写。不过丝织物珍稀昂贵,所以帛书不及竹木简普及。

东汉时期出现了真正意义上的纸。史籍记载将其归功于当时掌管御用器物制造的尚方令蔡伦,这种纸因此被尊为"蔡侯纸"。蔡伦监掌的造纸工艺被归纳为"剉、沤、煮、捣、抄"五大步骤,这种古法造纸术一直沿用至今,现在的手工抄捞宣纸的制作过程还是在蔡伦造纸术的基础上沿袭和发展的。

造纸术发明后,我们造纸的创新和传承并没有停下脚步,各种新品种层出不穷,魏晋时期比较著名的有竹纸、桑根纸、侧理纸、蚕茧纸、藤角纸、凝霜纸等。相传王羲之的《兰亭序》便是书写于蚕茧纸上。晋代还掌握了纸面处理技术,如涂布、砑平等。到了唐代,造纸术迎来了自身的辉煌期,纸的用途从书写扩展到绘画、拓印、摹拓、裱褙和印刷等,吸水的粉笺和防水的蜡笺也应运而生。根据不同的用途,纸被分为生纸和熟纸;出现了彩笺、花笺、金花笺、水纹笺、鱼子笺、七香笺等。宋代造纸技术进入高峰期,由于皇帝的推崇及翰林院的推波助澜,朝野对书画的鉴赏之风盛行,出现了蔡襄、米芾、苏轼、黄庭坚等一大批书画名家。唐代盛行的绢本书画开始逐渐被纸本替代;碧纸、鸦青纸、澄心堂纸、金粟山藏经纸等名贵书画用纸名扬四海。民间纸制品也层出不穷,如纸伞、纸扇、纸帐、纸灯、纸瓦等。具有划时代意义的纸钞在宋代得到了广泛的运用,至元代更是作为主要货币取代了铜钱的流通,给商业贸易带来极大的便利。

(二)"非遗"海派蜡笺的起源和传承

海派"非遗"蜡笺源于唐代,是一种曾被用于书写圣旨的手工纸笺。它采用金银粉或金银箔,做成描金银蜡笺、洒金银蜡笺或泥金蜡笺,常见的描金图案有花卉纹和云龙纹。这种纸笺制作工艺复杂,造价高昂,但因其独特的书写效果和可长期保存性,深受书画家们的喜爱。

蜡笺制作技艺在明清时期趋于成熟,衍生出各式蜡笺产品。然而,制作蜡笺的古法技艺在清末民初时期渐渐衰微,随后失传。

幸运的是,上海市"非遗"传承人俞存荣先生年轻时与装裱大师钱少卿相识,拜师学艺,与书画用纸结缘。20 世纪 90 年代,俞存荣便开始潜心于蜡笺制作工艺的研究和恢复。经过多年的努力,俞存荣熟练掌握了蜡笺制作技艺,并成功制作出多种款式和图案的蜡笺纸。为了传承和推广这一技艺,俞存荣在工作室"锦龙堂"中教授蜡笺制作技艺,并多次参加各类"非遗"展览活动,展示和宣传蜡笺纸的独特魅力。他还与高校合作,开设"非遗"传承与创新设计课程,将蜡笺制作技艺传授给更多的年轻人。

如今,虽然蜡笺制作技艺已经逐渐被人们所遗忘,俞存荣先生仍然坚持着他的信念,致力于将这一技艺传承下去。俞老认为,只有通过教育和传承,才能让更多的人了解和掌握这一技艺,并将其发扬光大。迄今为止,已经有上千学生体验过"非遗"蜡笺洒金制作,学生分布于中小学和高校。

二、"非遗"海派蜡笺的艺术特点

在书画纸加工技艺中,"粉笺""蜡笺""粉蜡笺"的概念非常容易被混淆。我们首先要弄明白,到底什么是蜡笺。蜡笺始创于唐代,鼎盛于清代。清代的蜡笺除仿古外,亦有不少新创佳品,著名的如"梅花玉版笺",在皮纸上施蜡,再以泥金或泥银绘成冰梅纹以为装饰,钤"梅花玉版笺"朱印,其他还有"描金云龙五色蜡笺""洒金银五色蜡笺"等,在彩色蜡纸上现出金银的光彩,多用于宫廷写宜春帖子,或在殿堂内装饰墙壁、屏风,图案丰富,精美而华贵,本身即是一种艺术品。在古籍文献中,有不少记录蜡笺的文字,可供我们寻绎其源流。

(一)蜡笺的传统制作工艺

蜡笺,这一充满古典韵味与匠心独运的纸张,其制作工艺充满了魅力。精心选取的竹材,经过长年累月的日晒雨淋,褪去了竹子本身的"青涩与浮华",留下的是岁月洗礼后的"沉稳与厚重"。

煮竹,是关键的环节,将竹子放入大锅,历经一天一夜的烈火烹煮,让竹子脱去油脂,变得纯净如玉。随后,在师傅们的精心操作下,竹子被研磨成浆。

抄纸,犹如艺术家的创作,将浆液从竹纤维中舀起,轻轻倒在水中,便形成了一张张轻盈的薄膜。经过压榨、晾干等步骤后,这些薄膜便成为一张张光洁如镜、手感滑润的蜡笺。

装订、砑花等环节更是充满了匠人们对美的追求与执着。精心装订的蜡笺,等待着被书写上动人的篇章。而砑花则让这些篇章变得更加生动有趣,每一处都流淌着匠人们的心血与智慧。

最后,经过包装的蜡笺,犹如一件件珍贵的艺术品,将古老的技艺与现代的设计完美结合,让人感受到传统与现代的交融之美。每一块蜡笺都仿佛在诉说着一段古老的故事,让人为之倾倒、为之沉醉。

(二)"非遗"海派蜡笺的独特之处

每一张海派"非遗"蜡笺都是历史的缩影。整整经过 25 年的春夏秋冬,从寻找纯天然植物染料,到研制宣纸的配方、制作蜡笺纸胚,再到制作手绘所用的金粉、探索金箔研磨的方法,我们走遍大江南北,拜访了无数前辈匠人,才能"古不乖时,今不同弊",恢复了古法蜡笺技艺。传承海派精神,"海纳百川,有容乃大",追求卓越,精益求精,在全手工制作过程中,体现的是中国古代工匠的高超技艺和非凡匠心。蜡笺融合了宫廷气质与海派风格,其本身就可以作为一件艺术品。经过一道道繁复的制作工艺,最终展现出润泽色彩和精美图案的蜡笺作品,不仅在书画界备受瞩目,而且进入了大众的视野,越来越多人开始关注、收藏。蜡笺技艺可以使书画作品百年不腐、色彩饱满,这种几近失传的传统技艺在海派文化中孕育出新的生机与活力,得以传承和延续。我们在继承古法蜡笺技艺的同时,结合现代书画的创新发展,不断尝试技术突破,在细节中体现传统工艺的精髓与风采。

经过不懈的努力和团队协作,恢复传承和研发的蜡笺有描金蜡笺、洒金蜡笺、泥金蜡笺、虹光笺、瓷青笺。描金蜡笺中有云龙纹、如意云纹、花鸟纹、冰纹梅花、缠枝莲等纹样。洒金蜡笺中有鱼子金和雪花金。泥金蜡笺可以做出团扇、折扇、册页、手卷。其中虹光笺经过团队的反复试验制成,是蜡笺技艺的再创造。"垂虹桥下水拍天,虹光散作真珠涎。""虹光笺"之名,取自元代诗人杨维桢的《红酒歌》。此笺在蜡笺原本的制作流程基础上增加了部分特殊工艺,使宣纸自然晕染,以仿古色为底色,纸面出现七彩虹光,精巧流丽,新人眼目。瓷青笺的制作也花费了很多精力。瓷青笺始制于明宣德年间,系用靛蓝染料染成。其色泽与当时所流行的青花瓷相似,因此得名。纸色呈蓝黑,坚韧如缎素,金银施于其上,经久不褪,溢彩流光,又不失古朴典雅。海派瓷青蜡笺的表面形成独特光泽,用金粉书写于其上,彰显贵气,同时亦别具沉静之美。

三、"非遗"海派蜡笺的书画传承和教学

对于中小学生来说,核心素养比分数更加重要,能够打开格局和视野,体验到中华优秀传统文化的博大精深是"法乎其上"。作为艺术教师,我基于新课程,挖掘中华传统艺术中的经典元素和范例进行赏析、讲解,把"非遗"海派蜡笺传播给学生,让学生感悟"非遗"蜡笺的魅力。海纳百川、兼容并蓄是海派文化的精髓。让学生学成后报效故乡,为上海这座城市感到骄傲,培养学生对中华优秀传统文化和技艺满满的自信。

(一)"非遗"海派蜡笺在艺术教学中的文化价值

"非遗"海派蜡笺在艺术教学中具有丰富的文化价值。美术学科的核心素养是图像识读、美术表现、审美判断、创意实践和文化理解。"非遗"海派蜡笺里有造型各异的龙和云纹,结合教材相关单元进行教学,在讲解范例的时候展示描金云龙纹蜡笺,学生惊叹不已。学生尝试在素色蜡笺上临摹龙和云纹,让学生发现蜡笺之美、创造属于"00后"学生自己的海派蜡笺,并在相互交流分享中对"非遗"海派蜡笺所含有的美术元素进行感知、分析、欣赏,进而对其作出自己的审美判断。

图1 描金　　　　　　　　图2 洒金

在高中艺术教材《艺术与文化》一书中,有一个单元是《象征符号》,其中第一课时是

"龙飞凤舞",第二课时是"吉祥如意",我把海派蜡笺融入单元教学设计中,单元教学作业是"00后"学生心中的海派蜡笺展。第一课时,通过展示各种颜色的描金龙云纹蜡笺,让学生在审美感知中打开视野,知道中国还有这么漂亮的纸流传至今。进一步感知体验描金龙的匠心和艰辛,在多种艺术形式中寻找并探究龙凤背后的文化寓意,深度体悟匠心精神,形成文化理解,增强文化自信。第二课时,教材上设置的体验活动是探究各个朝代的云纹,查找资料,根据时代背景和文化特征,分析我国古代的云纹图案(商周云纹、汉代云气纹、魏晋南北朝流云纹、明代团云纹、清代叠云纹),正好和海派"非遗"蜡笺中的描金如意云纹蜡笺不谋而合。如意云纹,是一种中国传统装饰纹样,其源头与春秋战国的云纹和如意器物有密不可分的关系。如意云纹于唐代得到长足发展,宋元时期定型,明清时期发展成熟,在传统工艺美术的各个领域中得到普遍运用和表现。[①]"非遗"海派蜡笺的如意云纹在元代明仁殿的云纹图案基础上进行了重组,更加具有时代气息。通过描摹云纹,再进一步让学生拟古创新,设计具有时代感的云纹,让学生进一步探讨吉祥图案与时代文化的关系,理解云纹的与时俱进,彰显中华优秀传统文化的精粹。

图3 描金如意云纹

能在理解唐代云纹图案蕴含的唐代文化内涵、时代特征的基础上绘制出具有唐朝风尚的云纹图案。寻找生活中的吉祥图案,分析它们分别被运用在哪些地方;说出它的象征意义;理解符号形式与时代的关系。积极引导学生主动参与"非遗"活动,理解"非遗"传承的意义,进一步理解符号形式与海派文化的关系。除了课堂教学融入"非遗"传统的理念,"请进来"之后,还要"走出去",进行区域辐射,扩大学生的受众群体,拓展学生体验"非遗"蜡笺的方式方法。

首先,海派蜡笺是上海地区的一种传统工艺,具有独特的地域文化特色。在艺术教学中,学生可以通过了解海派蜡笺的历史、文化和技艺,深入了解上海地区的传统文化和艺术。

其次,海派蜡笺制作技艺精湛,图案精美、色彩鲜艳,具有很高的艺术价值。在艺术教学中,学生可以学习到蜡笺的制作技艺和艺术表现手法,提高自己的艺术修养和创作能力。

再次,海派蜡笺还承载着上海地区的历史和文化记忆。在艺术教学中,学生可以通过对海派蜡笺的研究和学习,了解上海地区的历史和文化变迁,加深对本土文化的认识和理解。

最后,"非遗"海派蜡笺在艺术教学中还可以发挥其文化传承的作用。通过教学,学生可以了解和学习海派蜡笺的传统技艺和文化内涵,为传承和发展中华优秀传统文化作出

---

① 李占霞.清康熙御赐鎏金马鞍的艺术价值探析[J].文物鉴定与鉴赏,2023(3):19.

贡献。

为了更好地将"非遗"海派蜡笺融入艺术教学,可以采取以下措施:

1. 开设相关课程

在艺术院校或相关机构中,可以开设有关海派蜡笺的课程,让学生系统地了解和学习这一传统技艺。课程内容包括其历史背景、制作工艺、图案设计、色彩搭配等方面的知识。笔者在市级书画艺术团开展"非遗"蜡笺讲座,学生书画社成员使用蜡笺举行了书法线上展览。

图 4　海派蜡笺制作

2. 实践操作与体验

仅有理论知识的学习是远远不够的。学生需要通过实践操作,亲身体验海派蜡笺的制作过程。这可以让他们更深入地了解这一技艺,并且有助于培养他们的动手能力和创新思维。

3. 与传承人合作

邀请海派蜡笺的传承人进校园或为学生授课,让他们直接接触和学习这一传统技艺。与传承人交流,学生可以更直观地了解海派蜡笺的文化内涵和技艺精髓。

4. 开展实践活动

组织学生前往海派蜡笺的制作工坊或"非遗"传习所进行参观学习,让他们亲眼看到海派蜡笺的制作过程和实际应用。这种实践活动可以增进学生对海派蜡笺的认识和理解。

5. 结合现代技术

将现代科技与海派蜡笺相结合,创作出更多具有时代特征的艺术作品。例如,2023年8月蜡笺结合鲁庵印泥,制作出"高式熊印章拓本系列"数字文化产品,还可以当手机壁纸。团队还利用数字媒体技术创作出具有海派蜡笺元素的数字艺术作品。

6. 举办展览与交流活动

定期举办有关海派蜡笺的展览和交流活动,为学生提供一个展示自己作品和与他人交流的平台。学生可以展示自己的创作成果,同时也可以从其他人的作品中获得灵感。

7. 编写相关教材和参考书籍

组织专业人员编写有关海派蜡笺的教材和参考书籍,为艺术教学提供更多的资源和支持。书籍的内容可以包括海派蜡笺的历史背景、制作工艺、图案设计,以及一些优秀的作品实例等。

以上措施可以将"非遗"海派蜡笺更好地融入艺术教学,让学生更深入地了解和学习这一传统技艺,并且提高他们的艺术修养和创作能力,同时也可以为传承和发展中华优秀传统文化作出贡献。

图5 海派蜡笺艺术作品

（二）"非遗"海派蜡笺在艺术教育中的价值

让学生通过"非遗"海派蜡笺体验到不一样的中国纸，增强文化认同感，建立文化自信，切实结合相关单元的教学内容落实艺术学科中学生"文化理解"核心素养的培养。

1．跨学科合作

将"非遗"海派蜡笺与不同学科进行结合，例如，与历史学、人类学、社会学等学科进行合作，多角度研究海派蜡笺所蕴含的文化内涵和艺术价值。这样可以为学生提供更全面、深入的学习机会，促进跨学科的交流与合作。

2．学术研究

在中小学全员导师制的背景下，鼓励和支持学生寻找"非遗"传人当校外导师，有针对性地对"非遗"海派蜡笺进行学术研究，探究其历史渊源、技艺特点、文化意义等方面的问题。通过撰写论文、进行田野调查等方式，培养学生的研究能力和创新思维，同时也可以为"非遗"海派蜡笺的保护和发展提供新的思路和方向。

3．社区参与

将"非遗"海派蜡笺引入社区，与当地居民进行互动。可以组织社区艺术活动、开设工作坊、进行培训等，让更多人了解和学习海派蜡笺制作工艺，促进"非遗"的传承和发展。

4．国际化交流

将"非遗"海派蜡笺推向国际舞台，与其他国家和地区的艺术家、学者进行交流和分享。可以举办国际展览、研讨会等活动，促进跨文化的理解和沟通，让更多人了解和欣赏海派蜡笺的独特魅力。

5．创新与传承

在艺术教学中，鼓励学生将"非遗"海派蜡笺的技艺和文化元素与现代设计理念、新材料等相结合,创作出具有创新性和时代感的新作品。这样可以为"非遗"的传承和发展注入新的活力,同时也能够培养学生的创新意识和实践能力。

综上所述,将"非遗"海派蜡笺融入艺术教学,可以让学生更深入地了解和学习这一传统技艺,提高他们的艺术修养和创作能力。同时也可以为传承和发展中华优秀传统文化作出贡献。

四、"非遗"海派蜡笺的未来展望

"非遗"海派蜡笺,这一承载着悠久历史与独特工艺的书画用纸,正以其别具一格的魅力,引领着传统书画纸走向辉煌的未来。在时光的长河中,"非遗"海派蜡笺承载着匠人们千锤百炼的技艺,孕育出无限的艺术可能。每一片蜡笺都倾注了匠人的心血与智慧,将历史与文化熔铸成永恒的珍宝。精湛的技艺与别致的形态,不仅令海派"非遗"蜡笺成为传统书画领域的璀璨明珠,更在时光流转中,坚固地承载着我们的文化记忆与情感寄托。

"非遗"海派蜡笺的未来,充满无限可能。在传承与保护的双重使命下,我们期待着"非遗"海派蜡笺在新的时代背景下焕发出更加灿烂的光辉。通过持续的创新与发展,"非遗"海派蜡笺将以前所未有的姿态,拥抱现代科技与设计理念,呈现出更为丰富的艺术形态与更为丰富的传承育人方式。

让我们携手共进,共同书写"非遗"海派蜡笺辉煌的未来篇章。在这条充满挑战与机遇的道路上,我们期待与您一起见证"非遗"海派蜡笺在时代的洪流中独领风骚,绽放出更加璀璨的光华。文化强国,强国有我!

花篮马灯舞在高中艺术课程中的开发与教学实施路径研究

华师大松江实验高级中学　　刘淑华

摘要:花篮马灯舞作为中国传统民俗舞蹈中的典型代表,拥有独特的艺术表现形式和浓郁的地域文化特色,是中华优秀传统文化的重要组成部分,在高中艺术教育中具有独特的价值和意义。本文针对当前高中学生对优秀传统文化艺术不熟悉、传承"非遗"艺术意识淡薄问题,以花篮马灯舞在高中艺术课程中的开发路径为研究课题,结合"双新"改革,探索花篮马灯舞教学在高中"双新"艺术教学中的实施路径和有效手段,以此提升学生对优秀传统文化的审美感知和文化理解,培育学生的民族自信和文化自觉,培育 21 世纪学生的核心素养。

关键词:花篮马灯舞;高中"双新";艺术教学;课程开发;实施路径

一、引言

21 世纪学生核心素养研究必须根植于本民族的文化历史土壤,充分考虑我国的国情特色,立足我国的实际情况和历史文化特点,体现中华优秀传统文化的继承与创新。[①] 艺术教育是发展学生核心素养,培养学生创造力和审美能力的重要途径之一。花篮马灯舞作为中华优秀传统文化的重要组成部分,拥有本土化艺术表现特征和独特的艺术审美价值,在高中艺术教育中具有重要意义。然而,目前知网等权威学术网站上关于花篮马灯舞艺术的研究并不多,在高中艺术教学中相关的研究和文献更是匮乏。因此,结合松江地域特色,针对本土学生的特点,结合高中艺术必修一教材《艺术与生活》中第一单元《艺术来源于生活》,笔者积极开发花篮马灯舞艺术校本短课程,探索其在高中艺术课程中的开发和实施路径。

二、花篮马灯舞的文化内涵与意义

花篮马灯舞原名"串马灯",以马灯和花篮道具命名,是源于上海松江区新浜镇地区的一种极富民俗特色的舞蹈,通常是在节庆期间表演,代表着人们对风调雨顺、国泰民安的希冀。

---

① 林崇德.21 世纪学生发展核心素养研究[M].北京:北京师范大学出版社,2016:3.

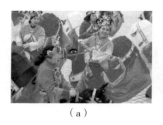  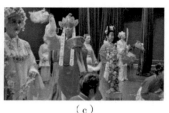

（a）　　　　　　　　　（b）　　　　　　　　　（c）

图1　花篮马灯舞表演场景

作为本土学子，学习花篮马灯舞这种"非遗"艺术有着重要的意义。

（一）丰富"非遗"文化体验

花篮马灯舞作为中华优秀传统文化的一部分，可以为现代学生提供丰富的文化体验。通过学习花篮马灯舞，学生可以亲身体验传统文化的魅力，感受其中蕴含的节日氛围和民俗风情。

（二）增强身份认同

花篮马灯舞是中华民族独特的文化遗产。学习和传承花篮马灯舞，可以增强学生对中国传统文化的认同感和自豪感。

（三）培养审美情趣

花篮马灯舞具有独特的艺术特点和审美价值。学习和欣赏花篮马灯舞，可以培养和提升学生的审美情趣，提高其对艺术的鉴赏能力。

（四）培养社会责任感

花篮马灯舞常常需要团队协作来完成，学生在学习和表演过程中可以培养社会责任感和团队合作意识。

（五）感知艺术来源于生活的道理

通过对花篮马灯舞的赏析和实践体验，了解花篮马灯舞的历史和文化渊源，让学生深入感知艺术来源于生活，并且是生活的高度提炼。

三、花篮马灯舞在高中学生中的推广现状

当代高中学生对花篮马灯舞并不是非常熟知和了解。对于大多数高中生来说，他们更熟悉和了解当代的流行舞蹈。调查问卷中足以反映此现状，以下各项数据是笔者对我校高一年级 100 名学生做的抽样调查的结果。

表 1 抽样调查结果

个人信息	熟悉度	支持度	意见与建议
A. 性别	1. 你是否了解花篮马灯舞这种舞蹈形式？	1. 你认为花篮马灯舞在当前社会的推广程度如何？	1. 你对花篮马灯舞未来发展有什么期望和建议？
B. 年龄	2. 你是否曾经尝试或参与过花篮马灯舞？	2. 你是否认为花篮马灯舞应该得到更多的支持和推广？	2. 如果你还有其他相关的意见或建议，请在下方提供。
C. 所在地区	3. 你参与花篮马灯舞的频率是多少？	3. 你认为这种舞蹈形式对于身心健康的影响如何？	

　　参与问卷调查的 100 位学生的居住地遍布松江的城区和乡镇，其中也包括花篮马灯舞之乡新浜镇，其中熟悉度仅为 3%，支持度为 57%，提出意见和建议的有 5%，也有 20% 的同学表示想要在课程中了解这门"非遗"艺术。（如下图所示）

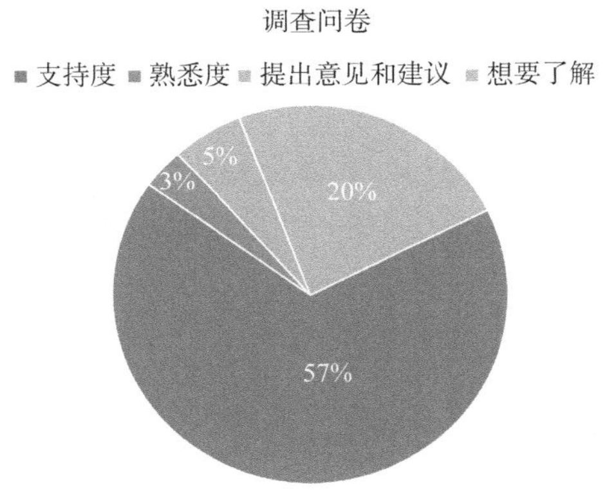

调查问卷

■ 支持度 ■ 熟悉度 ■ 提出意见和建议 ■ 想要了解

图 2 问卷调查结果饼状图

笔者在与民间传承人的交流中得知，花篮马灯舞推广的主要困难在于以下几点：

1. 传统性质

花篮马灯舞作为一种传统的文化表现形式，主要流行于一些具有鲜明传统文化特色的地区，大多数孩子是不了解的，甚至都没有听说过，受众面较小。

2. 技巧要求高

花篮马灯舞的表演需要舞者具备较高的技巧和身体协调能力，包括手部动作、足部动作、身体柔韧性等。对于普通高中学生来说，可能需要进行较长时间的专业培训才能达到较高的表演水平。

3. 场地和装备限制

花篮马灯舞的表演通常需要宽敞的场地和特殊的装备，如花篮和马灯等。而在普通高中的教学环境中，这些条件往往难以满足，限制了花篮马灯舞在艺术教学中的操作和应用。

四、花篮马灯舞教学在高中艺术教学中的实施路径探究

（一）以传统文化为基础，增进文化理解

北师大肖川教授说过："学科是为素养而教，学科及其教学是为学生的素养而服务的。"艺术学科学生核心素养的一个重要的内容就是文化理解，在艺术教学中要让学生了解艺术作品背后的文化，领悟艺术对文化发展的贡献和价值。花篮马灯舞是一种具有深厚历史文化底蕴的非物质文化遗产，起源于明朝时期，距今已有几百年的历史。据传明末李自成率领民众起义屡遭官兵追剿。一天深夜，李自成领导义军在村子里集会研讨战术，因被告密而遭到官兵围攻。危急关头，李自成当机立断，带领将士骑上战马，挑起营灯进行夜战，而村民则敲锣打鼓助威呐喊，瞬间擂鼓震地，鼓舞了义军的斗志。最后义军战胜官兵，取得了战斗的胜利。后人为纪念这次战斗，在元宵节时，用花纸制成彩马和彩灯，敲起锣鼓，跳起舞蹈，再现当日情景。后来又改为男骑马女挑灯，象征男女将士浴血奋战。这一艺术形式表现的是中国人民团结奋斗的精神。因此，花篮马灯舞深受广大民众喜爱，成为民俗文化的重要组成部分。它与传统的祭祀、庆贺丰收等活动相结合，象征着农耕文化中对美好生活的向往和追求。除此以外，花篮马灯舞通常在社区中展示和表演，是社区文化的重要组成部分，它弘扬了家庭、邻里和睦的传统观念。

学生在了解了花篮马灯舞的历史文化背景后，才能在舞蹈体验学习中感受到传统文化的魅力和神韵，增强对传统文化的认同和理解。

（二）以方法路径为抓手，落实核心素养培育

"双新"背景下的核心素养培育强调以学生为中心，在真实情境中运用所学知识解决问题，鼓励学生主动参与、自主学习，鼓励实践教学。教师需要设计实践性强、具有挑战性的任务，让学生在过程中培养创新能力、团队协作能力和解决问题的能力。"学生主体性教学"是花篮马灯舞教学方法的核心，一切从学生主体性出发，发挥其主观能动性，让学生成为知识的探索者、难点问题的提出者。采用项目化教学方式，培养学生的团队合作精神，对花篮马灯舞进行四课时的体验式短课程的开发与实践。

1. 影像情境体验

影像情境体验是民间舞蹈教学的重要辅助手段，可以让学生更好地观察和理解舞蹈的动作和表现形式，感受热烈恢宏的气势和氛围。

在影像体验中，笔者播放了 2019 年"朱泾杯"长三角花灯艺术展演中由松江区新浜镇花篮马灯舞队演出的花篮马灯舞，让有舞蹈基础的同学事先换上各个角色的服装，和着"七字锣"，踩着台步来到同学们中间摆出造型，在观后交流中学生惊叹于花篮马灯舞中道具的精美、服饰的丰富，这种艺术形式以其独特的形式、精致的工艺和深厚的历史底蕴，令同学们大开眼界，难以忘怀。

同时，1949 年之前参演"串马灯"的村民大都年事已高，目前熟悉"花篮马灯舞"的人寥寥无几，且该项目的文字记载也已基本丢失，目前仅存的一份资料还是新浜镇文体中心

一位老师根据当地一位老人的口述记录的。花篮马灯舞表演所需要的传统戏服、花灯、彩马、合钵、黄绸伞等道具，如今也很少有人会制作，因此，花篮马灯舞项目已呈现岌岌可危的生存状态。大多数同学意识到保护和传承家乡的民俗文化刻不容缓，是年轻一代义不容辞的责任。

图3　七字锣乐谱

2. 形态规范体验

花篮马灯舞中的人物都是来自《水浒传》《白蛇传》《吕纯阳三戏白牡丹》等剧目中的角色，人物的形态、亮相、艺术表现等都是需要学生去学习、分析和实践的。于是，笔者请学生们自主选择角色，有手托钵盂的法海，手提花篮的白娘娘，臂举香篮的许仙，肩挑水桶的李三娘等，每个形象都有自己独特的魅力和神态，每个动作也都有严格的程式。

图4　花篮马灯舞中的人物

比如白娘娘后面的众姑娘皆提着花灯，舞者手提花灯时，两手捏竹条，左手在后，手心向上，右手伸前，手心向上，要保持手部平整、舒展，不可晃动或摆动花灯，手提花灯的力度要适中，既要保证花灯的稳定性，又要给观众展示舞蹈的美感。

再比如花篮马灯舞中的步法要求有稳定的站立姿势，马步要踩实地面，双腿与肩同宽或稍宽，膝盖微屈，保持身体重心平衡。控制腰胯的灵活转动，使得上身动作与下半身马步动作协调一致，步伐要流畅连贯，步频、步幅要匹配音乐的节奏。上身保持稳定，不可过度摇晃或倾斜,需要保持直立的姿势,马步的步法应符合花篮马灯舞的规范要求,例如颠跑步、圆场步、交叉步等,这些步伐都要和手臂、头部、眼神配合,形成整体的舞蹈形象。

学生在练习和实践过程中保持了高度的专注度,他们发现身体的柔韧性、耐力以及表现力缺一不可,还有一点很重要,就是团队合作精神,只有紧密合作,相互配合和协调才有可能达到舞蹈的整体效果。实践过程中大家积极活跃,意犹未尽。

3. 队形图案体验

花篮马灯舞初期只有四马四花篮。后经民间艺人不断充实,出现了六马六花篮、八马八花篮等,甚至有两支灯队混合会串的情形。为了便于队形变位有条不紊,又增添了黄绸大撑伞八顶,身穿彩衣的伞灯女八人及身穿彩衣、手提花篮的花灯女八人。在表演形式上,开始仅借用"牌九"的点数而变化出各种队形和称呼。后又穿插了"被拍""碗架""双推磨""里路城""外路城""野猫洞""大定胜""六疙瘩""打回龙""嵌宝如意""断桥相会"等三十一种图案。当地的民间顺口溜将之形容为"嵌宝如意野猫洞,八角落线大定胜,碗架被拍打回空,断桥相会双推磨,天地银鹅至尊宝,梅花长三加板凳"。如此丰富的图形刷新了同学们的认知,看似花花绿绿的角色,却在非常规整的章法中行走,令人叹为观止。我们选择了其中几种常用的图形来体验,"里路城""外路城""打回龙"以及"嵌宝如意"。

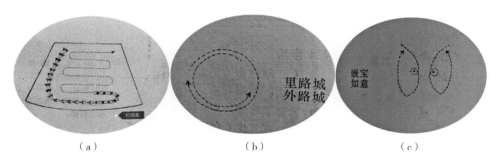

图5　花篮马灯舞的队形图案

打回龙:灯队圆场步,手举道具走"打回龙"队形,然后向六点进场,伞灯随后跟下场。

里路城　外路城:十名灯女举花篮走内圈,角色提道具走外圈,圆场步走队形。

嵌宝如意:中间切开分两路走队形,走完后女角二人加灯女二人在台右侧,八名灯女在台左侧,男角八名出列准备串"吆五"牌名。

在流动的队形体验过程中,同学们需要时刻保持对队形的掌控,以确保每个人都能够按照预定路径和速度进行移动,避免出现混乱和碰撞。这对同学们的空间感提出了很高的要求,同学们还需要准确地把握队伍整体的节奏和节拍,保持一致的节奏感才能实现整体的流动效果,这就锻炼了同学们的音乐表现力和协调能力。在队形图案的流动体验中,大家深切地感受到团队的凝聚力和协作精神。通过排练,他们学会了互相配合、默契合作,使整个队伍能够根据图案有序地进行流动。

4. 创新分组体验

核心素养培育强调实践创新,高中课堂中实践与合作是学生自主学习的基础,花篮马灯舞作为传统的舞蹈形式,需要以学生的视角来进行创新和发展,做到有效传承。笔者把

学生分成了几个创新项目小组,提示各小组通过不同的角度和方式对花篮马灯舞进行创新:

（1）创新队形组。本组学生发挥空间思维能力,尝试创造全新的队形流动方式,在原先的三十一种队形的基础上形成"第三十二种"花篮马灯舞的图案。在这个过程中,学生创新了队形,如"天女散花",就是把人员分成了两队角色上场,一队是灯女,另一队是马队和角色组,马队在前,角色组在后,两队人员上场,形成一竖排,然后继续行进,散成前十字后半圆形,有一种天女散花的即视感。

（2）创新形体组。本组学生尝试在花篮马灯舞中加入不同的舞蹈元素,例如爵士舞、现代舞等,使舞蹈既保留本体的隆重和恢宏,也更加有时代气息,更加多元化。

（3）创新角色组。本组学生通过发掘更加贴近生活的角色设计、服装造型和道具装饰等来呈现花篮马灯舞。他们塑造了不同性格的当代学生形象,用戏剧的形式,融入宣讲等多种表现形式,在不同的调度中表现了当代校园网络文明的主题,各种角色的呈现提升了整个表演的视觉效果。

（4）创新音乐组。本组学生以富有个性的音乐融合花篮马灯舞的"七字锣",还结合音频处理和音效合成技术,为花篮马灯舞提供音乐和声音效果,通过多声道扬声器的布置和音效控制的时序处理,使音乐与表演相得益彰,增强了舞蹈的时尚感和现代感。

（5）创新科技组。本组同学结合现代科技,将 LED 灯光应用到花篮中,通过程序控制实现了丰富的灯光变化、色彩渐变和亮度调节,使表演更加炫目,创造出更具视觉冲击力的花篮马灯舞表演形式。

在影像情境体验、形态规范体验、队形图案体验、创新分组体验过程中同学们积极主动参与体验,互相协作,呈现出了传统艺术在现代高中艺术课堂中的新样态。

五、成效与展望

花篮马灯舞教学在高中艺术课程中的开发与实施,是以课堂为阵地,"舞之翼"舞蹈社团为展演载体,并在学校各类活动中为花篮马灯舞艺术搭建展示平台,如在艺术论坛中介绍和推广,在校运动会上以及校园艺术节系列活动中表演和呈现……多彩的展示是期待让更多的学生知道花篮马灯舞、了解花篮马灯舞,把"非遗"的种子播撒在学生们的心田。以传统文化为基础,多种实践教学方法为手段,展现学生的创造力和表达能力,提升学生对民族民间艺术的认同感。

"双新"背景下的艺术教师,传承和弘扬"非遗",让学生们重新审视我国的传统文化,保留那些独特的文化、艺术是我们的责任。通过花篮马灯舞在高中艺术课程教学中的开发与实施,我们发现,传统文化并非遥不可及的古物,而是实实在在存在于我们的日常生活中。"非遗"让我们更深入地理解传统文化的价值和意义,激发我们对传统文化的热爱和尊重。我们要坚守初心,进一步推动高中艺术教学的改进和发展,提升"双新"课堂的成效,培养学生的文化自信,让民族文化之根深深地植入学生们的心中。

活态传承：普通高中扎染文创职业体验的实践与研究

上海市青浦区第二中学　毕楚莹

摘要：针对当前学生实践机会少、解决复杂实际问题能力弱、创造力弱等现象，本文主要以普通高中的扎染教学为切入点，在项目化学习的视角下，结合以职业体验实现传统文化活态传承的扎染课堂，主要关注如何通过课堂内的扎染教学和课堂外的职业体验，开展培养学生创意表达能力和实际问题解决能力的实践与研究。

关键词：活态传承；普通高中美术扎染教学；职业体验

一、引言

习近平总书记在党的二十大报告中明确指出"推进文化自信自强，铸就社会主义文化新辉煌"，这为新时代新征程上社会主义文化强国建设进一步指明了前进方向。教育在传承和弘扬中华优秀传统文化中处于基础性地位，中共中央办公厅、国务院办公厅印发的《关于实施中华优秀传统文化传承发展工程的意见》中强调要按照一体化、分学段、有序推进的原则，构建贯穿国民教育体系始终的中华优秀传统文化课程和教材体系，把中华优秀传统文化内涵更好更多地融入生产生活各方面。

通过研读文献，笔者总结了目前扎染文创在教学方面的成果，主要是对扎染文创在生活和教学两方面的价值进行探究。刘晓俊的《扎染艺术在服装设计中的应用》，将传统扎染效果毫无障碍地融入服装设计潮流中；黄新的《基于"扎染"校本课程培养初中生中华优秀传统文化的实践研究》将扎染文创融入美术课堂，发挥了非物质文化遗产在学校基础美术教育中的作用；王浔阳的论文《手工印染在高中美术教学中的应用研究》以传统手工染为切入点，详细地介绍了印染工艺在美术校本课程中的开发，对教材改编、教学设计、评价方式等提出了自己的看法；邱云的《浅议扎染工艺走进中学美术课堂的实践探究》一文提出，在中学开设扎染文创课程可激发学生对传统手工扎染的兴趣，提高学生美术素养。

虽然我国一些高中的美术教科书中已有扎染文创运用于美术课堂教学的相关课程实践，但总体而言，扎染教学在培养学生创意表达能力和实际问题解决能力方面的实践较少。本文以普通高中为例，尝试通过对扎染文创课堂设计的研究，探索职业体验式的学习方式。

二、研究设计

为了更有效地探讨问题,本文分两步开展研究。第一,对普通高中艺术课程中以扎染为主的传统工艺类教学的实施现状进行扫描,归纳其主要问题;第二,在现状调查的基础上构建提高学生创意表达能力和实际问题解决能力的扎染课堂并进行教学实践。

(一)现状调查

1. 调查对象

本文以上海市某区内 2 所普通高中为调查对象,分别对学生、老师进行问卷调查。学生卷从各校每个年级中随机抽取 2 个班进行调查,教师卷以所有艺术老师和各校 6～8 位班主任为调查对象。为保证结果的客观真实性,问卷采用匿名方式作答。学生有效问卷 360 份;教师有效问卷 20 份,其中艺术老师 10 名,班主任 10 名。

表 1　学生问卷调查对象构成

年级			性别		学校					
高一	高二	高三	男	女	A 中	B 中	C 中	D 中	E 中	F 中
357	369	336	506	556	177	151	216	244	140	134

2. 调查工具

以问卷星为平台,自编《普通高中学生对扎染文创了解现状调查(学生卷)》《普通高中学生职业意识及现状调查(学生卷)》《普通高中扎染文创课程实施现状调查(教师卷)》。学生卷主要涉及职业意识、职业指导需求、兴趣特长、传统扎染技艺、扎染文创在现代社会中的应用、对扎染职业体验的期待和建议等 6 道题目。教师卷除了扎染文创课程的实施途径和满意度外,还包括近三年参加的关于职业体验类教学的培训次数和对学校职业生涯教育的建议。问卷调查旨在从师生的不同角度了解课程的实施现状,发现可能的问题与不足。

(二)课程实践

1. 根据现状调查结果设计相应课程并在某普通高中高一年级实施。

2. 自编扎染文创职业体验课程实施满意度调查问卷,进行前后测评估课程实施效果。

3. 访谈调查学生的课程实施期待、满意度及建议,完善教学设计,不断优化课程。

三、扎染文创职业体验活动开展实施现状

普通高中学生对扎染文创和职业生涯规划了解现状调查结果显示,不少学生对扎染文创不了解,大部分学生缺乏职业生涯规划的方向和目标;学生对开展扎染文创职业体验的呼声较高。

（一）了解程度有待提升

在对扎染文创的了解程度上，15.16％的学生表示"以前尝试过文创产品的设计"，32.51％的学生表示"见过文创产品但不了解"，47.67％的学生表示"不了解但愿意尝试"；在对职业生涯的规划程度上，没有学生目标明确，32.58％的高中生"没想过"，40.21％的学生"了解一点"，27.21％的学生"了解较多"，直接反映了学生对扎染文创和职业生涯规划的了解程度有待提升。

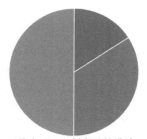
· 以前尝试过文创产品的设计
· 见过文创产品但不了解
· 不了解但愿意尝试

图1 学生对扎染文创的了解程度

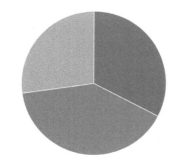
■ 目标明确 ■ 没想过 ■ 了解一点 ■ 了解较多

图2 学生对职业生涯的规划程度

（二）实施途径需要拓宽

如表2所示，29.47％的学生反映学校已开设职业体验相关主题的课程，比如微课、拓展研究型课，24.76％的学生表示自己学校还未开设，45.76％的学生表示不清楚。45.01％的学生表示学校的心理课、班会或其他学科中有职业体验的相关主题内容，15.82％的学生表示课程和班会中没有涉及职业体验相关主题内容。29.1％的学生表示学校专门开设过职业生涯教育相关的讲座或团体辅导，48.3％的学生则表示不清楚。

表2 学生对职业体验的相关认知

学生认知	专设相关课程	心理课、班会或学科中涉及	讲座、团体辅导等
有	29.47％	45.01％	29.1％
没有	24.76％	15.82％	22.6％
不清楚	45.76％	39.17％	48.3％

在职业体验教学的三个实施途径中，相当数量的学生表示不清楚它们是否存在，一方面是因为学生并不清楚职业体验的内容，另一方面则是因为学校对职业体验不够重视。高中阶段，学校更关注学生的成绩，在职业体验的课程设置、相关主题的宣传教育以及日常的学科渗透等方面并不重视。

（三）师生的多样诉求和期待

对教师的调查显示,52.5％的老师认为需要为学生提供更多的社会实践机会,体验不同的职业,帮助学生在日常的学习和生活中有意识、有动力地培养自己心仪职业的必备能力。部分老师还认为应从学校整体规划的角度着手,结合学校的特色和学生的需求构建系统的课程体系。对学生的调查显示,28.3％的学生表达了对职业生涯教育重要性的认可,希望学校和社会能更重视职业生涯教育;部分学生希望学校把职业生涯教育落实到系统的课程设置中;还有部分学生期待能从课堂中走出去,有更多的职业体验。调查反映了面向青少年开展职业生涯教育的可行性和重要性,也反映出青少年对明晰自我认知和目标定位、获得专业的职业生涯指导、开展社会实践的热切期待。

四、开展校本扎染特色活动的方案

（一）校本扎染特色活动的提出

结合《国务院关于深化考试招生制度改革的实施意见》,"唯分数论"和"一考定终身"不该是我们鉴定人才的标准,应坚持以人为本的正确育人导向,使学生健康成才。在普通高中开展职业体验活动,符合新高考改革的要求,对培育学生职业意识、培养学生职业素养、提高学生职业规划能力、激发学生自我成长等方面有着积极的影响。我校是一所95％的学生为艺术特长生的普通高中,对他们而言,进入高校后或者是在未来工作中,都需要面对创造力的考验。扎染文创设计,将传统扎染艺术以"中国传统工艺与现代生活方式结合"的理念带入我们的高中课堂,除了能继承弘扬我国优秀传统文化之外,还有利于提高学生创造能力。在高中阶段让学生走出校园经历一段"职业体验",通过实践认识自我、了解社会、增强责任担当,也为其以后步入社会积累经验。

针对学生"创造能力""对传统文化的认同"和"对职业的认识"的现状,研究扎染文创职业体验的活动方式,通过设计扎染"活态传承"的有效实施方案,探索培养学生核心素养和创新能力的有效途径,形成学生在模拟职业体验中转变的典型案例,为普通高中扎染工艺类艺术课程的落地提供了参考,解决了工艺美术课程对于中学生而言只能欣赏不能实践,难以在校内实施的问题,具有一定的意义。

（二）校本扎染特色活动的设计理论研究

活动目标确定:特色活动的研究,以校本特色活动开发、理论研究与实践操作为出发点,通过扎染学习让学生学会欣赏传统扎染工艺、提升对传统手工艺的认同感;在研究、体验的过程中提升创造力,找到职业的方向,为以后的工作服务。

活动内容选择:根据我校学生的学情,选择以感知与制作为主的"扎染文创"板块;以实践传统扎染为主的"蓝白时光扎染课堂"板块;以传统扎染在现代社会中的设计应用为主的"扎染小集市"板块;以职业体验为主的"扎染舞台"板块。

活动实施:在学校课程统筹安排下,利用拓展、研究型课程,社团活动和课外时间展开。

活动评价:转变传统的评价观念,注重过程性评价,提倡多元化评价研究。

保障机制:在学生学习材料使用、交流学习、参观访问上,要有制度保障。

(三)普通高中扎染文创职业体验的实践研究

本活动的实践研究分为两部分,一是课堂内的学习探索,二是课堂内外的职业体验,详见图1。

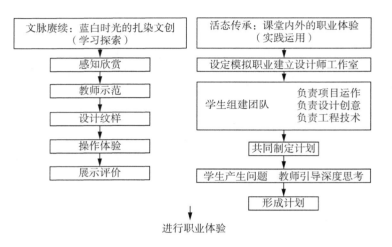

图3　普通高中扎染文创职业体验的实践研究

1. 文脉赓续:蓝白时光的扎染文创

在第一学期开展"扎染初探"大单元教学,除了扎染的基本技法外,还设计了一些扎染文创产品。

感知欣赏:利用多媒体展示扎染的过程,呈现"扎"和"染"的特点,带领学生观看"缚""缝""结""撮""绑""夹"的过程,使学生感受扎染艺术的趣味性。

教师示范:教师可以对扎染艺术的特点、方法进行讲解,同时出示真实的扎染物品,使学生感受这种独特的艺术。

设计纹样:在教学的过程中,教师首先准备好制作扎染需要的材料,在图纸上设计想要制作的图案。

操作体验:根据设计的纹样在棉布上进行捆扎,在捆扎完成后,使用冷水浸湿棉布,然后放到染锅中浸泡,10分钟之后取出拆线。捆绑松紧度不同,晕染的效果也会有所不同。每个学生的作品不同,彰显学生的个性。

展示评价:教师引导学生自评、互评。扎染优秀作品集与成果展:在学校的"艺术人生"展厅展览和跨年晚会演出。

2. 活态传承:课堂内外的职业体验

第二学期开展"蓝白时光扎染课堂""扎染小集市""扎染舞台"大单元教学,进行真实有趣的职业体验。

表3 大单元教学内容

大单元名称	蓝白时光扎染课堂	扎染小集市	扎染舞台
感知欣赏	了解传统扎染的扎法和染法，欣赏传统扎染艺术独具特色的质朴典雅、浪漫自然等审美特征。	欣赏现代扎染文创产品，思考传统扎染工艺面临的困境，体会融入现代元素、设计创新的重要性。	欣赏以扎染图案为设计元素的服装设计作品。
创设职业情景，引导问题发现	创设的职业为扎染课堂教师，为社区的老人和孩子开展公益教学。	创设的职业为经营古镇手工文创店的店主和设计师，需要在店里售卖扎染文创产品。	创设的职业为热爱传统扎染艺术的服装设计师，要设计出下个季度的扎染主题系列服装，并展示。
针对职业体验，定制执行计划	确定需要教学的内容和具体操作方式。包括：教材、技法、材料、费用等。	确定下阶段需要教学的内容和具体操作方式。包括：材料、费用、设计哪些产品等。	进行市场调查：调查特定年龄段人群的喜好和可接受价位、近几年大众接受的扎染图案和样式、面料等等。
倾听孩子的想法，形成新问题	在学生发现问题、提出问题的基础上，对他们的兴趣点和关注点进行价值判断，或者在交流的过程中关注产生的新的问题，引导深度的思考与讨论。		
组建团队，实施分工，明确职责	按照意愿分工，包括：店主、助教、引导员、后勤人员等。	按照意愿分工，包括：店主、设计师、设计师团队、伙计等。	按照"设计师工作室"运行模式进行研究，分别负责项目运作、创意设计、工程技术。
设计并制作	制定教案、学案、PPT等所有教学需要的内容。	以"中国传统工艺与现代生活方式结合"的理念，设计出一系列扎染文创产品，并制作出来。如：帆布包、手提包、本子封面、首饰等。	项目运作的同学负责和甲方沟通项目进度，创意设计的同学画设计图纸，工程技术的同学扎染并制作成衣。
进行职业体验	与学校附近的社区和相关单位合作，进行真实的职业体验。	把制作的产品拿去古镇文创店寄卖或者在商场的集市摆摊。	在我校的"艺术人生特色跨年晚会"上举办"服装发布会"。

3. "文脉赓续，活态传承"实践总结

（1）创设情境，组建团队，制定计划。

教师首先给出模拟的职业情境，如：扎染课堂教师去社区为老人和孩子开展公益教学、古镇文创店老板售卖扎染文创产品、某服装品牌要与传统扎染传承人合作设计出下个季度的扎染主题系列服装等等。学生针对职业体验，组建团队后，共同讨论制定执行计划。在学生发现问题、提出问题的基础上，对他们的兴趣点和关注点进行价值判断，或者在交流的过程中关注产生的新的问题，引导深度的思考与讨论，最终形成计划。

（2）调查走访，设计实施，职业体验。

根据计划，进行"设计师工作室"运行模式研究，每个小组都有人负责项目运作、有人负责创意设计、有人负责工程技术。负责项目运作的同学调查特定年龄段的人群喜好和可接受价位、负责创意设计的同学调查近几年大众接受的扎染图案和样式、负责工程技术的同学调查合适的面料等。准备活动材料，联系社区和相关学校，指导教师带队去社区教居民制作扎染文创产品；以"中国传统工艺与现代生活方式结合"的理念为指导，各组设计出一系列扎染文创产品并制作出来，拿到集市、商店中去售卖；在我校的"艺术人生特色跨年晚会"上举办"服装发布会"展出设计成果;等等。

五、实施与成效

通过"蓝白时光扎染课堂"和"校园服装发布会",为学生搭建展示自己创造力的舞台,形成较为成熟的职业体验实践模式。

(一)蓝白时光扎染课堂

1. 去社区教老人扎染环保袋

带领学生参与制作环保袋的教学工作。扎染环保袋课堂的安排:首先,教师介绍什么是扎染,包括其历史、技术原理和应用领域等。同时,向学生解释什么是环保概念以及为什么需要使用环保袋。其次,学生为每位参加的老人准备好所需材料,包括白色棉布、扎染工具(如橡皮筋、绳子)、彩色染料和盘子等。教师进行简单的示范,展示如何使用扎染工具将布料进行捆绑和固定,然后涂抹彩色染料进行上色。学生作为助教,一对一给老人提供帮助,直至作品完成。学生帮助老人完成制作后,鼓励他们分享自己的作品,并讲解自己的设计理念和使用环保袋的意义。结束课堂教学后,进行总结和讨论,与学生一起回顾整个教学过程,分享他们的职业体验和感受。

在扎染环保袋课堂中,学生可以了解扎染技术、环保概念以及可持续发展等方面的知识。同时,亲自参与制作环保袋也能增强他们保护环境的意识。这样的课堂活动不仅有助于培养学生的创造力和手工技能,还能促进他们对职业选择问题的思考。

2. 去幼儿园教孩子蜡染

在参与社区扎染环保袋教学活动之后,学生以小组为单位,进行集体备课,要求孩子们设计好教案、PPT、详案、材料、预算等,在校内课堂上分享,脱颖而出的小组到幼儿园进行主讲,其他小组成员辅助教学。

(二)校园服装发布会

2022年底,我们举办了服装发布会,一系列的设计作品在校园中引起了热烈反响。通过服装发布会,教师深切地感受到了"真实且复杂的情境创设"对教学的重要性,自第一节课学生知道有这个任务开始,积极性和内驱力一下子被调动起来,显然是因为对这个任务非常感兴趣,虽然服装发布会只有短短几分钟,但是学生们以团队协作的方式,付出了巨大的努力,发布会结束之后也一直在校园各处拍照,那种成就感是难以掩饰的。相信通过此次活动,学生会更加喜爱服装设计师这个行业。

六、结论与启示

社会发展与教育改革使美术学科的育人功能日益凸显,并逐渐从"知识本位"向"素养本位"转型。现有的扎染课程难以满足学生的迫切需求和高期待。学校需要拓宽扎染活动的实施途径,同时增进学生对职业生涯的认知和了解度。因此,结合职业体验,开展活态传承扎染课堂教学是有必要的。

基于"乡情雅韵"土布文创课程的艺术项目化学习研究

上海南汇中学 沈 建

摘要: 本文依托项目化学习的形式,结合本土资源,发挥教师的专业特长,从土布的文创产品入手,探索逐步形成较为完整的校本化课程体系的路径。在每一个项目活动的实践中,学生都要围绕驱动性问题,与现有的知识与情境建立联系,以此解决实际问题。学生在实践发展中需要制定可行的工作计划、实施步骤、人员分工等。课程内容有初探土布文创课程、落实土布文创课程、深化土布文创课程单元化设计等。借助三类课程开辟土布文创课程、跨学科拓展项目的空间。促进教师专业化发展,进一步助力学校内涵建设,发挥其对外示范辐射作用,实现优质教育资源的集聚、共享与创生,为集团内学校,乃至本区基础教育发挥实验性、示范性作用。引导高中生了解浦东土布及其发展历程,培育学生的核心素养,激发其创新能力,逐步养成其对文化遗产保护传承的情怀与担当。

关键词: "乡情雅韵"土布文创课程;项目化;课程研究

一、研究背景

(一)问题的提出

习近平总书记在党的十九大报告中指出,要全面贯彻党的教育方针,落实立德树人的根本任务。中共中央办公厅、国务院办公厅印发的《关于全面加强和改进新时代学校美育工作的意见》中提到,要进一步加强美育育人的功能,弘扬中华优秀传统文化,陶冶高尚情操,塑造美好心灵,增强文化自信。上海地区高中美育存在很大的可开发空间。我校艺术组教师结合学科特色,发挥女教师的专长和特点,关注本土文化,通过浦东土布文创课程的开发尝试艺术育人的工作。艺术组教师2023年6月申报了区级规划课题"基于'乡情雅韵'土布文创课程的艺术项目化学习研究",小组成员力图通过理论和实践,在高中课堂中进行项目化的土布文创教学;以土布为载体引导高中生更多地了解浦东土布及其发展历史,了解家乡文化,赋予"非遗"传承新的时代内涵,以乡情滋养美好心灵。

(二)理论依据

1. 项目化学习

项目化学习由教育家杜威的学生克伯屈首次提出,引发了广泛探讨,此后项目化学习逐渐被应用在教育领域。项目化学习是指学生在一段时间内应对并研究一个真实的、有吸引力的和复杂的问题或课题,通过真实的经历和体验,掌握重点知识和技能。在项目小组活动中,学生提出项目创意,进行可行性分析,做出决策后实施项目,并在实施过程中,围绕目标决定学习内容和学习方式。实际上,这是一个学生在教师指导下自行计划、实施和评价的学习活动。近些年来,随着全球范围内学习素养研究和实践的深入,项目化学习作为一种重要手段得到了新的发展。

2. 土布文创课程

本课题是一个本土化实践项目,在中国知网检索各大数据库时未发现相关文献。但是国外有一些土著文化研究提到了当地土布的纹样。上海崇明开展过"创意土布制作"关爱未成年人主题活动;崇明土布也可以"高大上"!但是,该土布创意设计大赛并非完整的课程体系,有一定的局限性。我们依托项目化学习的形式,结合本土文化资源,发挥教师的专业特长,从土布的文创产品着手,逐步形成较为完整的校本化课程体系,具有一定的优势。

（三）实践意义

1. 打造土布文创课程,提高学生核心素养

师生在土布文创校本课程的开发与实践中,通过对现实生活的关注,对濒临消失的传统文化进行重新思考,在每一个项目活动的实践中,学生都要围绕驱动性问题,与现有的知识和情境建立联系,在原有知识的基础上提升认识,再解决实际问题。学生综合能力得到了有效提升,过程中学生得到情感体验、人格提升,生命价值得以升华。

2. 接受性学习转向探究性的学习,改变传统的学习方式

学生在实践发展中需要制定可行的工作计划、实施步骤、人员分工等。在这个过程中非常强调学生主体的体验,同时小组成员在负责人的带领下进行有效的沟通合作、认知分析,判断与解决项目中存在的多种问题,在探究学习、解决问题的过程中,尝试从被动学习到自主学习的转变。

3. 助力学校教育改革,推进区域课程示范。

艺术组课题、课程的实施,有利于我校深化教育综合改革,促进教师专业化发展,进一步助力学校内涵建设,发挥学校对外示范辐射作用,实现优质教育资源的集聚、共享与创生,为集团内学校,乃至本区基础教育发挥实验性、示范性作用。

二、研究概况

（一）研究目标

（1）基于"乡情雅韵"土布文创课程开发,引导高中生了解浦东土布及其发展历程,了解家乡文化,初步理解浦东土布的编织技艺,以土布为载体尝试完成相关文创产品,将之渗透到三类课程形式中,赋予"非遗"传承新的时代内涵。

（2）在土布文创课程的实施过程中,开展艺术项目化学习,设计梳理有效的路径与策

略,制定项目学习流程,引导学生用艺术的表现形式和手法形成有审美和实用价值的系列文创产品,进行区域内展示和跨学科挖掘,培育学生的核心素养,激发其创新能力,逐步养成其对文化遗产传承保护的情怀与担当。

（二）研究内容

（1）关于"乡情雅韵"土布文创和艺术学科项目化学习的实证调研。

（2）基于"乡情雅韵"土布文创课程,完善课程建设,优化课程实施,探索项目化实践研究。

（3）基于"乡情雅韵"土布文创课程,探索项目化学习的关键要素。

（三）研究方法

1. 文献研究法

查阅相关资料,掌握相关基础知识,丰富学生自身的理论素养,了解浦东土布发展的现状,为课题研究提供有力的支撑。

2. 调查研究法

通过走访古镇、当地博物馆等形式,实地探究土布起源发展的地点,了解土布形成的缘由,丰富课题的真实性。以问卷调查的形式了解学生的认知与现有的知识架构。

3. 行动研究法

师生分工合作,整理收集各种相关素材,提出亟待解决的问题。将平面设计、图形创意、色彩搭配等与土布相结合,分析问题,拟定整体计划,制定具体步骤,制作相关文创产品,组织师生工艺类比赛,开展小型展览、义卖等系列活动。

4. 案例研究法

以土布文创产品设计为例,开展项目化学习,呈现系列文创作品,并围绕这一主题,深入研究项目化学习的实施策略。

（四）研究过程

第一,准备阶段。做好项目化研究的各项准备工作,制定研究的学期计划和个人计划。确定研究方向、内容和目的。

第二,实施阶段。整理与土布有关的各方面内容,包括土布基础知识（由来、发展、现状等）,开发课程体系,开展项目化学习,制作相关文创产品,展示与交流,反思与提高。

第三,总结阶段。整理汇编项目化学习案例,形成策略,总结经验,推广应用,系统总结理论研究成果和教学实践研究成果,撰写研究报告。

三、研究实施和主要结论

（一）关于"乡情雅韵"土布文创和艺术学科项目化学习的实证调研

实证调查研究可以帮助师生找到课程开展的落脚点。调查以上海南汇中学全体高一学生为对象,重点调研他们对"乡情雅韵"土布文创课程的认知程度和现有的知识构架,以及对艺术学科项目化学习的了解和需求。学生根据喜好,可以选择土布历史、纹理、色彩、再创作的文创产品等,进行真实有效的问卷调查。调查的基本原则:①温馨提示(需要得到帮助);②由易到难;③趣味性;④从具象到抽象;⑤开放性。

图1、图2是教师指导学生进行土布问卷调查,统计数据后得出的部分结论。为土布文创课程奠定了有效的基础。

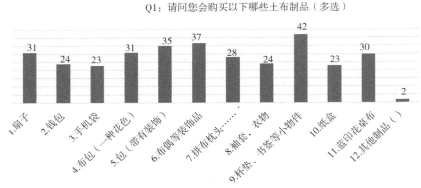

Q1:请问您会购买以下哪些土布制品(多选)

图1 问卷调查结果(一)

从上表中可以看出,选择购买杯垫、书签和布偶等装饰品的学生人数较多,说明外形美观、和学生生活密切相关的土布制品在学生人群中更受欢迎。

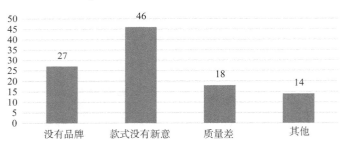

Q10:若您不喜欢土布制品,原因有哪些呢?

图2 问卷调查结果(二)

从上图可以看出,大部分人首先是觉得土布制品没有新意,款式太过老旧,其次是觉得土布制品大多没有品牌,最后是觉得土布制品质量差。

(二)基于"乡情雅韵"土布文创课程,完善课程建设,优化课程实施,探索项目化实践研究

1.基础型课程——初探土布文创课程

自2020年起,我校艺术组就对浦东土布的传承与发展有了一个初步的设想。随后,我们拟定了"土布开新花""土布上的创意""'乡情雅韵'土布文创产品的设计与开发"等一

系列主题课程,并积极探索校本课程。初步尝试在高一、高二各班级中全面铺开,结合我校推进的"学历案"教学,以"课前准备""课中学习""课后反思"为三部曲。

2. 拓展型课程——落实土布文创课程

拓展型课程是学生选课制的,因为之前基础课的普及,学生对土布文创已有了基本的认知,加上教师展示了各个地区的文创产品,同学们兴趣盎然。有了拓展课的保障,教师敢于面对现状提出问题,例如:土布文化没落的原因。传统土布的传承与发展是否需要加入现代的元素?如何加入现代元素?此外,真正落实课程要求:因地制宜,充分挖掘浦东土布相关资料和资源,尝试运用文创产品的开发与设计进行一些有效探索。设定阶段目标:设计的出发点是运用土布元素,小组合作、自主设计一幅土布贴画,绘制简单的效果图与平面图,并制作成品。

3. 研究性课程——深化土布文创课程

(1)单元化设计,开设土布文创课程。

开设"乡情雅韵"土布文创课程,明晰课程目标,以模块化、系列化形式呈现各部分内容,并在实施的基础上逐步固化课程文本,丰富校本课程资源库。通过不断反思、调整,将"乡情雅韵"土布文创课程艺术项目化学习的主题单元设计,逐渐调整为可行性较强的主题单元设计。比如区级公开课"'非遗'传承——探寻浦东土布之美"的单元教学依托课程标准,从学生的实际出发,结合地方特色,注重学生生活经验,让美真正来源于生活,更高于生活。单元化设计课程否定学习的一次性、知识介入的一次性、完成成果的一次性,让学生在系统的学习中,真正做到有迹可循,更肯定了学生思考、探究、创造、挑战的价值。

表1 "乡情雅韵"浦东土布文创校本课程单元设计

	"乡情雅韵"浦东土布文创校本课程单元设计	
①框架	• 遇见土布——走近"非遗"传统美学	
	• 设计的思考——纹样之美 形式之美	
	• 设计的挑战——文创产品 个性设计	
	• 设计与文化——深度理解 传承发展	
	• 展示与交流——过程评价 成果展示	
②成效	• 提升了学生的识读审美能力	
	• 增强了学生的动手实践能力	

单元化学习的方式真正让师生在真实的情景中,将学科本体知识和其他领域的内容,经过单元的编制,有效融合。在此过程中,学生的艺术感知能力逐渐增强,艺术鉴赏角度更加全面,师生审美情趣在不断交融中得到很大提升。

(2)项目化设计夯实土布文创课程基础。

项目化驱动深度学习,提升思维品质,促进学生的自我管理、自我发展。项目化课程是以"主题、探究、表达"的方式来设计的,设计思路主要包括项目方向、资源调查—驱动性问题设计—呈现方案—解决问题—成果与评价。项目化学习注重体验和过程,在充分发挥团队合作精神的前提下,师生都体会了成功的喜悦。学生在实践中经历诉求、分工、设计、制作、展示、交流、评价等学习过程,在合作学习中不断尝试多种方法、调整项目方案,注重过程体验,强调创意成果展示,提升了艺术课堂的有效性。

（3）跨学科拓展项目化的空间。

为了达成与生活、科学和其他文化领域的渗透结合,为高中生提供丰富的艺术学习体验,本课程尝试了艺术学科(音乐＋美术)的融合。跨学科项目是指学生在教师的支持下创造性地综合两个及以上学科的知识和能力,持续探索和解决真实而复杂的问题,形成整合性的成果。以"壁画、舞蹈与土布的重生——敦煌文化微探"为例,内容包括角色分工—跨学科知识梳理—选题制定方案—研究实施—作品呈现。

四、研究成果

（一）完成各项预期任务

完成预期成果,形式包括调查报告、论文、课程教案、文创产品。师生的创意设计使土布焕发出新的生机,学生在文创课程中的参与度大幅提高。学生艺术实践积累的成果资料和形式精彩纷呈,例如:对师生优秀的作品进行整理归类,以校刊形式呈现,以微信公众号文章的形式提升表现突出的学生及土布获奖作品区域内影响力等。

（二）促进学生核心素养的提升

课题实践过程中,不断调整优化课程实施过程,整合校内外资源。师生在研究课题的过程中专业能力均获得显著提升,包括艺术知识素养的提升,艺术鉴赏力的提升(鉴赏方法、情感表达、审美情趣),艺术表现力的提升(基本技法、创作方法、实物展示),指导学生完成多个和土布有关的课题。多位教师积极参与教学案例实践,开设区级公开课,并进行集团内土布文创系列展览,起到了积极的辐射和示范作用。

（三）积累了土布文创课程资料

土布文创课程资料包括"土布开新花""土布上的创意""'乡情雅韵'土布文创产品的设计与开发"等一系列主题课程的文字和视频资料,见下图。

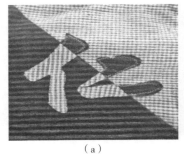 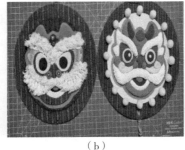 

（a）　　　　　（b）　　　　　（c）

图3　土布文创课程资料

五、研究反思与展望

我们将之前所做的研究进行了梳理。通过土布文创课程的开发与项目化学习的实施,以土布为载体锻炼师生动手实践能力,制作文创产品,形成校本课程;突破了传统的音乐和美术课,改变了融合教研的模式;结合信息技术进行智能情景展示、增强学生的自信心和成就感。艺术教师以主人翁意识对"浦东土布"进行再次开发,教学过程中提升学生的实践能力和创新素养,真正让学生在艺术项目化的文创实践中不断感知美、探索美,从而创造美,初步实现艺术校本课程育人的目标。当然,在项目化学习实施的过程中师生也发现众多有待解决的问题。

(一)项目化学习的指导过程有待细化

当前每班人数为 40 人,在班级中全员推进项目化学习,初步实施分层后,教师精力有限,精细化指导有所欠缺,因此教学的效能不高。项目化学习的人数以 10~20 人更为合理。这样更能突出"学生立场""学习经历",指向更明确。

(二)项目化学习的延续性有待跟进

项目化学习过程中一些精细化的制作需要延续性,如刺绣、缝制等。高一学生基本都是零基础上手,课堂时间有限,往往半途而废。随着项目化学习的推进,不同学生身上的闪光点逐渐清晰。如果学生的动手能力和设计创意能力很强,需要学校从课程设置的延续性方面多考虑,这样项目化学习的推进效果会更好。

(三)项目化学习的表现性评价有待完善

项目化学习的关键要素较多,教师也是在实践过程中不断积累经验的。本项目对评价环节没有细化,但是学生素养的提高是通过一次次表现、反思、调整,逐步实现的。项目化学习增加学生在学习历程中反思与自我调整的部分,注意过程性评价的环节,并为文创作品编制评价规范。这个环节需要更多关注。

土布文创课程的开发与实施让学生了解家乡、感悟传统文化,发展了学生的实践能力和创新素养,全面提升了学生的核心素养,达到育人的目标。同时学生以主人翁意识对"浦东土布"这种非物质文化遗产进行再次开发,传承浦东土布文化记忆,增强文化自信。"乡情雅韵"浦东土布文创课程,以项目化学习进行课程规划和设置,以后还要更多地借助课程专家、社会资源的共同协作,更深入地进行学科育人的有效探索。

"非遗"进校园的路径与"非遗"传承的有效方法

——以"二十四节气里的幸福生长"课程为例

上海师范大学附属青浦实验中学　胡　俊

摘要:上海师范大学附属青浦实验中学为了探索"非遗"进校园的路径与"非遗"传承的有效方法,弘扬中华优秀传统文化,将办学理念与二十四节气文化有机结合,以语文学科为主体,融合美术、地理、生物、劳技、音乐等其他学科,开发"二十四节气里的幸福生长"课程,以项目化、跨学科的方式持续推进、更新,取得了较好的效果。

关键词:非遗;二十四节气;课程

一、课题提出的背景

(一)培育学生核心素养的重要载体

中国学生核心素养发展以培养"全面发展的人"为核心,分为文化基础、自主发展、社会参与三个方面,综合表现为人文底蕴、科学精神、学会学习、健康生活、责任担当、实践创新等 6 大素养,具体细化为国家认同等 18 个基本要点。2022 年颁布的《义务教育语文课程标准》明确语文课程核心素养的内涵为文化自信、语言运用、思维能力和审美创造四个方面。而二十四节气中天然蕴含的斗转星移、物候变化,以及背后所折射的基于传统文化的朴素审美、生命智慧和人生哲学,能提升学生对生活的感知能力,启发学生从聆听天地的深情中获取智慧,培养旺盛的好奇心和求知欲,涵养高雅的审美意识和情趣,增强学生对中华优秀传统文化的认同。所以,本课程能够通过建构真实的语言运用情境和积极的语文实践活动,帮助学生积累语言经验,发展思维能力,提升思维品质,积淀文化底蕴,继承和弘扬中华优秀传统文化,从而为学生学好其他课程、全面提升核心素养打下坚实的基础。

(二)营造校园文化的有力抓手

我校是一所开办于 2022 年的新学校,有着簇新的校舍、全新的师生、崭新的气象,我们在"幸福生长"办学理念的基础上,提出"众筹幸福"的办学主张,希望全体师生共同营造校园文化,而课程是营造校园文化的主要阵地和途径,本课程的实施主体是全体学生,涉及的学科主要是语文,融合美术、地理、生物、劳技、音乐等诸多学科,并辐射至德育、心理健康教育、家庭教育、社校合作、劳动教育等多个领域,覆盖面广泛。因此,我们认为,通过本课程的策划、组织和实施,可以达到创造"诗情画意"的校园文化,"众筹幸福"的目的。师生在课程实施过程中的物化作品也可以用来妆点学校的重要墙面、美化教室环境和网络空间等,为创造校园文化提供重要的抓手和保障。

(三)促进"五育融合"的天然路径

教育要培养的是德智体美劳全面、全方位发展的人才,但是在当下的教育教学过程中,依然存在着"重于智、疏于德、弱于体、抑于美、缺于劳"等五育失衡的现象,"五育"的整体性、关联度不够。本课程的实施,有利于依照节气变化的天然节奏,突破学科界限,探索学生的认知和成长规律,将加法式的教学思维转变为乘法式、整体式的思维方式;有利于创新"五育融合"的教育理念和教学实践,并开掘各领域、各学科资源,有针对性地开展跨学科融合教学,设计连贯、持续且包含"五育"内涵的课堂内容,优化教学内容,再造教学流程,提高育人质量;有利于在"五育融合"的过程中培养学生探索、协作等学习品质和思维品质,改变过去单科学习碎片化、割裂式的学习方式,以整体性、系统性的思维拓展学生的知识面,培养学生对多学科的兴趣,建构系统化的知识体系,提高核心素养,实现学生全面发展。

二、课程设计

(一)课程目标与内容

表 1   课程目标与内容

序号	课程内容	课程目标	关联学科	实施主体
1	观:自然变化	观察与七十二候相关的自然微小变化	生物	全体学生
2	察:节令文化	了解节气渊源、含义、划分、气候类型、天文纬线、民间习俗、七十二候等相关知识	生物、地理、历史、劳技	全体学生
3	绘:思维导图	将了解到的节气知识按照一定的门类进行梳理,绘制思维导图	生物、地理、历史、劳技、美术	全体学生
4	画:美好风物	将观察到的节气风景、物事,以及创作的文学作品,用绘画的形式表达出来	美术	全体学生
5	演:节气话剧	基于对节气的深刻认知,创编一部节气话剧		戏剧课程班学生
6	说:节气知识	基于了解到的节气知识,按照一定的主题进行课前演讲		全体学生
7	读:节气文学	广泛阅读与节气相关的文学书籍,学校推荐＋学生推荐＋自选阅读		全体学生
8	写:节气作文	基于对二十四节气相关知识、生命智慧的认知,进行节气写作		语文基础较好的学生

序号	课程内容	课程目标	关联学科	实施主体
9	创:校园文化	将二十四节气的相关作品,例如诗词、绘画、书签、团扇、扎染等用于校园环境和网络空间的布置	美术	全体学生
10	作:节气诗词	根据对节气文化的了解,进行诗词创作		全体学生
11	研:生命智慧	突破对节气外在表象的理解,深入节气文化的内核,研究每个节气中蕴含的深刻生命智慧	德育	全体学生
12	学:诗意行走	学习节气中蕴含的哲学,将"诗情画意"内化为一种思维方式、行走方式和成长姿态,内化为"雅行"的学风气质	德育、家庭教育	全体学生

(二)课程实施

1. 课程名称

二十四节气里的幸福生长

2. 时间安排

课程贯穿整个学年,从而确保课程按照二十四节气脉络推进的完整性和系统性,给学生创设一个沉浸式的、诗情画意的学习情境。

3. 实施思路和设计意图

采用集中课时加分散课时的方式,每周1课时集中用于读和写的指导,每天的语文课前5分钟用于节气演讲,在劳动课程、美术课程、地理课程中渗透、穿插相关内容,其他课余时间灵活用于学生观察、创作、研学等,具体安排如下:

每周在课时框架内开设一节语文拓展课,用于指导本课程的阅读和创作,侧重于按照节气顺序指导学生了解每个节气的"形"与"神","形"即节气的物候、风俗、气温等外在显性特征,"神"指的是这个节气背后指向的时间哲学和生命智慧。在此基础上,引导学生结合自己的实际生活、学习等进行诗词等创作。

每天的语文课课前抽出5分钟时间,用于节气演讲。遵循节气的行进,在阅读相关书籍、对二十四节气有一定了解的基础上,全班学生按照一定的顺序,每天在课前进行"我是节气代言人"主题演讲,可以介绍节气特点、分享节气故事、介绍节气风俗、推荐节气诗词,也可以挖掘节气中蕴含的人生启示,不一而足,根据学生的认知特点、理解水平和表达能力自由选择。

联合美术、地理、劳技、音乐等学科教师,进行二十四节气跨学科融合。地理老师组织学生围绕每个节气进行思维导图的手绘,直观地呈现每个节气的气候特点、风俗习惯、历史渊源、物候现象、农事活动等,为学生了解节气积累认知基础;劳技老师结合每个节气的农作物生长,组织学生进行校园劳动,为了解节气积累情感体验;英语老师组织学生进行节气的英文演讲,与中文创作进行互证;体育老师结合节气特点,研究适合不同节气的运动、养生项目;美术老师组织学生将创作出来的诗歌手绘成形象、直观的画面,制作团扇、书签、扎染等,同时将学生创作出来的诗歌等进行硬笔、软笔等书法作品呈现……

按照节气顺序,组织全体学生在了解节气特点、熟读节气诗词的基础上进行诗词创作,以诗词的形式表达出对节气的独特认识和思考。诗词创作对于六年级的学生来说,虽然有一定的难度,但是,"少年心事总是诗",孩子们还是非常愿意用写诗的方式进行表达的,因此,我们邀请上海师范大学古代汉语博士来校开设诗词指导课,帮助学生了解诗词创作的基本要领,把握诗词的韵律等基本知识,然后进行示范讲解,每次诗词创作之后,老师们再进行一对一的修改、润色,挑选出优秀作品,在节气当天,利用学校的微信公众号推出这些原创的诗词作品。

与上海师范大学影视传媒学院合作,开设戏剧拓展课。以二十四节气为主要内容,以学生为中心,以学生的学习经验与个体感受为逻辑起点,结合学校本课程实施过程中师生的亲身体验、成长收获、心路历程等,设计、策划、排演一部戏剧,集中呈现本课程综合化、立体化的育人指向,以及与学校理念的深度融合,通过戏剧表演的形式提升课程的实践指向性与深度感染力。

将本课程与劳动教育进行有机融合。学校目前有一个校内学生劳动实践基地,名为"耕读园",希望学生秉承古人"晴耕雨读"的劳动教育传统,按照二十四节气的劳作规律和天地运行节奏,进行劳动实践,一方面劳动教育指导老师给学生们普及二十四节气劳动教育知识,指导学生进行松土、播种、施肥、除草、浇水等基本劳动;另一方面,语文、美术等学科老师引导学生从劳作中汲取智慧、灵感与启迪,将鲜活的素材转化成对二十四节气的深刻理解和灵性表达。

将本课程延伸至家庭教育。在新生入学时就给每个家庭推荐一本关于节气的文学作品,引导父母与孩子一起亲近节气、了解节气,从节气中感知自然、时间和生命,这个过程也是放下电子产品、增进亲子沟通、亲近自然、增长智慧的过程。欣赏节气方面的文学和绘画作品之外,也鼓励家长们参与到节气诗画的创作过程中,引导家长和学生在节气的时间哲学中一起享受成长的无限乐趣,通过家庭和学校共同的托举,让孩子更有学习节气的动力。

将学生创作的二十四节气作品,包括诗词、画作、思维导图、扎染、书签、团扇等,用于学校文化建设,妆点学校墙面、楼道间、教室等,营造"诗情画意"的校园氛围。每个季节结束后,我们都会挑选出最优秀的三个作品制作成合集,并在学校官微上进行全网投票海选,选出人气最高的作品,作为学校墙面文化的一部分。目前学校"博学"楼每层以一个季节为主题,将每个节气的原创代表诗画装裱其上,成为学校一道亮丽的风景线,其他的作品由学生工整书写,用于装饰教室;"求是"楼是学校的综合楼,其中第四层是艺术主题的,学生制作的节气团扇、扎染、书签等作品展示于楼道间,营造了浓郁的节气氛围。

三、实施成效

(一)完善了遵循节气节奏的"幸福四节"课程体系

"课程"一词中,"课"是内容,"程"是进程(时间节点),还有背后指向的价值观。因此,学校开办一年以来,按照教育的规律,结合节气运行的特点,进行了各项活动的整合,每个节气节点上,我们重点开展一项重大活动,并提炼出我们的教育价值观,梳理出基于办学理念、富有校情特色的"幸福四节"课程体系。

表2 "幸福四节"课程体系

幸福四节	日期	节气	重大活动/项目	课程板块
秋之身心愉悦节	08 - 07	立秋	悦读书	人文
	08 - 23	处暑	开学礼	人文、艺术
	09 - 07	白露	行规月	人文、健康
	09 - 23	秋分	体育节	健康
	10 - 08	寒露	选导师	人文
	10 - 20	霜降	少代会	人文
冬之迎新设计节	11 - 07	立冬	众筹美	人文、艺术
	11 - 20	小雪	教学节	人文、智科
	12 - 07	大雪	红歌会	艺术、健康
	12 - 20	冬至	科技节	智科、艺术
	01 - 05	小寒	许心愿	人文、智科
	01 - 20	大寒	贺岁片	人文、艺术
春之人文知行节	02 - 04	立春	开学礼	人文、艺术
	02 - 19	雨水	行规月	人文、健康
	03 - 06	惊蛰	英语节	人文
	03 - 21	春分	数学节	智科
	04 - 05	清明	语文节	人文
	04 - 19	谷雨	劳动周	健康
夏之大学社区节	05 - 06	立夏	红展演	艺术
	05 - 21	小满	儿童节	艺术、智科
	06 - 06	芒种	复习周	人文、智科
	06 - 21	夏至	订计划	健康
	07 - 07	小暑	看世界	健康
	07 - 23	大暑	爱生活	健康

（二）创作了蕴含节气智慧的整套诗画作品

每个节气到来之前,组织学生进行节气诗画的创作,遴选优秀的作品进行修改完善,并于节气当天在学校官方微博进行推送,一年下来,形成了"诗情画意话节气"原创诗画系列。

表3 "诗情画意话节气"原创诗画系列

节气	诗画创作主题
立春	往春天里走,浪漫又自由
雨水	每一场春雨,都是一笺温润的诗篇
惊蛰	一切蛰伏的美好都在醒来
春分	春风向暖,美好已开满枝头
清明	楼外清明雨,小巷杏花香
谷雨	一"谷"作气,润泽下一季的丰收
立夏	在夏天里成长,让梦想和夏天一起发光
小满	小得盈满,便是幸福
芒种	所有光芒的未来,皆源于当下的耕种与守望
夏至	芳华绽放,夏至而至
小暑	温风因循小暑来,祝您好运"暑"不完
大暑	愿您如盛夏,繁花锦簇,极尽丰盈
立秋	落叶知秋,所有收获不期而至
处暑	积淀整个夏天的热忱,奔赴崭新的丰盛
白露	白露染秋色,莫负好时光
秋分	借一缕秋光,与您平分秋日浪漫
寒露	霜寒露白,与您相逢金风玉露时
霜降	愿君"柿柿"如意,"苹苹"安安
立冬	收藏了整个秋天的浪漫,只愿为您编织一个温暖的冬日
小雪	开启一冬的浪漫和诗意,等待冬日的第一场雪
大雪	大雪寒正浓,诗画伴您暖此冬
冬至	冬已至,春欲来,新年"饺"好运
小寒	愿幸福生长的灵魂,温暖风雪征程
大寒	站在严冬的尽头,窥见春天的温柔

（三）建构了富有节气特征的作文教学系列

在六年级组织语文提高班，开设节气作文课，我们引导学生细致观察节气之"形"，思考节气之"神"，在"形"处进行环境渲染，在"神"处进行主旨升华。每两周形成一篇节气作文，经过一年的积累，形成了形神兼备的二十四节气作文系列。

表4 二十四节气作文系列

节气	形	神
立春	草木萌动	希望
雨水	细雨霏霏	润泽
惊蛰	雷声隆隆	觉醒
春分	桃红柳绿	繁盛
清明	天清气明	干净
谷雨	雨生百谷	朴实
立夏	枝繁叶茂	生长
小满	绿肥红瘦	悦纳
芒种	种子入土	时机
夏至	夏至至长	情深
小暑	各美其美	谛听
大暑	烈日炎炎	赐予
立秋	凉风忽至	敏锐
处暑	草木肃杀	敬畏
白露	鸟儿远去	牵挂
秋分	昼夜等长	和谐
寒露	秋菊凌霜	抚慰
霜降	枝叶斑斓	成全
立冬	水土初凉	沉淀
小雪	余兴未央	渴盼
大雪	粉妆玉砌	闲适
冬至	冬至至短	风雅
小寒	凛冽如铁	孕育
大寒	年岁收尾	期许

（四）举办了散发节气韵味的首届诗词大会

为了总结本课程一年来的成效，学校举办了第一届语文节活动，以"诗情画意话节气 幸福校园共生长"为主题，策划了诗词大会。活动分为校外场和校内场，校外场由政府、企业、博物馆等在虹泾工业园区搭台，举办了主题为"芬芳桃李赋花朝，泾风雅韵入诗来"的青少年原创诗词诵读展演活动，我校的师生们在春风送暖、水清岸绿的上达河畔万安桥旁，着汉服，贴花黄，邂逅春光，吟诵原创诗词，品味节气诗意。校内场按照班级来进行比拼，分为"诗意未满""九宫格主""无识不知""飞花达人"等比赛环节，学生在激烈的团体赛、个人赛中呈现了本课程实施一年以来在二十四节气知识、素养、能力等各方面的积淀和提升，激发了学生了解、亲近、感悟二十四节气的意识和兴趣。

四、后续思考

（一）在课程目标上，还需要进一步聚焦

本课程的开设依托不同学科、不同教师、不同课型，老师们根据自己的学科进行设计和教学，虽然自成逻辑和体系，但是课程的教育目标还不够凸显，不够聚焦，需要进一步根据《中国学生发展核心素养》总体框架的 3 个方面、6 大素养和 18 个基本要点进行顶层设计和总体架构，使课程的开设聚焦于培养学生的综合能力、提升学生的核心素养、落实中国学生发展核心素养目标体系的内容。

（二）在育人方式上，还需要进一步改善

本课程在六年级进行，大部分的教学内容还停留在"为了知识的教育"，即了解、知晓、懂得等浅思维层面。在推进"双新"的当下，我们的教育教学要从知识本位向素养本位积极转变，走向"通过知识的教育"，不能止于知识、为了知识，而是要立足于二十四节气的独特育人价值，引导学生运用实践、活动的方式进行探究、学习，基于节气、通过节气，了解节气背后学科的思维方法、思想观念和精神文化，让立德树人根本任务在课程中得到有效落实。另外，需要强化课程的统整，包括语文学科方面，要引导和支持学生建立节气知识网络，注重各项语文实践活动之间的联系性和统整性，还要强化学科的贯通，让学生在不同学科知识的互动和整合中，融会贯通，灵活迁移。

（三）在实施路径上，还需要进一步拓宽

本课程的实施其实是师生与二十四节气打交道的过程，想要让这门课程焕发生命力，一定要发挥所有主体的能动性，让信息流动起来，让资源汇聚起来，让渠道畅通起来，让智慧碰撞起来，而本课程的实施仅仅停留于校内。后续我们可以利用好学校周边的公园、场馆等资源，那里有丰富的二十四节气教育情境，突出了学习和探究的自主选择性和结果输出的多元性，更有利于激发学生的学习热情。与此同时，我们也可以设计相关的任务、活动，引入家庭的力量，在家庭中营造浓厚的节气学习氛围，延伸本课程的时空。

"非遗"文化在初中育人中的审美历程

上海市虹口区教育学院实验中学　　龚燕霞

摘要:本文对"非遗"文化在初中育人中的审美历程展开研究。首先从开拓:校园见"非遗";传承:打造"有戏平台";辐射:成就"研习基地"三方面论述"'非遗'进校园"的理念转变确立了审美历程的主体动力。接着主要从课程目标的三次迭代及"京剧进校园"课程设计和实施两方面阐述了"'非遗'进校园"的课程建设奠定了审美历程的课程模式。同时本文还着重论述了"'非遗'进校园"的发展成绩促进了审美历程的客体优化,包括学生有戏、教师有戏、学校有戏等方面。

关键词:"非遗"文化;初中育人;审美

在新时代中国特色社会主义文化、教育的发展过程中,"非遗"文化有着重要的审美和育人作用。虹口区教育学院实验中学位于上海市立戏剧专科学校旧址,校园的课堂、舞台留下了包括梅兰芳、盖叫天等艺术名家的深深足迹。自 1992 年开始,我校就努力挖掘相关资源并开展活动,培养学生对中华优秀传统文化的审美素养,是上海市第一批开展京剧艺术教育的学校之一。进入新时代,学校不仅成为全国京剧进课堂的首批试点学校,更开启了"非遗"文化在初中育人中的审美历程。

一、"'非遗'进校园"的理念转变确立了审美历程的主体动力

审美历程的启动、推进乃至深化,既需要巨大的工作热情,更需要超前的哲学理念。其中,发挥积极的主体意识、主体动力是重要的环节。先进的目标引领、正确的路径支撑、明显的绩效成果,带来了学校发展的无限生机和师生共赢的精彩人生。

(一)开拓:校园见"非遗"

三十年来,我校一直致力于探索京剧进校园的路径,使京剧融入学生的学习与生活。历届校长和全体老师孜孜以求,"'非遗'进校园"成就了学校的办学特色,学校成了"'非遗'进校园"的开拓者。

(二)传承:打造"有戏平台"

2018 年 9 月,我校成为上海市强校工程实验校,根据市教委的要求,学校结合校情,制定促进学校发展的策略。在新时代立德树人,培育时代新人的背景下,面对学生综合素

质发展的需求,让艺术教育和强校工程深度融合,发挥非物质文化遗产育人的独特价值,成为强校工程的基点。据此,在区教育局、区教育学院的指导下,在强校专家把脉会诊反复论证下,学校逐步确立了发展思路——深化学校"有戏平台"的建设。"有戏平台"既要搭建有形舞台打造京剧特色课程,继续培养学生的文化自信;又要搭建无形的舞台,帮助学生发展兴趣,认识自我,了解社会。

(三)辐射:成就"研习基地"

2019年底,基于强校工程建设成果,我校被评为上海市"'非遗'进校园"优秀研习基地。研习基地提升了学校的知名度,学校也获得了更为丰富的'非遗'教育资源,成为"'非遗'进校园"的传播者。我们牵手四川北路一小,开展社团活动;借助网络与区域内更多的学校分享我们的"京韵护目操";邀请更多学校在市级展示活动中共同登场,这些举措有助于更多学生更系统了解"非遗",并通过"非遗"感受中华优秀传统文化。

二、"'非遗'进校园"的课程建设奠定了审美历程的课程模式

党中央、国务院下发的加强学校美育工作的文件和国家2022年颁布的艺术教育课程方案,都一再要求艺术教育要从少数精英式的社团活动、演出竞赛转变为面向人人的普及性活动和必修性课程。因此,让"非遗"的相关内容,以课堂为主阵地、以课程为主战场,深入师生心中,做好课程的模式设计就显得尤为必要。学校艺术工作室作为顶层设计的实施者,承担着明确课程目标、整合教学资源等重要职责。在区有关方面支持下,工作室经过仔细研究和认真论证,为师生提供了扎实有效、切实可行的课程计划。"'非遗'进校园"课程模式设计经历了三个阶段,两次进阶。

(一)课程目标的三次迭代

课程目标从最初的通过"非遗",培养孩子们对京剧的兴趣,陶冶情操,到推进强校建设,如今,面对新时代的育人要求,五育并举,艺术育人,学校把"'非遗'进校园"作为一个独特的切入口,帮助学生发展特长、找到自信、探索生涯。学校发扬京剧教育传统,通过课题推进、项目辐射推广、课程实施、活动展示等举措发挥基地的辐射示范作用,帮助更多同学、周边学校了解"非遗",分享"非遗"教育资源,感受"非遗"独特魅力。

(二)"京剧进校园"课程设计和实施

学校利用强校建设的各项资源,借助政策支持、专家指导,着手进行"京剧进校园"的相关课程设计。

1. 原有社团课程进行精品化设计

根据艺术特长学生成长的需要,完善原有的社团课程。在上海市京剧院艺校、国家一级演员郭睿玥工作室、虹口区青少年活动中心等组织关心下,本着普遍培养、重点提高、因材施教、能文能武的原则,丰富学校原有女生社团的表演形式和行当类别,在原有单一的青衣行当基础上,增加了武旦、花旦行当。根据我校男生比例高的生源特点,设计了男生

京剧精品培训课程,增加了武术学习,在学习设计上增加了京剧表演中的舞台道具制作及管理内容,既丰富了京剧艺术的表演形式和行当类别,又培养了男生的责任担当意识。社团选送的节目《战马超》获上海市第七届中小学艺术展演一等奖。这样,学校京剧社团的行当更完整,普及面更广。

学校成立男生京剧社团的同时,结合生源差异性大、初中生表现欲望强等特点,开设了新的戏剧社团。上海戏剧学院原院长、我校原名誉校长荣广润教授亲临社团,指导孩子们排练表演。同学们从招募舞美、灯光、音效技术人员,分享剧本开始,尝试创作了话剧《大战脸谱》,并参加了上海市第二届戏剧节活动。

京剧社团、话剧社团课程精品化的设计为同学们带来丰富多彩的艺术体验和学习机会,有助于培养同学们的审美能力、表达能力和团队合作精神,这样的课程设计符合2022年版课程标准中对学生全面发展和核心素养的要求,进一步挖掘了同学们的学习潜能并扩展其成长空间。

2. 采用主题统领的方式深化"非遗"植入校园活动

为了让每一批学生都能够在丰富多彩的活动中,萌发对京剧的兴趣,学校以唱、讲、享、赛为切入点,围绕"四史教育"开展主题活动,以满足更多学生对"非遗"学习的需求。

表1 跟着"非遗"学四史

活动名称	形式	内容	成效
线上乐读 云上悦享	在线学习	京韵微课程 云上公众号相关内容	了解京剧的常识、京剧艺术家的故事等
文化之旅润心田	实地参观 研习实践	参观古戏楼 参观上海京剧传习馆	近距离感受国粹魅力
讲述京剧里的故事	讲故事	讲述京剧及其名家的故事	感悟京剧精粹、艺术家人格魅力
唱响我是一个实验人	合唱	根据李白烈士事迹改编的京歌《我是一个中国人》	用歌声表达学生积极乐观、蓬勃向上的精神面貌,激发其对革命先辈的崇敬之情
妙笔绘经典	漫画 剪纸	京剧中脸谱、服饰及京剧的故事等	体验京剧艺术独特魅力
志愿活动表心意	志愿者	由志愿者和学校共同完成学校主办、承办的区艺术节戏剧专场活动	感受京剧文化魅力

3. "'非遗'进校园"特色课程的建构

随着"'非遗'进校园"工作的不断推进,我们发现,要想让"非遗"真正走进学生心里,走得更远,必须融入更多学科课程。在区艺术音乐研修团队的帮助下,我们整理了初中阶段音乐教材中与京剧相关的课程资源,同时结合2022年版艺术课程标准对课程内容的新要求,形成面向全体学生的学科渗透类特色课程,并以班级授课的形式开设。

(1)单元统整:打造普适性的"京韵"微课。根据初中阶段音乐教材中与戏曲(含京剧)相关的课程资源形成重组单元,艺术工作室带领老师们一起学习、探讨、备课、磨课、反思、再实践,并以单元统整的形式,邀请不同老师进行相关课例的示范教学。

表2　初中阶段音乐教材戏曲(含京剧)相关内容整理

教学内容	剧目(剧种)	来源
我一剑能挡百万兵	传统京剧《穆桂英挂帅》	六年级下第五单元《梨园金曲》
我是中国人	京歌	六年级下第五单元《梨园金曲》
夜深沉	京剧曲牌	六年级下第五单元《梨园金曲》
打闹场	根据京剧锣鼓改编的乐曲	六年级下第五单元《梨园金曲》
唱脸谱	京歌	六年级下《选唱歌曲》
智斗	现代京剧《沙家浜》	八年级上第一单元《生活——创造艺术的源泉》第一课《乡韵》
我本是卧龙岗散淡的人	传统京剧《空城计》	九年级上第一单元《风格——凸现艺术的个性》第三课《激情的诗篇》
我将我心寄明月	传统京剧《贞观盛世》	九年级下第一单元《创造——跃动艺术的生命》第二课《缤纷的舞台》
春香闹学	昆曲《牡丹亭》	九年级上第一单元《风格——凸现艺术的个性》第二课《典雅的乐章》
天上掉下个林妹妹	越剧《红楼梦》	六年级下第五单元《梨园金曲》
谁说女子享清闲	豫剧《花木兰》	六年级下第五单元《梨园金曲》
还家	黄梅戏《天仙配》	六年级下第五单元《梨园金曲》
为你打开一扇窗	沪剧《昨夜情》	六年级下第五单元《梨园金曲》

表3　5课时示范课例

课题
承百年之戏韵,开历史之先河
姹紫嫣红京韵起　西皮二黄韵味浓
眉目传神抒情愫　一颦一笑皆妙境
有声有色打　有情有意演——三岔口
梨花妙曲荡心旌　梅骨兰心孕时尚

　　(2)校内外联动:"京韵"更上一层楼。在原有的"京剧校园行""'有戏'的校园,精彩的人生——初中戏剧艺术教育课程开发与实践研究"等校本课程基础上,我校在拓展型课程中推出新一轮的"京韵"体验课程,学生以走班形式有选择地进入拓展型"分园"学习。"京韵"课程总目标,即初步尝试京剧的演唱、体验京剧的基本功夫、挑战京剧的创造性表演。

表 4 "京韵"课程大纲

体验方式	学习目标	内容简介
京韵欣赏	通过京剧经典剧目的赏析,了解中国历史和文化;通过对知名京剧演员人生经历的了解,在艺术家的人生故事中启迪智慧。	名剧欣赏 京剧名家
唱念练习	了解尝试京剧发声练习方法,提高学习京剧的兴趣;通过实践体验了解京剧念白的重要性。	余音绕梁 千斤话白
做打基训	了解京剧五法,通过相关练习,感受京剧肢体语言的表现力。	手眼身法步
京韵拓展	鼓励学生用丰富的艺术形式表现京剧的魅力,展示才能。	我也"有戏"

在课程实施中,以系列实践活动形式,例如让学生挂一挂髯口,扮一回老生;拂一拂水袖,舞一回青衣;画一画脸谱,演一回花脸等,使学生在课程体验中感受到京剧艺术的趣味和魅力,其京剧学习热情也进一步提升,京剧这一民族文化瑰宝已在学生心中悄然生根、发芽。

在上海市教委教研室艺术教研员的指导下,"京韵"课程的老师们被推荐参加 2019 年上海市中小学美育骨干教师戏曲艺术课程改革第二轮专项培训,并与上海市"艺术(戏曲)一条龙"学校上海市光明中学成功牵线。

(3)线上助力,创造"京韵"文化。充分利用学校微信公众号平台,创造"京韵"文化。如由学校老师联合京剧院的专业老师打造的京韵护目健身操,让同学们真切地感受到"非遗"之美,迷上京剧艺术。至今,相关微信公众号已为同学们带来了丰富的精神食粮,不仅提升了他们对京剧的兴趣,还培养了他们的文化自信。在今后的日子里,我们将继续通过微信公众号平台,推送更多有关京剧的知识、活动信息和成果展示,让"京韵"文化在同学们的心中生根发芽。

三、"'非遗'进校园"的发展成绩促进了审美历程的客体优化

在贯彻五育并举、全面发展的教育方针过程中,德育是灵魂,智育是基础,体育与劳技是显性的体能与技能体现,美育是什么?美育是一种能使教师成为业务专、思想红的好老师,使学生成为德艺强、形象亮的好孩子的生动过程、趣味历程。形神兼备是人的风采,德艺双馨是人的趣味——这既是审美历程主体动力的来源,也是审美历程课程建设的标杆,还是审美历程客体优化的绩效呈现。"非遗"进校园、进课堂、进身心,成为我们推动强校工程的催化剂,使整个有戏校园更加绚丽多彩,也为学校发展带来了很多新的机遇。

学生有戏。戏如人生,在长期的戏剧教育中,学校回归教育的本质,通过戏剧艺术反映现实的特点,引导学生求真向善;通过戏剧中的唱、演、编等表现形式培养学生的审美创新能力;搭建各种舞台给学生展示自我的机会,互相合作,培养自信,共同体验成功;通过看戏、评戏、写戏的学习过程,学生与剧中人物产生情感上的共鸣,引发其对人生的思考,引领学生树立高尚的人生观、价值观,达到情感育人的良好效果。

教师有戏。学生有戏的同时,一支专兼结合的艺术教师队伍也已逐步形成。学校成立了以戏剧体验为突破口,以助力学生的生涯适应能力的提升为初衷的艺术工作室,在学

校艺术辅导员、上海市中华优秀文化研习暨"非遗"进校园传习基地"京剧百花园"项目负责老师的带领下,开展了多种形式的校本研修,在科研课题、课堂案例、教师培训课程中播撒戏剧教育的种子,促进教师一专多能发展,形成教师终身教育和可持续发展的良好态势。我们的老师因此得到了长足的发展,成为上海市义务教育五四学制非统编初中艺术教材编写人员、上海市教育委员会教学研究室专家库人选等。

学校有戏。学校形成了"全员育人,培育公民"的育人氛围,成功经验吸引了新华社、解放日报、新闻晨报、青年报、新闻综合频道、星尚频道、《改革》杂志、《东方社区》杂志等多家媒体前来报道。学校受邀参加上海市第十八届教育博览会等 40 余次市级交流展示,还获得了全国关心下一代工作委员会先进集体等荣誉。2023 年我们的相关研究项目"戏剧教育价值的挖掘与延伸"荣获基础教育国家级教学成果二等奖。

"非遗"文化教育承担着增强一代新人文化自信的重要使命,也寄托着党和政府对未来接班人、建设者做好中国事情、讲好中国故事、弘扬中国价值的殷切希望。未来,我们将不断加大"非遗"进校园的力度,不断把立德树人的神圣使命与美育的艰苦探索有机结合好,在"非遗"浸润师生心灵的审美历程中攀登新高峰、创造新气象、进入新境界!

守护"非遗"瑰宝　传承国粹文化

——上海市光明中学京剧艺术普及教育的实践与思考

上海市光明中学　沈晓燕

摘要:京剧是中国的国粹,是我国的非物质文化遗产,在新时代被赋予了新的内涵。上海市光明中学作为上海市学校艺术"一条龙"人才培养体系首批高中阶段学校,积极探索高中京剧艺术普及教育体系的建设,打造"弘扬国粹,传承中华优秀传统文化"的学校文化品牌。通过夯实基础、充实课程、丰富活动、辐射联动、体验感悟等途径,提高学生艺术文化素养,增强学生民族意识和爱国情怀,以及对中华优秀传统文化的自信,并引领初中和小学戏曲项目的建设,合力守护"非遗"瑰宝,传承国粹文化。

关键词:中华优秀传统文化;京剧艺术普及教育;传承国粹;文化自信

一、厘清实施背景,领会国粹传承意义

京剧,又称平剧、京戏等,是中国影响力最大的戏曲剧种,也是中国的国粹。分布地以北京为中心,遍及全国各地,有着悠久的历史和深厚的文化底蕴。2006 年 5 月,京剧被国务院批准列入第一批国家级非物质文化遗产名录。2010 年 11 月 16 日,京剧作为中国传统艺术,被联合国教科文组织列入世界非物质文化遗产项目。然而,随着时代的变迁、多元文化的冲击和新型娱乐方式的兴起,京剧也面临着被边缘化的危机。

2015 年 7 月,习近平总书记在致中国戏曲学院建院 30 周年的贺信中指出:"要把传承发展中华优秀传统文化作为一项重要任务来抓。要从青少年抓起,从家庭抓起。要加强对中华优秀传统文化的研究阐释和宣传普及,让中华文化展现出永久魅力和时代风采。"2020 年教育部修订《普通高中艺术课程标准(2017 年版)》,在高中阶段开展京剧艺术普及教育是落实课程标准的重要举措,也是弘扬中华优秀传统文化的具体体现。

我们深知做好京剧艺术普及教育的意义,一方面在于传承国粹文化的精髓,另一方面在于培养学生的综合素质。学习京剧,学生能够感受到传统文化的魅力,增强对中华优秀传统文化的自豪感和认同感。同时,京剧艺术的学习还能够培养学生的表演能力、集体意识和团队协作精神。

为了守护和传承这一瑰宝,让中华优秀传统文化在时代变革中不断发展,多年来,学校积极响应党中央、教育部及上海市委的号召,领会新时代美育工作和传统文化进校园的精神,坚持走内涵发展之路,致力于传统文化传承与弘扬。同时基于学校"中国风•民族

魂·强国梦"德育品牌活动的发展延伸,结合"德育首位,和谐发展,因材施教,人文见长"的办学理念和自身特色,积极开展京剧艺术普及教育,培养学生对京剧的兴趣,弘扬国粹,以美育人。

二、保障教育资源,夯实京剧教育基础

师资是京剧艺术普及教育的基础,师资力量的提升,能够更好地保证京剧教学的质量。但"台上一分钟,台下十年功",京剧艺术的学习需要付出大量的努力。学校在推进京剧艺术普及教育的进程中,首先采取了"请进来"和"走出去"的方法,聘请了上海京剧院青年京剧演员等专业人士为教师开展系列讲座、教学、展演等活动,提升教师的专业水平。

与此同时,学校还积极挖掘本校师资力量。学校的 3 位音乐背景艺术教师、2 位美术背景艺术教师、1 位武术专项教师、1 位健美操专项教师和 2 位京剧票友教师通过各类培训,组成了学校的戏曲教育师资团队,合力推动学校京剧普及教育的发展。

学校高度重视优秀传统文化,特别是京剧在高中阶段的传承与发展,成立了京剧艺术普及教育工作领导小组和工作小组,由校长任组长,副校长、学生处主任、艺术总辅导员、艺术教研组形成合力,并通过教研组、年级组、团委、学生会落实各项艺术教育工作,职责明确,定位清晰。

学校秉持对戏曲教育的重视,保障设备添置、日常排练、展演、师训、活动等经费,并克服市中心场地小等不利因素,对多处场地进行改造与调整,用于艺术教育。学校现有艺术教室三间,其中特别设立了一间京剧专用教室,另有排练厅三间,大礼堂和小舞台共三个,为学生拥有良好的艺术学习环境提供了保障,同时也营造了浓厚的中华优秀传统文化艺术氛围。

学校以学生为本,开展了多种形式的京剧艺术普及教育活动,积极推动"非遗"在校园里的传播和渗透。

三、充实普及课程,提升学生的京剧艺术素养

新的课程标准强调在继承优秀传统文化基础上,引导学生在艺术活动中学会欣赏和表现美;在传承优秀传统文化中提高学生审美修养和人文素养;在艺术活动中发展个性、展现才华;在弘扬优秀传统文化中培养创新意识、提高创新能力。学校作为上海市戏曲"一条龙"项目的龙头学校,积极响应国家号召,结合"双新"理念,本着"以美立德"的宗旨,认真开展中华优秀传统文化进校园、进课程活动,并制定课程规划,有序推进戏曲课程,为学生在戏曲艺术领域不断学习与提升打下了坚实的基础。学生在欣赏、感受、实践、体验、展演与交流的过程中,感受京剧艺术的历史价值和独特魅力,感悟京剧艺术随时代发展的塑造性和包容性,思考京剧的传承与发展。

(一)编撰读本,开发京剧特色项目课程

在多年实践过程中,学校根据课程标准要求、学生的学习兴趣以及京剧艺术的特点和内容,形成了具有特色的戏曲教育校本课程,并参与编写适合学生学习的京剧艺术普及教

育读本。经过精心打造,已汇编了两本戏曲艺术方面的课程读本。

学校教师参与编撰的上海市首套中小学戏曲教材(读本)已正式出版发行。学校教师开发的京剧脸谱创意课程让学科知识与"脸谱"文化资源有了新的碰撞与融合,发挥了京剧脸谱艺术课程的育人价值和服务功能,为京剧普及教育和学校艺术"一条龙"项目的推进积聚了能量。

(二)深入研究,探索京剧普及教育途径

1. 京剧入门课

学校将现有艺术教育资源进行梳理,并整合高中艺术课程资源,结合教材和师资,开设了京剧入门课程,真正做到了既保证高中艺术教材的使用率,又注重学校的艺术教育校本特色,并逐步推进戏曲读本的应用,为学生在戏曲艺术领域不断学习与提升打下了坚实的基础。学校也和社区学院合作,摄制了用于网络学习的京剧微课共20讲。

2. 京剧拓展课

学生在认知京剧的基础上,通过京剧拓展课的形式进一步深入学习,并在实践中体验戏曲艺术。拓展课的学生在京剧票友老师和艺术教师的带领下,学习京剧演唱和表演,并在"京剧互动演出""上海校园师生京昆演唱会""京昆普及专场""文艺汇演"等演出中登场。

3. 京剧大师课

学校在每年开设京剧讲座的基础上,力邀上海京剧院的专业演员参与我校的京剧普及教育活动,并特邀数位上海京剧院的国家一级演员为学生做专题讲座。学生通过与京剧名家面对面的形式,进一步感悟国粹的魅力。

在课程布局下,艺术教师带领学生走进上海大世界开设"'非遗'进校园"京剧普及公开课,还为"世界校长联盟"开设展示课,也面向市、区高中艺术教师开设数次公开展示课等。

学校的三类京剧普及教育课程相互融合、相互渗透,形成了由普及到提高的阶梯式发展模式,让学生近距离感受京剧艺术的魅力,点燃对国粹艺术的兴趣和热情。

四、丰富实践活动,营造国粹艺术氛围

(一)专题活动,彰显校园文化品牌

学校积极为学生创设平台,开展各项京剧专题活动,例如:观看京剧电影、校园文化艺术节、戏曲知识大比拼、迎新年文艺汇演等活动,营造了浓厚的艺术氛围,学生们都能在其中感受艺术活动带来的愉悦,收获自己在艺术领域的又一次提升。浓郁的戏曲氛围也为京剧教育的普及赋能。

与此同时,学校会通过走近名家"品"京韵、涉足幕后"探"究竟、身临戏中"悟"精髓的方式开展各项京剧艺术普及活动。带领学生观摩上海京剧院红色原创剧目精粹展演庆祝建党百年活动、赴复旦大学开展京剧文化实践活动、走进上海京剧传习馆进行参观活动

等。这些专题活动紧紧围绕传承中华优秀传统文化的主题,让每一届学生都能够充分感受国粹艺术的魅力,提升学生对中华优秀传统文化的认同感,深化了文化艺术活动的育人内涵,打造了"弘扬国粹,传承中华优秀传统文化"的校园文化艺术品牌。

(二)社团建设,助力培养"非遗"传人

学校成立了京昆之友社,制定了社团发展计划。选拔机制清晰规范,教师因材施教,许多优秀学生加入了京剧社团。老师会定期展开指导,组织学生外出观摩学习,排演京剧折子戏,开展交流演出,参加各级各类比赛,以此提高学生京剧表演基本功。在专兼职老师的共同培育下,兴趣相投的同学会聚在一起,共同学习,相互交流,产生了一批京剧"小票友",这些"小票友"成为弘扬国粹、传承戏曲艺术的使者。学校的戏曲教育也逐步形成了由点到面、由普及到提高的良性循环。京昆之友社的多名同学获得了"'非遗'小传人"称号,社团也被评为上海市中小学艺术展演优秀艺术团队。

(三)排练展演,以赛促学收获成功

每一场韵味十足的京剧表演,每一个漂亮的动作和亮相,每一次耍花枪和后空翻,都离不开成百上千次的排练与展演。近年来,京昆之友社作为上海唯一一支高中团队受邀参加了"壮丽新时代,京彩展华章"庆祝中华人民共和国成立 70 周年系列演出暨"耀青春"上海京剧普及成果展活动;排演的京剧《杨门女将·探谷》参加了"美丽中国梦,校园民族风"第四届上海普教系统校园文化建设"一校一品"展演;受邀参加央视《角儿来了》及上海戏曲频道《百姓戏台》的节目录制;演唱的《三生有幸》更是得到了广泛赞誉。京昆之友社的同学领衔录制歌曲《黄浦少年说》中的京韵念白,并在团市委活动中进行了展示,获得了良好的社会反响。

在师生共同的努力下,社团同学排演的《智取威虎山·共产党员时刻听从党召唤》《梨花颂》《萧何月下追韩信·三生有幸》分别包揽了"上海市首批艺术(戏剧)一条龙高中阶段学校优秀剧目展评活动"的金、银、铜奖,"黄浦区学生艺术节戏剧专场"一等奖,"黄浦区学生艺术单项比赛奖项(戏剧)"金奖,"上海市学生艺术单项比赛奖项(戏剧)"银奖等。除此之外,京昆之友社的同学还在教育部关工委"新时代好少年"主题活动、市区"我是'非遗'传习人"评选大赛中获得了多项殊荣。

学校也因在京剧普及教育上做出的努力,荣获了教育部授予的"全国中小学中华优秀传统文化传承校"称号、上海普教系统校园文化建设"一校一品"特色学校荣誉称号。

五、拓宽辐射途径,带动"非遗"传承发展

(一)引领学区,推动传统艺术教育的区域合作

学校牵头外滩学区校际交流与合作,积极融入沪上海派文化和中华优秀传统文化课程,竭力打造"立足上海、胸怀祖国、面向世界"的学区品牌。

学校的艺术老师与学区中的中小学艺术老师共同开展戏曲主题教研活动,学校还会

聘请专业导师深入各校进行现场指导。学区成立多年来,高中的京昆,初中的越剧、黄梅戏,小学的独角戏已经小有成就,学区的艺术教育"一条龙"已初显锋芒。学校的戏曲教育工作获得了国家社科基金"十三五"重点艺术课题组考察团的高度赞扬。学校还牵头成立了"外滩学区艺术教育工作坊",旨在汇聚外滩学区内各所学校的艺术教育资源和专家们的智慧力量,加强学校艺术"一条龙"戏曲布局项目的区域协作,共同推动"非遗"项目的传承与发展。

（二）联动项目,助力全市戏曲普及教育的融合发展

在"上海市中小学美育骨干教师（戏曲）艺术课程改革第二、第三轮专项培训"项目中,学校多位专兼职艺术教师受聘担任培训项目的指导教师,为全市学员开设专题讲座和教学示范课。近两年,学校两位艺术教师又受邀加入黄浦区高中艺术研训一体课程教师团队,通过系列讲座、示范课和专家互动等培训形式,让更多学校的艺术教师了解"戏曲进校园"的可行性和适切性,推动了戏曲教育的普及,成效显著。

另外,在戏曲课程的打造上,学校教师参与市教委教研室牵头的"梨园梦"330微课项目和教育音像出版社开发的"中小学美育课程资源包"戏曲微课项目,以推动学校戏曲教育的发展,在市区层面做好项目引领和示范,提升戏曲教育实效,并辐射到全市中小学,为全市戏曲普及教育添砖加瓦。

六、注重体验感悟,树立中华文化自信

学校通过"弘扬国粹,传承中华优秀传统文化"的教育实践,不仅让学生在体验中提高了艺术文化素养,感悟了中华优秀传统文化的精神内涵,更提高了学生的自我认同和对传统文化的认同,增强了民族意识和爱国情怀,真正找到了属于自己的文化自信,把"以美立德"落到了实处。

在校的学生说:

"京剧演的不是戏,是故事、是生活。"

"梅兰芳与周信芳两位大师是戏剧界的两座丰碑。梅兰芳、周信芳的艺术精神和人格风采是我们民族文化的一种象征。"

"因为对京剧的热爱和弘扬国粹的使命感,演员们艰苦排练,用一场场精彩绝伦的演出,让京剧发扬光大、走向世界。"

"在光明有幸接受国粹的熏陶,将来我要成为一名中国文化的使者,让世界了解京剧之美,了解中国之美。"

……

让每一名学生都能实现人生理想,最终进入自己喜欢的专业,将来从事自己热爱的职业,是学校更为远大的育人目标！近几年,有两位同学分别考入上海戏剧学院的舞蹈表演和戏剧学专业。

一位中国舞蹈专业的学生说,感谢母校为她提供了非常好的平台,让她能在中国舞蹈和戏曲舞蹈领域得到极大提升,从而促进了自身的全面发展,最终也激励着她在高考中取

得了优异的成绩。

另一位同学特别提道:"在高一初入光明时,我就学习了京剧欣赏课程,给我的心灵带来了极大的震撼,我想那是艺术对我的感召,自此之后,我对戏剧的热爱便如野火般愈烧愈烈。"可以说,没有光明中学三年来对她的艺术熏陶,就没有今天这样一位愿意献身戏剧事业的女孩。

还有一位在校就读期间就曾在天蟾逸夫舞台和东方艺术中心登台表演京剧的校友多次提到,正是学校为她提供了专业的舞台和表演机会,让她变得更加自信和沉稳,也逐渐明白了自己传承和弘扬京剧的使命。进入大学后,她牵头组建了京剧社团,还受邀参加了天蟾逸夫舞台修缮后的开幕仪式,作为开幕嘉宾,在接受采访时她表达了对学校的感激,光明中学是她京剧艺术启蒙路上的明灯。

······

在新时代背景下,学校不断思考并积极实践,探索高中京剧艺术普及教育更为完备的体系,并将以此为发展契机,紧扣"以美立德"的育人宗旨,进一步延伸艺术教育内涵,扩大艺术教育外延,加大合作和宣传力度,结合现代教育理念和方法,让更多的学生参与京剧艺术的学习和传承,共同守护"非遗"瑰宝,不断推进国粹传承,为文化兴国和中华民族伟大复兴做出努力!

"非遗"美术资源在上海高中美术选修课程中的跨学科实践研究

上海师范大学附属中学闵行分校　王胤之

摘要：上海地区拥有丰富多彩的"非遗"项目，本课程结合高中美术教科书内容，利用上海的"非遗"资源和互联网资源进行课程内容的开发，在基础课程外设立选修课程。非物质文化遗产涵盖多学科的内容，为使学生更好地理解和体验"非遗"文化，本美术课程采用跨学科项目化研究的手段进行教与学，利用历史学科的学习手段，初步探索适合本校的"非遗"选修课程教与学模式。

关键词：非物质文化遗产；高中美术；选修课；跨学科；项目化

一、绪论

（一）研究背景与意义

非物质文化遗产是指"被各社区、群体，有时是个人，视为其文化遗产组成部分的各种社会实践、观念表述、表现形式、知识、技能以及相关的工具、实物、手工艺品和文化场所"。以下简称"非遗"。"非遗"是饱含民族特色，涵盖丰富文化内涵的文明结晶，学生可以在保护"非遗"的过程中，认识到自己根生于何处、长于何处，加强对自己民族的认识和文化自信。这也遵循了习近平总书记曾强调的："要扎实做好非物质文化遗产的系统性保护，更好满足人民日益增长的精神文化需求，推进文化自信自强。"

《关于全面加强和改进新时代学校美育工作的意见》明确指出，学校应当注重课程的美育属性，并通过美育培养学生的综合素质。"非遗"正是美育类课程的重要内容之一，因此学校应积极主动引入"非遗"课程，丰富学生的学习生活。2021年8月，中共中央办公厅、国务院办公厅印发的《关于进一步加强非物质文化遗产保护工作的意见》中，提出"非遗"应当是全国人民学习的文化遗产，在学校中更应该开设相应的课程。

我校处于拥有丰富"非遗"资源的上海，国家级"非遗"项目63项、市级"非遗"项目251项、区级"非遗"项目近800项，这为学生的学习提供了一个良好的资源平台。我校也拥有较强的师资力量和专用的艺术类教室，为"非遗"选修课的顺利开设奠定了基础。

同时，在高中之前的义务教育阶段，学生已经学习了普及性、系统性的知识，具备了一定的知识基础和良好的学习能力,对世界的发展有了更深入的好奇心。因此在高中阶段,较为适合开设"非遗"选修课程。高中是一个人价值观形成的关键阶段,学校肩负着教书育人的责任,必须将"非遗"的概念融入日常的教学当中。高中生能够充分发挥主观能动性,在"非遗"选修课上带着问题进行项目式的学习,将自己变成课堂的主人,完成审美感知和文化理解,加强民族认同感,激发家国情怀。

(二)国内研究现状综述

截至 2023 年 10 月,根据笔者的不完全统计,国内研究将"非遗"项目引入校园的论文有 30 篇,其中大部分为美术学科的引入,其余开发"非遗"课程的学科为音乐、体育、生物、地理、物理。从该数据可知,多学科的"非遗"课程开发还有很大的研究空间。研究美术学科"非遗"课程教学实践的文章共有 10 篇,其中有关选修课程的开发、跨学科共同开发"非遗"课程的文章暂无,因此美术学科的"非遗"课程开发还可以更深入。笔者在阅读相关文献资料后,发现已开设的大部分课程还停留在技艺的学习上,较少与美术教科书联系在一起,在文化理解培养的落实上还有突破的空间。本课程将与教材结合,在技艺学习的基础上渗透"非遗"的文化内涵,帮助学生体悟"非遗"的精神内核,从而更好地培养学生的核心素养,提高其民族自豪感。通过微信公众号、网页等渠道,笔者了解到目前上海首批"'非遗'在校园"示范学校一共有 26 所,主要为小学与初中,高中引入学校较少,同样也集中在"非遗"技艺的学习上,通过跨学科和项目化问题驱动课程学习的暂无。本课程将通过这两种学习方法,在技艺学习的基础上扩充民俗类"非遗"的学习和体验,尝试让学生通过互联网资源进行学习、实践,探索其可行性,让学生知道"非遗"、理解"非遗"、为"非遗"的文化内涵而感动。

(三)研究目的与方法

1. 研究目的

"非物质文化遗产进校园"是近几年越来越受重视的一项活动。同时,"非遗"已被纳入教材,根据教材的要求进行拓展,让学生更充分地了解"非遗"的相关知识,体验文化内涵,落实学生核心素养的培育,培养新时代的爱国青少年。本课程以项目化大问题驱动,为我校设计学生自主探索学习的课程模式奠定了基础。"非遗"较少采用跨学科的方式教学,本课程对多学科、跨学科设计"非遗"选修课程进行了初步尝试。

2. 研究方法

本课题采用文献研究法、实践法、案例分析法进行研究。前期通过书本、知网、微信公众号、网页等搜集大量相关文献并进行归类整理,在其中提取对本课题具有借鉴意义的信息进行分析。在前期准备完成后进行教学实践,在实践中记录生成性资料,通过本课程的实践案例分析,总结归纳反思,对本课程的设计进行改良,探索适合本校的"非遗"选修课程教学模式。

二、本校"非遗"选修课程科目纲要设计

(一)"非遗"选修课程设计思路

普通高中美术新课标指出,普通高中美术教育的根本任务是立德树人,以美育人;培养学生健康的价值观,树立学生正确的文化观;在树立文化自信的同时坚持创新,为社会培育出全面而又个性发展的人才。在课程方案上,需要优化课程结构,在面向大众进行普及教育的同时,也要增加选修课程满足学生个性化的学习需求。本课程的基本理念为培养学生的核心素养,强调学生的全面发展;在基础课程之外满足学生个性化的学习需求;采用创设问题情境的方式,将课堂还给学生,让学生在情境化、项目式的课堂中探究问题;运用适合本类选修课程的评价方法。

非物质文化遗产的种类琳琅满目,上海的"海派非遗"中,就有民间文学、传统音乐、舞蹈、戏剧、曲艺、传统体育、游艺杂技、传统美术、民俗、传统医药等种类。因此想要学习体悟"非遗",单单靠美术学科是不够的,"非遗"应该跨学科教学,进行多角度的思考,运用不同学科的学习方法解答课程问题,这也是我校选择跨学科联合开设"非遗"课程的出发点。

高中的"非遗"类课程不同于技艺类课程。高中阶段"非遗"课程开设的主旨是加大对"非遗"的宣传力度,加强学生对本民族文化的认同感;激发学生的学习兴趣,扩大学生的知识面;丰富学生的精神生活,培养其健全的人格。在高中课程中学习"非遗"的某一部分技艺是理解"非遗"文化的一种实践手段,同时在实践中也必须有理论知识的支撑。"非遗"的文化内涵往往需要一个较长的理解和感悟的周期,因此我校采用选修课的形式进行一学期的教学。学生既进行理论知识的学习,也进行实践技艺的体验,从而在半年的学习中初步体悟"非遗"的文化内涵。

本课程内容的设计基于上海书画出版社出版的普通高中美术教科书《美术鉴赏》中第二单元第十课《非遗传承》,该课从美术角度讲解"非遗"的重要性,挑选了部分具有代表性的"非遗"讲解其作品的艺术特征。在新课程标准"充分利用和开发校内外美术资源"的要求之下,笔者在该课程的课后活动中请学生探究身边的"非遗",并形成调查报告。

高中"非遗"类课程虽不是重点教授技艺,但也与技艺息息相关。高中美术选择性必修五《工艺》一书,旨在教会学生从鉴赏的角度识别工艺的种类和特色,在实践中体会民间传统工艺中的匠人精神,激发学生对"非遗"的兴趣,并且通过与现代科技、生活的结合,更好地改良和发挥不同工艺的功能性、审美性。我校"非遗"课程的部分教学思路沿用《工艺》课本的模式。

我校"非遗"选修课程的校外资源是民俗类"非遗"——"豫园灯会"。"豫园灯会"全名"豫园新春民俗艺术灯会",在每年新春的正月初一至正月十八举办。2010年,"豫园灯会"被正式纳入国家级非物质文化遗产名录中,至今已成功举办过35届。尽管每年都会有不少学生参观灯会,但很少有学生清楚"豫园灯会"是国家级"非遗"项目,这正是"非遗"宣传教育的缺失。因此笔者选取"豫园灯会"作为切入点,开设选修课程。另外,"豫园灯会"有着一定的历史内涵,所以学生进行审美活动,也需要历史学科的知识储备,因此本选

修课程以美术与历史两个学科进行跨学科教学。本课程也涉及实践内容,学生通过互联网资源学习制作"非遗"灯笼的工艺,从而更好地体会"非遗"文化的博大精深和匠人精神。

课程设计思路如下(图1):

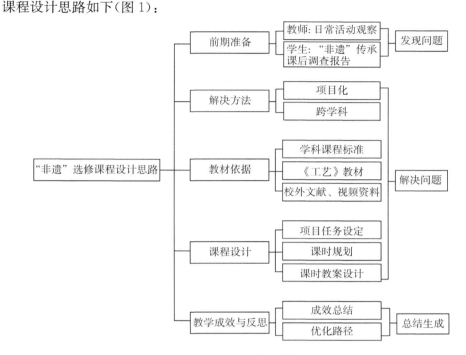

图 1 课程设计思路图

(二)"非遗"选修课程实施方案

"美术鉴赏"课中"非遗"传承的课后探究让学生产生了新的问题和思考,让学生更深入地探究相应问题而设立了本课程。本课程围绕项目大问题开设,在大问题之下分解出一系列小问题,小问题通过具体课题解决,从而最终解决项目大问题(表1)。

表 1 "非遗"课程设计

课程题目	逐"非遗"之光——豫园灯会
课程目标	了解国内外"非遗";以"豫园灯会"为主题,通过项目式学习的方法使学生在参与调查研究的过程中知道中国有丰富多彩的"非遗";实践掌握"非遗"鱼灯的制作方法;能从工艺、文化等角度理解并鉴赏中国的"非遗";体会"非遗"中的工匠精神,激发学生的民族自豪感,初步形成健康的人生观和价值观。 　　学会带着问题自主学习,在发现、提出、探究和解决问题的过程中培养研究精神和合作精神。学会在解决问题之后进行下一步的总结生成,探索"非遗"传承和发展的新道路。通过课程学习,培养学生终身学习的能力和遇事勤思考、多探究的科研精神。 　　响应三级课程的建设,在基础课程之上为学生提供自由发展的二级课程,提倡素质教育,为后续学生进入更高学府更大平台学习提供良好的基础。教师需不断学习,在建设课程的同时积极完善课程体系,提升课程品格,融合多学科教学,探索适合本校的课程模式。总结具有普适性的"非遗"选修课教学模式并适用于多学科的教与学。

课程题目		逐"非遗"之光——豫园灯会	
项目学习 重难点		重点:认识到中国"非遗"的重要性,理解"非遗"的精神内涵。 难点:通过项目化学习成果呈现"非遗"的精神内涵。	
项目问题		如何办好强调"非遗"精神内涵的豫园灯会?	
课时子问题	理论	1. 豫园灯会的保护价值与传承现状如何? 2. 豫园灯会有何艺术特点和艺术魅力? 3. 鱼灯有何工艺特点和文化内涵?	
	实践	1. 如何制作鱼灯? 1.1　如何扎鱼灯骨架? 1.2　如何绷布糊纸? 1.3　如何描鳞着色? 2. 如何布置强调"非遗"理念的灯会成果展?	
	理论	4. 通过本次项目化学习请思考还能如何传承"非遗"。	
具体课题	课前探究: 　　请学生走访身边的"非遗",通过文字、照片等形式填写调查报告并进行共性问题的总结。		①寻找身边的"非遗"
	课堂探究		②豫园灯会的今与昔 ③豫园灯会与鱼灯 ④鱼灯骨架的制作 ⑤鱼灯骨架的绷布糊纸 ⑥鱼灯纹样的传承与创新 ⑦"一夜鱼龙舞"豫园"非遗"灯会展 ⑧逐光之旅——"非遗"课程回顾总结

表 1 中每一个具体问题都与课题相关,解决不同的问题也体现出学生对相关方面核心素养的掌握。本课程的难点在于通过实践培养学生美术的核心素养"文化理解"。学科核心素养可以上升至育人素养,最终目的都是激发学生的民族自豪感,增强其文化自信。以下是本课程具体课题对应的核心素养(见表 2,课题名称以表 1 中的序号指代):

表 2　课程具体课题对应的核心素养

课题序号	图像识读	美术表现	审美判断	创意实践	文化理解/ 家国情怀	唯物史观	时空观念	史料实证	历史解释
①	✓		✓		✓				
②					✓	✓	✓	✓	✓
③	✓		✓		✓	✓			✓
④	✓	✓							
⑤	✓	✓							
⑥	✓	✓	✓	✓	✓	✓			✓

续表

课题序号	图像识读	美术表现	审美判断	创意实践	文化理解/家国情怀	唯物史观	时空观念	史料实证	历史解释
⑦		✓	✓	✓	✓				
⑧	✓		✓	✓	✓				

课程培育的核心素养根据课题的深入逐步从较为简单的维度上升到较难理解的维度,这也正是课程目标实现的依据。

以下以表格形式(表3)展示课时安排:

表3　课时安排

课时分布				
课题	周次	课时	执教科目	备注
①寻找身边的"非遗"	课前	/	美术	形成报告
②豫园灯会的今与昔	第1周	2	历史	
③豫园灯会与鱼灯	第2周	2	美术	历史穿插
④鱼灯骨架的制作	第3~5周	6	美术	
⑤鱼灯骨架的绷布糊纸	第6~7周	4	美术	
⑥鱼灯纹样的传承与创新	第8~10周	6	美术	历史穿插
⑦"一夜鱼龙舞"豫园"非遗"灯会展	第11周	2	美术	
⑧逐光之旅——"非遗"课程回顾总结	第12周	2	美术	

三、本校"非遗"选修课程的案例实践

在完善课程纲要的基础上,根据真实课程需求撰写7篇教学设计,其中5篇美术教学设计,包含1篇理论知识,4篇动手实践,2篇融合历史角度的美术跨学科教学设计,包含1篇理论,1篇实践,由美术教师执教,历史教师辅助;1篇历史教学设计,由历史教师执教。学生在课程前后上交调查报告、作品、项目成果评价表,教师在案例实施之后设计课程评价表。

(一)"非遗"选修课程的课前探究

学生在"非遗"传承一课中认识了上海地区的嘉定竹刻,但课本对该"非遗"的讲解篇幅较少。为学生拓展学习身边的"非遗",笔者根据教材要求,在课后布置了调研活动。请学生对嘉定竹刻进行调查研究,并填写任务单。以下任务单为实地和网络调查报告(见表4、表5):

表4 "非遗"实地调查报告(学生完成)

课前探究1	"非遗"实地调查报告
活动地点	嘉定竹刻博物馆
参与成员	本校某组高一学生
研究主题	我身边的"非遗"——嘉定竹刻
研究目标	了解竹刻博物馆宣传竹刻的成效,初步学习竹刻技艺,思考如何传承发展
研究方法	实地考察法
调研对象	嘉定竹刻博物馆

调研内容(图2):

在竹刻博物馆内参观学习,更加深入地了解嘉定竹刻;参与竹刻制作,体验竹刻雕刻技艺;观察博物馆如何宣传竹刻,思考高中生宣传竹刻的方法。

图2 学生学习体验作品

调查结论

竹刻博物馆人流量很小,展品虽丰富且出自名家之手但内容主题相似,不具有大众吸引力;并且馆内对竹刻的介绍单一,虽有小场景展示但给人印象不深,无法理解其深意;馆内较暗,影响参观,布置单一;博物馆没有结合当今热门的抖音、快手等自媒体平台来宣传竹刻,也并没有在微信公众号上进行宣传,应该加强网络宣传。

作为高中生,我们应该积极宣传身边的"非遗",组织同学们体验有趣的竹刻工艺。在我们自己动手体验之后,发现虽然竹刻难度较大,学习具有一定困难,需要耐心,但是看到自己的作品还是非常开心的,也排解了考试科目学习的苦闷。所以我们可以抓住竹刻培养耐心、修身养性、陶冶情操这些优点进行宣传,让竹刻进入校园。新时代的青少年也可以多进行创意思考,将竹刻进行改良创新,使其变成实用的文创产品进行销售。

嘉定竹刻作为优秀的"非遗",其中包含着中华民族千年来传承下来的精神,对现代人的生活、学业、工作具有积极影响,益处颇多,要合理运用。

研究反思

竹刻制作花费时间长,难度较大,如何引进校园让同学们体验需要进一步探究。

表5　"非遗"网络调查报告(学生完成)

课前探究 2	"非遗"调查报告
研究方法	网络问卷法
调研对象	问卷填写人(共 80 人)

问卷内容

1. 您的性别?
　　男 40%　女 60%(有效填写 80 人)
2. 您的身份是家长还是学生?
　　家长 45%　学生 55%(有效填写 80 人)
3. 您的年级?
　　初一 6.82%　初二 2.27%　初三 9.09%　高一 15.91%　高二 52.27%　高三 13.64%(有效填写 44 人)。
4. 您对"非遗"有了解吗?
　　很了解 10%　比较了解 23.75%　一般 50%　不太了解 13.75%　完全不了解 2.5%(有效填写 80 人)
5. 您是否对竹刻有所了解?
　　非常了解 2.5%　比较了解 15%　一般了解 41.25%　很少了解 16.25%　不了解 25%(有效填写 80 人)
6. 有无接触竹刻实践的经历?
　　有 28.75%　无 71.25%(有效填写 80 人)
7. 您有在学校里学习过竹刻或其他"非遗"的选修课程吗?
　　有 22.73%　无 77.27%(有效填写 44 人)
8. 如果有机会,您会愿意学习竹刻吗?
　　是 68.18%　否 31.82%(有效填写 44 人)
9. 如果学校举办的活动中,以竹刻工艺品作为奖品,您愿意接受哪种样式的竹刻?
　　装饰品(如雕塑、山水画)31.82%　实用品(如笔筒、书签、花盆)68.18%(有效填写 44 人)
10. 您更倾向于竹刻工艺品的图案是传统的,还是顺应时代潮流,呈现流行因素的图案(例如表情包等)?
　　传统 29.55%　潮流 25%　看情况 45.45%(有效填写 44 人)
11. 您是否支持您的孩子学习竹刻?
　　是 94.44%　否 5.56%(有效填写 36 人)
12. 您是否愿意与您的孩子共同完成一件竹刻工艺品?
　　是 86.11%　否 13.89%(有效填写 36 人)
13. 您是否支持学校开展学习竹刻的活动?
　　是 91.67%　否 8.33%(有效填写 36 人)

问卷分析

　　1. 有一半以上的人对"非遗"都有较为粗浅的印象,说明"非遗"的宣传有一定的成效,但不够深入,应该开展各类"非遗"体验活动,便于大众深入了解。

　　2. 对于嘉定竹刻大部分人都停留在一般了解及以下,了解不够充分,足以反映出大众对竹刻不了解、不关注的态度。嘉定竹刻的普及工作将会是一个重点问题。

　　3. 对体验竹刻的活动,大众的接受程度较高。主要问题在于如何进行相应的活动。从问卷可以看出家长对学生学习"非遗"类工艺,例如竹刻的态度是积极的。在不影响同学们考试科目学习的情况下,可以开设家长鼓励、同学支持的"非遗"类课程。

　　4. 想要将竹刻引入校园,除了宣传和体验,开发大众喜爱的作品也是重点。从问卷结果可知,优质的"非遗"类日常用品是较多人的选择。

　　在"非遗"竹刻创新问题上,问卷结果显示,喜好传统或创新的人数相对持平。显然竹刻创新点应当结合潮流但不完全顺应,精美才是关键。

研究结论

　　以"竹刻"作为切入点进行调查,我们意识到大众是很愿意了解"非遗"的。但比起理论知识,更多人想要参加实践类的活动。家长非常支持学生在校内学习"非遗",学生自身也很有兴趣。我们想要开设"非遗"类的选修课程,更进一步宣传"非遗"。

研究反思
问卷调查答题人数不多,数据不具有普遍性,问卷问题指向模糊,导致出现2个无效问题。

调查生成的新问题
没有多少年轻人愿意将嘉定竹刻作为终身的事业去发展,没有新鲜血液注入,竹刻的发展几乎是停滞的。在老师的提醒下,我们又查找了部分上海地区"非遗"的发展情况,发现几乎都有这样的问题。例如豫园灯会,尽管它的知名度极高,但鲜有人清楚它是国家级的民俗类"非遗"。所以我们想要从更易宣传的灯会入手,举办更具有"非遗"精神内涵的豫园灯会。

（二）非遗选修课程的课堂教学设计

表6　教学设计一

拟解决问题	提出项目大问题;解决子问题(理论)1:豫园灯会的保护价值与传承现状如何?
课题	豫园灯会的今与昔
周次/课时	1周次/2课时
教材分析	本课内容来源于高中历史统编教材选择性必修三第十五课《文化遗产:全人类共同的财富》与高中美术必修教材《美术鉴赏》第十课《"非遗"传承》。 　　从历史教材方面来看,第六单元的主题是《文化的传承与保护》,其中《文化遗产:全人类共同的财富》聚焦保护文化遗产应以历史真实性为第一要义,并强调了保护文化遗产的价值与意义,目前《世界遗产公约》集各国之力对文化遗产实施有效保护。 　　从美术教材方面来看,第十课《"非遗"传承》鉴赏我国优秀的非物质文化遗产,强调了保护与传承非物质文化遗产的必要性,并介绍了我国非物质文化遗产传承与发展的现状。 　　由此可见,历史与美术的教材内容有重叠与关联的部分,可在此基础上进行融合,以"豫园灯会"作为共同的切入点,从而突出两本教材共同的主题——"非遗"文化的传承与保护。
学情分析	我校学生整体的学习能力较强,但也呈现出"应试"的思维局限。同时我校地处郊区,学生对上海历史、社会生活、"非遗"缺乏常识与认识,无法准确判断"非遗"的类型,也不太了解"非遗"的内涵与价值,需要教师在课堂上进行理论的教学与指导。
教学目标	了解近代上海的变迁与豫园灯会的历史沿革;通过多种形式的史料认识豫园灯会的历史背景,从而掌握孤证不立、多重印证的史学精神与史学方法;理解"非遗"的保护价值,在创新探究活动中体悟文化自信、开阔国际视野。
教学重难点	教学重点:豫园灯会的历史沿革与传承现状。 教学难点:构思创意方案以传承和推广豫园灯会。
教学准备	PPT、视频

教学过程
①新课导入

教师活动1	学生活动1
教师出示元宵佳节在豫园灯会拍摄的合影,讲述自己实地参观灯会的所见所闻,提问:大家春节期间参与了哪些特色活动?	学生思考,回答问题。

续表

设计意图1：从教师的个人经历入手，引发学生的共鸣，在强调豫园灯会的节日背景的同时导入新课。

②主题探究

教师活动2	学生活动2
豫园灯会之昔：教师出示地图、文献、老照片等史料，简介豫园的历史变迁与上海开埠后"老城厢"的由来。	了解豫园历史及其重要性。

设计意图2：通过多种形式的丰富史料带学生了解豫园起源于一座明代私人的江南古典园林，历史悠久；通过了解上海开埠的历史背景理解豫园所在的老城厢是时代的产物，也是传统上海的重要历史遗迹。

教师活动3	学生活动3
教师出示清末思想家王韬《瀛壖杂志》的节选内容，简介豫园灯会在元宵佳节举办的历史记载。	了解豫园灯会是上海"非遗"不可缺少的一部分，理解其历史价值。

设计意图3：豫园灯会数百年的悠久历史与春节文化，承载着海派文化，强调其重要的历史价值。

教师活动4	学生活动4
教师出示豫园灯会发展的时间轴，简介豫园灯会从衰落走向新生的百年历史沿革。	了解豫园灯会的发展脉络。

设计意图4：通过展示豫园灯会的历史变迁，突出自改革开放以来豫园灯会逐步走向繁荣的景象，为下一环节"豫园灯会之今"做铺垫。

③课堂小结

教师活动5	学生活动5
豫园灯会之今：教师播放当今豫园灯会的新闻视频，展示"外国友人逛豫园"的新闻图，提问：当今豫园灯会还起到了怎样的作用？	了解当今豫园灯会的新含义。

设计意图5：突出豫园灯会不仅是国人的传统民俗文化，更成为对外文化交流的桥梁，加深了世界人民对中国传统文化的了解，有利于中国文化走向更广阔的国际舞台。

教师活动6	学生活动6
教师出示材料展示豫园灯会目前的困境，组织探究活动"为了进一步宣传和推广豫园灯会，你有什么更好的建议？"学生小组讨论，共同商讨创意方案，并互相分享。	意识到豫园的困境，提出建议，合作商谈创意方案。

设计意图6：锻炼学生的想象力与创意思维，激发当今豫园灯会的活力与生机。

④课后作业：请每组学生将课上生成的创意方案总结为电子稿。

表7　教学设计二

拟解决问题	解决子问题(理论)2、3:豫园灯会有何艺术特点和艺术魅力? 鱼灯有何工艺特点和文化内涵?
课题	豫园灯会与鱼灯
周次/课时	1周次/2课时
教材分析	本课内容来源于上海校外美术历史类的"非遗"资源。内容涵盖了豫园灯会的开办现状并介绍其文化内涵,赏析豫园灯会;介绍了鱼灯悠久的历史和不同地区"非遗"鱼灯的艺术特色,感悟其中的民族精神。
学情分析	通过课堂学习和课外探究,学生对"非遗"已有了一定的认识并初步探究了身边的"非遗",为本课奠定了基础。本节课理论知识较多,学生虽已有了自主探究的能力,能多角度地赏析作品,但对知识的提炼不足,创设问题情境的方式可以更好地引导学生抓住本课的重点。
教学目标	了解鱼灯的文化背景;通过鉴赏的方法,知道豫园灯会与鱼灯的艺术特色;理解豫园灯会和鱼灯的文化内涵;激发学生对"非遗"灯会和工艺的热爱之情,体悟中华民族精神。
教学重难点	教学重点:豫园灯会和鱼灯的艺术特点。 教学难点:豫园灯会和鱼灯的精神内涵。
教学准备	PPT、视频

教学过程

①新课导入

教师活动1	学生活动1
请学生回顾上节课已经学习的豫园灯会的历史背景。	回顾上节课知识点。
请去过豫园灯会的学生分享自己拍的视频、照片以及见闻感悟。	学生介绍自己实地参观灯会的所见所闻。
播放2023年"山海奇豫记"主题的豫园灯会视频和近几年豫园灯会的主题照片。	欣赏豫园灯会的展览内容。

设计意图1:回顾知识点的同时紧扣课程大问题,引出本节课的小问题,通过视频、学生介绍等方式从美术学科的角度走近豫园灯会,激发学生学习兴趣。

②主题探究

教师活动2	学生活动2
提问豫园灯会究竟美在哪里,引导学生分类别运用所学知识进行赏析。	分别赏析豫园灯会美在园林建筑、丰富多样的灯彩、节日灯会氛围和文化内涵;
引导学生回忆教科书中《苏州园林》这一章节,通过分析建造园林的手法,例如借景、框景、隔景、添景等方法,简单赏析豫园灯会的装点形式。	鉴赏豫园灯会的建筑装点之美。
举例从工艺、造型、纹样、布置等角度赏析豫园的灯彩;播放视频引导学生感受夜间游园看灯的氛围;	鉴赏不同种类的灯彩;讲述灯会的热闹氛围带来的感受。
穿汉服的游人引导学生思考豫园灯会的文化内涵。	理解豫园灯会之美是因为有更深层的文化底蕴。

设计意图2:从美术的角度介绍并鉴赏豫园灯会,探究其艺术特点。

续表

教师活动 3	学生活动 3
强调豫园灯会是民俗类"非遗",介绍还有只有一种灯笼的民俗类灯会。播放安徽汪满田嬉鱼灯,潮汕、江西等地的舞鱼灯视频,介绍鱼灯的制作和鱼灯游行类活动都是"非遗"。	了解舞鱼灯、嬉鱼的民俗活动和相关的"非遗"项目。
请学生赏析该灯会与豫园灯会相比,有何异同。	分析鱼灯灯会与豫园灯会的异同。
介绍鱼灯的发展背景,因为深受各地区人民的喜爱,所以在各地有着形态各异的鱼灯。从工艺、造型、纹样、文化内涵、民族精神等方面赏析鱼灯的特点。	用美术鉴赏的方法分析各类鱼灯,体会鱼灯背后的精神内涵。
设计意图3:介绍鱼灯的文化背景,鉴赏鱼灯的艺术特色,激发学生的学习兴趣。	
③课堂小结	
带领学生总结豫园灯会和鱼灯的艺术特点;理解鱼灯的制作和舞鱼灯活动都是"非遗";强调"非遗"之所以美,是因为有着深厚的文化内涵和强烈的民族精神。	
④课后作业:通过网络查找汪满田鱼灯的制作过程,观看并总结制作步骤。	

　　通过教学设计一、二提出项目大问题,解决本项目理论方面的子问题1、2、3。在教学设计三、四、五、六中将进行实践,其中前三节解决实践方向的子问题"如何制作鱼灯",第四节解决"如何布置强调'非遗'理念的灯会成果展"的子问题。

表8　教学设计三

拟解决问题	拟解决子问题(实践)1.1:如何扎鱼灯骨架?
课题	鱼灯骨架的制作
周次/课时	3周次/6课时
教材分析	高中美术课程要求学生有美术表现的核心素养,能够运用一定的美术技能进行制作。本子课题选择易操作、效果佳的汪满田鱼灯进行制作。该课程内容来源于网络资源,教师在课前实践学习后评估难度,将相关资源进行整合优化,整理成纸质图解和相应PPT、视频。
学情分析	高中生在完成初中美术课业之后已经具有了一定的动手能力,能够完成相对复杂的美术实践,对有一定危险的实践部分具有规避风险的能力。
教学目标	理解汪满田鱼灯的框架结构,掌握鱼灯的骨架制作。
教学重难点	教学重点:汪满田鱼灯的骨架制作。 　教学难点:汪满田鱼灯各部分框架衔接的比例。
教学准备	PPT、视频、纸质图解
教具、学具准备	园艺剪、防割手套、竹篾、铁丝、医用胶带、蜡烛
教学过程	
①新课导入	

教师活动 1	学生活动 1
请学生回顾上节课的课后作业,讲述鱼灯制作的步骤。	初步思考鱼灯制作的步骤。

设计意图1:回顾上节课知识点,引出本节课教学实践重点内容。	
②主题探究	
教师活动2	学生活动2
通过视频讲解完善鱼灯制作的步骤。	学习鱼灯制作的步骤。
请学生对照纸质图解分解鱼灯各部分,讲解鱼灯各部分的比例和形状,强调比例的重要性。	确定鱼灯的大小,初步估算各部分比例和形状。
强调制作时的操作规范,注意安全。 演示如何运用蜡烛恰当烘烤竹篾,弯曲成想要的形状。	学习将竹篾弯曲成相应的形状。
演示如何运用铁丝或胶布衔接竹篾。	学习竹篾的衔接。
播放制作鱼灯骨架的视频。	实践操作,在过程中不断调整比例。
设计意图2:了解鱼灯制作的步骤;估算鱼灯各部分比例,完成鱼灯各部分框架的搭建。	
教师活动3	学生活动3
演示利用铁丝制作钩环,将鱼灯各部分衔接起来。 演示鱼灯身体可以灵活游动的状态。	完成鱼灯整体框架的搭建,确保鱼灯结构可以灵活扭动。
设计意图3:鱼灯框架的整体完善和调整。	
③课堂小结	
在制作规范、安全的情况下,带领学生制作鱼灯的骨架;展示点评学生的作品;总结骨架制作的难点和可改进的部分。	

学生实践作业展示(图3):

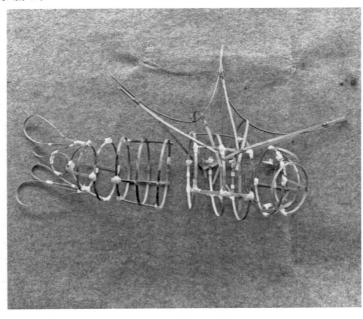

图3 学生实践作业

表9　教学设计四

拟解决问题	拟解决子问题(实践)1.2:如何绷布糊纸?
课题	鱼灯骨架的绷布糊纸
周次/课时	2周次/4课时
教材分析	内容来源于网络资源。教师前期实践后总结并选取了较容易操作的灯笼糊纸的方案进行课堂实践;课上请学生了解鱼灯绷布的步骤和效果。
学情分析	从学生前期鱼灯框架作业的完成质量来分析,部分学生的鱼灯框架会有较为尖锐或粗糙的部分,使用绷布法无法完全弥补其缺点,后期呈现的效果会打折扣。另外绷布法上色更考验技术,有失误较难更改,学生更熟悉纸张的使用,因此选取糊纸法进行实践。
教学目标	完成鱼灯的糊纸。
教学重难点	教学重点:鱼灯灯身完整糊纸。 教学难点:平整地将纸张糊在鱼灯灯身之上并保证鱼灯的活动性。
教学准备	PPT、视频
教具、学具准备	鱼灯骨架、灯笼纸(宣纸)、喷水壶、糯糊、排刷

教学过程

①新课导入

教师活动1	学生活动1
介绍鱼灯绷布、糊纸的方法;观看绷布、糊纸的演示视频,请学生分析两种方法的优缺点。	了解鱼灯绷布、糊纸的方法;明确各自方法的优缺点。

设计意图1:了解糊灯的两种材质和方法;明白两种方法的优缺点;引出本节课实践的主题。

②主题探究

教师活动2	学生活动2
通过现场演示,详细讲解鱼灯糊纸法的实践步骤和操作注意事项。	学生进行糊纸法的实践。

设计意图2:通过教师演示,进行课堂实践。

③课堂小结

　　本课时主要解决鱼灯灯身如何糊纸的问题。学生在实践过程中需不断了解纸张材质的特性,尽力将灯身糊平且保证鱼灯结构的活动性。点评学生作业,督促其调整,为后续在鱼灯上绘制纹样做准备。

续表

学生课堂实践展示(图4):

图4　学生实践

表10　教学设计五

拟解决问题	拟解决子问题(实践)1.3:如何描鳞着色?
课题	鱼灯纹样的传承与创新
周次/课时	2周次/4课时
教材分析	本课内容来源于网络、高中美术《工艺》剪纸第十课。本课主要引导学生了解传统鱼灯的纹样,并设计自己的鱼灯纹样,体现了"美术表现"的核心素养。同时关注学生"创意实践"的培养,因此本课提供大量纹样资源请学生参考并进行创造性运用。
学情分析	学生已在前期较好地完成了鱼灯的基础制作,本节课需要学生在此基础上结合传统设计属于自己的纹样并绘制灯身。高中生已经具备了独立思考的能力和一定的知识积累,对现有的知识有一定的迁移能力,能够在审美判断的指导下完成美术表现和创意实践。
教学目标	鱼灯灯身的纹样设计、绘制。
教学重难点	教学重点:鱼灯灯身的纹样设计。 教学难点:进行结合传统的创意纹样设计。
教学准备	PPT、视频、纸质图样资料
教具、学具准备	已糊纸的鱼灯、颜料、笔刷、铅笔

教学过程

①新课导入

教师活动1	学生活动1
播放PPT,介绍不同的鱼灯纹样,请学生通过颜色、线条、绘制图形分析传统鱼灯的纹样并总结其艺术特征。	了解鱼灯纹样的历史背景;知道传统纹样的艺术特征。

设计意图1:介绍鱼灯纹样的种类和传承历史。

②主题探究

教师活动2	学生活动2
点明纹样需要传承,更需要创新;列举《工艺》课本中海派剪纸的纹样,作为上海的高中生,可以将上海地区的"非遗"美术资源融合在自己的设计图样中;请学生举一反三,将自己喜爱的图样与鱼灯纹样进行融合。	结合传统进行创新,设计鱼灯纹样;在灯身上用铅笔绘制简单的底稿。

设计意图2:举例引发学生思考,将传统鱼灯纹样进行创新。

教师活动3	学生活动3
展示图片请学生观察中国民俗类作品的配色特点;展示一般配色规律。	设计符合主题的纹样配色。

设计意图3:设计符合审美规律的纹样配色。

教师活动4	学生活动4
演示绘制鱼灯的过程,强调操作注意事项。	将设计好的纹样完整、美观地绘制到鱼灯上。

设计意图4:掌握绘制鱼灯纹样的方法。

教师活动5	学生活动5
演示灯串如何放入鱼灯中。	放入小灯串,进行亮灯的调整。

设计意图5:通过点亮的鱼灯查看效果,对纹样和灯串进行调整。

③课堂小结

　　总结纹样的文化内涵和艺术特征;请学生讲解自己的纹样传承与创新点;展示学生的作品,进行点评调整。

学生实践作品展示(图5):

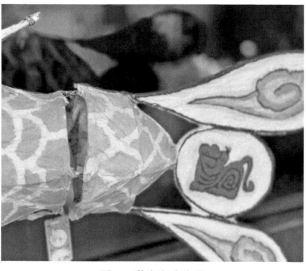

图5　学生实践作品

227

表11　教学设计六

拟解决问题	拟解决子问题(实践)2：如何布置强调"非遗"理念的灯会成果展？
课题	一夜鱼龙舞——"非遗"灯展
周次/课时	1周次/2课时
教材分析	本课时为布展设计。本课将对前期讲解的理论知识和实践作品进行融合，布置成具有"非遗"文化内涵和核心精神的展览。
学情分析	学生在前几节课已经完成了展览展品的制作。本节课需要学生利用"图像识读、审美判断、创意实践"等核心素养布置展览。"文化理解"是高中生最难理解的部分，该核心素养需要循序渐进的沉浸式感悟。学生通过本次课程的学习，紧扣"文化理解"的核心，体现本展览的文化内涵。
教学目标	布置紧扣"非遗"核心内涵的豫园灯会。
教学重难点	教学重点："非遗"灯会的布置。 教学难点：体现豫园灯会的"非遗"精神内涵。
教学准备	PPT、视频、鱼灯作品、作品说明、宣传册

教学过程

①新课导入

教师活动1	学生活动1
回顾本课程大问题，提问学生在实践之后对布置"非遗"豫园灯会有无更进一步的理解。	进一步思考如何布展能体现灯会的核心内涵。

设计意图1：明确灯会的主题和核心意义。

②主题探究

教师活动2	学生活动2
介绍布展的基本组成要素和布展的简单规范，请学生规划强调"非遗"文化内涵的豫园灯会，并为展览取名。	设计豫园灯会的展览流程、宣传文案、作品说明、陈设布置。

设计意图2：豫园灯会布置的规划。

教师活动3	学生活动3
因现实条件的制约，无法真实地在豫园布展。请学生借助具有中国传统建筑特点的校园一角举办具有"非遗"精神内核的豫园灯会。	实地布置展览场景；进行宣传，吸引全校师生参观。（展览为期一周）

设计意图3：进行学生成果展览；通过展览宣传上海地区的"非遗"；体悟"非遗"之美，强调其文化内涵。

③课堂小结

　　点评学生作品；通过展览活动强调上海地区有丰富多彩的"非遗"，鼓励学生多体验"非遗"活动，感受"非遗"的精神内涵，增强民族自豪感。

续表

一夜鱼龙舞——"非遗"灯会展览设计图(图 6):

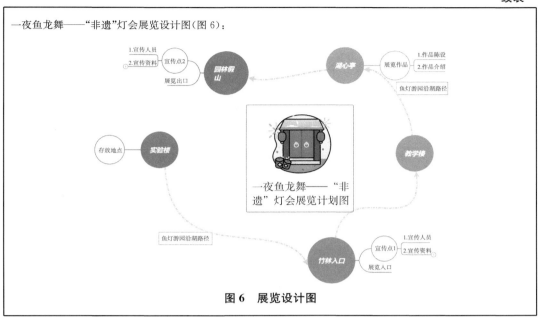

图 6　展览设计图

表 12　教学设计七

拟解决问题	回答项目大问题;拟解决子问题(理论)4:通过本次项目化学习请思考:还能如何传承"非遗"?
课题	逐光之旅——"非遗"课程回顾总结
周次/课时	1 周次/2 课时
教材分析	本课无教材,为课程学习的优化与反思。
学情分析	学生已解决了本课程的大部分问题。在学习知识的同时,总结一般性的学习方法和探索问题的路径也至关重要。因此本课要求学生学会评估自己学习效果,反思、改进学习方法,通过此类方法培养学生终身学习的习惯。
教学目标	引导学生总结一般规律,思考高中生传承"非遗"的方法。
教学重难点	教学重点:总结优化高中生传承"非遗"的方法。 教学难点:传承方法的优化。

教学过程

①新课导入

教师活动 1	学生活动 1
已完成的理论和实践课程,请学生根据学习评级表评估学习成效,总结优缺点。	评估学习成效;梳理理论知识;总结实践方面的优点,提出需改进的地方和改进方法。

设计意图 1:根据评价表进行课程总结和改进,加强学生的自主探索学习能力。

②主题探究	
教师活动2	学生活动2
提问:如果需要宣传"非遗",高中生还能做什么?是否能通过本课程总结出一定的学习、宣传方法?	思考高中生宣传"非遗"的路径;总结项目式探索"非遗"的一般性学习方法。
设计意图2:总结学习、宣传"非遗"的方法,培养自主探索学习的能力。	
③课堂小结	
回顾本课程的理论、实践和反思过程,强调"非遗"的重要性和文化内涵。作为上海地区的学生,要重视本地区的"非遗",更要了解全国的"非遗"。利用新时代青少年的创新精神,为"非遗"的保护、宣传出一份力。	
课后拓展:请以上海地区的某一项"非遗"举例,结合本课程,思考作为高中生,通过互联网能为宣传"非遗"做什么。	

(三)"非遗"选修课程的教学评价设计

表13 "非遗"选修课程课时作业评价标准

课程作业目标			
能回答课程中的课时子问题,最终探索完成项目大问题; 能根据课堂作业要求有效完成实践作业; 能在学习理论并完成实践的基础上进行总结、反思,并改良学习方法。			
课程作业内容			
课时作业1:制作比例正确、框架完整的鱼灯骨架。			
课时作业要求1:了解鱼灯骨架制作的步骤;明确鱼灯骨架制作的比例;掌握鱼灯骨架各部分之间的衔接方法。			
课时作业评价标准1:			

	优秀	良好	合格	不合格
完成情况	完成	基本完成	部分完成	未完成
作业效果	造型优美、结构灵活,比例精准	造型尚佳,结构较为流畅,比例合适	造型一般,结构卡顿,比例有不和谐之处	框架主体未制作完成

课时作业2:糊制平整光滑,不影响鱼灯结构活动的灯面。
课时作业要求:了解绷布法和糊纸法各自的优缺点;理解糊纸法的实践方法;运用糊纸法制作鱼灯灯面。
课时作业评价标准2:

	优秀	良好	合格	不合格
完成情况	完成	基本完成	部分完成	未完成
作业效果	灯面光滑平整	灯面较为平整	灯面粗糙发皱	灯面破损

课时作业3:在鱼灯灯面上绘制自己设计的灯笼纹样。

课时作业要求3:了解传统鱼灯纹样的艺术特征;结合周边资源在传统纹样的基础上进行创新设计,绘制草图;完善配色,将纹样绘制在灯面上。

课时作业评价标准3:

	优秀	良好	合格	不合格
完成情况	完成	基本完成	部分完成	未完成
作业效果	设计在传承中有创新精神,纹样精细优美,配色协调	设计传统,纹样完整并有一些细节的处理,配色合理	设计合理,纹样较为完整,配色一般	未在灯面上完成纹样绘制

课时作业4:布置强调"非遗"精神内涵的灯会展览。

课时作业要求4:明确展览的文化内涵;了解策展的要求和布展要素;设计展览方案;实施展览方案。

课时作业评价标准4:

	优秀	良好	合格	不合格
完成情况	完成	基本完成	部分完成	未完成
作业效果	展览方案精彩,陈设丰富,宣传到位。展览表达出"非遗"的文化内涵	展览方案良好,陈设尚可,宣传有一定作用。体现了大部分"非遗"的精神内涵	展览方案合理,陈设一般,宣传较弱。展览传达了部分"非遗"的精神内涵	未完成展览活动

通过课时作业评价标准,学生可以进行自评和互评,教师也可根据该标准进行打分。在评价课时作业的基础上,设置对整个课程的评价标准(表14、表15)。

表 14　课时作业及其所占权重表

课时作业名称	课时作业 1	课时作业 2	课时作业 3	课时作业 4
占课程作业权重	20%	15%	25%	40%
课程作业总体评价标准:90%优秀,80%良好,70%合格;60%不合格。				

表 15　学生课程作业评价表

	学生 1	学生 2	学生 3	…
学生自评				
学生互评				
教师评价				
课程总成绩				
打分要求:90%优秀,80%良好,70%合格;60%不合格。				

在评价课程作业的同时,也需要对整体课程进行评价设计,以检测学生的核心素养培育落实情况(表16)。

表 16　学生核心素养培育落实情况

课程评价目的:检验高中美术、历史的核心素养培育在本节课的落实情况。			

课程评价目标:能了解国内外的"非遗";能知道中国有丰富多彩的"非遗";能制作"非遗"鱼灯;能从工艺、文化等方面鉴赏并感知中国的"非遗";能根据要求进行"非遗"灯会展览规划设计并实施;能带着问题自主学习,在发现、提出、探究和解决问题的过程中培养学生的研究精神和合作精神,并进行总结反思。

课程过程性学习评价标准

	优秀	良好	合格	不合格
理论课程学习过程	完全理解	尚可理解	可以理解	不能理解
实践课程学习过程	积极参与	参与	消极参与	不参与

课程整体性学习评价标准

评价内容	课程学习能力	课程学习态度	课程作业
占课程评价权重	40%	20%	40%

打分要求:90%优秀,80%良好,70%合格,60%不合格

四、本校"非遗"选修课程的成效与优化路径

(一)"非遗"选修课程的成效与反思

逐"非遗"之光——豫园灯会这一课程是从学生探索产生的问题上建立起来的,因此该课程更能解决学生迫切想要知道的问题。比起一般的选修课程,该课程设立项目大问题,将大问题拆解成系列小问题的方式更能让学生有目标、有计划地探索整个课程。探索学习能够培养学生敢于质疑、自主学习、终身学习的能力。

在教师学习成效方面,该课程培养了教师系统设计大项目和驱动问题的能力;在课前准备时需要查找阅读大量的相关资料,开阔了教师的视野;教学过程中,也在不断生成新的问题,通过解决这些问题获得的生成性资料,弥补了教学中的漏洞。

在学生学习成效方面,该课程通过项目化的学习方式请学生进行理论学习和实践探究,理论学习的成效是可以在实践探究中体现的。从课程作业评价中可分析出,学生的实践探究成果是喜人的,学生的学习态度是积极的。该课程的核心理念是利用上海的"非遗"资源,通过美术、历史的跨学科教学,让学生理解"非遗"的重要性,感知"非遗"的文化内涵和精神内核。在课程的进行过程中,很容易走入单纯体验技法而不知其文化精华的误区。本门课程通过跨学科的方法,运用历史学科的研究手段增加学生理论层面的积累。同时设立大问题,实施紧扣目标问题的实践探究,从而很好地避开了误区。学生在课程结束后还在课程评价中写自己的学习感悟,从学生的感悟中可以发现,他们已经能通过本门课程感受到中华民族博大精深的文化,意识到"非遗"的重要性,领略到"非遗"之美。以下是部分学生感悟(表17):

表 17　学生感悟

	课程感悟
学生 1 高二	在高二时,我参加了学校开设的"非遗"选修课。在一次次亲手制作那些精妙绝美的工艺品时,我真切地感受到其中所蕴藏的古人智慧,让我受益良多。
学生 2 高一	我觉得"非遗"这门课非常有意思。在课上可以动手制作传统手工艺品,锻炼了动手能力和耐心。同时更让我了解到丰富多样的中国传统文化。
学生 3 高一	在"非遗"选修课程的学习过程中,我体验了制作鱼灯、策划"非遗"展览等项目。了解了"非遗"的相关背景知识,同时也增强了动手能力,让我受益匪浅。深深感受到了中华优秀传统文化的魅力。当鱼灯在黑暗中亮起,夜色是一片流动的星河,热爱在心中被点燃。
学生 4 高二	周五下午的"非遗"选修课通常是我一周里最向往的两节课。我参加了高二学年的课程,主要制作鱼灯和策划属于我们自己的"豫园灯会"。课程不仅拓展了同学们对于"非遗"的了解,也极大地锻炼了同学们的动手能力和专注力。课堂上同学们化身"手工匠人",遇到困难时相互帮助、相互讨论,课堂氛围活跃。从自制鱼灯到绘制鱼灯,从策展到观灯会,当灯会上鱼灯亮起的一瞬间,我甚至有想哭的冲动,深深感受到了"非遗"蕴藏着多么磅礴的力量。

　　在教学过程中,学生花费了一定的时间制作"非遗"鱼灯,难度还是较大的,需要教师在课上不断指导。学生在课后缺乏教师指导的情况下,作业进展不大。笔者认为在这方面可以进行改良,运用更简明易懂的分解图、更简单的材料进行实践,减小制作难度。在策划灯会的过程中,宣传仅仅停留在学生讲解、文字说明的层面上,对文化内涵的理解有些"喊口号"的意味。可以开展体验活动,让观展师生进行体验;派发宣传册,开发文创产品进行宣传,让"非遗"的精神内涵成为活动的一个强有力的号召,而不是可有可无的理念。另外在灯会的现场,没有额外辅助的灯光,导致文字说明等纸质材料看不太清,后期也需改善,应该对现场进行更深入的前期调查。本课程主要发放纸质参考材料,可根据高中美术的教材模式编写本选修课程的教材,便于学生系统学习。

(二)"非遗"选修课程的优化路径

　　本课程有一定的难度,学生在学习过程中,自发组成了互帮互助的学习小组。笔者认为在教学设计上,可以加入小组学习的形式,满足学生学习需求的同时降低难度,培养其合作意识和团队精神。

　　笔者发现部分"非遗"项目在传承人和爱好者的共同努力下,已经成为热门产业。例如绒花、缠丝、刺绣等项目,受到了大众尤其是女性的追捧。在互联网搜索相关制作过程,会有完整的步骤,甚至对各种材料都有详细的对比和分析,也已经开始进行创新设计。上海地区的"非遗"文化有官网进行宣传,但缺少详细的图片或视频,也无传承人的沟通渠道,这给上海学校引入"非遗"课程带来了一定的阻力。因此,笔者认为可以联系"非遗"传承人进行前期学习,教师再拍摄教学示范视频,能扩大传播面,加强"非遗"的影响力。若所需的材料是稀缺材料,可以尝试精简,寻找日常较为普遍的替代品。而理论层面的知识可以运用微课等手段进行录制。理论知识较为枯燥,可采用优美或活泼的教学语言,精美的图片、动画激发学生的学习兴趣,让听课者沉浸其中,体会"非遗"的精神内涵。所以,笔者将在后期继续研究构建符合本校学情的"互联网＋'非遗'选修课程"的模式,为学生随时随地学习带来便利。

　　本课程采用跨学科的方法进行项目化教学,该方法从课程成效来看是可行的。非物质文化遗产是民族智慧的结晶,它的知识是相互交融的,并不能完全被划分到某一学科中。想要学生深刻、真切地体验"非遗",认识"非遗"的重要性,树立民族自豪感,需要全学科的共同参与,引导学生全面发展。因此本课程光靠美术、历史的跨学科是不够的,而是要在后续的课程实施中开发多学科、跨学科执教的"非遗"选修课程,不断完善具有普适性的选修"非遗"课程教学模式,建立完善的选修课评价体系,满足本校"非遗"选修课程教与学的需求。

戏曲教育

今天，我们应该如何开展中小学戏曲教育

上海师范大学　陈劲松

2017 年年初，中共中央办公厅、国务院办公厅印发了《关于实施中华优秀传统文化传承发展工程的意见》，明确指出要"以幼儿、小学、中学教材为重点，构建中华文化课程和教材体系。……丰富拓展校园文化，推进戏曲、书法、高雅艺术、传统体育等进校园，实施中华经典诵读工程，开设中华文化公开课，实施中华经典诵读工程"。

2020 年 10 月 15 日，中共中央办公厅、国务院办公厅印发了《关于全面加强和改进新时代学校美育工作的意见》(后称《意见》)，《意见》中提到将美育全面纳入中考改革，并推进评价改革。把中小学生学习音乐、美术、书法等艺术类课程以及参与学校组织的艺术实践活动情况纳入学业要求，探索将艺术类科目纳入初、高中学业水平考试范围。

2023 年年初，教育部更是酝酿要将学生的艺术成绩列入中考成绩之中。随着相关政策的推进，美育不再仅仅是兴趣，未来高中、大学也会更加重视学生的综合素质考评，美育将在其中发挥越来越重要的作用！

然而，如何让中小学戏曲教育真正落到实处，则是每个艺术教育工作者都为之深思不已的问题。关键是实施的途径和理念对不对路、合不合理。人们常规思维中的戏曲教育，也许是教唱经典的戏曲唱段，了解一些基本的戏曲知识，抑或是对戏曲大师的生平及其代表剧目略有涉猎等，不一而足。以上列举的，无疑是戏曲教育的一个个组成部分，但是如果只关注这些局部，戏曲教育大概率会"捡了芝麻丢了西瓜"，我们期待的戏曲教育理应站得更高，看得更远。

近年来，在上海市教委体卫艺科处领导的关心下，以上海师范大学影视传媒学院院长赵炳翔教授为核心的项目团队，以及中小学戏曲特色学校专家们携手努力，沪上戏曲教育初步取得了一些成果。专家们一致认为：在中小学进行戏曲教育的主旨并非培养专业的戏曲从业者，而是以戏曲为载体，让学生们感受中华民族传统艺术魅力的同时，在学习上融会贯通，对其人生起到启迪作用。以下，笔者简单谈一下对此理念的感悟。

中国戏剧是晚熟的。戏曲艺术在相当长的发展阶段中经历了由"傩"到"戏"的过程。民间的傩礼祭赛最直观地体现了老百姓的爱憎好恶、喜怒哀乐，是中华民族心性的象征，此后戏曲剧目的形成与定型与此息息相关。后世逐渐形成的岳家将系列剧、杨家将系列剧、薛家将系列剧等，无不把卫国戍边、舍生忘死作为剧情核心加以演绎，在舞台搬演中淋漓尽致地讴歌真、善、美，鞭挞假、恶、丑。戏曲教育理应把爱国教育放在首位。

城市化进程中的戏曲教育也被赋予了新的责任。随着大量农村人口涌向都市，扎根落户，学校教育面临的对象也更加多元。你来自山东，我来自安徽，他来自河南，习惯了大城市的生活，逐渐淡忘了原先的乡土记忆，戏曲艺术是他们找回自我的方式：你唱一段吕剧，我来一段黄梅戏，他哼一段豫剧。时空的延展、岁月的变迁，在熟悉的曲调和韵律中，仿佛就在眼前。因此，戏曲教育也应当是传统教育、寻根教育。

中国戏曲代代相传、延绵不绝，那些闯江湖、跑码头的民间艺人功不可没，在宋代，这些艺人被统称为"路歧人"。跑码头需要的是真本事：观众齐叫好，你成名成角；观众喝倒彩，你卷铺盖走人。梨园生存法则冷峻而真实，台上十分钟，台下十年功，容不得半点含糊。所谓大师，人前显圣，背后做鬼。有鉴于此，戏曲教育还是吃苦教育和公平教育，比起单纯的说教，她鲜活得多，生动得多！

戏曲教育还承担着培养学子们多元化审美的重任。我国幅员辽阔，地域文化繁盛。据不完全统计，地方剧种有三百多个，除了京昆艺术之外，其他地方剧种也百花齐放，争奇斗艳，展示着其不凡的艺术魅力。剧种和剧种之间，相互学习，你追我赶，共同提高，这一点尤其表现在不同剧种内容和题材的借鉴上：沪剧点燃"芦荡火种"，京剧则智斗在"沙家浜"前；越剧演绎《梁山伯与祝英台》，京剧则唱响《柳荫记》；豫剧大师马金凤《穆桂英挂帅》珠玉在前，"四大名旦"之首梅兰芳同题作品更是青出于蓝……学子们在观赏比较时，不仅能领略到不同剧种的表演风格和表现手法，同时也开阔了视野，用更加开放的胸怀，接受来自五湖四海、四面八方的艺术养料，从而在精神上成为一个真正大写的"人"。由此可见，戏曲教育更是比较教育、树人教育！

陆游有"工夫在诗外"的深切感悟，戏曲教育工作者们更是应该跳出以往戏曲教育的模式和窠臼，探索出一条新型的，体现海派文化"海纳百川，兼容并蓄"特色的戏曲教育之路。

路漫漫其修远兮，吾将上下而求索！

传承京剧文化，赋能学校美育创新发展

上海市嘉定区丰庄中学　陈迎春　司欢欢

摘要：京剧是中华民族优秀的传统文化艺术。丰庄中学立足"国韵、德艺、人文、健康"的美育教育理念，在京剧文化教育方面守正创新，通过课程驱动、项目化引领、资源融合、全程育人、科技赋能等实践策略，实现京剧文化教育和学校美育的交汇融合，发挥整体育人功能。

关键词：学校美育；京剧文化；育人价值；创新发展

近年来，随着素质教育的普及以及国家对学校美育工作的重视程度的不断提高，艺术教育中的戏剧内容备受瞩目，戏剧教育的重要作用也引起了广泛关注。丰庄中学积极落实《关于全面加强和改进新时代学校美育工作的意见》中提出的各项要求，结合学校"十四五"规划的目标加以有效推进，京剧文化教育守正创新，通过课堂教学、社团活动、校内外艺术实践等丰富多彩的形式，把握文化育人、艺术育人的每一个教育契机。

学校立足"国韵、德艺、人文、健康"的美育理念，在区级课题"绘制京剧脸谱提升学生艺术感悟能力的研究"和"基于项目式学习有效提升 STEAM 课程中的艺术教育效果"的引领下，逐步形成京剧教育社团化、项目化和数字化特色，对学校"五育并举"融合育人，推动学生全面发展起到了有力的助推作用。学校在京剧文化的传播中，坚持以依托国韵文化为背景，以传承京剧文化为核心，以聚焦课程建设为路径，将京剧人文融入校本课程，形成了"国韵丰中，馨香满园"的办学特色。

一、注重顶层架构，发挥课程育人功能

学校关注京剧教育与德育、智育、体育、劳动教育的融合，充分挖掘和运用各学科蕴含的体现京剧元素和京剧精神的美育资源，形成了京剧教育的课程结构和京韵课程的图谱，即基础课程＋校本课程的双向发展，有效地促进了学生艺术素养的提升，确保每名学生能在初中毕业时，掌握两项及以上和京剧文化相关的技能。

（一）课程融合，多学科渗透

京剧进课堂的主阵地是艺术课，艺术学科课程核心素养包括审美感知、艺术表现、创意实践和文化理解。围绕艺术课程标准，艺术课上，教师注重引导学生欣赏经典剧目和唱段，了解京剧常识，并将唱、念、做、打这些基本技能，传授给每一名学生。例如：区级展示

课"沙家浜",教师让学生唱出"十八棵松"的高亢唱段,感受革命人的顽强斗志。除了艺术课,京剧也融入了其他学科的教学过程之中。比如语文课,学生通过分析著名曲种和京剧名篇中各具魅力的人文形象,体会京剧与生活的关系,从京剧中汲取能量,从而更好地演绎自己的人生。历史、信息技术、劳动技术等基础课程,挖掘京剧题材,进行有效的学科渗透,让学生在不同学科中学习到京剧文化的知识。

(二)项目研究,跨学科学习

学校以京剧学习为主题,把京剧表演、京剧脸谱、京韵文创、京剧探索等,与语文、艺术、劳动技术、信息技术等学科内容连接起来,开设"走进京剧""演绎京剧"等项目化学习课程,学生在教师指导、合作探究、成果展示的全过程中和创编现代京剧《呐喊1919》的过程中,既完善了知识结构,学习探索表演的艺术,又提升了自主思考、合作探究、解决问题的能力。

(三)社团活动,专项类拓展

学校根据学生学习的不同阶段、难易程度以及个性喜好等,开设了"京韵泥塑""京韵剪纸""京剧书法""京剧十字绣""京韵舞蹈""京韵操"等社团活动,比如,书法课上,书写名段唱词、欣赏京剧名家书法作品;体育锻炼课上,练习京韵操,强身健体;泥塑课上,研究京剧表演的形体、服装的色彩,培养学生的艺术想象力等。社团课程保障每一个学生都能找到最适合自己的课程资源,达到进阶式学习和成长。

(四)特色课程,品牌化发展

在普及发展的过程中,为了让京剧文化更易于为学生所接受,更适合学生个性发展,更浓缩文化精髓,学校组织教师研发系列特色课程,形成了"图谱神韵——绘剪""京声雅韵——赏演""泥塑戏韵——捏创"三门特色课程。学生通过限定和选修相结合的学习方式,在剪、绘、赏、演、捏、创中学习、传承和创新京剧文化。

二、依托特色引领,优化文化育人路径

学校作为首批"上海市京剧进课堂"试点学校、上海市青少年戏曲人才传承示范学校、嘉定区戏曲联盟学校,嘉定区艺术特色学校,以京剧文化教育为引领,围绕"图谱神韵""京声雅韵""泥塑戏韵"三门特色课程,借助项目化发展优势,推动美育深入发展。

(一)在剪绘中"知审美"

京剧脸谱被誉为"国粹中的国粹",它是走近京剧、了解京剧、普及京剧的极佳途径。"图谱神韵"课程从脸谱的历史由来、脸谱的构成元素、脸谱的色彩象征、脸谱的谱式、脸谱在生活中的运用、脸谱的衍生工艺、脸谱的社会影响力等方面进行普及性教学。教师脸谱教学的方法多样化、简单化,学生从剪脸谱、贴脸谱、画脸谱、赏脸谱到印脸谱,并勇于尝试"勾脸"。从平涂到立体,从描摹到勾脸,帮助学生在绘制千差万别的谱式过程

中,不断领悟脸谱"寓褒贬,别善恶"的艺术功能,领悟脸谱"角色符号"和"心灵的画面"的审美意义,由喜爱到酷爱,由痴迷再到成为一个忠实的京剧文化传播者。

(二)在捏创中"知情节"

"泥塑戏韵"课程是嘉定区青少年民族文化优秀传承项目的主要课程之一。教师在戏曲人物捏塑的教学过程中,帮助学生了解剧目、了解人物、了解历史和剧情的意义,实现"塑人·塑心·塑志"的育人价值。学生通过捏创骨子老戏《二进宫》剧中人物,了解老生、青衣和花脸的行当;捏创《穆桂英挂帅》中的人物了解巾帼英雄的家国情怀;捏创京剧《沙家浜》剧中人物是时空的跨越,更是学生感受文化魅力的经历。"泥塑戏韵"项目的实施,说明了京剧文化在校园传播的路径是多元的,学生在传承京剧文化和泥人制作的过程中获得知识与技能的"双丰收"。

(三)在赏演中"知韵味"

"京声雅韵"课程,以教授学生初级专业表演为目标,由京剧专业演员和本校艺术教师共同授课。每年从六年级新生中,选拔一批有潜力的学员加入,从"一招一式、一板一眼"的形体训练,到吊嗓、韵白和念白的发声练习,再到登上市、区各级各类舞台。京剧不仅丰富了学生的知识,加深了学生对传统文化的理解和热爱,更是让学生在专注与自信中感受京剧艺术的独特魅力。赏演优美的唱腔、丰富的造型、华美的服饰等,让男孩子们更温文儒雅,女孩子们更秀丽端庄,看着不同的角色扮相,感受京剧文化熏陶下学生们的成长,以及向往目光,处处都折射出京剧文化的魅力所在。

三、联动内外资源,达成全程育人目标

(一)经典传承,提升审美素养

若问学习京剧、传承京剧,学的是什么?传的又是什么?不言而喻,京剧作为中华优秀传统文化,其精湛艺术的背后凝聚着强大的精神文化,蕴含着"博采众长,兼容并蓄"的文化特质,舞台上的光鲜,暗含着京剧人台下吃苦耐劳的敬业精神,这种优秀品质正是当下学校教育中不可缺失的。在众多经典剧目中,《穆桂英挂帅》《定军山》《红灯记》《智取威虎山》中的精彩唱段,是学校艺术教学多年来的保留曲目,在美术、舞蹈和戏曲课教学中,始终不忘将民族气节、家国情怀植入学生情感教育之中,构建美育、德育的联动机制,这是学校渗透"大思政课"一体化学科育人的极佳切入点和优秀典范。

(二)活动展演,感受美育魅力

学校注重京剧技艺与精神传承的共融,通过"校园文化艺术节""六一"主题集会和舞台演绎,例如"传承国粹·京韵和鸣"京剧演唱会暨研讨活动、"春色满园,戏韵争辉"校园网络京剧展演活动、"油彩勾脸,品鉴人生"讲演活动、"走进京剧"知识PK赛、"翰墨京韵"学生作品展等,集中展示京剧文化在校园中的"热度",让学生在校园京剧文化活动中,走近传统文化,体验传统文化、展现传统文化,增强了文化自信。

(三)资源联动,丰富美育内涵

2017 年中宣部、教育部、财政部、文化部共同出台《关于戏曲进校园的实施意见》,为学校京剧教育的发展,送来了一股和煦的春风。学校依据市、区"戏曲进校园"工作要求,"请进来"与"走出去"相结合,协办多场京剧进校园活动。近五年,学校开展了 12 场戏曲进校园活动,例如:京剧名家王珮瑜、京剧名家严庆谷、上海京剧院优秀青年演员蓝天来校开展讲座。在众多高质量的活动中,学生与京剧面对面,与大师面对面,在与名家的交流中,体会人生的价值,对学校文化育人的常态化、机制化、普及化产生了巨大的影响,学校的美育工作也上了一个新台阶。

(四)交流推广,传播美育成果

学校注重京剧文化的传播和交流,承办了广西壮族自治区柳州市"戏曲进校园"种子教师交流活动,进行了学校京剧特色发展的工作交流,观摩了教师的京剧进课堂教学实践课。与美国菲茨杰拉德公立学校访学团互动,传授《天女散花》绸舞表演,促进中美文化的民间交流。学校师生应邀到真新街道老年大学送教,开展了京剧脸谱指导系列教学,并成功展出学习成果。"国韵"京剧社团的同学们还到街道阳光之家,为那里的孤寡老人献上京剧唱段。学校支教教师将京剧脸谱艺术带到平均海拔 4000 米左右的雪域高原青海省果洛藏族自治州久治县民族小学的课堂上,让藏族的小朋友一起感受京剧传统文化。

四、借助科技赋能,创新文化育人方式

伴随数字化技术的兴起,校园戏曲数字化的推广又开辟了学校教育教学的新领域,学校率先将"数字化普及教学资源平台"融入艺术门类教学实践中,深化科技与美育的融合,打造智慧课堂,展现国粹新传承,助力学校美育创新发展。

(一)科技潮玩京剧元素

近年来为不断适应教育改革的需要,跟上当代教育的节奏,扭转单一的传承方式,为特色发展注入更具趣味性、挑战性和探索性的元素,找准新目标,学校将京剧与科创相融合,构建"国韵风＋""科创谷＋"的新课程体系。"国韵风＋"特色课程,以"京韵"综合课程开发为载体,融入"国韵""国风""国艺"三大传统文化,以京剧元素渗透多元学科为发展脉络,在民族舞蹈、翰墨书法、丹青彩绘的教学中加以统整,彰显出京剧文化独特的艺术人文价值。"科创谷＋"特色课程,以"STEAM＋"综合课程开发为载体,将传统的泥塑、剪纸、绘画等,与 3D 打印(京剧脸谱)、激光造物(京剧制造)、热传印(京剧文创)等技术相融合,共存共进,既保留传统,又带有创新。同时将学校 DI 创新思维、OM 团队的科创活动与学校的京剧特色相融合,教师引导学生拓展思路,将科幻元素融入京剧文化中,帮助学生感受京剧的"新玩法",注重新方式、新体验和新开发,开拓了"潮玩"京剧的新路径。

（二）技术赋能教育教学

数字化技术增加了教师教育教学的选择，深挖数字技术开展精准教研，为教师开展高质量教育教学，提供了技术保障。教师围绕大单元主题，充分利用数字化的资源和技术，挖掘资源的艺术人文价值，构建"学、教、练、评"的教学流程，让艺术课堂更直观、更生动。例如：在备鉴赏、演唱、舞蹈、绘画、书法、工艺等课时，既考虑各自的独立性，又考虑相互的共生性，并运用数字平台资源优势，在课程中纳入文史背景、动画展示、问答及游戏等环节，加强纵深学习，为实现教学过程完整性、趣味性、实效性做好铺垫。数字化技术的运用，使课堂教学化静为动，学生可从更多元化的视角探究学习。在信息化交互中，切入、迁移、融合等全新的教学方式，使艺术教学变得更有活力，实现了美育课程与思政元素有力聚合，赋能学校高质量发展，赋能学生全面发展。

（三）"数剧"开拓学习空间

学校遵循"传统与现代融合，经典与趣味融合"的京剧资源使用理念，积极尝试构建"数剧京韵"学习空间。在"数剧京韵"学习空间里，除了京剧知识类、表演类资源外，加入活动类、益智类、综合体验类等资源，作为师生探究京剧文化的项目化学习空间。教师依据课程标准，充分考虑学生整体和个体特征，灵活使用"数剧京韵"的数字资源，设计符合学生知识水平的项目化学习内容，例如：结合嘉定汽车城特色设计具有京剧元素的赛车游戏；和京剧大师"重逢"，创编戏曲唱段等，对学生开展项目化研究起到了保障作用。同时教师运用学习空间提供的资料采集、存档、展示等功能，课上进行互动教学，课后学生开展自主学习，并形成教与学的数据资源，教师跟进学生学习状态，为"双减"政策下，学校美育的项目化教学提供了资源空间。

"文化传承，历久弥新"，二十年来，京剧之美充满丰中校园，深深地扎根于每一位丰中师生的心里。在新时代学校美育中，学校将筑牢"品牌"，赓续"特色"，继续打造"国韵丰中"文化育人的新高地，加速文化传承，坚定文化自信，再创美育的新辉煌。

多元融合　共享共赢

——上海市光明中学戏曲师资队伍建设的实践与探索

上海市光明中学　朱晓薇

摘要：上海市光明中学在艺术"一条龙"项目戏曲师资队伍的建设方面进行了积极的实践与探索。为了确保戏曲普及教育的质量和成效，学校不断挖掘并培养校内教师资源，打破专业边界，多元融合，通过定期培训和研修，提高教师的戏曲专业素养和教学能力，从不同角度理解和传授戏曲艺术，成为学校艺术"一条龙"项目的重要支柱；同时，联合校外及业界专家，积极推动学区合作，推进学区艺术教育工作坊建设，融合优秀教师资源，合力探索戏曲教育新模式。这一系列举措，为学校艺术"一条龙"项目戏曲普及教育的顺利开展提供了坚实的基础。

关键词：学校艺术"一条龙"；师资队伍建设；多元融合；学区联动

上海市光明中学是一所有着深厚的文化积淀且享誉沪上的百年名校。学校以"德育首位，和谐发展，因材施教，人文见长"为办学理念，致力于"建设有浓厚人文精神的学校，培养有高度人文素养的学生"。多年来，学校在打造"弘扬国粹，传承中华优秀传统文化"的学校文化品牌的同时，积极探索艺术"一条龙"人才培养体系的建设。

我们常说，"铁打的营盘流水的兵"。高中三年对于学生来说转瞬即逝。学生一茬接一茬地更迭，唯有学校高度重视和建立一支相对固定的师资队伍，才能保证艺术"一条龙"项目的可持续发展。近年来，学校在艺术"一条龙"项目戏曲师资队伍的建设方面进行了积极的实践与探索。

一、全力保障，夯实基础

师资队伍建设是提高教育质量并促进学生全面发展的关键。师资队伍的素质直接影响学生的发展潜力。首先，优秀的教师能够提供高质量的教育资源。他们具备深厚的学科知识和丰富的教学经验，能够为学生提供优质的教育资源和教学服务。其次，优秀的教师能够激发学生的研究兴趣。他们通过采用创新性的教学方法，引导学生发现问题、解决问题，培养学生的创新能力和综合素质。再次，优秀的教师能够促进学生的全面发展。他们不仅关注学生的学科知识，还注重学生的情感、态度和价值观等方面的培养，帮助学生全面发展。

学校历任领导都注重教师的选拔和培养，也都十分重视艺术教育工作。将"以美立德"作为学校艺术教育的宗旨,将"弘扬国粹,传承中华优秀传统文化"作为学校艺术教育的核心,培养学生的艺术感知、创意表达、审美情趣、文化理解能力,立德树人。

自成为首批艺术"一条龙"高中阶段学校以来,学校定期召开艺术"一条龙"专项工作领导小组会议,重点研讨以国粹京昆艺术为引领的戏曲教育工作。校长、副校长、德育处主任、艺术总辅导员、艺术教研组形成合力,并通过教研组、年级组、团委、学生会落实各项艺术教育工作,职责明确,定位清晰。

学校克服市中心场地小等不利因素,将多处场地进行改造与调整用于艺术教育。学校现有排练厅三间,艺术教室三间,大礼堂和小舞台共三个,其中两间教室为戏曲专用教室。同时,学校保障艺术"一条龙"项目的设备添置、日常排练、展演、师训、活动等经费。学校为学生拥有良好的艺术学习环境、为教师的专业发展保驾护航。

学校有 3 位音乐教师和 2 位美术教师。5 位专职艺术教师是学校艺术教育师资队伍的中坚力量,也是戏曲"一条龙"项目的基础师资保障。

二、打破边界,融合重组

除了艺术教师,学校还充分挖掘校内资源,打破专业边界,将两位京剧票友老师、一位武术专项老师、一位健美操专项老师也纳入戏曲"一条龙"项目的师资队伍中。

学校的 2 位京剧业余爱好者(统称票友),1 位是历史教师,他是余派老生票友,也擅长京剧打击乐。另 1 位是网络管理员、计算机教师,她是一位资深的旦角票友。学校积极调动和发挥京剧教师票友的积极性,力邀他们担任艺术兼职教师,充实戏曲"一条龙"项目的师资队伍。

学校的 1 位武术专项教师,有着扎实的武术功底,可谓一身功夫。学校充分发挥他的特长,结合京剧武生的基本功学习,培养其成为戏曲"一条龙"项目的兼职教师。他主要负责在武术专项课上挑选好苗子,为学校京昆社团培养京剧小票友。

学校还有 1 位健美操专项的青年男教师,他有着一定的舞蹈功底。针对他的特长,学校请他加入兼职艺术教师团队,通过京剧剧目的排演,培养他对京剧艺术的热爱,如今,他也成为戏曲"一条龙"项目师资团队的一员。

通过融合重组,学校的戏曲"一条龙"项目师资队伍在 9 名艺术专兼职教师的合力之下逐渐壮大。

三、学区联动,合力推进

由我校领衔,联合光明初级中学、上海交大附属黄浦实验中学、震旦外国语中学、复兴东路第三小学,共同组建了外滩学区。这四所学校将通过加强校际交流与合作,促进资源的集成与共享,合力推进基础教育办学体制改革、育人模式创新、特色品牌共建,实现优势互补、共同发展,最大限度地发挥学区资源的综合效应。学区加强海派文化、中华优秀传统文化教育,打造"立足上海,胸怀祖国,面向世界"的品牌。

外滩学区教师团队建设也是一项至关重要的任务,它不仅关系到学生的学习成果,更关系到整个学区的教育质量和未来发展。因此,必须采取一系列有效的措施,打造一支高素质、高水平、高效率的教师团队。

学校牵头成立外滩学区艺术教育工作坊,旨在汇聚外滩学区内各所学校的艺术教育资源和专家们的智慧力量,加强学校艺术"一条龙"布局项目的区域协作,共同推动学校艺术教育的繁荣发展,为我们的学生提供更加优质的艺术教育平台和环境,提升学生的艺术素养,引导学生关注中华优秀传统文化,增强文化自信。

外滩学区艺术教育工作坊成员大多是艺术专职教师,其中也有语文、历史、信息技术老师,但他们或是京剧票友,或善于戏剧排演,以其独特的视角、专业的技能和无限的热情投身于外滩学区艺术教育事业,在为工作坊注入活力和创意的同时,合力推进戏曲"一条龙"项目的建设。

四、多元培训,助力提升

(一)艺术教师,自我充电

学校的 2 位声乐教师、1 位民乐教师、2 位美术教师,虽然都没有戏曲功底,但是在"一条龙"布局项目的引领下,有着对京剧艺术的一腔热情,通过不断学习、积累和实践,艺术教师们都能结合本专业将京剧课程融入教学之中。声乐教师在课堂上教学生京剧唱腔,从分清楚尖团音、学唱京歌开始逐渐深入《梨花颂》《追韩信》等经典曲目;舞蹈教师教学生身段,一个步伐、一个指尖的动作、一个眼神,在一颦一笑之间传递京剧的韵味;民乐教师通过琵琶、京鼓、三弦等民族乐器,教授学生民乐,感悟京剧的节奏和韵律;美术教师让学生绘画脸谱,了解不同京剧行当的扮相以及在课堂中融入京剧舞台美术布景设计、京剧道具制作;等等。

(二)票友教师,专业辅导

学校的 2 位票友教师不仅投入京剧普及教学,积极参与学生京昆之友社团的建设,更是不遗余力地为专兼职艺术老师提供专业辅导。从京剧的艺术特征、四功五法,到唱段、锣鼓经,多方位开展指导,提高艺术教师的戏曲素养。

每年的迎新晚会都是学校京剧教学实践的舞台,学生们通过在舞台上实际演出,提升表演技能。在教学中,光明中学艺术教师团队也有自己深入的思考,不断平衡传统与现代的教学方法。一方面,要注重传承和保护传统的京剧表演艺术;另一方面,也要鼓励学生在表演中加入现代元素,使京剧艺术更加贴近当代观众的审美需求,吸引更多的学生关注京剧、喜欢京剧,从而进一步传播京剧。在教学活动中,教师积极为学生提供示范,并给予他们及时的反馈和建议。教师的示范和指导对学生学习京剧表演至关重要,有助于学生更好地掌握表演技巧和提高表演水平。京剧是中国传统文化的瑰宝,具有丰富的文化内涵。因此,在教学中,教师需要培养学生的文化素养,使他们能够更好地理解和传承京剧文化。

(三)校外专家,助力提升

学校特聘上海戏剧学院戏曲学院院长、上海市学校艺术(戏剧)"一条龙"项目负责人、上海校园戏剧教育与应用中心主任、上海市教师教育学院（上海市教育委员会教学研究室）中学艺术教研员等专家担任学校戏曲教育顾问和兼职导师。聘请上海京剧院数名京剧专业演员担任兼职京剧教师。特邀上海京剧院国家一级演员以及北方昆曲剧院国家一级演员等名家来校指导。在专家和名家们的助力之下，学校的戏曲"一条龙"教师团队得以快速成长。

（四）交流互动，研训一体

学校的专兼职艺术老师与学区的中小学艺术老师共同开展戏曲主题教研活动，观看京剧电影《贞观盛世》，并结对开展戏曲教育研究。学校还邀请上海京剧院艺校老师为学区艺术体育教师开设戏曲广播操专题培训。学区艺术教育工作坊成员一起走进上海京剧传习馆开展主题研学。诸如此类的活动，不仅深化了学区间教师的交流与融合，提升了学区戏曲师资队伍的整体实力，更是推动了戏曲"一条龙"特色项目的建设。

学校的专兼职艺术教师还积极参加专业培训，努力提高自身戏曲教育水准。例如，参加上海市中小学文化艺术名师工作室李佩红戏曲艺术工作室和史依弘京剧工作室的学习；参加学校艺术"一条龙"人才培养体系建设首期高中阶段学校专业教师培训；参加上海市中小学综合艺术师资（戏剧戏曲）专项培训，体现出戏曲龙头学校的艺术教师对自身专业发展的更高要求和进一步提升。

五、共享共赢，展望未来

（一）辐射引领，共享成果

通过不断学习和钻研，数位艺术教师在上海市中小学戏曲微课展评活动和上海市中小学戏剧优秀微课展评活动中分别荣获金、银、铜奖，学校艺术总辅导员还获得最佳优秀指导奖。

在"上海市中小学美育骨干教师（戏曲）艺术课程改革第二、第三轮专项培训"项目中，学校多位专兼职艺术教师受聘担任培训项目的指导教师，为全市学员开设专题讲座和教学示范课。学校两位艺术教师受邀加入黄浦区高中艺术研训一体课程教师团队，在全区高中艺术教研活动中开设戏曲普及课程，通过讲座、示范课、交流研讨等形式，更多学校的艺术教师了解到"戏曲进校园"的可行性和适切性。学校两位艺术教师参与的"玩转脸谱"区级德育共享课程在上海市教委主办的黄浦区学校德育特色课程暨"中国系列"课程展示活动中进行了深入的交流分享。

学校荣获教育部授予的"全国中小学中华优秀传统文化传承校"称号。

（二）区域共建，展望未来

良好的团队合作文化是促进教师团队发展的灵魂。学校倡导互相信任、互相支持、互相协作的合作精神，鼓励学区教师之间的交流与合作。通过共同制定教学计划、共享教学资源、共同开展课题研究等方式，增强教师团队的凝聚力和向心力。同时，通过举办团队建设活动，增进学区教师之间的友谊和默契，提高团队的合作效率和工作质量。此外，学校将积极推进学区艺术教育工作坊建设，并与区域教研联动，挖掘并整合区内外优秀艺术教师资源，研究、探索促进学生艺术(京剧)素养提升的教育教学新模式，促进教师专业发展。

聘请京昆艺术专家为学校专兼职艺术教师以及学区艺术教育工作坊成员开设讲座与培训课程，开阔教师视野，提高其执教能力。诸多京剧名家将继续走进光明中学的校园，和师生现场互动，传播京剧文化，师生们也将在"坐唱念打"中体悟京剧艺术的魅力。一个水袖的动作，一个身形步伐，一段京韵念白，点点滴滴都将倾注师生们对优秀传统文化的敬畏之心和虔诚学习之心。

开展戏曲艺术交流展示活动，指导教师为学生搭建展示艺术才华的舞台，开展以"传承中华文化基因"为主线、戏曲艺术为主要内容的艺术教育活动，并进行校际交流和互动，培育学生的文化自信，促进学生全面发展，落实立德树人根本任务。

学校还将继续整合各类专家团队资源，聘请上海京剧院名家、上海戏剧学院戏曲学院名师担任导师，打造一支实力雄厚的师资团队，提升戏曲教育的品质，合力推动学校戏曲"一条龙"项目的建设和发展。

学校未来也会利用现代科技手段进一步提升京剧教育的质量。例如，运用数字化技术记录京剧表演的全过程，让学生通过视频学习、在线观摩等方式深入了解京剧艺术的细节。同时，结合虚拟现实(VR)技术，为学生提供沉浸式的京剧体验，使学习过程更加生动有趣。

此外，加强国际文化交流也是京剧教育未来的发展方向。学校将通过参与国际艺术节、参加巡回演出等形式，推动京剧在国际舞台上的传播与交流，让更多外国观众了解和欣赏到京剧的魅力。同时，借鉴国外戏剧教育的经验，引进先进的教育理念和方法，提升京剧教育的整体水平。

希望在艺术"一条龙"项目的推动下和教师们共同的不懈坚持和努力下，能够有更多的学生和青年人热爱并传承京剧这门国粹艺术，让京剧在新的时代里焕发出更加璀璨的光芒！

京歌表演形式初探

——以演绎《梨花颂》为例

上海市久隆模范中学　茅　娟

摘要：我们可以通过演唱京歌拉近学生与戏曲之间的距离，提高学生对戏曲艺术的关注度，让更多的学生能通过艺术实践走近戏曲，进一步了解并弘扬祖国优秀的传统文化，合唱与诗歌的结合已经得到了很好的推广，那么如何在合唱艺术中融入京歌的表演？我们在日常教学中进行了有效尝试，学生的参与度、喜爱度以及后期呈现的各种场合的表演效果，还是让人满意的。我们充分调动和激发了学生的听、动、演、赏、创等多感官参与，全体同学都了解演唱京歌的主旋律，融入奏、演、创等表演形式，让作品成为雅俗共赏的精品。

关键词：京歌；表演形式；音韵；身段

本案例中授课对象为合唱艺术团的学生，他们来自学校初一、初二各班级，同时，他们也是戏曲爱好者。他们有一定的歌唱基础，经过两三年的合唱队的学习和积累，他们已基本掌握了音乐要素、音乐表现手法，在音乐欣赏、表现、创作能力方面也有了一定程度的提高。学科教学中，他们所学的音乐、美术教材中也会涉及一定篇幅的戏曲相关知识，如六年级第二学期教材第五单元的《梨园金曲》。学生们对我国的传统地方戏曲有所了解，对国粹京剧更是喜爱有加。我们每一学期都进行"戏曲进课堂"校本研修学习，本学期我们学习了京歌《梨花颂》，学生们把课堂上学到的演唱和表演知识用到了自己的创作中，活动成果精彩纷呈。

一、教学策略选择

数字课堂：利用信息技术，学生课前通过网络搜索，学习传统戏曲相关知识，教师提供相应的学习资源包，让学生有足够的条件了解自己感兴趣的戏曲种类和唱腔，通过观赏《戏曲广播操》了解戏曲中程式化的表演动作，感受戏曲伴奏音乐的音韵美。采用情景教学法，学生课前通过欣赏京剧表演艺术家的演唱视频，提高自己的艺术审美能力，开阔自己的艺术视野。教师在课前给同学们发放学习资源包，里面有音频、曲谱、《戏曲广播操》视频等学习资料。

真实课堂：运用指导性教学策略。学唱京剧最简洁、最直接、最有效的方法是：口传心授、口耳相传、逐字逐句教唱。我作为史依弘京剧名师工作室学员，学习期间有幸得到上海戏剧学院副教授李秋萍老师教学和指导，学习了京歌《梨花颂》等作品，在学唱中，我感悟到了京剧的咬字、吐字，关注了每个唱词的字头、字腹、字尾的准确把握。我从李秋萍老师那里学到了京剧的唱腔，再把学到的知识教给同学们，体现了对传统戏曲文化的传承。课堂中，我通过引导学生"看戏—听戏—学戏—唱戏—演戏"，带领学生寻找最美"杨贵妃"。活动中，我也注重指导学生快速进入学生创编活动板块，由浅入深、由易到难，他们根据自身实际，逐步尝试和实践，成功实现艺术学习的输出过程。最后我们欣喜地发现，当我们自信地投入演唱、演奏、表演中时，每位同学自己本身就是最美"杨贵妃"。

二、教学活动目标

1. 体验京歌咬字、吐字的特征和气息的特点，了解中国戏曲载歌载舞的表演形式。
2. 知道西皮流水板腔体的演唱特点。
3. 记忆京歌《梨花颂》的旋律曲调，能自信地演唱京歌，还能运用自己的特长开展演奏、创编，进行集体合作表演。

三、教学活动准备

课前，学生通过老师在网络平台发布的学习资源包和前一段时间的线上课教学，学习《戏曲广播操》以及京歌《梨花颂》。老师准备一套戏服（女帔、水袖、大褶裙、绣花平底彩鞋），供学生近距离触摸、观赏，穿着体验，拉近学生和戏曲间的距离，为演唱和创编活动做好充分的准备。下载男旦、女旦演绎的《梨花颂》视频，给男生心理暗示：男生也能表演旦角的唱腔。准备戏剧学院副教授李秋萍老师放慢速度版本的教唱音频。收集学生提交的唱、奏、演音视频作业，通过优秀作业展示，激励同学们认真练习，心有所向，积极投入综合创作活动中。

四、教学活动实施

1. 导入：今天，老师穿上戏服跟同学们一起看戏、听戏、学戏、唱戏、演戏，一起到戏曲中寻找最美"杨贵妃"，我们来看看谁唱得最好，谁演得最好，谁是最美"杨贵妃"。
2. 看戏：

（1）观摩京剧表演艺术大师梅兰芳之子梅葆玖先生携梅派目前唯一的男旦传人胡文阁共同演绎的京剧经典《梨花颂》。《梨花颂》以《大唐贵妃》中唐明皇和杨贵妃的爱情为主题，唱腔中融入了梅派唱腔特色，个人主唱与合唱相辅相成，温婉与大气相结合，是一部能从整体上体现梅派神韵和精髓的剧目。同学们通过欣赏剧目，感受男旦大师们的艺术魅力。

（2）观摩京剧表演艺术家、梅派传人李胜素老师演绎的女旦版《梨花颂》，见识被称为京剧旦角"天花板"演员的精彩演绎。

通过观摩梅派男旦和女旦的精彩表演，了解梅派表演的特色：醇厚流利、端庄大气、中正雅致、圆融深远。让同学们知道西皮流水板腔体的演唱特点。

3. 听戏：欣赏上海戏剧学院副教授李秋萍老师放慢速度清唱的京歌《梨花颂》，关注她的咬字、吐字,注意听每个字的字头、字腹、字尾,学习吸气的气口,准确把握尖字音,感受京歌的唱腔韵味,气韵特征。

4. 学戏:跟着老师一句一句地学,逐字逐字地唱。大家学唱时可以先放慢速度,要唱准每个音,唱好每个字。旋律中有些音符是乐器伴奏的音,演唱时可以不唱。

5. 唱戏:先听听同伴们课后自主学习的成果,随后全体同学在老师的带领下齐唱,再请出有自信愿意表现并唱得好的学生进行独唱展示。

6. 演戏:在唱的基础上,如果学生有器乐特长的话,还可以用乐器来演奏歌曲的旋律。观摩同伴用二胡、小提琴、长笛、钢琴等乐器演奏的《梨花颂》。

7. 创编:分组进行舞蹈创编,为京歌《梨花颂》配上合适的舞蹈动作,可参照《戏曲广播操》中程式化的戏曲表演动作,也可以根据歌词内容进行创编。

8. 综合展示:先自主排练,然后合作表演。

9. 小结:通过一系列艺术实践活动,我们做到输入和输出的有效结合,同时也惊喜地发现,当我们每个人自信地投入演唱、演奏、表演中时,每位同学自己就是最美"杨贵妃"。

五、活动评价

评价表 1　简单核查表

评价内容	学习结果核查
①判断梅派唱腔的特色:优雅、委婉、大气相结合	□正确　□不正确
②学唱京剧最简洁、最直接、最有效的方法是:口传心授、口耳相传、逐字逐句教唱	□正确　□不正确
③判断京歌是京剧和歌曲的结合,京歌的唱腔音色比较嘹亮	□正确　□不正确
④判断京剧中的咬字、吐字(字头、字腹、字尾)很重要	□正确　□不正确

评价表 2　等级量表

评价内容	评价要点
演唱、演绎《梨花颂》	□优秀: 按谱例中的连音线、装饰音记号、休止符,跟随音乐的速度和力度,以正确的音高、节奏连贯地视唱旋律,体现西皮流水板腔体,正确把握换气、过板开唱等歌唱技能,注意咬字、吐字的技巧。 □良好: 能在教师的引导下,随音乐的速度和力度,以正确的音高和节奏连贯地演唱。 □合格: 模仿老师与同伴用较弱的力度哼唱旋律,不够自信。 □需努力: 未能跟上音乐的速度,音准节奏有较多错误。

六、活动作业

老师在钉钉平台发布作业,学生以提交视频的方式加以完成。具体内容如下:

作业:根据自己的表演特长,选用唱、奏、舞等形式,独立表演自己喜欢的某一个戏曲唱段。

要求：

1. 唱：词曲正确、较有韵味地演唱自己所选的戏曲唱段。

2. 奏：发挥自己的器乐特长，正确、较有韵味地演奏自己所喜欢的戏曲唱段。

3. 舞：运用学过的戏曲广播操为自己喜欢的戏曲唱段编配动作，至少完成一个乐句的创编，要求动作与唱句相得益彰。

4. 至少完成以上的一项。

注意事项：通过钉钉或微信平台递交音视频作业。

七、活动自评、反思

整个教学的过程有铺垫，有要求，有提高，达到目标—分层—导学，整个学习的过程就是学生"听戏、唱戏、演戏"的过程，面向全体学生，激发学习兴趣，引导深入学习。用问题链的方式引导学生边听、边学、边唱、边思考，层层释疑，在艺术体验中逐步得出答案。以情优教，声情并茂。老师用自己戏曲演唱的基本功来感染学生，吸引学生全身心地投入学习中，带领学生体验依字行腔、似断非断、一唱三叹，从而真实体验戏曲的表演形式和唱腔韵味。

本课例中的亮点是作为学生输出性内容呈现的活动成果展示，它是在音乐学科在线教学基础上，结合学校特色活动设计的艺术实践活动。教师能针对学生戏曲表演基础的差异性，开展唱、奏、舞、创等多种形式、多个层次的活动。这种灵活而有梯度的活动给予了学生自主选择、自主学习的机会，也使每一位学生都能找到适合自己的表演方式，并获得成功表演的机会，镜头前的表演不再只是特长生的权利。此外，活动展示过程中教师个性化的点评与鼓励也有效地调动了学生参与独立表演的积极性，激励着学生不断调整，不断进步。

本节课充分利用线上线下教学的有效融合，是让课堂教学以学生为主体，以体验式学习过程为主导，在老师的有效引导下，学生逐步走近戏曲、品鉴戏曲、感悟戏曲、表现戏曲的极好范例。同学们跟随着老师的思路，宛如一位位戏迷票友，一路看戏、听戏、学戏、唱戏、演戏，不亦乐乎，课堂气氛也相当活跃，拉近了学生与传统戏曲间的距离，让学生被戏曲的唱腔抑或表演所吸引。学生的实践活动——演唱、创编京歌《梨花颂》中，老师真切地感受到了学生们各尽所能后的精彩纷呈，也看到了一些同学课后自主学习、深入探究的过程。最美的戏曲形象无疑是自信地投入表演中的"你"。以下是教师评语片段。

> 这位丁同学非常认真，他先后五次递交了合唱作业，不断地在聆听和模唱中进行自主学习、尝试与调整，整个学习过程也是他追求美、享受美、创造美的过程。
>
> ——"钉钉"平台评语

> 丁同学在唱会京歌《梨花颂》后，还进一步学习戏曲表演动作，尝试戏曲功夫中唱和做的结合，注重声和形的高度融合。
>
> "钉钉"平台评语

八、参与艺术实践,向课外延展,润育无痕

1. 参与学校庆祝教师节活动演出,学生创编舞蹈动作,为老师演唱京歌《梨花颂》伴舞,两位同学根据自己对作品的理解,结合自己学习的《戏曲广播操》,创编了舞蹈《梨花颂》。

图1 师生表演照片

2. 参与戏曲微课录制,学生唱主旋律和交响乐伴奏版中的人声和声效果。

(a)

（b）

（c）

图 2　戏曲微课照片集锦

在我们的课堂中,学生唱:唱主旋律,表现其曲调的委婉、绵延,体会梅派唱腔的神韵和精髓;奏:用弦乐和吹管乐合作演绎《梨花颂》的旋律,共同领略器乐音色对京歌作品的演绎;演:给京歌唱腔配上戏曲中程式化的表演动作。通过一系列的艺术实践,感受京歌的不同表演形式。

3. 参与"戏曲进校园"讲座中的演出,全场学生演唱主旋律,合唱队伴唱和声（模仿交响乐伴奏中人声合唱的效果）。

4. 参与课后服务项目"戏曲演唱",我们从参与课堂学唱的同学中选拔了 10 位同学组成课后服务学习小组,深入学习唱和做,尝试载歌载舞。

5. 参与学校主题校会演出,合唱配合伴舞、伴奏（小提琴、二胡、长笛、钢琴）等,场面宏大,气氛很好。

图 3 《梨花颂》表演

学校主题校会的演出中,同学们的演出曲目是《梨花颂》。她们的表演形式有唱、奏、演、创,同学们用自己喜欢的方式演绎京歌《梨花颂》,把戏曲的种子播撒到同伴们的心田,让传统文化深入人心。她们的表演令人耳目一新,又不禁拍手叫绝。

6. 参与"戏曲进校园"主题活动演出,合唱队的同学们沉浸式体验中华戏曲艺术的魅力。

图 4 "戏曲进校园"主题活动演出

我们课后服务社团的 10 位同学和老师合作表演,参加学校"戏曲进校园"主题活动演出。大家着戏装,扮上京剧人物惊艳亮相,赢得全场一片叫好声。

九、展望未来

我们希望有更多优秀的作曲家加入为京歌创编合唱声部的队伍中来,作为国际大都市的上海也能多举办"京歌合唱音乐会"等演出活动,让我们的国粹拓宽学生的人生广度,增加学生的人生厚度,学生们能更好地传承和发扬中国的优秀传统文化。

以歌传韵，以美养德

——汇师小学"京歌"育德的实践探索

上海市徐汇区汇师小学　潘　璐　叶雯雯　殷晓宇

摘要：京剧是传统国粹艺术，传承中华优秀艺术文化是美育与德育的主要目标。京歌是加上了京剧音乐元素的歌曲，是对京剧的改良与创新。京歌在内容上、思想上、形式上都具备积极性、启示性、育人性等特点，对学生核心素养的发展有着积极的引导作用。本文以汇师小学京歌课程为例，通过京歌的教学实践，探索京歌助力德育发展的策略，以期生成传承中华优秀艺术文化的纽带，提升学生的核心素养。

关键词：京歌；学科德育；教学策略

　　京剧作为国粹，在200多年的发展历程中，经历无数变迁，积淀了丰厚的文化底蕴。汇师小学2010年被评为全国首批中小学中华优秀文化艺术传承学校，校本课程"京韵润童心"已稳步推进近20年。随着戏曲的日益普及与国家对中华优秀传统文化重视的不断提升，传承中华优秀艺术文化成为学校德育工作的重要抓手。

　　然而在实践过程中我们发现了诸多困难，首先，京剧演唱有一定章法与难度，部分学生较难在短时间内掌握，长此以往容易降低其学习京剧的兴趣与热情。其次，大多数京剧作品的创作时代离小学生较远，受到时间与空间的限制，学生较难与作品产生共鸣，无法凸显民族文化的育人价值。最后，在难度高和时空受限的情况下，学生对民族优秀艺术的内涵、文化、价值的体验心有余而力不足，在这样的情况下，传统优秀艺术文化的德育价值很难体现。

　　如何以更贴近学生、更受学生喜爱的方式，借助优秀传统文化推动学科德育，是我们长期思考的问题。在这样的疑问下，京歌为我们提供了方向。京歌，是加上了京剧音乐元素的歌曲，著名的京歌如《我是一个中国人》《唱脸谱》《故乡是北京》等一直广为传唱，也受到广大学生的喜爱。在内容上，京歌唱词具备积极性、启示性、育人性的特点，且旋律与唱词都更贴近当代学生的文化审美；在表现形式上，京歌要求与京剧演唱具有同样的精气神，有助于培养学生健康向上的精神面貌；思想上，京歌作品浓缩了中华民族优秀传统美德，对学生核心素养的发展，有着积极的引导作用。

　　本文以京歌为着力点，通过京歌的课堂实践研究，探索并梳理京歌助力德育发展的策略，实现学生核心素养的全面提升。

一、关注学科综合，双向协同育人

《义务教育艺术课程标准（2022年版）》提出，"以各艺术学科为主体，加强与其他艺术的融合；重视艺术与其他学科的联系，充分发挥协同育人功能"，"突出课程综合"是艺术课程的重要理念之一。

（一）深挖教学资源，引入"唐诗京歌"

京剧是中华传统文化的璀璨瑰宝，其本身就是文学、音乐、美术、舞蹈、武术等门类的集大成者，"京歌"源于京剧，是加上了京剧音乐元素的歌曲，虽然京歌是现当代的流行产物，但在唱腔、唱词、表演等方面，借鉴了传统京剧的表现形式。虽然之前提及的《唱脸谱》等京歌深受学生喜爱，但大部分作品的曲调和歌词难度不小，经过课堂实践，我们感到这些作品更适合高年级学生，因此，挖掘新的京歌资源迫在眉睫。

通过资源搜索，"唐诗京歌"走进了笔者的视野。唐诗是中华民族珍贵的文化遗产之一，具有极高的育人价值、文学价值与审美价值。"唐诗京歌"即以唐诗为歌词，为其谱上具有京剧元素的音乐旋律而形成的歌曲。京歌和唐诗均具备艺术性、审美性、文化性等特征，学生在学习过程中能品读唐诗、感受京韵，感受文学之美与京韵之美的结合，有利于进一步深化学生对中华优秀传统文化的感悟，提升其文化自信，实现德育目标，达到"协同育人"的目的。

（二）设置年段梯度，生成学材资源

笔者共筛选出唐诗京歌15首，通过对京歌作品难易情况的分析以及对本校学生的学情分析（主要包括学生唐诗学习的经历与程度、音乐学习的经历和程度等方面），将15首京歌按照年段进行划分，形成了"唐诗京歌"学习年段梯度表与乐谱资源包。

表1　汇师小学京歌学材表

年段	作品	词、曲作者
一年级	咏鹅	［唐］骆宾王 词/张伟民 曲
	池上	［唐］白居易 词/张伟民 曲
二年级	江南春	［唐］杜牧 词/陈皓 曲
	春晓	［唐］孟浩然 词/张伟民 曲
三年级	江雪	［唐］柳宗元 词/陈皓 曲
	静夜思	［唐］李白 词/张伟民 曲
	牧童	［唐］吕岩 词/张伟民 曲
四年级	钱塘湖春行	［唐］白居易 词/杨梅 曲
	望月怀远	［唐］张九龄 词/杨梅 曲
	鹿柴	［唐］王维 词/陈皓 曲
	回乡偶书	［唐］贺知章 词/张伟民 曲

续表

年段	作品	词、曲作者
五年级	黄鹤楼	〔唐〕崔颢 词/杨梅 曲
	鸟鸣涧	〔唐〕王维 词/杨梅 曲
	赠汪伦	〔唐〕李白 词/杨梅 曲
	游子吟	〔唐〕孟郊 词/陈皓 曲

作品数量会随着年级的上升而逐步递增,比如,学生一年级对京歌的了解不深,对京剧的曲调行腔也未有接触,因此安排两首作品;二、三年级逐步增加至三首;随着对京歌的乐感的逐步提高,高年级可增加至四首。学生通常在学唱京歌之前就已经会背诵该诗或具备相应唐诗的学习经历,而京歌的学习不仅使其感受到了京韵文化,也使其对唐诗有了更深入的了解。

《静夜思》是学生熟记于心的古诗,大部分学生在学龄前就会背诵。京歌《静夜思》则能让学生通过音韵与古诗文的结合,深切地感受到诗人客居思乡的感情。尤其是京歌最后一句的拖腔,凝聚着诗人浓浓的乡愁,学生在演唱过程中,进一步深刻体会到诗人在寂静的月夜思念家乡的感受。

教学片段1:

师:"同学们,你们觉得这首京歌中哪一句最能体现浓浓的京韵呢?"

生:"我觉得最后一句'啊……'最能体现,因为这句的旋律一听就像在唱京剧一样。"

师:"你的感受力真强,这句运用了京剧当中'拖腔'的唱法,更显京韵风味。下面我们一起来学一学这句吧!"

(学生学唱拖腔部分)

师:"同学们,通过刚刚的学唱,你们觉得在歌曲的结尾,为什么要用拖腔来演唱呢?"

生1:"我刚刚在演唱过程中,发现这句用拖腔来演唱,使得诗人对家乡的思念之情更加凸显出来。"

生2:"我觉得最后的拖腔传达了诗人内心想要快点回到家乡的心情。"

师:"你们说得真好,最后一句的拖腔,在古诗所表达的诗人思乡之情的基础上,更进一步体现了诗人对家乡浓浓的爱意。"

将古诗与京歌相融合,既提升了学生的审美能力和文学修养,又更进一步加深了学生对中国传统文化的认知与理解,为学生打开了国风之美的窗户,将中国传统文化根植于心。

二、基于实际学情,创建"京韵＋"模式

小学阶段学生好奇心强、活泼好动、善于表现,教师在教学实施过程中立足艺术课程标准,以学生实际学情为导向,尝试针对学生的学习兴趣点创建适切的学习模式,设置多元学习板块,通过多种课堂活动,凸显唐诗京歌育人的优势。

(一)"京韵＋"模式的创建

根据京歌诗与歌相融合的特征,我们确立并构建了唐诗京歌的"京韵＋"学习模式(图

1）。"京韵＋"学习模式主要包含"诵""唱""演""袭"四大板块，分别指向：诵——经典唐诗我吟诵，唱——动听京歌我来唱，演——优美京韵我表演，袭——优秀文化我承袭。"京韵＋"模式为京歌的教与学提供了基本的思路，实际教学中，四大板块的开展没有固定顺序，教师可根据学生的喜好和学情自由调整或删改。

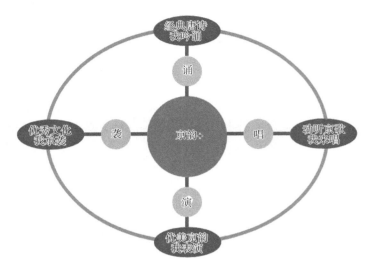

图1 "京韵＋"学习模式图

通过"京韵＋"模式，学生得以全方位地在学习过程中品唐诗之美、感京腔之韵，树立正确的民族观、文化观和价值观，进一步凸显出音乐学科"以美育人、以文化人"的特性，更好地使学科德育落地生根。

（二）"京韵＋"模式的实施

"京韵＋"模式融合了诗词朗诵、京歌演唱、京韵表演、课外交流等多元化学习方式，使学生从想唱、会唱，到爱唱，充分浸润在中华优秀传统文化的海洋中。具体课堂实施如下：

1. 诵——经典唐诗我吟诵

这一板块主要为唐诗吟诵与赏析，以小组或个人形式吟诵唐诗、交流自己对所吟诵唐诗的理解、了解唐诗的创作背景与文化内涵、体会诗人的所想所感……在活动中感悟唐诗的文学之美。

2. 唱——动听京歌我来唱

此板块是唐诗京歌的学唱。以自学、小组合作学习、教师教授等多渠道学习方式，欣赏并学唱唐诗京歌，在学唱中掌握京剧知识、体会京腔京韵，感受并表现唐诗与京韵相结合的艺术之美。

3. 演——优美京韵我表演

京韵之美不仅在于演唱时的京腔京韵，更有举手投足间的身段美，京剧中称之为"手眼身法步"。我校学生人人会做京韵操，学唱京歌后，通过动作创编，将京韵操动作融入京歌表演,借助多感官联觉体验,感受京韵文化的精气神,进一步凸显京歌德育特质。

4.袭——优秀文化我承袭

此板块分为两个活动内容。一为课内活动:通过综合表演、课堂讨论,在学习中进一步剖析并体会中华优秀传统文化之博大精深。二为课外活动:课后与家人、朋友分享所学的京歌,分享的形式可以是吟诵、表演等形式,做一做优秀文化传承的小使者,以自己的亲身实践传承并弘扬中华优秀传统文化。

以"唐诗京歌"为切入点,教师通过多板块的活动体验,在课堂中引入有别于传统教法和学法的模式,更能引发学生对传统文化的好奇心、提升学生的学习兴趣、激发学生的学习欲望,在"诵、唱、演、袭"多元化的学习活动中,学生的核心素养得到了潜移默化的提升。

三、开展校园活动,厚植京韵文化

汇师小学是全国京剧进课堂试点校、中华优秀文化艺术传承校,"京剧进课堂"已稳步推进二十载。在此基础上,我们借助唐诗京歌的教与学,进一步丰富校园美育活动,夯实校园文化基础。利用校内外艺术教育平台,将京歌与德育活动整合,为学生搭建学京歌、演京歌的平台,在活动中探索京韵文化精髓,进一步推进学校德育文化的发展,从而潜移默化地厚植校园文化,培养学生更优秀的品质与品格。

实施阶段,我校组织了三年级十岁生日典礼京歌表演活动、承担了上海市中小学幼儿教师奖励基金会主办的"传承中华优秀文化"京歌演出任务。在展演结束后的授课过程中,教师将展演视频播放给全校的每一位学生观看。

教学片段2:

师:"这次市级京歌展演活动,我们有一部分学生有幸参与其中,下面,让我们一起通过视频,欣赏他们精彩的表演吧!"

图2 汇师小学京歌展演

师:"我们请参与表演的同学给我们分享他们参加这次活动的体会吧!"

生1:"通过这次表演,我爱上了唱京歌,京歌带给我的感受和其他歌曲很不一样,有一种精神满满的感觉。"

生2:"这次的表演,让我意犹未尽,我还想学更多好听的京歌,还有京剧,我想以后能再参加表演!"

生3:"参与这次活动,让我觉得很苦,但更重要的是我感受到了成功的喜悦!虽然我们每天都要抽出时间排练,练唱、练跳,有时候真想算了,不参加就好了,但当我们站在舞台上正式表演的那一刻,我觉得一切的辛苦都是值得的!"

观看展演视频、聆听表演同学的演出感受等过程,对其他同学学习京歌、了解中华优秀传统文化也起到了强化与内化作用。

教学片段3:

师:"相信其他同学看完表演也有话想说,你们可以交流一下自己的想法吗?"

生1:"虽然我没有上台表演,但在学习过程中,我觉得京歌真的很好听,跟我们平时学的歌曲很不一样,我也想以后能有机会表演。"

生2:"京歌的表演真是太好看了!每个同学身上都透着精气神,看得我心潮澎湃。"

生3:"我以前觉得传统文化很古老、离我很遥远,我肯定不会喜欢的,但同学们精彩的表演深深吸引了我,我觉得我肯定也能唱好!"

身边同伴的示范引领,使得京歌在每个孩子的心中都掀起了涟漪,他们对京歌的喜爱油然而生,学习京歌的积极性大大提高。在唱京歌、演京歌、赏京歌的活动中,孩子们赞叹"台上一分钟,台下十年功"的坚韧意志,明白了中华优秀传统文化之博大精深、展现了中华少年的浩然正气、弘扬了传统艺术的精气神。就这样,"弘扬伟大民族精神,建立民族文化自信"的信念,悄悄扎根于汇师学子内心,形成了"寻美、品美、尚美"的优秀品格,丰富了汇师的校园文化。

结语

京歌是对传统京剧的创新,是京剧和流行音乐结合的代表性产物,其审美更贴近当代学生的认知与实际生活。将京歌与中华文化的智慧结晶"唐诗"相融合,以唐诗京歌为媒介,丰富了课堂教学形式与校园文化生活。在学习、表演与交流的过程中,学生已经潜移默化地将传统文化内化于心,建立起对民族优秀传统文化的自信心。这为学生今后可持续地学习、传承优秀文化点亮了星星之火,同时,进一步深化了学生对中华优秀传统文化的感悟,实现其核心素养的综合提升,使音乐学科的德育价值得到了发挥。

信息技术赋能京剧教学的策略研究

——以"穆桂英挂帅"一课为例

上海市徐汇区汇师小学　胡君瑜　杨安琪　李　玥

摘要:京剧以独特的艺术性和文化性充分展现了中华优秀传统文化的博大精深。多年来,"京剧进校园"存在教学方法单一、师资力量薄弱等问题,削弱了戏曲传承与戏曲文化育人的效果。汇师小学团队在校本化课程"京韵润童心"的实施过程中,借助信息技术探索信息化赋能京剧教学的路径,使戏曲元素可视可感,增强了京剧教学的趣味性、审美性、传播性。本文列举了我校以信息化赋能京剧教学的三种策略:一、信息化资源整合,促进文化理解;二、科技游戏互动,提升传统戏曲审美能力;三、VR沉浸式体验,内化爱国主义教育。以上三种策略相融合,使现代信息技术与传统戏曲教学相交互,为传统文化育人和戏曲美育功能的落实提供了新思路。

关键词:京剧教学;信息化;戏曲育人;德育

京剧作为国粹,在二百多年的历史进程中,积淀了丰厚的文化底蕴。2015年7月至今,中共中央办公厅、国务院办公厅、中宣部先后颁布《关于支持戏曲传承发展的若干政策》《关于实施中华优秀传统文化传承发展工程的意见》等文件,强调"义务教育阶段学校在开设音乐、美术课程的基础上,有条件的要增设舞蹈、戏剧、戏曲等地方课程"。同时,《义务教育艺术课程标准(2022年版)》中提出,三到七年级学段要求掌握中外戏剧艺术史的基本常识,尤其是了解中国戏曲艺术所具有的独特审美特征,坚定文化自信。

汇师小学作为京剧特色学校,一直以来,京剧的学习不仅是让学生欣赏京剧剧目中谦和、仁义、廉洁、勇敢等优秀传统美德,也是为了更好地让学生内化民族文化,提升其民族文化自信,达到戏曲育人目标。然而,目前"京剧进课堂"仍存在许多困难:教师缺乏京剧学习经历,教学示范及授课能力薄弱;京剧知识烦冗难以理解,学生学习兴趣不强等,这些问题大大限制了"京剧进课堂"的育人效果。在校本化课程"京韵润童心"实践过程中,教师尝试以信息化辅助课堂京剧教学,以突破以上瓶颈。

信息化媒介包括交互软件、信息技术设备、视听影音多媒体资源等,在京剧教学中运用适切的信息技术手段及信息化资源,将中华优秀传统文化可视可感化,能让学生更直观、更深层次地感受到京剧中蕴含的价值观。通过信息技术增强京剧学习趣味性、提高传统文化传播性,在丰富教学活动的同时带来京剧学习新样态,又能有效实现京剧育人过程中工具性与人文性的统一。本文以"穆桂英挂帅"一课为例,呈现信息化赋能京剧教学的三种策略。

一、信息化资源整合，促进文化理解

京剧是集文学、音乐、舞蹈、美术等于一体的综合艺术表现形式，在每一出京剧中，都蕴藏着历史文化知识和传统价值观。"穆桂英挂帅"一课，教师基于学情挖掘剧目中蕴含的文史知识，开发相关信息化教学资源，结合剧目赏析共同教学，以凸显京剧学科育人的特点。此外，学校还与企业合作，借助专业科技平台获取更多信息技术支持，进一步拓宽传统文化传播途径，为学习者提供更深层次的京剧文化体验。

（一）基于学情，开发信息化教学资源

京剧之美，有很大一部分体现为其浓缩了中国人向善尚美的传统文化内涵。本节课，教师以学生学情为基础，挖掘"穆桂英挂帅"一出戏中主要包含的文史知识：①巾帼英雄一词中"巾帼"二字的由来；②梅兰芳大师与京剧剧目《穆桂英挂帅》的渊源；③穆桂英"花衫"行当的由来。汇师小学音乐教师团队通过搜寻相关专业知识、整合文史资料、编写童趣故事，制作相关微课视频在课堂中穿插使用，学生通过自主学习和小组交流的方式获得学习体验。在京剧教学中使用微课资源，有效提升了京剧学习的趣味性，弥补了教师在戏曲元素表达方面的弱势并提高了京剧教学中拓展知识点讲解的效率。

（二）校企合育，拓宽文化传播途径

虽然教师通过重构京剧剧目中的关键知识，制作微课视频能够部分提升教学效果，但由于京剧涉及的学科领域众多，仅靠教师搜集相关资料难以对京剧剧目达到足够的解析。因此学校还通过与校外企业合作，尝试校企共育，拓宽文化传播途径。汇师小学音乐教师团队与一家以信息化软件开发为主的文化传播有限公司，合作研发了适合中小学阶段使用的戏曲教学平台，在此过程中，我们不仅能得到京剧演员的专业指导，还能与专业美术、影视团队合作，借助其信息技术手段制作出专业性、交互性、传播性更强的教学资源。传统京剧文化中的人文内涵与价值观通过有趣的动画、互动游戏等方式呈现，在弥补教师京剧专业短板的同时，为学生提供更全面、生动的学习方式，提升学习兴趣，丰富学习体验。学习平台不仅在课堂中使用，学生在课后也可以登录网页版进行自学与课后复习，这一功能又大大扩展了传统戏曲的传播广度与辐射性，能让更多学习者参与其中。

教学片段一：

了解巾帼英雄中"巾帼"二字的由来。

师：同学们，你们知道"巾帼英雄"是什么意思吗？

生：我认为"巾帼英雄"指的是古代带兵打仗的女英雄。

师：你们知道"巾帼"二字是如何产生的吗？现在老师将动画视频发送到平板电脑学习端，同学们自行观看介绍并讨论总结，上传答案。

生：通过视频我们知道了，"巾帼"是古代贵族妇女在祭祀大典时佩戴的一种头饰，因装饰是古代高贵妇女的象征，人们便把女中豪杰称为"巾帼英雄"。

这一策略旨在通过京剧唱段与文史知识教学相结合,将学生引入特定文化情境中学习,使其感悟作品中的人文内涵,并形成文学与戏曲相融合的审美能力,最终在文化理解中形成正确的价值观。

二、科技游戏互动,提升传统戏曲审美能力

在许多人的传统观念中,京剧属于阳春白雪、曲高和寡,小学生也存在"难听懂、难学习"的刻板印象。这就要求教师整合京剧教学资源,寻找适切的教学内容,创设符合小学生认知及学习兴趣的教学活动。

本节课中,教师摒弃了传统戏曲口传心授的教学模式,利用信息化赋能,借助平板电脑中的京剧游戏增添课堂趣味性,使学生在探索京剧知识的同时丰富审美体验,增强传统戏曲审美能力。在了解"穆桂英行头装扮"这一环节,教师先让学生观看行头介绍视频,知晓穆桂英作为"刀马旦"角色装扮的重要行头,包括女帅盔、云肩、女蟒、靠旗等,再由学生分组完成软件中的京剧小游戏,选出属于穆桂英的行头并为人物进行装扮。教师在软件后台实时查看统计数据,了解学生的完成与掌握情况。

教学片段二:

玩行头装扮游戏。

师:京剧四大行当中,每一个行当通过穿不同的服装,也就是"行头"来扮演不同的角色,穆桂英就是由旦行中的青衣扮演的,接下来请同学们观看视频来了解穆桂英在"大炮三声如雷震"一场中的行头。

学生观看视频介绍。

师:那么多有趣的京剧行头,你们都记住了吗?请你们运用所学知识,在平板电脑上完成小游戏,选一选哪些属于穆桂英的行头。

学生完成行头装扮游戏。

师:老师看到所有同学都完成并答对了!请一个小组来介绍穆桂英行头装扮的名称及服饰特点与作用。

生:穆桂英的行头有女帅盔、红硬靠、女蟒、云肩、靠旗等,其中女帅盔是统兵的女大元帅所戴的红色盔帽,它的纹饰艳丽,是塑造人物形象的利器;红硬靠,指京剧中元帅、大将在出征前点将时,所穿戴的防身铠甲;女蟒是……

这一策略旨在让学生在趣味活动中习得戏曲相关知识,例如:行头装扮、服饰中的文化内涵、古典戏曲美学等。学生在潜移默化中感悟艺术语言和艺术形象的风格意蕴,获得良好的审美体验,提升艺术审美能力。

三、VR沉浸式体验,内化爱国主义教育

通过艺术实践落实德育是铸造人格、提升品性的重要途径之一。社会主义核心价值观的形成可以通过切身经历、沉浸式体验,打破说教方式的桎梏。

戏曲通常有劝善惩恶、弘扬忠义等教化作用,而本课例"穆桂英挂帅"教学目标主要聚焦于爱国主义精神。在学习唱段及身段动作的环节,教师采用了亲身示范与VR技术相

结合的教学方式。教师先穿着"帔"进行唱段表演和介绍,而后学生戴上 VR 眼镜,亲身感受"真实"表演情境下京剧演员的行头、身段、演唱、表情神态等艺术呈现效果,最后全体学生穿上水袖练功服,跟随 VR 眼镜中的京剧演员一同学习双翻水袖的相关动作,体会穆桂英捧印时的爱国主义精神和杀敌必胜的坚定信念。在教师指导与 VR 技术的双重支持下,戏曲表演不再受时空和技术的限制,学生将自己代入穆桂英的角色进行沉浸式表演,举手投足间表现出作为"小小穆桂英"的坚定信念与豪情壮志,在尽情实现艺术自我表达的同时,爱国主义精神得到了内化。

教学片段三:

学习双翻水袖。

教师穿着"帔"进行唱段表演,介绍水袖。

师:在京剧舞台上,演员光靠演唱还不足以表现人物的情绪,要加上身段动作,才能更好地表现人物的精气神。请同学们戴上 VR 眼镜,观看戏曲演员是如何进行表演的。

学生戴上 VR 眼镜观看戏曲演员表演双翻水袖的身段动作。

师:请同学们穿上水袖练功服,尝试跟随 VR 眼镜中的演员学习身段动作表演。

学生完整模仿。

生:通过模仿穆桂英,我感受到了人物的精气神,体会到穆桂英决定捧印挂帅上战场时的坚定信念,与杀敌必胜的豪情壮志。

这一策略旨在通过沉浸式活动,将京剧德育融于实践体验中,引导学生树立正确的人生观与价值观,培养爱国情怀。

本课最大的特色是通过信息化赋能,实现教师能力增强、学生素养提升的教学效益。在课堂中,教师结合科技手段优化教学内容、丰富教学形式,在创新教学中提升反哺能力;学生在信息化活动中体验传统戏曲,获得良好审美能力,爱国主义情怀得到内化。两者的思维与情感在互相期盼中螺旋上升,带来了知识内化和情感升华。这正是信息化赋能京剧教学,提升学生学科综合素养、实现学科育人功能、传承中华优秀传统文化的意义所在。

戏剧影视教育

个个受美育 人人都有"戏"

——以美育人,迈出提升学生素养的办学新征程

上海市虹口教育学院实验中学 全 迅

摘要:基于"国家标准与学校特色统一""审美课程与有戏校园统一""校园艺教生态与师生进取人生统一"等视角,本文思考如何以美育人,在理念、路径以及评价方式诸方面迈出提升学生素养办学新征程。

关键词:提升素养;个个美育;人人有"戏"

党和国家对新时代教育所肩负的历史使命提出了新要求。2015 年秋季,《国务院办公厅关于全面加强和改进学校美育工作的意见》指出:"坚持育人为本,面向全体。遵循美育特点和学生成长规律,以美育人、以文化人,在整体推进各级各类学校美育发展的基础上,重点解决基础教育阶段美育存在的突出问题,缩小城乡差距和校际差距,让每个学生都享有接受美育的机会。"根据这一要求,上海市虹口教育学院实验中学以美育人,在提升学生素养上定目标、下功夫。"个个受美育 人人都有'戏'"——这是我们的办学理念,也是我们的行动指南,更是我们的价值追求。

一、实施背景与发展理念:国家标准与学校特色的统一

(一)实施背景:在转型发展中积极开拓办学新征程

我校位于上海虹口区的四川北路,毗邻多伦路、溧阳路和山阴路等多条名人街。习近平总书记曾说"虹口是海派文化的发祥地、先进文化的策源地、文化名人的聚集地"①。同时,我校还是上海戏剧学院(以下简称"上戏")的旧址。上戏从 1945 年诞生到 1956 年迁出,11 年间,包括田汉、熊佛西、梅兰芳、盖叫天、黄佐临等一大批文化名人先后在我校的剧场、形体房和教室留下了演出、排练和讲课的足迹……这些区域文化的优势和学校历史的积淀都是艺术教育得天独厚的优质资源。从 1992 年起,学校根据自身优势,首先将京

---

① 姜浩峰.海派文化与上海城市精神[N].新民周刊,2017(11):8-17.

剧教育作为提升学生素养的有效载体。历任校长,薪火相传,不断保持和发扬"有戏"文化教育特色。特别是党的十八大以来,面对党和国家不断提出的新时代更高要求、人民群众追求美好生活的新需求,学校开始思考以美育人,将京剧教育延伸到朗诵、配音和话剧、音乐剧等更为广阔的语言类和戏剧类教育领域,将艺术教育从少数社团提高性的精英教学转为面向人人的普及型的课程教学,使戏剧教育从课堂和书本走向课外和实践,甚至还将戏剧教育与学生生涯规划有效结合,从而有效地支持和保证了我校迈向个个受美育、人人都"有戏"的办学新征程。

(二)发展理念:以戏剧教育为主线,串联素养培育各环节

英国戏剧家布莱恩·威认为:"没有两个人是相近的。教育是关怀着每个人,戏剧则是关怀着每个人的独特性并其人格的特质。"[1]初中在孩子成长中是一个很关键的时期,特别是在基础教育阶段,承上启下。如果我们在美育中浅尝辄止、平均用力,则完全可能事倍功半。反之,以戏剧教育为突破口实现有机融合,则可能起到事半功倍的效果。因为戏剧教育既有个体才艺,又有集体配合;既有理性认知,又有情绪体验;既教认真表演,又教正直做人。这些环节的融合最终形成合力,对于我们正在进行的基础教育改革,意义非凡。目前,全国各地有一些学校开始重视戏剧教学,国家也在课程与课标上把戏剧单列出来,这与戏剧这一艺术本身的魅力密不可分。实践证明,以戏剧艺术为载体的教育教学活动,具有较强的针对性、现实性和指导性。于是,我们立足校园场景,挖掘育人素材,升华育人功能,让每位学生都从戏剧教育中习得方法、增长智慧、锤炼品行。

(三)趣味人生:现代教育在提升学生素养方面非常强调人的趣味性

小学生有童趣,中学生有情趣,大学生有志趣——可以说,趣味贯穿了求学、就业甚至养老等人生全过程。但是,受"不能输在起跑线上"观念的影响,更多的人把对孩子早教的重心一开始就放在有用的、物质的、外在的可以用分数计算的学业上,而对无用的、精神的、内在的难以用分数、考级、考试来衡量的,诸如学养、素养、修养等少有关注。我们认为,真正的早教重心应该放在孩子接受艺术熏陶、注重情绪体验、培养团队合作能力等方面。艺术早教符合孩子的自然特性,它发展感性、培养想象,使孩子快乐成长。如果早教将孩子与艺术隔绝,等于把儿童的优势与长处禁锢起来,等他们已经形成思维定式时,再开启艺术大门,显然有点削足适履,为时已晚。必须指出:趣味人生、艺术人生并不是简单的唱唱跳跳、哭哭笑笑。唱中有音色美,跳中有肢体美,哭与笑是人常有的喜怒哀乐等情绪的宣泄,戏剧艺术与戏剧教育正是借助人的生理和精神特质,唤起人的同情心与美感——而后者对人素养提升的作用尤为重要。在此意义上,苏霍姆林斯基强调:"美感帮助学生认识个人的道德尊严,净化自己的灵魂,培养道德观念。对别人的道德行为的审美情感,对形成个人的道德尊严起着很大的作用。"[2]

---

① 张生泉.教育戏剧的探索与实践[M].北京:中国戏剧出版社,2010:43.
② 张生泉.教育戏剧的探索与实践[M].北京:中国戏剧出版社,2010:43.

二、实施路径与创建方法:审美课程与有戏校园的统一

理念先行,但理念落地或理念得到体现还需路径与方法紧跟。从儿童心理学角度分析,学生素养培育和人格锻造,除了家庭、社会等各种元素会有影响外,学校是一个很重要的接受环境。人格心理学告诉我们:"儿童向许多源泉学习。社会化的各种力量(如父母、姐妹、同学、老师)可能在不同年龄时期和不同地点施加他们的影响……这些社会媒体漫不经心地向儿童输送他们所属的文化……它们在儿童生活的不同时期,都有各自突出的作用,并在儿童发展过程中施加不同的影响。他们的一举一动都有潜移默化的作用。每一个行为方式和每一种情境对孩子学会什么和成为什么样的人都起着作用。因此,任何社会事件和内容都是有社会责任的。它们都可能对整个人格的不同内容的发展产生影响。"[①]

路径与方法的实施有效、创建有用,也会反过来进一步促使理念发挥更大的作用。在此过程中,我们经历了以下五个阶段:

第一阶段:熏染传统文化,构建教育场景。先是戏剧进课堂,引导学生发现戏剧之美。学校聘请京剧名家和戏剧学者来校上课。充分利用大课、小课和课外活动进行艺术熏陶。然后是校园环境营造,增强戏剧氛围。我们将校园环境进行了统一规划,使校园处处彰显艺术氛围。例如,校门有"和·韵"的人物浮雕,教学楼(含过道)有"中外戏剧大师之窗",剧场、运动馆甚至卫生间等的进出口处也有戏曲身段和脸谱等图绘陪伴,上下课铃声用戏曲旋律……戏剧美的视听享受与环境融为一体,让师生在耳濡目染中教与学、引与悟、思与行。

第二阶段:打造戏剧特色,创新课程建设。一是建章立制为特色发展保驾护航。学校成立了由校长牵头的"戏剧教育工作管理团队",制定学校《特色工作管理条例》。二是每年划拨专项资金用于戏剧教育,在人财物各方面保证特色创建的可持续性。三是开发戏剧校本课程,为美育全员覆盖夯实基础。学校把戏剧教育融入课表,按照课程设计的要求进行开发和加工,使它成为学校戏剧艺术特色建设有力的抓手。四是以拓展课、专家讲座和学生社团为主的课后活动精彩纷呈。年级限定在六、七两个年级。

第三阶段:精品打造和学科建设点面结合。精品打造不是简单为获奖或表演秀,而是为学校特色注入活力,为教师专业搭建平台,为学生学习提供样板。学校依托京剧社团打造精品节目,展示艺术魅力。如学生与京剧大师梅葆玖同台演出,其表演水平受到行家称赞。同时,美术、音乐老师已基本胜任京剧课堂教学,并荣获上海市教师课堂教学评比二等奖。在推进教育部京剧进校园的试点工作中,老师们承担了区域内其他学校艺术教师的京剧教学带教任务。点上璀璨,面上受益:一是课程建设成果斐然。学校借 2008 年被教育部确定为"京剧进校园"首批试点学校的契机将戏剧文化及时贯穿于学校课程中。二是优秀读物编写进展飞速。其中《国粹京剧之奥秘》《可爱的脸谱》《京剧旦角头饰制作》《我们身边的京剧艺术》等,都在同行中受到一致好评。

第四阶段:坚持戏剧教育成人成事。随着学校生源结构的变化,学校聚焦学生、家长

① 陈仲庚,张雨新.人格心理学[M].沈阳:辽宁人民出版社,1987:342-343.

希望"被看到""被理解""被支持"的发展诉求,完善戏剧教育课程,让戏剧内涵以学生喜爱的方式呈现;因材施教,鼓励不同基础的学生看、学、演、编,使戏剧教育成为大家的成长伙伴。"京韵"是我校在原有校本课程基础上自主开发的系列学习活动。它从"京韵感知"板块起步,通过漫谈欣赏以及介入表演等方式使学生认识京剧的内涵,了解京剧文化的博大精深;它由"京韵律动"板块上升到传承和创新层面,帮助学生传习"唱念做打"并学以致用,用丰富的艺术形式表现京剧魅力,锻炼舞台能力,展现"我也有戏"的风采。

第五阶段:戏剧教育助力学生"有戏"生涯。作为上海市戏剧教育基地学校,我们以参赛剧目的创编为学习契机,将每次参赛内容项目化,从掌握知识、形成技能、发展智能三个维度精心设计学习内容。以我校参与第二届上海市学生戏剧节比赛的原创小话剧《脸谱的友谊》为例,剧本创编阶段,在人物、情节及对白设计中注重学生善良品质的培育;在排练和演出阶段,不仅关注排演的效果,还增加了由学生组成的灯光舞美团队,兼顾更多学生的学习兴趣及劳技特长,为学生们的戏剧学习提供更多的选择。五育并举,五育前行,在美感的召唤下,学生的学习兴趣与积极性大大提高。

三、实施成果与总结反思:校园艺教生态与师生进取人生的统一

经过三十多年的实践与探索,学校戏剧教育有了长足的进展与突破。具体体现为艺术学习"演戏"向生涯发展"有戏"、单纯美育向全面素养提升、依托社会资源向学校自培教师、营造校园艺教生态向师生进取人生等方面的转变。

(一)形成校本戏剧教育体系

学校以调研结果为依据,以学生生涯发展为本,落实学生综合素养培育的要求,形成了戏剧教育体系。一是红色基因传承。结合"四史"教育,充分利用学校所在区域的红色资源,通过艺术学习进行革命文化教育。电影《永不消逝的电波》主人公原型生活的区域就在学校附近,学生通过参观烈士故居,参加配音练习,在市里比赛并获奖,既得到语言能力的提高,又受到先烈精神的激励,就是成功案例。二是线上微课程打造。项目组结合素养教育,开发覆盖初中四个年级的"京韵"精品校本学习资源及微课程。三是项目化资源整合。设计开发适合不同年级的戏剧项目化学习活动,更好地帮助各年龄段学生获得支持当前学习以及未来发展的适应力和内在驱动力。四是学习成果分享。以校园戏剧推广中的志愿服务活动为抓手,由学生自主设计以戏剧为表现形式的相关活动,向学校所在区域周围学生普及和推广戏曲文化。五是个性化社团建设。针对我校男生比例高的特点,学校在女生京剧社团基础上,再成立男生京剧社团,增加了武术学习、道具制作及舞台管理等内容,既丰富了学习内容,又培养了学生的责任担当意识。

(二)创新初中戏剧教育评价

改变仅仅由教师一人说了算或成绩说了算的评价标准,由原来较为单一的评价调整为较为全面的"是否促进学生'有戏'生涯发展、是否促进教师专业成长、是否促进学校特色形成"等方式;由原来线性的"师评、生评和自评相结合"为主调整为立体的"学习观察、

小组汇报、表演展示、成长记录相结合"等方式;既有等第式评价,也有评语式评价,还有表现式评价——在准确反映学生戏剧学习情况的前提下,指出学生存在的问题及今后努力的方向。

（三）优化学校师生美育成果

学生有戏。通过看戏、演戏、评戏等课程标准要求的方式教学,激发了学生与剧中人物情感上的共鸣以及对优秀传统文化的热爱和对先进文化的崇敬——"有戏"涂上了浓厚的传统油墨,散发着昂扬的时代气息。例如,让学生挂一挂髯口,扮一回老生;拂一拂水袖,舞一回青衣;画一画脸谱,演一回花脸等,孩子们切身体验到京剧的魅力。又如,中央电视台2017年要拍一部反映虹口革命先烈的纪录片,需要一组少年儿童合唱视频(《我是一个中国人》)配合。几经辗转,他们最终选中了我校。理由是:"这所学校的学生在镜头面前不仅精神饱满而且很有艺术感。"孩子们"有戏"的艺术表现力得到了社会认可。

教师有戏。一是教学有专攻,40%教师入选区域人才梯队;二是科研有起色,教师完成10余项上海市级研究课题,并在各项国家级论文、案例评比中获奖;三是骨干教师进步尤为明显:三位教师成为区学科带头人,受邀参加教育部义务教育教科书五四学制初中艺术·戏剧教材编写,创作能力得到展示(2021年建党百年活动中,他们原创的音乐剧《红色少年》获好评)。

学校有戏。2021年,学校先后获得国家优秀教学成果二等奖、上海市优秀教学成果一等奖,戏剧教育经验被"学习强国"平台等宣传报道,学校创编的音乐剧等教育资源多次在"上海教育"官方微信公众号上发布,参加上海第十八届教育博览会等交流活动数十场。

新时代,新征程,新追求。有戏校园要"源于戏,不止于戏"。"戏"既是角色的舞台行为,更是学生参与现实世界的生活行动。"演"不仅是依据文本的表演,还要有助于学生的个性发展和成长。为此,我们将不辱使命,坚持不懈引领学生,向美而行,以美至善。让学校美育之风尚更加妩媚动人,让每个学生现在与未来"有戏"之品格更加光彩夺目!

戏剧在高中生审美情怀培育中的作用思考与实践探索

——以上海交通大学附属中学教育实践为例

上海交通大学附属中学　王　健　何绍虎

摘要：戏剧教育在我国中小学方兴未艾，其审美培育的途径与价值日益受到国内教育界的重视。上海交通大学附属中学从自身实践出发，以戏剧教育为抓手，优化学校艺术教育的上升通道，推动五育并举的良性发展局面，努力开辟一条符合本校发展理念与特点的艺术教育新路。

关键词：戏剧教育；审美教育

戏剧教育是艺术教育的重要一环，也是综合性艺术与学校教育相结合的主要节点之一。上海交通大学附属中学作为由上海市教育委员会和上海交通大学双重领导的市重点高中，始终将包括戏剧在内的艺术教育作为学校发展的重要支点之一，并于 2021 年入选上海市艺术"一条龙"人才培养布局中的龙头学校。多年来，上海交通大学附属中学以习近平总书记《扎实推动教育强国建设》重要讲话精神为引领，坚持"两个结合"，在人才培养中践行"饮水思源，爱国荣校"的校训和"思源致远，创生卓越"的办学理念，对艺术素养培育、人格趣味养成等多个层面进行了深入思考。特别是以戏剧艺术为抓手，促进高中阶段学生的五育并举和全面发展，对学生的审美情怀进行有针对性的培育，逐步形成了具有本校特色的艺术发展理念和培养路径。

一、培养模式："课内—课外"维度

古今中外，戏剧始终是人们纵情表达喜怒哀乐、沉浸思考并传递情感、感悟人生的重要手段，在此基础上不断发挥着教化民众与传播价值观的教育功能。贝·布莱希特曾说过："舞台开始起着教育的作用。"[①]康·谢·斯坦尼斯拉夫斯基则提道："演员的使命就在于成为'崇高的人类情感的解释者''观众的指导者和教育者'。"[②]几千年来，对于始终活跃在中华农耕文明之中，没有受过系统教育的广大农民而言，看戏成为他们学习文化的主

---

① 布莱希特. 布莱希特论戏剧［M］. 丁扬忠，张黎，景岱灵，等译. 北京：中国戏剧出版社，1990：70.

② 斯坦尼斯拉夫斯基. 斯坦尼斯拉夫斯基全集：第5卷［M］. 郑雪来，汤弗之，姜丽，等译. 北京：中国电影出版社，1983：6.

要方式,评戏成为他们娱乐交往的主要谈资。革命战争年代,从苏区到延安再到解放区,话剧、歌剧、舞剧、地方戏等多种戏剧形式,都对参与其中的表演者和观赏者产生深刻影响,成为教育人民、打击敌人的有力武器。进入新时代,再次发挥好戏剧的教育与审美功能,是基础教育改革发展的一项重要任务,意义深远。

《普通高中艺术课程标准(2017年版2020年修订)》中指出:"艺术课程面向全体学生,发展素质教育。"这就要求我们的艺术教育包括戏剧教育,要面向人人,面向全校,是通识教育,而非只有经过挑选的少数学生才能参与的竞赛教育。戏剧教育也是学校课程内容的延伸,发展思路和实施策略都应包含于学校课程体系的大框架之下。因此,我校戏剧教育从起步阶段开始就包含课内、课外两个维度的"两条腿走路"理念,即"常规性课程发展+活动团队建设";两条腿一起走,走得更平衡、更稳健、更全面。课内部分主要体现在常规性课程上,即在我校日常的艺术课程教学中,融入相当比重的戏剧教育内容。比如:在全体学生都必须学习的音乐课、美术课上,系统教授话剧、音乐剧等戏剧类内容,引导学生在艺术类必修课程中尝试自编、自导、自演戏剧。同时也鼓励教师积极参与,以客串角色的途径,与学生分享审美愉悦。师生齐心,形神兼备,使舞台气氛更好、育人效果更突出。这样就形成了我校日渐深厚的戏剧传统,营造出"人人在戏剧,人人爱戏剧"的文化氛围;它既陶冶了师生的人文情操,丰富了校园文化生活,又密切了师生关系,还促进了教学互动,使校园气氛更温馨、校园文化更妩媚。

课外部分,指的是学校常规性课程以外的戏剧活动,主要包含以下几块:

(一)戏剧节、艺术节等校园文化活动绚丽多彩

我校语文教研组会定期举办校园戏剧节,主要是以课本剧为基础,以班级为单位,对语文教材中部分篇目进行戏剧改编,然后在期末考试后的一段时间里,所有班级进行演出并由评委打分排序,最终确定名次。戏剧节已成为我校语文教研的传统活动之一,颇受广大师生欢迎。我校还会定期举办两年一度的校园艺术节。在艺术节上,会有各类艺术活动和成果的集中展示,其中就包括戏剧展演。展演内容一般是我校戏剧团的经典大戏以及部分班级自发组织排练的优秀片段或小品。这一展演也已成为我校的艺术传统之一,每两年为全校师生奉献一台高质量、高水准的视听盛宴。

(二)包括戏剧社团在内的各学生社团大显身手

戏剧社团是我校40多个学生社团中的一个大型社团。社团招新、社团活动乃至社团课程等,都是我校社团体系的组成部分,在学校审美育人过程中发挥着重要作用。戏剧社团也不例外。社团活动或行课时间是每周四下午,与其他社团保持一致。由于我校戏剧社团是上海市学生艺术团分团,因此在活动内容上会有特别安排。除了每周四固定的时间外,根据排演需要,我们也会安排一些附加排练。原则上尽量不占用学生的学习时间,因此会充分利用自习课、大课间等较完整的非常规课堂时间,排某位同学的戏,随到随排,排完即走。尽可能不影响学生的学习和休息,做到精细化、个性化地安排针对性较强的训练。

（三）新鲜血液强队伍，课外育人样式多

我校在全市范围内的初中里选拔专业优秀的学生加入我校戏剧社团，作为戏剧社团骨干人才，他们在日常排练和演出中与其他同学互帮互学，成为我校戏剧发展的生力军。除此之外，针对高中生心理发展特点及其存在的一些带有倾向性的问题，我校还有艺术教师、心理教师联合创作的实验性心理剧，这既是戏剧教育的重要补充与延伸，更是课外育人的新样式，起到了说理与感受相融合、启迪与体验相辉映的积极作用。

总之，立足"课内—课外"维度的戏剧教育模式，在我校打破了学科壁垒、年级班级壁垒，呈现出以点带面、全面开花的繁荣局面，这对于高中生在审美教育中提高想象力、判断力和表现力很有帮助。

二、运行机制："成长—辐射"维度

马克思认为人类在精神上掌握世界的方式至少有四种，即"理论的方式、艺术的方式、宗教的方式和实践的方式"。[①] 从审美认知的角度看，虽然它们掌握世界的方式各有特色，但是掌握的对象却有共同性，即它们都是对同一个客观世界进行认识，都是对同一个客观世界中的规律性予以揭示。这种认识与揭示，有一个显著特性，在成人是"交往—辐射"；在未成年人则可能是"成长—辐射"。《普通高中艺术课程标准（2017 年版 2020 年修订）》在很多方面正是体现了这一成长与辐射的要求。比如，在课程目标上要求"学生在艺术与生活、艺术与文化、艺术与科技相关联的情境中，参与各艺术门类活动，获得艺术感知、创意表达、审美情趣和文化理解的艺术学科核心素养"。这一目标达成，有四个重要环节，其中审美情趣就是关键部分之一。我们深深体会到：有了好的培养模式，还需要与之相适应的运行机制。经过这几年的探索和实践，我校戏剧教育已形成了一套较为成熟系统的工作机制；以戏剧"一条龙"作为学生成长的契机和抓手，不断扩大外延，辐射全体，最终实现面向人人的戏剧素养之提升。

（一）"成长—辐射"需要全社会关心支持学校艺术教育的环境生态

戏剧教育在我国方兴未艾，相信对于大多数人来说都是比较陌生和新鲜的。戏剧在校园的普及与发展，离不开校内校外专业教师的推广工作。我校自戏剧教育开展伊始，就受到了市、区各级领导单位，专家和合作单位的大力支持与指导。2021 年我校与杨浦区少年宫在开展戏剧教学方面进行合作；2023 年我校与杨浦区少年宫签订战略合作协议，全力构建"一条龙"戏剧人才培养体系，携手推进戏剧社团专业发展和梯队建设。上海戏剧学院张生泉教授在杨浦区建设的戏剧工作室，不仅为杨浦区学校与教师开展戏剧教学予以指导和支持，也为我校戏剧发展提供了无微不至的专业指导与关怀。上海戏剧学院的大学生也在老师指导下来我校与高中生一起开展艺术实践活动。这些都营造了艺术育人的良好生态。

---

① 韦建桦. 马克思主义经典作家在文艺理论领域的划时代变革和历史性贡献[J]. 马克思主义与现实，2023(6)：1.

（二）"成长—辐射"需要发挥学生自身能动性和参与性

多年来我校戏剧教育始终保持多层次多方向推进的状态,在艺术骨干生、社团课程、梯队建设等多个层面同时发力,互促互补——戏剧教学的局面生动了,学生参与的课堂活跃了。戏剧教育基本架构如图1:

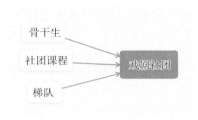

图1　戏剧教育基本架构

骨干生是依据上海市相关政策,我校在每年招生过程中通过专业加试等考查形式,结合中考成绩综合考量后录取的部分具备较高的戏剧表演素养的学生。这部分学生入学后,就作为我校戏剧社团的骨干力量,参与排练、演出和比赛,是团队的核心力量,肩负着带动社团专业发展和全校戏剧推广普及的重要任务。"成长—辐射",既有教师功能的辐射,也有学生骨干作用的辐射。由于骨干生每年招录名额有限,而戏剧社团的训练排演都需要一定的规模基础,因此仅仅靠骨干生撑起团队发展是不现实的,戏剧社团的主体还是通过社团课程选修进入团队的本校学生。因此,戏剧基础教育对于我校戏剧社团的发展尤为重要。只有持续不懈地开展基础教育,把戏剧社团学生的戏剧素养提上来,才能进一步带动全校师生的戏剧素养共同提升。我们在日常训练中坚持以表演课、基础训练,而非完全以竞赛排练为导向,正是始终坚持"戏剧教育面向全体"理念的实践落实。"成长—辐射",既有学生骨干的辐射,也有学生团员的辐射。这些辐射都深化了学生成长的内涵,提高了学生的能力。

（三）"成长—辐射"需要借助"一条龙"的学段递进优势和学校互补优势

如前所述,培养更多具有较高戏剧素养的初中生,可作为我校戏剧社团的有益补充。目前我校作为杨浦区"一条龙"龙头学校,果断承担了推动区域戏剧发展的重任,还带动了三所初中龙身学校、五所小学龙尾学校。我们"一条龙"体系内部各校间交流活跃,比如:每年举办上海交通大学附属中学戏剧"一条龙"联盟冬令营（或夏令营）,邀请联盟内各初中、小学一起搞教研活动,交流成果,分享经验,联盟学校也为我校输送了很多高质量人才。

三、教育成效:"显性—隐性"维度

教育需要兼顾专业能力和人文修养。即是说,学校实际上有两门课:一门是有大纲、教材和课时保障的显性课程,另一门则是没有大纲、教材和课时保障的"三无"课程,即隐

性课程。决定一个学生学养高度和人格亮度的,最重要的可能不是前者,而是后者。戏剧教学除了小部分是显性课程之外,大部分是通过熏陶与历练等隐性课程潜移默化地影响学生。高中生参加戏剧活动,表面上看占用了一定的学习时间,但可以使学习效率更高、效果更好。尤其是对于面临高考压力的高中生来说,戏剧本身还是一种有效的释放。从某种意义上来说,戏剧对人精神的放松是其他调节方式所不具备的。

(一)戏剧使学生更善于与他人交往,甚至更有利于创建科学的团队,提高学生的人格强度

作为一门表演艺术,戏剧高度依赖于现场表现和观演互动。学校开设戏剧课之后,大多数老师和学生甚至学生家长都反映,学生的交往能力有所提高,与他人相处的方式有所改进。这些效果不是通过教师口头教育而是通过师生亲身实践体验到的。中国培养的人才今后将担负实现民族伟大复兴、走向世界影响世界的重任,他们需要具备审美情怀和人格强度。

(二)戏剧使学生从虚拟的角色扮演中得到真实的人生体验,提高学生的人格硬度

学生在表演中获得了现实生活中不一定有的虚拟感受,同时又反过来影响了他们在现实生活中的真实感受,帮助他们提高了想象力和创造力,提升自己的身心平衡、情绪管理、潜能挖掘等多种能力,还有助于提升他们的认知水准和思维格局。很多案例说明,虚拟的角色扮演,可提高学生在现实生活中处理问题、应对挫折的心理素养和办事能力。人格硬度从来不是一夜之间突然形成的,它是通过教育、实践、感受、体验等一系列环节打造出来的——戏剧活动就扮演了其中关键的教育角色。

(三)戏剧使学生从语言到肢体得到系统训练,挖掘学生的人格深度

以语言为例,一个学生在学习戏剧后体会到:同样一句话,没有认真思考就匆忙讲出,与经过认真思考并由艺术化处理后讲出,意义是完全不一样的——戏剧中的对白、独白等形式教会了我们这一点。表演专业中的"真听、真看、真感受"说的也正是这个道理。以肢体为例,看到他人遇到困难,除了语言关心之外,抚摸甚至贴身的肢体接触等动作关心也是必不可少的。心理学原理告诉我们:人是生活在一个他熟悉的符号世界中,这种符号正是靠每一个有爱心、有美感的同学、老师(在家里是父母、兄妹等)组成的。如果我们人人都怀揣一颗爱心,如果我们都有主动想到他人、热情关心他人的情怀,我们这个世界才会更美好。基础教育给人打下的审美基桩愈深,学生成长、成人、成事的人格强度、硬度、深度就愈有保障。教育的意义就在于此。

行百里者半九十。我校的戏剧教育经过这几年的发展,虽有成就,但与党和人民对基础教育改革发展的要求相比还是远远不够的。未来我校将继续秉承立德树人、全面育人的教育方针,为培养更多既有理想抱负又有审美情怀的一代新人,行而不辍,一往无前。

在新时代跨学科戏剧课程实践中铸牢中华民族共同体意识

上海市嘉定区第一中学　李　超

摘要: 上海市嘉定一中自 2016 年成为上海市戏剧特色学校以来,积极探索戏剧课程模式,在跨学科戏剧课程中进行了有益尝试,在新疆班民族教育中大力推广戏剧课程,使德育潜移默化,润物无声,既激励了广大同学爱国爱校,又传承了嘉定本土的红色革命文化,以兼容并包的跨学科形式深化全校师生对戏剧教育的认识。

关键词: 戏剧课程;跨学科;红色革命文化;铸牢中华民族共同体意识

一、响应新时代旋律——循序渐进开展戏剧教育课程

自 2016 年 3 月上海市嘉定一中成为首批上海市戏剧特色学校以来,戏剧教育课程就被全面地纳入了学校的课程体系中,成为学校课程发展的重要组成部分。2020 年中共中央办公厅、国务院办公厅印发的《关于全面加强和改进新时代学校美育工作的意见》提出了"整体推进各级各类学校美育发展,加强分类指导,鼓励特色发展,形成'一校一品''一校多品'的学校美育发展新局面"的工作原则。在上海市教委的大力支持下,学校于 2020 年成为上海市艺术(戏剧)一条龙高中阶段学校,2022 年学校艺术(戏剧)团成为上海市级学生艺术团。学校全体教师始终把推进美育进校园作为奋斗目标,积极探索学校戏剧教育的推进工作。结合自身积淀和嘉定文化特色,学校把戏剧教育的各项活动有机融入学校课程体系,并纳入学校的育人工作中,以"打造嘉一戏剧品牌,发挥辐射效应"为工作目标,多角度、分层次、有意识地在师生间开展戏剧教育的相关活动,为校园营造了活力四射、精彩纷呈的戏剧经典文化氛围,借力戏剧经典文化浸润学子身心,塑造学生人格,实现学生的素质提升与全面发展。

二、探索新课程设置——以跨学科多元化提升戏剧课程育人内涵

学校艺术教育发展的主线是跨学科特色构建。近年来,以综合化、多样化、实践创造型学习为目标,在课程实施中,学校尝试将课程划分为"戏剧基础理论学习——实践活动学习"两个内容。在戏剧课程中融入合作学习、探究学习、实践创造、表演展示等多种学习方式,使戏剧学习从舞台上走到生活中,延伸到课外,最终在校艺术节文化活动中展演并获得好评。

学校的戏剧课程对课时设置、教师配置以及家校合作等方面,进行了科学合理的安排,既充分保障了授课时间,又有机地将各学科教师整合在一起,增强了学科之间的融合。在戏剧课程设计方面,要提升学生语言、逻辑、运动和音乐等多方面能力,不断探索"学科间"和"学科内"的综合戏剧课程。

另一方面,学校高度注重家校协同配合。不仅向家长展示戏剧类课程的生动内容,还邀请家长观摩学生的戏剧学习成果,保证学生的个人兴趣能够获得家长的肯定,树立戏剧教育和文化基础课程双丰收的信心。同时借力家校合作,不断发掘嘉定一中的戏剧资源,让家长认识到,戏剧为学生提供了第二重生活,提供了多样态、多类型的角色人生与生活想象,丰富了学生的精神世界与身心感受。在逐步达成理念认同的同时,形成了育人合力。

除了每周的戏剧课程外,学校还在每周末给予戏剧社团同学排练场的自主使用时间,让学生真正成为戏剧的主人。学校提出"以创作调动热爱,以分享深化认识"的戏剧教育愿景,支持学生在课余进行独立的戏剧创作,探索戏剧的可能性,哪怕学生的原创作品是稚嫩的、朴素的,我们依旧坚持以"鼓励原创,激发热爱"为指导学生戏剧创作实践的方针。一方面,把准戏剧实践的关键——行动力与想象力,另一方面激活戏剧艺术的核心素养——合作与表达,让学生自觉保持在戏剧艺术领域的创作热情和钻研激情。

同时,嘉定一中在推动学生自主发展之余,也注重培养学生正确的人生观和价值观,铸牢中华民族共同体意识,培养具有文化自信的新时代青年。通过戏剧训练的方式,对学生进行集中的德育主题和美育主题教育,例如围绕校史中的革命人物和嘉定本土的近代爱国人士等进行的命题情境表演训练和写作训练。这样的整合,为学生的个性化心理疏导、行为锻炼、意志引导等提供了更综合的教育情境。

为培育和践行社会主义核心价值观,传承经典,以美立德,落实"为党育人,为国育才"的根本任务,早在2006年10月,学校的戏剧教育课程就尝试着以优秀的课本诗文篇目为载体,以诗文编排演绎与吟诵为有效手段推动校园文化建设。多年来,学校高度重视学生的创作灵感和创作活动,并积极为学生的作品寻找展演的机会与平台,同时师生通力合作,不断打磨戏剧作品,将戏剧教育的阶段性成果对标精品演出的质量,使学生作品也能向戏剧精品方向发展。进一步增强了学生对优秀传统文化和红色革命文化的信心。

三、追踪教育先行者——以校园大师剧编创展演传承红色革命文化

红色革命文化是当代年轻学子需要学习的先进文化之一。语文学科在嘉定一中戏剧教育中占有举足轻重的地位,语文学科的四大核心素养,即语言建构与运用、思维发展与品质、文化传承与理解、审美鉴赏与创造,也充分地体现在戏剧教育中。尤其是文化传承与理解,我们当代高中生要传承什么样的文化?语文统编教材中明确指出,中华优秀文化包括我们的红色革命文化。基于这样的理念,我们在跨学科戏剧课程中大胆创新,把红色革命文化融合在戏剧教育中。

学校高度珍视戏剧课程中的每一个创作灵感并着力使之变为现实。在2021年建党一百周年之际,戏剧社团师生提议以学校第一任校长陈奉璋先生的革命事迹为蓝本,追踪

本校红色革命文化,激励当代嘉定一中学子。同学们紧锣密鼓地打造了原创话剧《陈奉璋在一二·九》并在校园文化节上公演,得到了在场观看的嘉定区教育局领导和师生们的热烈称赞,并作为新闻事件发布在了嘉定区教育局的微信公众号"嘉定教育"上。表演不仅使学生深受红色革命文化的熏陶,也唤醒了嘉定民众的"一中情节"。经过不断展演和打磨,逐渐精品化的校园原创剧《陈奉璋在一二·九》于2021年11月在上海市首批艺术(戏剧)一条龙高中阶段学校优秀剧目展评活动中荣获金奖。

为了保证校园文化节演出的品质,在确立了红色革命题材之后,融汇语文核心素养要求,老师们也动了一番脑筋。戏剧课程的开发是学校戏剧教育的主体,学校语文组老师们一直陪伴学生成长,用语文课程的经验为学生的戏剧学习保驾护航,充分挖掘其潜能,使之在戏剧课程中一步步稳健地走向成熟。

师生合力去校史馆查阅资料,发现可用资料并不算多,又联系走访了嘉定一中的很多退休老教师。有些老教师已经进入耄耋之年,听说我们的来意之后,不仅翻开了家里的老照片,而且通过交谈,也源源不断回忆出他们年轻时从前辈们那里听说的关于陈奉璋校长的往事。有了相当的素材之后,同学开始以分组竞争的形式编写剧本,一共分为3个小组,分别独立编写一部陈奉璋校长在抗战时期保校护生的故事。接下来,3个小组的剧本进行比赛,大家投票选择最好的一部作为范本,同时融合其他两部剧本当中的优秀片段,最终形成了一部较为完整的剧本《陈奉璋在一二·九》。

学校第一时间邀请了上海市校园戏剧教育与应用中心专家对戏剧编排进行统筹策划。由于角色数量有限,为了照顾每位学习戏剧的学生的创作积极性,又在剩下的学生中参照专业剧组的架构,通过学生自主报名,构建了制作组、导演组、舞美组、音效组和舞台监督组。

在创作职能分配完毕后,学生制作团队的创意和构思达到充分的整合,有机利用学校提供的排练时间,再加上学校戏剧课程体系一直着力建立良好的家校沟通,家长们非常支持戏剧排练,戏剧社团很顺利地开展了密集的表演训练与剧读会,让学生逐渐理解角色,养成良好的表演习惯。为了能够演好陈奉璋先生这一民国嘉定本土教育家的角色,陈奉璋扮演者,来自学校新疆班的王浩然同学查阅了许多校史资料,对包括蔡元培先生、陶行知先生等在内的民国知名教育家的著作进行了研读。每天从经典的老电影中观察当时人物的神情状态,模仿民国教育大师说话的语气,让自己从教育著作和经典电影中找到角色的灵感。经过不断努力,王浩然同学由最初的仅外形很像陈奉璋先生,提升为神似陈奉璋先生,我们邀请了已退休的老教师先期观看了话剧,得到了这些退休教师的一致认可。

就像上面细节所展示的一样,学习戏剧课程的同学们从创作剧本、研读剧本、分析角色、查阅资料到模仿角色、体验角色、合作分工,从角色到音效,从舞台到道具,形成了一条"戏剧生产线",不仅产出了《陈奉璋在一二·九》,在接下来的戏剧课程中还产出了以第八届全国道德模范提名奖获得者嘉定抗美援越老兵施德华先生为原型的原创话剧《不曾忘记你》等优秀作品。

学校艺术团有很多新疆班学生加入,新疆班学生的语言和生活习惯等方面都与本地学生有差异,但是演戏非常有热情。为了让他们尽快适应新的环境,在戏剧课程中,我们开展"结对子"活动,让本地班的学生与新疆班的学生结成对子,帮助他们彼此了解、互相学习。在表演中,他们不仅展现了自己的才华,还与本地班的学生建立了深厚的友谊。通过表演,他们更好地融入了新的集体。

以排练话剧《不曾忘记你》为例,新疆班的各族同学经历了许多困难和挑战。他们需要学会扮演不同的角色,并克服语言和角色年龄差距太大而产生的情感上的障碍。但他们没有放弃,而是相互鼓励,相互支持,最终成功完成了排练演出。

该剧以施德华寻找牺牲战友家属的事迹为线索,展现了他在寻找过程中的艰辛、付出和奉献,对战友的承诺和守信。施德华用数十年时间收集了26位烈士的生平资料,并最终完成了16万字的图书《烽火劲旅》。在学校戏剧艺术团历时近两个月不断打磨和排练的过程中,同学们对榜样的力量也有了更深入的认识。在排练初期,有些同学没有舞台经验,不知道如何扮演角色;有些同学语言表达能力不够,需要多次练习才能把台词说清楚;还有些同学没有足够的情感表达能力,需要通过不断排练来培养情感。但是,他们并没有被这些困难吓倒,而是相互鼓励,相互支持,一起攻克难关。

在排练过程中,同学们也经历了很多感人的故事。有些同学在排练中受伤了,但他们并没有放弃,在大家的鼓励下坚持排练,直到演出结束。有些同学因为角色数量有限不能参加排练,但他们每次都认真观看排练,并从观众角度,分享观剧感受,提出了很多宝贵的意见,确保了整个团队的成功。

在2023年上海市重阳主题活动暨嘉定区"凡人善举 德润我嘉"好人故事展演中,我校艺术团所呈现的戏剧《不曾忘记你》深深打动了现场的观众,许多观众流下了感动的热泪。主办单位嘉定区委宣传部对参演的同学们给予了高度评价。通过这次演出,同学们不仅学会了如何相互支持、相互鼓励、实现自己的高峰体验,更传承了爱国、勇敢、善良、诚信、坚守等中华民族优秀文化传统和精神品质。这种精神不仅在话剧表演中得到了体现,也在日常生活中得到了发扬。让我们看到了新时代年轻人的力量和希望。

戏剧教育培养了学生的爱国主义精神。同学们更好地了解和感受了中华民族的文化、历史和民族精神,增强了他们的爱国情感和民族自豪感。

戏剧教育接续了文化传承。戏剧中蕴含着丰富的文化传承教育资源,使新疆班学生更好地了解和传承中华优秀传统文化,增强了文化自信和民族认同感,铸牢了中华民族共同体意识。

戏剧教育与活动的开展,始终是为了给同学们提供一个认识的自己、展示自己乃至超越自己的平台。戏剧教育通过本校本地先哲们红色革命人生的演绎,与现实发生联系,成功搭建起一个广阔的舞台,让学生能够展现自身才能,锻炼自我意志,帮助学生逐步认识真切的自我。2021年7月,学校两位参演同学参加了上海市戏剧特色学校夏令营,并向戏剧特色学校的老师们展示了精彩的戏剧片段。2022年5月参演同学吴平宇完成上海交通大学2022年高水平艺术团文化课测试,最后晋级该校艺术水平文化测试。这些都是戏剧课程带给同学们的惊喜和成长。

嘉定一中这些年来在戏剧课程方面对缩小城乡艺术教育差距所进行的实践和探索,

以丰富多样的跨学科戏剧创作调动学生的热情,以兼容并包的心态深化家庭和学校对戏剧教育的认识。尊重艺术规律,汲取先进资源,设置灵活课程,重视学生作品,构建开放平台。

我们有理由相信,嘉定一中将继续秉承"追踪前哲,认识时代"的校训,在推动新时代跨学科戏剧课程实践,铸牢中华民族共同体意识的道路上勇往直前,努力奋进!

区域戏剧项目"一条龙"建设的思考与实践

杨浦区少年宫　康健瑛

摘要：少年宫作为"区域艺术美育中心、课外校外素质教育创新实践中心、课外校外教师专业发展中心、协同育人枢纽中心"，充分发挥辐射引领作用，推动区域学校艺术"一条龙"人才培养体系的建设。作为少年宫戏剧项目负责人，笔者一直致力于推动区域戏剧项目"一条龙"的建设。本文将从打造一个"高地"和"枢纽"、培育一批优秀师资、优化"一条龙"衔接机制三个方面，详细阐述关于"一条龙"建设的思考与实践，并对其未来发展进行展望。

为全面贯彻党的教育方针，落实立德树人根本任务，推进区域学校美育工作改革与发展，提高青少年学生审美素养及人文素质，我区积极响应上海市发布的《关于加强本市中小学体育艺术工作的指导意见》和《上海市中小学艺术工作管理办法》文件精神，大力开展学校艺术"一条龙"人才培养体系建设。依据上海市教育委员会关于学校艺术"一条龙"人才培养体系第一批、第二批布局项目的通知精神，杨浦区少年宫（以下简称"少年宫"）作为"区域艺术美育中心、课外校外素质教育创新实践中心、课外校外教师专业发展中心、协同育人枢纽中心"，在杨浦区教育局和杨浦区艺术教育委员会的指导下，充分发挥辐射引领作用，推动区域学校艺术"一条龙"人才培养体系的建设。作为少年宫戏剧项目负责人，笔者一直致力于推动区域戏剧项目"一条龙"的建设。本文将详细阐述关于"一条龙"建设的思考与实践，并对其未来发展进行展望。

一、打造一个"高地"和"枢纽"

少年宫作为地区性校外美育的重要基地，汇聚了该地区最丰富、最专业、最强大的艺术教育资源。随着戏剧被纳入新的课程标准，以及一系列关于戏剧教育的政策文件的发布，校外戏剧教育正面临新的机遇与挑战。少年宫戏剧项目正在寻找新的定位，努力将少年宫塑造成为地区戏剧教育的"高地"，并成为连接和主导全区中小学戏剧教育的"枢纽"。

（一）完善"金字塔"培养模式

精心构建少年宫戏剧顶尖人才的孵化高地，打造出区学生戏剧社团的"金字塔"培养体系。目前，少年宫戏剧项目已形成包括 5 个基础班、3 个提高班、2 个梯队班以及 1 个区级团队的完整架构，总计涵盖近 300 名学生。这些学生来自全区范围内的各中小学校，自小学一年级便开始接受培养。经过每学期的考核与动态调整,包括升班、降班、流失和补充等机制,直至初三毕业,孩子们在少年宫接受长达9年的戏剧课程熏陶。这些学生不仅在少年宫内部发挥了引领作用,更是成为推动全区各中小学校戏剧社团发展的中坚力量,对提升学校的戏剧教育水平及全区戏剧人才的培养起到了积极的推动作用。同时,少年宫与区域内的戏剧"龙头"高中,市、区级高中学生戏剧团,戏剧特色高中,通过基地下沉等方式建立合作,共同培养戏剧人才。自2023年起,少年宫戏剧项目与交大附中戏剧项目签订了合作协议,负责学校市级戏剧团(初中阶段)的梯队建设任务,为戏剧"龙头"学校持续输送戏剧人才。

（二）提升课程资源的辐射能力

长期以来,校外艺术教育领域尚未形成统一的教学教材。为确保教育质量,少年宫戏剧项目组在课程建设方面积极跟进,以艺术新课标和上海市科艺中心发布的校外课程指南为指导,延伸至校内领域,开发了《绘声绘色学语言》系列教材以及线上"家庭戏剧工坊"等戏剧课程,这些课程已被纳入上海市优质教育资源平台。2022年少年宫戏剧项目组与区域内的老师组队合作,成功申报了市级课题"基于中国传统文学的校园戏剧课程资源包的开发"。当前,"资源包"已在区级戏剧教研活动和戏剧"一条龙"学校团队建设中得到广泛应用与推广,以促进区域戏剧"一条龙"建设工作的深度发展。

（三）增强优质资源的整合能力

在区教育局及区艺教委的关心与支持下,长期以来少年宫戏剧项目与上海戏剧学院、中福会儿童艺术剧院、上海话剧艺术中心、上海师范大学等专业高校和院团建立了稳固的合作关系,为我区各中小学校引入了专业的戏剧资源。在2021年,由少年宫戏剧组牵头成功申报了上海市第三期艺术文化名师工作室——张生泉戏剧工作室,在张教授的指导下,举办了一系列市区级戏剧活动,培养了一批戏剧骨干教师。展演、研讨、交流等实践活动,取得了丰硕的戏剧教育理论经验成果。今年,少年宫戏剧项目进一步深化了与中福会儿童艺术剧院的合作,开展为期三年的区域戏剧美育实践探究,涉及剧目创作、巡演展示以及学校孵化等多个方面。优质的戏剧资源,能为区域戏剧项目"一条龙"建设不断提供高位的引领和指导。

（四）强化原创剧作的输出能力

作为上海市学生戏剧联盟的成员单位,少年宫戏剧社团积极参与各类市区戏剧演出和比赛,培育出一系列具有我区特色的原创戏剧作品,荣获众多奖项。如红色教育的英雄系列、城市规划的滨江系列等,这些作品在少年宫戏剧团孵化,并通过教师下沉基地的工作,影响到区域内各中小学校,助力学校参与各类展示、交流和评比活动。2024年,戏剧项目计划在张生泉工作室的引领下,立足"课程、社团、展演"三位一体的校园戏剧理念,结合区域"四个百年"的历史风貌,开展"四史"教育和优秀传统文化教育,致力于打造具有区域特色,可复制、可传承,并能助力校内校外联动的示范剧,传播我区的历史文化,推动戏剧"一条龙"区域发展和区域"中小学"戏剧一体化建设。

二、培育一批优秀师资

（一）戏剧教师通识培训

2022年起，少年宫戏剧项目与张生泉戏剧工作室合作，在开展上海市戏剧教师培训课程的同时，联合我区教育学院，成功申报了区"十四五"教师培训课程"中小学戏剧教育的教学与协作"，整合了工作室的优质培训资源，惠及了区域戏剧教师培训。同时还组建了由少年宫领衔的杨浦区戏剧教师教研组，全区有近30名中小学教师加入教研组。也开展了形式多样，内容丰富的培训活动。我们将持续进行这项师资培训工作，充分发挥少年宫区域教师发展中心的功能，为区域内中小学校培养戏剧骨干教师。

（二）布局基地校点对点指导

在成功申报第一批和第二批戏剧龙头校的基础上，我国区域戏剧教育布局的"两条龙"战略已全面实施。自2022年起，第一批戏剧龙头校所涵盖的9所中小学被纳入常规基地建设工作，通过每周的下沉辅导，协助教师组建戏剧团队、创作戏剧作品、开设戏剧课程，已取得初步成果。2023年，第二批戏剧龙头校所在的9所中小学也已逐步纳入戏剧基地建设工作，计划在2024年完成所有龙头、龙身、龙尾戏剧学校的点对点布局指导。

三、优化"一条龙"衔接机制

（一）强化"龙头"带动效应

在少年宫戏剧项目的扶持下，交大附中的戏剧项目可以说短时间内在全市甚至全国异军突起，成绩斐然。2022年上海市学校艺术"一条龙"人才培养体系建设首批高中阶段学校评估报告中明确指出，戏剧"一条龙"龙头学校建设，需要在专家莅临指导的前提下，与少年宫、青少年活动中心形成联动，夯实戏剧特色。2023年双方签订了为期五年的战略合作协议，计划在生源培养、师资建设、课程孵化以及发挥龙头作用，协调龙身、龙尾学校等方面全面合作。在张生泉戏剧工作室的指引下，将打造一个由交大附中和少年宫担任双盟主的区戏剧联盟体，发挥校内外各自的特色，以此开展全区的戏剧工作。

（二）实施"两条龙"错位发展策略

我区现已布局18所戏剧龙头、龙身、龙尾学校。其中，交大附中对接3所初中学校，3所初中学校有5所对口小学，这9所学校形成了我区第一批市级的戏剧龙头龙身龙尾学校。而同济中学对接的是新大桥中学等3所初中学校，这3所初中学校也有5所对口的小学，这9所学校形成我区第二批区级的戏剧龙头龙身龙尾学校。由交大附中引领的"第一条龙"，在少年宫的指导下，已开展了丰富的戏剧活动，各校的戏剧教育已初显成果。2024年起，少年宫着力推进"第二条龙"的建设，"二龙"侧重于戏剧普及和戏剧特色建设，借助上海戏剧学院及中福会儿童艺术剧院的优势，引入教育示范剧和儿童剧，打造教育剧场，彰显学校特色。一龙创精品、二龙做特色，我区的戏剧建设工作也有了自己的亮点。

（三）加强市区戏剧项目联动

我区有一支市级学生戏剧团和两支区级学生戏剧团，为了整合我区的戏剧教育资源，加强区级与市级戏剧艺术团联动，学校采取了以下措施。①课程设计。加强校外的戏剧课程资源建设，推动学校的戏剧课程资源的整体优化，未来三方共同设计有助于区级向市级发展，初中向高中过渡的戏剧课程。②生源培养。两支区级学生戏剧团，成为市级学生戏剧团的梯队培育基地，从中优先选择市级团员。与此同时，计划未来在区"戏剧联盟"的引领下，每学年设计一场区域戏剧"一条龙"的交流实践活动，组织区域内18所学校进行展演、论坛等交流总结性活动。在日常的艺术活动中，由少年宫牵头，结合市区级戏剧比赛、展演等活动搭建展示平台，调动各校的积极性，加强戏剧活动的市区联动和辐射。

综上，在区域戏剧项目"一条龙"的建设过程中，少年宫发挥了关键作用，并在生源、师资、教材、活动等方面取得了显著成果。展望未来，少年宫戏剧项目将继续发挥引领和辐射作用，推动区域戏剧教育的发展，促使区域内中小学校内外学生戏剧活动繁荣兴盛。

课本剧，台前幕后皆文章

——以课本剧《范进中举》为例谈素材积累

上海市闵行区君莲学校　　许织云

摘要: 课本剧教学创设真实而有意义的学习情境,凸显了语文学习的实践性。本文以《范进中举》的排演、教学为例,管窥课本剧对于写作的意义和作用:戏剧处处都是素材,都是文章,因此要让同学们重视观察和体验,睁大一双发现的眼睛,随时随地记录下有价值的素材,乐于分享活动中的点点滴滴。这为后期的写作打下了坚实的基础。

关键词:《范进中举》;课本剧;台前幕后;写作;素材积累

法国著名雕塑家罗丹说:"世界上并不缺少美,而是缺少发现美的眼睛。"这话当然是对的。但美也是需要创造的,发现美的眼睛更是需要引导的;只有这样,才能写出文质兼美的佳作来,只有这样我们的教学才会更加温暖。

课本剧教学是一种综合性实践学习。它扎根于语文课堂,关注学生个性化、多样化的学习需求,着力发展学生的核心素养,包括读、写、演、评四个环节,引导学生在真实的语言运用情境中,通过自主的语言实践,积累言语经验,促进语文核心素养的落实,助力学生向着全面而有个性的方向发展。尤其能够为学生写作积累大量素材,储备源头活水。二十多年的课本剧教学实践,让我真切地感悟到:"课本剧教学,台前幕后皆是文章。"

下面就以排演课本剧《范进中举》为例,谈谈作文教学的素材积累与学生写作能力整体提升的策略和路径。

一、春生:日常排练勤播种

课本剧教学的第一步是读,即有针对性地读深、读透文本。第二步是写,包括写剧本、写随笔、写点评。以前表演的剧本,都是同学们写,这次是老师提供的。第三步是演,分组排练,准备会演。在这期间我会要求同学:关注排演的经历,将其中的花絮与快乐随时分享。我们称之为写作前的播种。

为了提高排演效率,让同学们学会担当,培养他们的协调能力与领导力,也是为了造势,我们安排了一系列看似很专业的职务,如编剧、导演、制作人等。在表演《范进中举》时,先是全班同学分小组表演片段,之后参加学校艺术节会演时,调整为一个剧组表演,由陈同学担任导演。

有一天排练,剧本改动很大,有几个地方明显不合理,我很疑惑:"谁让你们这样改的?"学生异口同声回答:"导演让改的。"我静默。又过了一会儿,我发现原来改好的地方又改回去了,"为什么改回去了?"回答依然是"导演让改的"。我无语。再后来,我无论问什么都是一句话"导演让这样的"。对此,我突然有种想要好好逗逗他们的冲动:"回答我,到底谁是导演?""陈导演!"依然是异口同声,声音和语气反而加强了。我笑了,全体演员都笑了。我假装生气:"搞清楚了,老师我才是总导演!陈导演,你过来!""老师,我是冤枉的,我这个导演是背锅的。他们演错了赖我,有活干了找我,有成绩了就没有我。"全场同学开怀大笑。

排练中遇到这样的事情,我们是不会轻易错过的,在课本剧活动中,遇到什么特殊的场景或者话语,我都会让同学们注意观察和感受。然后我说:"同学们,你们在排演的时候是不是有很多有意思的事情?平时写作文挖空心思没有素材,现在有素材岂能错过?都记下,今后写作能用上。"

果不其然,不久后,陈同学写了一篇作文《唉!我这个导演》,生动有趣,甚是可爱,看似抱怨,其实内心充满自豪;看似辛苦,其实特别有利于成长。这篇作文后来获得了学校"我与戏剧"征文一等奖,还在报纸上发表了。

在课本剧排练中,除了写剧本,写人物分析,写导演计划,写场景说明外,还要求大家写随笔,看到什么想到什么都要求随时记录,为日后写作积累素材,这样就培养了同学们善于观察、善于思考的好习惯。

回想彩排的那天中午,由于节目是最后一个,同学们服装都没来得及换,赶到操场上体育课时已经迟到了。体育老师就罚他们操场上加跑三圈,于是操场上"精彩的"画面出现了。事后同学们很委屈,于是我想到了一个"和稀泥"的方法——写作文:"你们今天是上演了穿越剧吗?快说说,都有哪些精彩的画面?""范进假发还戴在头上,跑起来真像个疯子!""范母跑起来健步如飞,绝对不是拄着拐杖,满头白发,饿了三天的老太太形象。""没想到范进中举了,范母一下子年轻了几十岁,这是要当长跑健将的节奏啊。"

"这么好的素材,赶紧写作文吧!我敢说这个素材在上海乃至全国都是绝无仅有的,到哪里去找这么有趣的画面啊,写出来一定是好文章!"于是孙同学就写了一篇《穿越的体育课》,后来还发表在《学生导报》上。

二、夏长:表演过程敢造势

课本剧教学中随时都有可以用来写作的素材,这就要求老师们指导学生做个有心人,拥有一双善于发现的眼睛。不过,仅仅会观察还不够,有的时候还要"没事找事",自己去造点势,然后再顺势而为。

所谓造势,就是把声势造大点,让更多学生参与;把演出形式搞活点,让学生发挥自己的特长;把仪式感做足点,让学生收获更多的表彰与鼓励。《范进中举》里大多数同学都是配角,为了让演邻居的配角们有存在感,我们就对每个人的台词都进行了优化,尽量让同学单独展示一下。胡同学演的是小说中那个给范进穿鞋子的邻居,没有一句单独的台词。为了让他更好地入戏,我们给他加了一句台词,请看《我找到范老爷的鞋子了》片段:

演出时,我看到范老爷丢了鞋子,我就嘟囔着"哎呀,范老爷的鞋子哪里去了?"这个台词声音不大,主要是提醒自己更好地入戏。后面呢,当我假装找了几下,终于找到鞋子以后,我就站在原地高举鞋子来个亮相,大喊一声:"我找到范老爷的鞋子了!"突然全场观众都看向了我,然后我再夸张地跑过来,极其谄媚地给范老爷穿上。这样的表演很有意思,很有戏,大家先是一愣,然后报以大笑,再然后是热烈的掌声,那种感觉真好。

这就是造势后的顺势而为,写得真实而独到,是不是很有趣、很温暖呢?

当然,范进作为主角,演一个疯子也许有人觉得很简单,但舞台上的疯子可不简单,要演得好也是需要造势的,请看于同学的《"疯子"不疯》:

我这个角色,在别人看来,可能是毫无章法的,但其实"暗藏玄机""高深莫测"。不懂戏的人总以为随便疯疯就可以,其实在舞台上把疯的状态演得淋漓尽致是很难的。还有挨巴掌后的摔倒,也是很有讲究的,摔的时机要不早不晚,摔的幅度要不大不小,摔的力度要不轻不重;摔的地点要在舞台中间,为避免笑场还必须背对观众……尤其是我的发饰,是一顶花白的假发,买过来的时候是整整齐齐的,但是经过我排练一次次的"摧残",它变得"破烂不堪",乱糟糟的,但是"歪打正着",这顶假发充分地体现了范进的疯癫。

看看这段表演心得,如果没有认真演过戏,能有这么丰富的经验吗?

最让我欣慰的是,《范进中举》在班级的演出是人人参与的,后来参加学校艺术节比赛时就只有 11 人,剩下的学生就无缘这个活动了。后来我们争取到剩下的同学全部去现场当后援团,这可把同学们激动坏了。要知道这是初三,能够有这样的机会放松一下,多么不容易啊。请看张同学的《快乐的粉丝》:

下午的决赛,没想到初三的我们居然可以去现场,而且我们是唯一的初三班级,机会太难得了。到了现场之后,我们这些后援团就坐在评委的后一排,当个粉丝还可以坐上VIP座位,可以现场为他们加油,真的太激动了!

决赛前,我们做了许多准备……我们是观众席上最靓的仔。

终于到了我们班的大戏《范进中举》,每一位评委都拿起了手机拍摄,全场更是掌声雷动。我们后援团当然更给力,举起白板,挥动我们手上的小条幅为他们加油,为他们欢呼。

看到这样的作文,看到后援团上台与演员们一起拍班级合影,看到家校联系群里的剧照与反应,谁不觉得温暖呢?

三、秋收:表演结束抓收获

每次课本剧活动以后,我们要做的第一件事就是"秋后算账"——总结一下活动的经验和教训,尤其重要的是抓紧时间搜集整理课本剧活动的写作素材,然后开始新一轮写作,颇有大干三秋的感觉。在交流分享环节中,老师常常启发同学们:知道哪些趣事? 有过哪些烦恼? 记住哪些瞬间? 同学们也常常来个内幕大爆料,趣事逸事交流分享,难忘瞬间一起回顾。最后,看似闲聊的总结课,很快就达到了分享活动花絮、丰富写作素材的目的。

除了分享交流素材,老师还要帮助同学们选材,并指导他们立意深刻、新颖、别致。如张同学的《演戏的那些事》、贺同学的《我们班的课本剧》等文章都各有特色。

下面是顾同学的《这种感觉真好》的片段:

演出结束后,我们一行人回到了班级,只听班级里响起了热烈的掌声,班主任阳老师一个一个地表扬我们,还特意对我说:"平时看你在班里沉默寡言的,没看出来你还会表演,这一次可真是让我们刮目相看呢。"语文老师也说我的声音很适合舞台表演,舞台形象很好,被老师夸奖的感觉真好!

言为心声,这就是课本剧表演带来的自信与收获,这就是不经意流露出的温暖。

同学作文中也有描述心路历程,抒写个人成长感怀的,如翁同学的《闪亮的日子》,就写她为了参加学校比赛,克服重重困难,终于实现了自己梦想的过程:

今年 12 月 23 日,那一天我感觉世界突然亮起来了。这是闪亮的日子,这是我中学四年第一次登上舞台,第一次表演课本剧,第一次成为闪亮的星! 这个日子真的太难忘,太有意义了!

当然,并不是所有的文章都是那么快乐的,也有满怀遗憾、心有不甘的。如姚同学的作文《我与课本剧三次擦肩而过》,我本建议他去掉"三次",他却坚决要求保留,以表达他的遗憾不容忽视:

虽然失去了这次展现自我的大好机会,但我对戏剧的兴趣更浓了,我也变得不服输了。我询问老师是否还有演出的机会,老师答应我只要我努力,机会还会有的。 当然,我参加了"我与戏剧"的征文比赛并获奖,也算是实现了一半的梦想吧。

这样的表达,情感真实,是不是值得珍藏与铭记呢? 是不是很温暖呢?

四、冬藏:积淀深思促成长

课本剧教学不仅能够为学生德智体美劳全面发展创设良好的学习情境,而且能够充分地、循环且螺旋上升地利用学习资源,高效地培养学生的核心素养。

戏剧处处都是文章,因此要让同学们重视观察和体验,睁大一双发现的眼睛,随时随地记录下有价值的素材,乐于分享活动中的点点滴滴,欣赏同学们的心路历程。同时,写作文不怕事大,我们也要乐于营造氛围,善于造势。

在课本剧活动中,每个人的感受都是不同的,这就要求老师要及时指导学生选材:哪些是最典型、最独特、最新颖的,哪些是最能体现人物内心、最能突出性格的,哪些是自己最感慨也最能打动别人的,哪些是最深刻、最能突出主旨、最能表现主题的,经过遴选的素材是写作成功的保证。

有了优质的素材,老师的指导还要抓住时机,不断跟进。每一篇好作文都需要经过反复打磨,同学们在写作热情高涨的时候,作文也不需要统一交,写好直接拿给老师当场面批,批改的次数也不受限定,有的甚至七八稿,直到满意为止。有了这样的操作,优质作文必然会精彩纷呈。

进行课本剧教学实践,关注写作,关心学生的成长,追求没有止境。我把十几篇优秀作文选出来,再次修改,加上评语,插入剧照和作者美照,编辑了一本《〈范进中举〉优秀作文集》,陈同学和张同学主动帮我修图、设计封面,这样精美的文集就诞生了。虽然这个过程很辛苦,但无论是老师还是学生和家长,心里都是很温暖的。

——后记

戏剧教育对学校与时俱进、科学发展的作用

上海市青浦区第一中学　赵　洁

摘要:20世纪初,张伯苓先生把戏剧活动引入学校的教育领域,借之培养学生的团队合作精神和为人处事能力,其对戏剧教育功能的认识不但指引着戏剧活动的路向,也给当时的社会教育思潮提供了很好的宣传和注释。他所倡导的戏剧教育理念和实践超前于英美等国,在当时的中国起到了有效的范导作用,并给我们今天的戏剧教育活动以启示和参照。

关键词:戏剧教育;高中艺术教育;"在做中学"的理念

2022年3月至2023年4月为期一年的张生泉戏剧名师工作室的学习和培训,使我受益匪浅,并能结合自身教学实际情况,有所思考,对戏剧教育的作用有了一些自己的所想所得。

从前瞻性来看,戏剧教育正在爆发前期,有机会作为普适的教育学科进入教学大纲中。其他类型的艺术教育——绘画、音乐、美术等学科,已加入了高中课程中。美术学科因为满足了人的成长需求,可以为学生的升学和职业前景带来实质影响,所以越来越受重视。

戏剧教育的内容能够同其他艺术教育一样带来实质收益,在中学课程中,戏剧教育内容包括:①大的普适戏剧教育学科产品;②小而精的专业职业戏剧教育。在初中、高中学段的艺术教学中,戏剧教育板块是必不可少的。笔者所任教的高中非常重视戏剧教育的渗透和介入,以《戏剧创编与表演》这本教材为选修课教材,在平时授课中也将知识点穿插进去,让学生在潜移默化中将戏剧表演、戏剧知识纳入他们的认知中。

戏剧是人类最古老的艺术之一,演员与观众共处于剧场这样一个实体的物理空间,演员以语言、表情、肢体动作等手段,扮演角色的生活故事,观演之间、观众之间形成了活生生的情感联系。教师要引导学生认识戏剧源于生活,更是人类认知自我、扮演角色、探究人性的艺术门类,是融台词、动作、音乐、舞蹈、美术等为一体的综合艺术形式;了解我国的戏曲艺术是中华优秀传统文化的重要组成部分,剧种丰富多彩,表演具有鲜明的地域特色;参与戏剧创编与表演的实践活动,建立形象思维,发展艺术感知和创意表达能力。

我们的高中戏剧教材中分"绪论"和"经典戏剧""戏剧创编""戏剧表演""戏剧排演"四个单元。"绪论"重在让学生认识戏剧区别于其他艺术的特点。"经典戏剧"单元,主要从

悲剧、喜剧和正剧三类戏剧着手,使学生了解戏剧与现实生活之间的关系,探索戏剧对人性的揭示;"戏剧创编"单元,从了解戏剧创编的规律和过程入手,学生通过对人物、冲突、情节和主题四个方面的学习,尝试创编戏剧小品和课本剧;"戏剧表演"单元,从戏剧的唱、念、做、打四个主要表现手段入手,学生通过赏析各具特色的地方戏曲剧种并尝试表演,领悟传统戏曲虚拟、写意等艺术特色和雅俗共赏的审美意趣;"戏剧排演"单元,学生从戏剧的建组、排练、设计、演出四个阶段入手,寻找适合自己的专业岗位并排练和演出戏剧作品,感受演出是一种与观众对话交流的艺术传播过程。

从实际出发,拿我上过的一节"戏剧排演"课为例,"呈现一台好戏"是新教材选择性必修四第四单元第四课中的内容。本单元主要侧重"戏剧创编与表演"中的内容要求,可分为"建组""排练""设计""演出"四个学习主题。旨在从这四个阶段入手,让学生寻找适合自己的专业岗位并排练和演出戏剧作品,以此感受演出者、导演者的艺术体验。学生的求知欲是强烈的,但他们从理论学习到排练话剧会产生迷茫的情绪,老师应该多了解一些这方面的知识,组织带领学生有序、分步骤、分阶段、分角色来尝试排练话剧。

首先在"呈现一台好戏"的艺术实践活动中,让学生经历从组建团队到剧本围读、细排、管理班底与创作班底的配合,再到舞台道具、服装、化妆的设计等各阶段,感知戏剧活动的综合性特点,感受戏剧形象的感染力。

参与"呈现一台好戏"的戏剧排演全过程,运用布景、道具、灯光、音效等戏剧呈现要素,发挥对角色和空间创造的想象力,在团队协作配合中创造舞台形象,增强集体意识和团队协作能力,形成换位思考的共情能力。

在戏剧作品排演中体验创作的乐趣,分享艺术创作的过程与成果,体验戏剧之美、提升审美品位、理解戏剧的文化内涵。

在教学策略中体现"在做中学"的理念,突出在实践中体验戏剧艺术。例如,模仿中国经典话剧《茶馆》的排演过程,我在实施过程中引导学生在戏剧游戏、设计制作等实践活动中,通过调动视觉、听觉、动觉等,最大限度地参与创作,了解导演创作的流程,体会二度创作的可能性,知晓戏剧创作的开拓性与创作的服从性之间的关系,感知戏剧活动的综合性特点。

话剧《茶馆》排演具体实施如下:

(1)主要活动由教师组织,除了剧本围读、戏剧的排练,导演起着主导作用。所以,导演应该已经基本完成了剧本的分析,撰写了导演阐释,对舞台呈现,特别是舞台调度已经拟好了初步的设想,也已经与舞台美术各部门做好了沟通。

(2)设计意图通过问题情境创设到戏剧游戏实践,体现"在做中学"的理念,突出在实践中体验戏剧艺术。

(3)学习多媒体课件。

(4)思考与感受在戏剧排练和戏剧游戏过程中,戏剧逐步形成的过程,体会戏剧艺术的特点。

教学设计与实施如下：

（1）通过排练了解表演艺术在实际表演过程中的特点。

（2）设计意图引导学生结合工作流程表，有效组织戏剧排练。通过在排练中的戏剧游戏，了解表演艺术。各创作班底之间相互合作，感受舞台调度、组织方法等。

（3）管理班底配合创作班底，学习戏剧综合创作的流程。

（4）尝试运用身边容易找到的事物、材料创设符合剧情的舞台场景。

笔者再就高中艺术教材必修一《艺术与生活》中的《艺术展现时代》单元教学设计来具体阐述戏剧与教学既能紧密联系，又能起到与时俱进、向科学发展的重要作用。

《艺术展现时代》单元教学设计

【教材选择】《艺术》（必修一《艺术与生活》）

【执教年级】高一年级

【执教教师】青浦区第一中学　赵洁

【单元概述】

本单元主要从艺术与时代的角度，引导学生认识艺术与社会的紧密关系，重点选择文艺复兴时期的艺术经典作品、延安时期以及中华人民共和国成立后讴歌党、讴歌祖国、讴歌"最美奋斗者"的精品力作，展现特定时代的历史画卷、生活图景，促进学生探究艺术家如何运用艺术语言表现不同历史背景下的社会生活和时代精神，深入感受艺术作品中展现的个体情感、信仰和世界观等，理解艺术在重大历史时期所具有的激励和引导作用。

认识艺术可以展现时代，了解艺术是人类表达精神追求的一种方式，在生活中具有重要的意义。知道艺术语言具有多样性和综合性，启发学生探索艺术历史发展的源头，丰富艺术感知。

在自主研究学习的进程中，能模仿借鉴不同时代艺术的元素，体验、设计与实践，尝试创意表达。

感受日常生活中的审美追求，积极参与艺术实践活动，产生对传统艺术的兴趣爱好，提升审美情趣。

在艺术与生活相关联的情境中，参与各艺术门类实践活动，探索艺术如何反映人类生活的风格、习惯、信仰，如何体现人与自然、人与社会的关系，认同中华优秀传统文化，形成文化理解。

主要学习材料

教材素材——《抱白貂的女士》、《雅典学院》、《被束缚的奴隶》、桑塔玛利亚大教堂、《阿尔诺芬尼夫妇像》、歌曲《我为祖国献石油》、中国画《大庆工人无冬天》、《焦裕禄》电影片段等。

补充材料——视频资料、《蒙娜丽莎》、《宝座圣母像》、《掷铁饼者》、《椅中圣母》、时代楷模图片作品等。

一、单元规划

研读标准	规划范围		学年　学期　√单元
	课程模块		艺术与生活
	课程内容	必修课程	1.2
	教学材料	教材素材	普通高中艺术教科书(必修一《艺术与生活》)第二单元《艺术展现时代》第1、2、3课
		补充材料	视频资料、《蒙娜丽莎》、《宝座圣母像》、《掷铁饼者》、《椅中圣母》、时代楷模图片作品、学校照片、自制视频、自选音乐等
规划单元	单元综合主题		艺术展现时代
	单元总课时数		3课时

二、单元教材教法分析

(一)教学材料结构

本单元包括三个主题内容:文艺复兴、延安文艺和当代颂歌。三个主题形成时间推移的结构,在"文艺复兴"中,了解文艺复兴运动既是传承又是创新,艺术作品真实表现了生活,展现了时代的特征;在"延安文艺"中,了解中国"红色"延安文艺,感受艺术表现生活的丰富性和关联性;在"当代颂歌"中,讴歌"最美奋斗者"的精品力作,展现特定时代的历史画卷、生活图景和时代先锋楷模。

(二)核心内容

本单元是《艺术与生活》的必修模块内容,核心内容聚焦"艺术家如何通过创作展现艺术的时代精神"和"艺术与时代的内在联系"两个方面。

(三)单元教学策略与方法

本单元作为高中艺术课程学习的第二个单元,引导学生观察和探索节奏、色彩、力度、结构等艺术要素在现实生活和大自然中的存在,以及这些要素在艺术作品中的意义与作用。

通过比较中外艺术活动和艺术作品,引导学生探讨其艺术表现的手法、形式、风格、意境等特点,培养学生的分析、理解、评价能力。

赏析中外不同地区、不同时代的经典艺术作品,引导学生探究艺术风格与时代的关系;组织学生进行多样的鉴赏、体验活动,探究经典音乐、建筑、绘画、舞蹈等艺术形式的总体特征与时代的关系,作出各自的评价,并与他人交流分享。

三、单元教学目标设计

(一)学情分析

高一年级的新生,具有一定的艺术学习经历和知识技能的积累。高中艺术实施"新课程"、采用"新教材"后,原来的学习方式遇到强大的挑战。学生需获得"艺术感知""创意表达""审美情趣""文化理解"四个方面的学科核心素养。他们需要通过阅读、感知、体验、模仿、创作等多样的方法与途径,提升合作能力、探究能力和思辨能力,以达成本单元的学习目标。

(二)单元教学目标

1. 结合特定时代背景,在不同时期的绘画、雕塑、建筑、音乐、戏剧、舞蹈、书法等作品赏析中,感受并描述不同时代艺术语言、形象塑造、情感表达等多方面的艺术特色和基本特征。

2．结合当代生活,提炼时代楷模人物形象的创作素材,有选择性地运用艺术要素、媒体材料进行设计和操作,进行新颖独特的创编、设计与实践,表达思想情感和意义。

3．在艺术与时代关联的意境中,感受艺术对时代的讴歌和颂扬,体会时代人文精神和革命情怀,促进审美认知,提升审美趣味。

4．搜集与艺术语言、艺术作品、艺术观念相关的文化背景资料,归纳艺术的形象塑造和情感表达与文化的关联,结合时代背景和现实生活,理解中外艺术的多元表现,领悟中华优秀传统文化艺术的精神及特征,阐述自己的观点,与他人分享交流。

（三）单元教学重点与难点

【教学重点】

通过文艺复兴、延安文艺和当代颂歌三个课例,了解艺术是时代的产物,探索艺术创作如何展现时代精神。

【教学难点】

通过探究各类不同艺术形式与时代的关系,引导学生在实际生活中积累艺术经验。

（四）单元教学目标分解

单元	课	学习栏目	学习内容	学习要求与水平
第二单元艺术展现时代	第一课文艺复兴	情境导入	通过对比欣赏中世纪和文艺复兴时期同一题材内容的画作,感受画作的区别,展现文艺复兴时期的艺术创作特点,引出课题。	1．能够说出文艺复兴时期艺术作品或艺术活动的创作形式。（艺术感知水平）2．能分析、比较文艺复兴时期的艺术作品,用语言、文字和图像与同学分享交流自己的感受,认识该时期艺术作品的审美价值,并能够给出相应的阐释。（审美情趣水平）3．能分析文艺复兴时期各类艺术作品的文化特征,了解与艺术语言和艺术观念相关的文化背景资料。（文化理解水平）
		审美感知	1．了解文艺复兴复兴了什么;通过对比作品,了解文艺复兴为什么复兴古希腊、古罗马的文化艺术。2．通过分析作品中的人物、情感,感受作品传承了古典艺术中的人文主义并将关注点逐渐转向现实的人;感受《雅典学院》的恢宏气势以及生动的人物排列构图,引出焦点透视的运用,为欣赏文艺复兴的创新做铺垫。3．在分析作品的过程中,了解艺术家运用当时的先进科学,更准确表达了当时的社会风貌与时代精神,是继承中的创新。	
		体验活动	我们处在中华民族伟大复兴的进程之中,作为其中的见证者,我们可以用哪些艺术形式,来表现我们的时代风貌,表现大家的生活?请思考并分享自己的创意想法。	
		思考评价	1．人文主义思想是如何在艺术作品中体现的?2．举例说明文艺复兴巨匠们作品的艺术特色和风格。	
		拓展研究	柏拉图与亚里士多德处在一个怎样的时代? 他们的学派之争,到底孰优孰劣呢?	
		建议课时:1课时		

单元	课	学习栏目	学习内容	学习要求与水平
第二单元 艺术展现时代	第二课 延安文艺	情境导入	赏析中国画《南泥湾途中》,分析其画面内容和情感表达,探讨艺术家是如何实现对当时时代生活的审美表达的。	1. 能从历史或文化角度来分析、研究延安文艺精神,领悟艺术家对不同时代生活的理想化反映。(艺术感知水平) 2. 能根据延安文艺时代特征,进行创意表现,在个性化的创作实践中,深入理解延安文艺作品的时代性,并进行讲解交流。(创意表达水平) 3. 通过调动视觉、听觉、动觉等,感知各艺术门类语言的美感和意蕴,获得审美情感价值体验。(审美情趣水平) 4. 能从文化角度来研究延安文艺时期作品的艺术特点,理解延安文艺的现代性价值。(文化理解水平)
		审美感知	1. 欣赏延安文艺作品,理解延安文艺模式,感悟延安精神。 2. 探讨鲁艺学院在延安文艺中的地位及作用。 3. 赏析延安木刻作品,探索作品创作特点和体现民族化倾向的审美样式。	
		体验活动	《黄河大合唱》主题展示活动。	
		思考评价	1. 理解并演唱《黄河船夫曲》《黄河颂》《保卫黄河》。 2. 观察并分析不同版本的《黄河大合唱》,谈谈如何实现时代生活的理想化反映。 3. 理解《黄河大合唱》的作品内涵,并分享该作品传唱至今的原因。	
		拓展研究	结合历史,思考《上海屋檐下》这部作品通过哪些艺术表现手法传递出"将要到来的时代的脚步声音"。	
		建议课时:1课时		
	第三课 当代颂歌	情境导入	演唱歌曲《我为祖国献石油》引出本课的主题:讴歌时代楷模。	1. 能从电影、绘画、歌曲等多种艺术形式中,了解艺术语言对形象和情感表达的意义和作用。(艺术感知水平) 2. 合理运用艺术要素、媒体材料进行设计和操作,进行新颖独特的创编、设计和实践,表达思想感情和意义。(创意表达水平) 3. 认识艺术作品的时代价值和审美价值。(审美情趣水平) 4. 能主动参与艺术体验活动,积极开展创设。(文化理解水平) 5. 用艺术表达的方式,展示时代楷模的形象,传承楷模精神,展现中华民族波澜壮阔的复兴伟业。(文化理解水平)
		审美感知	1. 分析歌曲《我为祖国献石油》中表现石油工人形象的元素。并学唱一句感受石油工人豪迈、坚毅的形象。 2. 欣赏中国画《大庆工人无冬天》,从画面内容、构图、色彩等艺术语言角度表现石油工人楷模形象。(同一主题、不同艺术形象表达石油工人楷模形象) 3. 观看《焦裕禄》电影片段,其台词、动作、服装、镜头运用等艺术语言展现出一心只为人民的好干部、公仆形象。 4. 电影片段模仿表演,深入感受人民公仆的楷模形象。	
		体验活动	1. "学习时代楷模,弘扬榜样精神。"用本节课学到的艺术形式或多样的艺术形式来塑造当下楷模的人物形象。 2. 确定艺术表现形式、表现的楷模形象、怎样表现。 3. 以小组为单位完成设计方案,展示交流。	
		思考评价	1. 生生互评、生生自评、教师评价。 2. 分享创作思路。 3. 谈谈各种艺术形式的优势。	
		拓展研究	可观看感兴趣的时代楷模传记片、纪录片、电影、电视剧等艺术作品,增加艺术人文知识储备。	
		建议课时:1课时		

四、单元学习活动设计

(一)单元学习活动目标

1. 在地平线、消失点、透视辅助线的帮助下,用绘画的方式表现林荫小道。

2. 电影片段模仿表演,深入感受人民公仆的楷模形象。

3. 学唱《黄河船夫曲》,感受歌曲表达的情感,作品反映的时代特征。

(二)单元学习活动内容与要求

单元活动1:透视原理绘画体验

活动要求:

1. 赏析《雅典学院》的透视学内涵。

2. 运用透视原理表现空间感。

单元活动2:《黄河船夫曲》歌唱体验

活动要求:

1. 注意歌曲旋律与节奏的表现。

2. 注意歌曲强弱规律的表现。

3. 呈现作品整体情绪的表现。

单元活动3:电影片段模仿表演

活动要求:

1. 注意台词、语气的表现。

2. 注意肢体动作表现。

3. 呈现人物的形象反差。

(三)单元学习活动评价标准

活动	优良	合格	须努力
透视原理绘画体验	理解透视绘画原理,准确、完整地表现画面内容	能理解透视绘画原理,基本表现画面内容	不能理解透视绘画原理,无法表现画面内容
《黄河船夫曲》歌唱体验	能结合时代文化背景全面理解《黄河船夫曲》音乐作品的意义,声情并茂地演绎歌曲	初步理解《黄河船夫曲》音乐作品的意义,能演绎歌曲	不能理解《黄河船夫曲》音乐作品的意义,未完成歌曲演绎
电影片段模仿表演	生动、自然的台词语气与肢体动作表现,呈现人物形象的强烈反差	完整地表现台词与动作,能呈现人物形象的强烈反差	未完成表演

五、单元作业设计与实施

(一)单元作业目标

1. 选择合适的表现主题和一种适当的艺术表现形式,表现当下的社会生活以及时代精神。

2. 选择合适的艺术形式,提炼生活中的艺术素材,展现当下的时代楷模的人物形象。

（二）单元作业内容与要求

1. 展现我们的时代。

（1）选择表现主题。

（2）选择一种适当的艺术表现形式（绘画、摄影、音乐、微电影、诗歌、小说、戏剧……）。

（3）思考如何具体表现艺术形式。

2. 我们心中的楷模：讴歌我们身边的楷模形象。

"学习时代楷模，弘扬榜样精神"，用你喜欢的艺术形式塑造身边的楷模形象。

（1）活动要求：以小组为单位，完成设计方案。

（2）展示、交流与评价。

（3）单元作业评价标准。

		优良	合格	须努力
过程表现	主题	明确有创意	明确	不明确
	完成情况	按时完成，内容完整	按时完成	未完成
成果表现	作业内容	紧扣主题，表现形式新颖，有创意	符合主题，表现形式有一定的新意	形式单一，与主题不符
	交流表现	条理清晰，艺术表现生动，有感染力	条理较为清晰，艺术表现较生动	条理不清晰

六、单元评价设计与实施

（一）单元评价目标

1. 在艺术与时代相关联的情境中，感受艺术情趣，接受艺术熏陶，认识艺术的审美价值，并能够作出相应的阐释。

2. 从生活中提炼时代楷模人物形象的创作素材，有选择性地运用艺术要素、媒体材料进行设计和操作，进行新颖独特的创编、设计和实践，表达思想情感和意义。

3. 可以从不同视角理解中华优秀传统文化艺术的精神及特征，阐述自己的观点，与他人分享交流。

（二）单元学习过程评价标准

评价内容		优良	合格	不合格
过程表现	小组分工	分工明确	分工比较明确	没有分工
	小组合作	合作默契，相互包容	能相互理解	不能合作
	完成情况	按时完成，内容完整	按时完成	未完成

七、单元资源设计

资源类型	资源目标	资源名称	资源用途
教材资源	1. 理解艺术展现时代 2. 理解艺术是时代的产物 3. 探索艺术创作如何表现时代精神	1. 雅典学院（湿壁画） 2. 抱白貂的女士 3. 阿尔诺芬尼夫妇像（油画） 4. 被束缚的奴隶（雕塑） 5. 大庆工人无冬天（中国画） 6. 我为祖国献石油（歌曲） 7. 焦裕禄（电影片段）	学习单元核心内容
补充资源	1. 认识艺术与社会的紧密关系，重点选择文艺复兴时期的艺术经典作品 2. 感受艺术作品中展现的人的情感、信仰和世界观等 3. 理解艺术在重大历史时期所具有的激励和引导作用 4. 认识艺术展现时代，了解艺术是人类表达精神追求的一种方式，在生活中具有重要意义	1. 椅中圣母 2. 宝座圣母像 3. 蒙娜丽莎 4. 米洛的维纳斯 5. 掷铁饼者 6. 焦裕禄雕像与照片 7. 当代楷模图片 8. 自制透视图绘画步骤视频 9. 文艺复兴时期的拉索音乐	学习单元核心内容
环境资源	1. 利用互联网，查找相关的文化背景资料，完成所需要的文字、视频、音频以及所需要的软件 2. 艺术教学、实践与研究性学习的空间 3. 在电脑教室或用移动设备设计完成电子展示文件制作 4. 学生成果展示与评价	1. 课内提供可上网的电脑 2. 图书馆 3. 艺术教室 4. 学校展示平台	用于查找材料，排练、分享和展示

新媒体语境下基于混合式学习的高中影视美育实践研究

上海交通大学附属中学嘉定分校　金丽燕

摘要:本文在对高中影视美育存在的问题及现状进行调查的基础上,构建"线上＋线下"混合式学习的影视美育校本课程,开展基于混合式学习的影视美育资源库建设,结合学科核心素养开展影视美育混合式学习案例实践研究,形成新媒体语境下基于混合式学习的影视美育实践框架,进而对高中学生的人生观、价值观、审美观等产生潜移默化的影响,达到以美育人、以文化人的效果。

关键词:新媒体语境;混合式学习;影视美育

一、问题的提出

(一)研究问题的缘起与背景

新媒体是伴随信息技术发展而出现的媒体形式,也是影视艺术现代性的体现,更是信息化教学中必不可少的工具。国内最早探究混合式学习的何克抗教授认为,混合式学习就是把传统学习方式的优势和互联网学习的优势相结合。

当今青少年作为数字时代原住民,通过互联网和新媒体终端接触各类视听资讯,影视文化深深地介入他们的成长过程,而能够统筹线上、线下优势的混合式学习更贴近"屏幕育成"的一代。2018年,教育部、中宣部《关于加强中小学影视教育的指导意见》指出,利用优秀影片开展中小学生影视教育,是加强中小学生社会主义核心价值观教育的时代需要,是落实立德树人根本任务的有效途径,是丰富中小学育人手段的重要举措。这一指导意见进一步促进了校园影视美育的开展。

通过文献检索可知,我国中学新媒体语境下基于混合式学习的影视美育发展滞后,现有国内的研究在学段上主要集中在高等教育领域,基础教育领域的相关研究有待加强;在实践层面上,普通高中缺乏影视美育的时间、场地、影视资源,课程体系不完善,新媒体资源有待普及,教师媒体素养亟待培养,学校和家庭层面认识不到位等,都影响着普通高中基于混合式学习的影视美育的开展。本课题认识到新媒体、影视文化对青少年的影响,尝试为通过移动学习平台、网络媒体等新媒体开展线上、线下课内外一体化混合式学习,实施学科审美教育,探索出行之有效的途径。

（二）研究意义

数字媒体艺术作为一门新兴的艺术形式，以崭新的视角、迅捷的发展态势开拓了信息时代艺术的新领域，为中学艺术课程带来了深远的影响。《普通高中艺术课程标准（2020年版）》提出艺术感知、审美情趣、创意表达、文化理解四个方面的学科核心素养并对其作了准确和科学的界定，"影视与数字媒体艺术"选择性必修模块，包含数码影像、数字音乐、数字动画及微电影制作。

但是面对高中艺术一周一课时、每课时 40 分钟，学生课业压力大，影视艺术赏析创作耗时久、空间大、线上资源占多数等现实情况，本课题研究借助新媒体技术开展线上线下混合式学习，克服传统线下课堂教学时间、地域、师资、生源等难以均衡统筹的问题，解决时间维度和空间维度上的问题。这种模式更易于被"屏幕育成"的一代接受。影视美育具有视听直观性、多元兼容性、传播广泛性的特征，基于混合式学习的影视美育课程一方面集观赏性、艺术性、文化性于一体，另一方面既适应了视觉文化发展的审美需要，又能最大限度地激发新媒体语境下学生的审美情趣，达到影视美育的效果。

（三）开展高中生影视美育的必要性

艺术教育是一种以情动人的审美教育，以美启真、以美入善、以美化情，塑造人的知情意，实现人的全面发展。《教育部关于推进学校艺术教育发展的若干意见》明确指出："艺术教育对于立德树人具有独特而重要的作用。"学校艺术教育必须充分发挥自身的作用和功能，落实立德树人根本任务，实现改进美育教学、提高学生审美能力和人文素养的目标。

1. 拓展影视艺术的形式美，寄育人于素材

电影属于综合艺术的一种，它能够再现形象，具有生活的逼真性和直观性以及广阔而深刻地反映社会的能力等，同时作用于观众的视觉和听觉，几乎每一部优秀的电影作品，本身都包含着综合性的育人内容。

2. 拓展影视艺术的综合美，寓育人于教学

席勒指出："道德的人只能从审美的人发展而来，不能由自然状态中产生。"因而在教学内容上应注重艺术综合学习，从学科育人的角度出发，笔者对电影配乐、画面色彩、拍摄剪辑、剧本撰写等涉及的音乐、美术、表演、文学等不同学科的知识进行有机融合，并拓展引导学生感悟不同艺术间的内在联系。引导学生感悟电影的美学价值和艺术内涵，学习影视独特的艺术语言和表达方式，最大限度地强化学生视觉、听觉的审美感受，体验电影的艺术美，激发学生对电影人文情感的感悟。促进学生艺术修养和审美素质的全面提高，进而培育和发展学生的审美综合能力、想象能力、理解能力。

3. 挖掘影视艺术的精神美，立育人于无形

批判与自由的精神是艺术的基本精神，现代生活和现代艺术的发展比以往任何时候都更为明确、更为强烈地要求影视艺术的批评精神。迄今为止几乎所有出色的电影，都包含对现实和历史直接或委婉的批评，都是基于对人性的深邃领悟和表达。影视扮演着视觉延伸的角色，在广阔时空里对人性、社会及文化进行审视与批评。充分彰显影视作品中

所蕴含的积极向上的观念、对是非对错的正确褒贬,可以有效培养学生正面的价值观。

(四)研究目标

本课题基于对高中影视美育存在的问题及发展现状的调查,建议搭建"线上+线下"混合式学习的影视美育校本课程,开展基于混合式学习的影视美育资源库建设,结合学科核心素养开展影视美育混合式学习案例实践研究,形成新媒体语境下基于混合式学习的影视美育实践框架,进而对高中学生的人生观、价值观、审美观等产生潜移默化的影响,达到以美育人、以文化人的效果。

二、研究内容与方法

(一)研究思路

本课题整体研究思路如图 1 所示:

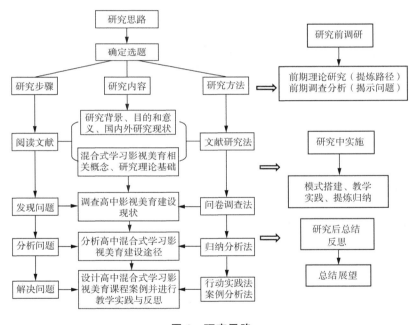

图1　研究思路

(二)研究的主要内容

1. 对新媒体语境下的高中影视美育课程进行文献梳理,形成情报综述
2. 了解高中影视美育存在的问题及发展现状
3. 建设"线上+线下"混合式学习的影视美育校本课程
4. 开展基于混合式学习的影视美育资源库建设
(1) 依托影视鉴赏模块化学习探索影视美育课内外一体化;

（2）依托微电影实践项目化学习探索影视美育校内外一体化；

（3）依托新媒体传播研究型学习探索影视美育跨学科一体化。

5. 结合学科核心素养开展影视美育混合式学习案例实践研究

（1）以"艺术感知"切入的学习案例；

（2）以"创意表达"切入的学习案例；

（3）以"审美感知"切入的学习案例；

（4）以"文化理解"切入的学习案例。

6. 形成新媒体语境下基于混合式学习的影视美育实践框架

（三）研究方法的设计和研究工具的具体操作

1. 现状研究

（1）主要研究内容。

了解高中学生基本影视素养现状。

了解高中学生美育观念现状。

了解高中学生线上线下混合式学习现状。

以主旋律影视文化为例了解影视文化对高中学生美育、德育的影响情况。

以科尔伯学习风格自测问卷了解高中学生学习风格情况。

（2）主要研究对象及方法过程。

本次问卷及访谈的调查对象为我校高二及部分高一学生，共 171 人。

本次问卷调查以网络"问卷星"平台调查为主，笔者对我校学生进行问卷调查，对高中影视美育教学现状及新媒体语境下高中混合式学习现状进行调查研究，分析存在的问题。并在课程前后对个别学生进行混合式学习影视美育课程的访谈，从中更深入地了解混合式学习、影视美育课程开展的情况。

2. 文献研究

为深入开展课题研究，笔者查阅大量相关资料，大致勾勒出国内外新媒体语境下基于混合式学习高中影视美育研究的概况，对各核心概念及其相互之间的关系有了较为全面的了解，形成相关文献综述。同时，确定了本研究开展的基础，为进一步研究新媒体语境下基于混合式学习高中影视美育实践的途径奠定了基础。

3. 行动研究

结合影视美育资源，笔者在国家义务教育三类课程中开展不同路径的课堂实践。依托影视鉴赏模块化学习，开展影视美育课程内外一体化实践，依托微电影实践项目化学习开展影视美育校内外一体化实践，依托新媒体传播课题研究开展影视美育跨学科一体化实践。

4. 案例研究

结合高中艺术核心素养"艺术感知、创意表达、审美情趣、文化理解"开展高中影视美育混合式学习的实践课例研究，对在研究过程中产生的鲜活课例，运用案例形式进行叙述、分析，并加以总结提炼。

三、研究结果及其分析

（一）高中学生影视美育存在的问题及现状调查

1. 新媒体语境下高中学生影视素养现状调查分析

本次现状调查主要参考与影视素养相关的问卷编撰方式,结合新媒体背景下高中学生发展的要求及艺术学科核心素养,进行三个维度的划分(如表1),编制了《高中生影视素养现状调查问卷》。从了解影视艺术基本知识、能根据需求及时选择合适影视作品、正确解读影视信息、全面欣赏影视作品、影视作品创作意识、对影视作品的评价情况这六个方面来分析高中生影视素养的基本现状。

表 1　影视素养维度划分问卷

模糊概念	一级指标	二级指标
影视素养	影视审美感知	认识
	影视审美能力	选择
		欣赏
		思辨
	影视审美意识	创作
		评价

调查发现,新媒体语境下高中生影视素养现状不容乐观,主要表现在影视艺术知识匮乏、影视审美能力有待提高及影视审美意识有待加强这三个方面。

2. 新媒体语境下高中学生影视美育课程学习方式的调查

从调查中我们可以看到,在新媒体语境下,学生认为影视美育校本课程的学习,"在网上观看与课程相关的教学视频"更有助于提高学习效率,占比29.24%。这体现出学生对混合式学习的需求。对课程形式和学习方法,学生也提出了课程架构应由浅入深,形成学习小组进行案例讲解的建议。这为影视美育校本课程的开发提供了启发。

（二）建设"线上＋线下"混合式学习的影视美育校本课程

结合普通高中艺术教材,分层建设影视美育校本课程,开展实践。（见图2）

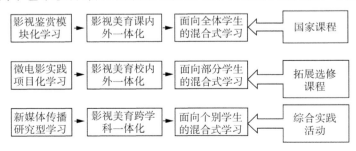

图 2　影视美育校本课程融合三类课程框架

1. 运用单元教学,开发校本影视课程

通过剧本设计、分镜头绘画、摄影灯光、音响、剪辑等的教学以及校电影周,形成完整的影视校本课程(见表2)。

表2　影视校本课程设计

板块	单元内容	相关学科	学习成果	学习支持
剧本设计	1. 电影类型片概要 2. 剧本概要 3. 经典电影剧本、台词鉴赏 4. 剧本修改练习 5. 台词的创编	语文	1. 经典电影台词评析 2. 电视剧剧本评析 3. 创编微电影剧本(剧情、纪录、访谈) 4. 确定微电影主题	1. 经典素材、影片的资源 2. 校外专家来校指导 3. 微信公众号的创建、网络平台的资源建设
分镜头设计	1. 经典电影分镜头鉴赏 2. 分镜头概要 3. 动画电影分镜头交流 4. 分镜头设计、绘画	信息美术	1. 不同导演或影片分镜头设计评析 2. 动画电影分镜头评析 3. 设计微电影分镜头	1. 校外专家的指导 2. 相关专业素材的提供 3. 学生作品的展示
摄影灯光	1. 摄影灯光概要 2. 摄影、灯光突出的经典影片鉴赏 3. 摄影练习(构图、情绪、色调等) 4. 摄像练习(镜头运动语言)	摄影	1. 不同摄影作品、短片、访谈等相关分析 2. 拍摄微电影(真人、手绘、黏土、电脑制作)	1. 校外专家的指导 2. 相关设备、器材 3. 相关场地的创设
音响	1. 电影音响知识概要 2. 经典音响类电影片段赏析 3. 运用混音软件练习制作配乐	音乐	1. 经典配乐音效评析、分享 2. 为微电影配乐	1. 相关经典素材、资源的提供 2. 相关专业场地的借用 3. 校外专家的指导
剪辑	1. 电影剪辑知识概要 2. 经典剪辑手法鉴赏 3. 相关软件学习 4. 剪辑小练习 5. 剪辑手法评析	信息	为微电影进行剪辑制作	1. 相关专业软件的购买 2. 相关电脑等设备的配置 3. 校外专家的指导
展映评选	1. 校电影周展映 2. 网络平台的展映		评选颁奖	校内外展映的影院

2. 借助新媒体,融合混合式学习

教师通过"问卷星"平台进行课前调查访问;借助微课、艺术资源网、校园网学习平台等提供资料供学生课前预习。利用PPT、交互式白板、网络多媒体教室、手机等加强学生课中学习的主动性、交流的互动性、表现的多样性。借助各类评价工具如学习单、评价量规、云盘电子档案袋、网络多媒体评价系统等助力学习成果的展示评价,既关注学习结果的评价,更关注学习过程与美育素养的评价。教师借助QQ、微信等社交软件及时指导和干预学生课后学习,以巩固和延伸课中学习;借助QQ、微信、校园网学习平台等工具辅助教学成果的展示和传播。

技术支持:腾讯微云、微信平台、云课堂、星空间、网络共享课平台、校园慕课平台等。

线上资源建设:课前,线上视频资源、教师自制资源、学生第一次作业资源、前测及导学任务单、讨论区资源等;课中,重难点讨论资源、学生展示资源、评价资源、讨论区资源等;课后,学生第二次作业资源、课中反馈资源、讨论区资源等。

(三)开展基于混合式学习的影视美育资源库建设

1. 开展基于混合式学习的影视美育资源库建设

笔者对高中艺术教材中的影视资源进行了梳理,形成了影视美育校本课程的资源库(见表3)。进而梳理出影视美育资源选取原则:体现强烈的社会性、时代感和现实性,展现民族和历史的文化反思的影视作品;体现纪实风格、悲喜剧风格、抒情诗风格、青春风格、心理探索风格等的影视作品;体现民族风情与民族美学、国际视野、形式语言美等的影视作品;体现政治认同、家国情怀、文化意识、公民人格等的影视作品。(见表3)

表3　高中影视美育课程资源库

高级中学课本《艺术》(上海音乐出版社 2013 年版)影视资源梳理			
高中一年级第一学期	第八单元　如梦似幻　影视风采		
	《摩登时代》《大决战·辽沈战役》《秋菊打官司》《猫和老鼠》《开国大典》《亮剑》《赤壁》《三国演义》《英雄》《成长的烦恼》《阿凡达》《大闹天宫》		
高中一年级第二学期	第六单元　如梦似幻　影视风采		
	《我的父亲母亲》《三国演义》《城南旧事》《四世同堂》《横空出世》《水浒传》《西安事变》《围城》《早春二月》《笑傲江湖》《我的九月》《泰坦尼克号》《花样年华》《哈利·波特》《激情燃烧的岁月》《刮痧》《洗澡》《河东狮吼》《一声叹息》		
	知识点:构图、光影、色彩、分镜头脚本、景别、镜头机位		
高中二年级第一学期	第二单元　光影灵动颂道义　青史长忆"辛德勒"	第四单元　绚丽工笔绘传奇　《天书奇谭》赞少年	第六单元　动画美景溢诗情　《木兰传奇》谱巾帼	第八单元　银幕幻变飞异彩　《夜半歌声》扬真善
	《辛德勒的名单》	《天书奇谭》	《木兰传奇》《木兰从军》	《夜半歌声》
	知识点:蒙太奇、电影画面、俯摄、仰摄、摇摄	知识点:电影造型艺术、随类赋彩、动画片的艺术特点	知识点:动画片	知识点:罗马式建筑
高中二年级第二学期	第二单元　《千与千寻》动漫形　寻找自我化纯真		第三单元　银幕声画铸史诗　再现《战争与和平》	
	《千与千寻》		《战争与和平》	
	1. 故事情节的夸张和概括 2. 造型与动作的夸张和概括		知识点:空镜头	
高中三年级第一学期	第一单元　人与自然共一体　《熊的故事》寓深意	第三单元　挑战自然抗灾害　《龙卷风》中造奇观	第四单元　鱼儿历险起波澜　《海底总动员》	
	《熊的故事》	《龙卷风》	《海底总动员》	
	知识点:心理空间	知识点:有声源音乐、无声源音乐		

续表

高级中学课本《艺术》(上海音乐出版社 2013 年版)影视资源梳理			
高中三年级第二学期	第二单元 数码时代 多媒体艺术		
	《星球大战·新的希望》《星球大战·帝国反击战》《泰坦尼克号》《冰海沉船》《阿凡达》《钢铁侠》《变形金刚》《鬼妈妈》《玩具总动员》《神奇海盗团》		
	知识点：电影成像技术		
普通高中教科书《艺术》必修(上海教育出版社 2022 年版)影视资源梳理			
高一第一学期：艺术与生活	第二单元 艺术展现时代	第三单元 艺术赞美生活	第四单元 艺术提高生活
	《焦裕禄》《大爱如天》《黄大年》	《二十四节气》《四季中国》	《大闹天宫》
高一第二学期：艺术与文化(上)	第三单元 生命节奏		
	《横空出世》《世界遗产在中国》《战舰波将金号》		
高二第一学期：艺术与文化(下)	第一单元 文明交流	第二单元 山水情怀	第三单元 个性表现	第四单元 光影逐梦
	《共同命运》《如果国宝会说话》	《山水情》《卧虎藏龙》《影》《刺客聂隐娘》	《高山下的花环》《牧马人》《舞台姐妹》《女篮 5 号》《曹操与杨修》	《我在故宫修文物》《大城无小事——派出所的故事2019》《地球脉动》《未至之境》《美丽中国》《中国春节——全球最大的盛会》《神女》《风云儿女》《我和我的祖国》《大江大河》《一个和八个》《黄土地》《秋菊打官司》《一江春水向东流》《十七岁的单车》《偷自行车的人》《头号玩家》《攀登者》《侏罗纪公园》《少数派报告》《机器人总动员》《流浪地球》《舞动人生》
高二第二学期：艺术与科学	第一单元 艺术与科学的融通之道	第二单元 艺术创作与科技发展	第四单元 科学探索之艺术美感
	《水浇园丁》《火车进站》《月球旅行记》《一个人的乐队》《天文学家的梦》《创新中国》《大国重器》《超级工程》	《西游记之大圣归来》《大闹天宫》《小蝌蚪找妈妈》《丁丁历险记:独角兽号的秘密》	《人工智能》《摩登时代》《大都会》《罗素姆万能机器人》

普通高中教科书《艺术》选择性必修(上海教育出版社 2022 年版)影视资源梳理				
艺术选择性必修5:影视与数字媒体艺术实践	绪论:享受视听艺术的盛宴	第二单元 电与声的音律——计算机音乐制作	第三单元 静与动的漫说——数字动漫制作	第四单元 虚与实的影画——微电影创作
	《守候》《阳光好少年》《建党伟业》《我和我的祖国》《哪吒之魔童降世》	《星际穿越》《达·芬奇密码》《相思》	《大闹天宫 3D》《西游记之大圣归来》《神笔马良》《大闹天宫》《桃花源记》《功夫熊猫》《超级无敌掌门狗》《千与千寻》《小蝌蚪找妈妈》《宝莲灯》《至爱梵门·星空之谜》《发挥你的潜力》《鹿和牛》《渔童》《如梦令》《曹冲称象》《大鱼海棠》《孙悟空三打白骨精》《义务献血公益广告》《汶川地震十周年祭》《垃圾分类公益广告》《海底总动员》《侠岚》《怪物史莱克》	《星空日记》《一页之间》《雪山的孩子》《我们都是追梦人》《一个桶》《HEY! 猴王》《爷爷的小戏文》《时间去哪儿了》《人人都是文化传承人》《笙声不息》《弦舞的艺术》《蝶恋杭州》《非一般非遗苗族织绣篇》《匠心传梦·非遗守护》《为了美化生活》《最美中国》《航拍丹霞》《重现化学——生命的元素》《航拍中国》《最是岭南大海声》《这一刻,在上海》《微视界》
选择性必修 2:音乐情境表演	第一单元 悠扬歌声			
	《我和我的祖国》《建国大业》			
艺术选择性必修3:舞蹈创编与表演	第三单元 跨时空的舞蹈			
	《大宅门》《狮子王》《美女与野兽》			
美术选择性必修6:现代媒体艺术	第一单元 走进现代媒体艺术	第二单元 媒体艺术中的影像表达	第三单元 媒体艺术中的数码绘画与设计	
	《三分钟》	《战狼 2》《狼牙山五壮士》《流浪地球》《辛德勒的名单》《建国大业》《红高粱》《我们都是中国人》《一代宗师》《大红灯笼高高挂》《刺客聂隐娘》《卧虎藏龙》	《大鱼海棠》《西游记之大圣归来》《白雪公主》《威利号汽船》《铁扇公主》《大闹天宫》《山水情》《骄傲的将军》《小厨师奇遇记》	

2. 依托影视鉴赏模块化学习开展影视美育课内外一体化实践

以单元为基本单位,以单元模块为线索,运用系统方法有机重组教学内容,综合运用混合式学习完成相对完整的单元学习,在此过程中体会经典影视作品中的语言美、形式美、人文美。打破"一堂课为一个结构体"的惯例,实行课前—课中—课后一体化大循环模式。课前,笔者针对下一个学习内容进行问卷访谈,检测学生知识点的掌握情况,教师制订教学计划进行预习指导。课中,主要为这个教学内容的课堂环节,包括新授、艺术体验、展评等。课后,巩固延伸、展示传播,开展评价反思、自我评估等。这样,形成课前问卷访谈、预习指导—课中课堂学习—课后巩固延伸、展示传播前后相接、循环往复的模式。

通过网络互动,学生作品即时地展现在云平台上,既能检验学生对知识点的掌握程度,起到生生之间互相学习的良好效果,又能让学生在较短的时间里收获其他组员和老师的评价,大大转变了课程评价的呈现方式,有别于传统的一对一、结果导向的课堂评价形式,使艺术课堂中的作业落实、实践体验变得更加直观、更加高效,更具有互动性、学程性。

3. 依托微电影实践项目化学习开展影视美育校内外一体化实践

影视美育校内外一体化实践中,笔者参与录制了上海市《空中课堂》线上教学资源,共2个单元4课时,形成全市范围内的线上课例。线上资源课例一方面可以供学生在课前、课后使用,另一方面也有助于教师在线下进行双师融合的教学。突破了时间、空间、地域的限制,使混合式学习的平台更广。

4. 依托新媒体传播课题研究开展影视美育跨学科一体化实践

综合实践活动课程一直是我校的特色课程,每位学生都必须在高中阶段完成一个与现实生活相关的课题的研究,学习研究过程中的科学方法、综合运用所学知识形成跨学科的研究能力。学生是新媒体语境下影视艺术最直观的接触者、传播者和感受者,他们能最快地感受到新媒体语境下的传播方式并产生思考。例如"与传统文化有关的媒体传播对高中生文化传承的影响""博物馆文创产品的开发对青少年接受传统文化影响的调查研究"等这些研究课题,就是学生由最初的疑惑而一步步产生的。(见表4)

表4 影视美育研究型课题

序号	学生姓名		课题名称
1	影视	钟＊雪	对中韩影视的看法及限韩令可能对其带来影响的调查研究
2		蔡＊凝、何＊佳	对当代国产剧中女性形象发展的分析与反思
3		毛＊莹	影视作品改编现状以及文学作品与影视改编的内在联系与相互影响
4	新媒体	葛＊帆	短视频软件在青年群体中的使用情况研究
5		张＊	春晚和传统文化联系的研究
6		王＊	抖音、快手等碎片化短视频终端的使用对学习效率的影响
7		马＊宇	自媒体平台对历史文化知识普及的影响
8		张＊炀	青少年对网络暴力的认识及了解情况
9	新媒体	励＊	自媒体软件对各年龄段人群的影响探究
10		陈＊冰	网络文学受众和读者心理
11		刘＊琪	从"耽美"的传播与发展角度研究亚文化对青少年思想观念的影响
12		钱＊兰	大众对新修订《未成年人保护法》"网络保护专章"的了解情况
13		朱＊怡	文化需求对高中生B站使用行为的影响
14		沈＊逸	虚拟偶像对青少年人群影响力研究——以上海初高中生人群为例
15		孙＊烨	互联网舆论监督的特点研究
16		王＊怡	从网络暴力行为对高中生社会认知的影响看青少年价值观教育
17		顾＊捷	对中国"网红经济"社会现象的初探
18		庄＊雯	跨媒介学习对高中生英语素养的影响

续表

序号	学生姓名	课题名称
19	闵＊	网络空间安全道与法
20	李＊琪	对比与探究民族文化在中日动漫创作上的运用
21	薛＊倩	对"互联网时代"下的"网红现象"与"网红经济"的研究

在随后的访谈中,学生对之前问卷中的艺术与生活、艺术与创新、艺术实践等情况,也有所反馈。(见表5)

表5 影视美育跨学科活动访谈

兴趣点	影视美育课后收获
知识面广、学生喜爱、很有用、吸引人	提高对艺术作品所具有的真善美观念的进一步理解,艺术是人类感情的表达,艺术是一种教学的形式,一种文明的传承
培养综合素养	了解艺术内涵,拓宽知识面,提高综合素养
大家的特长有所体现,有自我发挥的空间	习得基础知识,打开艺术的表达之门
有利于提高兴趣、增强创造力	创新点多,发挥空间大,拓展了不同媒介
美育普及,研究型内容深入	提升了自己的审美能力与情趣、表现和美化生活的能力
紧张学习的一种放松,提升内在修养,丰富知识	由原来的浅层赏析到理解电影的幕后技巧
参与度高,老师很棒,内容丰富	实践活动变多了,有创新精神

(四)结合学科核心素养开展影视美育混合式学习实践研究

1. 以"艺术感知"切入的学习案例

在电影赏析的教学中,笔者结合教材梳理了电影语言知识点脉络图。(见图3)

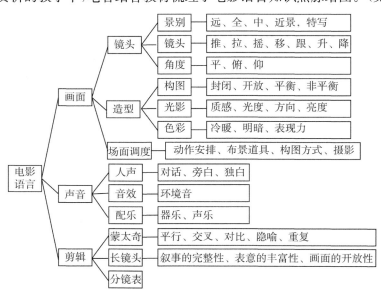

图3 电影语言知识点脉络图

在《战争与和平》这部影视作品的赏析教学中,整部影片可赏析的内容非常多,这对教师进行教学素材梳理提出了一个难题。笔者借助电影语言知识脉络图对教学素材进行梳理,最终结合作品本身的特点与学生的学情,以上海市高中《艺术》教材高二年级第二学期第四单元第七课、第九课的内容为主,增加对比鉴赏,补充导演纪录片,将教学重点落在了解影视作品中的镜头语言、音画运用、剪辑手法等方面;要求学生能尝试运用综合技术进行具有艺术风格的微电影构思与创作。(见表6)

表6 《战争与和平》单元教学重点与学习要求

课时	教学重点	学习要求与水平
课时1 战争奇观	运动镜头	1. 以《战争与和平》为例,知道运动镜头对影片宏大场面、写实风格的展现。 2. 运用分镜表进行运动镜头分析。 3. 感受作品史诗般的镜头语言,理解作品的时代特征
课时2 空境意蕴	空镜头	1. 知道空镜头对刻画人物心理、渲染主题的作用。 2. 分析不同片段中的空镜头运用,理解空镜头的意境之美。 3. 感受空镜头之美所展现出的导演博爱、仁慈的宇宙观。
课时3 音画之美	音画关系	1. 知道音画关系对渲染氛围、展现主题的作用,感受作品体现出的民族特征。 2. 分析不同片段中的音画关系。 3. 感受音画的魅力及其对影片风格特征的展现,升华作品博爱、反战的人性主题。
课时4 我眼中的战争与和平	蒙太奇手法	1. 知道后期剪辑对叙事结构、表达情感、阐述思想的作用。 2. 分析不同片段中的蒙太奇类别,理解蒙太奇式的思维方式。 3. 以"我眼中的战争与和平"为主题,制作混剪微电影,能在作品中表达观点,与他人合作、分享创作经验。

2. 以"创意表达"切入的学习案例

笔者在社团课、选修课中结合普通高中教科书《艺术》选择性必修5《影视与数字媒体艺术实践》教材与相关资源,引导学生通过微电影的形式关注社会热点、身边趣事、文化传承等蕴含美育元素的主题,拓展高校、社会场馆等资源以及线上线下导师资源、线上线下影视课程资源、新媒体技术资源。整个课程是一个总项目,每一项作业为一个子项目,通过各子项目作业的完成最终完成一部微电影作品。当然整个设计需要以微电影的形式反映、展现。解决现实生活中的一个问题或现象,最好能展现出团队的观点。其中包括前期的问题发现、调研探讨、方案设计、主题选择、剧本设计、分镜头设计、摄影灯光、音响剪辑、策展企划、传播分享等几大板块,形成一个相对完整的影视项目化框架。如:《"互联网+"语境下的"非遗"》《我身边的河道变迁》《十年之约》等主题作品。(见表7)

表7 部分学生微电影作品

类型	作品名称	学科	作品截图
校园微电影	十年之约	信息、技术、影视、语文	

类型	作品名称	学科	作品截图
校园微电影	"非遗"彩灯	信息技术	
	战地	信息技术	 《战地》赵仕凯　　　　　《战地》赵仕凯

3. 以"审美感知"切入的学习案例

"银幕幻变飞异彩　《夜半歌声》扬真善"单元由教材素材电影作品《夜半歌声》拓展的具有时代和民族特征的同一主题电影片段等教学材料组成,笔者从艺术与文化、影视与数字媒体艺术实践角度出发,开展赏析、体验、表现、实践等一系列教学活动,使学生了解电影的基本语汇,从不同版本的比较赏析中感受影视艺术的魅力。(见表 8、表 9)

表 8　单元目标分解

单元	课	学习栏目	学习内容	学习要求与水平
银幕幻变飞异彩《夜半歌声》扬真善	第一课《夜半歌声》扬真善	感受与鉴赏	1.《夜半歌声》1995 年版、1937 年版片段、预告片。 2.《夜半歌声幕后花絮》《剧院魅影》影视版片段。	1. 了解影片《夜半歌声》1995 年版、1937 年版中色调、光影、镜头等影视语言对空间塑造、情感表达的作用,体会影视艺术的综合性特点。 2. 能根据主题分析导演怎样运用影视语言进行叙事结构的表达与时空的塑造。 3. 在欣赏、对比分析、合作探究等活动中,了解影视语言的审美特征,感悟作品对真善美的讴歌。 4. 领略影视艺术语言所蕴含的审美信息,进而理解影视作品对自由、人性的讴歌,激发学生对不同时期影视艺术的兴趣。
		拓展与选择	1. 分析《夜半歌声》中的视听语汇。 2. 理解《夜半歌声》的创作背景。 3. 色调、光影、空间在影片中的运用。	
		研讨与创造	选取一部《夜半歌声》的重拍片运用所学方法进行分析。	
		建议课时:1 课时		
	第二课银幕幻变飞异彩	感受与鉴赏	1.《夜半歌声》不同版本的图例和片段。 2.《剧院魅影》不同版本的图例和片段。	1. 能对比了解不同版本作品中的艺术沿袭与创新,体会影视语言与创作传承和创新之间的关系。 2. 选择叙事结构、角色塑造、插曲、艺术风格等角度探究时代文化内涵,增强合作能力与思辨意识。 3. 通过对比赏析、讨论、合作探究,对比了解同一主题不同时期、不同地域作品中的艺术沿袭与创新。 4. 能从不同视角理解艺术创新与文化思潮的关联,感受跨文化艺术作品的本土化创新,并能与他人分享交流自己的观点。
		拓展与选择	1. 对比了解同一主题不同时期、不同地域作品中的艺术沿袭与创新。 2. 选择叙事结构、角色塑造、插曲、艺术风格等角度探究时代文化内涵。	
		研讨与创造	1. 选择感兴趣的艺术作品。 2. 围绕这部作品寻找不同版本进行归纳。 3. 选择一个角度谈谈艺术作品的沿袭与创新。	
		建议课时:1 课时		

表9 《夜半歌声》影评部分课堂实录

教师提问	课程开始,我们先来看一段影评,请同学们边欣赏边思考:影评中的哪些信息吸引了你? 借助这段影评走进那个故事。
学生回答P3	A:我从影评中了解到这部影评讲述了主人公戏剧演员宋丹萍与当地豪绅女儿相爱,但因为家庭、社会等因素被迫分离的故事。这帮助我观看前先了解剧情。 B:通过这段影评我了解到这部影片具有"巧妙的色彩""布景的变化""东西方元素"等特色,我想这些会引导我从这些角度欣赏这部影片。

4. 以"文化理解"切入的学习案例

上海市中学艺术教材中的影视作品内容丰富,题材、体裁、形式、风格不尽相同,具有丰富的人文性、审美性、综合性和时代性,对教师的教学设计、教学理念以及知识结构提出了新的要求。

电影艺术与学生生活联系很紧密,是与学生审美体验最直接联系的内容,但在和平环境下生活的学生,对战争又不那么熟悉。因而在教学中,笔者一方面注重让知识点符合学生认知规律与心理特点,以生活情境和问题开展教学活动,培养学生的审美情趣;另一方面注重影片中的人文性及情感态度价值观,引导学生联系当下思考"战争与和平"这一主题。本课通过复习导入、作品分享、情境创设、片段赏析、自主探究、实践体验等不同的学习活动,帮助学生由浅入深地感知"战争与和平"这一主题(见图4)。在整个教学策略设计中创设情境,拉近学生与作品、学生与知识点、学生与生活之间的距离,充分调动学生的积极性与创造性,巧妙地突破本课的重难点,不断提升本课的情感价值。

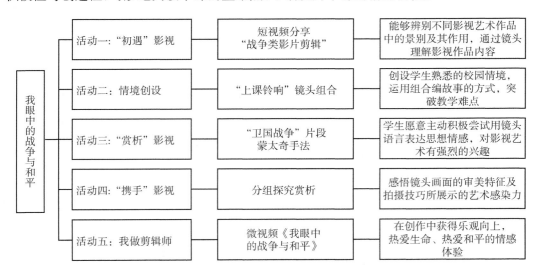

图4 "战争与和平"学习活动结构图

影片《战争与和平》以严谨的艺术构思、深刻的哲理内涵,将波澜壮阔的历史场景、气势磅礴的战争场面与丰富细腻的人物性格结合起来,完美体现了原著的精神,表现了民族的觉醒、人民的反抗,对历史与人生、生与死、善与恶等重大命题进行了深刻的思索。让学生在短暂的堂课时间内尽可能多地感知经典作品的思想性并产生共鸣,是课堂教学成功的关键。笔者在精选教材资源的基础上,挖掘艺术作品、提炼主题,补充时代性资源,引导学生将课堂中的思考延伸至课外。学生在课堂中说道:"战争对于和平中的我们可能只是一条条新闻,但对于战火中的人们来说是生命的消逝,是伴随一生的阴霾。"(见图5)很显然,学生已经领悟了教学素材中蕴含的哲理,并结合生活的实践激发了自己的思考。这正是本课想要达成的目标,用审美激发感动、滋养身心,从而使学生建立更多元的自我认知以及产生对生命的尊重。这是艺术美感助力学生修身立德之例证。

图5 学生作品观点分享

四、研究结论与创新点

(一)研究结论

本研究基于高中影视教育现状,在深入调查研究的基础上,形成新媒体语境下基于混合式学习的影视美育实践框架

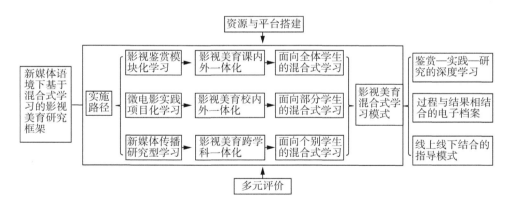

图6 影视美育实践框架

(二)研究创新点

1. 在新媒体语境下,用混合式学习改变高中传统线下影视美育学习方式。
2. 建设基于"线上+线下"混合式学习的高中影视美育校本课程。
3. 开展基于混合式学习的高中影视美育:课内外一体化、校内外一体化、跨学科一体化。
4. 结合学科核心素养探究影视美育混合式学习案例、实践研究案例。
5. 新媒体语境下基于混合式学习的影视美育研究框架。

6. 高中影视美育课程资源库梳理。

五、研究的不足与展望

（一）本研究的不足之处

由于时间和本人研究水平有限，本项目还存在一些不足之处。

在问卷设计上，笔者在借鉴前人优秀研究成果的基础上对问卷题目进行删减与补充，因此，问卷各维度题目的设置有所欠缺，内容的广度和深度有待开拓。

分析数据的工具、角度等在一定程度上有待改进。

在新媒体语境下混合式学习影视美育课程的行动研究中，对混合式学习实践课例的开发还有待细化和加强。

（二）展望

混合式学习已经成为学习的常用方法。新媒体越来越多样，而高中生网络安全意识薄弱，影视媒介素养需要加强，笔者希望学校能重视高中生的影视素养教育。另外，教师也应该加强理论知识的学习，提高自身混合式教学的能力，正确地开展影视美育课程教学。

本课题认识到新媒体、影视文化对青少年的影响，下一步将尝试研究通过移动学习平台、网络媒体等新媒体开展线上线下混合式学习，实施学科审美教育的方法，并对表现性评价进行进一步实践研究。

纵向整合、逆向设计，单元教学助力核心素养培育

——以初中影视单元教学为例

上海师范大学第三附属实验学校　　阎天昀

摘要：本文以初中影视作品教学为例，进行纵向整合、逆向设计的单元教学探索，以期助力学生核心素养培育。文章从介绍单元教学、纵向整合、逆向设计的理论依据出发，围绕组织实施展开，详细阐述教材内容与艺术元素的纵向整合过程，以及确定预期结果、评估证据、学习体验和教学的逆向设计过程，最后总结效果并反思不足。

关键词：纵向整合；逆向设计；单元教学；影视教学

2022年4月21日，随着教育部发布《义务教育课程方案和课程标准（2022年版）》，核心素养在学科教育中的地位被进一步提升。《义务教育艺术课程标准（2022年版）》在课程目标中明确提出，核心素养是课程育人价值的集中体现，艺术课程要培养的核心素养主要包括审美感知、艺术表现、创意实践、文化理解等。笔者作为一名音乐教师，结合对其理解和对相关理论的学习，立足自身教学实践，进行了纵向整合、逆向设计的初中影视单元教学探索，以期助力学生核心素养培育。

一、理论依据

（一）单元教学

崔允漷教授在《教案的革命2.0：普通高中大单元学历案设计》代推荐序中提出核心素养的培育强调知识学习从理解到应用，进而有助于养成学生于真实情境中解决问题的能力，它需要坚持整合论的教学逻辑。而大单元教学符合整合论的逻辑，有助于学生深度学习，是一种重要的实践路径。[①] 艺术课程的四项核心素养明显不是靠会唱几首歌、会演奏几件乐器或简单拼凑零散的知识就能养成的。审美感知、艺术表现、创意实践、文化理解的培养离不开结合生活情境的艺术体验、发展形象思维的艺术表达、将创意融入应用的艺术实践、深入作品内涵的艺术理解等多维度的艺术学习，应将它们贯穿在一起，形成观念统领、项目推动、问题获解的单元式学习。

[①]　卢明.教案的革命2.0：普通高中大单元学历案设计[M].上海：华东师范大学出版社，2021：代推荐序.

（二）纵向整合

一线教师在教学中只关注自己所教学段甚至所教年级的教学内容是一种非常普遍的情况，然而这样的教学容易导致学生反复地学习相同内容或新授内容与已知内容脱节的情况，致使学习碎片化。新修订的课程标准的重要变化之一就是加强了学段衔接——注重幼小和初高中衔接，从小学到初中各学段也安排了不同的学习内容，体现学习目标的连续性和进阶性。这一变化可谓是一个风向标，指引音乐教师要具有全局视野，注重音乐教育的连续性和整体性，帮助学生获得逐步递进、系统完整的学习体验。要达成这一目的，就要求音乐教师能纵向整合各年级的音乐教学内容和教学目标，在整体视域下进行教学设计，帮助学生顺利发展核心素养。

（三）逆向设计

在以培养核心素养为教学重点的今天，聚焦活动和聚焦灌输的教学已经无法满足时代的要求，如何教学才能让学生深度学习、真正理解？《追求理解的教学设计》一书中提出了"逆向设计"的概念——要想作出思虑成熟且重点突出的教学设计，需要教师先努力思考此类学习要达到的目的到底是什么，以及哪些证据能够表明学习达到了目的，即"以终为始"，从学习结果开始逆向思考。① 逆向设计意味着教师将学生的"学"放在第一位，首先考虑学习目标是什么、学生需要的是什么，再以此反推评估依据与教学设计，真正做到为"学生的理解而教"。

二、组织实践（以影视单元为例）

（一）纵向整合

1. 梳理教材内容与学习侧重点

笔者首先对本市（上海市）使用的初中音乐与艺术教材中涉及的影视作品及其侧重的学习内容进行梳理，共 45 个作品，如表 1 所示。

表 1　作品内容

教材	单元	作品	学习侧重点
《音乐》六上	刘天华、华彦钧的音乐人生	小小无锡景（《二泉映月》插曲）	正确演唱
	银屏飞出的旋律	夜斗（《卧虎藏龙》配乐）	电影场景音乐的表现力和作用
		想你的三百六十五天（《宝莲灯》主题曲）	电影主题曲的表现力和作用
		雪儿达娃（《红河谷》主题音乐）	电影主题音乐的表现力和作用

---

① 威金斯,麦克泰格.追求理解的教学设计:第 2 版[M].上海:华东师范大学出版社,2017:57.

教材	单元	作品	学习侧重点
《音乐》六上	银屏飞出的旋律	生生不息(《狮子王》插曲)	电影插曲的表现力和作用
		迷彩的岁月(《青春正步走》主题曲)	正确演唱
		红蜻蜓、小燕子、只要妈妈笑一笑	正确演奏
《音乐》七下	为新中国的音乐家喝彩	大海啊,故乡(《大海在呼唤》插曲)	正确演唱
《艺术》八下	艺术展现的社会风貌——江河意蕴	拓展:话说长江	长江风光
	艺术反映的社会生活——劳动礼赞	留一盏灯温暖他人	影视感染力
		拓展:不忘初心	影视画面多样性
		拓展:青藏线	奋斗精神
	艺术描画的历史长卷——岁月回响	追寻	影视音画结合
		横空出世	影视画面切换
		一八九四·甲午大海战	对白配音
		拓展:开国大典	历史故事片画面特色
		拓展:澳门岁月	纪录片画面特色
		拓展:辛德勒的名单	历史故事片画面特色
	艺术传递的内心情感——人间真情	时间都去哪儿了	剪影动画的表现力与音画结合
		鹬	影视创意与音画结合
		拓展:站票	爱心品质
		拓展:六号公寓的女士	肖邦《前奏曲》精神力量
	艺术诉说的动人故事——民间传说	大鱼海棠	动画画面特色
		宝莲灯	动画画面特色
	艺术刻画的荧屏形象——影音传奇	夺冠	影视拍摄手法
		三毛流浪记	影视造型风格
		午后时光	影视音画结合
		我的祖国(《上甘岭》插曲)	综合表演
		摩登时代、马戏团	配音体验
		拓展:城市之光	默片感染力
		拓展:千与千寻	动画片人物形象
		拓展:流浪地球	科幻片制作特色
	艺术刻画的荧屏形象——声画传情	百鸟朝凤、哪吒之魔童降世、三分钟	电影海报特点
		建党伟业	景别运用
《艺术》九上	醇美的古韵	菊豆	陶埙
		杨贵妃	编钟与编磬
		圣斗士星矢	里尔琴音乐

续表

教材	单元	作品	学习侧重点
《艺术》九下	中华文明的"非遗"传承——古琴乐韵	绝弦	古琴
		拓展:绝响(选自《秦颂》)	古琴
		拓展:山水情	古琴
		拓展:琴语(选自《赤壁》)	古琴
	代代相传的艺术瑰宝——民间撷萃	新疆维吾尔木卡姆(选自《世界遗产在中国》)	木卡姆
	多元交融的艺术创作——跨域融合	拓展:出水芙蓉	跨域艺术的融合

在以上作品中,真正以影视艺术元素作为重点的作品共有 26 个,它们主要分布在六年级第一学期与八年级第二学期教材中。其他作品大多在剧情或片段中与所在单元的人文主题关联(如:《大海啊,故乡》侧重于在演唱中感受音乐作品中的思想感情,《话说长江》侧重于在欣赏中感受长江风光等),不以影视艺术元素为重点,故暂不作为影视单元学习重点内容。

2. 与艺术元素整合

影视作为一种综合性视听艺术,涉及大量艺术元素,在义务教育阶段难以进行全方位的系统学习。所以笔者结合初中生的身心发展程度,整理了适合该学段学生学习的影视艺术元素,再将它们按适合的年段进行划分,整合出由一个六年级单元、两个八年级单元组成的影视大单元框架,如图 1 所示。

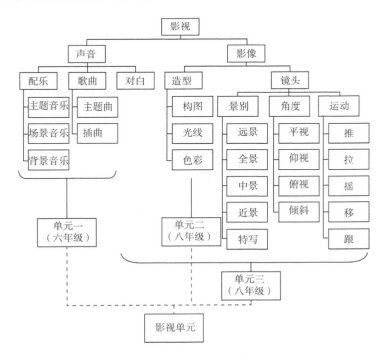

图 1　影视大单元框架

（二）逆向设计

1. 确定预期结果

根据课程标准,学生在第四学段(8～9年级)要能初步运用简单的数字设备和软件创作影视(含数字媒体艺术)作品。若希望通过影视单元的学习达成该目标,学生需要在学习中掌握自导、自拍、自剪、自配影片的能力,笔者将这些能力逐一分解并对应到先前整合的三个单元中,按"以终为始"的逆向设计思路确定了图2所示的预期结果,即单元学习目标。

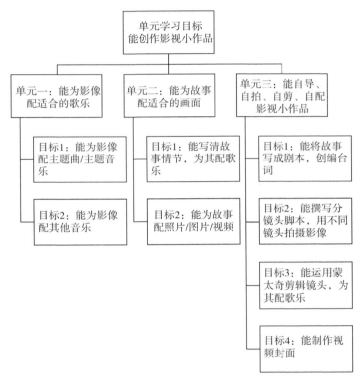

图2 单元学习目标

这样确定的单元学习目标由浅入深,从六年级时掌握为影像配歌乐的知识,到八年级时能为自己编写的故事配画面,两个单元的学习都为最后能全流程地创作影视小作品打下基础。而每一个单元目标又根据其涉及的影视艺术元素被分成了更细致的、具有平行或递进关系的分目标,清楚说明了在发展这些能力时需学习的内容和需进行的实践。同时,不同单元的分目标之间也具有一定的连续性,如八年级单元二的分目标1就是对六年级单元一为影像配乐能力的巩固与提升,而其为故事写清情节的能力又为单元三的分目标1写好剧本奠定基础。这样的能力设计就像是为学生铺设好螺旋上升的台阶,引导他们一步步迈向最终能力,符合学生的艺术学习规律。

2. 确定合适的评估证据

笔者以上一环节中设立的学习目标和"寻求能够被看作是成功学习的证据"[①]为依据，设立了表 2 所示的评价标准。

表 2　评估证据与结果

单元总目标	单元分目标	评价标准	评价结果
单元一：能为影像配适合的歌乐	目标 1：能为影像配主题曲/主题音乐	①主题曲/主题音乐与所在画面位置相符 ②主题曲/主题音乐的歌词内容和音乐要素能凸显影片主题 ③编配的主题曲/主题音乐片段通过歌词内容或音乐要素的变化深化了影片主题	优秀：达到①②③ 良好：达到①② 一般：达到①
	目标 2：能为影像配其他音乐	①配乐与所在画面位置相符 ②配乐的音乐要素能渲染画面中的气氛、表达画面中人物的心情	优秀：达到①② 良好：达到①
单元二：能为故事配适合的画面	目标 1：能写清故事情节，为其配歌乐	①以一个主题为中心，按情节、高潮、结局写清故事 ②所配歌乐的歌词内容和音乐要素能凸显故事主题	优秀：达到①② 良好：达到①
	目标 2：能为故事配照片/图片/视频	①所配照片/图片/视频能表现出故事主题 ②照片/图片/视频出现的节奏与故事、歌乐节奏匹配 ③照片/图片/视频的构图、色彩与故事主题风格统一	优秀：达到①②③ 良好：达到①② 一般：达到①
单元三：能自导、自拍、自剪、自配影视小作品	目标 1：能将故事写成剧本，创编台词	①剧本格式符合要求、要素齐全 ②人物台词能表现个性形象、推动剧情发展、揭示主题思想	优秀：达到①② 良好：达到①
	目标 2：能撰写分镜头脚本，用不同镜头拍摄影像	①分镜头脚本格式符合要求、要素齐全 ②所摄影像能表现出故事内容 ③镜头景别运用符合画面中人物与环境的关系 ④镜头角度运用符合画面中人物的气势 ⑤镜头运动使画面衔接流畅	优秀：达到①②和③/④/⑤ 良好：达到①② 一般：达到①
	目标 3：能运用蒙太奇剪辑镜头，为其配歌乐	①剪辑后的镜头能表现出故事内容 ②蒙太奇的运用帮助情节叙述流畅、刻画人物形象 ③画面色彩统一或通过色彩变化表现时空变化 ④所配歌乐符合主题、能渲染气氛、表达人物心情	优秀：达到①②③④ 良好：达到①④和②/③ 一般：达到①
	目标 4：能制作视频封面	①画面突出故事重点 ②文字言简意赅，突出重点 ③排版层次分明	优秀：达到①②③ 良好：达到①② 一般：达到①/②

如何证明学生真正学会了？恐怕没有什么能比实践成果更令人信服。所以笔者确定

---

① 威金斯,麦克泰格.追求理解的教学设计:第 2 版[M].上海:华东师范大学出版社,2017:391.

的评估证据紧紧围绕实际操作的成果展开,如:检验学生主题曲/主题音乐学习情况的三项评价标准都以主题曲/主题音乐在影视作品中的作用与意义为中心,学生在编配时做到了哪几项,就体现出他们理解到了何种程度。评估依据清晰直观、有理可循,故可以以生生互评为主、师生互评为辅的形式展开,这样学生也能在对自己和他人作品评价的过程中加深对相关影视艺术元素的理解。

3. 设计学习体验和教学

笔者以上一环节的评价要素作为学生学习重点内容,分别为三个单元搭建了表3、表4、表5所示的重点内容学习框架。

表3　单元一重点内容学习框架

单元一:富有表现力的影视歌乐	
第一课时:凸显主题的 主题曲/主题音乐	环节1:学习主题曲作品A,辨析并评价其歌词、音乐要素的特点和变化对影片主题的表现作用
	环节2:学习主题音乐作品B,辨析并评价其音乐要素的特点和变化对人物形象、影片主题的表现作用
	环节3:学习用视频编辑软件为影像配声音的方法,掌握导入、拼接、裁剪歌乐和调整音量、淡入淡出的操作
	环节4:选用恰当的音响材料为所给影视片段C编配主题曲/主题音乐,展示编配成果
第二课时:表情达意的 影视配乐	环节1:学习其他配乐作品D,辨析并评价其音乐要素的特点,和它们起到的渲染气氛、表达人物心情的作用
	环节2:选用合适的课堂打击乐器、电子音响素材等为所给影视片段E编配音乐,展示编配成果
	环节3:选用恰当的音响材料为所给影视片段C编配其他音乐,展示编配成果
第三课时:展示交流 学习成果	展示交流为影视片段C编配歌乐的成果

表4　单元二重点内容学习框架

单元二:传递真情的数字故事	
第一课时:深入人心的 故事情节	环节1:学习故事片作品A,阐述其重点故事情节、高潮、结局的内容和围绕影片主题的编排方法
	环节2:学习音乐电视作品B,辨析并评价其歌词内容、音乐要素的特点和对故事主题的表现作用
	环节3:以所给主题为中心写一个各情节清晰的故事,选用恰当的歌曲或音乐为其配乐,展示创作成果
第二课时:打动人心的 故事画面	环节1:学习音画同步的影视作品C,辨析并评价其画面呈现、切换与故事情节和歌乐节奏的匹配程度,以及对故事主题的表现作用
	环节2:学习以画面为特色的影视作品D,辨析并评价其画面在色彩与构图上的特点,以及对故事主题的表现作用
	环节3:为自己写的故事选用恰当的照片/图片/视频拼接编配,展示创作成果
第三课时:展示交流 学习成果	展示交流为自己写的故事编配画面与歌乐的成果

表5　单元三重点内容学习框架

单元三:我们的小微电影	
第一课时:电影的灵魂 ——剧本	环节1:学习剧本片段和其对应的影视作品A,了解剧本的表达形式和格式要素
	环节2:学习台词表现力强的影视作品B,分析并评价其台词特点及其对表现个性形象、推动剧情发展、揭示影片主题的作用
	环节3:和小组成员合作,将一个小故事写成剧本,创编人物台词,展示创作成果
第二课时:电影画面的文本呈现——分镜头脚本	环节1:学习镜头切换不复杂但有效表现剧情的影视作品C,辨析并评价其镜头景别、角度、运动的特点,及其展现人物与环境的关系、人物气势和画面衔接的作用
	环节2:学习镜头切换不复杂但有效表现剧情的影视作品D,完成分镜头脚本填写,交流所填内容
	环节3:和小组成员合作,将自己的剧本撰写成分镜头脚本,并以此拍摄影像,展示创作、拍摄成果
第三课时:影像美学——蒙太奇	环节1:学习蒙太奇不复杂但有效推动剧情的影视作品E,辨析并评价其蒙太奇手法及帮助情节叙述流畅、刻画人物形象的作用
	环节2:学习用视频剪辑软件剪辑视频的方法,掌握导入、拼接、裁剪视频片段和调滤镜、加特效等操作
	环节3:和小组成员合作,运用蒙太奇手法剪辑本组拍摄的影像,调整画面色彩,编配歌乐
第四课时:制作视频封面 & 展示交流学习成果	环节1:以某小组作品为例,学习制作视频封面的方法,辨析并评价其排版层次和突出影片重点的作用,掌握截图、添加文字、调整大小的操作
	环节2:各组展示交流自导、自拍、自剪、自配的小微电影

学习框架明确了用于教学的作品应具备的突出特点,为后续完善单元教学过程奠定了基础。受篇幅影响,本文以单元一为例说明作品的选取、整合与完善课时教学设计的过程,单元二和单元三的整合、设计思路与之相同。

正如《追求理解的教学设计》中提道的:"我们建议以结果为导向的教学,将教材作为一种资源而不是教学大纲。"①笔者以此理念,基于学习框架,为单元一选用了教材中的《想你的三百六十五天》《夜斗》,并补充加入了电影《哪吒之魔童降世》中的《"哪吒"主题音乐》和笔者所在学校的《校园宣传片》。

其中,《想你的三百六十五天》作为电影《宝莲灯》的主题曲,在电影中出现了两次,歌词表达了沉香对母亲长久的思念。歌曲两次出现时的速度、力度、伴奏乐器音色等音乐要素发生了变化,分别表达了沉香对母亲的思念和救母的坚定决心,起到了凸显影片主题的作用,适合作为主题曲学习作品A。

《哪吒之魔童降世》是学生比较熟悉的电影,其中的《"哪吒"主题音乐》在电影中出现了八次,其节奏给人强烈的推进感,唢呐的音色表现出哪吒桀骜不驯的形象。几次出现时乐器音色、速度、力度等音乐要素发生了变化,表现出哪吒从混世魔王到誓要扭转自己命运的形象转变,起到了凸显影片主题思想的作用,适合作为主题音乐学习作品B。

《校园宣传片》是笔者所在学校的宣传短片,它的画面贴合学生日常生活,片头、片尾

① 威金斯,麦克泰格.追求理解的教学设计:第2版[M].上海:华东师范大学出版社,2017:75.

与视频主体适合用作主题曲/主题音乐与其他配乐的编配练习。故选其为声音编配练习的片段 C,把为它配乐作为贯穿整个单元学习的单元任务。

《夜斗》是电影《卧虎藏龙》中的配乐,为"夜斗"这一场景而作。音乐由葫芦丝引入,板鼓的进入揭开打斗序幕,以中国鼓带领的打击乐合奏表现出紧张激烈的氛围,起到了渲染气氛、表达人物心情的作用,适合作为其他配乐学习作品 D。又因其依据场景的变化分成了三个部分,故可提取其中第三部分"追逐打斗"片段作为学生在课堂上进行配乐练习的影视素材 E。

原教材中的《雪儿达娃》属于影视配乐中的主题音乐,《生生不息》属于影视歌曲中的插曲,但前者时代相对比较久远,学生比较陌生,后者对学生为《校园宣传片》配乐帮助不大,故将它们都作为拓展学习资料。

至此,单元一教学设计基本成形,只需再根据所选作品的特点设计适合的学习活动,并补充一些与作品相关的背景文化,以帮助学生更好地感受、体验、表现影视作品中的歌乐和更深入地理解歌乐的表现作用与我国的影视文化内涵。补充后的单元一教学过程见表 6。

表 6　单元一教学过程

单元一:富有表现力的影视歌乐		
第一课时:凸显主题的主题曲/主题音乐	环节 1　通过对比聆听,交流主题曲《想你的三百六十五天》在《宝莲灯》中两次出现时速度、力度、演奏乐器的变化,理解其表达的不同情感。 　　按乐谱中的音乐记号,用温柔的声音和连贯的气息演唱《想你的三百六十五天》前四句,阐述其对影片主题的表现作用。 　　了解《宝莲灯》剧情、获奖情况和片中歌曲的影响力。	
	环节 2　通过选择主题音乐、对比聆听、视听结合等活动,交流《哪吒之魔童降世》中几次出现的"哪吒"主题音乐在乐器音色、旋律、节奏、力度上的变化,理解其表现的人物形象的变化。 　　按乐谱中的音乐记号,用有力度变化的声音,跟随音乐模唱不同的"哪吒"主题音乐,阐述其对影片主题的表现作用。 　　了解《哪吒之魔童降世》剧情及其作曲朱芸编。	
	环节 3　学习用视频编辑软件"剪映"为影像配声音的方法,掌握导入、拼接、裁剪歌乐和调整音量、淡入淡出的操作。	
	环节 4　选用恰当的音响材料为本校《校园宣传片》编配主题曲/主题音乐,展示编配成果。	
第二课时:表情达意的影视配乐	环节 1　以视听结合、分段欣赏的方式,学习《夜斗》中三种主要乐器演奏片段表现的三个场景内容,判断每段中乐器音色、旋律、节奏、力度的特点,理解其渲染的场景气氛和表达的人物心情。 　　按节奏谱和提示,用控制的音量和合适的速度演奏《夜斗》中板鼓的主要节奏,阐述其起到的渲染气氛、表达人物心情的作用。 　　了解《卧虎藏龙》剧情、获奖情况和谭盾的主要成就。	
	环节 2　选用合适的课堂打击乐器、电子音响素材等为《夜斗》中"追逐打斗"片段编配配乐,展示编配成果。	
	环节 3　选用恰当的音响材料为《校园宣传片》编配其他配乐,展示编配成果。	
第三课时:展示交流学习成果	展示交流为《校园宣传片》完整编配歌乐的成果。 (生生互评、师生互评)	

三、效果与反思

（一）效果

1. 审美感知

在日常观影过程中，大家往往能感受到影片中的画面、声音与剪辑特色，但很难对其表现特征和艺术语言进行总结。通过影视单元的学习，学生对影视艺术元素有了更深入的认识，理解了一些拍摄、编配、剪辑的手法，能在之后的欣赏过程中更全面、更细致地感知和总结影视作品中美的特征及其意义，丰富审美体验，提升审美情趣。

2. 艺术表现

思想感情是无形的，但我们可以通过艺术表现形式将它表达出来，影视就是其中一种重要的艺术形式。在影视单元的学习中，学生将自己想讲的故事、想抒发的情感写成剧本、拍成短片、配上音乐，亲自体验如何运用影视艺术语言进行情感沟通和思想交流，将艺术与生活联系得更为紧密。

3. 创意实践

从电影到微电影再到层出不穷的短视频，如今影视拍摄的成本越来越低，操作也越来越便捷，越来越多的人开始用视频记录自己的生活和感悟。可见，现在人人都可以是艺术创作者，人人都可以用艺术来表达自己的创意。通过影视单元的学习，学生掌握了用视频发挥创意的方法，好几位学生自己探索、使用了一些"剪映"软件中教师没有教过的操作，比如加入字幕和加入朗读字幕的声音来突出视频诙谐幽默的氛围等，融入自己的创意，形成各自独特的视频风格。

4. 文化理解

通过影视单元的学习，学生了解到不少我国经典的、独具文化特色的影视作品，在潜移默化中感受到中华文化的深厚内涵。如《卧虎藏龙》和《哪吒之魔童降世》音乐中民族乐器的使用，《大鱼海棠》和《山水情》中大气的古典风韵和虚实交融的水墨画面，《夺冠》中凸显中国女排顽强拼搏精神的台词与镜头，等等。对这些艺术元素、影片主题进行赏析解读，让学生们受到我国传统文化的熏陶，增强文化自信。

（二）反思

1. 教材作品选用

笔者在对教材内容进行纵向整合的过程中，将不以影视艺术元素作为重点的作品直接舍去，没有选入单元教学。但教材只是选取了作品与所在单元人文主题相关联的片段，并不代表这些作品本身不以艺术元素为特色。在进行影视单元设计时，可以在对整部影片有比较完整了解的基础上，选取其中能体现艺术元素特点的片段用于教学，这样也有助于帮助学生从多个角度更深入地理解作品。

2. 学段衔接

笔者设计的影视单元教学只涉及初中学段，还未与小学和高中进行衔接。如果能把握住小学影视作品学习基础,再更好地过渡到高中的模块化学习,那么学生的影视学习会更有连续性和进阶性。

纵向整合、逆向设计的单元教学作为一种把培养学生核心素养放在首位的教学探索方法,转变了传统教学思路,做到了以学生的学习、学生的理解、学生的能力提升为主体,将教师的指导和教材的运用作为学生深度学习的辅助。这样的教学设计绝非易事,它对教师的理论学习、专业素养、知识储备等各方面都提出了更高要求,也需要教师在每节课的准备上花费更多时间和精力,但这一切都是值得的、充满收获的。在课程改革进一步深化的今天,教师要不断学习先进的教学理念,不断探索更有效的教学方法,不断追求更有意义的教学设计,以培育有理想、有本领、有担当的人为使命,把育人蓝图变为现实,不负时代重托。

微电影创作在高中艺术综合课程中的有效实施

上海市扬子中学　仇　娅

一、课题背景

新的时代背景允许我们对艺术课程进行适当的充实调整,其思考基于三个方面:一是对《上海市中学艺术课程标准(征求意见稿)》的深入解读和对普通高中艺术课程标准的全新理解。普通高中艺术课程标准中指出高中艺术课程是培养学生较高艺术素养的必修课程,是包含音乐、舞蹈、美术、设计、戏剧、影视与数字媒体等艺术门类的综合性课程。艺术课程以艺术审美为核心,通过美术、音乐、舞蹈、戏剧、影视等各艺术门类之间的相互融汇,以及与人文、科学、技术等学习领域相关课程的相互渗透,促进学生艺术通感、迁移思维和整合素养的形成。注重综合性、多元性和可选择性是高中艺术课程的特点。从课程理念而言,艺术课程要充分提供艺术实践的体验空间和探索机会,让学生在艺术体验和探索的过程中感受艺术学习的乐趣,增强艺术学习的欲望。课程设计要注意围绕一定的艺术主题,尽可能将多种门类的艺术融入课程中,提供不同指向与不同层次的艺术模块课程,允许学生通过不同的艺术学习经验达到提高艺术素养与审美能力的共同目标。二是紧随新高考改革的需要。新高考改革强调"两依据一参考","一参考"即参考综合评价,而综合评价中的艺术实践经历与水平是反映学生高中阶段学习经历的重要内容。根据综合评价要求,提升学生艺术素养,服务学生终身幸福应成为学校教育的追求。三是学校课程建设需要各类课程的充实,从而为学生提供多样化的体验,推进学校"一校一品""一校多品"建设。

二、课题实证

(一)新课标"选择性必修模块"的推行

普通高中艺术课程标准中,依据高中学生个性化发展和参与艺术类高考的需求,课程结构设置了"美术创意实践""音乐情境表演""舞蹈创编与表演""戏剧创编与表演""影视与数字媒体艺术实践"五个选择性必修模块,供学生自主选择。新课标"选择性必修模块"的推行给了广大一线艺术教师自我发展的空间,选择性必修课程学习内容丰富多彩,既可以满足学生的兴趣爱好,为学生的个性化发展和升学奠定基础,又为校本课程和特色资源开发提供了空间,各学校可根据本校的实际情况拓展校本课程。

（二）学生需要多样化的艺术体验和呈现

学生对艺术形式的喜好是多样的，但实际的艺术教学过程中，我们发现"90 后""00 后"学生的爱好是经常变动的，这一阵子喜欢日漫，过一阵子又开始喜欢国漫，如《秦时明月》《魁拔》等。每一种新的艺术表现形式，每一部上映的新电影，以及社会上的一些热点话题都可能会让孩子的爱好发生即时性的改变。

这几年流行的美图秀秀、美颜相机、美拍软件、抖音等各类 App，让图片设计、视频拍摄成为每一个孩子都能随时学习的技术，更丰富的艺术体验和呈现形式让更多的孩子喜欢用视频艺术的形式来展示身边的人或事，来表达自己的情绪。

（三）影视创作越来越普及和受到欢迎

当今数字时代，电影是一门综合艺术，它综合了文学、绘画、雕塑、音乐、建筑、摄影、舞蹈等多种艺术元素。影视艺术对人们生活、工作的影响越来越大，几乎无处不在地以直观可视的方式发挥着独特的艺术信息传播功能。最近几年应运而生的"微电影"创作形式非常切合时代，能很好地促进学生艺术核心素养的发展，真正达到培养全面发展的人的最终目的。

我区高中艺术联合体对 6 个学校的高二学生进行了不记名投票，获得的研究数据中，可以感受到高中学生对"电影""微电影"关键字的喜爱程度：

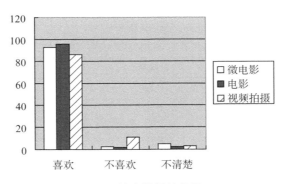

图 1　搜索结果柱状图

由此，我们可以得出结论：学生对电影艺术有着浓厚的兴趣，我们可以尝试引导学生进行影视与数字媒体艺术创作实践活动，体验其强烈的艺术震撼力、感染力，创建一个平台，为学生自由幻想开拓无限广阔的空间。

三、微电影创作在高中艺术综合课程中的有效实施

我校使用的艺术教材是上海音乐出版社出版的高中《艺术》教材。高一教材多次涉及影视艺术，高二教材更是整体以影视赏析为主，纵观 9～12 年级《艺术》教材，共涉及 100 多部影片。因此，我校艺术教师尝试将绘画审美的一般规律应用到对影像的解读和认识当中，同时又对绘画与影视作品的差异进行梳理，突出由图片摄影和动态摄影所构建的影

像内容,提高了学生的电影艺术欣赏与评论能力。实际教学过程中,我们发现当前社会上流行的微电影具备了电影的所有要素:时间、地点、人物、主题和故事情节。它的特点是投入小、碎片化、简洁精练。对影视赏析、拍摄、制作来说,微电影无疑更加便捷,可操作性强,解决了影视赏析课堂中学生学习实践经历不足的问题。

为此,学校适度开展微电影教学研究,构建并丰富了微电影赏析、微电影剧本创作、微电影表演、微电影拍摄技巧和微电影后期制作等教学内容。以高二第一学期为例,设定的艺术教学课程计划如下:

表1　高二第一学期艺术通识课程计划

周次	单元	教学内容		课时	所属领域
1	第一单元	走进艺术		1	赏析
2		走进艺术		1	赏析
3		走进艺术		1	赏析
4	第二单元	辛德勒的名单		1	片段赏析
5		辛德勒的名单		1	片段赏析
6		辛德勒的名单		1	讲授
7	第三单元	走进微电影(网络作品＋学生作品)		1	讲授＋讨论
8		微电影之画面设计(构图、光线、景别、景深等)		1	讲授
9		微电影之摄像技巧(场景切换、蒙太奇、俯摄、空镜头等)		1	讲授示范
10		微电影之拍摄实践(分镜头脚本)		1	实践分享
11		微电影之拍摄实践(表演技巧)		1	实践分享
12	第四单元	三选一	歌舞剧	1	赏析互动
13			动漫	1	赏析互动
14			戏曲	1	赏析互动
15	第五单元	学生根据教材自主选择内容		1	待定
16				1	待定

艺术课程中大大地增加了微电影学习板块,微电影学习部分重点展示实践操作过程和后期制作过程,以小组或班级形式完成微电影创作。通过两个学期的教学实践尝试,我们发现学生非常喜欢影视相关的课程内容,把微电影课程融入艺术课堂中,不仅契合高二影视赏析教学的本意,同时也满足了本校学生发展自己兴趣、特长的愿望。

在微电影教学内容的实践探索中,我们也积极探索微电影的教学途径和策略。微电影创作在高中艺术综合课程中如何实践? 笔者总结了几种方法,和同行们共享。

(一)多学科艺术资源的整合

我校艺术组在承担市级艺术课题"高中艺术课堂中整合并活化教材内容的实践研究"期间,从学科内整合、学科间整合、课堂内外整合三个角度对艺术课程展开探究,通过对整合艺术内涵的分析,发现整合艺术最基本的特征就是学科内、学科间的开放交叉和立足于学生综合艺术素养的培养和符合当代育人价值观。这种特征下的艺术课堂，并不是简单的"合并组合"，而是将艺术学科内的知识有机整合、将学科间相关的知识相互贯通、将课堂学习与日常生活融为一体，达到"学以致用""用以化学"的教学目的。课程整合，让艺术学习更为科学合理、精准高效。有主题、有目的的制作，学生们自编自导自演。既有影视语言（艺术语言、画面、肢体、音效），又有文学语言（叙事、抒情、表意），还有摄录技巧（剪辑、构图、用光、色块处理、道具制作），真正将学科所学用于实践，并用实践检验所学。同时"任务驱动式"的学习更激发学生的学习兴趣，提高学习的实用性与科学性。

研究期间，我们尝试对《艺术》教材高一年级第一学期第八单元和第二学期第六单元的《如幻似梦　影视风采》，以及高二、高三年级教材中部分影视欣赏的学习内容进行适当选择，整合与活化整个高中影视教学相关知识点，并对整课时进行多方预设，可以在影视赏析课程初期设计笼统的学习课时，引导学生对影视教学有一个全面的认识，提高影视欣赏类别的艺术课堂教学的有效性。

表2　微电影课程内容整合计划表（内容整合）

学段	所属单元	教材内容	可整合的影视艺术知识点
高一第一学期	八	如梦似幻 影视风采	电影史、蒙太奇、题材选择
高一第二学期	六	如梦似幻 影视风采	影视画面、空镜头、声音体验、声画关系、景别、运动镜头
高二第一学期	二	辛德勒的名单	电影画面、蒙太奇、场面调度、配乐、构图分析、拍摄角度、景别、用色
高二第一学期	八	夜半歌声	配乐、色彩、用色、强化
高二第二学期	四	战争与和平	构图（斜线构图、圆形构图）、空镜头、运动长镜头、闪回、定格
高三第一学期	一	熊的故事	拍摄手法与风格、拟人化手法、音效、拍摄角度、构图（对角线构图）、色调分离
高三第一学期	三	龙卷风	动画合成、特效、有声源音乐、无声源音乐、拍摄角度、构图
高三第二学期	二	电影数码特技	数字制作技术、成像技术、TD35号镜头、影像合成

实际操作过程中，这两种整合往往是交叉进行的，既是对各个领域《艺术》教材内容的补充、拓展，也是根据实际学情对六本《艺术》教材内容顺序的一个再调整，对学生所学艺术知识的结构性重组。这样的整合通常以单元、学期、学年为基准展开。除了教学内容可以整合，在整个微电影内容的学习过程中，技术类的整合也是必不可少的。

表 3　微电影技术课程整合计划表（技术整合）

序号	相关课程内容	指导老师	学科组
1	影视艺术赏析（画面、舞美为主）	朱宏斌	艺术组
2	影视艺术赏析（音乐、表演为主）	沈文慧	艺术组
3	摄影艺术	季靖	政史地组
4	摄像技术	彭丹	校务办
5	微摄影、微电影（手机）	仇娅	艺术组
6	Photoshop 图像制作	陈凯博	信息组
7	会声会影影像技术（Adobe Premiere 影视后期设计）	姚英	信息组
8	剧本创作	李丹	语文组
9	课本剧表演	黄伶俐	物理组（德育）
10	播音学习	王晓婵	语文组（团委）
11	舞美设计	姚晓宝	艺术组
12	道具制作	朱益斌	劳技组

实践证明微电影的创作实践就是艺术教材中所有影视作品赏析、影视拍摄技巧等相关影视专业知识的一个整合点、一个深入拓展点，学校艺术组也多次举办了校级微电影大赛，对艺术课上的影视相关理论知识进行了实践操作，效果良好，学生对此内容非常有兴趣，值得我们深入探究。

实践中出现的问题：微电影技术课程内容纷繁复杂，涉及的学科比较广，学生在实际操作过程中碰到的问题，不能一下子解决。

尝试探寻解决方案：召开学校微电影技术小组教师会议，把微电影拍摄过程中通常会碰到与各学科相关的实际问题，设计成《微电影指导手册》和简单的教学视频，分发给学生或者放置在微电影相关活动室内和活动室内的电脑里，学生在创作过程中出现搞不懂的常规问题，可以短时间内根据老师设计的《微电影指导手册》和视频进行"恶补"，并根据指导手册和视频里的方法解决一些常态的简单的问题。

（二）艺术创作与生活体验的结合

微视频的自编、自导、自演、自录、自我后期制作等一系列工作，能为学生实现"播音梦""演员梦""编剧梦""导演梦"提供平台。2017 年 6 月学校已经开启了市级项目"扬子·星幕工作坊"，拟建立播音室、表演室、摄影棚、后期非编室等专业教室。微视频制作与学生的生涯发展紧密联系起来，满足学生的多元发展与个性发展需求，也为学生未来发展奠定厚实的职业基础。

例如本学期高一学生必须完成两项任务：一是拍摄采访生涯人物；二是体验生涯岗位。学生要编写脚本、确定拍摄要领、明确角色的性质、留意服装的搭配等，甚至在微信平台上制件"美篇"、推送等都要精心设计、运筹帷幄。

在已经进行的校园微电影大赛中,孩子们在各种演绎、诠释中感悟着、收获着、反思着……

(三)三类艺术课程的整合

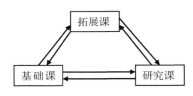

图2　三类艺术课程的互动

通过教学实践,我校在整合艺术学科的办法上有了进一步的思考,制定了"三类课程循环法"。"三类课程循环法"已经实施多年,在教学中有了一定的经验。

如在中国画教学实践中,教师把中国画大师生平了解、作品赏析等任务以研究性学习的形式交由学生来完成,并以图片、网页、录像、课题报告等多种形式向其他同学介绍中国国画大师,引导学生在小组探究的分享中,感受到合作的快乐,了解艺术家的人格魅力,更提高学生对艺术作品的审美能力。教师的整合与完善,形成了特色的拓展课讲义《我心目中的国画大师》。

又如"崇明民居文化"一课,其内容就来自学生的研究性课题"崇明四厅宅沟民居保护现状的研究""崇明民居的调查与研究""崇明城桥地区古建筑保护情况的调查与研究",结合高一艺术教材中《匠心构筑　巧夺天工》建筑板块的一个拓展教学。由于备受学生的推崇,学校组织力量编写了乡土校本教材《崇明民居》,获区高中艺术校本课程一等奖。

同样,我们在教材中的电影知识中,也可以实施此法,如教师在高二艺术教材的第二学期教学过程中,发现学生们对第四单元《"千与千寻"动漫形　寻找自我化纯真》板块非常感兴趣,根据学生推荐,以作者宫崎骏的创作过程为教学重点,结合学生对动漫的兴趣,开设了动漫拓展课程,教学生绘制动漫,也可以就动漫相关的内容让学生深入探究,如"中国动漫与外国动漫的区别探究"等相关课题。并指导学生以绘制好的动漫,完成了关爱本地区空巢老人的公益宣传片《巢》(辅助剧情+配音+拍摄)。

可以说以三类课程为依托,三者相互作用、互补交融,我校艺术组的老师们找到了一条多项选择的教学新模式,开阔了学生的视野,也挖掘了艺术教材的深度。

四、本课题研究的收获和思考

这两年我校尝试在高中艺术综合课程中增加了微电影创作的单元学习,艺术课程的调整探索取得了明显的成效,初步形成了艺术基础型课程、拓展型课程、研究型课程和校园艺术活动统整的格局。在市区级的各项微电影大赛中,也获得了优异的成绩,当然也带来了一些启发和思考:

一是对艺术课程有了新的理解,对艺术课程有了适应时代发展和校情的新规划,在课程校本化实施的过程中有了自己的想法。

二是教师在艺术课程计划的调整过程中,对艺术课程有了整体的思考和设计,并开发出了一系列具有个性特征的课程,提升了教师的课程素养。学校艺术组也整理编写了第一套《微电影课程指导手册》。《手册》分为五个板块,分别是《微电影之微构图》《微电影之微技巧》《微电影之微剧本》《微电影之微拍摄》《微电影之微摄影》,后期内容在不断地更新与发展中。

三是更多的学生参与到了微电影的学习和拍摄过程中,学生在微电影的创作过程中实现了以发现美、欣赏美到创造美和享受美的转变,越来越多的学生喜欢上了微电影。

四是目前我校采取的是 DV、手机、小 DC 全员参与的模式,还处在一个"人人来学微电影,人人都是大导演"的普及阶段。后期,我们将把专家请进来,让培训课程更专业,让微电影的质量越来越高。

路漫漫其修远兮,在微电影创作教学的路上,我们将不断探索与努力……

美术书法教育

中学美术教育中的学生审美素养培育实践探寻

——华东师范大学附属枫泾中学美术学科的审美素养培育探索

华东师范大学附属枫泾中学　　杨传祝

摘要：中学美术教育中学生审美素养的培育要立足"立德树人"教育根本任务，遵循教育规律，依照美术学科特点，把握审美素养内涵，健全育美机制，从宏观、中观、微观的整体视角构建审美素养培育课程体系，循序渐进推进课程实施，采用分级推进模式，并建立有效的教学评价和反馈机制，促进学生审美素养的发展，从而促成学生的全面发展。

关键词：中学美术教育；审美素养；育美机制；综合美术课程；全程性评价

审美素养培育是学生全面发展的重要一环。2020 年 10 月中共中央办公厅、国务院办公厅印发《关于全面加强和改进新时代学校美育工作的意见》，其中指出要"以提高学生审美素养和人文素养为目标，弘扬中华美育精神，以美育人、以美化人、以美培元，把美育纳入各级各类人才培养全过程，贯穿学校各学段，培养德智体美劳全面发展的社会主义建设者和接班人"。意见中突出了审美素养在"五育并举、融合育人"中的重要地位，指出美育的培育目标及对象，凸显为国育才的责任。然而，在当今的教育实践中，审美教育被形式化，缺少整体架构的审美教育方法，导致中学生审美素养培育的低效。美术学科是美育的重要载体，有其他学科无法比拟的优势，笔者作为上海市特色普通高中美术教师，有责任立足美术学科特点在中学美术教育中挖掘和实践培育学生审美素养的策略和方法。

一、审美素养的概念及学科内涵挖掘

（一）美育与审美素养

学生的全面发展离不开美育，美育是五育融合的关键部分之一。美育是指在教育中对人审美感性体验力、表达力和审美趣味的陶冶，从而塑造健全人格，提升精神境界，使人回归自己的和谐本质。① 美育直接指向学生审美素养的提升。审美素养是中学生核心素

---

① 祁志祥.中国当代美学文选 2023［M］.上海：复旦大学出版社，2023：131.

养的重要组成部分,它是指学生通过对艺术相关课程的学习,养成发现、感知、欣赏、评价美的意识与基本能力,具有高雅的审美趣味和积极健康的审美价值取向,懂得珍惜美好事物,并能在生活中拓展和升华美,提升生活品质。[①] 其核心包括审美欣赏力、审美表现力、审美情感力、审美创造力等。

(二)美术学科的审美素养内涵挖掘

美术属于视觉艺术,具有可视可感的形象性,是人类情感和精神生活的创造性表现,承载和表达人的思想观念、情感态度和审美情趣,具有个性化、多样性和包容性的特点。美术课程则以对视觉形象的感知、理解和创造为特征,是学校进行审美素养培育的主要途径。[②] 我们的美术教育不仅是对美的形式的教学,更应该透过美的形式教学强调内在的想象、情感、品格的培育。2020 年新修订的高中美术课程标准中强调美育的根本任务是立德树人,以美育人,要求在美术学科中培育学生的健康审美观念与高尚情操;树立正确文化观,认识文明成果,坚定文化自信;激发想象力,培养创新精神;同时适应社会生活,最终促进学生全面而个性地发展。从以上内容可以看出,美术学科的特点及任务与审美能力、审美趣味、审美态度等层次相关。而美术学科核心素养中的图形识读、美术判断、美术表现、创意实践、文化理解等诸能力又恰恰与审美素养相关,正对应审美素养中的审美欣赏力、审美表现力、审美创造力、审美情感力等方面,因此美术学科育人价值的最重要体现是审美素养培育。

二、美术教学的育美机制

审美素养培育不单单是搞几个美术社团活动和举办几场画展就行了,它不是形式上的,而应该是内化的。我们需要整体的育美保障机制和“全人员、全过程、全方位”的运行机制,涉及学校内部的管理对象、管理内容、管理过程、管理艺术及管理理念等与审美素养培育的关系,最终使诸要素形成合力,促使学校形成一种浓郁的、自觉的艺术学习氛围。

(一)育美保障机制

1. 统一管理
学校管理的内容包括“教学管理”“德育管理”“后勤保障”等,其中“德育管理”是重点,重点抓效果,营造学校艺术学习氛围,从德育角度进行校园文化建设;“教学管理”是核心,重点优化课程结构,包括完善课程管理、构建课程体系、优化课程内容、设计课程策略;“后勤保障”是基础,重点是强化服务意识,相关人员各司其职,管好人、财、物,力求服务到位,达到服务育人的效果。三者分工明确,且整体统一服务于学生的审美素养培育。

---

① 祁志祥. 中国当代美学文选 2023[M]. 上海:复旦大学出版社,2023:163.
② 黄忠敬,欧阳雪乔,余锦团. 聚焦美育:如何在学校中培养学生的审美力[M]. 上海:华东师范大学出版社,2021:40.

2. 教师激励

完善教师学年度发展性评价方案,强调教师的教学理念与教学形式要合乎学生的成长规律,从自我规划、教学技能、师生关系、专业发展、家庭教育、教学成果六大方面进行评价,激励教师不断探索"借美育人、化美育人、创美育人"三大策略,提高课堂教学实效性。

3. 环境营造

要注重物质环境和人文环境的合力营造,美术学科包含的科目众多,所需室内外学习空间、工具、材料要充分满足学生日常学习之用,给学生创造更多美的体验方式,从而为学生审美表现力培养奠定物质基础;过程中注意物质环境是为人文环境服务的,关注校园艺术氛围的营造,包括学校全时空的视听环境、行为礼仪、社团活动、艺术节、作品展演等,使学生沉浸在美育的浓郁氛围中,形成自觉的审美意识,让环境发挥最大的育美功能。

(二)育美的运行机制

1. 全员参加

每位学生都有接受美育的权利,教师要关注不同层次学生的审美需求,探究符合学生心理和认知层次的美育策略,形成循序渐进的实施路径,促进学生健康人格的形成,使其成为具有一定审美素养的公民,凝聚中华崛起的精神力量。

2. 全过程推进

审美素养的培育应该关注学生成长的全过程,把培育聚焦到学生的学习与生活中,学校要构建美术学科丰富的活动样式,促进学生积极参加校内外美术活动,使学生能主动参与到课内外的各个时段中,推动家、校、社会整体统一的美育协同育人机制的形成。

3. 全方位保障

学校要统筹协调各方美育资源,使管理与环境、师资统一服务于学生审美素养培育,激发学生学习美术的热情,促进学生主动参与到美术实践中,使学生在潜移默化中逐渐形成审美素养。

三、审美素养培育的实践策略

学生审美素养的培育必须落实到实际的教学活动中,学校要有目的、有计划地进行美术课程群、校本课程内容、课堂教学三个层次的育美设计,关注学生审美素养的递进式提升:审美欣赏力、审美表现力、审美情感力、审美创造力等。依据学生年龄、心理、认知水平采取恰当的教学手段,实现学生审美能力的提升。

(一)以从宏观到微观的视角渐次构建审美素养培育课程体系

1. 宏观:构建多元立体的综合美术课程体系

以培养学生审美素养中的欣赏力、表现力、情感力、创造力等为目的,对已有课程进行重构、融合、创生,设计出符合学生审美素养培育规律的综合美术课程,课程建设中充分考虑学生个性、基础、发展需求,补充和完善学校美术课程的顶层架构,把综合美术课程分为必修、选择性必修和选修课程,课程设计既呈现传统性又体现现代性,既深耕民族传统文化又开辟现代创新潜能,强调丰富的学习经历,关注多元文化,弘扬爱国主义精神,整个综合美术课程群呈现横向组合的统整式与纵向衔接的阶梯式特征。

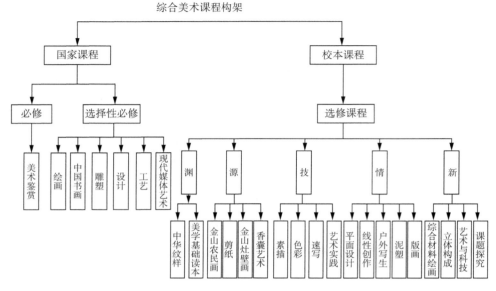

图 1　综合美术课程架构图

2. 中观:围绕大概念视角设计课程内容

校本课程的章节设计要关注学生学情,从审美教育的五个方面考虑:自然教育、形式美感教育、艺术教育、生命教育、情感教育。同时,依据审美能力的不同,围绕大概念分解若干个子概念,并使子概念间相互联系和推进,最终使学生回归"大局观",使学生获得的知识具有系统性和科学性。课程内容设计要围绕大概念系统规划进阶式教学目标,确定单元教学结构,实施单元教学评价,赋予课程内容实质性的意义,促使知识转化为审美素养。在教学内容创设上,关切学生心理,体现时代精神,满足学生审美需求,进而进行审美能力培育,最终达到学生的审美理想。比如"综合材料绘画"课程内容设计,注重单元设计与审美素养层次的渐进关系,围绕"家国情怀,创新发展"大概念进行审美素养递进式培养:审美欣赏力→审美表现力→审美情感力→审美创造力。

3. 微观:基于项目化学习的课堂教学设计

课堂是培养学生审美素养的主阵地,课堂教学应从培养学生审美能力、审美情趣、审美品格三个维度出发。在外部形式上,提高学生的美术技能;在内部结构上,注重培养学生"感受、欣赏、判断、想象、创造"的审美能力;实践层面上,最终生成学生的审美态度和价值观。① 基于以上的审美素养培育需求,课堂教学设计中应该构建学习素养视角下的项目化学习。首先,注重培养学生的知识重构能力,以使其面对不同情境下的知识迁移;其次,创建真实驱动性问题带动高阶式的持续深度学习与实践;最后,项目化学习成果包含

---

① 祁志祥.中国当代美学文选 2023[M].上海:复旦大学出版社,2023:168.

个人和团队成果,成果要指向驱动性问题和对核心知识的深度理解。

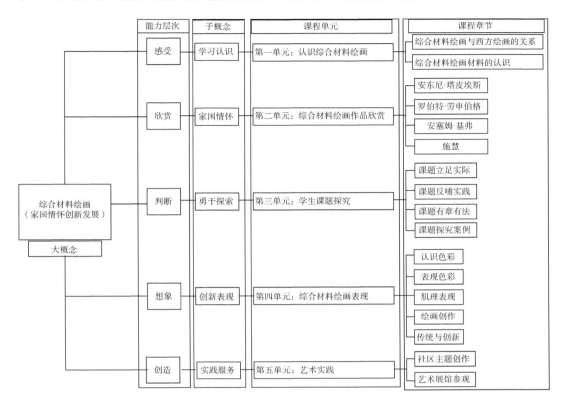

图 2　综合材料绘画课程内容设计

　　审美培育课堂教学设计要富有想象力和决策力,应该以真实情境导入,强调问题驱动,教学过程中要求学生的感知、思维、情感、意志、价值观全面参与,学生在教师的引导下进行持续的探究式与合作式学习,突出学生主体性学习地位,学生在学习中逐渐建构起解决问题的方式方法,分析、综合、评价和创造等高阶思维得以发展,最终形成具有过程性说明的成果,从而使学生的审美欣赏力、审美表现力、审美情感力、审美创造力得到有效培养,课堂教学的实效性大大提高。

(二)课程实施循序渐进

1. 课程结构分类递进

　　综合美术课程整个主线围绕"传承"与"创新"两个课程结构,目的是传承民族艺术和培育学生面向未来的能力,"传承"注重学生纵向思维的培养,"创新"注重学生横向思维的发展。课程的整体结构设计从学生的审美需要出发,进而进行审美能力的培养,最终达成学生的审美理想。课程实施过程中教育学生体察情感和热爱生命,这也体现了情感教育和生命价值教育。我们依据高中学生不同年龄阶段的发展水平和艺术认知特点,细分出"渊、源、技、情、新"的分类递进式教学内容。

　　(1)渊(渊源):追溯中华艺术起源,树立学生民族文化自信,增进学生对中西方美术发展脉络的认识,促进学生审美的欣赏力和表现力提升。主要课程:中华纹样、美学基础。

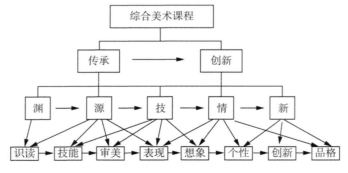

图3　综合美术课程实施结构图

(2)源(源流):民间美术源于百姓生活,对中国民间美术的学习,使学生理解中华传统艺术的表现魅力,体会艺术源于生活的道理,以此传承和发扬中华民族的传统艺术。主要课程:金山农民画、灶壁画、香囊艺术、剪纸、泥塑。

(3)技(技法→审美):本阶段课程的设置主要针对美术通识教育,重点培养学生的审美欣赏力和审美表现力,即审美方法、明暗造型、色彩造型、立体造型等基础能力。合理的造型学习,使学生的美术表现能力逐渐上升到美感层次,使学生的作品富有技法美、形式美和内容美。主要课程:素描、色彩、速写。

(4)情(情感→价值观):通过一定阶段的技法学习,学生具备了初步的造型表现能力,课程的设置逐渐引向画面的情感表现,即培养学生的主观表达,通过美术作品的创作挖掘学生的思想与情感,引导学生关注自然和社会,追求积极向上的正向力量,并逐步树立正确的人生观和价值观。主要课程:线性主题创作、版画、图形创意、平面设计、户外写生。

(5)新(创新→创造):创新课程中,学生进行美术作品的再创造,倡导批判精神,鼓励大胆尝试,激发学生的求新意识、求变意识和问题意识,使其作品在技法、材料、观念和内容上大胆创新,并能使作品服务于社会。创作过程中能体现出积极向上的创新品格,从而提高学生的审美创造力和创新品格。主要课程:综合材料绘画、立体构成、产品设计、艺术实践、小课题探究。

2. 课程实施分级推进

探究美术学科与审美素养培育之间的桥梁,寻找审美教育的抓手,促进学生审美欣赏力、审美表现力、审美情感力、审美创造力的提升。因此,我们分年级梯度推进课程,设为初级、中级、高级三个层次,强调以学生为中心,推进的路径为"识→技→情→新",使"五力(欣赏、感受、判断、想象、创造)"培养贯穿美术教育全过程,以提高学生的审美素养为目的,落实立德树人根本任务。

四、实行全程的学科评价体系

审美素养培育是为了促进学生个人和团队的共同进步,教学评价一直是审美教育活动的重要部分。美术学科的项目化学习评价主要是对学生学习实践的全过程进行评价,以促进学生走向更深层次的学习和理解,另外也是对学生未来学习的激励和对教师改进教学方式的激励。过程性评价、总结性评价、多元性评价是全程性评价的主要部分。①

图 4 年级梯度实施图例

(一)过程性评价

基于学科特点,过程性评价主要考查学生的认知策略和实践,突出学生在美术学习过程中所表现出来的审美意识、态度动机、创造性等方面的多维度评定,主要体现学生高阶思维能力培养,同时强调评价过程中的个体差异。教师在过程性评价中运用学生个人纵向发展性评价来激励学生,促进学生树立学习信心,使学生素养培育走向良性发展。

表 1 课程项目评价表

项目阶段		核心能力								规则意识			
		观察	提问	方案设计	收集信息	处理信息	操作实验	展示交流	评价反思	计划先行	团队合作	知识产权	科学严谨
准备	欣赏感受名画	●	●					◎			◎	◎	
执行	收集归纳材料	◎	●	○	●	●	●	○		◎	●		
	实验重构名画	●	◎	●	◎		●			●	●		◎
收尾	展示交流作品	●	◎					●	●	◎	●		

说明:符号表示能力水平,○表示一级,◎表示二级,●表示三级。

表 2 综合材料绘画课程学习评价表

项目	具体指标	第一次作业					第二次作业					项目总评	课程总评
		A优	B良	C中	D差	合评	A优	B良	C中	D差	合评		
图像识读	学科知识												
	解读能力												
美术表现	色彩造型												
	材料运用												

---

① 夏雪梅.项目化学习设计:学习素养视角下的国际与本土实践[M].北京:教育科学出版社,2018:114.

续表

项目	具体指标	第一次作业					第二次作业					项目总评	课程总评
		A优	B良	C中	D差	合评	A优	B良	C中	D差	合评		
审美判断	分析评价												
	交流表达												
创意实践	创意构思												
	表现方式												
	团结协作												
文化理解	作品认知												
	价值观												

（二）总结性评价

总结性评价主要考查学生学习的最终结果,其目的是达到学科教学目标的要求,也是对学生在不同情境下能力迁移的学习结果评定,能证明学生相应的学习实践能力。

表3　总结性评价表

我知道什么	我想学什么	我已经学会什么
学习中	学习中	学习后
已知道的写下来	写3个想问的问题	将之前所提问题的答案及重要信息写出来

（三）多元性评价

1. 评价标准的多元性

不同课程审美素养培育要求的侧重点也不同,教师依据不同课程培养目标制定有差异的评价量规。

2. 评价形式的多元性

教学评价打破形式主义,形成贯穿整个课程学习的可持续过程,鼓励学生参与自评与互评,最后进行师评,多元的评价形式为学生的语言表达、情感表达、判断探究等能力培养创造了条件。同时,美术比赛、展演、作品刊登也是构成多元性评价的有益补充形式。

五、结语

审美素养培育属于美育范畴,是师生双边互动的活动,需要美术教师运用智慧协调各要素之间的关系。这就要求教师养成终身学习的习惯,不断提升自身审美素养、审美观点、审美理想,并学会运用数字技术为美育赋能,跟上时代步伐,努力促成学生健全人格的形成,从而促进学生的全面发展。

智能时代五育融合视角下的高中版画项目式课程研究

摘要：在高中"双新"背景下，贯彻"五育融合"教学理念，建立适应数字时代的教育理念和模式，以高中木刻版画为路径，拓展课堂外延，设计开发项目式高中版画课程并进行实践与研究。线上慕课与线下行走课程结合，数字化赋能学习活动，学生像艺术家一样创作与行知文化有关的主题性版画作品。课程带领学生走近陶行知先生，对学校产生荣誉感，以刀代笔，传承陶行知先生的伟大思想，树立正确的价值观，培养学生的核心素养，落实新时代美育精神。

关键词：五育融合；高中版画；项目式；数字化

上海市行知中学是伟大的人民教育家陶行知先生创办的学校，陶行知先生将当时极具革命性的木刻艺术首次纳入学校艺术教育体系之中。经过八十多年的传承与实践，木刻版画已经成为上海市行知中学的特色课程。2020年10月，《关于全面加强和改进新时代学校美育工作的意见》进一步指出，全面深化学校美育综合改革，坚持德智体美劳五育并举，加强各学科有机融合，整合美育资源，补齐发展短板，强化实践体验，完善评价机制。从德、智、体、美、劳五个层面对学生进行培养，不仅是学生的实际学习需求，也是智能时代的发展需求。项目式教学正是符合文件要求的新的美育改革路径，是培养学生核心素养、指向学生全人发展的重要途径。以此为依据，积极创新学校木刻版画课程"刀刻时代 传承行知"，润物细无声般地向学生传递正确的价值观念，引导学生成长为符合未来社会需要的高素质人才。

一、五育融合模式的高中木刻版画项目式课程的设计

（一）五育融合的高中木刻版画项目式课程的意义

版画具有转换功能和创造功能，完成一件版画作品需要经历构思、画稿、画版、刻制、印制的过程。版画印制的过程可谓手脑并进，具有美育与劳育的实践性特征。主题性木刻版画项目式课程在学生掌握版画技能的基础上，为学生创设具有育人价值的真实主题情境，通过数字赋能，运用现代化的思维传承行知精神。

《普通高中美术课程标准（2017年版2020年修订）》提道："教师应从现实生活情

境中选择合适的主题,拟订深化思维的基本问题。"为了挖掘课程的人文深度,根据学校优势,围绕纪念陶行知主题挖掘学校丰富的人文资源,整合学校陶行知纪念馆、校园十景等育人场景,带学生走出课堂,拓展创新美育场域。"刀刻时代 传承行知"课程通过"知行合一"的体育与智育的学习实践活动,形成五育相互融通的创新教学模式。

(二)五育融合的高中木刻版画项目式课程的架构与内容

上海市行知中学版画社是学校较成熟的艺术教学社团,中国工业版画研究院在沪成立的上海行知工业版画研究院就在我校,有着丰富的版画艺术家资源。学校为了完善课程体系,制作"中学生版画"慕课,在上海市慕课平台供全市学生选修。五育融合的高中木刻版画项目式课程基于校本课程"美术行走课程——承陶行知精神,走爱满天下路"及"水印木刻版画技法与创作",实现了线上"中学生版画"慕课与线下课程的结合。同时利用校史馆资源,引导学生以木刻版画作品弘扬陶行知伟大思想,体现行知学子学陶的热情与决心,认同行知文化,形成文化理解,培养责任担当意识与奉献精神。

表1 "刀刻时代 传承行知"课程架构

课程类型		单元	活动内容
线上慕课"中学生版画"		木刻版画	1. 木刻人像写生 2. 木刻黑白处理一 3. 木刻黑白处理二 4. 木刻刀法
线下项目式课程"刀刻时代传承行知"	线下行走课程"版画行走课程——承陶行知精神,走爱满天下路"	第一单元【聆听陶行知故事】3课时	1. 组织学生参观校史馆 2. 由"小先生"带领学生了解校史,了解陶行知
			1. 观察校史照片,了解各个阶段学校旧址 2. 分享校园背后的故事 3. 参观"行知校园十景",探寻校园文化,寻找陶行知的足迹
			1. 观看行知校友视频,挖掘陶行知的故事 2. 小组进行素材整合,确定感兴趣的内容 3. 设计制作有代表性的名片
		第二单元【走进陶行知故事】3课时	1. 在行走之前,了解陶行知纪念馆,设计参观路线 2. 针对小组的探究主题设计停留写生的地点
			1. 小组活动:参观陶行知纪念馆,并根据方案深入探寻 2. 小组活动:深入挖掘历史故事,对素材进行写生收集。记录纪念馆的历史建筑
			1. 观察雕塑等细节 2. 仔细刻画素材,为更好地呈现主题打好基础

课程类型		单元	活动内容
线下项目式课程"刀刻时代传承行知"	校本课程"行知水印版画的技法与创作"	第三单元【刀刻时代传承行知——木刻版画创作】5课时	1. 小组讨论,设计草图 2. 分享设计构思,交流画面中各元素的设计理念
			1. 赏析名人纪念藏书票,通过设计藏书票弘扬陶行知精神,纪念陶行知 2. 通过微视频学习藏书票的制作步骤与技法 3. 尝试创作藏书票版画作品
			1. 尝试创作尺寸较大的油印或者水印行知主题作品 2. 根据主题进行"油印"与"水印"的尝试,选择适合的表现手法
		第四单元【承版画艺术,扬陶行知精神】5课时	1. 展示过程性作业,交流设计思路与反思 2. 整理作品背后的陶行知故事并生成二维码
			1. 尝试将版画作品做成动画或视频。在网络平台进行行知文化的宣传 2. 通过实际展览与线上展示进行分享与评价

1. 线上慕课"中学生版画"课程内容

慕课"中学生版画"教学目标:①了解几种常见的版画艺术种类。熟练掌握基本木刻技法,逐渐深层次地理解木刻艺术的语言特点,了解各种刀法的运用与艺术特点,并形成自己的个性审美趋向和表达方式。②通过对木刻经典作品与写生示范作品的欣赏,理解版画的文化内涵。③感受优秀传统木刻版画的艺术魅力与版画的精神,培养学生对中国传统文化的审美情趣。

慕课"中学生版画"课程内容包含:①木刻人像写生。②木刻黑白处理一。③木刻黑白处理二。④木刻刀法。

慕课使学生获得更多自主学习的时间,教师对相关知识进行系统讲解,通过理解版画的制作步骤与艺术语言激发学生的学习兴趣,为主题式创作打下基础。

2. 线下项目式课程"刀刻时代 传承行知"课程内容

《关于新时代推进普通高中育人方式改革的指导意见》指出,应"积极探索基于情境、问题导向的互动式、启发式、探究式、体验式等课堂教学"。项目式课程"刀刻时代 传承行知"结合了行走课程"版画行走课程——承陶行知精神,走爱满天下路"与校本课程"行知水印版画的技法与创作"。本项目课程的教学目的是学生能够了解木刻版画主要表现形式,能感受、描述木刻版画的艺术语言和情感表达的基本特征;在体验、讨论作品中,能归纳黑白关系、刀味和情感表达的关联;具有追求陶行知精神的愿望,能探索、发现陶行知的感人故事与奉献精神;在自主研究学习的过程中,能模仿借鉴各类近代国内外作品形式进行创作体验、设计与实践,尝试进行以陶行知先生为主题的创作;阐述自己的观点,借由版画作品纪念陶行知先生,让学生在审美体验当中增强责任担当意识。

教学目标:①图像识读——认识木刻版画的艺术语言、技法与创作方法。对经典木刻版画及藏书票作品进行解读,能够识读画面中的黑白关系与刀味。②美术表现——能通过探索、思考与体验,理解木刻版画艺术的概念,能选择合适的内容与黑白关系、刀法进行陶行知主题内容创作,抒发思想情怀。通过版画作品的创作体现时代的审美观念和行知精神追求。③审美判断：能欣赏木刻版画艺术的美，能从各类木刻版画的形式中感知其美感和意蕴。④创意实践：能通过小组合作进行素材的写生、收集与汇总提炼，选取陶行知的故事与内在精神，通过创作平面或数字视频版画作品来抒发学陶的愿望与发扬行知精神。⑤文化理解：能从社会、历史、文化情境中体会木刻版画的时代特征与文化内涵，并能对陶行知的精神有更深的理解与弘扬。

通过以美促劳、以美渗德、以美增智及以美育体的综合实践活动，激发学生的创造性思维与解决问题的能力，使学生真正能够理解如何将素材进行文化提炼，并融入作品的创作，对行知精神产生深度的理解，从而形成传承行知文化的坚定情感。

二、五育融合模式的高中木刻版画项目式课程的实践过程与策略

（一）学情分析

高中生能较为深入地思考和分析问题，可以在自主探究的学习过程中探寻黑白木刻版画的艺术概念与文化内涵。作品中主题的表达、鉴赏是学生颇感困难的地方，而对黑白关系、刀法与作品抒情达意的关系的理解更是需要一个进阶过程。课程设计以主题任务引导学生主动探究，学生转向对木刻版画的文化理解，进而培养综合素养。

（二）线上慕课在课前、课中、课后的各阶段实践

学生通过"中学生版画"慕课自主学习版画的艺术概念与技法。基于线下主题任务，明确学生课前的线上预习。慕课的专业讲解与示范，使线下教学中的实践操作得以落实。

在线下课程实施过程中，学生充当"小先生"，在课堂上互相研讨教学。"小先生"可以解答小组内出现的问题。在帮助同伴学习的过程中，巩固慕课中的知识。学生也可以通过平板电脑自主登录慕课平台对遗忘的知识进行补充观看，根据个人情况带着问题去学习巩固。慕课课程给学生提供了高弹性的专业学习方式。

（三）创设传承行知精神的主题教学情境，以融合促素养

在课程中，对行知校友、艺术家伍必端的版画作品进行鉴赏，使学生从技法的学习转换到审美文化的理解。在理论铺垫之后，带领学生走出课堂，对校史馆等资源进行深度考察，经过参观学习、写生资料收集以及网络信息查找梳理，多维度获取陶行知先生的相关历史故事；自我内化梳理后选择适合的版画风格，制作版画作品进行陶行知精神的传承与弘扬，感受版画的艺术魅力。在版画课程中融入德育的核心内容，培养学生热爱学校的情怀、乐于奉献的精神。

线下项目式课程实施过程：

1. 行走行知校园，聆听陶行知故事

上海市行知中学的"小陶子"们做"小先生"（见图1），为参观的学生讲述陶行知先生爱满天下的感人故事。学生通过"小先生"的导览，了解校史馆中陶行知先生珍贵物品背后的历史故事，缅怀先辈。寻找校园中的陶行知名言，欣赏"行知校园十景"，感悟行知校

园文化。通过进一步收集校友视频与网络信息,整理出陶行知的动人故事,总结制作故事名片。

图1　上海市行知中学版画社团的"小陶子"作为"小先生"为参观的学生讲述陶行知先生的故事

2. 创作陶行知主题版画系列作品

课程挖掘艺术家校友的丰富资源,开展行知校友德育教育。例如伍必端的育才经历、创作及革命艺术人生,为版画课程研究提供了一个重要的方向。伍必端作品的艺术特色便是传承了版画艺术的核心精神——奉献,并将自己的艺术奉献给了人民。课程中的版画鉴赏范例选择了 2006 年伍必端创作的木刻作品《陶行知像》(见图 2),作品饱含了他对学校的深厚感情。由此可以看出,版画作品能够抒发作者的情怀,并且这样的作品是一种精神财富。

图2　伍必端《陶行知像》木刻

3. 通过平面与数字视频等各类艺术形式进行社会展示实践活动

总结作品背后的历史故事与创作的意图,传达自己所要传承的陶行知伟大精神,让学生真正为弘扬陶行知精神出一份力,落实项目式课程的社会实践性。从平面或多媒体动画等形式的作品中,能感受到学生对陶行知先生的尊重之情,观赏作品的学生也在作品的刀味、印味中感受到了陶行知先生的伟大品格。各种类型的校园、社会实践展示活动让版画作品发挥了更大的社会效益,也更能够体现其立德树人的教育作用。

学生通过项目式课程的系列活动,像艺术家一样创作,通过对素材的提炼,找到自己有共鸣的内容。比如我校 2022 届吴雨阳同学创作的《伟大的人民教育家陶行知先生》(见图 3),在黑白历史资料的基础上,将书法字"爱满天下"设计在画面中,使整个画面构图更饱满,这样设计也点明了整幅画的主题,展现了她心目中的陶行知先生。版画社团学生的作品也参加了市级展演活动,学生真正在实践中发扬了陶行知思想,也因学习、锻炼、提高而愉悦满足。

图3　2022届学生吴雨阳《伟大的人民教育家陶行知先生》木刻版画
荣获2021年"阳光天使"杯上海市学生艺术作品展二等奖

三、五育融合模式的高中木刻版画项目式课程经验与反思

（一）以项目式为切入点,开辟课程设计的新路径

在项目式课程任务驱动下,学生可以搜集资料,探究新知识,解决生活中真实的问题:"纪念陶行知先生,传承发扬行知精神。"以美术为路径,项目式的课程学习内容能使学生将各学科的相关知识结合起来,开发学生的逻辑思维与创造性思维。本课程的设计与实践改变单一的课程现状,不再只是单独的技法知识学习,能够让学生得到全面的发展,同时以数字化为教学赋能,将多媒体技术融合在项目课程中,实现高质量的现代化美术教学。

（二）以数字化为背景,提升学生学习的新体验

数字化背景下的项目式学习使学生由被动接受知识变成主动探究知识,学生根据需要完成的任务自主制定实施计划、方案,根据教师提供的数字学习资源以及借助多媒体技术完成项目任务,自主学习、主动学习。学生真正感受到传统艺术与现代媒体艺术相结合的美术魅力,能够适应未来数字化社会生活,成为数字化时代的人才。

课程创新实践形成线上线下混合式的师生、生生互动的学习模式。"小先生制"是陶

行知先生提出的一种教学思想,其基本做法就是"即知即传、随学随教"①。在线下课程教学中,基于课前的线上慕课学习,学生已经对版画的制作步骤与方法有了一定的认识与理解,学生之间可以互相分享学习经验,生成了学生之间的互动学习情境。"小先生制"有利于创设真实的教学情境,催生真实的自主学习活动。② 陶行知先生的"小先生"制在以学生为主体的课程模式探索中具有实践意义。

(三)以五育并举模式,落实学生核心素养培育

以美术教育为切入点,拓展美育的外延,融入德、智、体、劳教育,引导学生在美术教育中寻找品德之美、智慧之美、健康之美、劳动之美。③ 课程设计以立德树人为根本任务,体现了以美育为主线,五育融合的教育思想。

1. 以美促劳

版画制作的复杂过程,锻炼了学生的动手能力,劳动与美术的结合可以改变简单、机械的劳动,可以激发学生对劳动的热情和兴趣,从而使学生在劳动中感受美。

2. 以美渗德

为培养学生"真善美的人格",陶行知提倡"教学做合一"的美育方法。陶行知提倡以学生的生活、家园等为中心教育学生,让学生在自然环境与社会环境的熏陶下,不断地学习和实践,通过具体的行动来发展理解美的视野、欣赏美的态度、创造美的能力。④ 课程的开发设计以行知中学陶行知老校长的思想与奉献精神作为思政主题,利用学校环境滋润学生的心灵。学生在创作版画的过程中,感受美、欣赏美、创造美,体验到艺术化的校园生活,对学校产生荣誉感。

课程开拓了学生的思维模式,并引导学生深层次理解版画创作不仅是一种艺术形式,也是传播传统文化的一种载体,使学生在传承与发展传统文化的过程中形成文化理解。

3. 以美增智

数字技术为版画创新赋能,让学生感受到科技给传承传统文化带来的便捷与新模式。在智媒新时代,锻炼了学生的创新思维,也启发了学生对传承传统文化的思考。

4. 以美育体

学生通过实地行走考察、资源收集等综合性的活动,锻炼了体魄,也磨炼了坚持到底的心智,促进了体育素养的形成。

五育融合不是面面俱到,也不是德智体美劳的僵硬拼凑,而是实现"互育"。在新时代背景下,美育空间应该拓展到学校场域外,探索新学校美育空间与文化空间。我们应当继续研究如何丰富课程中学生自主学习的参与方式,构建线上学习支架与任务项目。有效记录学生的过程性材料,加强过程性评价,关注学生的过程性发展。

---

① 李吓琴. 陶行知"小先生制"再解读[J]. 福建陶研,2010(1):30.
② 左高超. 指向落实新课标精神的"小先生制"教学策略例谈[J]. 生活教育,2021(2):36.
③ 李吓琴. 陶行知"小先生制"再解读[J]. 福建陶研,2010(1):3.
④ 程功群,夏豪杰. 培育真善美的活人:陶行知美育思想解读[J]. 生活教育,2021(3):3.

　　未来学校会继续坚持以陶行知先生提出的"为老百姓画画,画老百姓"理念引导学生坚持以人民为中心的创作导向,努力创作出更具时代精神的好作品。只有在与时俱进的教育教学模式中不断创新,才能更加深入落实五育融合的项目式教学,在陶行知先生"创造教育"理念引领下,继续探索美育新路径。

美术泛项目化课程服务课后美术社团的行动研究

合肥 168 新店花园学校　王　燕

摘要：通过借鉴先进的多元化美术教育理论，利用美术泛项目化课程服务课后美术社团，在美术社团实践的行动研究中，探索美术泛项目化课程服务小学课后美术社团的有效模式，提高学校课后服务的质量，缓解小学"课后三点半"服务落地难等问题。通过美术泛项目化课程服务，增强美术社团教学的丰富性、综合性、实践性。继而提高学生的艺术素养，发展学生的个性，促进学生多元素养的提升，培养学生解决实际问题的综合能力。

关键词：泛项目化课程；美术社团；行动研究

一、引言

2017 年 2 月 24 日，教育部出台了《关于做好中小学生课后服务的指导意见》，把学生的课后服务纳入社会福利保障体系，2021 年"双减"政策出台，在落实中又出现了一些困难和问题：一是课后服务体系不够完善。学校课后服务形式还比较单一，仍然以作业辅导为主，课后服务的人力与资源供给不足，寒暑假更是课后服务的盲区。二是教学方式有待改进。现行的制度建设、课堂教学、作业管理、评价模式等方面已经不能满足"双减"改革的需要。

二、研究

近几年，为了解决学生放学早、家长下班晚的"课后三点半"难题，安徽省教育厅 2021 年 8 月发布的《关于进一步规范中小学生课后服务的通知》，要求学校充分用好课后服务时间，指导学生认真完成作业，对学习有困难的学生进行补习辅导与答疑，为学有余力的学生拓展学习空间，设立丰富多彩的科普、文体、艺术、劳动、阅读、兴趣小组及开展社团活动。也就是说，学校开展的"课后三点半"服务工作要以丰富多彩的课外活动和文体活动为基础。但是由于各个地区、各个学校具体情况不同，一些学校的"课后三点半"还是变成了单一的补课、刷题、看管，没有将通知精神真正落到实处。截至 2022 年 3 月 21 日，在"中国知网"平台，以关键词"课后服务"进行搜索，有 1660 条相关结果；以关键词"美术项目化课程"进行搜索，有 17 条相关结果；而以关键词"课后服务＋美育"进行搜索，仅有 1 条相关结果。由此可见对美术项目化课程服务"课后三点半"美术社团的行动研究是迫切需要的。

项目化课程实质上是一种以交往、对话、实践活动为主导，理论与实践有机结合，以典型的工作任务即项目为载体组织课程内容的"做中学"课程模式。项目化课程以问题解决为目的，以自主建构式学习为主要方式，通过跨学科知识的融合运用、合理的分工合作，最终以展示交流学习成果的方式完成任务。

"泛"一方面是指建立在项目化课程基础上，内容更广泛。另一方面我们设置的项目化课程是基于《义务教育艺术课程标准（2022 年版）》之外的校本课程补充内容。由于初次尝试项目模式，在实践过程中可能会遇到新问题，不够完善。艺术来源于生活，但又高于生活，这就决定了它必须是一种带有特定目标的组织化了的生活，也决定了艺术教育是一种"泛"教育。而以"泛项目化课程"的形式呈现艺术是最好的选择，它是学科课程的校本化和补充。

"服务"是一个汉语词，简单解释就是为别人做事，满足别人的需要，并使他人从中受益的一种有偿或无偿的活动，不以实物而以提供劳动的方式满足他人某种特殊需要。"课后三点半"是指小学生在校学习下午三点半以后的时间。由于作息时间不匹配，家长没有办法去接孩子，三点半以后到五点左右甚至更长的时间，现在成了学校服务小学生的时间。

通过借鉴先进的多元化美术教育理论，利用美术泛项目化课程服务课后美术社团，在实践中探索有效的服务模式，可以提高学校课后服务的质量。

（一）合理制定调查问卷，对学生及教师进行问卷调查

选择区域内的小学实验学校进行问卷调查，主要是了解"双减"背景下，学生对"课后三点半"美术社团课程服务的满意度及兴趣。

通过对区域内 6 所小学、2 个中学近 400 人进行关于美术社团的针对性问卷调查，并研究分析结果后，发现几项突出问题：

1. 参与课后美术社团的学生的实际兴趣需求和学校设立的美术社团不统一，很多学生喜欢和感兴趣的美术社团学校并没有设立，所以学生只能"随便挑一个"，导致美术社团授课效果差。

2. 当前，学生大都只能在网络平台上选择美术社团课程，平台的功能限制目前呈现出两个问题：一是会出现平台开启一分钟后抢课流程就结束的情况，部分老社员会因为抢不到课而无法继续参与美术社团学习；二是社团教师无权限择优选取社员。

3. 课后美术社团由学校不同年级选课学生构成，教学内容难度与学生知识层次存在严重矛盾，这一问题在小学美术社团中尤为突出。美术社团教学内容过难会导致低年级学生听不懂，但教学内容如果设置简单，高年级学生学习实践价值则会变低、学习兴趣会变弱。这种失衡最终会导致学生大都不喜欢上美术社团课。

4. 学校教师在美术专业领域的教学能力与美术社团教学内容的丰富性要求相冲突。教师在社团教学中经常出现教学内容的专业性、综合性、文化性等特点与自身实际擅长专业领域脱节的问题，教师们受限于专业能力，且学校专业师资力量相对有限，社团教师在常规工作时间之外都忙于授课，因此课后服务中的美术社团课程内容越来越

单一、枯燥。

根据问卷调查深入发掘课后服务所面临的主要堵点，提炼出主要问题，并尝试研究美术泛项目化课程服务课后美术社团，来探索这些问题的应对措施和解决方案。

（二）通过美术泛项目化课程在美术社团的行动研究，解决中小学课后服务中美术社团存在的诸多影响社团教学和发展的问题。

1. 美术泛项目化课程让知识综合化、系统化，不再是单一的美术技能课程。以往美术社团多以练习专业技能为目的，以学生兴趣为美术社团课程设置的基础，不适合对美术没有兴趣或绘画技巧不高的学生群体，因而受众面较小。而新时代的教育目标要求美术社团要为学校里更多的学生提供服务。美术泛项目化课程可以通过某个项目主题让社团学生通过不同的表达方式、方法最终完成作品，在完成项目的过程中学习美术技能与知识。例如：美术社团的"二十四节气"项目主题，学生可以通过包粽子、印月饼、做花馍、画服饰、捏彩泥等不同的形式来完成。学生通过大量实操活动获得知识与技能。教师可通过此类泛项目化课程完成系统综合教学而非单一技能教学。让学生在美术社团的项目实践活动中感受美、欣赏美、创造美，从而培养审美情趣，最终达到美育的目的。

2. 美术泛项目化课程可以完善各校已有的美术社团教学内容，将美术社团教学系统化并形成梯度和体系，为美术社团中新老社员的课程进阶提供保障。美术泛项目化课程可以根据学校特色、学生需求、时代需要等为美术社团的教学内容提供更新、更有特色的活动。

美术社团中的新社员可以通过泛项目化课程获得新知识，以此来解决问题、呈现作品。

图 1　美术社团"二十四节气"项目主题系列

图2　美术社团"二十四节气"项目展演

老社员可以用新的创意、创新的形式来完成作品。同时美术泛项目化课程系统化形成的梯度和体系又帮助美术社团中不同年级的学生解决了有难度的问题。例如：美术社团"非遗"项目化课程中学生可根据自己的兴趣和需要以及知识储备等开展实践活动。

图3　美术社团"非遗"项目主题系列扎染蜡染作品

实践活动内容既可以是剪纸也可以是糖画；既可以是纸笺工艺也可以是"印染工艺"。印染工艺这一个单项，就有难易程度不同的操作手法。可以选择简单易操作的扎染，或技术难度较高的蜡染。简单的扎染也可以选择材料较简单的冷扎染和材料考究的传统植物染。

图 4　简单的花草捶染

3. 美术泛项目化课程促进了美术社团课程的实施,既加强了学科融合,也跨越了学科界限。美术泛项目化课程让美术社团的授课教师不限于美术老师,可以是一个擅长该项目的其他学科老师完成授课,也可以是双师或多师完成授课。这样也解决了教师少、专业性不足的师资问题。例如:某校美术社团的传统工艺项目课程授课教师是数学老师,这位老师空余时间有编织的爱好并具备独立授课的能力,在课后美术社团中担任编织授课教师,既教给了学生需要的技能,也补充了美术社团教师的专业短板。项目课程在该校美术社团开展的效果非常好,多次受邀参加交流展示。

（a）

（b）

图 5　编织社团项目化课程

4. 美术泛项目化课程通过美术社团的实践活动,推动了周边社区、区域、社会对传统文化和美育的关注,很多家长随孩子一起加入美术社团的项目实践活动,并形成了一种重参与、重交流、重文化的社会氛围。

图 6　陶艺社团进社区

　　我们的学校就在社区里，我们的学生来自社区里的各个家庭。孩子们在美术社团项目化课程中得到了愉快的学习体验，便会主动与家人分享。家人的参与使亲子关系更融洽，让家长们从更多的方面来了解孩子。同时，学校在实践活动中开展项目式学习，在项目化的主题中融入法律、交通、尊老等社会热点情境，让孩子们在学习中认识自我、珍爱自己、关爱他人、学会交流与合作、关注社会。

三、结论

　　在对美术泛项目化课程服务"课后三点半"美术社团的大量调查、实践的基础上，笔者进行了 3 年多的行动研究，不断推广美术泛项目化课程的实施途径，开拓满足家长和学生需求的有效课后服务模式，同时也丰富和提高了学校课后服务水平。

图 7　垃圾处理环保小贴士项目社区行

学生在成长过程中需要美育的滋润,艺术的力量可以激励他们战胜困难,有艺术陪伴的人生才是完整的、丰富的。我们在大力倡导科教兴国的同时,不应该忽略科教背后人文的力量。古今中外的许多科学家都有着高度的人文修养,艺术激发了他们丰富的想象力和创造力。艺术对学生的政治观念、道德意识、行为礼仪等产生直接作用。泛项目化课程服务美术社团可以在实践活动中锻造学生的理想信念,培养他们热爱生活、热爱祖国的情感,增强其对中华民族的自信心与自豪感;培养他们淡泊以明志,宁静以致远,奋发向上的豁达精神。

人工智能和多媒体技术辅助下的中国画教学实践与研究

上海南汇中学　朱子奇

摘要：本文探讨了人工智能和多媒体技术在高中中国画教学中的应用与实践。通过融合传统中国画教学与现代科技手段，增强学生的学习兴趣。多媒体技术为中国画教学提供了更丰富的资源和更多元的教学方法。尤其是投影技术，在中国画的白描和工笔画教学中发挥了巨大的作用。运用人工智能和多媒体技术辅助中国画教学实践能够降低学生的学习难度，有效提升学生的学习效果，对高中中国画教学的创新与发展具有积极意义。

关键词：人工智能；多媒体技术；高中生；中国画教学

一、高中阶段的艺术课标及中国画教学现状

（一）中国画教学所体现的"文化理解"

高中艺术课程标准要求学生能够了解中国艺术"天人合一""气韵生动"等意象特征，理解中国艺术虚实相生等表现特征；能够感受艺术的魅力，形成审美兴趣与爱好，品味中国艺术的意蕴，在生活中营造艺术氛围，养成高雅气质，具有人文情怀和健康的审美价值观，自觉抵制低俗、庸俗、媚俗的现象，提高审美鉴别力；弘扬中华文化艺术优秀传统，提升文化认知，增强中华民族文化自觉和自信，促进跨文化交流，尊重世界文明多样性，分享世界各个民族的艺术。

中国画历史悠久，内涵丰富，是中国文化中最具东方特色的艺术门类之一。通过对传统国画的学习，学生可以了解中华民族优秀文化传统，增强爱国主义热情。

（二）中国画教学现状分析

近年来，随着教育部大力提倡弘扬中华民族优秀传统文化艺术，中小学中国画教学虽然较受重视，但是相关教学和研究比例失衡、中间脱节。小学阶段和高等院校的中国画教学进展比较突出，但是高中中国画教学不受重视。主要原因是高中生面对巨大的学业压力，另一个重要原因是中国画的审美情趣不符合当代高中生的审美需求。当代高中生审美趣味受西方艺术影响较大，写实且富有视觉冲击力的艺术形式更容易吸引他们。

华东师范大学郑文教授设计的"中小学生中国画认知程度及学习情况"问卷调查显示:72%的学生在日常生活中很少接触中国画,7%的学生则在日常生活中几乎接触不到中国画;小学生比中学生喜欢国画课,中学生喜欢中国画的仅占调查总数的18%。在另一项"中小学教师中国画教学状况"的问卷调查中,59%的教师认为中国画教学在中小学美术教学中地位一般,更有30%的教师认为中国画教学在中小学教学中不受重视。[①] 这对中国画教学而言是比较大的挑战,但值得欣慰的是,在调查中绝大部分中小学生和教师都认为中国画是值得学习的,大部分师生认同中国画教学有助于更直观地了解中国传统文化。

(三)高中中国画教材使用分析

目前,高中美术课使用的教材主要是由人民教育出版社依据教育部《普通高中美术课程标准(2017年版2020年修订)》所编写的《美术鉴赏(必修)》一书,其中第二单元《中国美术鉴赏》中的第三课《象外之境——中国传统山水画》和第四课《画外之意——中国传统花鸟画、人物画》为中国画专题学习内容,在其他单元和课时中涉及古代到现代不同时期的中国画作品共计46幅,从中国画的课时量和配图数量来看,占整体鉴赏内容的比重是比较高的,这充分体现了课标对本民族优秀传统艺术的重视。但教科书毕竟是鉴赏型教材,并没有就中国画的材料、技法方面展开介绍,在评价任务中也没有实践性的要求。

在必修教材二《艺术与文化》(上、下册)中,目录页中用了龚贤和八大山人的两幅中国画,除此之外共计43幅中国画作品,主要出现在上册第二单元《山水情怀》中,涉及重点讨论中国山水的内容,从传统经典作品入手,体会"外师造化,中得心源"的意境,探索山水背后的文化内涵。不过,这一单元中的"山水"并不主要指中国山水画,还涉及西方山水风景画、音乐中的山水、电影中的山水、装置艺术中的山水等等。

同时,有少部分学校根据教师特长、学校特色,选用2021版新必修教材中的《中国书画》教材。这本教材只有三大块内容——中国绘画、中国书法和篆刻。其中对中国绘画理论和技法的介绍比较详尽,有些作品还配有专门的示范步骤图,评价任务也以学生的实践性活动为主。该教材虽然以中国画为主要内容,且兼顾理论和实践,但颇有难度,对目前高中生的学习能力有较高要求。

二、目前高中阶段中国画的主要教学模式

首先,高中阶段的美术教学大纲,侧重于美术欣赏,包括历代中国画的主要流派、代表作品、代表画家等,但脱离中国传统文化语境的欣赏,始终只停留在隔靴搔痒的状态,无法真正体会到中国绘画的笔墨语言、气韵、意境等。很大一部分原因是目前高中阶段中国画的主要教学模式是结合了苏联素描体系和欧洲古典美术学院写生模式的"中国式的学院派"模式。就目前中小学美术教师的成长背景来说,在他们成为美术教师之前,接触的主

---

① 郑文.中国画教学研究:基于中小学师资培训的视角[M].上海:上海教育出版社,2018:183-184.

要是西方绘画,这导致在他们的知识结构中,中国传统文化和传统艺术内容较少,加之传统文学素养的缺失,很难深入赏析中国画作品文化精神内涵。

其次,教师在中国画教学中,主要运用"过程性示范"的教学方法,这主要是受到他们在本科阶段接受的传统授课模式影响,很多高等院校的教师一般都会进行较为单一的示范式教学,这和传统的师徒制教学非常相似,即师傅无须作过多的理论讲解,一切以亲手作画为主,徒弟的主要学习方式就是从"看"到自己"悟"。但这样的教学模式,在目前追求高效、快节奏的社会环境中,显然会因为示范过程的过于漫长和乏味,而让学生失去兴趣。

基于这两点,目前中国画教学模式侧重于专业技能训练,以临摹和西方式的写生为主,且教师示范处于主导地位,基本不能形成较为科学的教学设计,也无法涉及学生中国画的创作层面。

三、高中美术课堂数字化转型背景下的中国画教学研究

随着数字化转型的深入推进,高中美术课堂面临着新的挑战和机遇。中国画作为中国传统文化的瑰宝,如何在数字化转型的背景下更好地传承和发展,是当前高中美术课堂所面临的重要课题。

(一)数字化转型对高中美术课堂的影响

数字化转型对高中美术课堂产生了深远的影响。首先,数字化技术的运用提高了美术课堂的效率和质量。通过数字化手段,教师可以更好地呈现中国画的历史、特点和技法,使学生更加直观地了解和掌握中国画的基本知识。比如会动的《清明上河图》、能走进画中的《千里江山图》、齐白石笔下会飞的虫蝶等,这样的数字媒体作品,一下子就能抓住学生的注意力,更好地提升学生对中国画意境的理解。

其次,数字化技术可以更好地促进学生的个性化学习,我校为每位学生配备了多媒体投影一体机,学生可以通过数字化平台自主选择学习内容和学习方式,根据自己的兴趣和特点进行个性化学习。以往的中国画范本,只能通过老师购买画册,或是打印范本后发给学生使用,但问题是发下去的范本很快就损坏、丢失,更重要的是教师发放的范本种类有限,无法满足全部学生的个性化需求。但是丰富的数字化图库,可以任由学生根据喜好选择,教师也无须课前专门打印。数字化范本随选随用,也节约了纸张和油墨的过度损耗。

(二)多媒体技术助力课堂教学

1. 投影技术帮助学生消除畏难情绪

高中美术教学的实践,最大的痛点是除少部分有课外专门技能训练的学生外,大部分的学生在实际操作中,存在畏难情绪,不敢下笔,不好意思下笔。多媒体投影技术为学生的实践搭建了一个强有力的支架,辅助学生在课堂上完成实践任务。通过动手,学生对作品有更直观、更亲切的体验,拉近了其与艺术作品的距离。

尤其是在以线形为主的白描练习中,通过描摹投影范画,学生感受用线造型的方法和

魅力所在,在既定轮廓的辅助下,更加纯粹地感受中国画线条的组合和轻重间所产生的无穷变化。(图1)

中国画的学习历来强调临摹的重要性,但在实际的临画过程中,学生观察和捉形能力有限,使得临摹作品和原作相去甚远。陈师曾在《对于普通教授图画科意见》一文中说道:"但临画者,恒有间架大小不称之虑,而难得惟妙惟肖之方。此种困难之点,可依下法而免除:摸以纸覆诸范本之上,用铅笔钩其间架、位置;次置范本之侧,以浓墨醒之;终置诸画纸之下,始对范本临之。如是则位置不差,而古人之笔法、气韵俱可得矣。"[①]在多媒体技术的辅助下,学生能够通过临摹成型的完整作品,树立起对中国绘画的自信。

图1 学生使用多媒体投影设备练习勾线

2. 多媒体交互平台,实现实时交互反馈

在多媒体技术辅助下,学生之间的投影设备可以互连、互通。比如在上课的过程中,小墨同学的练习非常精彩,教师就能在电脑终端,将小墨同学的练习实况分享给其他投影设备,这样其余同学在自己的座位上就能观看到小墨同学的练习实况。

同时,投影设备还配备了一个高清摄像头,学生们可以将自己完成的作品放在摄像头下自行拍照,保存后就能提交到教师端,请老师批改作业。教师发现优秀作业后,也能通过终端及时分享给其他同学观看、点评和讨论。同学间的交流使得学生练习的积极性更高了,兴趣也更浓了。

以往教师座间指导存在的最大问题是每次教师只能指导一位同学,且在座间指导时,失去对其他未指导同学的引领。信息化技术让教师可以在对一位同学进行座间指导时,将指导过程同步播放给其余同学一同观看。

在上交作业的过程中,每位同学无须走动,只要在原位利用自己设备上的高清摄像头拍摄好自己的作业,上传教师端就可以了。

(三) AI 技术解决创作难点

投影技术虽然能够清除学生的畏难情绪,使其完成临摹学习任务,但在创作过程中,则显得力不从心。高中生在义务教育阶段接受的美术教育不均衡,接触中国画的机会比较少,美术技能普遍薄弱,但高中生的理解能力已得到明显的发展,能够理解何为中国写意画中的托物言志、笔墨抒情,而且能够运用一些笔墨技法,表达具有一定深度的艺术思想。随着数据科学、算法和其他核心技术的持续进步,人工智能使用频率在内容创作的各个垂直领域都有着显著的增长,其中也包括近年来备受关注的人工智能绘画技术。

---

① 陈师曾. 中国绘画史[M]. 北京:中华书局,2014:110.

1. 运用国产人工智能软件"文心一格"生成图片

高中生的绘画能力差距悬殊,很多同学几乎没有绘画或是中国画的基础,但这个年龄段学生的人文素养已经发展到了比较成熟的阶段,尤其是古诗词的积累也比较广博。例如:某位同学十分喜爱元代画家王冕的《墨梅图》,虽然他喜爱梅花"不要人夸好颜色,只留清气满乾坤"的傲骨品格,但苦于无法将这样的情感付诸画面,毕竟从一幅中国画的构思到构图是创作中最大的难点。借助"文心一格"软件,学生只要在对话框中输入"中国画梅花"的指令就能立刻得到一幅带有写意风格的梅花图。如果此时的梅花是大红色的,则需要增加关键词"中国画梅花,白色花朵",这样生成的图片就初步具有了写意梅花的感觉,但欠缺意境。这时在"参考图片"选项中上传王冕的《墨梅图》作为参考,将横向的墨梅图,转化为竖状图,这样就能得到一幅更有写意感觉的作品了。通过图像的合成功能,还能为"梅花图"增加一块石头、一些枝干等。当代高中生对于信息化技术,特别是人工智能充满了研究的热情,在实践中参与的积极性和配合度都比较高,可以在很大的程度上激发他们的创造力,而且同一主题能创作出完全不同的作品。

表 1　人工智能根据不同指令生成的梅花图

输入指令	中国画梅花	中国画梅花,白色花朵	中国画梅花,白色花朵,淡雅	上传王冕的《墨梅图》
AI生成的梅花图				

2. 用 PS 技术根据人工智能绘制的图片进行适当调整

在解决了第一步的创作难点后,就能在人工智能绘图的基础上进行一些简单的添加或是减省,放大或是缩小。比如可以用 Photoshop 加长、增粗一些树枝,把一些太大的花朵进行适当的缩小等,或是调节一下画面的亮度和对比度,让整体的色调更统一。还可以运用滤镜功能,大胆尝试,调整画面效果。甚至可以通过手绘压感笔,对画面做一些手工的添加和补充,让画面看起来更加协调、完整。

3. 用传统的水墨工具对人工智能生成的图片进行二次创作

借助人工智能技术表现出自己作品的构思后,学生的信心已经得到很大的提升。但是数字化的中国画比起传统的中国画总会显得生硬,色彩也会比较艳丽。在此基础上,学生可以再运用传统的毛笔、宣纸、国画颜料等来表现这幅人工智能画作。毛笔沾上墨汁,在宣纸上慢慢洇开是一种十分微妙的变化,一笔一笔叠加的笔触表现出水墨的姿态,是中国水墨材料的独特之处。在笔墨的轻重间,形成枯湿浓淡的自然变化,这种画面韵律是中国写意画的精神所在,也是对人工智能生成的画作进行二次创作的重点。

4. 借助多媒体投影辅助二次创作

在实践过程中,有些同学生成的人工智能图片效果很棒,但可能过于复杂,尤其是定位特别难把握。此时可以通过多媒体投影,快速建立起画面的基本构图,当然在笔墨的运用上还是灵活自由的。(图 2)笔者认为投影技术运用在其他画种上,极有可能使绘画变成纯粹的描摹,但在讲究笔墨的中国画中,则可以提供一个框架,对笔墨的表达影响不会太大。这种方式对于需要专门从事艺术创作的人来说,可能会存在比较大的争议,但对于绘画基础薄弱,且以后也不专门从事绘画创作的学生来说,是一个有效的学习支架。

图 2　学生运用投影对人工智能作品进行二度创作

四、人工智能绘画与传统中国画的比较

目前国内外人工智能绘画的主要软件有 Midjourney、boardmix,"文心一格"中几乎没有特别成功的生成中国画的图例,这一点引起了笔者的注意。可能是因为人工智能在开发和设计时,主要"学习"的都是西方艺术,它的底层逻辑是科学性的思维,而对中国画乃至中国美学的"学习"较少,写意中国画中的灵感性思维也似乎是人工智能难以"捕捉到的"。

1. 线条、墨色与颜色的比较

人工智能生成的中国画线条普遍比较僵硬,枯笔较少,即使有枯笔的地方也很突兀,即不是从上一笔的渐枯而来,而是突然出现的。线条虽然流畅但过于光滑,没有纸笔间的摩擦力所产生的顿挫感。浓墨墨色效果尚可,但没有叠加的层次感,淡墨的感觉则非常不理想,呈现出的仅仅是一块灰色而已,没有中国画中淡墨该有的透亮、纯净之感。色彩方面,虽然局部的色彩比较符合中国画颜料的色相,但饱和度和纯度普遍偏高,很难呈现出中国画清新淡雅的色彩体系,尤其是和水交融后的撞色、洇化效果更是没有很好的体现。但是随着人工智能深度学习的展开,相信以上这些方面的差距会越来越小。

2. 意境和情感

一幅写意中国画的意境当然需要外在的用笔、用墨来体现,人工智能生成的中国画由于在线条、墨色方面欠佳,自然就难以达到传统写意中国画的意境,最终呈现的效果只能是具有"中国风"而已,更难以体现出谢赫"六法"中所说的气韵生动。此外,中国画中"画中有诗,诗中有画"的意境,更是需要创作者具备深厚的文学修养,这种"想象性思维"所营造的意境,也是目前的人工智能绘画所无法达到的。

至于情感方面,虽然学生通过自己的想法和创意生成了人工智能绘画,但停留在屏幕上的作品始终是数字化冰冷的产物。学生自己的双手一笔一线完成的作品,才带着温度,才能真正反映出人的精神和情感,这一点是人工智能绘画无法替代的。

五、学习任务与评价

(一)根据学情设计可行的学习任务单

学习任务单在教育教学中具有重要作用。它主要作为学习设计的载体,将教学目标转化为具体的学习任务,并向学生呈现。学习任务单具有明确的学习要求、内容、方式和方法,为学生的学习提供方向指引,使学生能够明确自己的学习目标。

学习任务单的设计必须考虑学生学习的科学逻辑,关注学生的整体学情和个性化、发展性的需求。这要求教师对学生的学习过程有深入的理解,以便设计出更符合学生学习规律的任务单。学习任务单的设计质量直接决定了学生的学习质量。精心设计任务单,教师可以确保学生有效地掌握知识和技能,实现教学目标。表2为某学生完成的该教学学习任务单。

表2 学生利用国产软件"文心一格"技术,生成一幅写意中国画作品任务单

所选主题	紫藤花
选择主题的理由	在校园中,教学楼和食堂连接处有一条200米的紫藤长廊,每天我们都会穿梭其中,尤其是到了4月开花之时,真是一片烂漫。我很想以中国画的方式把它表现出来
人工智能创作的关键词	写意紫藤花,淡紫色,有一些弯曲的树枝,浪漫华丽
参考哪位艺术家的哪件作品	高剑父《紫藤花》
用水墨材料再创作时需解决的问题	紫藤的枝条枯笔运用再多一些,花朵要更小一些

(二)建构合理有效的评价方案

评价是所有学科教学活动的必要环节,美术教学应重视评价导向,通过可检测的指标

以评价的方式回馈目标,通过评价促进学生的学和教师的教。[1] 笔者根据高中美术核心素养的维度,并结合该课程设计了如下的评价表(表3)。

表 3　学生评价表

水平 1	水平 2	水平 3	核心素养
能够了解什么是中国画	了解几位中国画的代表人物	能了解中国历代名画、代表画家以及相关历史背景	审美感知
能学着使用人工智能生成一幅写意中国画作品	鉴赏经典的中国画作品,并根据其风格,使用人工智能生成新作品	能鉴赏历代经典写意国画,或某一名家的艺术风格,或某一首古诗词的意境,使用人工智能生成一幅作品	创意实践
能基本掌握写意中国画的技法	能较好地掌握写意中国画用笔、用墨的技法	能熟练掌握写意中国画用笔、用墨的技法,并通过笔墨表现出作者一定的思想和情感	艺术表现
能理解写意中国画的笔墨意趣	能结合作品的内容与创作背景,理解写意中国画的文化内涵	能查阅写意中国画的创作背景,理解作者的创作情感、笔墨意趣,激发对中国优秀传统文化的兴趣,提升民族自豪感	文化理解

六、反思与小结

　　首先,人工智能和多媒体投影技术在中国画的白描或工笔画教学中会比写意画呈现出更好的效果,这一点和传统的中国画教学一致。其次,在新授过程中笔者注意到:介绍写意中国画的特点时,不应该只局限于 PPT 上的历代名画展示,而应该更多地从创设情境的方法入手,举一些学生生活中所闻所见的和中国画有关的例子,例如:同学们某次山间旅行徒步的经历,春天百花齐放时"处处闻啼鸟",夏天池塘里"出淤泥而不染"的荷花,秋天公园里"无边落木萧萧下"等情境和景物。同时,我也发现人工智能绘画工具的介绍和使用方法,需要更加详细和深入的讲解,以便让学生能够更好地掌握和运用。

　　在实际的人工智能创作环节中,还是出现了大量简单雷同,或是很不符合中国画审美的图像。在"二次创作"的实践环节中,笔者发现学生的实践动手能力存在明显的差异,需要针对不同学生进行个别辅导,比如有的同学做的人工智能图很好,但表现技法实在过于薄弱;而有的学生则相反,自己很能画,但人工智能出图却过于简单,这时教师应该做一些调整,或是让他们互相交换图片再进行二次创作。最后,笔者也发现学生在进行创作时,还是存在束手束脚,不敢放开的情况。这需要教师更多地鼓励学生发挥自己的个性。以后笔者将继续探索人工智能和数字媒体在中国画教学中的创新和教学策略,以更好地满足新时代学生的需求。

---

　　① 尹少淳.美术核心素养大家谈[M].长沙:湖南美术出版社,2018:25-26.

四位一体：基于"情感表达"的小学色彩创作教学的实施研究

杭州市西溪实验学校　赖燕芝

摘要：文章通过对一线教学中色彩创作现状的分析，针对美术教学中不同实践活动（造型表现、设计应用、欣赏评析）的体验，确定合理的教学目标，运用"观—悟—练—创"四位一体的方法，构成一节色彩创作教学课的"四部曲"。根据不同年段的教学，采用灵活多元的教学方法，促进学生学会观察、感悟，帮助学生在头脑中建立有效的色彩认知结构，并通过知识的应用来创作个性化的作品。最终促使小学生掌握个性化色彩多元创作的基本方法，以此提升学生的美术色彩学习能力和艺术核心素养。

关键词：四位一体；情感表达

引言

情景一：在六年级"窗外的风景"一课中，教师对风景画的远、中、近景的用笔、用色等都进行了详细的讲解，要求学生运用水粉画表现形式进行窗外的风景创作。全班学生按教师示范进行色彩创作，在最后 7 分钟进行作品交流分享，师生互评，其中三分之二的作品跟老师的几乎一样，学生显然缺乏独特的色彩情感表达能力，认为跟老师画得差不多就是好作品，文章针对这一情况做调查分析。

表 1　我校六年级学生色彩创作后期调查分析

班级	你喜欢上色彩创作课吗？	你喜欢用什么媒介进行色彩创作？					你会在生活中用色彩创作表达情感吗？
		水粉（彩）	马克笔	油画棒	彩色纸	综合材料	
601（30 人）	80%	41.7%	29%	26.7%	5%	0	3.3%
602（32 人）	81.3%	46.1%	27%	15.3%	11.5%	0	15.7%
603（29 人）	82.7%	41.6%	33%	8.3%	8.1%	0	10.3%

如上所述，教师的教学形式单一，学生的兴趣低下。为什么老师在面对"色彩创作教学"时存在诸多的困扰？"色彩创作教学"究竟怎样教才能引导学生充分表达情感？

一、追本溯源，"色彩创作教学"之课堂现状

1. 关于"色彩创作教学"知识脉络的本源性分析

通过对浙江美术出版社教材的梳理统计，分析"色彩学习"课时的安排、知识点阶梯状况，笔者发现教材在每个学段不同领域中都安排了不同层次的色彩基本知识的学习内容，其中包括色彩知识和原理运用的理性教学内容，和每课都渗透的色彩搭配教学感性教学内容，两方面内容在1～12册美术教材中呈倒立的金字塔形安排。教材围绕色彩元素，提出"观察—认识—理解"这一系列由浅入深的知识目标。

2. 关于"色彩创作教学"问题的归因性分析

在当下的美术课堂教学中，许多教师都把焦点放在造型、构图、欣赏知识点的落实上，老师们也想出各种金点子，开展各种活动来落实造型、构图、欣赏环节。公开课、教研课中，也是无一例外地强化造型、构图、欣赏，而渐渐忽略了对"色彩创作教学"的研究，更是缺乏"个性化色彩学习"的探索，存在图1中的问题。

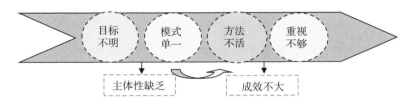

图1 教师教学问题归因分析图

（1）"色彩创作教学"目标不够清晰。小学美术课中每节课都会有色彩学习内容，然而，部分老师对"色彩学习"的意义认识不足，对教材研读不深，没有充分发挥"色彩语言"在艺术创作中的价值，说得严重一些是没有理解教材的编写意图，即使理解了也有意无意地把"色彩语言"教学这个环节略过了，渗透不够。或者是课堂创作目标设定一刀切，很多老师为了课堂学习的达成率，固定创作形式，课堂教学机械化，忽视了学生在色彩学习中的参与意识、合作精神、审美情趣、态度习惯、兴趣爱好、构思创意、探索能力等方面的体验和表现，最终导致创作缺乏创意。

（2）"色彩创作教学"模式不够得当。很多老师对"色彩创作教学"的研究较少，教材中很多教学内容是将色彩学习融入造型、创意教学里，很多老师会把色彩学习内容浓缩成几句话，忽视对色彩的观察、感悟，忽视对色彩原理、知识运用的解读，忽视对美术作品色彩的欣赏引导，让课堂成了浓缩型创意教学课堂。在色彩原理教学的课堂中，教师过于强调各种色彩原理，教学机械化、呆板化，而忽视了学生的个性化表达，使学生失去对色彩创作的兴趣。

（3）"色彩创作教学"方法不够灵活。首先，很多老师在执教的过程中，往往过分注重造型语言，而在色彩语言的引导中给学生思考的空间不多，学生在课堂中缺少必要的参与机会；有的教师照本宣科，没有给孩子拓展的空间，忽视发散思维，知识迁移不够。其次，忽视美术创作的多元评价，忽视学生学习过程，忽视学生色彩情感的课后延展。在课堂教

学中创作的评价过程常常是就评价而评价,忽视了学生创作过程中的情感表达和创意体现,再则因课堂时间有限,忽视了评价的全员化,走形式、走过场,忽视了学习的可持续性。

(4)"色彩创作教学"作业设计不够开放。色彩表达的技巧丰富多样,课堂教学重一招一式的技法示范,老师不可能对多种技法进行示范,所以在作业设计上只能是统一创作标准。忽视色彩创作材料的多元性,美术课堂中学生完成创作时间短,学生不可能尝试运用多种材料来进行创作,必然导致学生作品的情感形式单一,虽然学生都能在教师规定的时间内完成创作,但呈现的创作完全是老师因势利导的作业,无法表达出作品真正的情感内涵。

二、探根究底,"情感表达"的小学色彩创作的教育价值

1. 色彩的情感表达是色彩创作个性化表达的重要因素

色彩创作是一个高级学习过程,其中最关键的活动是创意思维。当代认知心理学理论认为:人的思维结构包括目标系统、材料系统、操作系统、产品系统和监控系统。色彩多元创作为学生提供了多元的创作条件,刺激学生多维思考,激发学生个性和创意表达,强调愉悦性。

2. 色彩的情感表达策略能促进学生个性化创作能力的提升

多元智能理论表明每个学生在学习能力上存在着差异,多元创作策略关注不同层次的学生需求,关注创作的过程,关注学生持久的兴趣培养,追求人文性,尊重学生作品的个性,帮助学生运用美术的方法,将创意转化成具体成果,创造性地解决问题,促进其创造能力的提升。

三、见树见林,"情感表达"的小学色彩创作的教学策略

创作设计教学要尊重学生的个体差异,设计多层次、多样化、灵活而富有弹性的创作主题,让学生根据创作难度和表现方法自主选择适合自己的创作形式,在色彩创作过程中有自主的空间和活动机会,满足学生主动学习的需要。

(一)策略一:了解教材编排体系,确定合理适宜的教学目标

从教师的角度看,胸有全局,了解并熟悉小学美术色彩学习各个阶段的教学内容及学习过程中的思维关注点,才能避免教学中"见树不见林"的现象,实现色彩知识内容及色彩创作思维的延续性,合理把握目标。

1. 整体解读"情感表达"的小学色彩创作不同学段教学内容

美术教材在不同年段中安排了不同层次的色彩基本知识的教学内容,其中有重色彩知识和原理运用的显性的教学内容和需要教师关注的隐含色彩学习的隐形教学内容。1~12 册美术教材在教学安排上呈倒立的金字塔形,包含一系列由浅入深的知识目标。

2. 合理把握"情感表达"的小学色彩创作不同实践活动的教学目标

教师在制定色彩学习目标时,要从整体上把握色彩知识的结构体系和脉络。"基于个性的多元色彩学习"课要抓住"个性""多元"四个字,知道什么是个性化色彩,怎么张扬个

性;什么是多元创作,怎么引导多元创作。这样的目标把握,可以使学生不断面临新的问题,促进其主动思考。不同的教学领域,色彩多元创作的教学目标也不同,具体见流程图:

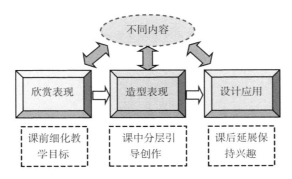

图 2　色彩多元创作课教学点操作流程图

（1）造型表现是实践活动的教学目标定位

新课标的实施,给教师们很多自主教学的时间和空间,教师们可以根据学生的年龄特点、学习状况等对教材内容进行合理的处理,因地制宜制定个性化教学目标,利用多方面的资源来开展丰富多彩而具有实际意义的教学。将小学阶段色彩学习系列化,可以让学生在一个时间段内系统地获得色彩的相关知识。系统的学习对学生思维发展有着连续性和层次性的意义。

①需制定不同学段色彩学习的目标。课题研究方向,通过引导观察、丰富情感、对话大师、多元选择策略来引导学生进行儿童画色彩的情感表达。造型表现色彩学习目标如下:

表 2　小学美术造型表现领域色彩学习目标

序列	年段	媒材运用	系列目标	总体目标
系列一	低段	彩色硬笔 综合材料	欣赏自然万物,学会从宏观和微观角度观察色彩,学习记录色彩,同时尝试运用不同工具进行作品创作,激发学生学习兴趣和创作激情。	引导学生感受艺术表现的美,了解儿童画色彩表现的不同形式及美感。通过观察、感受、学习等途径增强学生的色彩情感表达能力。学生学习运用油画棒、马克笔、彩色铅笔、综合材料等多媒材来进行创作,并开动脑筋,大胆想象出与众不同的作品。
系列二	中段	彩色硬笔 结合软笔 综合材料	欣赏自然万物,感受自然光线的不同变化,感受生活,学会以彩色硬笔结合软笔或用综合材料等多媒材,运用三原色有意识地进行作品创作,开拓学生绘画、设计课中色彩创作的思路,激发其创作激情。	
系列三	高段	彩色硬笔 彩色软笔 综合材料	通过对话大师理性认识色彩的表现原理,熟练运用彩色硬笔、彩色软笔、综合材料等多媒材进行综合性儿童画主题创作,开拓学生绘画、设计课中的创作思路,提升其创作激情。	

根据学生的学情在具有个性化色彩的多元创作教学课程中设计彩色硬笔和综合材料、彩色软笔和综合材料、彩色硬笔软笔和综合材料三种表现不同表现媒材的形式。每个年段都涉及这三种媒材形式的内容,整个小学阶段也都涉及这三种媒材形式的内容。

②需梳理不同学段色彩知识体系。梳理知识点既要关注各个阶段知识的递进关系，又要关注每个阶段中色彩知识点的隐性渗透。关注内容与目标的递进性，从了解到进一步了解，从学会到掌握再到熟练运用，在教学活动中落实目标，让学生真正有所得。

表 3　小学美术儿童画色彩学习内容设计

册次	课题	课时	领域	册次	课题	课时	领域
第一册	色彩大家庭	1	认识色彩	第二册	五彩的烟花	1	观察尝试
	奇妙的同心圆	1	色彩尝试		摹印纹理	1	色彩摹印
	画画叶子	1	观察色彩		手指印画	1	色彩调和
	心中的太阳	1	想象色彩		热带鱼乐园	1	观察尝试
	彩色树	1	尝试色彩		会跳舞的颜色	1	色彩情感
第三册	炫彩的天空	1	色彩知识	第四册	春天在哪里	1	色彩知识
	船儿出航	1	色彩表现		盛开的鲜花	1	色彩知识
	游乐园	1	色彩表现		田园风光	1	色彩表现
	奇特的梦	1	色彩想象		印印画画	1	色彩表现
	舞者	1	色彩知识		向日葵	1	色彩表现
	美丽的生命树	1	色彩情感		西溪的树	2	色彩知识
第五册	三原色与三间色	1	色彩原理	第六册	生动的表情	1	色彩表达
	四季歌	1	色彩原理		山外有山	1	彩纸拼贴
	彩色拼贴画	1	色彩拼贴		我家厨房	1	色彩表达
	彩墨游戏	1	彩墨国画		小小建筑师	1	色彩表达
	那些风景	1	色彩情感		美丽的西溪	1	造型·表现
第七册	家乡的古塔	1	粉印版画	第八册	落日	1	色彩知识
	水墨画鱼	1	国画重彩		夜色	1	色彩知识
	晨间西溪	2	色彩知识		生长的植物	2	色彩表达
	西溪晚霞	2	色彩知识		奇妙的点彩	2	色彩表达
第九册	西溪之春	1	色彩表达	第十册	植物写生	1	色彩表达
	西溪的街景	1	色彩表达		木版年画	1	版画色彩
	西湖十景	2	色彩表达		光与影	2	色彩知识
	色彩的世界	2	色彩知识		西溪的花	1	色彩表达
	画音乐	1	色彩情感		西溪的建筑	1	色彩表达
第十一册	窗外的风景	1	色彩表达	第十二册	奇妙的新画笔	1	色彩表达
	戏曲人物	1	国画色彩		美无处不在	1	色彩表达
	画家林风眠	1	国画色彩		祖国美景知多少	1	色彩表达
	西溪之秋		工笔重彩		西溪美景	2	色彩知识
	秋之韵	2	色彩知识		色彩风景	2	色彩知识

表格中将 1～6 年级美术教材所涉及的造型表现实践活动中的色彩学习内容进行了整理，合并了一些教学内容，同时又增加了适合不同年龄阶段学生的色彩知识内容，使每

个年级的儿童画色彩学习内容均衡,使学习更丰富、更多维。

（2）设计应用实践活动的教学目标定位

设计应用实践活动主要侧重于引导学生认识各种材料的特征,指导学生根据设计的意图选择适合的媒材,认识设计与工艺的色彩,学习对比与和谐、对称与均衡、节奏与韵律等形式原理,合理利用工具和制作方法进行初步的设计和制作活动,发展学生的创新意识和创造能力。教学中要强调让学生感受各种材料的特征,并根据设计或工艺的意图选择适合这一意图的媒材,合理使用与意图和媒材相匹配的工具和制作方法,充分体验设计、制作的全过程（主要包括考察、构思、手绘、草图、制作、评价）。通过教学,提高学生的色彩搭配能力和创新能力。

①需制定递进式的色彩设计目标。教材针对不同学段安排了难易程度不同的学习内容、实践方式及评价标准,在目标的制定上也呈现出递进性。设计应用领域的教学目标设计如下:

表4　小学美术设计应用实践活动中色彩学习目标

序列	年段	媒材运用	系列目标	总体目标
系列一	低段	各种媒材	观察身边的用品,初步了解其形、色与用途的关系,能够运用身边容易找到的各种媒材进行简单的组合和装饰,体验设计和创作活动的乐趣。	能围绕设计的目的、方法等进行设计创作,学会通过观察、分析从形状和用途的关系角度去认识设计和工艺的色彩,学习对比与和谐、对称与均衡、节奏与韵律等形式原理,以设计和工艺改善生活环境与提高生活情趣。
系列二	中段	彩色硬笔 彩色软笔 综合材料	尝试从形状与用途的关系角度去认识设计和工艺的色彩,学习对比与和谐、对称与均衡等形式原理,能运用手绘草图或立体造型表现设计构想。	
系列三	高段	彩色硬笔 彩色软笔 综合材料	能从形态与功能的关系角度,认识设计和工艺的色彩。运用对比与和谐、对称与均衡、节奏与韵律等形式原理改善生活环境,与人交流设计意图。	

（3）欣赏评述实践活动的教学目标定位

色彩学习的欣赏评述实践活动中,学生通过对自然美、美术作品的色彩进行观察、描述和分析,逐步形成对大自然和美术作品的审美趣味。欣赏评述与造型、设计、创作、表现相辅相成,造型等活动是一种外化行为,而欣赏是内化活动,是自我建构的过程。色彩学习中的欣赏评述知识主要包括两方面:①能运用美术语言对自然中的色彩形式原理、规律、美感等进行感受评价。②从多角度欣赏和认识美术作品,感受美术作品中色彩这一美术语言的形式原理。通过这样的学习过程,学生初步掌握色彩方面的美术欣赏基本方法,逐步提高色彩的视觉感受能力、理解能力和评述能力,在文化情境中认识美术的本质、特征及其作用。

（二）策略二:指向核心素养的课堂,采用"四位一体"的教学模式

教学模式是反映特定教学理论逻辑,用于实现某种教学任务的相对稳定而具体的教学活动结构。不同的教学模式自觉或不自觉地反映了不同的教学思想、教学价值观,是对教学实践活动的有效指导。色彩作为艺术创作的一种美术语言,贯穿作品的始终。色彩

创作的教学模式是多元的,可以是涂鸦直接表达心情的色彩,可以是写生表现现实色彩,也可以是两者相结合,具体采用哪些教学形式,要视具体情况而定。本文只要介绍"观—悟—练—创"四位连动的教学模式,也就是在教学中,关注学生个性,通过观察、感悟、练习、创作来建构一节色彩创作课。

【操作流程】

图3　儿童画色彩学习设计示意图

1. 观——在观察中丰富色彩概念

在色彩创作中,最基础的是要认知色彩,因为色彩是造型的基本语言。如何认识色彩呢? 可以通过多元化探究性的活动让学生进行自主学习。

为了让课堂教学更有效,每节课设计课前预习单,让学生课前对色彩进行认知和探究,记录客观世界,打破孩子们很多常规的思维,让他们感受自然界的美。

【案例】"炫彩的天空"一课教学

同学们,下次的美术课将进行"炫彩的天空"的学习! 请你在本周选择某一天观察天空,并用色彩来记录你观察到的天空的景色!

表5　"炫彩的天空"学习单

观察的时间	有几种颜色	你能画一画吗
周六的傍晚,太阳已经下山,远处呈现出一片黄色	黄色、蓝色	
清晨太阳刚刚升起时,天边有点红彤彤的,还带着黄色	红色、黄色、蓝色	
中午大太阳,突然乌云密布,有点透不过气的感觉	橙色、深蓝、紫色	

观察的时间	有几种颜色	你能画一画吗
有火烧云的傍晚,整个天空有点神秘	红色、黑色、紫色	

孩子们在观察的过程中,选择的对象不一样,角度不一样,那么呈现的色彩和表达的感受也不一样。通过这样简单的观察方法,让学生不再概念化地认为天空只是蓝色的,课堂上学生的参与程度会更高,很多平时缺乏自信的学生也会主动参与课堂问题的回答,学生在创作的时候会更主动地向自己的意念靠拢,这样的美术作品才会呈现出个性。

2. 悟——在感悟中完善色彩知识

(1)欣赏自然——感悟色彩透视原理

美丽的自然界因有光线的存在,才让我们看见五彩斑斓的景色,光线也因为有了空气的折射才形成了远近变化的色彩,因为有了强烈的反射媒介月亮才会发光,光学原理让自然界变化无穷。

"悠悠北山街"一课教学中,引导学生欣赏北山街,同时感悟色彩透视原理。

【案例】"悠悠北山街"一课教学

图4　个性化色彩学习课堂展示图片

师:街道两旁种着同样的树,它们的树叶应该是同样的绿色。

生:但是我们看到的却是不同的绿色,近处的树叶呈黄绿色,逐渐远去便变成青绿色,更远的则变成青灰色。

师:你有敏锐的观察能力,这种现象在我们登山远眺时也是十分明显的。远处的山峰和近处的山峰相比,色彩变化很大。

师:了解色彩透视的变化规律,对表现景物的空间层次、远近距离有重要作用。

(2)对话大师——渗透互补、邻近、统一原则

在五彩斑斓的世界中,每种色彩都诠释着自己的语言,哪些色彩在一起时能让人产生

愉悦的心情？翻开大师的作品总是能为老师带来很多的启发，也为学生的创作提供很好的借鉴。通过对大师作品的层层分析，梯度探究，理性地刺激学生的视觉，寻找色彩表达的原理。

• 色彩的对比——互补原理

德国生理学家黑林于 19 世纪 50 年代提出色彩互补处理理论。补色会随着主色的出现而产生，当人们注视色彩的时候，视觉范围内各种颜色的色光便刺激视网膜上的锥状感光细胞。锥状感光细胞一直受到同一色光刺激，便会有疲劳现象产生，形成补色，使得物品的色彩变得更鲜艳，更具生命力。

【案例】

师：画面的哪些地方让你觉得奇怪？

甲：绿色的鼻子、左右两边的脸不一样。

乙：蓝色的头发，红色和绿色的背景显得特别鲜艳。

图 5　色彩互补处理原理相关作品

试一试：请学生们运用自己喜爱的材料再现作品的色彩对比。

红色、黄色、蓝色在画面中形成了强烈的对比关系，具有很强的视觉冲击力，孩子们在马蒂斯的作品中理解了色彩互补所表现出来的活力与朝气。

• 色彩的和谐——邻近原理

【案例】

师：整个房间的墙壁都是蓝色的，人物的衣服也是蓝色的，画家的意图是什么？

生：这是画家生病时的情景，他的妻子来医院看望他，我想蓝色一定代表不同的心情。

生：整幅画只有树干和小花是暖色调的，其余的事物都是冷色调的，但是整幅画面宁静和谐。

师：你能找出画面中几种不同的蓝色吗？画面除了运用邻近色外，还能运用其他颜色吗？

图 6　色彩邻近原理相关作品

生：除了蓝色的邻近色，画面还运用了褐色等来表现树干、花。

色彩的邻近色即色彩的类似色，它们处于同一系统中，共用相同的"颜色基因"，彼此之间有着"亲缘关系"。因此，邻近色无论怎么搭配，都会显得和谐而自然。运用邻近色作画使得整个画面生动和谐，学生们不仅感受到了邻近色带来的和谐宁静，还能理解一幅作品中不仅要有邻近色，还需要中间色的调和以及对比色的呼应。

● 色调的明度——统一原理

画面色彩对比和谐、邻近互补让整幅画充满生机,要使作品具有感染力,还需要统一谐调的色彩来架构空间。

图 7　色彩统一原理相关作品

《星月夜》是一幅让人觉得亲近又茫远的风景画,画面中高大的白杨树悠然地浮现在我们面前;山谷里的小村庄,在尖顶教堂的保护之下安然栖息;宇宙里所有的恒星和行星在"最后的审判"中旋转着、爆发着。

这幅作品是梵高在圣雷米疗养院画的,时间是 1889 年 6 月。他的神经第二次崩溃之后,就住进了这座疗养院。在那儿,他的病情时好时坏,在神志清醒而充满情感的时候,就不停地作画。色彩主要是蓝色和紫罗兰,同时以明亮的白色和黄色画星星及其周围的光晕。深绿色和棕色的白杨树,意味着包围了这个世界的茫茫之夜。

画中还出现了褐色、橄榄绿的龙柏,这是一种生命力的象征。梵高一生热爱生活,充满希望,但是生活充满挫折,并且后期受精神病困扰,《星月夜》反映了梵高对生命的思考和宗教情节。

3. 练——在练习中学会色彩规律

(1) 写生自然

美术学习强调视觉性,可在平时的生活中要求学生准备一本速写本,将所看所感用色彩语言记录下来,并用一句话来表达。这样不仅可以提升学生的色彩表达能力,更为其之后的创作积累了素材。

| 吊兰 | 吊兰 | 白掌 | 风信子 |

图 8　植物系列观察日记

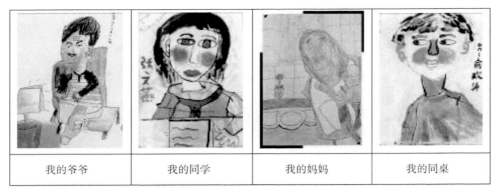

| 我的爷爷 | 我的同学 | 我的妈妈 | 我的同桌 |

图9 人物系列观察日记

写生作业内容多样,形式丰富,可以选择简单的植物或身边的人物、动物等进行色彩速写,可以根据喜好选择不同的媒材。这样既为学生提供了更大的选择空间,也激发了学生参与色彩写生的积极性。

(2)临摹大师作品

学生临摹大师作品,再次感受作品的内涵,并尝试运用三原色、三间色进行作品的创作。经过前期的一系列深入分析,学生在临摹时会特别注意画面中的色彩语言。

4. 创——在创作中表达色彩情感

经过前三个阶段的学习,学生已经跃跃欲试了。可以采取以下几种创作方式:

(1)主题性创作

在设计学生作业时,除了要考虑学生的个性化表达,还需要关注画面的整体色调,开展主题性创作。以一个主题开展多维度的创作,教师设计个性化作业单,让学生根据年龄段选择作业类型,可以是设计作业,也可以是儿童画作业等。

图10 结合"我的新朋友"和"色彩大世界"主题合作

(2)探索性创作

要求学生综合运用已有的色彩知识方法,经过不断尝试探究,找到适合自己作品的创作途径。

（3）开放性创作

开放性创作给不同层次的学生不同的学习机会,提高学生的创新能力,引导学生进行多元创作。

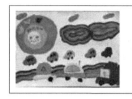

图 11 《来来往往的汽车》学生作品

（三）策略三:了解学生个性特征,采用灵活多元的教学方法

建构色彩学习知识网络,明晰色彩学习的认知结构,以生为本,引导学生多元创作。在教学过程中,对教学目标、教学情境、信息资源、探究学习、自主学习、合作学习、练习活动、教学评价等方面进行精心谋划和设计,提高色彩学习的有效性。

1. 低段——采用有趣、多样的学习方式

低段的学生自主学习的能力比较弱,上课期间,他们的有意注意时间较短,更注重形象思维。因此,在低段的色彩创作教学中,我们要充分利用该年龄段学生好动、好奇、好表现的特点,注重创设情境。教师可以设置整体的教学情境,也可以设置局部的教学情境,使学生在情境中渐渐厘清知识脉络,建构色彩知识。

①整体情境,让学生在活动中展开自主学习。在美术教学中,造型是基础,孩子们往往先进行造型创作,接着教师引导孩子进行色彩的创作。低段孩子的学习往往需要情境的支撑,教师可以根据学生的年龄特点,设置整体情境,让学生对色彩语言所要表达的含义进行感受、体验。

【案例】"四季的色彩"一课教学

在"四季的色彩"一课中,我们可以设置一个能贯穿整节课的故事情节,那就是春姑娘、夏姐姐、秋阿姨、冬爷爷来杭州做客,送来了美丽的礼物。

• 礼物一:花红柳绿、万物生长的贺卡,小朋友谈谈收到礼物的心情。

• 礼物二:绿树成荫、虫鸣鸟叫的微电影,小朋友一起感受夏姐姐的魅力。

• 礼物三:瓜果丰收、果实累累,请小朋友品尝枣子、橘子的味道。

• 礼物四:冰天雪地、万籁俱寂情景中的音乐,请小朋友欣赏音乐。

这节课的设计,把色彩学习中冷暖色的知识点及所要表达的内涵全都联系在一起,学生在理解和掌握冷暖色调的同时,又感受到冷暖对比所带来的视觉冲击力。

②局部情境,让学生在愉悦中展开自主学习

在低段色彩创作课的教学中,还可以针对某一内容的某一环节,通过各种游戏、竞赛、表演等形式激发学生的学习兴趣,进一步提升学生自主观察、体验、表达的能力。

- 游戏探究法

低段学生对动手游戏充满向往，美术课上很多时候都会有小朋友举手问："老师，为什么我们还不画画？"足以说明他们对玩"游戏"的兴趣十分浓厚，喜欢在游戏中获取知识。

- 竞赛激励法

课堂中适时组织竞赛，不仅能活跃课堂气氛，还能为学生创造展示自我、表现自我的机会。小学生竞争意识强，因此将竞赛机制引入课堂，可以为色彩学习注入活力，激发和保持学生的学习兴趣。

在进行"我们的假日"一课教学时，笔者设置了绘画创作的要求，要求学生运用 6 种以上的颜色表达对假日的情感，同时开展两个平行班之间的作品展评比。

【案例】"我们的假日"一课作品展示评价

学生活动：欣赏评价 2 班作品。

1. 找找哪幅作品的颜色最多？

2. 哪幅作品运用了三原色？

3. 哪幅作品色彩运用得和谐、统一？

4. 哪幅作品的色彩让你眼前一亮？

5. 你从他的作品中感受到了什么？

比赛要求：

◆ 你能用更多的颜色来创作你的作品吗？

◆ 你能创作一幅比他的作品颜色更和谐的作品吗？

◆ 你能说说你的作品色彩表达了什么样的情感吗？

以上的竞赛让学生整节课注意力很集中，始终处于兴奋、探究和创作状态。

2. 中段——采用多元、自由的学习方式

学生到了中段年级，求异创新心理开始有所发展。在色彩学习课中，教师要尊重学生与众不同的疑问和观点，为学生创设宽松自由的学习环境，以此促使学生整体参与，培养学生良好的创新情感。教师设计的课型内容，不仅要有代表性和针对性，还要突出开放题的设计和开放性的教学。

- 营造多维的学习环境

艺术作品追求唯一性、原创性、个性化，学生在学习的过程中可以通过美术预习单自主开展学习，课堂上进行探讨交流，开阔思路，产生一人难以想到的新思路。

◆ 创作媒材的选择上可以多元化，画纸、画笔、综合材料都是创作的材料。

◆ 教学形式上应重视小组合作研究的学习方式，讨论务实、安排恰当、分工明确，给学生留有充分发展的空间。

让学生在合作交流中学会互相帮助，实现学习互补，增强合作意识，提高交往能力。

3. 高段——采用开放、创造的学习方式

美术学科强调个人情感的表达，学生在观察、思考、创作的过程中思维自始至终处于积极的探知之中。在色彩学习课中，老师要开放思想，允许学生多元思考；开放各种创作工具，每节课不再以统一的作业要求规定学生的创作思路。师生共同营造一种开放的气氛,为学生创设开放的学习空间。

小学生每一个阶段都有其年龄特征,低、中、高年段的学生在心理品质、兴趣爱好方面均有所不同,根据其年龄段的心理特征,采用不同的学习方式,这对于达到色彩创作多元设计的教学目标必将起到事半功倍的效果。

(四)策略四:明确课型教学要求,采用多元延展的评价模式

色彩的个性化教学关注学生阶段性的心智成长与创造力表现的关系。儿童色彩学习设计的学习评价是对学习者对主题的理解的评价,以及对学习者参与主题活动的过程性评价,是一种面向学习者学习过程的评价。所以在评价上更多关注学生对色彩的感知—认知—理解过程,可以运用多种评价手段。

1. 评价的内容多维度

不同的学习内容和学习情况下,学生所遇到的问题类型可能不同,有的学生也许擅长线条绘画,但他不一定能很好地控制画面色彩的和谐统一。对于这种情况,需要寻找不同教育方式来解决实际问题,善于发现学生的潜能。改变以往的静态评价,转为在教学过程中动态地分析和评价,以达到评价和教学的协调统一。

◆形成性评价:目的在于了解学生的进步和教学行为的得失,通过色彩学习中的若干反馈,及时地对教学进行调整,不断地对教学进行强化。

◆档案袋评价:道柏顿认为利用档案袋进行评价是一种真实的评价策略,可以反映学生在实际生活中的美术能力。档案袋可以汇集美术学习全过程的资料,涵盖多种类型的记录,体现美术学习的思维过程。

2. 评价的主体互动化

色彩表现是个性化很强的一种艺术语言,创作时个性化,评价时多元化。以自我评价为主,开展他评、教师评价的主体互动多元评价,改变了以往只有教师评价的单向评价方式,提升了学生学习的积极性和参与性。教师可以设计一些自我评价单、评价卡片,或者评价印章。

根据学生年龄段的不同设计不同的自我评价单,帮助学生学会自我评价的方法。

表6 一、二年级的自我评价设计单

我最喜欢/ 不喜欢的课	有趣/太难	生动/枯燥	颜色好看/难看	学会的色彩语言

表7 三至六年级的色彩创作自我评价单

姓名	班级	学号	日期
我的感受: 1. 我在上色彩创作课时感到　愉快、(　　)(　　)(　　)、郁闷 2. 我觉得色彩创作课的内容　简单、(　　)(　　)(　　)、困难 3. 我最喜欢的美术创作形式:			

我的收获： 我从色彩学习中学到了： 我学会了把美术色彩知识与技巧延伸到： 我的建议：
我希望改进的地方

3. 评价的形式多元化

对学生美术学习可以采取一些非传统的评价。

（1）微信朋友圈展示评价

家长将学生的作品拍成照片上传微信朋友圈，其他家长能在第一时间内关注到孩子的作品，同时提一些自己的观点看法。

（2）奖品分发评价

保持学生的创作兴趣，需要有一定的激励措施。为激励学生积极地参与色彩学习，教师可以适当地准备一些简单而有意义的奖品，可以是五角星等贴纸，也可是教师自制的与课程相关的手工艺品。

（3）面谈交流评价

面谈交流评价更多关注的是孩子的内心世界，经常性开展面谈交流评价能拉近师生之间的距离，也能使教师更细致地了解学生掌握知识的情况。

（4）作品展览评价

课后利用学生作品在全校范围内布置展览，孩子们在艺术的海洋里徜徉。活动的开展让每个孩子都能感受艺术的氛围，潜移默化中提升了孩子的美术素养，孩子们自己动手画，自己动手布置展览，每一张作品都是孩子的情感表达。

四、且行且思，"色彩创作教学"的一般要求

1. 相信学生，学会放手

在美术色彩学习课中，我们要引导学生"观察—分析—感受—创作"，放手让学生自己去观察、去碰撞、去思考、去发现、去建构。教师一定要相信学生，以最大限度地发挥学生的创造性。在这个过程中，学生在获得知识的同时，也获得了更多的思想和方法。

2. 给予空间，等待花开

美术色彩教学关注个性化，教师在平时的教学中要记得尊重学生的意愿。学生在探究、交流、建构、反思的过程中，既需要空间，也需要时间作为保证，作为老师，不能越俎代庖，替代学生的主体地位，剥夺学生的发现机会。

水彩绘画语言的审美感知与艺术表现培养

——以初中多样化课程"色彩的魅力——水彩罩色技法"为例

上海市西南位育中学　陈婧敫

摘要：本课程以少年儿童出版社七年级《美术》第一学期第二单元《绘画色彩的表现》为文本，意在帮助学生在与水彩这一材料不断磨合的过程中更好地进行色彩表达。同时，发掘学生潜力，以助推学生的多维评价，通过学生自主选课，着力打造美育"第二课堂"。将学生的兴趣与特长相结合，使其在深入实践中增强获得感，建立自信心。

关键词：色彩表现；多样化教学；水彩；绘画语言；学生

水彩是初中阶段学生认识色彩，特别是间色、复色的重要工具。初中中段水彩课程，创作中"水"的表现与研究，以及技法的基本练习，都着重培养学生对水彩语言的认知，以唤醒学生对高级色彩的审美感知。

一、多样化课程之水彩画开发的背景与思路

初中学段教材内容庞杂，提供的更多是一种"菜单式"学习内容。考虑到学生专长和基础的不同，高质量教学需要专项训练、深入推动。继而，遵循学生个人发展倾向，多样化分层教学应运而生，既推动了学生对艺术的自主选择，又搭建了良好的平台，让学生的兴趣得以深入。色彩训练是"基础型课程"的重要组成部分。以七年级第一学期"绘画色彩的表现"为例，此单元是初中学段美术色彩学习的最高阶段。在经过六年级第一学期单元课程"感悟色彩与情感"的学习后，学生对色彩的属性、情感特征以及色彩的对比与调和有了一定的了解和感受。七年级学生在此认知基础上，具备了自主探究、分析探讨和实践的基础能力；形成了一定的色彩感受和色彩表现经验。具备初步运用色彩进行描绘和情感表达的能力。单元中介绍了色彩构成的门类，但没有具体说如何使用及水彩作为绘画媒介之一的优越性。由于缺乏持久的专项训练，七、八年级学生对色彩的运用和搭配能力较为薄弱，部分初中高年级段学生色彩感依旧很弱。具体运用时，在色彩感性认知的基础上，以理性协调和组织色彩，并且运用在不同对象的描绘、不同主题的表现中，还需要一定的过程。同时，学生也渴望通过水彩这一工具，对色彩的认知有所突破。与学生交流可以发现，他们获取色彩知识的途径除了课外工具书，主要是网络的碎片信息，鲜少有适合中学学段学情的知识串联。这时，专项课程就产生了积极的影响。

本单元所指向的核心素养是审美感知和艺术表现。根据"教学基本要求",七年级美术"造型表现"模块"绘画色彩的表现"主题关于"线描淡彩"内容的要求是:通过作品的分析,了解色彩的表现形式和作品的色调。并通过线描淡彩技法的学习,掌握实用的色彩表现技法。引导学生了解色彩的构成与组织规律和方法,综合运用以往所学的色彩知识与技能,进行个性化表现,提高色彩表现能力及色彩感受与欣赏能力。通过线描淡彩技法的学习,掌握实用的色彩表现技法是较为理想的途径。

二、适于初中段阶梯式水彩课程的过程与方法

(一)从工具梳理到习惯培养

艺术语言的差异,有时就是从工具和材料开始的。其中,应用工具具有单独运用和综合辅助功能。水彩画创作便捷,简单的工具和材料就可以创作出不错的作品,适宜在短时间内作画。因而,有很多学生选择水彩作为上色工具。水彩画题材丰富,风格多变,也确是学生学习色彩较理想的画种。而多样化选课制,也为学生开辟了实践探究的渠道。

课程的学段目标是能运用传统与现代的工具、材料和媒介,以及习得的美术知识、技能和思维方式,创作平面等表现形式的美术作品,提升创意表达能力。[①] 本课程中材料的探究主要围绕固体颜料、水彩纸,以及美纹胶带等辅助工具。实践操作中始终强调各工具间的协调和综合运用,引导学生在作画中学会理性思考与情感表达。如活动前能做好各种准备工作;活动结束时,能收拾、整理工具和材料,保持课桌和教室的整洁。[②] 数周训练过程中养成勤于动手、耐心细致、有始有终的良好品质。

(二)水彩思维和语言的认知

色彩感知是水彩审美感知的重中之重。和阅读一样,学生感受水彩的魅力也是从教师在课堂展示大量优秀水彩作品开始,并在与其他画种的对比中突出水彩独特的绘画风格。如以水为媒介,引导学生学会根据水的流动,辨别和保留转瞬即逝的美感。与水彩画技法在用水用色和用笔方面相类似的传统中国画技法也可互为贯通,课程中可将具有中国画意境的画法融入水彩画中,这样创作出来的水彩画更具有中国特色的气韵和精神。此外,水彩画非常重视色彩与空间的塑造,讲究色彩的透明感,教师要将美的概念、美的技巧、美的创意教给学生,让学生能把心中美的感觉,用水彩画的方式表现出来。[③]

(三)水彩创作中"水"的表现与研究

局部与细节是教师在赏析阶段引导学生的重点,水彩中微妙的色彩衔接往往隐匿在

---

① 邹璐.项目导向下的美术课堂教学新样态:以"家乡美食推荐官"为例[J].湖南教育(B版),2023(6):62-63.
② 丁悦.养其根,定其向,以美育人:解读《义务教育艺术课程标准(2022年版)》(美术学科)的新变化[J].江苏教育,2022(49):50.
③ 汤培凤.水色徜徉:论初中水彩校本课程的教学方法[J].新课程,2020(14):80.

自然的细节中。而要真正驾驭水彩画,除了必须具备一定的素描基础和色彩知识外,关键且最难的便在于水色交融的观察方法与水分和时间的掌握。水彩落笔具有或清新、透明,或厚重等特点,都取决于水的作用。起步阶段,课程通过色彩分隔练习使学生认识水彩的色相和在水的稀释下所产生的深浅变化以及渗化时所产生的丰富的色彩变化。除了处理控制画笔之外,还要注意到漂亮的水彩纹理。这取决于使用的水量、纸张类型以及笔尖移动速度等。在水色交融时,我们对颜料的变化无法控制,这是水彩神奇的地方,它的变化会带来意想不到的效果。一旦颜色完全干燥,我们会发现它已经发生了变化,甚至与肉眼所见的固体颜料呈现色差,这些都是正常的。

(四)基本技法练习

水彩的另一大特点便是技法繁多。淡彩教学中,教师通过讲解提炼、总结核心含义,包括水彩与其他画种的差异、水彩绘画的形式特点等,并示范步骤,帮助学生更加直观地了解水彩的呈现效果。首先是基础技法练习:从一种颜色的深浅变化,到两种或以上颜色的渐变、调和、叠加,并注意用水与颜料的浓淡来体现轻快透明之感。水彩技法表现上又分为干湿两大类:湿画法是在画纸的湿底子上着色的技法,使色与色之间相互渗化、逐渐过渡,产生丰富的色彩效果。湿画法作业要求一气呵成,用笔果断迅速,色彩肯定,避免重复,接色的时间和水分的干湿要恰到好处,效果要明快流畅,能充分体现水彩画的特点。此外,绘画主题上,课程弱化了造型,舍去了物象形体、空间关系,着重表现色彩的深浅和冷暖变化。在平衡趣味性和作品完整性后,选择风景画大类中"星空"这一主题,兼顾多种表现技法,给予学生发挥的空间,相当于一个"半命题作文"。学生采用平铺背景、刻画前景剪影及肌理覆盖的三段式手法,自由发挥尝试。背景采用常见于平铺天空、日落或柔和水面的湿画法,创建相邻同类色渐变。这种画法给我们提供了一种无意间的流动,很适合自然的表达。具体画法也可以根据画面具体情况进行尝试。在铺陈画面时鼓励学生大胆落笔,观察水分和时间助力色彩表现的条件。注意深浅和浓淡的变化以及多种颜色之间的渗化,以此尝试风景画中的虚实感和光感。探索色彩渐变、色彩交融等效果的艺术表现。前景中的剪影以干画法层层加深表现:待干后再罩上暗部色彩,层层深入刻画,并逐渐达到色彩与形体造型结合的效果。

三、水彩课程实施的成效与分析

用湿画法表现大面积混色只是一个启迪,学生以此为例在变换色调的基础之上可转换想要表达的主题。感受和体验水彩中色调形成的艺术魅力。提高学生对水彩画的审美能力。同时引导学生在颜色互相渗透的过程中,仔细观察、体会不同的变化。而锦上添花的肌理表现,是对材料的综合运用,更加强调学习者自身的创造力和动手能力。

经过五至六周的实操,学生进步显著,能够整体观察、主动调整画面。对学生的评价,分为过程表现与作品表现两个维度。过程表现的评价内容有学习兴趣、学习习惯、完成情况;作品表现的评价内容有艺术基本要素的运用(合理巧妙,有完整的形体色彩空间关系）；作品呈现效果（精彩，符合作业要求，表现力强并有艺术感。色彩关系正确，丰富而协调，能表现出立体感。有色彩明度、冷暖、纯度等要素的区别，色调统一等）。师生互动中，能思考同伴作品的色调和表现方法分别是怎样的，色彩的象征意义是什么。通过交流、讨论能感受反馈学习情况，相互促进思考、沉淀理解、增强思想碰撞。

四、复杂色彩的运用与审美感知

在现今艺术观念性较强的环境下，绘画材料区分的界限逐渐模糊，水彩和其他绘画媒介经常会叠加使用，水彩更多是凸显它的材料属性而非一种艺术独立门类。

水彩画在中学美育中不仅可以提升学生的美术素养：根据主题，综合运用色调及相关知识，构思画面的色彩构成与组织，创作带有主观情感的作品，达成核心素养中的审美感知的培养目标。还可以让学生对美术有更全面的认识。体会线描淡彩特有的艺术魅力及审美情感。对于水彩画而言，艺术性，也就是作品更灵动的部分是更值得学生鉴赏的。在学生一次次实践中，他们多少都感知到水作为重要媒介对于水彩画中色彩的随机性和肌理性表现的作用。同时，回归艺术本身，每个学生都有自己独特的理解和创造能力。水彩作为其中的一个载体，也是他们释放天性，用绘画工具将自己内心的想法和情感表达出来的途径之一。这就更进一步触发了创意表达这一核心素养，在这过程中，教师也应该鼓励他们勇于尝试，用好技法再跳出技法，让学生尽可能发挥想象。这样才能更好地激发他们的绘画潜能，让想象空间更加绚丽多彩。

五、初中水彩入门评价标准量表

学生的作品反馈也是衡量课程是否符合学情的重要标准，对于后期教师优化课程至关重要，因而在初中水彩入门中，我们从多个维度制定评价标准，希望借助这些评价内容，更为客观科学地把握核心素养，培养学生的审美感知和创造能力，特别是对于学习困难的学生，有针对性地提高他们的薄弱项，发掘他们的优势与潜力。将美育更好地传递下去。

表 1　水彩入门评价标准量表（初中）

评价维度	评价内容	优秀	良好	合格	需努力
过程表现	学习兴趣	对生活物象及绘画作品关注程度高。造型表现活动参与度高。对工具及媒材的特性及表现效果探索意愿强。	对生活物象及绘画作品关注程度较高。有一定的造型表现活动参与度。对工具及媒材的特性表现出较强的探索意愿。	造型表现活动参与度低。对工具及媒材的特性及表现效果探索意愿一般。	无造型表现活动参与度。对工具及媒材的特性及表现效果无探索意愿。

评价维度	评价内容	优秀	良好	合格	需努力
过程表现	学习习惯	能仔细观察生活物象及美术作品特点。能按步骤进行造型表现。能正确使用与收纳美术工具与材料。能大胆展示自己的作品且主动表达自己的创作意图。	能按步骤进行造型表现。正确使用与收纳美术工具与材料。	能正确使用与收纳美术工具与材料。	不能正确使用与收纳美术工具与材料。
	完成情况	完成,能熟练运用水彩画工具、材料,掌握一定的水彩画技法。	基本完成。	基本完成,但教师辅助部分占比较多。	未完成。
作品表现	主题呈现	主题鲜明,主体突出。	有主题、切题。	有主题。	主题模糊、不切题。
	素材	选择得当、运用合理。	基本合适。	部分合适。	不合适。
	艺术基本要素的运用	合理巧妙,有完整的形体色彩空间关系。	能较好地运用色彩描绘对象。但物体及其特征的深入处理不够。	基本合理,但主体物的处理过于软,笔触与色彩节奏弱,边沿线的环境色处理较少。	不合理。
	完整性	饱满且有层次。	构图完整。	构图基本稳定。	不完整。
	作品呈现效果	精彩,符合作业要求,表现力强并有艺术感。色彩关系正确,丰富而协调,能表现出空间、立体感。有色彩明度、冷暖、纯度等要素的区别,色调统一。	较熟悉水彩的性能,画面色彩能表现出大致冷暖效果。	完整,基本符合作业要求,有艺术性。但在形体的用色上有待丰富。	不完整,不符合作业要求,艺术性差。
评价方式					
评价主体:学生互评、教师评价 评价途径:作品观察、提问 评价反馈形式:水彩画作品					

小学美术数字化课堂的搭建与应用

——以"小邮票大世界"课程为例

上海市宝山区罗店中心校　彭　越

摘要: 在小学美术教学中,数字化不仅可以提高教学效率,还可以激发学生的学习兴趣,提高学生的学习效果。本文以沪教版四年级小学美术"小邮票大世界"课程为例,探讨数字化课堂的搭建与应用。

关键词: 美术;数字化课堂;图形搭建

一、实施背景

现如今,各行各业几乎都处在数字化转型阶段,美术创作不仅仅依靠画布等工具,一台平板电脑、一支电容笔便可以创造出无限的艺术价值,例如"最出名的英国在世画家"大卫·霍克尼,他对艺术媒介的探索就跨越了架上绘画、摄影,进一步运用传真机、手机、平板电脑进行绘画,为风景画提供了新的理解和边界。美术教学方式的边界在数字化转型的今天也在一步步拓宽,能够提升美术课堂的信息容量和技术含量。

笔者结合当下美术教学的局限与教育教学理论及实践的发展方向展开讨论,培育学生数字素养,帮助其发现未来更多的可能性。

二、主要做法

数字化美术包含数字绘画、数字动画、室内设计、产品设计、环境艺术设计、演示排版等,应用领域尤为广泛,小学美术教材涉及的相关内容不少,例如沪教版四年级教学内容"多彩的服装""剪影'小动物",五年级教学内容"校园海报""作品变变变",以及其他中低年级的美术课程都可以增加技术拓展,帮助学生打开设计创意思路。这样的美术教学新动向更能够引领一线美术教学工作,通过集体教研,积极转换更为高效的教学模式。农村学校的美术教师应该把握好这一动向,发挥数字化工具在美术教学中的最大作用,服务于学科教学。艺术教师是拥有打破学科边界的主动性的,美术数字化课程也具备连接各个学科的可利用点,促进学生创新意识的发展。

"小邮票大世界"为沪教版四年级的教学内容,在以往的美术教学中,教师通过课件中的视频与图片或者实物展示生活中的邮票,介绍邮票的历史与来源,进一步阐述邮票的意义与内涵,揭示邮票的设计与图案的密切关系。学生创作以手绘为主,在教师的指导下完成图案设计创作,手绘过程需要学生具备填色与撰线的技巧,以及处理画笔色彩不齐全、色彩之间的叠加层次无法体现等问题的能力,而且在绘画时需要具备一定的耐心,欠缺专注力的学生会无从下手,甚至失去对学科的兴趣。相比之下,数字化美术课堂能够巧妙地化解这类学生的尴尬,有效地提升美术课堂的教学质量。

(一)数字赋能提升学生探索交流的主动性

第一,学生在数字化转型试点学校建设前,只能运用电脑机房中的软件来绘画,而后学校获批了多台平板电脑,由于平板电脑使用的是安卓系统,画世界 Pro 这个 App 的操作模式更加适合学生,教师利用国际互联网资源检索美术信息,为学生提供优质作品素材。学生在观察素材的基础上,进一步通过师生、生生互动交流、头脑风暴,探索各类工具创作的不同质感的画面,最终提升学生美术创作探索交流的主动性,积极培养学生的数字素养。

第二,喜欢单个简约纹样的学生可以直接放大作品,并添加流苏,成功完成一块花挂毯,喜欢多纹样搭配的学生可以下载创作好纹样,通过拼图软件,对绘制好的纹样进行复制、拼接、翻转等搭配,然后再发送至电脑添加流苏,完成组合式的花挂毯,提升学生对数字化美术应用的探索兴趣。

(二)拓展学习助力学习生活的多面性

在研究邮票图案造型的教学实践中,学生作品总体以静态平面的方式呈现。然而大数据时代下,新课标鼓励艺术学科与其他学科进行多方位整合,鼓励广泛应用数字化信息技术手段,以实现美术教学方式与体制的创新。越来越多的家长开始关注学生的科学素养和人文素养的培育,而数字化美术课程能够较好地结合科学与人文素养,能够突破地域的界限,还原真实色彩,生发出更加灵活的创作方式,相比以往的纸笔创作愈发生动。

第一,在以往的纸笔创作课堂上,个别学生创作欲望强烈,教师分发或学生自备的纸张尺寸有限,拼接纸张后时间有限而无法完成作品,整个过程很容易影响到学生的创作热情。数字化美术课程的学习不仅能令学生体会到不同绘画种类带来的不同画面效果,包括水彩、版画、水墨、油画棒等,还能够随时修改纸张的尺寸或者调整目标纹样画面的大小和色彩(如图 1),满足不同学生对创作的需求。

图 1　中国龙图案邮票

第二，融科学素养和人文素养于一体的数字化美术教学，教师有必要引领学生尝试探索动态作品创作。教师运用画世界 Pro、Huion Sketch 等软件将邮票静态作品图片转化为具有动态效果的作品短片，还可以制作小动画帮助学生理解邮票作品图案的创作思路。教师课前准备好相应的模板步骤和动作路径展示给学生，减轻基础薄弱学生的学习负担。

第三，技术与艺术在数字化美术发展进程中消磨了各自的边界，技术对学生艺术水平的提升是否有直接影响，是需要教师不断研究的课题。对于学生而言，技术是艺术的前提和基础，培养学生进行数字化美术创作的意识，促进技术与艺术相辅相成，学生的创造力得以充分发挥，逐渐熟悉数字工具并学会运用，培养学生的数字素养，促进学生的数字化思维。在艺术拓展的过程中教师提示学生创作出的邮票图案可以进一步提高其利用率，引导学生将邮票的图案拼贴平铺或剪裁制作出手机壳的装饰纹样（如图 2），学生便能够联想出更多能够进一步装饰的生活用品，包括利用图案装饰一件衬衫（如图 3），并调整降低透明度，修改边缘样式，随机改变色彩等。学生明白其创作纹样的价值，联系生活实际，迅速掌握和运用知识点，提高纹样在生活中的利用率，解决学生美术技法上的创作困境，进一步提升学生的美术数字化创作激情。

图 2　同一纹样在生活中的不同应用——手机壳　　图 3　同一纹样在生活中的不同应用——衬衫

三、成效经验

（一）数字化搭建经验

硬件设备的准备：包括电脑、投影仪、音响设备、电子白板等。这些设备是数字化教学的基础，可以为学生提供丰富的视听体验。

软件的选择：选择适合小学美术教学的软件，如 PPT、画世界 Pro、Huion Sketch 等。这些软件可以帮助教师制作丰富多彩的教学课件，提高教学效果。

教学内容的设计：根据"小邮票大世界"的教学目标和内容，设计相应的教学活动。例如，可以通过展示各种邮票的图片，让学生了解邮票的历史和文化；通过制作邮票的动画，让学生学习邮票的设计技巧。

（二）数字化课堂应用

利用平板电脑进行教学：平板电脑可以模拟真实的绘画环境，学生可以在平板电脑上进行绘画创作，教师可以在平板电脑上进行实时的指导和反馈，提高学生的绘画技巧。

利用 PPT 进行教学：PPT 可以展示丰富的图片和视频，为学生提供直观的学习材料。教师可以通过 PPT 展示邮票的设计过程，让学生了解邮票的设计技巧。

利用 Huion Sketch 进行教学：Huion Sketch 是一款强大的动画软件，可以用来制作邮票的动画。教师可以教学生如何使用 Huion Sketch 制作邮票的动画，提高学生的计算机技能。数字化美术课程的实施是美术课程的拓展和改革的成果，教师与学生曾在暑期尝试利用不同的数字化平台和软件进行邮票图案设计绘画创作，学生给予的评价更趋向于电脑绘画，因为修改非常方便，而纸笔创作中水彩笔的颜色会有一定的视觉偏差，有时候涂抹完觉得颜色搭配起来并未达到想要的效果，却无法修改，但是电脑绘画有图层的设计则完全无须有此顾虑。

不仅如此，学生喜爱自己的作品便会主动将作品上传至校园论坛或自己的个人社交平台等，通过展示自己的作品，可以获得一定的满足感，也提高了学习积极性，促进了生生审美的正向交流。

顺应学生天真的童趣，学生能够徜徉在无拘束的作画过程中，创作出多姿多彩的数字化美术作品，唤醒学生积极探索创新的艺术精神，探索出传统与现代美术相结合的新路径，发挥出数字化美术教育教学的神奇效应，推动美术数字化教育的多元化发展。

四、课堂教学实践

（一）教学目标

知识与技能：了解邮票的历史及其在文化交流中的重要性。

过程与方法：学习邮票绘制技巧与图案设计。

情感、态度与价值观：感受邮票丰富的文化内涵以及邮票图案的美，体会信息传递的重要性，激发对邮票的设计兴趣，增强情感交流。

（二）教学重难点

重点：龙年主题图案设计。

难点：图案设计与邮票形式的统一。

（三）教学准备

表演道具、图片、PPT、平板电脑。

（四）教学过程

	教学过程	学生活动	设计意图
课前2分钟	1. 表演2分钟情景剧：《联系妈妈》。 2. 出示课题：邮票不仅是很重要的文化交流工具，而且还是很特殊的艺术品，我们就一起来学习"小邮票大世界"。	通过欣赏表演思考邮票的意义与来源。	通过表演让学生快速进入状态。为后面的主题学习做铺垫。
一、观察与认识	1. 邮票的起源：实际上，在通信时代，大家通信交流时，收信人是需要支付邮资才能拿到信的，从非常遥远的城市寄过来的信邮资会非常昂贵，于是罗兰希尔发明并设计了邮票，通过预先支付邮资才能寄信，让邮票在市场上活跃了起来。 2. 认识邮票：观察世界上第一枚邮票，和我国第一枚邮票，正巧今年也是龙年，邮票正中盘龙云海，三枚邮票色彩和面值各不相同。之后我国的邮票事业蓬勃发展，邮票的艺术形式也多了起来。	知道邮票的设计历史以及我国邮票的历史。	通过学习历史，了解设计者的初心。
二、分析与讨论	1. 浏览欣赏平板电脑上的邮票： 小组交流了解邮票票面不同的艺术形式。 2. 邮票要素及种类 （1）观察并放大平板电脑上的画面，可以发现邮票上都有共同的组成要素，有图案、文字，四周还有齿孔。（方便人们撕贴） （2）认识邮票的种类。 （3）认识邮票的文字信息。 （4）认识套票。	根据平板电脑上的图片自主认识邮票票面不同的艺术形式。	通过小组交流认识邮票的多重信息。

（五）教学方法

采用数字化教学的方法，利用 PPT、画世界 Pro、Huion Sketch 等工具进行教学。

（六）教学效果

通过"小邮票大世界"的教学，学生的绘画和计算机技能得到了提高，对邮票的历史文化和艺术等多元价值有了深入的了解。

五、体会感受

数字化美术不仅具有传统绘画的风格特点，如构图、色彩调和、明暗空间，还具有独特的艺术魅力，如快速方便、易于修改、效果多样，是一种更具活力的表现形式。小学美术数字化课堂的搭建，可以提高教学效率，激发学生的学习兴趣，提高学生的学习效果。以"小邮票大世界"为例，通过数字化教学，学生不仅了解了邮票的历史和文化，学习了邮票的设计技巧，还提高了绘画和计算机技能。因此，小学美术数字化课堂值得推广。

数字化教学不仅有利于校本课程的整合,还能够实现信息技术与美术学科的融合再生,进一步生发融合出数字化美术系列课程,也将为课程整合上升至学科建设层面,营造一个更广阔的空间。依托学校资源优势开展数字化艺术校本课程建设是实施课程改革的一个重要方面,也是学校校本课程建设的重要内容。因此可以将学校数字化美术团队建设成一支具有课程开发和科研能力的优秀教研团队,真正研发出更多的数字化美术课程,造福学生。

六、建议

(一)加强硬件设备的投入,提高数字化教学的质量

(二)提高教师的数字化教学能力,提高教学效果

(三)丰富教学内容,提高学生的学习兴趣

(四)加强与其他学科的融合,提高学生的综合素质

(五)加强与家长的沟通,增强家长对数字化教学的理解和支持

书为心画 适位育人

——校本课程开发之艺术多样化视角下的书法教学

西南位育中学 耿子洁

摘要：西南位育中学的书法教学有计划、有主线地体现了育人价值，呈现出与常规课程的联系和差异，因地制宜地整合资源要素并策划课程。笔者在教学中注重学生体验、发挥学生优势，在体验中挖掘学生个体特征，侧重情感与审美价值等层面。在教学实践中总结经验、归纳方法，以期在反思中有所提升，从而促进书法教育的发展与学生成长。

关键词：适位育人；情感表达；多元评价；以美育人

一、调研发现探寻方案 适位育人拓展路径

《中小学书法教育指导纲要》要求在全国范围内全面开展中小学书法教育。文件提出："书法教育既要重视培养学生汉字书写的实用能力，还要渗透美感教育，发展学生的审美能力。遵循书写规范，关注个性体验。中小学书法教育要让学生掌握汉字书写的基本规范和基本要求，还要关注学生在书法练习和书法欣赏中的体验、感悟和个性化表现。"《上海市初中美术学科教学基本要求》中提到学生要理解作品的审美特征与人文内涵，在多元的学习经历中，积累审美经验，开阔艺术视野。我校正是在此大背景下，积极响应并努力参与，结合学校办学理念和学生发展需要，组建团队探索校本课程开发。笔者在艺术多样化视角下的书法课程的思考与实践，注重学生艺术感知与审美维度的多元发展。

"五育并举，融合育人"是全面可持续发展的内在育人诉求，将五育融合引进课程开发和教学活动中，也是艺术多样化视角下书法教学探索的方向。注重学生体验，发挥学生优势，让学生在体验的过程中展示个体独立特征，创造并实现自我价值。从课程选择上就充分考虑到发挥学生的自主性，我校开设的13门艺术课程均由学生依据兴趣自主选择。

结合我校"适位育人"的办学理念，鉴于学生之间个性、智能和潜能的差异，艺术多样化视角下的各类课程将帮助学生解放心智、释放潜能，寻找到适合自己的路径，鼓励学生在不同的艺术课程体验中，串联起艺术感知，培育学生以审美和人文素养为核心的美育技能与艺术表达。在此背景下开设书法课程，必定与常规课程有所不同，结合实际进行以下教学尝试。

（一）学情调研 临本分层

艺术多样化视角下的书法教学充分关注"以生为本"这一原则，切实把握中学阶段学

生心理与生理特点,讲求适得其法。挖掘学生的闪光点,努力实现学生全面发展。艺术多样化视角下的书法课程,课前首先统计选课学生以往书法学习的基本情况,包括学生对所临碑帖的了解程度、学生兴趣以及实际书写状态,再确定临写的摹本。调查结果显示,学生临本多样,涉及汉隶、楷书、行书、草书。学生学习兴趣浓厚,勇于交流与展示。依据学情进行临本分层,可激发学生的内驱力,助力学生对自我潜在实力的挖掘,构建属于自己的"书法图库"。

(二)设问推动 自主探究

调查结果显示,有的学生对以往所学碑帖印象不深,不了解碑帖的来历,只是重复临写某些字,从而反思以讲解导入碑帖的教学,转变为任务驱动,引导学生根据问题进行探究。邀请学生上台展示以往所学成果,如现场以三种不同的书体书写自己的名字,写下自己擅长的书体进行展示,与台下同学进行互动交流。给学生观察的视角、表达的机会、思考的空间,形成互动探究的氛围。在注重核心素养的艺术教学实践中,课堂教学不能只停留于横竖撇捺笔画的技能练习,更应重视情感与审美价值观的培养,使学生在书写体验中感悟并理解书法艺术的魅力,在向内觉醒与向外交流中领会传统文化的精华,做到内化于心,外化于行。

(三)提供抓手 设置支架

在临摹过程中,教师要给予每位学生学习书法的抓手。在学生学习能力不一致的情况下,要让每位学生理解技法,运用到书写中,就要先思考给学生抓手的问题,写每一字给一个逐步分析的方法,从字形到点画一步步分解,从最基本的笔画教起。譬如笔入纸的方向,深浅,笔锋的铺与收。在田字格的练习中,讲解格子边框的意义,写字位置需要精准定位。定位可以借助格子边框,学会建立参照物,培养学生的观察力、表现力,完成临摹后采取自评、互评、师评的方式。在学生互相吸收优点、改进不足中形成良性循环。

利用教师给予的支架,激发出学生不断要求完美,接近原帖的内在动力,使学生在同学间的相互启发和老师的点拨鼓励这种良性互动中得到正反馈,自觉形成先观察的习惯:观察字在何处,关注笔画的位置关系,再思考笔画的形态。(图1)起点与终点的关系是什么?或点与横的关系是什么?写左右结构的字,左右半边怎么定位?左右之间的关系又是怎样的?(图2)细化下来,学生会发现原来这样观察并书写出的字是美的,再坚持反复练习,于无形中获得感悟升华。学生的认知水平、书写能力与感悟力在此过程中都会有所发展。

图1 字例(一)　　　　　　　　　　图2 字例(二)

二、整合资源综合提升　完善评价个性发展

在课程实施中实现跨学科融合，多领域培养，使学生在不同的体验中能够有所领悟。课程还以发展校内外优势为宗旨，校内外联动双线并行来优化课程。上海本身的优势在于汇集了大量书画资源。上海博物馆、上海图书馆、艺术展馆、美术馆等不定期展出一些书画，这给予了学生实地欣赏考察的机会，也对课程内容进行了课外补充。

比如"大唐气象"展以唐碑拓本为主题，汇集了一大批文物级的碑帖善本。其中的"四欧宝笈"恰好为学生学习欧阳询书法提供了机会，在课堂上介绍展览后，不少同学去实地观看了展览，希望以后还有这样的展览，以开阔眼界。

在介绍文房四宝时，带领学生感受文化传承的力量，科普纸的来历，感受敬惜字纸、敬重文化的传统。为让学生充分体会原料与纸面洇墨程度不同所呈现的多种效果，课程准备了手工蝉翼毛边纸、半生熟宣、绢纸、泥金纸、蜡笺等多种纸张供学生尝试使用，在墨笔纸的配合中感受不同的书写效果。

将古代经典书法理论知识，渗透于美育过程中。姜夔《续书谱》说："点者，字之眉目，全藉顾盼精神……横直画者，字之体骨……"[①]传神之处在一笔一画的姿态间，在经营位置的势态间。通过教师的讲解，学生能认识到字的上一笔即是下一笔的参照，环环相扣。用笔之外，还需关注的是笔画的关系，笔画之间的关系即结构关系、字距关系、行距关系等。

字如人，字之粗细、大小、高低位置丰富，有丰腴饱满肌肤之丽，有骨骼精奇的瘦硬挺劲。古人通过俯观仰察的方式将所看所想涵盖至书法中，逐步推进，渐进启发。

在讲解书法的哲学含义时，笔者以学生练习用的田字格为例，提问田字格背后蕴藏怎样的哲理。学生发散思维，认为平均的四个小格子，可以对照着把字写得方正。学生关注到表面现象之后，教师再阐述古人认为天圆地方，天地人三才，要合乎各自位置。在找到定位后才能准确临习，正如我们只有找到自己的定位，才不会迷失自我。适位育人，学生找到适合自己表达的字帖，找到自己的艺术表达方式，从中收获综合能力与素养的提升。

有的学生处在书法学习初级阶段，需让学生在动手实践中参悟书法中的对比关系、结构美感等。借助学校多媒体资源，学生在触屏手写过程中，体验到字的粗细对比、造型结构的位置，在清屏默写过程中，复现字形，锻炼心、手、脑。（图3、图4）

图3　学生临字场景（一）　　　　图4　学生临字场景（二）

---

①　历代书法论文选［G］.上海：上海书画出版社，1979：385.

对于书法基础较好的学生,教师应鼓励他们自主探究,带感兴趣的字帖在课堂上进行分享展示。有学生讲解欧阳询墨迹《梦奠帖》中"生"这一字形,示范行书笔势的行进过程,抽丝剥丝地引出毛笔运动的过程。"心意者将军也",在书写前对字形有整体的把握更有利于下笔精准,在讨论与演示中,示范的学生还主动为同学们进行了科普扫盲,激发了大家对行书的书写热情。(图5、图6)

图 5　学生书写示范(一)　　　　图 6　学生书写示范(二)

在评价机制方面,相较于传统课程,艺术多样化视角下的书法课程更注重学生的过程性评价,不以终结性评价的一次结果定性。综合学生学习动机、所采取的学习策略、获得的效果、学生体验反馈等形成评价。常规的课程评价通常以课后评价为主,而五育并举视角下的美育评价指标,更注重学生行为实际与真实的学习过程,从审美意识、审美观念、审美体验、审美表现中体现学生的综合素质。譬如学生上台分享交流,在实际的学习过程中能做到学以致用。在学习效果方面,学生从第一节课随意书写,不论字形位置,到第二节课明显的进阶规范,鼓励学生将每节所写,标明日期,以观日积月累的进步。评价范畴除了常规的课堂出勤率、课堂表现、作品展示,还增设了实践感想、活动反馈、课程畅想等模块,以及后续课程实践。(图7、图8)

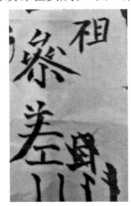
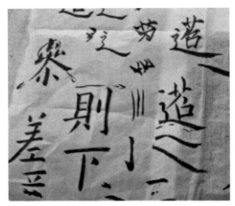

图 7　学生书法作品(一)　　　　图 8　学生书法作品(二)

三、关注反馈以人为本　书其自性我写我心

通过六周的学习,学生在动手实践的过程中,获得书法常识,联系所学所感进行书法临创,促进学生人文素养、审美素质以及探究学习能力的发展。在多元评价的机制中,学生更能大胆地展示自我。一位初二的男生在临习《九成宫醴泉铭》时,笔画浑厚圆劲,并不似欧体,却特别像摩崖石刻。(图9)询问其习书经历,该生并未摹写过石刻。第二次上课给其《瘗鹤铭》,临习起来得心应手(图10),且该生十分喜欢,符合自身性格。即使写得不像原帖,但能写出自己的精神气质,值得肯定。亦有同学勤加练习"鹤寿"二字,为长辈生日书写卷轴贺寿。育人价值在书法艺术的教学过程中悄然发芽。其作品呈现的"鹤寿"二字另有一番风味。(图11)

另有一位学生在尝试了虞世南、欧阳询、颜真卿等众多书家的书体后,最终以欧阳询行书为临本进行临创,其行笔率真以斜势居多,偶有连带。其习书背景由欧体楷书跨越至欧体行草,具备一定基础,且对瘦劲风格特别喜爱。(图12~图13)

图9　学生临摹场景(一)　　　　图10　学生临摹场景(二)

图11　学生书法作品(三)　　图12　学生书法作品(四)　　图13　学生书法作品(五)

在具备书法基础且能掌握一定笔性的学生身上,有一个普遍的现象,即假如之前学过颜体,现在临习欧体字形还是一样外拓饱满,即使教师在书写前讲解过欧体用笔特点,并示范过,学生还是不经意会写出颜体的味道;或有学生已经忘记之前师承哪家,但自我感觉写得不像原帖,比较苦恼。究其原因,一方面之前学的东西已经形成肌肉记忆,另一方面书写时"心"的作用未完全发挥,"性情"自然流露了,书写较为随意,对字形结构的把握还不够精准。另外这也与其人的精神气度相关,是种适其自性的表达。在逐渐接受不同书家风格后,视野越广,书法越会形成更丰富的面貌。书法教师应引导学生敏锐地察

觉多种信息,多尝试,多接触,踏上更为宽广的路。(图14～图16)

图14　学生书法作品(六)　　图15　学生书法作品(七)　　图16　学生书法作品(八)

《教育部关于推进学校艺术教育发展的若干意见》中指出:"艺术教育能够培养学生感受美、表现美、鉴赏美、创造美的能力。"在充满传统文化氛围的书法课程中,学生感悟着笔墨情趣,从一笔一画的磨炼中、在勤学善思中逐步达至心手合一的畅快。点滴进步使学生获得感更强,更加坚定其文化自信。艺术多样化视角下的书法课程教学正符合教育部所提倡的"引领学生树立正确的审美观念,陶冶高尚的道德情操,培养深厚的民族情感,激发想象力和创新意识,促进学生的全面发展和健康成长。落实立德树人的根本任务,实现改进美育教学,提高学生审美和人文素养的目标"。书法课程在美育方面的探索正体现为激发学生发现美、感悟美的成长自觉。美育的魅力是见证生命自由表达与创造美的过程,发扬学生主体创造精神,激励其自我挖掘式的学习。书法课程在"人品即书品""书如其人""学书法天赋与努力哪个重要"的开放式探讨中,通过书写实践与理论滋养的共同作用,逐渐发挥以美养德、以美育人的功能。

四、以美养德以美育人 文化传承守正创新

书法教育自古以来就备受重视。在初中教学中,不仅要教授书法技巧,还需在技法之外渗透碑帖后蕴藏的历史、美学等内容。时代的改变,使得书法在当下稍显沉寂。往日的书写经验正在消失,加强青少年书法教育正是让人们重拾传统。书法教育的价值更在于培育人的精神气度、道德品质,使得人们重新获取对传统文化、传统艺术的情感。笔者个人的探索既与学校特色相关,又和学生接受与反馈的实际情况相关,更与教师自身专业能力与教学特点密切联系。艺术多样化视角下的书法教学,是对现阶段书法教学的反思与总结,希望能对常规书法课程有所裨益。

相信在同仁的共同努力下,在互相交流中,书法教学的道路会越走越宽广!笔者也将不断在思考与实践中,奋力推动书法课程教学的守正创新。

大任务·小步走:让"育人"渗透在美术课堂中

——以沪教版小学《美术》四年级《学塑兵马俑》一课为例

上海市青浦区朱家角小学　许　雯

摘要:有效开展美术课堂教学活动,提升活动的育人价值,需要进一步实践与探索。本文以沪教版小学美术四年级第二学期第七单元《古代瑰宝》中的《学塑兵马俑》一课为例,开展以大任务为驱动,环环紧扣的小任务为引导的课堂教学实践研究。

关键词:大任务;育人;实践

"学塑兵马俑"主要的教学目标是让学生了解兵马俑的相关文化及造型特点,尝试综合运用泥工技法创作一个陶俑。通过对教材的深入挖掘,可以发现其隐含的目的是让学生在实践体验过程中感受兵马俑雄壮的美,增进对中国古代文化的热爱之情,树立作为一名中国人的自豪感。然而调查发现,大部分学生都知道兵马俑,但他们对兵马俑的印象仅仅是一个代名词,一个遥远且冰冷的雕塑,也没有想要进一步探索的热情。因此,本课实践研究的重点不仅仅是教会学生捏塑兵马俑的技法,更是要营造有激情、有温度的课堂氛围,唤起学生内心深处对探索祖国瑰宝的热忱,激发其浓郁的爱国热情。

一、关注学生特点,巧设驱动任务,提升课堂热度

小学四年级学生正处于思维活跃、行动力强、喜欢挑战的年龄阶段,而强调以技能学习为主线的美术课堂是无法激发学生们的主动性和积极性的,学生的学习任务变成了机械配合老师的练习要求来完成各种作品。而一旦缺乏"我要做,而不是要我做"的主人翁意识,学生对美术课堂自然提不起兴趣,因此激励学生成为课堂的主人,是提升课堂教学质量的首要条件。

(一)大任务培养课堂"小主人"意识

艺术新课程标准提出"要坚持以美育人的课程理念,要充分考虑学生的身心发展、个性特点和学习经验来设计并实施教学"。因此本课立足学生的全面发展,以任务为驱动,将知识技能嵌入其中,通过综合性、创造性的实践活动,提升学生的综合能力。

课前笔者引导学生以小组为单位,依据教师设计的调查问卷,每个小组分别采访学校的 20 位同学,记录他们对兵马俑的了解程度,并将采访后的数据结果以饼状图或柱状图等多样化的形式进行呈现。通过前期调查,学生发现身边的同学对兵马俑艺术的了解是

非常少的,有的甚至完全不知晓。

当问题摆在学生面前时,下一阶段的任务也随之产生,在学生心中已经形成了"要让周围更多的同学对兵马俑艺术和中国古代文化有更深入了解"的初步设想。

因此在课前导入环节,笔者及时地以一张宣传海报为切入点,鼓励孩子们共同举办一场"当代兵马俑艺术展"(图1),让没有机会去现场欣赏兵马俑震撼场景的学生,也能感受到兵马俑艺术的独特魅力,借此扩大宣传效应。

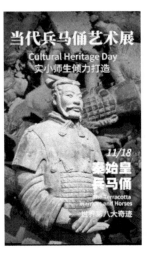

图1 当代兵马俑艺术展海报

学生对这样一个充满挑战的大任务也是摩拳擦掌、跃跃欲试,在责任感的驱使下,他们表现出了愿意迎难而上的兴趣和热情。他们在梳理前期调查结果的过程中,不仅亲身感受到了当代学生对国家历史文化的忽视和缺乏兴趣,也意识到自己对传承和发扬中国传统文化有着不可推卸的责任,从而逐步树立起课堂乃至祖国小主人翁的精神。

(二)小任务激发解决问题的内在动力

动力来源于对成功的渴望,在大任务的统领下,自然而然地衍生出了一系列的小任务,这些小任务也成为学生攀登的阶梯。课堂上,在教师的引导下学生可以根据自己的优势和特点,自发组成几个学习小组,共同为同一个目标而努力奋斗。为了帮助学生更好地执行各项小任务,我给每个小组下发了一张任务清单(表1)。

表1 任务清单

第_____小组任务清单			
职务	任务	姓名	完成情况
艺术展总策划	负责整个展示的框架设计以及展出形式。		★ ★ ★
展品设计师	负责展品的创作形式,并引导伙伴共同创作理想的作品。		★ ★ ★
文本资料负责人	负责兵马俑相关创作资料的查询,并做好任务单的填写。		★ ★ ★
后勤保障员	负责收集所需的工具材料,以及现场的展品布置和摆放。		★ ★ ★

学生在教师提供的任务清单的基础上,根据小组的实际情况,进行个性化的修改,做到充分尊重每个小组的意愿。共同的目标、明确的任务,瞬间让学生占据了整个课堂的主导地位,又明确了前进的方向,学生的创作热情也被点燃。

二、跨学科融合,引入文学作品,增强文化自信

兵马俑距今已有上千年的历史,学生与兵马俑之间难以产生共鸣是势所必然的,真正的兵马俑遗址又远在千里之外的陕西,并非每位学生都有机会一睹它的雄伟与庄严。于是在课前,我向学生们抛出了一个互动问题:为何兵马俑能成为享誉世界的历史文化遗产?并融合跨学科学习元素,推荐学生自主阅读了一篇著名的作品——《秦兵马俑》(图2),这篇文章还曾收录于语文教材当中,足见其具有很高的文本价值。学生通过阅读不仅对兵马俑有了初步的了解,也在文章中找到了问题的答案。

图2 《秦兵马俑》课文

1. 文字引发无限联想

课堂上我截取了文章的片段,并配合兵马俑的图片,引导学生共同感受兵马俑的宏大规模:

兵马俑规模宏大。已发掘的三个俑坑,总面积达19120平方米,足有两个半足球场那么大,坑内有兵马俑近8000个。在三个俑坑中,一号坑最大,东西长230米,南北宽62米,总面积有14260平方米,坑里的兵马俑也最多,共有6000个左右。

文中精彩的文字描述弥补了图片欣赏的局限性,通过形象具体的描写,生动地反映了兵马俑坑的大气磅礴,惊人的数据也引发了学生的无限想象,为我们国家能拥有如此震撼人心的雕塑巨制而感到骄傲和自豪,从精神上获得了极大的满足。

2. 文字引发深度思考

为了能够引发学生对兵马俑进一步探究的热情,能够对这些冷冰冰的泥塑人物产生浓厚的兴趣,我又截取了文中描写不同人物特点的语句,引导学生用美术的语言去进行解读。

例如,"将军俑身材魁梧,头戴金冠,身披铠甲,手握宝剑,昂首挺胸,站在队伍前列,像是在指挥身后的军吏和士兵行进。那神态自若的样子,一看就知道是久经沙场,肩负重任的高级将领。

武士俑高 1.8 米,体格健壮,体态匀称,身上穿着战袍,套着铠甲,脚上蹬着前端向上翘起的战靴,头发大多挽成了偏向右侧的发髻。它们有的握着铜戈,有的擎着利剑,有的拿着盾牌。个个目光炯炯,双唇紧闭,神态严峻,好像一场大战就在眼前。

骑兵俑上身着短甲,下身着紧口裤,足蹬长筒马靴,右手执缰绳,左手持弓箭,随时准备上马冲杀"。

当学生从字里行间领会了这些人物的造型特征、服饰特征、动作特征之后,我以配对小游戏的形式让学生找出相应人物的图片,并说明原因,让学生在趣味性的活动中掌握相关的知识(图 3)。

| 武士俑 | 兵车俑 | 骑兵俑 | 引弩手 |
| （a） | （b） | （c） | （d） |

图 3 兵马俑图片

游戏不仅是对学习成果的检验,更重要的是这种图文并茂的形式,能够加深学生对不同陶俑角色的理解,也让他们在创作、展示的过程中融入更多的情感因素,让作品也能变得更有内涵与温度。

三、赋予角色情境,改变思维方式,提升自我认知

创设情境是让学生尽快融入课堂,展开深度学习的重要教学方式,让学生仿佛置身于真实的场景之中,愉快而又心甘情愿地投入学习任务中。而角色情境创设能够更大程度上激发学生主动思考的能力,促使他们转变思考问题的方式,化被动为主动,发现问题并及时解决。

1. 像设计师一样思考

课堂上,我为每一位学生都赋予了"小小设计师"的称号,以问题为驱动,探究仿制兵马俑作品的步骤和方法。

首先提出驱动性问题一:如果你是设计师,你准备如何进行捏塑?

此时学生的回答各不相同,有的认为直接照着图片上的兵马俑捏塑就行了,有的认为要先搞清楚兵马俑的特点是什么。于是我及时地创设了"穿越时空的对话"这一情境,让学生以设计师的身份与古代塑造了兵马俑的匠人们展开了一次深入的交流。

学生 1:"请问,你们为什么要塑造兵马俑呢?"

古代匠人:"兵马俑是我们古代用来殉葬的兵马形象的陶俑。"

学生2："为什么兵马俑的表情都那么严肃,而且还要穿戴盔甲,拿着武器呢?"

古代匠人："因为我们捏塑的兵马俑是一支誓为秦国统一天下而做殊死搏斗的军队。"

学生3："你们是如何做出那么多的兵马俑的呢?"

古代匠人："我们是通过用模具来制作兵马俑的头部、身体和四肢,再将他们连接起来,最后进行烧制的方法来完成的。"

……

通过对话,学生总结出了一条自己的捏塑路径:了解历史信息—分析造型特征—思考捏塑方法。学生不再简单地只关注到事物表面的现象,而是能够透过表面去发现事物背后的本质,初步具备了一名设计师应有的思维方式。

2. 像设计师一样创作

课中,我请学生欣赏了一组当代艺术家在古代兵马俑特点的基础上进行了全新创作的设计作品。如陕西(第四届)旅游商品大赛中新推出的"兵兵有礼"卡通兵马俑旅游商品形象。卡通兵马俑造型有一人多高,每个都有不同造型的冠饰、形态各异的铠甲战袍,显得既可爱又不失秦风威严,游客们争相合影。(图4)

图4 "兵兵有礼"卡通兵马俑

同步提出驱动性问题二:你认为我们的"当代兵马俑艺术展"的作品可以是怎样的形式呢?我引导学生着重关注设计师们的设计思路和理念,而不仅仅是知道他们采用了怎样的技能技法。因此学生在向众多设计师学习的过程中,感受到了设计师们都是在传承经典的基础上再进行一定程度的创新,也就是既保留了古代兵马俑的造型特点,又迎合了现代人的欣赏理念。这些发现让学生更加坚定了作为设计师的信念,为后续的创作打下了良好的基础。

3. 像设计师一样解决问题

任何一件艺术品的诞生都不是一帆风顺的,每一位设计师都是在经历了千锤百炼之后才获得成功,因此我在课堂上向学生出示了几件已经烧制完成的兵马俑作品,但是这些作品有的已经破裂,有的缺胳膊少腿。在学生惊讶的目光中,我提出了驱动性问题三:是什么原因导致作品失败了呢?

学生们开始围绕这几件作品进行仔细的观察和研究,过程中还有同学拿出古代兵马俑的各种照片进行比对,发现了古代兵马俑的内部都是空心的,而烧制后裂开的兵马俑作品却是实心的。而且那些缺胳膊少腿的兵马俑作品的四肢衔接处也没有任何粘连的痕迹,烧制后出现断裂是必然的。

学生通过自己的观察找到了问题的答案,这就是角色的力量,学生不再被动地等待老师给予自己答案,而是会为了最终作品的成功迫不及待地去解决一切创作中的困难。

通过驱动性问题帮助学生一步一步梳理出创作的路径,并在路径的引导下研究总结出成功办展所需要了解和掌握的各种知识技能,同时学生也感受到了古代匠人们精益求精、精雕细琢的精神,并在自己的创作中传承和发展。学生更是在一次次发现问题、解决问题的循环中充分挖掘出自己的潜能,加深了对自我的肯定与认知。

四、创新展示形式,搭建展示平台,激发爱国情感

每一次作品展,对于学生来说都是一次锻炼和提升,除了能很好地促进学生积极完成作品之外,更是一次宝贵的育人机会。因此相较于传统的泥塑课堂作品展示,本次教学中笔者鼓励学生大胆地利用各种形式来进行展示和宣传。不仅要展现出兵马俑造型上的美,更要展现出兵马俑艺术在整个历史长河中所占据的重要地位,以及它对整个世界的影响力。

因此在前期的准备和布展过程中,我为学生提供了各种关于展览的资料,很多学生也会自发地去网络、书籍中寻找灵感。

"当代兵马俑艺术展"正式开启,有的小组以微视频的形式介绍了最具代表性的兵马俑人物作品;有的小组以表演的形式演绎了不同兵马俑的战斗姿态;有的小组是以自己创作的兵马俑作品为主线,结合前期的创作思维导图将不同的兵马俑人物制作成立体的小作品,同时配以小小讲解员,为大家讲述其中的故事;有的小组以电脑绘画的形式,将兵马俑作品制作成了明信片,并配以简要的介绍,在达到研究成果宣传效果的同时也加强了成果的实用性。(图 5)

图 5　学生的兵马俑相关作品

　　学生们各种形式的展示，得到了参观的小朋友的热烈响应，成功举办"现代兵马俑艺术展"，既完成了本课一开始布置的大任务，同时也增强了学生的自信，让学生获得巨大的成就感。更重要的是他们对我国的兵马俑艺术有了更深层次的了解，在内心深处对其产生了文化认同和高度敬仰，爱国之情也油然而生。

　　总结：通过本次案例研究，我深刻地感受到了学生喜爱的美术课堂是温馨的、和谐的、有成就感的，而一名优秀教师的课堂是能够促成学生深度思考、自主探究和情感升华的，同时具备了以上两点的课堂才是真正有质效、有价值的美术课堂。后续我还将进一步围绕有效渗透育人价值，营造良好的课堂氛围而展开实践研究，从促进深度学习的角度，为课堂各环节注入更多的内涵和意义，深入学生心灵，奉献品格与智慧培育并行的美术课堂。

音乐教育

关于高中音乐教学中学生"获得感"的探究

上海市建平中学　孙丹阳

摘要：文章从高中音乐教学的角度,首先阐述了获得感对学生学习音乐的重要性。分析论述了满足学生获得感的四种途径和方法,描述了在结合三个音乐学科核心素养的教学中,学生三种程度获得感的内外身心的表现。

关键词：高中音乐教学;获得感;学科核心素养

一、获得感的由来及其引发的探究

2015 年 2 月 27 日,习近平总书记在中央全面深化改革领导小组第十次会议上指出,要让人民群众有更多获得感,"获得感"一词由此迅速流行起来。

"获得感"本意是人们在获取某种利益后所产生的满足感,这种利益可能是物质的,也可能是精神的。获得感是主观感受,是人们对客观状况的主观映射。虽然学术界对获得感的内涵还没有统一的界定,但是大多数学者都认为,获得感强调的是一种实实在在的"得到"。获得感不仅是物质层面的,也有精神层面的,既有看得见的,也有看不见的。

获得感与人类的需求密切相关,1943 年,美国心理学家马斯洛在《人类激励理论》中首次提出了"需求层次理论"。马斯洛认为:人是一种不断需求的动物,除短暂的时间外,极少达到完全满足的状况,一个欲望满足后,往往又被另一个欲望所占领。

由此,笔者联想到在当前的高中音乐教学中,许多教师的音乐课多姿多彩,甚至像一台热闹的舞台剧、歌舞剧。然而,在这些看似成功的课程教学背后,音乐教师们是否想过,学生们才是学习的主体,他们对我们每一堂课的音乐教学,是否有实实在在的获得感呢?满足他们的获得感有哪些途径和方法? 学生的获得感有哪些不同层次的内外表现? 由此引发了笔者对高中音乐教学中学生获得感的思考和探究。

二、获得感对于学生学习音乐的重要性

高中音乐教学中的获得感是从学生作为学习主体的角度提出的,结合学生的发展需求,国家制定了音乐教学的指导思想和课程标准。音乐教学的内容和手段是为了满足学生的求知欲和发展的需求,体现了以学生发展为本的宗旨,而获得感则是学生学习需求满

足的最直接的表现方式,学生的获得感是评价音乐教学是否成功的一个非常重要的指标。

（一）获得感让学生得到实实在在的学科核心素养

高中音乐教学的核心是培养学生的学科核心素养。学科核心素养包括审美感知、艺术表现和文化理解三个组成部分。音乐学科核心素养的三个部分都与人类的听觉器官、视觉器官、肌体器官以及心灵和情感密切相关。音乐艺术是一种音响的艺术,也是一种听觉的艺术,还是一种需要创作实践的艺术。有获得感的音乐教学,可以让学生的听觉器官、视觉器官、动觉器官等得到不同程度的满足。这些感知满足后,就会转化出学生对音乐作品的知识技能的吸收消化,转化出对作品进一步的理解和评价,也能够促使学生对音乐作品的认知和表演实践,把握得更加准确。所以,有获得感的音乐教学一定能够使学生学有所获、学有所得、学有所成。

（二）获得感能够激发学生学习音乐的兴趣

兴趣是最好的学习动力,绝大多数学生对音乐学习的兴趣都不是天生的,而是在他们学习的过程中,有了一定成就感的基础上产生的。成就感来自学生对音乐学习过程中各环节的初次体验。在高中音乐教学中,教师要把握好音乐学习中各环节体验的充分性和难易程度。当学生在课堂教学中的音响感受、实践创作、知识和技能、评价和审美价值观交流等各环节中都有一些收获和满足时,他们的内心就会产生一种学习上的成就感,进而升华为愉悦的学习心情,从而促使学生爱上音乐课,热爱音乐学习,愿意为了继续提高自己的音乐知识技能和实践表演能力而学习。最后,也就促进了音乐学科核心素养目标的达成,实现了对学生人格的培养。所以,获得感能够激发学生学习音乐的兴趣。

（三）获得感能够提高学生音乐学习的效率

高中的音乐教师们可能经常会有这样的感叹,为什么高中生经过九年义务教育阶段的音乐学习后,还是不识谱,对经典音乐作品知之甚少呢？原因就在于我们过去的教学没有让学生有获得感,没有获得感的教学当然也是没有效率的音乐教学。目前,全国大多数中小学,特别是许多高中学校,只有高一年级开设了音乐课,高二和高三年级都没有开设音乐课。而且每周只有一节音乐课,每节课40分钟,除去考试周和国家法定节假日外,每学期其实只有15～16周的教学课时。在总体时间非常有限的高中音乐教学中,唯有使学生在每节课都有实在的收获,才能提高课堂教学的效率。有获得感的教学,能使学生在课堂中完成学习目标,对音乐作品有明确的感知和理解,对音乐知识和技能有所收获,对音乐作品的实践表演有明显的提高和进步。所以,有获得感的教学能提高学生音乐学习的效率。

三、满足学生获得感的途径和方法

（一）给学生充分的音乐音响听觉感知获得感

音乐是音响的艺术,音乐作品的内容、情感和形象,都是通过不同音乐要素组成的音响来展现的。所以,为了让学生在音乐教学中有获得感,首先,教师要避免用语言描述来替代学生对音响的感知,要用音响去满足学生对音乐的深入感受。其次,要保证学生对音乐作品音响有足够的听赏时间,要保证学生对全曲大部分段落的欣赏感受时间。有了一定的音响感知度,学生才会对音乐作品有感觉,才会感受到作品中音乐要素表现的内容、情感和形象,并且能够产生深度的欣赏感受和反应,从而产生学习上的获得感和成就感。另外,教师在欣赏前设计的问题要具体而清晰,难度适宜,能够让学生带着要求去欣赏,而不是漫无目的地去感受,这样,学生的身心会得到一定程度的辨听满足和获得感,能够产生真切的情感反应,和对作品的高质量认识。

现代科技的发展,使音乐作品有了更多的展现方式。大量的音乐作品都有演唱演奏视频,可以让学生直观地感受到音乐作品表演创作的真实场景,也可以让学生通过视频画面来感受作品中所表现的一些历史文化场景。这些视频画面也可以充分调动学生的听觉、视觉器官的专注度。不过,教师在教学中还是需要引导学生,音乐艺术是用音响材料塑造音乐形象和情感的,对音乐作品的听觉感受比视觉感受更为重要。

教师还可以通过其他手段来辅助满足学生听觉的感知。比如,配合音响开展情境化教学、使用较好的音响设备,使学生沉浸在音乐作品的音响情境中,以更加专注的精神状态来学习。

(二)让学生从对比、交流中得到获得感

音乐是时间的艺术。音乐作品的主题旋律进行、和声色彩变化,都是随着时间的推进而逐渐展现给听众的,音乐要素的每一次变化都带来音响的变化。每一次变化都意味着音乐形象、音乐情感以及音乐表现内容的转变。在音乐教学中,可以采取对比音乐作品中各音乐要素的变化的方法让学生有获得感。学生从对比中能够发现音乐要素的作用、音响变化的差异、音乐要素与音乐形象及情感的关系。假如能够通过对比的方式欣赏和感知音乐作品,学生更容易获得对音乐作品的感受。

交流,也是一种非常有效的感知获得方式,交流可以感知他人不同的感受角度。当学生把自己对音乐作品的欣赏感知和想法与大家分享交流时,其他人听到了与自己不同角度的感受,能够促使学生在继续欣赏的过程中,兼顾更多的听觉维度。

(三)给学生充分的实践表演获得感

音乐艺术也是一门实践性很强的艺术。作曲家创作了作品以后,还需要通过人们的实践表演,即二次创作,把作品展现给听众。任何一种表演创作都包含着表演者自己的音乐文化修养和对作品的理解。实践表演能够使表演者对音乐作品有全面而深刻的认识和感受。所以在音乐教学中,让学生进行充分的实践表演是使其体验到获得感必不可少的一个部分。学生充分地实践表演,不是蜻蜓点水地简单比画几下,而是要给学生充分的实践表演时间去准备、去练习、去感悟音乐作品。

实践表演要密切联系学生学习的相关音乐作品,而不是以无关的音乐作品进行表演,那样的话,学生对学习的音乐作品的感受就会比较浅显。实践表演的时间越充分,表演者

对作品的感受和理解就会越深入。另外,营造接近演出模式的实践表演环境,还有助于学生体验表演经验上的"获得感"。

实践表演的音乐作品在难度上要适合学生的基础,关键在于保证学生能够完成,而且能够完成得有一定的质量,甚至能够发挥出一定的创意来。这样的实践表演才能满足学生的"获得感"。

(四)满足学生个性化需求的获得感

在开展素质教育的大环境下,音乐教师要真正做到以学生为教学主体,以学生发展为本,对他们进行了解,关注每一位学生的音乐基础以及学习兴趣和学习需求,针对学生的差异性,因材施教,选择适合学生发展的教学方式,以尊重和赞赏的态度对待每个学生,鼓励学生多听、多看、多唱、多奏、多创、多评。

高中阶段的学生,年龄大多处于 14～18 岁。他们的生理特征开始逐渐走向成人化,个性意识逐渐增强,喜欢探究,喜欢质疑,不满足于现有的知识结构,有探究学习的欲望。所以,为了让学生在教学中有获得感,音乐教师可以根据不同学生的兴趣爱好,从不同层次的问题设计、不同听觉要求的设计、不同层次学习小组的分配、不同艺术实践表演层次的要求等角度进行教学,让每一个学生都能够在音乐作品音响的感受中获得情绪反应,获得知识与技能,能够充分地对音乐作品进行实践表演,让他们取得自己在音乐学习上的成功,从而产生幸福感和获得感。

开展模块化、自主化学习也是满足学生获得感的有效方法,教师可以充分利用学生的主观学习愿望指导模块化学习,让每位学生都有自己想要学习的模块化内容。根据学生选择的方向,与他们一起设定学习目标、可量化的结果、明确的完成期限,以满足学生的获得感。

四、结合音乐学科核心素养教学中的获得感表现

高中音乐学科核心标准中明确提出了着力培养和发展学生的音乐学科核心素养的目标。音乐教学应该紧紧围绕这个教学目标展开,使学生在每一次课堂教学中都有实实在在的获得感。

学生是否有实在的获得感,通常可以通过学生身体内在和外在不同程度的表现来观察和评价。具体可从学生的精神面貌、肢体形态、内心的情感反应、大脑思维及眼神的专注度和语言表述的专业程度,以及实践表演作品的不同层次来判断。

(一)基于作品审美感知的获得感表现层次

审美感知是指对音乐艺术听觉特性、表现形式、表现要素、表现手段及独特美感的感悟、理解和把握。音乐审美感知是一切音乐审美心理活动的基础,它包含着简单的感觉和较复杂的知觉。

感觉是指客观刺激作用于感觉器官,经过人脑的信息加工而产生的对事物个别属性的反映。知觉则是在感觉的基础上对事物的综合的整体性把握,它是一种更积极主动的

心理活动。感觉与知觉合称为感知,感觉是感知的基础,知觉是感觉的深入,两者在音乐审美的过程中,通常都是交织在一起共同发挥作用的。

音乐学科核心素养中的审美感知要求学生对音乐的音响以及音乐美的文化属性有具体的感知和深入的理解认识,通过音乐音响本身所表现出的美感及特色,来实现自身音乐修养的提升,激发对音乐学习的不懈动力。学生对音乐作品不仅进行审美感知,还会产生一定的态度和体验,也就是我们说的情感。情感有利于进行审美活动,它体现为特殊的主观体验、显著的生理变化和外部表情。

1. 获得感弱的表现

学生感受不到音乐作品中音高、节奏、音色、力度的特点及变化,回答不了教师设计的听赏问题,只能靠教师提示才能去猜想答案;听赏的注意力不集中,眼睛时不时左顾右盼,时不时与周围同学讲话,时不时翻看其他书籍或写其他作业;大脑想象不出与音乐作品相关的场景及形象;感知作品时肢体没有自然的反应动作、眼神游离且没有神采,情绪自始至终平静而懒散。

2. 获得感较强的表现

学生能够感受到音乐作品中一部分音乐要素的特点及变化,基本可以正确回答教师设计的听赏问题;听赏的注意力比较集中,眼睛左顾右盼及与同学讲话的现象较少;大脑可以较清晰地想象出与音乐作品相关的场景和形象;感知作品时肢体自然反应动作较少,眼神表露出参与倾听的状态,在感受音乐作品时情绪会有一些波动和反应。

3. 获得感强的表现

学生能够感受到音乐作品中音高、节奏、音色、力度的特点及变化,能够正确回答教师设计的听赏问题,表露出更多的感受;听赏的注意力很集中,没有左顾右盼以及与同学讲话的情况,欣赏中不做其他无关的事情;大脑能够想象出较多与音乐作品相关的场景及形象;感知作品时肢体会随着音乐有自然的反应动作,比如用手打拍子、点头及身体的律动、眼神里有光,显示出积极兴奋的状态,能够随着音乐音响情绪的变化而变化。

(二)基于作品艺术表现的获得感表现

艺术表现是指通过唱歌、演奏、综合艺术表演和音乐创编等活动,表达音乐艺术美感和情感内涵的实践活动。

音乐是一种表演艺术。它必须通过人声歌唱、乐器演奏以及包括指挥在内的多种艺术手段,将乐曲或者歌曲用具体可感的音响表现出来,传递给欣赏者,以实现音乐艺术作品的审美价值。音乐表演是一种具有创造性质的艺术表现行为。

音乐教育如果缺少了艺术表现实践,就很难体现出音乐作品的创作和情感表达。同时,音乐艺术感知也是通过一定的实践来获得的,也是艺术实践的一种。

在作品的艺术表现中,学生的想象力、创造力以及表演能力,都得到了综合的锻炼和提高,获得了艺术表现的自信心,从而对音乐学习产生一定的获得感。

1. 获得感弱的表现

艺术表现缺乏完整性,对于作品的音乐要素以及风格处理把握得不准确,艺术表现没有特色和感染力;艺术表现只能完成短短几个音或者几个句子,不能形成较长的乐句和段落;演唱及表演的音准和节奏感差;艺术表现中肢体动作很少,情绪不兴奋,有害怕实践的怯场心理,表演时眼神不敢看同学和老师,艺术表现过程中没有自信心。

2. 获得感较强的表现

艺术表现基本完整,作品的音乐要素及风格处理把握得基本准确,艺术表现有一定感染力;艺术表现能够完成较长的乐句和段落;演唱及表演的音准和节奏较好;艺术表现中有一些肢体动作,情绪比较兴奋,稍微有一些害怕实践的怯场心理,表演时眼神偶尔会看看同学们和老师,艺术表现过程中比较自信。

3. 获得感强的表现

艺术表现能够完整完成,作品的音乐要素以及风格处理把握得准确,艺术表现有一些自己的特色和感染力;艺术表现能够完成较长的乐句和段落;音乐演唱及表演的音准和节奏感好;艺术表现时会运用一些肢体动作,情绪一直积极兴奋,没有害怕实践的怯场心理,表演时眼神敢于和同学与老师交流,艺术表现过程中显示出明显的自信心。

(三)基于作品文化理解的获得感表现

世界上不同国家、不同地域的民族,都有不同的音乐文化,形成了丰富多彩的音乐风格。文化理解是指通过音乐感知和艺术表现等途径,理解不同文化语境中音乐艺术的人文内涵。

在培养高中学生音乐核心素养的过程中,文化理解是必不可少的。高中正是学生人生观、价值观形成的关键阶段,必须赋予学生民族眼光和世界眼光。音乐教育不光要弘扬本民族的音乐,还要让学生放眼世界,对世界其他国家的音乐,也能够从文化艺术的角度进行理解。

对作品文化理解的获得感,主要来自学生对不同音乐文化的认识和理解,判断不同音乐文化的差异,以及不同音乐文化的审美价值。

1. 获得感弱的表现

学生感受不到各民族音乐作品在音高、节奏、音色、力度、风格上的不同特点,感受不到中华民族音乐文化的独特性及优势;听赏民族音乐作品及外国音乐作品的兴趣和专注度都很弱;生活阅历较少,交流评价时谈论的多是一些无关的文化生活现象,不能够从文化价值的角度去感受和评价音乐;进行音乐文化感受评价时精神状态懒散,没有积极参与文化理解交流的欲望。

2. 获得感较强的表现

学生能够较好地感受到各民族的音乐作品在音高、节奏、音色、力度、风格上的不同特点,感受到中华民族音乐文化的独特性及优势;听赏民族音乐作品及外国音乐作品时有较强的兴趣和专注度;生活阅历较丰富,交流评价时能够从文化价值的角度去谈一些感受;进行音乐文化感受评价时精神状态较积极,比较愿意了解其他民族的音乐文化。

3. "获得感"优良的表现

学生能够很快地感受到各民族音乐作品在音高、节奏、音色、力度、风格上的不同特点,能够感受和说出中华民族音乐文化的独特性和优势;对听赏民族音乐作品及外国音乐作品都有较高的兴趣和专注度;生活阅历丰富,交流评价时能够从文化价值和审美价值的角度去比较,说出自己的理解和评价;进行文化感受评价时精神状态积极,发言积极主动;表现出积极主动欣赏世界音乐文化的态度和情感。

五、结语

高中音乐教学让学生有了获得感,既是对学生音乐学习的鼓励,也是对音乐教学效率的提高,学生有了实实在在的获得感后,自然会产生一种愉悦的情感,激发出学习音乐的兴趣和动力。有了这种学习音乐的兴趣和动力,我们的音乐教学目标,就一定能够实现,最终完成音乐课程标准中所要求的对学生学科音乐素养的培养。希望每位高中音乐教师都认真研究学生在音乐教学中的获得感,让自己的音乐教学变成获得感的教学。

初中"田园生活"山歌课程建设的实践与研究

崇东中学　李　敏

摘要：崇明山歌是流传在崇明岛上的民歌与民谣的总称，具有独特的艺术风格。在一千三百多年漫长的历史进程中，崇明劳动人民在崇明岛独特的历史、地理、文化、风俗的长期浸润下，在长期的生产和生活中出于实际需要而口头创作了许多山歌，并广泛流传，日积月累，形成了艺术风格独特的崇明山歌。融合崇明山歌进行初中音乐课程建设，具有特殊的意义。

关键词：崇明山歌；劳动智慧；民族传承

崇明山歌仿若一叶叶芦苇小舟，沿着长江和岛上的每一条河流一路漂过来。崇明山歌的歌词所描绘的崇明：绿水碧波荡漾，蓝天白云悠哉，袅袅炊烟绕寨，稻花满岛飘香，门前桂花朵朵，芦苇白鹭成行……家乡人听过醉心怀，远行的崇明人听到这乡音泪水满眶，这份浓重的乡情深入每一个孩子的心中。孩子们带着对美好生活的热爱，这边唱来那边和，家长们个个在歌声中笑逐颜开。学生们在山歌中学会换位思考，培养团队精神，启迪生活的智慧。与此同时，山歌学习活动提高了学生的审美鉴赏能力、交流沟通能力、想象力、创新能力和观察生活的能力等。

综上所述，在农村初中开展山歌拓展课程的开发与实践研究显得尤为重要。

一、崇明山歌校本研究型课程开设的意义

为了更好地在校园内传承与发扬崇明山歌，学校设置了山歌社团。崇明山歌社团活动已开展三年，培养了几批山歌队队员，为上一级学校输送了山歌队人才，同时加强了社区和周边学校的联系。山歌社团活动的开展提升了学校的艺术教学质量，学校在艺术教学方面取得了前所未有的成绩，培育了全体师生的家乡情怀。在传习山歌活动中，师生们深深眷恋崇明这片繁衍生息、充满活力的土地。农村初中拓展课程开发与实践探索，旨在完善现行课程体系，提高学生审美情趣和人文素养，使其以审美视角去感知世界，培养"全面发展的人"，为农村初中提供鲜活的案例和实践原型，为同类学校提供可资借鉴的范式。笔者主要以音乐素养中的三个方面——音乐基本节拍、歌唱中的音准和旋律创编为主要内容开展实践与研究，旨在通过崇明山歌提高学生节奏、音准、创编的音乐素养。（如图1）

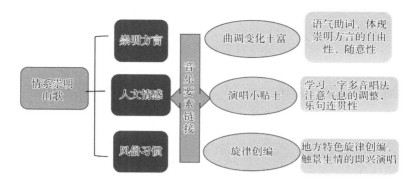

图1　崇明山歌相关教学范畴

（一）习山歌、定体系、寻策略、创评价

1. 梳理理念目标，确定山歌课程体系

基于"幸福教育为幸福人生奠基"的办学理念和艺术特色学校的定位，以生为本，立足校情，培养学生"仁爱与责任""审美与智慧""灵性与信仰""节制与好奇"的品质，建设学校艺术特色课程体系，该体系面向全体学生，贯穿学校教学。

2. 统整山歌课程，进行课程体系顶层设计

我校成立艺术委员会，开设山歌基础型、拓展型、研究型三类课程，编著适合校情的山歌校本教材。从浩瀚的崇明山歌题材中选取具有代表性的曲调，由易到难，各年级有所侧重，以通俗易懂的表达形式，体现崇明山歌的韵味，促使学生感悟崇明人民创造的精神财富。

3. 凸显崇明山歌特色，寻求课程体系实施策略

把山歌作为校本课程内容进行开发，在学校兴趣小组、各类课外实践活动中予以侧重，并形成熏陶式、渗透式、体验式、探究式四种课程实施策略。

4. 强调多元动态，健全山歌课程体系评价模式

我校始终以多元智能评价理念为主线，注重山歌课程评价标准分层化、评价内容多样化和评价过程动态化，为学生提供更多的选择，促进学生更加全面、个性化发展。

（二）需解决的主要问题、解决问题的过程与方法

1. 主要问题

为探索山歌特色课程体系的建设，我校进行了旷日持久的实践探索。但在探索的过程中也面临着一些困难与挫折，如师资不足、老化，学生积极性不强、参与度不高，家长理解、支持程度不高，山歌影响力甚微、濒临消亡的危机。

2. 解决问题的过程与方法

开展围绕山歌的各种形式的竞赛活动，培养学生对家乡的热爱。教师带领学生进行社会演出，丰富生活阅历，锻炼学生的表达能力，增强其心理素质，满足学生的自我表现

欲。通过各类活动,促进学生热爱崇明山歌,增强知识积累意识,得到山歌文化的熏陶,从而提升人文素养。

崇明山歌是我国民歌宝库中的一颗璀璨明珠,每一位教师都应当承担起传承和保护山歌的责任。艺术素养是学生综合素养的内容之一,影响着学生的全面发展。本地区中学音乐学科应将崇明山歌引入中学音乐课程教学中,深入挖掘其人文性和审美性,积极传承与弘扬。笔者坚信,通过广大音乐教育工作者的共同努力和广泛宣传,崇明山歌一定能薪火相传,在中华民族文化中显得更加灿烂与辉煌。

二、运用山歌提高学生音乐素养的具体举措

崇明山歌内容丰富多彩,可以按照内容分类,也可按照曲调分类。

崇明山歌中劳动歌、生活歌、情歌、哭丧歌等数量最多。在不同的场合唱不同的山歌,比如劳动号子、打夯歌都是劳动中创作的,在劳动中演唱。常用的崇明山歌曲调有"对话调""采茶调""东沙调""牌名调""喊牛调"等三十多种。

六年级学生尝试演唱《对花调》,这个曲子可以和同伴你一句、我一句来演唱,问一句、答一句的演唱方式很是有趣。

表1　六年级《对花调》主题 A 片段

教师行为	学生行为	教师观察
环节1:熟悉歌词 师:今天老师带来了一首山歌,你们能听着音乐来打拍子吗? 师:你们在欣赏的时候,感受到山歌有什么特点? 环节2: 分组合作表现山歌中的强弱律动。 教师启发:请你们再听一次,是否可以融入方言呢?	学生聆听山歌《对花调》; 学生很兴奋; 学生听着音乐数拍子。 生:活泼、有跳跃感。 合作活动: 两两合作（A 和 B） A:哈个花开白如雪? B:哈个花开像黄金? 说明:A拍击强拍;B跟随 A。 学生聆听,发现 B拍击的力度比A稍微弱一点,并找出装饰音。	一开始,大家对山歌都不是很熟悉,随着乐曲的推进,学生自然地在音乐的强拍点拍下去,找到了有规律的强拍律动,并感受山歌带来的不同感受。 学生能感受到山歌具有活泼的内在律动感 A 先读 B 后拍 学生 B 能够跟随学生 A 刚开始,学生 B 的韵律非常强,然后随着音乐的进行,教师引导学生继续听,B 的拍点力度是否有所变化呢? 于是学生 B 慢慢将说唱力度作了调整,最后将方言融入乐曲。

设计说明:
　　动听的崇明山歌曲调变化丰富,具有浓郁的民歌风味,离不开装饰音的作用。《对花调》中有大量装饰音,同学们应该都能找到乐句的音符前面升高半音的小音符了吧?
　　是的,它们就是"装饰音",最后跟着老师学一学最后一句"吹喇叭"! 在实践中,笔者发现学生对乐曲的感受还是非常准确的、欢快的、明朗的。教学环节中我首先让学生 A、B 合作,要求 B 跟随 A 拍击节奏,但我没有过早告诉 B 如何拍击,而是引导他们继续听,听一听山歌中的装饰音,并找看,唱一唱,启发学生装饰音、强弱在山歌乐曲中的作用,于是学生在聆听中不断调整,灵动地表现《对花调》富有动感的民族风味。

三、实践成效

（一）传唱山歌提高学生在节奏律动、歌唱音准、创编能力方面的音乐素养

笔者在本课题实践研究前对六、七、八三个年级总共 63 名学生开展了关于音乐素养的基础测试，内容涉及听辨音乐节拍、演唱歌曲旋律、节奏模仿与旋律创编；其中学生听辨音乐节拍的正确率为 78％，演唱歌曲旋律的正确率为 70％，节奏模仿与旋律创编的正确率为 67％。通过传唱山歌，学生在这三方面的音乐素养均有一定提升，听辨音乐节拍的正确率提升至 92％，提升的幅度最大；其次是演唱山歌旋律的正确率提升至 83％；节奏模仿与旋律创编虽有一定难度，但其正确率也达到了 79％。

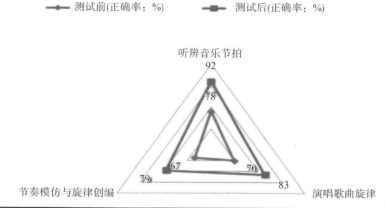

测试维度	测试前(正确率:％)	测试后(正确率:％)
听辨音乐节拍	78	92
演唱歌曲旋律	70	83
节奏模仿与旋律创编	67	79

（二）崇明方言与音乐素养的链接

崇明方言来自日常生活，它让所有的学生都能勇敢自信地学习音乐。学生们更愿意上音乐课了，他们对山歌充满了期待。在一项对崇明山歌喜欢程度的调查中，"非常喜欢"崇明山歌的学生由原来的 80％提升到 90％，对崇明山歌喜爱程度"一般"的学生从 16％减少到 9％，"不喜欢"崇明山歌的学生从 4％减少至 1％。从图 2 中可见，大部分学生对崇明山歌都是非常喜爱的，他们在课堂中能够专注聆听并参与实践，有效掌握节奏、音准等音乐要素，逐渐形成素养。

喜欢崇明山歌程度　　　　　　　　喜欢崇明山歌程度

■非常喜欢 ■ 一般 ■ 不喜欢 ■　　■非常喜欢 ■ 一般 ■ 不喜欢 ■

图 2　学生对崇明山歌喜欢程度两次调查结果

（三）山歌提高了教师教学创新性，积累了一定案例

山歌课堂实践与探索，提高了教师教学的创新性。崇明山歌演出团队多次亮相市、区级比赛，例如在中华人民共和国成立 70 周年之际，笔者带领校山歌团演唱《崇明山歌名气大》，荣获"绿韵炫动"庆祝中华人民共和国成立 70 周年特别活动银奖，并获优秀指导教师荣誉。同时，演出团队在区级单项比赛中荣获了不俗的成绩，逐渐积累了一定具有参考价值的案例。

四、结论与思考

（一）结论

崇明山歌教学能够提高学生在节奏律动、歌唱音准和创编能力方面的素养；促进了学生在课堂中的主动学习与感受；崇明山歌为课堂教学提供了独特的视角。

（二）思考

1. 在运用山歌提高学生音乐素养方面积累了一定案例，但是比较分散。积累并形成六至九年级逐步递进和提升的案例集，并结合现有教材，形成校本化课程，需进一步探索和研究。

2. 本文主要研究的是将山歌运用于培养学生节奏律动、歌唱音准、创编能力等音乐素养方面，在引导学生把握音色、音乐曲式结构等方面还可以进一步尝试与探索。

具身认知理论下小学低段音乐教学研究与初探

上海科技大学附属学校　宋楚莹

摘要：在小学音乐教学中，低段(1～2年级)学生的特点和其他年级存在明显差异，针对这一年龄段学生的心理和生理特点，结合具身认知理论中身体与环境共同作用于认知的观点，有助于摆脱当前小学音乐教学的"离身"困境，提高音乐教学的有效性。

关键词：音乐教学；具身认知；低段学情

新课标要求，遵循艺术学习规律，体现学生身心发展阶段性、连续性的特点。义务教育艺术课程分阶段设置，在小学第一阶段(1～2年级)设置"趣味唱游""情景表演""聆听音乐""发现身边的音乐"4项学习任务。要求教师注重用多种方式让学生感知音乐，结合身体律动、情景创设、感官体验给予学生音乐情感体验，培养学生审美能力、创造能力。

19世纪60年代前后，认知心理学已经成为西方心理学的主流，身体在认知心理学中逐渐得到重视。近年来，具身认知成为一个较新的研究领域。该理论重视身体在认知过程中的重要作用，认为人的认知与身体的各类体验息息相关，身体的体验感知内化后促成了认知，主张"身"与"心"的关联性与一体性。这与在音乐教学中将学生身体与听觉、视觉、触觉结合起来，帮助学生更好地理解音乐的教学观念以及近年来较为流行的"体验式"教学理念高度契合。

笔者认为，小学低段的学生正处于对事物充满好奇、活泼好动的年纪。这个年龄段的学生在听到有律动感的音乐时可以从音乐中提取节奏信息，感受到强烈且富有动感的节拍，不自觉地动起来。在音乐课堂中，学生用肢体亲身体验音乐本体的元素，可以激发学生的学习兴趣，也能促使他们的认知快速发展，提升音乐审美的能力。

一、小学低段音乐学情特点分析

《义务教育课程方案和课程标准(2022年版)》在指导思想上，遵循学生身心发展规律，凸显学生主体地位，关注学生个性化、多样化的学习和发展需求。新课标强调以学生为主体，音乐教学也不例外，小学音乐教学的各阶段都要适应小学生身心发展的规律。

(一)小学低段学生心理发展特点

发展心理学认为，小学是儿童心理发展的关键期。低段年级(1～2年级)的学生还具有学龄前的心理特点，这时候的学生有极强的好奇心和丰富的想象力。但由于年龄较小，这个年龄段的学生注意力不能长时间集中。在思维方式方面,这个年龄段的学生具体直观化思维在认知过程中占据着主导地位,可以根据一些具体的事物或熟悉的经验进行形象的逻辑思维,抽象思维能力仅处在初期的发展阶段。根据这一特点,教师需要把教学中的知识点与游戏、声势、律动相结合,将学生不好理解的音乐概念和复杂的音乐知识以及重复性强的技能练习转化成更具体、更形象、更贴近学生生活经验的游戏、律动。

(二)小学低段学生生理发展特点

小学低段学生年龄一般为 6~8 岁,这个年龄段的孩子进入了身体快速发育的阶段,骨骼、肌肉都有明显生长,精力十分旺盛,肢体比较灵活,身体的协调性、平衡感也在逐步增强,在听力和视力方面,相较于学龄前能更加敏锐地捕捉外界的细小差别。传统的坐在位子上听课的教学方式不利于这个年纪学生的身体发展,调动多感官的音乐教学活动能使学生协调性更好地发展,这顺应了小学生学习的规律,与具身认知的身体活动参与认知理念也不谋而合。在音乐教学中,教师需要了解学生的学情才能更好地开展教学活动。这个年纪的学生活泼好动,利用这一特点,设计一些需要身体参与的课堂活动,既可以给他们一个"动"的理由,又能吸引学生的注意力,也能更好地调动他们学习的积极性。

二、具身认知在小学低段学生音乐教学实践中的意义

在教育教学中,音乐知识技能对学生来说是必不可少的。通过上文对小学低段学生心理与生理特点的分析可知,这个年龄段的学生,无法理解抽象的音乐基础知识,抽象的知识技能也无法引起学生的兴趣。达尔克罗兹提出将音乐与身体联系在一起,他认为身体律动与身体认知、音乐理解、聆听意识和自我意识有关。运用具身认知理念进行教学,有利于学生对抽象音乐知识的理解。用感性思维、感知体验取代传统教学方法,通过指导和互动来激发学生的学习兴趣,从而实现素质教育的目标。

(一)激发学生音乐学习兴趣

我国传统的音乐教育长期处于身心分离的状态,多数教师用着固定的教案、相同的课件、单一的教材进行音乐教学,教学理念也没有及时地更新改进。音乐课相较于其他学科有很强的审美性,教师如果只着重传授学生音乐知识与技能,会让音乐课变得枯燥无味,也无法激起学生的学习兴趣。

将具身认知理论应用到音乐教学当中,首先可以使教师逐步将教学重点转移到音乐教学的体验性上,营造有助于音乐教学的环境。根据教学活动场地的大小、教学的主要内容、班集体的学生人数进行座位的调整,营造更适宜的教学氛围。例如,在小学一年级开学预备课时,学生之间还不熟悉,可以让学生们围坐成一个大圈,利用注意力游戏和稳定拍拍击的方式,从一侧开始用"我是……"的句式介绍自己,由此游戏可以衍生出"我是……我爱吃……"这类和节奏相关的小游戏,潜移默化地帮助学生理解知识,锻炼注意力和快速反应能力,同时培养学生对节奏节拍的概念,也让他们在游戏中"破冰",收获友谊,还可以增强学生学习音乐的兴趣。在日常教学活动中,也可以用"U"形、方形等不同

的座位,提高学生在有效空间内活动的参与度,让学生在教学场地内可以更自由地支配自己的肢体,增强身体的体验感。

其次,具身认知理论中的"环境"也可以是课堂的情境创设。在课堂中,教师通过多媒体音效、图片、语言、服装、教具、乐器等,为学生营造与课程内容相符合的情境,激发学生的好奇心,利用情境的氛围感,让学生身临其境。例如,《在欢乐的节日里》是一首印度尼西亚民歌,大部分学生对印度尼西亚这个国家很陌生,教师可以用一些带有印尼风格的装饰让学生进入教室时就能感受到不一样的教学环境,仿佛置身于印尼。情景创设对小学低段学生更具有吸引力,也能帮助学生更快地进入学习状态。

我们经常说"兴趣是最好的老师",如何激发学生的学习兴趣是教师不断探索研究的课题。音乐作为非考试学科,在某种程度上不被家长、学生重视,所以从小学低段开始培养学生对音乐学习的兴趣尤为重要。传统音乐教学"一课一歌、一课一知识"的简单"灌输式"教学方法不利于小学音乐学习,无法激发学生的学习兴趣。具身认知带来了新的理论,让人们对认知有了新的理解,同时打开了教学方式的新思路。具身认知认为外部环境、身体条件、生活经验、文化基础等都会影响主体的认知,在具身认知理论的引导下,教师们更加注重指导学生运用身体去进行学习,也会注重构建音乐教学情境,从而激发学生的学习兴趣。

(二)提高学生音乐认知能力

在具身认知中,身体的运用是非常重要的,利用肢体动作进行音乐教学可以帮助学生学习和理解音乐知识。

对于低段小学生来说,音乐学习中的一些基本音乐知识是抽象、难以理解的,而这些音乐的基础知识对于音乐学习又是必需的,学习了这些音乐基础知识才能进行更深层次的音乐学习。例如音与音的高度关系、音符节奏的长短、乐句的划分等,低段小学生大脑中对这些知识是没有明确的认知概念的,他们大多数没有音乐基础,只能分辨出声音的强弱、长短。但多数学生能够更快、更直观地理解肢体动作,用肢体动作来表现音乐知识,可以让音乐知识更加生动,也能帮助学生理解音乐,提高对音乐的认知能力。

案例:节拍教学,三拍子强与弱

低段小学生的音乐知识技能教学一般从节奏入手,而学生往往对节奏和节拍这种较为抽象的知识很难真正理解。节奏起源于身体动作,用身体律动来学习节奏是学生最容易接受的方式。

笔者从一节课中的一个知识点入手,分析如何用具身认知帮助学生学习音乐知识与技能。以往音乐节拍中的强弱教学,大多数音乐教师会选择两种方式,第一种是"灌输式"教学方式,直接用语言告诉学生,学习的是三拍子,强弱关系是强弱弱。这种教学模式生硬地把知识告诉学生,大部分低段小学生都是用"轻"和"响"来表述声音强弱,这样的教学只是让学生记住了"强弱弱"的概念。教师下一次提问三拍子的强弱关系,他们也许能回答得上来是"强弱弱",却并未真正理解其中的含义。第二种方式,用打击乐结合图像的方式让学生学习三拍子的强弱,先让学生聆听教师示范乐器发出的"强弱弱"的声音,再结合图片表示三拍子的强弱关系。这种方式相较于前一种更具科学性,也更加直观地让学生感受了三拍子的强弱关系,这也是现在的音乐教学中常用的方式。学生只需要记忆声音的强弱关系,并没有真正感受理解三拍子。具身认知理论下的有效教学过程鼓励学生在"动"中学习,笔者尝试用前进后退步的方式教学生先感受身体律动,学生先用原地踏步的形式进行运动,这时加入前进后退的步伐,在"前二三、退二三"(见图 1)的三拍子步伐中感受身体的重心变化,从而理解三拍子的强弱关系及身体的摇摆感。学生建立了对三拍子身体律动的初步认知后,教授他们节奏节拍及强弱概念,他们自然就能理解。

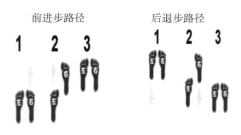

图 1　三拍子前进后退步演示

(三)培养学生音乐创造力

著名科学家钱学森曾说过:"艺术的修养,对我后来科学工作很重要,它开拓了科学的创新思维,我们当时搞火箭的一些想法,就是在和艺术家们交流中产生的。"可见艺术对科学创造性很有帮助,让思维能够更加开阔。

音乐带给人们丰富的想象力,因此音乐课可作为基础教育培养学生创造力的有效途径。小学低段是基础教育的开端,也是学生创造力迅速萌发的阶段,所以用音乐教学培养学生的创造力非常重要。

新课程理念中提道:"音乐教学应该是由师生共同体验、发现、创造、表现和享受音乐美的过程。"具身认知理论强调身心为一体,将音乐和生活相融合,收获整体的音乐经验。新课标提到培养学生的审美与创造性,在音乐教学活动中亲身体验,能让学生在学习活动中感受到真实,激发学生的创作欲,培养学生的创造能力。

具身认知理论下的音乐教学,鼓励学生最大限度发挥自己的想象力,解放身心。常规的音乐课中,教师按照教参或教案把每节课上得"一模一样",不断引导学生回答自己心里的答案,从而完成知识技能的教学。事实上,音乐创作是没有标准答案的,每个人对音乐的感知是不一样的,特别是低段小学生,他们对音乐审美的概念是模糊的,回答的答案常常是天马行空的,这时需要教师适当引导。

例如《鹅鹅鹅》这首歌曲是 2019 年小学一年级上册音乐教材中新增的作品,是二段体结构,其中一共有四段一样的歌词,但旋律都略有不同,这对于一年级的学生来说是比较有难度的。以往学习歌曲时,学生可以通过歌词的不同辨别歌曲的乐句以及旋律的变化,相同的歌词对于他们来说很容易把相似的乐句混淆。教师可以先用聆听的方式让学生辨别两个乐段的不同情绪,再用模唱的形式让学生熟悉旋律,同时通过观察乐谱或旋律线的方式辨别相似乐句的不同之处,这时候加入歌词,学生会更加容易辨别乐句的不同,对于歌曲的旋律特点也有了一定的概念,最后加入创编练习,教师把学生分成若干组,让学生自行创编动作来体现乐句,每组分配一段歌词。小组活动中,教师可以适当提示与指定,最终呈现完整的作品。这样的方式既可以培养学生的创造力,也可以通过学生的表演判断学生的学习情况,也是教师了解学生学习效果的一种途径。

图2 沪教版一年级上册《鹅鹅鹅》谱例

四、具身认知对教师教学的启示

回望过往的音乐教学,教师站在讲台上和学生有距离地进行音乐教学,播放一些教材内的歌曲或乐曲,然后进行一些教唱或知识技能的讲解,师生的互动停留在教师唱一句、学生跟一句,学生被动地接受老师"灌给"的知识层面。具身认知理念下的课堂教学不是学生被动接受知识,而是教师和学生共建教学过程,二者在课堂中不断进行语言、肢体、思想上的交流。

音乐是一门情感艺术。在音乐课中,教师需要通过多种方式激发学生对音乐的学习热情,培养他们对音乐的审美感知,尤其是在小学启蒙阶段。我们时常说,好的开始是成功的一半,小学低段时期对于学生建立对音乐的审美十分重要。

具身认知理念下的音乐教学,教师不再一直被讲台禁锢,其肢体动作、表情语言、情感交流都成为音乐教学中不可或缺的手段。教师和学生是教学中的共同体,两者相互依存,有效的互动可以让学生更好地体验教学活动,感知音乐。同时,教师也能在和学生的互动中及时得到教学反馈,有助于教师在后续的教学中改进、完善教学设计。

五、结语

　　音乐教学的主要任务是立德树人,培养学生的音乐审美能力,挖掘学生的创造潜力,使他们能够理解音乐,了解音乐背后的文化,最终达到陶冶情操的目的。音乐教学道阻且长,新的音乐教育理念会引领音乐课堂教学走向新道路。具身认知理论是一个心理学领域的理论,为小学音乐教学提供了新的思路,面对教学过程的多变性及学生学情的多样化,如何更好地将具身认知理论运用于我们的音乐教学中,依然是一个需要不断探索的课题。

浅谈"双新"背景下初中音乐单元教材教法设计

上海师范大学附属青浦实验中学　张丽华

摘要:初中音乐单元教材教法设计是在新课程背景下,以"核心素养"为导向的大概念单元教学设计的重要环节,旨在以单元视角帮助学生在有限的课堂时间内通过丰富的实践经历,构建音乐审美认知,积累音乐实践经验,从而促进学生对某一类音乐作品学习的理解和迁移,落实学科核心素养培育。以初中六年级音乐"电影音乐中的配乐"重构单元的教材教法设计为例,从聚焦作品关键特征、突出内容重点、提炼核心概念、建立线索关联的教材分析,到关注学习经历、关注学法指导、注重知识迁移的教法分析,展开初中音乐单元教材教法设计的探索。

关键词:初中音乐;促进理解;教材教法

自《义务教育艺术课程标准(2022年版)》推行以来,以"核心素养"为导向的大概念单元教学设计,对教师的专业能力提出了新要求。学科核心素养培育的落实需要教师基于新课标,把握单元教学的内容重点,以相对结构化的设计,分解落实教学内容,通过提炼核心概念、梳理线索,构建课时间的关联性,从而促进学生对某一类音乐作品学习的理解和迁移。在单元实践过程中,《中小学音乐单元教学设计指南》着重为一线教师提供了清晰严谨的单元教学设计思维路径。本文旨在从单元教材教法分析的角度,借助初中六年级音乐"电影音乐中的配乐"重构单元,分享笔者以促进理解为目的,落实核心素养培育的单元教学实践探索的经验。

一、教材分析,构建单元核心内容

单元教材作品分析是单元结构化设计的重要基础,在对自然单元内单个作品进行分析时突出重点,聚焦关键性特征,有助于梳理作品在音乐要素、体裁风格、表现作用等方面的关联性,为提炼单元核心概念提供依据。这一步骤旨在明晰教师"教什么",学生"学什么"。

(一)突出重点,聚焦关键特征

基于这样的思考,笔者首先对六年级第一学期第六单元"银屏飞出的旋律"进行了关键特征分析(表1)。

表 1　《银屏飞出的旋律》单元教学内容

内容	关键特征分析
听 《夜斗》	• 这首场景音乐在影片《卧虎藏龙》中起到"渲染气氛、推动情节发展、营造戏剧性高潮"等作用； • 引子中巴乌、板鼓、古筝三件民族乐器在弦乐组极具张力的衬托下，营造了玉娇龙深夜盗剑时的紧张氛围； • 片段 A 中，主奏乐器鼓敲出不紧不慢的鼓点节奏"× × ×　× ×　× × ×"，表现了玉娇龙与刘太保轻松过招的场景； • 片段 B 中，随着鼓点越来越密集，节奏变为重音错落有致的连续八分音符，"× × ×　× × × ×"烘托了紧张的追逐气氛，表现出两位主人公激烈打斗的场景。
听 《雪儿达娃》	• 故事片《红河谷》主题音乐，中国音乐家金复载作曲； • 乐曲为 4/4 拍，旋律具有藏族民歌风格特点，纯净而清澈的主题音乐在影片中反复出现，起到了刻画人物思想情感和升华主题思想的作用。
听 《想你的 365 天》	• 邬裕康作词，李伟崧作曲，动画片《宝莲灯》的主题歌； • 第一乐段速度稍慢、力度较弱，旋律舒缓，渲染配合影片中主人公孤独的情感，表达沉香对母亲的思念之情； • 第二乐段速度稍快、力度变强，电声乐队伴奏的加入，增强了音乐的动感，配合影片画面，展现了沉香救母的坚定决心。在影片中起到"抒发人物内心情感"的作用。
听 《生生不息》	• 这首歌曲是迪士尼动画电影《狮子王》的主题歌； • 引子部分充满野性，布鲁语男声呼喊和人声合唱，模拟非洲鼓点般的固定节奏，配合影片开头场景，展现了原始辽阔的非洲草原和荣耀王国一派生机盎然的繁荣景象，奠定了影片歌颂生命生生不息的主题思想。
唱 《迷彩的岁月》	• 电视剧《青春正步走》的主题歌； • 歌曲 4/4 拍，大调式，进行曲速度，一段体曲式。歌词热情、清新而有朝气，旋律坚定、稳重而有活力，配合故事情节、人物形象，生动地展现了我国当代青年军人保卫祖国、保卫人民、保卫和平的崇高理想和使命担当。

　　该自然单元属于"2022 版新课标"中音乐学科课程内容"联系"类艺术实践中的"音乐与姊妹艺术"的学习内容。作品主要涉及 4 首电影音乐，其中配乐 2 首，歌曲 2 首，还有 1 首是电视剧中的主题歌。5 首作品都属于影视音乐，但它们的表现特征以及在影视中所起到的作用具有一定的差异性，且内容宽泛，作品间内在关联性不大，不利于学生对影视音乐形成概念性的理解。在有限的教学时长内，教师无法做到面面俱到，学生难以把握单元内容重点。但有了对自然单元教材作品的整体分析，教材的编写意图会更明确，从而标定"影视音乐表现作用"教学内容大方向。

　　（二）把握关键，重组单元教材

　　音乐教材中的自然单元大多以宽泛的"人文主题"组织内容，难以结构化处理。为了避免面面俱到地"就作品教作品"，笔者根据学生的认识发展规律，依据新课标要求，以促进学生学习理解为目的重组了教材内容。

　　查阅不同版本教材中有关"影视音乐"的单元，并对其中的作品进行关键性特征分析后，笔者发现核心内容都聚焦于"影视音乐的表现作用"这一"大概念"。但影视音乐的体系非常庞大,教学时长有限,学生无法在一个单元 2～3 课时内对这一大概念形成理解。于是笔者根据电影音乐的分类,并结合学科基本要求,以小见大,将本单元的内容重点聚焦于电影配乐中场景音乐和主题音乐的学习。

为了更好地突出单元的内容重点,笔者保留了原教材中电影《卧虎藏龙》场景音乐《夜斗》的片段。同时兼顾中外作品的赏析,将原教材中的主题音乐《雪儿达娃》替换为人教版《音乐》六年级第一学期第四单元《外国影视》中《碟中谍》的主题音乐 *Mission Impossible*,并补充了电影《飞屋环游记》的主题音乐 *UP*。

(三)形成结构,提炼核心概念

针对重组后的单元教材作品,对应新课程标准中六年级音乐教学的内容与要求,笔者再次进行了关键性特征和关联性特征分析(表 2)。

表 2 "电影音乐中的配乐"单元教学内容

内容	关键性特征分析
听 《夜斗》	• 这首场景音乐在影片《卧虎藏龙》中起到"渲染气氛、推动情节发展、营造戏剧性高潮"等作用。 • 引子中巴乌、板鼓、古筝三件民族乐器在弦乐组极具张力的衬托下,营造了玉娇龙深夜盗剑时的紧张氛围。 • 片段 A 中,主奏乐器鼓敲出不紧不慢的鼓点节奏"× ×× ×× ××",表现了玉娇龙与刘太保轻松过招的场景。 • 片段 B 中,随着鼓点越来越密集,节奏变为重音错落有致的连续八分音符,"×× × × × × ×"烘托了紧张的追逐气氛,表现出两位主人公激烈打斗的场景。
听 *UP*	• 这首主题音乐 3/4 拍,旋律简洁明快,具有华尔兹音乐风格,在《飞屋环游记》中贯穿影片始终,起到了深化主题、转换场景、营造戏剧性高潮等作用。 • 片段一中,主奏乐器弱音小号、小提琴和钢琴相继奏出主题旋律,时而奔放,时而婉转,分别表现了三个不同的场景。 • 片段二中,在全乐队的烘托下,圆号与弦乐组在不同声部演奏出的主题旋律以"交替叠加"的方式进行,营造出一种互相追逐的氛围。
听 *Mission Impossible*	• 这首主题音乐在《碟中谍》中贯穿影片始终,起到渲染气氛的作用。 • 乐曲速度较快,"×0 × 0 × ×"节奏型贯穿全曲,伴随着大跳音程和半音级进的下行旋律,给人一种紧张感。

场景音乐是指为某个单一、特定的场景专门创作且不会重复出现的音乐,在影片中只出现一次,但随着影片故事情节发展和场景画面的变化,音乐表现手法也随之变化,在影片中起到渲染气氛、推动情节发展、营造戏剧性高潮的重要作用。主题音乐是一部影片的核心音乐,与场景音乐的特点有些不同,它会配合故事场景的变化多次出现,贯穿始终,但在影片中又会起到和场景音乐相同的作用。以上三首作品都属于电影音乐中的配乐,在表现作用上存在着共性,有助于学生在本单元中建立起对电影配乐的理解和迁移的音乐性概念,所以本单元的核心概念为"电影配乐的表现作用"。

(四)梳理线索,内容重点结构化

理解线索有助于教师将单元内容重点进行结构化梳理,以遵循学生认知发展规律为原则,合理分配课时内容,有效整合教学资源,对后面教材教法的分析、课堂教学策略的设计具有指导性的作用。

围绕单元的核心概念"电影配乐的表现作用"梳理出两条理解线索:理解线索一,场景音乐的基本特点及其在影片中的表现作用;理解线索二,主题音乐的基本特点及其在影片中的表现作用。

由于场景音乐的表现特点比较纯粹,对于初次接触电影配乐的学生来说更容易理解,因此将理解线索一放在第一课时。在第一课时的学习中,学生需要了解场景音乐的特点以及音乐家如何以传统民族乐器音色、声部叠加,改变节奏重音,变换演奏方式,改变速度和力度等表现手法,发挥场景音乐的作用。

第二课时学生在感受与欣赏主题音乐 Up 的输入性学习中,了解主题音乐的表现特点。配合不同场景画面,音乐家会运用改变速度、节拍、节奏、配器,保留主题旋律动机等变奏手法,发挥主题音乐在影片中的表现作用。同时借助 $Mission\ Impossible$,运用前面所学的改变音乐的速度、节拍、节奏、音色,保留核心动机等音乐表现手法,借助信息技术为电影《碟中谍》的场景画面配乐,帮助学生在理解电影配乐表现作用的基础上,对本单元学习内容形成可迁移应用、实践操作的思维路径。

二、教法分析,组织内容促进理解

单元教法分析建立在前面的单元教材分析和单元内容主旨提炼的基础上,根据《上海市初中音乐学科教学基本要求》中六年级学段三项核心能力的要求,确定单元的教学基本要求,确认学习内容及水平,及"教到什么程度"。

(一)对标要求的学习水平

依据理解线索所指向的单元内容,对标教学基本要求三个主题模块中六年级学段的要求,梳理出本单元的"学科基本要求"。在此基础上,围绕达到基本要求的意图,清晰地描述学生在课堂中"必要的学习经历""关键的学习方法"和"能力培养的关注点"。这一步骤主要帮助教师建立"课标"和"教材"之间的关联,借助标引梳理,将"教材内容"向"教学内容"转化,进一步明确学生"学什么",教师"教到什么程度"。

比如表3中,依据学科基本要求对标圈引,梳理出与本单元相关的学习内容与要求:学生在本单元的三首作品中,学什么内容?需要达到什么样的学习水平?

学习水平等级的梳理,为教师后续在教学目标、教学方法策略、教学活动以及教学评价等方面的设计提供了依据。比如,我们在表中可以看到本单元的学习内容中"感受与欣赏""表现"领域的学习水平都集中在 B(理解和整合),第二课时中涉及了"创造"领域的学习,且等级为 C(运用、熟悉)。第二课时承担着整个单元学习的总结性输出任务。学生通过编配、设计、运用、创作呈现出整个单元的学习成果,在学习过程中积累相关经验,习得创作手法,从而形成关键能力,最终才能内化为核心素养,运用到实际创作中。

表3 单元教法分析

理解线索	学科基本要求标引	单元教学基本要求与学法设计	课时
①场景音乐的基本特点及其在影片中的表现作用——以《夜斗》为例	R 感受与欣赏 音乐要素： 1. 1.1②③④B 音乐情感与形象： 1. 3.1①③B 1. 3.2①②B 音乐相关文化： 1. 4.4①②B R 表现 识读乐谱： 2. 1.2③B 演奏： 2. 3.1②C	• 听觉与联觉反应： ①结合听辨、即兴拍击等方式，体验乐曲典型的鼓点节奏特点，感知节奏的疏密特点所表现的不同音乐情绪。 ②通过聆听，结合对音乐要素的感知，联想想象音乐所表现的场景。 ③在聆听音乐的过程中，通过交流、讨论，理解场景音乐在影片中的表现作用。 音乐乐感与美感： ④在老师的提示下，跟随音乐节拍速度，模仿拍击两种不同的鼓点节奏，并表现出节奏中重音变换的特点。	1
②主题音乐的基本特点及其在影片中的表现作用——以 Up 和 Mission Impossible 为例	R 感受与欣赏 音乐要素： 1. 1.1①②③B 1. 1.2①②B 1. 1.3②④B 音乐情感与形象： 1. 3.1①②③B 音乐相关文化： 1. 4.4①②B R 表现 识读乐谱： 2. 1.1①③B 2. 4.2①③B R 创造 音响探索： 3. 1.2②C	• 听觉与联觉反应： ①视唱旋律，感知音乐节拍、速度等特点，体验音乐所表现的抒情情绪。 ②通过聆听，对比分析音乐要素及音响效果的特点，结合故事情节场景画面，了解主题音乐"转换场景、深化主题"等作用。 音乐乐感与美感： ③用轻柔连贯的声音模唱 Up 主题旋律；跟随音乐节拍速度，准确拍击 Mission Impossible 典型节奏型。 • 创意思维与创造实践 ④小组合作借助音虫软件，用为固定节奏音型配器、改变音乐速度以及旋律组合的方式，即兴编创配乐来表现电影《碟中谍》的场景。	1

（二）促进理解的学法指导

以终为始，学习水平的确定明确了课堂中教师需要培养学生的哪些核心素养。"怎么教、怎么学"则要求教师围绕音乐学科三类核心活动展开设计，根据活动类型，依据基本要求，将单元内容重点进行结构化、逻辑性的组织，针对学生关键能力的形成过程，清晰明确地描述"关键学法"。

1. 关注经历的学习活动

《电影配乐的表现作用》单元第一课时的教学内容《夜斗》承载着整个单元核心概念输入性的重要任务。初次接触电影配乐，学生需要通过一系列输入性体验活动感知电影配乐与场景画面的关联，并通过适当的表现性活动来表达对电影配乐表现作用的初步理解。

针对场景音乐为特定场景专门创作的表现特点，及其在影片中的作用，教师设计了以下 4 条关键学习经历，来帮助学生理解。第一，感知音乐要素特点与场景画面的关系，了解场景音乐概念及其渲染气氛的作用;第二,师生合作演奏,了解场景音乐随故事情节发展而变化,具有推动情节发展的作用;第三,结合故事情节,用鼓点节奏创编尾声,体验电影配乐营造戏剧性高潮的作用;第四,配合影片画面,师生合作配乐表达对场景音乐作用的理解。前两个属于体验性活动,以教师带领学生输入性地感知与欣赏两个片段的音乐特点为主,引导学生关注音乐与画面的联系,积累欣赏电影配乐的学习经历和方法。在此基础上,第三个创造性活动,目的是让学生通过对比自己与音乐家不同的创编成果,借助创造性表现手法达到体验性的目的,从而了解场景音乐营造戏剧性高潮的作用。第四个属于表现性活动,指导学生在演奏中用恰当的力度、统一的速度、整齐的节奏,来初步表达对场景音乐作用的理解。以上四个学习活动的顺序,遵循了六年级学生的一般认知规律,在层层递进的学习体验过程中,引导学生初步形成学习场景音乐的经验。

2. 注重迁移的学习活动

单元课时之间的内在联系是可以通过核心知识、学习方法、学习经历等方面形成迁移来加强的,教师要灵活运用教学内容资源,注重学习活动的迁移,帮助学生在学习中巩固旧知的同时,建立起对应的学习方法,保障核心素养培育的落实。

将第一课时场景音乐的学习经历,迁移到表现特点更为丰富的第二课时主题音乐的学习。根据主题音乐的表现特点,借助电影《飞屋环游记》的主题音乐 Up 的输入性学习内容,在了解主题音乐概念和影片主旨的基础上,感知原始主题音乐速度、节拍和旋律特点。学生要在对比欣赏两个片段中配器、节拍、速度的变化的基础上,了解主题音乐运用变奏手法,多次重复出现在影片不同场景中,发挥渲染气氛、推动情节发展、营造戏剧性高潮的作用的情况。这是本节课的教学重点,教师设计了以下三个学习环节。

第一,对影片《飞屋环游记》中的两个片段,进行音画配对。引导学生通过感性认知,运用场景音乐的学习经历,结合对影片两段故事情节的了解,选择与场景画面相符的配乐。

第二,对比听辨片段一,引导学生关注主题旋律动机的特点,听辨主题旋律重复次数;指导学生观察主奏乐器音色变化与场景转换之间的关系,并引导学生将场景音乐表现作用知识迁移到此处,将感性的认知转化为理性的理解,从而总结出音乐家通过改变主题音乐的速度、乐器音色,保留旋律动机的表现手法,发挥主题音乐和场景音乐相同的渲染气氛、推动情节发展作用。

第三,在对比聆听的基础上,指导学生借助旋律图谱听辨旋律动机,体验"交替叠加"的演奏方式所表现的"互相追逐"的画面。引导学生在捕捉和模唱低声部固定节奏型旋律中,体会音乐家用进行曲风格主题变奏来烘托主人公此时坚定的决心的做法,了解主题音乐也具有营造戏剧性高潮的作用。结合对《飞屋环游记》主题音乐的学习,指导学生在场景音乐学习的基础上梳理总结主题音乐的表现特点和作用。

3. 基于理解的创造活动

通过对场景音乐《夜斗》和主题音乐 UP 的欣赏学习,学生除了知道它们在表现特点上的不同之外,更重要的是了解了音乐家如何运用速度、节拍、节奏、音色、配器等音乐要素的变化来表现电影配乐在影片不同场景中的作用。那么,如何辨别学生已经理解电影配乐的表现作用呢？可以借助音虫软件为影片片段配乐来检验，这是第二课时的教学难点，也是本单元非常重要的输出性活动。

在对作品 *Mission Impossible* 有了感性与理性认知的基础上，指导学生以小组为单位，选择影片《碟中谍》中一段感兴趣的片段，借助音虫软件创编配乐，理性地表达对电影配乐作用的理解。为了更好地体现学生的创意思维过程，可将整个创编活动分为两个步骤完成。步骤一，指导学生根据对影片画面的理解，模仿音乐家运用改变速度的手法，为配乐选择合适的速度。结合课堂中音乐家改变乐器音色的表现手法，进一步指导学生借助《飞屋环游记》片段二固定节奏律动的学习经验，为固定节奏音型编配合适的乐器音色。步骤二，指导学生根据影片片段中的故事情节，运用符合影片内容的组合方式使主题音乐的两个上下行旋律切片在影片中发挥作用。并在创编成果交流中，引导学生阐述创编成果与影片画面是如何结合的，并对学生创编的成果是否能起到表现作用进行评价，以此来判断学生对"电影配乐的表现作用"的核心概念的理解。

三、启示

（一）转变理念，"用教材教"

在践行新课标、新课改的过程中，一线教师的首要任务就是认真研究新理念，及时转变教学观念。在传统教学中，单元教学仅停留在"就作品教作品"层面，一个单元中的作品非常多，但学期课时有限，为了确保能够按时上完整本教材，教师在课堂中经常"走马观花"式地教授作品。学生对作品的了解也仅停留于表面，看似积累了欣赏曲目，但通常听完就忘，音乐核心素养也较为薄弱。而新课程改革强调"大单元""大概念""用教材教"，以结构化、概念性的单元教学为载体，将关键性特征和表现作用相似的教材作品归类，引导学生借助一至两首具有典型代表性作品的欣赏学习，建立起可理解、迁移的音乐新概念，从而形成对这一类作品的思考和关键能力。

（二）促进理解，"关注学"

在课堂教学中，学生音乐学科核心素养的形成要基于对音乐学习的理解。学生作为学习的主体，学习的过程应当是学生在课堂中亲自参与、实践的"自主构建"的过程。教师要以"促进理解"的课堂教学为载体，以学生为主体，在教学环节中，关注学生学习经历的构建，注重学习方法的指导，完善学生音乐知识体系构建的过程。只有关注学生"学"的过程，学科核心素养的培育才能真正落实。

地方优秀传统音乐进中小学的策略研究

——以浙东传统音乐为例

上海师范大学附属宁波实验学校　张　蕾

摘要：随着社会的发展和文化的多元化，地方音乐的传承与发展成为我们面临的重要课题。在中小学教育中，如何将地方音乐融入课堂，让学生更好地了解和传承本土文化，是一个值得探讨的问题。本文以浙东传统音乐为例，探讨地方音乐进中小学的策略。

关键词：地方音乐；浙东传统音乐；传承与发展；策略研究

地方音乐是民族文化的重要组成部分，是历史和文化的结晶。将地方音乐引入中小学课堂，不仅有助于培养学生的文化认同感和民族自豪感，还能提高学生的审美能力和艺术素养。同时，地方音乐的传承和发展，也有助于推动文化的多样性和创新性。地方音乐进中小学虽然具有重要意义，但也面临着一些挑战。比如由于地方音乐的传承方式多为口传心授，缺乏系统的教材和教学体系，在教学上存在一定的难度；现代社会的多元化发展，使得一些学生对传统音乐缺乏兴趣，对地方音乐进中小学的积极性不高；等等。在保护非物质文化遗产、弘扬中华优秀传统文化成为社会发展重要主题的时代，本土音乐进校园是传承的有效路径。笔者以浙东传统音乐为例，结合实践教学经验，提出一些策略。

（一）优化课程设置

在中小学教育中，应将地方音乐纳入课程体系，设置相关课程。可以通过课堂教学、音乐欣赏、音乐创作等多种形式，让学生了解和掌握地方音乐的特色和精髓。同时，可以结合学生的年龄特点和兴趣爱好，选择适合的教学内容和方法。笔者所处的浙东地区传统音乐积淀丰厚，是浙江非物质文化遗产的重要组成部分。浙东民间音乐，以其鲜明的地域特色、悠久的历史文化、丰富的内容表现，在浙东民众生活中占据不可或缺的地位。但是，由于受到社会各方面因素的制约，浙东民间音乐的生存现状不容乐观，亟待抢救、保护和传承。

1. 地方音乐纳入课程建设

地方音乐纳入课程建设是一个具有深远意义的教育举措。随着全球化的加速和文化的多元化，地方音乐作为文化遗产和民族特色的重要组成部分，越来越受到人们的关注和重视。将地方音乐纳入课程建设，不仅可以丰富教育内容，还可以促进文化的传承和发展。主要表现在三个方面：首先，地方音乐纳入课程建设有助于丰富教育内容，将地方音乐纳入课程建设,可以让学生在学习过程中了解和掌握更多的音乐知识和技能,同时也可以让学生更好地了解和体验当地的文化和历史。其次,地方音乐纳入课程建设有助于促进文化的传承和发展。可以让学生在学习过程中了解和传承当地的文化和历史,同时也可以让更多的年轻人了解和喜爱当地的音乐文化,从而促进文化的传承和发展。最后,地方音乐纳入课程建设还可以提高学生的综合素质。可以让学生在学习的过程中体验到更多的乐趣和成就感,同时也可以让学生更好地了解和体验当地的文化和历史,从而提高学生的综合素质。比如,笔者通过把浙东传统音乐引入学校的拓展课,在学校的课程设置环节就考虑了课时的保障,音乐教师对浙东音乐进行单元归类,把能融入日常音乐教学的就融入音乐教学,把需要另外拓展课时的内容就归入课外拓展。比如第三单元第一节的"越剧"以及第五单元第三节的"江南丝竹"等内容,人民音乐出版社出版的教材都有相应的章节,所以在授课的时候就可以把这两节内容作为课内教学的有机补充。

我们应该积极推动地方音乐纳入课程建设,让更多的学生了解和体验当地的文化和历史,让更多的年轻人了解和喜爱当地的音乐文化。

2. 教学内容进行统筹规划

教学内容的统筹规划是教育过程中的重要环节,它涉及如何合理安排教学内容、教学进度和教学方法等方面。在教育实践中,教学内容的统筹规划需要遵循一定的原则和策略,以确保教育目标的实现和学生的全面发展。第一,教学内容的统筹规划需要遵循教育目标的原则;第二,教学内容的统筹规划需要遵循教学进度的原则;第三,教学内容的统筹规划需要遵循教学方法的原则。同时,还需要根据教学方法的特点和要求,对教学内容进行适当的调整和优化,以确保教学方法的有效性和针对性。比如,笔者将《浙东传统音乐》的 5 个单元分别对应初中三个年级的不同阶段,每学期安排拓展课 3~5 课时。(教师视情况调整)

第一单元 浙东传统民歌	第二单元 浙东传统歌舞	第三单元 浙东传统戏曲	第四单元 浙东传统曲艺	第五单元 浙东传统器乐
第一节 舟山民歌	第一节 舟山跳蚤会	第一节 越剧	第一节 四明南词	第一节 舟山锣鼓
第二节 仙居山歌	第二节 温岭大奏鼓	第二节 台州乱弹	第二节 宁波走书	第二节 奉化吹打
第三节 宁波马灯调	第三节 奉化布龙	第三节 甬剧	第三节 临海词调	第三节 江南丝竹
第四节 绍兴童谣	第四节 新前采茶舞	第四节 新昌腔调	第四节 黄岩道情	第四节 绍兴派古琴
	第五节 坎门花龙	第五节 姚剧	第五节 绍兴莲花落	第五节 嵊州吹打
7上	7下	8上	8下	9上

图1 初中不同年级浙江传统音乐内容安排

3. 保护、传承、倡导齐头并进

保护、传承与倡导,是文化遗产保护工作中不可或缺的三个环节。只有这三个环节齐头并进，才能更好地保护和传承文化遗产，让更多人了解和认识文化遗产的价值和意义。保护是文化遗产保护工作的基础，传承是文化遗产保护工作的核心，而倡导是文化遗产保护工作的关键。笔者所在的宁波地区所属四明山脉，传统音乐文化丰富多彩：有绍兴的越剧、莲花落；有四明的南词、宁波的走书；有奉化的吹打、布龙以及舟山的渔歌等等。笔者欣喜地发现所处区域的周边中小学陆续地引进了奉化布龙、奉化吹打等"非遗"项目，成绩喜人。在保护、传承与倡导齐头并进的过程中，我们还应该注重创新和发展。只有不断创新和发展，才能让文化遗产在新的时代背景下焕发出新的生机和活力。

（二）加强师资建设

《全日制义务教育音乐课程标准》（实验稿）中明确提出"应将我国各民族优秀的传统音乐作为音乐教学的重要内容"。"要善于将本地区民族民间音乐资源运用在音乐教学中，使学生从小就受到民族音乐文化的熏陶。"要实现地方音乐进中小学的目标，需要有一支专业的师资队伍。可以通过组织培训、研讨会等活动，提高教师的音乐素养和教学能力。同时，可以邀请专业的音乐家、民间艺人等为教师进行授课和指导，让教师更好地了解和掌握地方音乐的特色和教学方法。

1. 发掘特色音乐教师资源

随着教育改革的不断深入，教师资源的发掘和利用成为学校发展的重要课题。本校特色教师资源的发掘，不仅可以提升学校的教学质量，还可以为学校的发展注入新的活力。学校应该注重培养和引进具有音乐专业特长和音乐教学特色的教师。这些教师可以为学校音乐教育带来新的教学理念和方法，促进学校教学水平的提升。同时，学校还应该建立科学的评价机制，对教师的教学成果和科研成果进行客观、公正的评价，为教师的晋升和发展提供有力的支持。笔者所处的浙东地区，有很多从小就喜欢本土乐器的人，他们遍布各行各业，甚至有一些早已成名成家，更有一些退休教师自发组成小乐队，活跃在社区和广场，为丰富群众艺术作出了贡献。学校可以聘请这些"草根艺术家"作为"银龄"教师加入学校艺术团队，以老带新，充实学校艺术教育师资团队。

2. 购买校外优秀音乐课程

购买校外优秀音乐课程是一个值得考虑的选择，特别是对于那些想要进一步提升自己的音乐技能和知识的学生来说。校外优秀的音乐课程通常由经验丰富的专业教师授课，他们拥有丰富的教学经验和教学资源，能够提供更高质量的教学。笔者所处的区域内就涉及奉化吹打乐、奉化布龙、四明弹词等音乐非物质文化遗产项目，在相关部门的大力保护和支持下都得到了很好的发展，呈现出了良好的发展势头。学校可以根据自身所处区域的实际情况，购买部分"非遗"课程，既是对学校艺术教育的一种拓展，又为"非遗"保护和传承作出了应有的贡献。比如学校引进了"奉化吹打""非遗"传承人汪玉章老师的课程，组建了"奉化吹打"社团，学生们在汪老师的指导下，学习吹奏技艺，体验"非遗"的魅力。此外，学校还组织学生参观浙东地区的传统音乐村落，了解当地音乐的历史渊源和地域特色，使学生在实践中感受音乐的内涵和价值。

（三）注重实践活动

传统音乐是中华民族优秀传统文化的重要组成部分，是集民众生产生活、民俗信仰、审美追求于一体的文化价值体系。各地自然生态、人文历史、语言风俗等共同孕育出的传统音乐样式，是了解地域文化的重要窗口，也是传承地域文化的重要载体。除了课堂教学外，还可以组织学生参加各种实践活动，如音乐会、演出、比赛等。通过实践活动，让学生更好地了解和体验地方音乐的魅力，提高学生的艺术表现力和创造力。同时，也可以通过实践活动，增强学生的团队协作能力和自信心。

1. 校内实践与校外活动结合

随着教育改革的深入，越来越多的学校开始注重学生的实践能力和综合素质的培养。校内实践与校外活动相结合，成为一种新的教育模式，为学生提供了更广阔的发展空间。为了保障学生的音乐实践，学校需要加强对学生音乐实践活动的指导和支持。同时，也需要加强与社会的联系，为学生提供更多的校外实践机会。比如与社区建立联动机制，让学生参与社区地方音乐的各种展演彩排和演出活动；再比如，让社区优秀地方音乐剧目表演进入校园，开阔学生音乐视野；等等。笔者所在的学校每学期一次校外传统音乐表演进校园，向学生普及浙东优秀音乐文化，每学期一次传统音乐文化校外实践活动。实践活动有学生参与社区表演，有各种浙东传统音乐探究类项目布置等。

2. 课堂评价与活动小结互补

音乐课堂评价和音乐活动小结是教学过程中的两个重要环节，它们相互补充，共同构成了完整的音乐教学过程。在课堂教学中，教师应该注重课堂评价和活动小结的结合，让学生在掌握知识的同时，也教授其良好的学习态度和方法。同时，教师也应该根据学生的实际情况，灵活运用不同的评价方法，以更好地促进学生的学习和发展。比如，学生在参加社区音乐实践活动中获得学校之外的肯定，不仅是对学生音乐素养的肯定，更是对学生融入社会的一种赞赏，这是学校无法给予学生的一种综合性评价，有利于学生建立音乐自信，长远地发展。

再比如，教师给学生布置项目化学习的作业，倡导学生利用课余时间和节假日时间对浙东音乐文化进行探究性学习，在完成项目化学习作业的过程中，学生可以通过查阅资料、访谈专家、实地考察等多种方式，对浙东音乐文化进行深入的了解和研究。这不仅有助于提高学生的音乐素养，还能够开阔他们的文化视野，培养他们的地域文化认同感。在音乐活动小结方面，教师可以根据学生的表现，对教学内容、教学方法等进行及时的调整。对于学生在音乐实践活动中表现出的不足，教师可以在后续的教学中加强对应方面的训练，以提高学生的音乐技能和表现力。

（四）实现资源整合

《全国学校艺术教育总体规划》提出："各级各类学校必须重视我们优秀的民族艺术的教学，发展有民族特色的情趣高尚的艺术教育。"《完善中华优秀传统文化教育指导纲要》指出："加强中华优秀传统文化教育，是深化中国特色社会主义教育和中国梦宣传教育的重要组成部分;是构建中华优秀传统文化传承体系,推动文化传承创新的重要途径;是培育和践行社会主义核心价值观,落实立德树人根本任务的重要基础。"要实现地方音乐进中小学的目标,需要整合各种资源。可以与当地的文化部门、音乐机构等合作,共同推动地方音乐的传承与发展。同时,可以借助现代科技手段,如互联网、多媒体等,将地方音乐与现代科技相结合,创新教学方式和方法。

推动地方音乐传承与发展,可以从多个方面着手。首先,积极与文化部门、音乐机构等展开深入合作,共同为地方音乐的传承与发展提供有力支持。通过政策引导、资金扶持等方式,鼓励和支持学校引进优秀地方传统音乐,使其在现代社会中焕发出新的活力。其次,注重地方音乐的挖掘与整理。对各地的传统音乐进行搜集、整理和研究,将具有重要历史、文化和艺术价值的音乐作品纳入保护范围,确保这些音乐瑰宝得以传承。再次,要关注地方音乐的创新发展,鼓励音乐人结合当地特色,创作出更多富有时代气息和地方特色的作品,并以学校为平台,做好传承与发扬。最后,利用现代科技手段为地方音乐传承与发展提供强大助力。互联网、多媒体等新兴技术为音乐教育带来了前所未有的机遇。我们可以将这些技术与地方音乐教学相结合,创新教学方式和方法。例如,通过线上平台传播地方音乐知识,利用多媒体手段展示地方音乐的历史、文化背景,让更多学生了解和欣赏地方音乐的魅力。

在此基础上,加强地方音乐人才的培养。设立专门的地方音乐课程,培养具备专业素养和地方特色的音乐人才。同时,鼓励音乐教育机构积极参与学校地方音乐教育,提高地方音乐在音乐教育领域的地位。通过这些措施,为地方音乐传承与发展提供有力的人才支撑。通过与文化部门、音乐机构等合作,借助现代科技手段,创新教学方式和方法,我们可以为地方音乐的传承与发展注入新的活力,让这些独具特色的音乐在新时代焕发出更加璀璨的光彩。

可以说,传承与发展是地方音乐进中小学的重要目标。课程设置、师资培训、实践活动和资源整合等多种策略的实施,可以让学生更好地了解和掌握地方音乐的特色和精髓,提高学生的文化认同感和民族自豪感。同时,也可以推动文化的多样性和创新性,为地方音乐的传承与发展注入新的活力。

远郊地区中学音乐学科跨校联动教研的实践探索

上海市奉贤区教育学院　马蓓蓓

摘要：本文旨在解决远郊地区中学音乐学科教研中存在的问题，包括师资力量不足、教学交流不畅、地域跨度大和新教师缺乏专业引领等。研究探索跨区域、跨学校的教研组建设，并以上海市奉贤区为例进行调查研究，目的是构建更有效地促进音乐学科教研联动的机制和模式，以提高教学质量。

关键词：教研模式；教研组建设；联动机制

一、问题的提出

在远郊地区的中学音乐学科教研中，存在一些实际困难和问题：

师资力量不足。远郊地区的中学音乐教师数量相对较少，教师需要教授多个年级的课程，年级跨度大，对教师的专业能力提出了极大挑战，教学质量可能无法得到保证。

教学交流不畅。远郊地区的中学音乐教师之间的交流和合作相对较少，缺乏良好的教研平台和机制。这使得教师们难以分享教学经验和资源，限制了教学水平的提升。

地域跨度大。学校大都分布比较散，区级教研活动路途远，如果活动太频繁则教师的压力比较大，教师的教研活动不能得到一定的保障。

新教师缺乏专业引领。一所学校往往只有一名专职音乐教师，特别是青年教师刚进入工作岗位必须马上适应高强度的工作，而自己的教学能力却不能得到充分的培养。

基于这些实际问题，远郊地区中学音乐学科跨校联动教研的实践探索从研究跨区域、跨学校的教研组建设出发。以我区为例，通过调查了解全区音乐学科的教研情况，研究远郊地区音乐学科跨校联动教研组实践的途径与方法，构建更有效的音乐学科教研联动机制，探索顺应音乐学科教师发展的联动教研活动的策略、方法和过程，构建适合中学多校区及远郊学校教研组建设的模式，对当下远郊地区的音乐教研具有重要的实践意义和理论价值。

二、解决问题的过程与方法

（一）理论研究

1. 远郊地区中学音乐学科跨校联动教研的核心概念界定

远郊地区的学校是上海市发布的远郊地区教育单位名单中所包含的学校,其中我区远郊地区的中学共 24 所。由于诸多方面的原因,地域间教育领域资源配置失衡的问题一直存在,学校在硬件条件、师资人数、生源配比等多个方面都有所偏差,对音乐学科的教师培养形成了一定的阻碍。

跨校联动教研是基于发现教学问题、研究教学方法、总结教学经验的教育研究,联系远郊地区教育资源配置失衡的实际,所提出的优化整合教学资源、创造搭建教学平台、共同提升教学质量的实践模式。

2. 远郊地区中学音乐学科跨校联动教研的理论依据

胡小勇在《教育信息化进程中区域性优质资源共建共享:理论框架与个案研究》一文中构建了优质教育资源共建共享的理论框架(见图 1)。此框架由区域性资源共建共享基本模式、影响因素以及促进共建共享三部分组成。

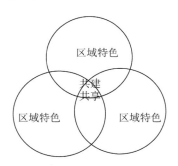

图 1 优质教育资源共建共享的理论框架

李克东在《新编现代教育技术基础》一书中,提出整合区域性的教育资源,确保教师和学生拥有支持学习的资源,包括学与教的系统和教学材料与环境,这是现代教育的基础部分。而面临地域、资源方面的问题,跨校联动重组学科教研组就成了亟待解决的问题。

3. 远郊地区跨校协作联动教研的案例综述

国内外研究者在推动区域性教育资源共享方面进行了大量尝试,从最初的资源共享平台建设到如今网络视频互动课程的推广。而国内外跨校教育资源共建共享平台均有较长的发展历史,"校一校资源共享"到"区域内共建共享、区域间共享互换",由单纯的资源共享逐步走向课程师资文化全方面共享。国内较有影响力的项目包括广东省"千校扶千校"帮扶活动,其实也与跨区域、跨学校联动协作有着本质上的相似性。

而近年来与本课题最为相似的实际案例,则是福建厦门市翔安区以农村课改基地校为核心,以片区为平台,开展联片跨校教研活动,包括:区级层面的基地校联动辐射、片区层面的主题式联片教研和学校层面的项目合作。通过多层面、多形式的联合，整合区域教育资源，缩小学校间师资水平的差距。

但本文的切入点更为精确，从学科师资分配不均、学科教师教研实际困难、学科教师岗位流动性强、学科教师队伍年龄断层等劣势入手，解决地域环境差、生源不足、专业技能培训较少等问题，为远郊地区的"弱势"学科提供了教研组重建、教育资源整合优化的可操作模式。

（二）调查研究

设计问卷调查，对远郊地区学校音乐学科现有的综合教研组人员结构情况、管理制度情况、活动情况和文化氛围情况等方面进行了测查，了解联动教研组建设的问题、教师对联动教研组建设的认识情况，以便在今后的研究中提出相应的解决方法。

1. 调查现状

（1）了解远郊地区学校音乐学科教研的发展情况、问题和需求。

（2）了解远郊地区学校的基本情况，包括学校类型、规模、师资力量、教育资源等。

2. 调查工具

设计一份问卷，包括开放性和封闭性问题，涵盖音乐学科教学内容、教学方法、教材资源、师资培训等方面。

3. 调查方法

（1）根据调查目的和资源情况，选择一定数量的远郊地区学校作为调查样本，确保样本具有代表性。

（2）将设计好的问卷发放给选定的学校，可以通过线上或线下方式进行，确保调查对象能够理解并回答问题。

4. 回收情况

（1）对收集到的问卷数据进行整理和分析，可以使用统计软件或手动计算，得出调查结果。

（2）根据数据分析结果，对远郊地区学校音乐学科教研的现状进行解读，发现问题和优势，并提出改进建议。

（3）将调查结果和解读整理成报告，包括背景介绍、调查方法、数据分析和结论等，以便后续参考和交流。

5. 调查结论

（1）根据调查结果，提出改进远郊地区学校音乐学科教研的建议，包括加强师资培训、提供更多教材资源、改进教学方法等。

（2）将调查结果和建议向相关教育部门、学校管理者、教师和社会公众进行宣传，促进远郊地区音乐学科教研的发展和改进。

调查发现，目前我区远郊地区中学共 24 所，各学校都合理有序地开展了音乐课程，并在硬件设备上做了保障，配有音乐专用教室、电脑、多媒体投影、音响设备、钢琴、电子琴、小乐器等课堂常用器具。各校虽有音乐教研组，但基于学校规模、师生数量和实际情况的不同,分为独立音乐教研组和音体美教研组。基本能就日常教学和课程实施中的问题和困惑进行有效的研讨与反思。但就音乐教师队伍的长期发展而言,仍然具有一定的局限性,许多音乐教师还兼有其他学科教学任务,不能专注于本学科的教学研究,师资流动性强,教师梯队建设相对薄弱。区域总体缺少"领头羊"式优秀中学音乐教师群体。

(三)实践探索

基于前期理论研究、调查研究和"头脑风暴",全区中学音乐学科于 2017 年 5 月 9 日正式成立了第一个跨校联动教研组。希望解决城郊师资分配不均、教学交流不畅、新教师缺乏专业引领等现实困难,构建创新的教研模式。

1. 远郊地区中学音乐学科跨校联动教研组构建方式

(1)根据学校的地理位置就近组合。

(2)根据学校的地理位置、师资水平进行组合。

(3)根据优势学校资源丰富,以一带多进行组合。

(4)依托区级集团化教学的现有资源,以集团化大教研组进行组合。

2. 远郊地区中学音乐学科跨校联动教研实践活动形式

实践探索期间,共开展跨校联动教研实践活动四十余次,其形式可分为:

(1)展示课主题研讨。观摩成熟教师展示课,联动教研组内进行课堂内容主题研讨,研究学科单元设计。

(2)职初新教师课堂教学展示研讨活动。由各个跨校联动教研组展示一节五年期内的新教师执教的试教课,课后由执教教师围绕主题展开说课,联动教研组内的教师根据各自专业背景提出改进的意见和建议,以期促进职初新教师快速成长。

(3)教学技能培训。开展音乐学科教师专业技能提升培训。

(4)跨校联动教研组展示教研新模式。由联动教研组内的老师向全区中学音乐教师展示"课前研讨—上课—课后反思—教研组教师专业合作展演"这一教研模式的过程,由跨校联动教研组组长梳理这一新模式下的困惑与收获。并且以组为单位,交流不同学情下的教学目标导向、单元设计分层等实际经验。

(5)高校专家走进中学音乐课堂。由专家带来学术讲座以及艺术教研指导,在听课、评课时以专业的视角,给予教学建议。

(6)网络环境下的跨校联动组音乐教研。各个联动教研组都开展了组内教研活动,通过网络视频会议与组内成员分享上网课时出现的问题和解决办法;同时也与其他老师共同针对空中课堂的市级课程进行集体备课,在网络课程的备课、录制、学生互动讨论方面都进行了探索与交流。

3. 远郊地区中学音乐学科跨校联动教研实践的措施

(1)组织跨校研讨,提炼教学特色。通过区、校联动研究模式来进行新教材展示课,在同一课题不同组合、同一组合不同教学方法等方面的研讨,使教师们深刻体会到"教学有法,但无定法"的哲理,体会到教学中的创造思维对学生思维培养的重要性。又如:"主题式"校本教研模式,使教研组长们领悟到怎样将教研组教师的教学问题提炼出一个主题,围绕着主题的研究来解决问题。从而使他们领悟到音乐课堂中教学要素之间的辩证关系,并为进步突出的新教师搭建区级公开课平台,激励教师们不断学习,提升自我。

(2)加强联动教研组建设,树立教师信念。认真落实跨校教研组长的培养、锻炼、履职工作,使跨校教研组工作能根据片区内参与学校的实际和本组教师的特点,发挥联动组内每个教师的积极作用,有计划、有意义、灵活多样地组织开展校本研修活动。促进片区内教师的共同发展。着重抓好教学方法、经验的片区推广,将教学中存在的问题上升到区域内联动科研层面进行集体研究。将联动教学、联动研究与课堂教学相衔接。通过类似的系列活动,在全区中学音乐教师中形成良好的联动科研氛围。

(3)优化课堂教学,优化教学评价。进一步统一联动教研组内的课堂评价优化体系。使教学内容、教学环节、教学方法和手段、课堂教学设计符合教学思想的整体优化。提高学生在课堂中的主体地位,充分发挥学生的积极性、主动性、创造性。使学生参与音乐实践的意识强,学习兴趣浓厚,在创造性活动中,能发现音乐艺术的特征和规律,并运用得恰当、灵活、富于情趣和创造性;应提高课堂教学质量,既重视教学过程又注重教学效果。

(4)注重师资培训,提升教师素质。依托"中学音乐学科专业技能培训班""名师工作室"等平台,充分提高联动组内教师业务素养,融合不同学校教师的专业技能,发挥最大作用。促进联动组内老师相互学习专业技能,力求让每一位老师都成为技能、技巧"多面手",同时激发组内相互学习的积极性,让老师们同时具备较强的教学能力和科研能力,以适应新课程背景下音乐教育的要求。

两年多来,"跨校联动教研组"如雨后春笋遍布全区各地,这一教研模式深受教师和各校领导的好评,有针对性地解决区域内音乐教学与教研的实际困难,帮助一线教师在教育教学上寻找到新的突破口和成长点。

4. 远郊地区中学音乐学科跨校联动教研的教研组构建特点

(1)实践初期。不同于校内学科教研组,跨校联动教研组面临着进度不一致、要求不相同、时间不方便的诸多问题,构建初期其现实功能还没有发挥。

(2)实践中期。教研组的重构,旨在提高教师自身学科教学实践能力和智慧,向其他人员学习,提高个人专业素养。在解决了职初教师的带教问题之后,明显能够感受到跨校联动教研组带给职初教师更快的成长速度,同时青年教师的教学热情也得到进一步提升。

跨校联动教研组的展示与交流,不仅对组内的教师会产生一定压力,并且会对其他跨校联动教研组产生良性的推动力,同时也让组与组之间的竞争意识复苏,推动教师对自己和团队有更高的要求。

(3)实践成熟期。在跨校联动教研组较为成熟之后,组织有针对性的专业技能提升班,进一步弥补教师在教学技能上的短板,让教师个人的能力更加平均。

5. 远郊地区中学音乐学科跨校联动教研的教师课堂评价体系

(1)评价原则。远郊地区学校存在学情的差异,可以灵活地从多角度进行客观评价。主要涵盖学生学习氛围、教师课堂管理、学习氛围环境营造、教学媒体灵活运用、教学活动实效性、师生关系、教师课堂临场反应、学生活动表现等方面。

（2）评价内容。①教师教学素养：教师良好的知识储备、个人艺术修养、健康的教学心态，都可以有效快速地拉近学生与老师的距离，也能使学生更加信服老师的专业性，促进相互信任，潜移默化地影响学生。②教师教育理念：教育理念是非常重要的，也是评价的重要部分，主要内容体现为教师的教学内容是否严谨科学，教学手段是否体现了探索与创新，教学理解线索是否符合当今课程标准。③教师教学思路：教师在授课过程中，思路与教学三维目标相结合，授课当中严谨地把握知识点的合理性、准确性、科学性。有课程开发意识，注重提高活动环节的实效（学生想参与、会参与、能创编）；注重课堂常规，重视学生学习习惯的培养。④学科教学功底：学科教学基本功（弹奏、演唱、指挥、粉笔字、硬笔字、普通话、恰当运用现代网络与信息类教学媒体），教师自身习惯与能力；创造性地理解与把握教材的能力；知识传授准确无误。⑤教学灵活度：巧妙化解课堂偶发事件，善于尊重学生，发现学生身上的闪光点，宽容与鼓励学生，善于灵活地与学生进行沟通。⑥组织与协调：在激发学生学习兴趣的同时，能较好地调节课堂秩序，使课堂活而不乱、欢而有序。

（3）评价方法。①指导性评价：评价不重"终结性"评价，而重"形成性"评价，注重发表对教学的指导性意见。②研讨性评价：以教研主题为前提的评价，有的课是教学过程研究的展示，有的课是教学成果的展示，有的课是针对单元设计中音乐作品选择的评价，着力研究需要解决的问题。评价过程中要注重评价对象的新观点、新思路、新方法、新经验；注重评价学生的学习状态和效率，分析设想是否符合实际；注重评价后的再次实践等。

三、成效与反思

（一）研究成效

1. 远郊地区中学音乐学科跨校联动教研的教研组构建实践成果

（1）打破地域限制，便捷化组建教研团队。根据地理位置就近组合，远郊地区教师教研活动的效率得以大大提高，切实解决了远郊地区教研不便的问题，让教师可以将更多的时间用于真正的研究与提升。

（2）打破学科弱势，提供职初教师快速成长的教研团队。以学校地理位置为前提，重在师资的重新组合，解决了远郊地区的职初教师"无人问、没人帮"的带教问题，以成熟教师带动职初教师迅速适应课堂教学环境、规范课堂教学方式、落实课堂教学的备课—上课—反思三环节，为职初教师打下良好的基础。以一带多，形成良好教研氛围，教学资源得以流通共享。

（3）突破职业倦怠，构建和谐、积极、团结、有竞争力的教师队伍。依托区级集团化教学，将多个跨校联动教研组成员进行再编组，在提升职初教师的教学水平、中级教师的教科研水平、高级教师的带动影响力三方面都可以有更强的推动力。在跨校联动教研组的积极研究实践下，中青年教师都得到了长足发展，并在市级教研室开展的教师基本功评比活动中获得团体金奖的好成绩。

（4）理解区域师资倾斜不均与断层问题，形成新型教研体系。区域联动组按照地区划分，建设新型联动机制。将同片区学科教学资源联动重组，缓解区域内师资力量分布不均问题。联动组内经验丰富的教师与青年职初教师有机搭配，薪火相传，思维交互，解决学科内教师需求少、远郊及农村地区教师短缺、更迭时间较长等原因导致的师资断层问题。联动组不受制于传统教研活动形式，如集团化带来的执行时间长、地区跨度大、过程复杂等问题，或者单一学校教研组教研活动模式固化问题，以及综合教研组无法深入研究单一学科内容等问题，联动教研活动能针对学科教学特点，更为灵活深入。

（5）快速提升青年教师的教学能力。联动组基于同片区相似的工作教学环境，能准确快速地助力青年教师教学能力的提升。资历深厚、教学经验丰富的教师发挥主心骨组织力量，传授教学经验，分享教研成果理论，对比片区实际情况，帮助青年职初教师分析类似学情，理清教学思路，指导青年教师快速熟悉工作内容，掌握学科教学基本方式，寻找适合自身特点的教学方法，在联动教研活动中快速积累教学经验，提升教学能力。

（6）丰富学生课堂体验，激发其学习兴趣。教学活动环节是联动教研组，结合片区各层次学生身心发展特点，经过反复教学实践，一次次反思改良所得，最终达到营造课堂氛围、抓住学生注意力的目标。教研活动提升教师专业技能，原有较为重复的学生活动变得更加多样化，在教学中时刻保持学生学习的新鲜感，激发学生的学习兴趣。

（7）完善教学设计内容方法，提高学生学习有效性。成员在联动教研活动中，分析单元教学内容，在大家的思维碰撞中，遵循单元主题思想特点，整理归纳零散线索，设计结构完整、内容有序、凸显教师自身魅力、符合学生身心发展特点的单元教学方案。学生通过课堂学习明确知识要点，强化学科技能，提高学习积极性与学习效率。

（8）有机结合教学整体，提升学生学科素养。联动教研活动改变远郊教师忙于教学任务、缺少教学资源、难以交流思想导致的教学模式单一和固定的问题，助力教师在学科教学水平与教学技能上快速成长。长远成效体现为教师教学设计愈加完善，教态愈加轻松自然，用语愈加结构严谨，思路愈加明晰创新，学生活动愈加多样有效，大幅提高常态课质量，将日常课提升为一节节优质课，在潜移默化中不断加强学生的理解、听赏、歌唱、模仿、创作能力，全面提升学生的音乐素养。

（二）反思与展望

远郊地区中学音乐学科跨校联动教研的实践探索在组织构成、实施方法、运作过程上已经形成一定的主题式联动教研体系模式。但每次活动主题相对独立，彼此间联系不强，后续可延长同一主题活动的研究时间，对主题各方面，如教学内容的不同线索归纳方式、同一教学内容不同侧重点教学实施等进行细致的探究。

另外，目前教研形式以观课与研讨结合为主，过程虽有小部分创新，总体来看还较为单一。后续活动中可针对教师技能、科研发展等不同需求，尝试开展形式更为丰富的活动，如主题式专业技能互学活动、科研心得交流沙龙等。

指向艺术核心素养培养的中国鼓社团教学实践分析

上海市奉贤区邬桥学校　王晓梅

摘要：在新课标中，艺术核心素养有几大要素组成。其一为审美感知；其二为艺术表现；其三为文化理解；其四为创意实践。为什么要培养学生的艺术核心素养？它是学生能力的重要组成部分，同时也是学生将来立足社会的非常关键的能力。在中国鼓社团教学实践当中，以艺术核心素养的培养为教学目标，不断优化修正教学的路径，引导学生增强主动发现问题的能力，从而深入分析问题、加强互动交流，进行创造性的思考，使得学生养成终身学习的自觉，提高其整体素养，让中国鼓教学更具价值。

关键词：艺术核心素养；中国鼓；社团教学

2022 年 4 月，"新课标"的发布，对着重培养学生核心素养进行了突出强调，其要求在全方位、全过程、全领域培养学生的过程中，有机融入艺术核心素养的培养。基于艺术学科发展进程，从其内容来看，早已脱离了常规性、单一性教学模式，逐步延伸开来，涵盖了器乐、摄影、诗歌、影视等内容。从教学的形式来看，由每周固定的艺术课逐步走向特色课堂"艺术＋"的发展。无论如何发展，其最终目的都是有效提升学生的综合素养，可以开设校园社团课程，推动艺术教育更加立体化、更具客观性。

邬桥学校 2016 年成立中国鼓民族打击乐团队，多年来坚持普及与个别发展相结合，在全校范围内普选队员，组建了中小学两支中国鼓队，队员达到 100 多人，以展示与竞赛相结合为原则，坚持每周训练，让学生在锻炼身体素质的同时，能够持续深入接受传统文化的熏陶，感悟其中蕴含的无穷魅力。

一、中国鼓社团建设

（一）以"鼓"为"魂"，确立社团特色

1. 设立责任组

总负责：校长、副书记；校内教师组：音乐教师若干。除本校教师教授之外，还定期聘请校外打击乐青年演奏家进校指导。

2. 加强师资建设，提高教师专业能力

邬桥学校十分注重教师队伍建设，校外教师为打击乐优秀职业演奏家，在打击乐演奏

方面具有扎实的功底。为了提高本校教师打击乐素养,鼓励老师们积极参加上海市打击乐负责人培训活动、区域学生项目中心组活动、区器乐联盟体活动等。其中1名本校社团负责老师以打击乐特长荣获2021年区卓越工程"特色教师"荣誉称号。

3. 稳步进行,多层立体推进

2018年邬桥学校中国鼓社团被评为区特色项目,走上了全面推进艺术素质教育的道路,努力做到"让每一朵花儿都精彩绽放"。打击乐社团坚持周一、周日开展中国鼓社团活动,周二、周三开展中国鼓课后服务活动,每天中午特定时段开展"击鼓进行时"活动,而且在活动室特设中国鼓照片墙等,创建工作有计划、有监督、有总结、有改进、有提高。打击乐的铿锵之声使邬桥学子的心中充满了自豪感与荣誉感,形成了"爱鼓乐、能鼓乐"的浓厚校园艺术氛围。

(二)以"鼓"为"教",打造特色教学

邬桥学校经过多年探索、研究和发展,构建了中国鼓项目的特色教学体系,为学生健康成长注入了强劲的中国传统元素。

1. 鼓文化的浸润

校园文化艺术丰富了学生的校园生活,在学校宣传中国鼓文化,让更多的学生了解这穿越时空的天地之音。在中国鼓教室墙面以时间轴为中心记录历年重大活动,讲好中国鼓的故事,既做又说。

2. 中国鼓进课堂

中国鼓的学习,更能磨炼孩子收放自如、张弛有度的学习态度,让学生迸发创作的欲望,推动创意作品的形成。

(三)以"鼓"辐射,带动学校、区域发展

1. 社团与学科,学校与区域联盟学校

邬桥学校借助区音乐、艺术工作室的学科优势,定期邀约区艺术教研员马蓓蓓老师到邬桥学校开展打击乐相关课程教学主题研讨活动。例如:王晓梅老师执教的艺术课"民间撷萃——奏响中国大鼓"等,一次次巧妙的创意设计和精彩的活动展示赢得了联盟学校老师们的一致好评。学科与社团的关系,既是相互依托也是互相推动,在扩大本校影响力的同时,学校也发挥辐射带动作用,助力构建艺术特色化体系。

2. 传承民族内涵,繁荣校园文化

中国鼓具有宽广、蓬勃、丰富的内在精髓,将中国鼓团队引进学校是弘扬民族文化的重要一步,是增强学生民族自信心与自豪感的重要举措,提高学生整体素质,让校园文化洋溢在鼓乐的精神中。

3. 获奖等第与艺术实践

邬桥学校中国鼓社团积极参加镇、区、市组织的各项活动展演,多姿多彩的实践活动丰富了学生们的演出经验,锻炼了他们的艺术技能,增强了团队默契,丰富了课余生活,学生在鼓乐中不断受到激励,形成自强不息、蓬勃向上的精神。中国鼓社团连续获得第

12～15 届全国青少年打击乐中学组指定作品金奖；多次参加上海市学生艺术节打击乐类活动展演，获得金奖或一等奖；传承"非遗"，在"我是'非遗'传习人"评选活动中，获得演艺类团体金奖；在第五季"中国好鼓手"比赛活动中，也获得冠军荣誉称号。邬桥学校中国鼓教师也入选区卓越教师培养工程，被授予"特长教师"荣誉称号。在"珠弦玉磬 鼓乐齐鸣"上海市青少年打击乐专场展示活动中，邬桥学校也取得了一等奖的好成绩。

二、核心素养培养的中国鼓教学路径

（一）通过课程培养审美感知

"新课标"中关于艺术核心素养的要求，排在首位的就是审美感知。尹婷在《简析琵琶教学的美感修养》一文中讲得很贴切："人类这一主体，以肢体的交流、联动、感悟等各式各样的形式，将音乐文化的核心内在、真正内涵展现出来。"在我们日常的教学和课外的活动中，要让学生欣赏优秀的民族作品，体会什么是民族艺术的魅力，从而让学生感受到民族艺术的丰富内涵，以及其中悠远绵长的底蕴和积淀。中国鼓就是这样一门有深度内涵的艺术，我们引导学生直观感受、深入剖析中国鼓作品，明白中国鼓的演奏绝不是简单的节奏排练，而是作曲家情感的体现、演奏者情绪的释放，继而有效激发学生主动学习中国鼓的兴趣。而在教导学生学习中国鼓的演奏、律动等过程中，我们要致力于加强对学生主观能动性的培养，让学生积极将课程中所学知识和生活联系起来，迸发出不同的见解。

（二）通过课程培养艺术表现

艺术表现为学生真正掌握艺术技能形成有力支撑，俗话说"外行看热闹，内行看门道"，艺术实践的过程必不可少的首先是中国鼓的基本功。在教学过程中，教师会讲解专业的演奏家在平日练习时的步骤，让学生明白基本功训练的重要性。教师让学生模仿练习最基本的热身、站姿、持鼓棒、律动、鼓面敲击、辨别音色等，使其改掉一些小错误，为其后续的学习打下基础。其次，开展定期展演有助于消除学生忧虑、慌张等负面情绪，这些负面情绪也影响着学生能力培育。实践性是中国鼓传承千年的重要原因，给予学生更多实践的经历，针对其实际表现作出及时有效的评价，以促使其熟练完美地表现作品。最后，鼓励学生展开个性化艺术表现。学生根据自己对事物的不同认知和理解，以个性化的方式演奏表现作品，这不仅是学生学习的需要，也是推动中国鼓这一艺术形式发展的必经之路。

（三）通过课程培养文化理解

对中国鼓的人文背景有一定的了解，有助于学生艺术素养、文化素养的提高。鼓文化是中国传统文化的重要部分，我们慢慢走进传统文化，就会发现礼乐中从不缺少鼓的存在。鼓，让士兵更加勇敢，让民族更有生气，让生活充满希望。在不同的地方，鼓还拥有不同的形态、不同的名字，比如"凤阳花鼓""渔篮花鼓""威风锣鼓"等。最后，敲击鼓面、鼓棒、鼓身等，配合肢体律动，极富有生活性。

（四）通过课程培养创意实践

创意实践需要学生充分利用课程中学习到的，甚至艺术课程外其他课堂中学到的知识，与自身生活实际联系起来。举个例子，想要学习一种乐器，一般首先要做到的就是认识谱子，逐步做到烂熟于心，最终达到快速识谱的效果，而学习技能进行再创作，所要付出的努力与时间，是逐步递增的。学生先学会简短敲击锣鼓，再看谱记录，降低辨谱的难度，相对具有较高的学习效率。有力的鼓点以及演奏者那律动感十足的身体语言，能在听觉、视觉方面快速吸引学生，在提升学生艺术核心素养方面更加直接，简单的演奏技法就会让学生充满自我认同，能够在短时间内让学生的艺术表现力有所改善，从而根据现有的学习内容进行简单的二次创作或创新。艺术课程四个核心素养相辅相成、相得益彰，想要学生有良好的创意表现，必须让学生充分地体会、领悟、贯通。

三、核心素养培养的中国鼓教学策略

（一）提问式——培养发散性思维

中国鼓社团教学要提前了解学情，知晓学生的知识水平、学习兴趣等，制定有效的、具有启发性的问题，帮助提高学生的艺术想象力。想要对学生进行提问，就要拟定一些开放式的、探索式的问题，引导学生多维度、多层次、多角度理解、掌握所学知识内容，进一步推动学生发散性、联动式思维的形成。

（二）结合数字化——构建体验情景

现代信息技术的发展，让生活和学习更加方便快捷，欣赏视频、倾听音乐，增强了学习的感受性和体验感。中国鼓一般会搭配其他乐器合奏，当前通过一些互联网软件或是一些小程序，就能够切实解决乐器携带不便的问题。可以通过数字化手段，对学生学习的效果进行综合评定，用直观的图形或是线条展现学生各自的学习成果，让教师及时、充分掌握学生的学习情况。

（三）团队协作式教学——提升综合素养

首先，团队协作教学强调以学生为主体，教师为主导，在教学过程中通过教师讲解示范，师生共同解决教学主题的驱动性问题，其主要目标在于形成学生发现问题、深入分析、沟通协助、创作思考的锁链。从学习的效率来看，主动学习远比被动学习要高得多，主动学习还能锤炼学生接受信息、制定方案、执行指令的综合能力。其次，在中国鼓课程中，以《滚核桃》作品教学为例，通过分声部合奏、领奏、两人或多人对奏等方式，营造共同学习的氛围，整体律动的加入让学生更加大胆地展现，让作品的艺术表现更具张力。有效教学能够引导学生进行团队协作，还可以发现隐藏在其中的演奏问题，构想出新的艺术形象，最终达到一同学习、共同提升的效果。通过团队协作的方式开展教学，初步建立了学生的规则意识和与他人协作的意识，有助于社团队伍建设，达到提升学生综合素养的目的。

四、核心素养培养的中国鼓教学实施价值

（一）对于学生核心素养的价值

作为素质教育重要的组成部分，艺术教育对学生综合素养的提高具有现实性的意义和价值。中国鼓课程围绕学生艺术核心素养的培养展开教学，通过演奏技巧的掌握，让学生感受到民族艺术独特的审美价值，学习到不同的艺术风格、不同的演奏方式，了解作品背后的艺术家和时代背景，有助于培养学生的艺术鉴赏能力。中国鼓的创意表达可以让学生尽情发挥个性，强化自我认知，丰富自己的想象，不断提升作品创作能力。

（二）对于充实优秀传统文化艺术教学的价值

从党的二十大报告中，我们可以看出文化强国战略的核心就是增强国民文化自信。青少年是祖国未来的希望，在青少年群体中弘扬中华优秀传统文化，对于增强我国国民文化自信具有非常重大的意义。中国鼓教学是对传统文化艺术教学的重要补充。优秀的中国鼓文化艺术教育需要长期持续性的开展才能见成效，教育模式、教育方法不断迭代更新，方能迈入新时代、新征程，这对于全体教师都是巨大而又艰巨的挑战。

察觉隐性音乐要素　构建抽象思维模式

——中小学生三维聆听能力的培养

上海师范大学附属嘉善实验学校　袁雨田

摘要：本文以培养中小学生核心素养的视域，引导学生察觉隐性音乐要素，积极探索学生三维聆听能力培养的意义与实施策略，旨在更好地指引学生系统、专业地听赏音乐，发展音乐听觉素养，提升审美感知能力，切实促进学生发现社会环境中的"真善美"。

关键词：中小学音乐；核心素养；三维聆听能力；抽象思维

音乐是在时间线上筑起的大楼，一幢音乐大楼的华丽与否，是由它的表面决定的；但它的内部也有着严谨的结构和优美的形式。它以精练的动机为开端，按照旋律、节奏、和声、调式的规律流淌。这，就是音乐的显性面与隐性面。

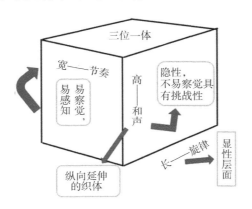

图1　音乐是"流动的建筑"

听赏音乐就像解一道数学题。数学家莱布尼茨说："音乐是一种隐蔽的算术练习，透过潜意识的心灵跟数目在打交道。"一道题有多种解法，一首乐曲有多种聆听方式。例如，在传统的横向聆听模式中，执教者过多地强调音乐形象与音乐情绪，忽视了各声部间的纵向变化、各乐段间律动的变更、各乐器音色之间的交错，"音乐画面感"由此只能停留在表面，学生难以用具象的语言文字表达内心对音乐的抽象感知，长此以往，不利于学生艺术素养的提升。那么，在中小学音乐课堂里的聆听过程中，如何找到"音乐方程式"的最优解呢？以下，笔者依据自身的"旅法"学习经验，结合课堂教学实践，归纳出培养学生三维聆听能力的几点教学策略。

一、剖问题，从形象思维到抽象思维的模式转变

教师是源头，学生是归处。学生三维聆听能力的培养，首先要求教师摒除旧观念、树立新思想，其次引导学生发掘音乐的隐性要素，最终培养学生良好的聆听与思考习惯。

（一）"牧羊犬"式教学不利于学生音乐思维的发展

教师在教学活动中扮演的是"领头羊"还是"牧羊犬"的角色，这是一个老生常谈的话题。新课程标准中指出："无论通过何种方式聆听或体验音乐，都要引导学生将注意力集中到音乐上，并给予学生充分的时间聆听音乐，不可喧宾夺主。"显而易见，以引导为主的"领头羊"式教学正在逐步取代陈旧低效的"牧羊犬"式教学，聆听模式的革新势在必行。另外，音乐课堂的效能很大程度上取决于教师的思维方式是否科学、教学能力是否过硬、专业能力是否达标。

（二）消除与抽象思维的隔阂

具有音乐抽象思维的教师，要以丰厚的音乐学识为根底，并具备掌控课堂的能力，方能得心应手地展开教学活动。抽象思维不再局限于文理科的传统范畴，要将其广泛运用到音乐学习之中。例如，主导动机是作曲家的特殊代号；用音符来代表文字的音调抽象思维表现手法；用特定含义的传统曲调来代表特定的事物描述或风格模拟……笔者认为，音乐教学的目标不一定是唱好一首歌、掌握节奏性，而是通过对音乐的深入挖掘与分析，教会学生进行类比，让学生不断进行知识的更新与思维的进化，这对于"机械式"教学的前者，无疑是"降维式"的打击。

但是，反观当下部分教师群体，以及仍在专业院校进修的"准教师"们，缺少知识储备，欠缺统筹音乐要素的能力，认为抽象思维是难以把握、高深莫测的，或者认为抽象思维离我们很遥远，缺少理性分析与深入挖掘，只能让音乐滞留在感性层面，从而无法胜任新时代背景下的教学任务，所以，执教者必须消除思想上的隔阂，在教学过程中激发学生抽象思维的想象。

二、抓关键，从显性要素到隐性要素的深入挖掘

收集音乐要素是重塑音乐的过程。在构成音乐的要素中，存在着许多对立面，例如单声音乐与多声织体、动机与曲式、节奏型与律动感、东南亚调式与现代大小调等。

（一）什么是隐性音乐要素？

隐性要素既是乐曲的关键，也是课堂的亮点。看准、抓牢音乐中的隐性要素，使学生在聆听中思考，培养良好的聆听习惯，构建抽象思维模式。

表 1　显性、隐性要素的差异

显性要素	隐形要素
构成音乐的基本要素,例如:节奏、节拍、速度、力度、旋律、调式、强弱、音色等。	与常规要素相对的、需要深挖并通过理性分析得出的要素,可以是乐曲的关键要素,例如:特定含义的传统曲调、特有标记的主导动机、使律动位移的节奏型等。
朦胧的、概括性的。	形象的、精细化的。
宏观的音乐要素,仅限于表达乐曲的初体验。这种单调的课堂体验,难以调动学生情感,难以使学生进入音乐意境,难以揣摩作曲家的创作意图。	微观的音乐要素,常用于深层次的音乐评述,便于加深对乐曲的理解,利于风格的把控,易引起学生情绪的共鸣。在音乐教学活动中,隐性要素的成功找寻将会成为课堂的亮点。

(二)深入挖掘隐性要素的意义

漫漫音乐长路,仅有寻常的音乐要素而缺少真正触及学生内心的特殊信号,尤其是面对晦涩曲目,学生无疑会"下课就忘",导致其对聆听环节心态麻木,丧失兴趣。隐性要素的加入很好地解决了这一问题——找寻隐性要素的过程如同解谜,主动"推着"学生走进音乐,营造氛围,增强学生的注意力,使学生深入欣赏音乐,为长线培养学生的聆听能力赋能。

(三)结合实践,注重抽象思维的培养

1. 用特定含义的传统曲调代表特定的事物或风格模拟

这是一种抽象思维与形象思维糅合的表现形式。在聆听的过程中,执教者往往忽视对传统曲调的暗示,无异于将音乐贴上了概念化的标签,这是不合适的。

例如在《1812 序曲》(湘艺版高中《音乐鉴赏》教材第一单元)中,同时出现了两首传统曲调:《马赛曲》本是法国大革命的象征;《四季·十一月》生动描绘了在俄国的冬天,雪橇铃铛的清脆声音。不过在此曲中,柴可夫斯基用《马赛曲》代表法军,用《四季·十一月》代表俄军,描写拿破仑率领的法军被俄罗斯军民狙击于大雪中,饥寒交迫而全军覆没的故事。假如执教者不知道《马赛曲》,就无法理解它的寓意;不了解柴可夫斯基的《四季·十一月》,就不知道它象征了什么,这就是抽象思维的具体作用。

传统曲调不仅能代表特定事物,还能进行风格模拟,达到一种幽默的效果。例如在《木偶的步态舞》(人音版《音乐》教材三年级下册第二单元)中,作曲家德彪西(Claude Debussy,1862—1918)对瓦格纳(Richard Wagner,1813—1883)的三幕剧《特里斯坦与伊索尔德》(Tristan und Isolde)中的"特里斯坦"动机进行模拟,结合步态舞——美洲黑人"糕饼舞"的常用节奏型,描写木偶的轻颦浅笑,形成怪诞滑稽的效果。

这种独特的技法在《木偶的步态舞》中共出现了五次,与其说德彪西刻画的是引人发笑的木偶形象,不如说是对瓦格纳的戏谑与嘲讽。1888 年德彪西参加德国拜罗伊特音乐节时,已故传奇音乐大师瓦格纳的歌剧令德彪西如痴如醉。但当时的法国人仍未从普法战争的惨败中缓过劲来——大仇未报,满满自由精神的德彪西十分努力地从德国音乐的影响中抽身出来。他迅速转向致力于捍卫纯粹的法国艺术,一跃成为瓦格纳最有力的挑战者。

图 2 "特里斯坦"动机——瓦格纳

图 3 "特里斯坦"动机在《木偶的步态舞》中的应用

由此可见,伟大的作曲家们热衷于"借曲抒情"的抽象表现手法,执教者不宜将此种类型的传统曲调概念化。同时,这种技法在中小学音乐教材中屡见不鲜,可见其重要性。要窥探作曲家的内心世界,就要求执教者对隐性要素多听、分析地听、有针对性地听。

2. 音乐的特有标记——主导动机

主导动机也是一种蕴含抽象思维的手法,在欣赏类曲目中屡见不鲜。大多数的主导动机以乐汇的形式出现,以富有特征的节奏、音程、和声和音色作为特有的标记。作曲家创作的这些主导动机,与其说是塑造鲜明生动的音乐形象,不如说是制定了一系列特定的音乐代号。①

以比才(Georges Bizet,1838—1875)的歌剧《卡门》为例,它囊括了十几个主导动机。其中,象征其结局的"命运动机"贯穿全曲,这个主导动机仅仅包含五个音,以不谐和的增二度音程为其特征,以暗示悲剧的爱情。每当其出现,总能令聆听者留下深刻的印象,"命运动机"成为歌剧《卡门》的特有标记。

作品的欣赏教学往往伴随着挑战,"大段落"式分析是浅显且不足取的。执教者要敢于挖掘隐性要素。显然,"命运动机"就是这样的一个关键性要素:连续三小节的渐强与渐弱,烘托出犹豫与紧张的氛围,随着卡门决心扔出手中的玫瑰,中提琴以震音的技巧与单簧管、小号、长号、定音鼓一齐发出了这个粗糙的、不谐和的和弦,它象征卡门与堂·何塞的初次相遇,也预示着其悲剧命运的开始。

---

① 苏子龙.音调的抽象思维[J].华章,2012(34):88-90.

图 4 命运动机

3. 节奏的生命——律动

音乐是按节奏做有规律的运动,节奏型让音乐机械运转,律动则让凝固的音乐流动起来。节奏型是显性要素,律动则是隐性要素,节奏律动化是一种抽象思维与形象思维糅合的表现形式。笔者的专业老师 Jérôme Laran 教授说过:"音乐是跳动的音符,哪怕是相同的节奏,改变一个音的跳跃位置,就成了另一种风格。"

在能很好地分析并感觉节奏以后,我们就应进一步去体会节奏的律动。教学过程中,执教者往往执着于节奏型的精准而忽视了整首乐曲中节奏型的运用即律动感的体现。这种律动感可说是一种韵律,表现了音乐和节奏的进行与流动,是机械演奏所无法达到的。[①]

《土拨鼠》与《西西里舞曲》是一对良好的比对范本,它们的节拍、调性、弱起节奏相同,但是后者相较于前者,特殊节奏的出现给人别样的律动体验。

贝多芬的《土拨鼠》是一首规整的 6/8 拍乐曲,中速,以第一、四拍为强拍,有着典型的浪漫式的伤感。

图 5 规整的《土拨鼠》旋律

福雷的《西西里舞曲》是西西里风格(siciliano)舞曲中的典范,6/8 拍,小快板,选自人教版八年级下册音乐教科书。

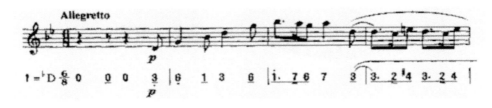

图 6 《西西里舞曲》旋律

其中,最具特点的就是前长后短的附点节奏型,仅从谱面来看,类似于放慢多倍的塔

---

① 吴翔.谈钢琴读谱[J].铜陵职业技术学院学报,2007(2):99-100.

兰泰拉(Tarantella)节奏型,以下是《西西里舞曲》中常见的节奏型:

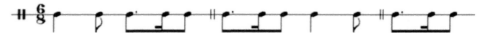

这个节奏型打破了常规律动,将旋律的重心后移,顺利地引出下一个音符,如同在傍晚时分的西西里岛伴着海风轻轻划船,闲暇舒适。由此可见,即使节拍、调性、弱起节奏都相同的两首乐曲,律动的感受也是不一样的,将节奏型律动化是将抽象思维形象化的过程,有利于发展学生的音乐感知能力。

三、重提升,从积累经验到培养能力的过程转变

克罗齐认为"艺术即直觉,直觉即表现",这里的"直觉"就是艺术要素,"表现"即艺术表现力。学生的艺术知识大多在经验积累的过程中获得,而能力的培养依托"学科融合",将知识具体化。

如上文,舞曲中的隐性要素为象征性节奏型向外延伸出的律动,在课堂中的实际运用为步伐。以人音版四年级下册音乐教材中的《我们大家跳起来》为例,原曲《G大调小步舞曲》由克里斯蒂安·佩索尔德(Christian Petzold,1677—1733)创作,被巴赫收录在《致安娜·玛格丽娜古钢琴小品集》中。

小步舞的行程短,行进构图呈"Z"字形、"S"字形或"8"字形(见图7),与两小节为单元的小步舞曲相互配合,在第一、三拍屈膝微蹲,其余拍子行进,由一对对舞伴按照高低次序表演,小步舞是宫廷舞蹈文化的精粹。

图7 小步舞曲行进构图

得益于现代化的多功能教室,音乐与舞蹈这两种本不能分家的姊妹艺术相互融合。如果说节奏型律动化是一种抽象思维与形象思维糅合的表现形式,那音乐与舞蹈的"学科融合"就是律动化的体现。音乐属于听觉艺术,舞蹈属于视觉艺术,两者的融合使音乐可

视化、舞蹈听觉化,能极大刺激学生的感官体验,是间接经验转化为直接经验的良好途径。

四、促发展,从单一性课堂到多元化课堂的形式转变

一架钢琴、一支粉笔、一本书构成了传统音乐教学的"老三样",学生统一时间、统一速度、统一反馈,难以做到因材施教。

在"旅法"学习音乐之余,笔者旁听了学院为儿童开设的大部分音乐课程,感悟颇多。

有这样一节音乐启蒙课:孩子们在纸片上写出一周所学的新单词,教师则为之编配合适且幽默、夸张的节奏,孩子们争先恐后地报名朗读。随后,教师将带有节奏的单词编入儿歌旋律,并给每个孩子发一个彩色的小球,跟随音乐的律动边唱边拍,每一位孩子都能在课堂上大胆地表现!这位法国老师,通过学生掌握单词的水平了解个体差异,搭配个性化的音乐训练,开展多元化的音乐活动。这种在群体活动中对个体分类微调的策略,既充分保护了学生的自尊,又为学生的音乐成长赋能。

新课程倡导任务型教学方法,在任务型教学过程中,任务的设计是相当重要的环节。设计形式应多种多样,以彻底改变课堂上"教师讲,学生听"的局面。每一种教学方法都有利有弊,教师应该根据实际授课内容采取多元的、综合的教学方法,博采众家之长,帮助学生发展多元智力。

总之,关注特征性、隐藏性元素,发掘主导动机、理解抽象作曲手法,类比不同节奏型所带来的不同律动,积极引导学生感悟隐性音乐要素在音乐作品中的重要作用,可以培养学生的抽象思维,丰富学生的音乐审美体验,最终实现从掌握知识到具备艺术表现力的飞跃。我相信,只要我们不懈探索、研究并采用适合中小学生聆听能力发展的有效教学策略,我们的多元化欣赏教学将会呈现和谐的妙音!

艺术"一条龙"人才培养体系下的乐团建设
——以复旦附中管乐团为例

复旦大学附属中学　张忠华

摘要：上海市教委2022年开始实施艺术"一条龙"人才培养体系建设，本文对该政策的实施情况进行了总结与分析，并以复旦附中管乐团为例，介绍了乐团经过实践与探索，总结出的一套新政策背景下的乐团建设具体方案。这套方案的实施极大提升了复旦附中管乐团的整体实力，为乐团的可持续发展打下了坚实基础，也对兄弟学校艺术团队建设有较好的参考借鉴意义。

关键词：艺术"一条龙"；乐团建设；管乐

2019年，上海市政府发布《关于加强本市中小学体育艺术工作的指导意见》，文件提出："做好义务教育不同学段、学校间优秀体育学生和艺术骨干学生的培养衔接工作。在符合入学政策的前提下，研究探索义务教育阶段跨学校的优秀体育学生和艺术骨干学生的培养机制。""自2022年起，各'一条龙'高中阶段学校开展优秀体育学生和应届优秀艺术骨干学生的招收培养工作。"

2021年，上海市教委公布学校艺术"一条龙"人才培养体系首批66所高中阶段学校名单，并指出建设学校艺术"一条龙"人才培养体系，是为进一步落实全面育人目标所开展的一项基础性、系统性工作，对于深入贯彻落实国家关于全面加强和改进新时代学校美育工作等最新要求，进一步推动高质量学校美育的普及实施，具有十分重要的意义。

复旦大学附属中学（以下简称复旦附中）管乐团创建于1999年，曾16次获得上海市管乐比赛一等奖，5次获得全国比赛一等奖，2011年被评为"上海市学生艺术团"。2021年，复旦附中成为首批市级艺术"一条龙"布局高中学校，2022年开始招收中西乐器（管乐）的艺术骨干生。经过两年的实践探索，初步理顺了"一条龙"政策下各环节的关系，总结出一套适合复旦附中管乐团的具体方案，为乐团的可持续发展打下了坚实基础。

一、"一条龙"政策实施第一年情况总结与分析

（一）情况总结

2022年，上海市教委开始实施学校艺术"一条龙"人才培养体系（以下简称"一条龙"）建设，各艺术"一条龙"高中学校开展优秀艺术骨干学生的招收培养工作。在政策实施的

第一年,实际效果与预想情况有巨大差距。因此,笔者对这一情况进行了总结与分析。

依据上海市教委的政策,2022 年之前复旦附中管乐团招收艺术特长生,2022 年开始招收艺术骨干生,两者虽然只是二字之差,但是实际招生工作却有重要不同(详见表1)。

表 1　艺术骨干生、特长生招收情况

	艺术骨干生	艺术特长生
报名条件	全市学生 上海市学生艺术团优秀团员	本区学生 市级比赛三等奖以上或区级比赛二等奖以上
中考招生类别	自主招生	一志愿
中考分数优惠	最高约 60 分	最高 20 分

通过对比发现,艺术骨干生的招收政策比艺术特长生优惠很多,前者可以全市招生,中考分数最高可以优惠约 60 分,后者只能在杨浦区招生,最高优惠 20 分。因此,理论上"一条龙"高中学校都可以招收到充足的优秀生源,从而进一步促进高中艺术团队的发展。

但在 2022 年实际工作中,理论和实际有很大差距,笔者整理了 10 所"一条龙"高中学校的艺术骨干生录取数据(详见表2),其中 100% 完成招生计划的只有 2 所学校,其余 8 所学校均未完成招生计划,最低的招生计划完成率只有 13%,10 所学校整体的完成率只有 63%。

表 2　10 所"一条龙"高中学校艺术骨干生录取数据

学校	招生项目	招生计划	录取人数	招生计划完成率
复旦附中	西乐	6	6	100%
建平中学	西乐	10	10	100%
交大附中嘉定分校	西乐	10	8	80%
控江中学	西乐	6	4	67%
南模中学	交响乐	10	6	60%
市三女中	吹奏乐	10	6	60%
上师大附中	西乐	5	3	60%
大同中学	中西器乐	5	2	40%
上师大附中闵行分校	中西器乐	5	1	20%
市西中学	中西器乐	8	1	13%
总计		75	47	63%

即使是 100% 完成招生计划的学校也有问题,以复旦附中为例,招生报名人数很少,仅有 24 人;报名学生的乐器类别与乐团的需求也不相匹配,比如乐团急需的上低音号就没有学生报名。

西乐项目的招生情况不符合预期,其他项目的艺术骨干生录取数据也不容乐观,招生计划 278 人,正式录取 101 人,招生计划完成率 36%。

艺术团能够持续招收所需要的团员,使乐团维持一定的编制人数,这是艺术团队发展的前提。如果乐团编制不齐,将极大地影响乐团的发展,使乐团水平降低,陷入恶性循环,甚至会导致乐团解散。

同时,如果持续不能完成艺术骨干生招生计划,将使上海市教委"一条龙"政策的实施效果大打折扣,影响高质量学校美育的普及实施。

(二)情况分析

完不成招生计划的原因,并不是上海初中缺少艺术人才。以笔者熟悉的管乐领域为例,上海学生管乐团的发展始于 20 世纪 90 年代,经过几十年发展,全市已组建近百支中小学管乐团,每年管乐考级人数约 5000 人。这就出现了一个矛盾,管乐学生抱怨没有初高中衔接通道,高中艺术团队抱怨招不到学生。

问题出在"一条龙"招生政策的报名资格上。报名资格限定为在上海市学生艺术团注册两年以上并被评为优秀团员的学生,能够具备这个资格的学生人数非常少。

上海市学生艺术团虽然有 14 支西乐类团队(详见表3),但是初中团队仅有 2 支,其余 12 支均是初高中、高中或校外教育机构团队,这 12 支团队因为团员注册名额有限,所以通常优先给高中学生注册,初中注册学生仅占少数。而原有为高中乐团输送艺术人才的初中艺术团队,以杨浦区的杨浦双语学校、兰生中学、存志学校等校的管乐团为例,因为不是上海市学生艺术团,所以乐团学生不具备报名资格。

表 3　上海市 14 支学生西乐类团队

序号	乐团名称	类别
1	民办新华初级中学管乐团	初中
2	进才实验中学管弦乐团	初中
3	罗店中学管乐团	初高中
4	高境一中管乐团	初高中
5	复旦附中管乐团	高中
6	南洋模范中学交响乐团	高中
7	市三女中女子吹奏乐团	高中
8	华东师范大学附属天山学校管弦乐团	高中
9	大同中学管弦乐团	高中
10	上海师范大学附属中学管乐团	高中
11	格致中学弦乐团	高中
12	控江中学行进管乐团	高中
13	浦东新区青少年活动中心管弦乐团	校外教育机构
14	上海市青少年活动中心弦乐团	校外教育机构

提供西乐类艺术骨干生生源的上海市学生艺术团初中团队只有 2 支,而招收西乐艺

术骨干生的"一条龙"高中有 10 所,供需严重不匹配。只有扩大生源供给,"一条龙"政策才能发挥应有作用。

二、"一条龙"政策下的中小学衔接方案

(一)制定方案

如何解决"一条龙"政策的卡点?通过思考,我们找到了突破口:因为复旦附中管乐团也是上海市学生艺术团,所以只要复旦附中管乐团对外招收中小学团员,那么这个问题就会迎刃而解。

学校分管领导与乐团教师团队经过充分研讨确定了乐团招收中小学团员的可行性,于是制定了新的乐团建设方案,把乐团由之前的纯高中乐团转变为初高中联合乐团,面向校外招收团员,建立初高中管乐人才的衔接体系,进行中小学一体化的贯通式培养。考虑到乐团的编制有限,所以校外成员分为正式团员和后备团员。

正式团员主要为八年级以上学生,需具备较优秀的乐器独奏与乐团合奏能力,应确保参加复旦附中管乐团的排练、比赛、演出活动。正式团员可以由我校乐团上报注册上海市学生艺术团团员,乐团中表现优秀的学生可以获评优秀团员,从而具备艺术骨干生报名资格。

后备团员主要为七年级以下学生,需具备较大发展潜力,品学兼优、喜欢管乐。后备团员会获邀观摩复旦附中管乐团的排练、演出等活动,学校会跟进关注后备团员的管乐与学业发展情况,后备团员达到一定要求后经过考核可以成为正式团员。

(二)实施方案

2023 年 6 月,复旦附中管乐团开始实施新方案,发布招生简章,面向全市中小学生招收乐团团员。

1. 宣传推广

学校非常重视宣传推广工作,乐团招生简章在复旦附中网站与微信公众号以及上海市科艺中心公众号三个平台同时发布,尽量让更多的管乐学生能看到简章。学生报名也非常踊跃,共有 555 位同学报名,其中长笛(含短笛)159 人,双簧管 31 人,单簧管 80 人,大管 16 人,萨克斯 42 人,小号 41 人,圆号 33 人,长号 30 人,上低音号 18 人,大号 15 人,打击乐 75 人,低音提琴 15 人。

2. 评价考核

学校邀请校外管乐专家与校内老师共同对报名学生进行评审,评审分为三轮,分别是视频评审、乐团试训、现场面试,在评审时主要考查学生的独奏能力与合奏能力。后备团员只需要经过第一轮评审,正式团员则需要经过三轮评审。

视频评审环节,要求学生自选曲目一首,拍摄乐器演奏视频并提交。评委通过视频可以初步判断学生的独奏能力,其中达到一定水平的学生,可以进入乐团试训环节。

乐团试训分为声部排练与乐团合奏排练,提前两周把排练分谱发给学生预习,在排练

时重点考查学生的乐团合奏能力与合奏经验。

现场面试则是综合考查学生的独奏与合奏能力,学生需要现场演奏自选曲目及指定乐队分谱,心理素质与临场发挥也是重要考查点。

3. 录取结果

经过公平公正与专业严谨的评审,复旦附中管乐团最终录取正式团员 35 人,后备团员 137 人。正式团员涵盖乐团中不同乐器种类(详见表 4),与高中团员有益互补。通过对正式团员的生源分析(详见表 5),可以发现他们广泛分布在全市 9 个区的 29 所初中学校。生源分布广泛对于促进管乐艺术在全市中小学校均衡发展是非常有意义的,复旦附中管乐团也发挥了引领性、示范性、辐射性的作用。

表 4 不同乐器乐团团员人数分布

乐器	人数
短笛	1
长笛	3
双簧管	2
单簧管	5
大管	3
萨克斯	3
小号	2
圆号	2
长号	2
上低音号	3
大号	3
低音提琴	1
打击乐	5
合计	35

表 5 正式团员生源情况

所在区	录取人数	初中学校
静安	7	市西初级中学(5 人)、风华初级中学、市一中学
杨浦	6	存志学校(2 人)、兰生中学、杨浦双语学校、控江初级中学、第二十五中学
普陀	5	梅陇中学(2 人)、华师大四附中、晋元附校西校、曹杨中学
浦东	4	进才实验中学、建平实验中学、竹园中学、民办新竹园中学
闵行	4	华二附属初级中学、文来中学、尚师初级中学、德英乐实验学校
虹口	4	新华初级中学、复兴实验中学、第五十二中学、新北郊初级中学

所在区	录取人数	初中学校
宝山	3	宝山实验学校、宝山教师进修学校附中、至德实验
黄浦	1	格致初级中学
长宁	1	延安初级中学

三、"一条龙"体系下的初中小学团员培养方案

初二、初三年级的学生可以成为正式团员,小学四年级至初一年级的学生则是后备团员。复旦附中针对正式团员与后备团员的不同特点因材施教,分别制定了不同的培养方案。

(一)正式团员

正式团员 2023 年 9 月加入复旦附中管乐团,与高中学生一起参加乐团的排练、演出、比赛等活动。他们具有较强的独奏与合奏能力,对他们的培养方案侧重于尽快提升合奏能力,使之达到与复旦附中管乐团相匹配的水平,训练计划分为磨合、拔高、艺术实践三个阶段。

磨合阶段历时 2~4 周,训练内容是基础合奏练习和中等难度的作品。这一阶段主要是磨合乐团的音色、音准、节奏等基本功。

拔高阶段历时 2 个月,通过排练与高中乐团相匹配的高难度管乐作品,迅速提高初中团员的合奏能力,可以综合运用乐团合奏、分声部训练、作业检查等方法来达到训练要求。由于排练作品难度高,达到了初中学生的能力上限,所以在排练中要特别注意对学生进行个性化的指导与培养。

艺术实践是通过参加比赛、演出等活动,锻炼学生的综合能力,并且通过这些活动来加强乐团的凝聚力。

(二)后备团员

后备团员不参加乐团的排练、演出等活动,对他们的培养方案侧重于激发兴趣、制定目标、促进成长,具体的措施有建立成长档案、管乐开放日、观摩排练等内容。

建立成长档案是持续跟进学生成长情况,每学期要求学生提交一个演奏视频,及时了解学生的管乐演奏水平,同时还会收集登记学生的考试成绩,关注学生的学业情况。

管乐开放日会邀请学生和家长一起参加,活动中有乐团宣讲、特长交流等内容。宣讲可以让学生了解到乐团的招生要求,帮助学生制定目标。特长交流则是给学生提供相互切磋学习的机会,从而达到共同成长的目的。

观摩排练可以让学生近距离了解复旦附中管乐团,体会管乐艺术的魅力,从而激发学生的学习兴趣,促进学生全面成长。

四、总结与展望

上海艺术"一条龙"政策 2022 年开始实施,至今已有两年,由于是新政策,难免会出现和原有政策衔接不到位的问题。复旦附中作为"一条龙"高中学校,有责任和义务去探索和制定适应艺术"一条龙"人才培养体系的乐团建设方案。政策实行第一年我们也非常不适应,但是我们迅速调整,以积极心态去面对问题并寻找解决方案,在第二年就制定并实施了适应新政策的方案。新方案实行时间虽然还很短,但是我们已经感受到显著效果,可以使乐团规模更大、编制更齐全、后备梯队更充实……这些改进极大推动了乐团建设,为乐团的进一步发展打下了坚实基础。展望未来,我们将继续不断探索、不断发展、不断提高。我们相信复旦附中管乐团一定可以再上一个台阶,向国际一流水平看齐,为中国管乐艺术教育的发展贡献一份力量。

乐舞相融于中小学音乐教学的必要性和策略研究

上海师范大学附属松江实验学校　段雨滢

摘要:本文从乐舞融合的必要性、乐舞融合的现状分析和乐舞融合的策略三个方面进行阐述,认为乐舞可以依据新课标中音乐的四个课程内容及方法相融,并提出相应的策略供读者参考。

关键词:音乐教学;舞蹈教学;乐舞;新课标

一、乐舞相融的必要性

(一) 自古融合

艺术产生之初,便是融合性的,不仅包含着音乐、舞蹈,还有绘画、诗歌等多种形式。奥尔夫曾说过,音乐绝不是独立存在的,乐、歌、舞本来就是人生来的一种本能,具有"原本性"特点[①]。纵观我国乐舞史,随着礼乐文化的渗透,出现了周代的礼乐乐舞,以歌舞的融合服务政治,对贵族子弟进行道德和政治教育;汉代的百戏,更融合了多种艺术形式,极大地丰富了乐舞的内容,情感表达也更加鲜明;明清的戏曲更是将乐、舞、杂技、诗歌、武术等融合起来,形成独具特色的艺术形式。

音乐和舞蹈随着各朝各代宫廷宴乐和民间俗乐的发展,以相交相融的方式,相互促进、共同发展。乐舞相融,能够更好地抒情达意。

(二) 艺术新课标的规定

2022 年 4 月 21 日,教育部印发《义务教育艺术课程标准(2022 年版)》,舞蹈被正式纳入新课标,不仅纵向贯穿于九年义务教育,加强了学段衔接,而且在课程内容、分段目标和学业质量上都做了明确阐述。尤其在分段目标中,明确指出,舞蹈教育 1~2 年级主要依托唱游·音乐及体育与健康实施,3~7 年级主要依托音乐及体育与健康、综合实践活动实施。同时,在音乐与舞蹈核心素养内涵的界定中,审美感知、艺术表现、创意实践、文化理解这四种核心素养是一致的[②],这为音乐和舞蹈的相融教学提供了依据。

---

① 田梅.让音乐课"动"起来:新课程标准下小学音乐舞蹈模块教学的策略探究[J].安徽教育科研,2023(19):103.

② 盛红.新课标视域下小学音乐与舞蹈课程融合实践的路径探究[J].教学管理与教育研究,2023(9):10.

当然,在目前的唱游和音乐课中,我们已经看到舞蹈的"身影",那么如何依据新课标来改进现在音乐舞蹈的融合教学也成了值得我们思考的问题。

二、乐舞融合的现状分析

(一)流于浅层的教学内容

现在音乐课堂的乐舞融合,舞蹈以烘托气氛的方式存在,没有做到与音乐教学相融合。舞蹈在当下音乐课堂中,通常表现为教学导入的舞蹈律动,目的是营造良好的学习氛围,符合低年级学段孩子活泼好动的特点;也存在于民族音乐的学习中,目的在于让学生体会民族民间的风土人情,感受音乐的情绪;还存在于节拍韵律中,让节拍更有肢体动态感。看似相互融合,载歌载舞,实则多为体验歌曲和乐曲中的情绪,营造良好的教学氛围。

舞蹈浮于表面,未真正体现音乐的基本知识和技能。除了情绪情感、节拍、节奏外,音乐的学习还有非常多的内容,艺术新课程标准指出音乐学科的内容包含了"欣赏""表现""创造""联系"4类艺术实践,共涵盖了14项学习内容,如音乐段体裁形式、综合表演、即兴表演等。而舞蹈多存在于节拍、节奏和情绪实践中,这些只是"音乐表现要素"这一项的部分内容。因此,乐舞相融是个别性的、浮于表面的融合,这种流于浅层的相融也只能使舞蹈成为音乐课程中的"热闹"。

(二)传输式的教学方法

在教学中,我们常用引导法培养学生主动思考的能力,小学音乐课堂也不例外。在小学音乐课堂中,学生带着问题听、辨、认、学音乐的知识技能、情感要素、人文内涵。但是小学音乐课堂中舞蹈的融入却多为传输式的,多为老师教、学生模仿的"跟读"式教学,在一定程度上限制了学生的肢体表现和主动思考能力。

并不是传输式的教学方式不对(例如一些具有民族特色的歌曲和乐曲需要用相应的民族舞蹈来表现,舞蹈动作必须以传输的方式教学,传承民族文化),而是所有动作都采用传输式的教学方法未免过于单一。相应的环节用不同的教学方法,才能更好地做到乐舞相融,更好地帮助学生培养创造性思维,更好地达到教学目的。

(三)松散融合的学习任务

新艺术课程标准阐明1~2年级学生舞蹈学习的任务是形象捕捉和表演,在唱游课中,学生用肢体语言来塑造角色形象,乐舞融合已经有所展现。3~7年级学生音乐课堂的学习任务为小型歌舞剧表演、即兴表演、多舞种体验和舞段编创。乐舞融合在歌舞剧表演中略有涉及。8~9年级学生的学习任务为经典作品欣赏和体验、风格舞蹈表演、舞蹈小品创编,现实教学中,也是欣赏占据半壁江山,表演和创编在音乐课堂中少之又少。因此乐舞融合是松散的,尤其在初中学段,没有根据不同学段的学习任务进行融合。究其原因,一方面音乐老师的舞蹈表演和编创上的能力有限,另一方面在组织上也缺少经验,学生肢体活动越多,越难控制课堂。

三、乐舞融合的策略

（一）欣赏方面的融合

音乐的欣赏主要从音乐情绪情感、音乐表现要素、音乐体裁形式和音乐风格流派等方面进行。舞蹈的欣赏关注舞蹈形象、舞蹈语汇、舞蹈构图、情绪情感、风格体裁。

现在的音乐欣赏教学中，音乐欣赏与舞蹈的融合以拓展兴趣和观赏为主，多为同曲目的舞蹈视频欣赏。例如教师在教授四年级第一学期的《天鹅》一课时，拓展同曲目的舞蹈《天鹅之死》，让学生感受抒情旋律中的舒展动作。在音乐元素和舞蹈元素上融合较少，多为节拍上的融合，或者民族风格性的融合。那么如何更好地将"乐舞"教学相融合呢？

1. 舞蹈形象和音乐情绪情感的融合

将不同的舞蹈形象与音乐的情绪情感相融合。舞蹈作为长于抒情的艺术形式，与音乐情绪情感的融合便成为较为常见的表现方式，舞蹈形象的塑造更直观表现音乐的情绪特点。例如，教授乐曲《乒乓变奏曲》，可以让学生变身为乒乓球运动员，用快速挥舞手臂和腾踏跳跃的动作来表现欢快情绪。

除了塑造人物形象，还可以加入不同的动作来表现动物形象，例如在乐曲《天鹅》的教学中，体验乐曲《天鹅》的悠扬抒情，可以用轻柔的手臂动作模仿天鹅的形态，用天鹅的舞姿来表现乐曲的淡淡忧伤。

2. 舞蹈语汇与音乐表现要素的融合

将不同的舞蹈语汇与音乐表现要素相融合。音乐表现要素是指构成音乐的各种基本元素，主要包括音乐的节奏、速度、力度、旋律、和声等。

首先，节奏除了可以用声势律动来表现，还可以根据歌曲的风格特点用舞蹈动作来表现。比如在《新疆是个好地方》这首富有维吾尔族风味的歌曲中，切分音节奏是难点，我们可以选用维吾尔族的舞蹈动作表现中间的长拍节奏，既帮助学生强化对切分音的感受，又可以学习新疆维吾尔族舞蹈的特色舞蹈语汇。

其次，速度的快慢和力度的强弱可以在音乐中产生不同的听觉和表现效果，在舞蹈中也一样。速度和力度是舞蹈的基本要素，拉班的人体律动学将舞蹈动作的力效分为重力、空间、时间和流畅度，重力的大和小、空间的直接和蜿蜒、时间的快慢、流畅度的放纵和控制，都可以与音乐的演唱（演奏）力度进行融合教学。例如在《赛马》这首二胡独奏作品中，音乐力度强的部分，可以用快速、直接的"勒马手"来表现；音乐节奏密集，力度较轻的部分，可以用轻快的摇篮步来表现。速度的快慢直接影响乐曲的情绪变化，通过同一动作的不同力度和速度的变化，来表现音乐和情感的变化。例如在教授《天鹅》时，模仿天鹅飞翔这一动作，在一、三段慢速中弱力度地"飞舞"，在第二段的快速中强力度"飞舞"，表现乐曲的不同情绪。

最后，舞蹈也可以表现音乐旋律的起伏。舞蹈是具有空间感的艺术形式，在纵向上可以分为高、中、低三种不同的空间水平，在横向上可以分为前、后、左、右、左斜前、右斜前、左斜后、右斜后等不同方位，再加上流动的路线，这便形成了舞蹈构图。笔者认为，在音乐教学中,我们常用手指画旋律线条的方式帮助学生熟悉旋律,在熟悉了旋律后,便可以用动作来表现旋律起伏,随着旋律的升高和降低,进行纵向的高和低的空间舞动,或者横向地用流动路线表现旋律的起伏,幅度的大小由旋律起伏的大小决定。例如,在教授《小青蛙》时,可以模仿青蛙形象,用跳动的方式感受不同的旋律起伏,或者通过舞蹈流动路线横向地表现青蛙的游动路径。这样既符合本课表现的活泼的小青蛙形象和欢快的情绪,又能够从空间上将乐舞有机融合,培养学生的空间感。

3. 舞蹈体裁风格和音乐体裁风格的融合

音乐的体裁和风格可以对应不同国家和地区的民族舞蹈特点进行融合。中国的各民族舞蹈可以融入不同民族的歌曲中,在《马车夫之歌》中跳起活泼的新疆维吾尔族舞,在《美丽的草原我的家》中跳起舒展的蒙古族舞蹈,在《淘金令》中跳起欢腾的汉族秧歌,等等。外国的圆舞曲音乐体裁可以与小步舞、古典的芭蕾舞等进行融合。根据音乐的不同体裁风格选取合适的舞蹈体裁风格。

在教学中将舞蹈的欣赏内容和音乐的欣赏内容进行融合,使听觉变得可视化。在丰富教学内容和教学形式的同时,能够提升学生的学习兴趣,丰富学生的艺术实践。通过乐舞融合,学生对舞蹈动作的时间、空间、力度都有了初步的了解,一方面用舞蹈来帮助学生更好地认识音乐的情绪情感和表现要素,另一方面为初中学段舞蹈学科的学习奠定基础。

(二)表现方面的融合

音乐的表现主要集中在声乐表演、器乐表演、综合性艺术表演和乐谱识读上。

首先,声乐和器乐表现的主要目的是掌握其基础知识和基本技能,虽然不能用复杂的舞蹈动作来参与,但是在声乐上可以用一些手势动作来帮助学生准确地表现音乐的节奏、旋律,例如在《我们大家跳起来》的教学中,顿音记号对学生来说是比较容易忘记和较难掌握的,我们可以用双手手指点击肩膀的方式,帮助学生记忆和处理顿音记号。

其次,在综合性艺术表演上,舞蹈与音乐融合既可以是歌舞形式,也可以是游戏的形式等。例如,在乐曲《捉迷藏》中,不同的音乐段落可以用不同的方式表现:第一段可以用捉迷藏的游戏感受快被抓到时的紧张感和音乐的速度变化,第二段节奏舒缓,可以用舒缓的舞蹈动作表现音乐的绵长连音线,在最后的再度紧张片段,可以用一些打击乐器,来表现乐曲的速度变化。三种不同形式的完整演绎,能让学生感知音乐、舞蹈、游戏的融合,理解音乐的基础知识和表达内容,又能够提升学生的学习兴趣。

最后,在乐谱识读中,可以用不同的动作表现不同的音高,用游戏的方式根据不同的音高创作不同的动作组合,加以连接,形成小舞段。

不同风格音乐和舞蹈的融合,可以使学生更主动地掌握各民族的风土人情和文化特点,为后续的编创积累素材;可以使学生在不同学段阶梯式发展,更好地完成相应学段的学习任务。

(三)创作方面的融合

音乐的创作实践指的是声音与音乐的探索、即兴表演、音乐编创。

首先,在声音与音乐的探索中,以歌词或故事为线索,进行舞蹈的融合。例如在"美丽的农村"综合活动中,节奏小品《小鸡和小鸭》的学习可以根据生活实际探索不同的打击乐器,表现动物的声音。教学时进行分组,每个组别中有用打击乐器的学生,也有扮演不同动物形象的学生,形成综合性的表现形式。这样既帮助学生探索了动物和打击乐器的声音,又提升了学生的舞蹈表达能力和即兴表演能力;既增强了学生的主观能动性,又能因材施教,让喜欢肢体表现的学生展示自己。

其次,将舞蹈即兴的方法融合于音乐的表演和编创上。中小学的音乐舞蹈教育不是为了培养作曲家和舞蹈编导,而是为了培养学生的发散性思维,培养学生的创新意识和创造能力,从而让学生能够从生活中提取创作素材。方法大于内容本身,舞蹈即兴的方法融入音乐课堂,能够使学生更好地用动作来表现音乐。

限定性即兴舞蹈指舞者在某种具体的限定方式下进行即兴舞蹈,例如限定动作、音乐、道具等。[①] 舞蹈中可以通过限定某些动作来进行连接和创作,那么我们也可以选择音乐中的不同节奏进行连接和创作。例如选取前八后十六节奏和四个十六分音符节奏型进行组合,其他条件自己选定,就会形成不同的作品。

限定性即兴帮助学生更好地学习创作音乐和舞蹈的方法,同时也更好地帮助学生在限定的条件下培养发散性思维,实现乐舞的融会贯通。

(四)联系方面的融合

音乐的联系实践,指的是音乐与社会生活、音乐与姊妹艺术、音乐与其他学科的联系性实践。不同的姊妹艺术和学科既可作为内容,也可作为方法,既为音乐和舞蹈的创作提供方法,也强化了学科知识,达到了学科融合。

四、小结

"乐舞"融合的教学在综合视野下,变得尤为重要。当然,一节课中不可能每一个环节都用舞蹈来表现音乐,这样失之偏颇,主次颠倒。但是可以在歌曲(乐曲)最能够表现某项舞蹈内容的部分进行融合,并阐述舞蹈的要素,例如肢体语言的时间、空间、力度,舞蹈构图的作用,即兴表演的方法等,帮助学生对舞蹈产生一定的理性认知,提升学生对舞蹈的审美能力,使其真正能够用乐舞去发现美、感受美、创造美。

---

① 曹力丹.浅析限定性即兴舞蹈的舞蹈编创:以舞蹈作品《脚步》为例[D].北京:北京舞蹈学院,2022.

单元视域下小学音乐教学中律动活动的设计与实践

上海市徐汇区高安路第一小学 曹 兴

摘要：通过律动和舞蹈动作的表现形式体现音乐的情绪、特点等是小学音乐教学的实践活动之一。近年来上海市徐汇区高安路第一小学不断研究探索"小微单元"结构化的教学设计，其跨学科、综合性和聚焦性的单元设计理念与新课标提出的课程内容结构不谋而合。在单元视域下建构律动活动亦是对以往"就作品教作品"的教学方式的大胆改革。本文围绕单元视域和律动活动的概念、律动活动建构的小微单元以及单元视域下律动活动在教学中实践的成效进行阐述。

关键词：单元视域；律动活动；音乐教学变革

一、单元视域和律动活动的界定

（一）单元视域的概念

单元是指整体教学内容中具有共性且相对独立的教学内容单元，其中包含了知识、技能和活动的完整的学习过程。通常可分为两种含义：一是指以系统化学科知识或人文主题为基础的教材自然单元；二是指根据中小学音乐课程标准内容形成的学科主题单元。

本文所指的单元视域是指基于课程标准，依据教材自然单元，开展促进音乐学习理解的单元整体教学，也可称为"小微单元"。在"小微单元"的视域下，将课内外或不同年级中具有共性特征或内在联系的多首音乐作品进行提炼，形成单元核心概念，逐步构建成小而精的单元整体架构。其既能形成教师进行单元教学的有效策略，也能帮助学生理解和掌握同一类音乐的学习方法。

（二）单元视域下律动活动的概念

音乐中的律动活动通常是指以身体作为媒介，跟随音乐的节拍韵律，用有规律和节奏的肢体语汇表达对音乐的认知和理解从而开展的音乐实践活动。律动作为舞蹈动作中最小且重要的单一元素，在舞蹈中侧重于表现不同舞蹈风格和韵律以及动作语汇；在音乐中侧重于传达音乐节拍、旋律起伏，表现音乐形象和情境等。本文中的律动活动不局限于单一化的律动，同时还包括符合学生身心发展规律和音乐学习能力的舞蹈动作，但它与传情达意的专业舞蹈有着本质区别。

单元视域关注律动在不同活动类型中关键能力培养的侧重点。《中小学音乐单元教学设计指南》根据"音乐感受与欣赏""音乐表现""音乐创造"三种课程实践领域,将音乐学科的"单元核心活动"分为"体验性""表现性"和"创造性"三类。前两类核心活动是基于听觉的反应将律动活动输入的过程,后一类核心活动则是结合前两类输入内容,对音乐的反应进行反向输出和表达的过程。

二、单元视域下律动活动的建构

音乐中的律动活动构建的小微单元可分为两类:一是音乐要素强的体验性动作和表现力强的表现性动作,二是将前两者组合并编创的创造性动作。

(一)单元视域下体验性的律动和舞蹈动作

体验性活动作为小微单元核心活动之一,其目的是在听觉的基础上引导学生聚焦音乐中具有鲜明特点的表现要素,以一定的技能作为支架,对音乐要素(如速度、力度、旋律、音高等)的特点等作出反应,其中包含了用体验性的律动或舞蹈动作的方式,促进学生对听觉的感知和理解。

体验性的律动和舞蹈动作是学生在"音乐感受与欣赏"的实践领域中,在听觉领先的基础上切入动觉,用单一化且有规律的动作对音乐表现形式作出反应。小学阶段的学生具有活泼好动的特点,聆听音乐时会情不自禁地手舞足蹈,即时对音乐作出反应,这些动作往往是肢体对音乐理解的客观自然反应,不具有体验性的律动特点。

感知不同的节拍特点:①踏步感知 2/4 拍乐曲《检阅进行曲》的节拍特点;摆胯感知乐曲《小芽快快长》2/4 拍强弱规律的特点。②移动重心等感知歌曲《摇啊摇》3/4 拍动荡摇曳的特点。③以小碎步等感知乐曲《小星星变奏曲》中 4/4 拍舒缓流畅的特点。(具体动作可参考表 1,其中动作元素不局限于感知节拍,还可以感知其他音乐要素)

表 1　体验性的律动和舞蹈动作元素

节拍	节拍特点	动作名称
2/4 拍	强弱交替 律动性强	踏步、摆胯、颤膝、转手腕、平踏步、跳踢步、小马步、弹跳步、横移交叉步……
3/4 拍	动荡摇曳 舞动性强	小碎步、交替步、摇摆步、旁点步、移动重心、华尔兹舞步……
4/4 拍	舒展宽广 动力性弱	小碎步、十字步、跑跳步(4/4 拍与 2/4 拍律动感相似,可参考 2/4 拍动作)……

感知不同的旋律特点:①双臂扬起、落下等感知高低起伏的旋律。②跳跃的步伐等感知短促、跳跃的旋律。③柔臂或移动重心等感知优美、连贯的旋律。

小微单元以律动活动的形式建立起具有体验性的单元整体教学设计,培养学生对音乐的听觉和联觉反应能力。如通过律动的幅度大小体现力度强弱,律动的频率变化体现速度快慢,律动的高低空间体现旋律起伏等。体验性的律动和舞蹈动作既能帮助学生积累动作语汇,又能为后续进阶性的音乐学习和表现夯实基础。

(二)单元视域下表现性的律动和舞蹈动作

表现性活动作为小微单元核心活动之一,其目的是借助一定的技能表现乐感和美感,同样包含了表现性的律动和舞蹈动作,加强学生对音乐实践活动的表现力,丰富学生对音乐的审美认知和体验。

表现性的律动和舞蹈动作是在基本律动和动作的基础上加入表现性的动作,并为客观事物赋予意识和情感,也就是使事物具有表现性。小学音乐教材中涵盖了表现力强的音乐作品,这类音乐作品常含有具象的名词、行为动词、少数民族特征、鲜明的音乐形象和丰富的音乐情境,学生可根据以上提示用律动的方式进行表现性活动。

沪教版小学音乐教材二年级第一学期第二单元的歌唱作品《草原就是我的家》中含有具象的名词"天空、彩霞、小红马、草原……"以及"骑马、挥鞭、歌唱"等表示动作的词,学生可以通过"跟步、屈膝骑、跑马步和挥鞭"等动作感受蒙古族儿童在草原上骑马欢腾的形象,表达儿童对草原家乡的热爱之情。第二学期第一单元的歌唱作品《金孔雀轻轻跳》中表现了孔雀展翅开屏,以及与小伙伴欢快跳舞的情景。

这两首作品的共性体现在内容表达具体、歌词通俗易懂、民族风格特点鲜明、行为动词明确以及形象简单易模仿等方面。不仅是低年级音乐作品适合于律动或舞蹈动作表演,中高年级的音乐作品《鸿雁》《牧童》《让我们荡起双桨》等也可加入。这类音乐作品可设置关键问题,例如:①你能根据歌曲中的这几个动词创编合适的动作吗? ②你能跟着音乐的节拍和速度表现骑马、挥鞭的形象吗? 在教师的引导下,学生用简单的律动和舞蹈动作即兴表现音乐的情境与形象,形成具有表现性律动活动的小微单元,增强学生音乐表演的表现力。

(三)单元视域下创造性的音乐舞蹈表演

创造性的活动作为小微单元输出性的单元核心活动,其目的是运用习得的音乐技能培养学生的即兴创编能力,其中包含了有目的地综合创演与情境创意,也就是运用肢体动作等手段对音乐感受的即兴性和个性化表达。

创造性的律动和舞蹈动作侧重于在故事情境和音乐小品中表现,是指在积累的体验性和表现性动作语汇的基础上,按照活动的规则和情境对之前所学的律动和舞蹈动作进行重组和创编,形成更具表现力和创造力的综合音乐表演。小学生肢体语汇的基础和表现能力各有不同,基础薄弱的学生通常只能按照活动规则进行创造性的表演,而基础较强且具有协调性的学生可在规则提示下创编更多创造性的动作。

沪教版一年级第二学期的音乐教材中便包含了根据歌曲《大鹿》中"大鹿、兔子、黑狼"的音乐形象,扮演不同角色并跟随音乐的节拍和速度创演《大鹿的故事》的情景表演。打击乐曲《鸭子拌嘴》,学生不仅可以用不同的发声材料或打击乐器创编《小鸭子玩耍》的音响小品,还可以跟随音乐的情绪变化用合适的动作模拟小鸭子和老鸭子不同的玩耍情景。

创造性音乐舞蹈表演的形式丰富多样,可根据不同年龄段学生的学习能力进行分组合作,例如:尝试在图形的提示下在已学律动或舞蹈动作的基础上进行队形的变换,或根据图谱的提示进行双人舞蹈的配合与表演并在小组间交流和评价。

如今的教学单元属于普适性的单元,通过舞蹈律动活动与关联性教材构建的小微单元,可选择以上一个或多个单元核心活动。单元视域中提炼的核心内容使学生的学习强化牢固,有益于学生在一个阶段的学习时间内了解律动和舞蹈动作的特征,理解动作的语汇,感知音乐的特点。

三、单元视域下律动活动的成效

(一)学习内容的聚焦性和关联性

小微单元是对以往割裂且碎片化教学的变革,其依据课程标准将多种教材作品相融合,形成的教学内容具有聚焦性和连贯性的特点。具体体现为仅有的教学时间内须突出重点、把握关键,教师须分析与提炼符合学生年龄与认知特点的关键特征和核心概念,构建成聚焦性的单元教学内容重点。学习内容的组织应基于教材作品,建立起课时教学的关联性,形成单元教学内容的结构,避免"面面俱到、蜻蜓点水"的教学。

基于沪教版小学音乐教材二年级第一学期第一单元《同唱一首歌》《阳光下的小卓玛》《我们把祖国爱在心窝》《秧歌》以及一年级第一学期《娃哈哈》这五首音乐作品组织构建以"歌舞律动感知不同的音乐节拍旋律"为单元核心概念的小微单元,并将不同课时的内容重点分为两条理解线索:①体验性动作感知不同的音乐节拍韵律;②表现性动作感知不同的音乐节拍韵律。

小微单元视域使学生能够在有限的课堂时间内紧紧围绕单元内容重点进行聚焦性和关联性的学习,同时丰富律动活动的实践经历,积累律动活动的实践经验。

(二)学习活动的实践性和参与性

体验性、表现性和创造性三类单元核心活动是根据中小学音乐课程的三大实践领域划分的。音乐学科自身的特殊性以及围绕律动活动设计的小微单元,需要教师了解不同年级学生的认知特点以及应具备的知识水平,为学生提供了丰富且适合的音乐实践活动,引导学生从音乐实践活动中获得学科核心能力。

《小芽快快长》欣赏教学课中就有较多的律动活动实践。这是一首带有电声和迪斯科风格的舞蹈乐曲,节奏明快、富有动感,越来越强烈的节奏感好像表现了小芽不断生长的情景。引子部分引导学生聆听具有标志性的声音,并在这个声音出现时让自己化身为"一颗小种子",用表现性动作表现其长大的过程。主题旋律部分通过聆听感受小芽破土而出愉快、激动的心情,强调以学生为主体自然地表现小芽的心情,再模仿老师摆胯的动作,用体验性动作感知音乐有节奏的律动。随着音乐旋律越来越强劲有力的变化,引导学生在摆胯动作的基础上,手部在身体不同位置加入创造性动作,并在音乐段落明显变化时变化身体方向,启发学生做出有创意的动作并进行师生互动。

该课时教学中创设了三类单元核心活动,律动活动的实践性较强,教师引导学生积极参与律动活动，感知音乐中节奏和旋律的变化。同时在教学上也存在以下不足，例如：引子部分学生肢体语汇较少，且并未仔细关注音乐中标志性的音效，表现不尽如人意。主题旋律变化较多，教师未让学生感知到什么是一段鲜明的旋律，导致要求学生根据旋律变化加入创造性动作的效果不佳。

（三）学习内容的迁移性和连续性

小微单元视域下围绕律动活动设计的单元整体教学具有学习内容的迁移性和连续性的特点。学生在实践活动中持续地输入或输出单元核心内容，在连续的学习过程中牢固地掌握一系列学习方法和技能。同时，能够有效地将旧知识与新知识进行对照，把已有的知识经验和认知结构运用到新知识上，形成学习内容的迁移。例如：能够用不同的律动感知不同音乐的节拍和旋律特点；能够根据歌词内容以舞蹈动作赋予其内涵；能够根据不同的情景在提示下创编表演等。因此，小微单元能够在多方面改变面面俱到和浅显的教学方式，并为学生找到适切的音乐审美体验。

小结

20世纪80年代初以来，上海中小学音乐学科建设与发展经历了普适性、探索性、审美性和整体性四个阶段。在现阶段强调整体性和结构化教学模式的背景下，小微单元能够为培养学生核心素养找到适切且有效的途径，其对教学方式的变革体现为改变以往"蜻蜓点水"的碎片化形式，从而构建更有意义的教学，促进学生理解和深入学习。律动活动作为单元视域下核心活动的表现方式之一，可凸显学生的主体性，帮助学生在活动中理解、习得和迁移一类音乐知识和概念。目前，把握单元内容重点和课程实践仍然是重点和难点，需进一步加强和积累单元整体教学的实践和经验。未来全面开展和普及单元教学的方式指日可待。

从音乐教育到美育特色学校建设的跃升

上海师范大学附属宝山罗店中学　严卫东

摘要：学校的艺术发展和艺术教育能够促进学生全面而有个性地发展，将学校艺术教育从音乐单科上升到多元艺术，进一步促进美育特色学校建设。开发艺术尚美专业课程、学科艺术融合课程、活动尚美体验课程三类尚美课程体系，将艺术教育融入其中，并以"艺味课堂"模式加强学科融合，拓展艺术教育的广度和深度。

关键词：多元艺术教育；美育特色学校；尚美课程体系

2022年6月我校被上海市教委授予上海市特色普通高中称号。其特色是美育，即以艺术教育为主要载体，培养学生的审美能力。在学校发展过程中，上海师范大学附属宝山罗店中学（以下简称罗中）的管乐团是如何开始的？又如何由单一的音乐教育进阶为多元艺术教育，再升华为美育？1992年建立管乐团出于什么样的动因？它经历了怎样的过程？有哪些关键的节点？回首过往又有哪些思考？今后的艺术教育和美育将走向何方？这是笔者困惑的问题，经过查阅校史、访谈校友和昔日相关教师，现以文字的形式记录下来，以此表达对每一位为罗中创建美育特色作出贡献的师生的敬意，并以之启迪后来者。

一、学校艺术教育发展历程

（一）罗中音乐教育历程

罗中管乐团成立于1992年，多年的训练和实践，培养了一批批品学兼优、才华横溢，同时又具有较高音乐素养的人才，充分展现了乐团师生锐意进取、朝气蓬勃的时代精神，成为学校艺术教育的龙头。

罗中对音乐的钟情可以追溯到建校初期，当时校名为罗溪中学，据校史记载及当时的音乐老教师夏白回忆，1948年尽管办学经费不宽裕，但沈同文校长很重视艺术教育，通过音乐课教唱革命歌曲，举办过音乐舞蹈表演大会，学生还担任过部分音乐作品的指挥。

1991年，学校作为上海中小学第一期课程改革首批试验学校，需要开设管乐选修课和活动课，管乐团的组建是其中一项内容。1992年，宝山区教育局为推进学校艺术教育，在区内三所重点高中各组建了一支乐团，由此罗店中学铜管乐团诞生。彼时乐团只有25名学生，都是乡村孩子。管乐团的诞生为罗中美育特色埋下一颗茁壮的种子。宝山区少年宫张晔副主任回忆：当时她是周宝良老师的助理，乐团开办之初，校址还在现陈伯吹中学校址上,条件非常艰苦,没有正规排练厅,排练的地方是一个很破旧的平房,夏天就在树荫下,太阳转动了,就得换一个地方继续排练。"从田野走来,在乐厅吹起,披着威风的衣裳,系着铜色的乐器,吹响了青春与艺术的欢歌,奏响了成人与成才的号声,带着对音乐的执着与追求,前进,前进,前进进。"一位管乐团的成员写下了这么一首诗。如今在罗中艺体中心的橱窗内还展示着乐团 1992 年初创时的中音号乐器,上面的斑斑锈迹见证了历史。

1994 年学校专门成立了艺体班,管乐队的核心成员都出自这里,这在管理机制方面提高了训练的效率。1995 年,乐团诚邀上海申城交响管乐团创始人程寿昌先生来校指导,聘请上海音乐学院教授和上海文艺团体资深演奏员担任乐团各声部辅导老师,他们的专业指导和严谨作风使罗中管乐团的水平始终保持在高位。1995 年,乐团首次登台便获得了上海市学生乐队比赛一等奖,这大大激发了罗中师生对音乐学习的动力,罗中管乐团成为乡村音乐的一匹黑马。1999 年罗店中学管乐团被市教委命名为"上海市学生艺术团",奠定了乐团在上海学生音乐领域的地位。经过多年的发展,乐团形成了从预备班到高三有序的发展,课程横向贯通,纵向衔接,常年保持 230 多人的规模,演奏水平也达到了相当高的层次。多次在上海音乐厅、上海大剧院等地举办专场音乐会,2002 年以来多次赴韩国、德国等国家和香港、台湾等地区进行交流活动,获得优异成绩。2004 年乐团第一次走出国门,在欧洲参加第一届世界吹奏乐比赛,获得银奖。

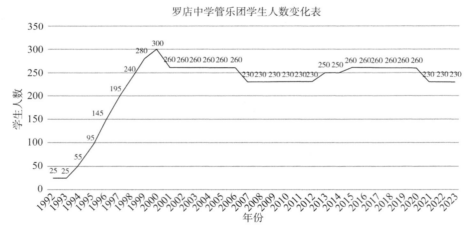

图1　校管乐团人数变化

2007 年学校搬迁至罗新路新址,管理层将管乐团活动所必需的场馆建设纳入了整体规划之中,设有 16 间管乐专用教室、2 间排练厅和 1 个设施完备的音乐厅,保证了开展管乐活动的硬件设施到位。艺体中心的大厅地面有着黑白相间的钢琴键盘装饰,绝对正规化的硬件设施极大地支撑了学校管乐团的健康、持续发展。学校搬迁新校区后,乐团发展生机勃勃,不断吸纳新团员,输送成熟团员,参加市级活动展演和获得一等奖或金奖成为常态。2018 年,在上级领导的支持下,依托上师大资源,乐团在原有声部的基础上增设弦乐班,成立"上海罗店学生交响乐团",2020 年成为上海市学生交响乐团盟主单位。

在 1992 年到 2023 年的 31 年里,包括周宝良、袁伟丽、张晔、王雅婷、李江等在内的音乐老师为之付出了巨大的努力,共同为学校营造了丰饶的美育土壤。

如今罗中管乐团已经成为沪上闻名遐迩的学生乐团,得益于师生们的热爱、坚持与付出,也离不开科学的管理。正如曹小夏老师在《学生管乐团建设要求》培训中所说,一定要有好的"三导",即领导、辅导、指导;指挥应有"三心、三才、三不",即爱心、耐心、细心,识才、育才、护才,客席不做客、作风不迁就、质量不让步。乐团常任指挥周宝良老师提倡"人人都是乐团的主人",成为乐团的每个乐手在成长经历中矢志不渝的信念。

回顾、反思后我们总结了以下几点经验:

1. 规范制度建设,是管乐团发展的"刚需"

管乐团建团初期,面临许多困难,例如"学生的音乐素养参差不齐,怎么教?""都想学一门乐器,乐队怎么组建?""什么时候进行学习,由谁来教?"等一系列的问题接踵而来。因材施教、见缝插针的教学模式是乐团开展日常教学的保证。管乐团建立固定训练时间(每周六)、声部长制度,形成管理模式。

首先是乐器配置。依据学生特长,保持声部平衡,使得乐团结构合理。其次是学员挑选。需要学生对某样乐器有浓厚的兴趣,并且在节奏感、音准、手指灵活度、肺活量等方面择优选取。再次是制定规则,如《罗店中学管乐团招生章程》《乐团团员考勤管理》《乐团乐谱管理》《乐团演出服装管理》《团员排练要求》《团员专业考核办法》《优秀团员评选办法》《团员演出要求》等,为艺术团队的健康有序发展起到了保障作用。

2. 聘请校外专业指导,是管乐团发展的"动能"

管乐团的乐器门类众多,因此学校聘请了上海音乐学院、电影乐团、上师大音乐学院等单位数十名专业教师来校指导。他们专业能力强、工作负责、人员相对稳定,30 余年来一直以专业乐团的质量标准要求并指导学生。同时,校内以音乐教师为主体建立了一支日常工作管理小组。如今管理小组的 5 位教师,在承担日常艺术教学和午间排练外,秉持"守望梦想"的信念,坚守初心,维护乐团的正常运转,不断助力乐团稳步发展。

3. 建设校本课程,是管乐团发展的"马力"

结合课程教材和师资专长,完善管乐特色课程体系,打造从音乐赏析入手,以视唱、乐理为基础,以合奏训练为主线的教学体系。根据不同的乐器、声部,编写相应的基础练习、合奏练习、合奏小曲用书等 17 本,适用于乐团合奏的初级训练,旨在使学生通过合奏训练及相关音乐知识的学习,掌握吹奏必需的基础知识和基本能力,为学生终身学习打下坚实基础。在多年的实践和专家的指导下,我们共发表了《管乐合奏课程化的实践与探索》《艺术教育之花在教改中绽放》《城郊艺术团队发展模式之探索》等管乐训练方面的论文,编写校本读物《管乐欣赏教程》。充分发挥学校育人功能,形成浓厚的管乐校园文化。

(二)多元艺术发展

探秘罗中校史,管乐团的发展还得益于罗店古镇文化的影响。有着 700 年历史的罗店古镇,是闻名遐迩的花神故里,一湾罗溪水蜿蜒而过,有着"春有花神秋有画,夏有龙船冬有灯"的美誉。1942年创校之初,校长沈同文先生即提出"以美育人",之后吸引了叶圣陶、陈伯吹、陈鹤琴等一批知名人士到校讲学,涉及的艺术内容十分丰富。后续历任校长都能将罗店本土艺术融入学校传统课程,开设了音乐、美术、壁报、彩灯、龙船等艺术课程,这可以视为罗中多元艺术课程的雏形。学校坚持艺术对人的素质培育,为将学校的艺术教育提升为美育特色奠定了坚实的基础。

2014年上海根据《国家中长期教育改革与发展纲要(2010—2020)》中关于高中教育多样化、特色化的要求,启动市级特色高中创建。课程标准中明确提出:中学美育是审美教育,中学美育的载体主要是艺术教育。这些都和罗中的教育发展非常契合。2016年,罗中成为特色高中项目学校,确立了"艺术见长 尚美成人"的办学理念以及"创建上海市高质量、现代化的美育特色普通高中,为上海乃至国家基础教育中的美育建构探索道路"的办学目标,开启了创建上海市特色普通高中的旅程。

随着音乐教育的发展,版画、篆刻、武术、辩论、民俗等课程相继进入课堂,艺术教育呈现出多元化格局,"一枝独放不是春,百花齐放春满园"是今日罗店中学大艺术课呈现的亮丽风景。管乐团在建设过程中形成的"艺术教育塔形模式",在之后美术、书法等课程实施方面也发挥了积极的作用。

1992年至今,除音乐之外的其他艺术形式在罗中的发展也很迅猛,上海市书法家协会会员金爱华老师的书法品牌课、上海市美术家协会会员金云华老师的版画品牌课在区内甚至市内形成了一定的影响力。袁燕敏老师的心理戏剧课程、高峰老师的篆刻课程、杨骁嘉老师的龙船与木工课程、侯佳筠老师的分子料理课程、刘奥老师的"青声说"演讲课程、刘桂玲老师的健美操课程、李恒飞老师的少年太极武术课程、罗店彩灯制作传承人朱玲宝等的诸多"非遗"课程进入高一、高二选修大艺术课表。2021年起学校引入无人机课程与音创课程,加入大艺术课表,使得多元艺术更加适应新时代教育的发展。学校已经从单一的音乐艺术门类发展出包含美术、文学、影视戏剧、篆刻、舞蹈、摄影摄像、现代媒体艺术、民俗文化在内的多元艺术格局,奠定了罗中美育的坚实基础。在艺术课程方面,学校逐渐形成了以管乐为龙头,音乐、美术、舞蹈、戏剧影视、民俗文化、数字媒体等形式并举的多元艺术格局。

在机制建设上,2018年学校成立综合创新实践组,通过构建团队来探索项目化学习与打造多元艺术课程品牌的作用是巨大的。2019年,学校开设木工、创造性心理戏剧、书法、版画、篆刻、辩论、摄影、多媒体剪辑等10门多元艺术课程。2019年至今,每年都增设1~3门新课程,开发者为本校的兼职教师、校外专家或是"非遗"传承人。在多元艺术课程开发与实施上,学校建立了申请、审批、实施、评估的闭环机制,提升了课程的总体水平。

多元艺术课程的落实需要有与之匹配的环境建设。2020年学校古风新韵民俗美育基地、灵犀点通生命美育基地、气象物语气象创新实验室、生态美育基地、艺海扬波综合实践基地、艺体中心音乐厅等创新实验室建成并投入使用,学校"大艺术课程"成为支撑美育建设的中坚力量。

如今,学校共开设多元艺术课程30门,校内教师28人,校外教师6人。在音乐、美术、媒体、戏剧、制作、民俗等课程门类的基础上,注重学科拓展与科技发展的方向与趋势,在申请、审批、实施、评估上完成制度迭代,课程开展平稳,教师队伍相对稳定。其中,版画、书法、心理剧、罗溪庙会、辩论、未来问题挑战等课程在区域内形成品牌,起到一定的辐射作用。

每一位罗中学生入校后必须在高一、高二选修多元艺术课程,每人每周一节。学生可在三十门多元艺术课程内选择一门喜欢的课程进行选修。课程分成三个阶段,探索体验阶段、实践研究阶段、交流展示阶段。课程致力于提升学生相关的艺术素养及审美素养,培养他们价值体认、责任担当、问题解决、创意物化等方面的意识和能力。

二、艺术教育促进学生全面且有个性地发展

(一)艺术教育促进学生的个性发展和核心素养的提升

1. 艺术教育促进学生的个性发展

为应对未来社会的挑战,培养全面发展而有个性的人成为当今教育的共识。在当今千校一面,千人一面的教育现实环境下,如何培养有个性的人?课程是育人的跑道与载体,如果各所学校开设的课程一样,必然导致育人的同质化。因此,开足、开齐国家课程可落实育人的全面性,提供丰富且有差异性的校本选修课程可实现个性化育人目标。其中,选修课程中艺术教育课程最能够满足学生的兴趣与特长,既最尊重教育个体差异又能够推进学生的个性发展。

学生在音乐、美术、舞蹈、戏剧、民俗等各种艺术门类的学习与训练中,耳、眼、鼻等学生的器官长期处于刺激之下,得到超常发展,必然形成超越常人的艺术感知力,提升创造力和想象力,实现个性化发展。比如:艺术教育中的创作过程可以帮助学生深层次了解自己的兴趣、性格和潜力。这种自我认知可以促进学生的自我发展和个性成长。另外,艺术教育能够提供超越纸笔的各种媒介和表达方式,让学生自由地表达真实的思想和情感。这种自由表达的过程可以激发学生的想象力,培养他们的思考能力与行动能力。还有,艺术教育鼓励学生挑战传统观念,发掘新的观点和想法。这种创新思维可以应用于其他学科和日常生活中,使学生更具创新力和独特性。

2. 艺术教育促进学生核心素养的提升

艺术教育核心素养涉及审美感知、艺术表现、创意实践、文化理解四个方面,涵盖了音乐、美术、舞蹈、戏剧(含戏曲)、影视(含数字媒体艺术)等专业。

艺术教育中学生通过接触和理解不同文化、不同时期的艺术作品,可以增强对文化的理解。这种理解可以开阔学生的视野,提高他们的跨文化交流能力。艺术教育中的创作过程需要学生解决各种问题,例如如何平衡形式和内容、如何运用色彩和线条等。这种实践的过程可以培养学生的批判思维和解决问题的能力。艺术教育中的许多项目需要学生之间的合作,例如集体创作、表演等。这种合作过程可以培养学生的团队精神和沟通能力,使他们更容易适应社会生活。因而,艺术教育对促进学生核心素养的形成具有至关重要的作用,能够培养出符合学生终身发展和社会发展需要的必备品格和关键能力。

（二）艺术教育促进学生审美力、创造力和情感交流的提升

1. 艺术教育促进学生审美力的提升

艺术教育对于促进学生审美力的提升具有积极作用。艺术教育能够产生美感体验，其所产生的精神愉悦，可以陶冶学生的情操，帮助他们建立积极的生活态度。

艺术教育通过引导学生欣赏各种形式的艺术作品，如绘画、音乐、舞蹈等，培养他们的审美感知能力。学生参与艺术创作、表演和欣赏活动，可以感受到美的情感表达，从而丰富自身的情感体验。

艺术教育鼓励学生分析和评价艺术作品，通过这种审美判断的训练，学生可以提升对美的理解和评价能力。这种能力可以帮助他们在日常生活中更好地辨别和欣赏各种形式的美。

艺术教育不仅关注学生对艺术作品的欣赏和理解，还鼓励他们进行艺术创作。通过绘画、音乐、舞蹈等形式的创作，学生可以发挥自己的想象力和创造力，从而培养出独特的审美创造力。

艺术教育涉及不同文化、不同时期的艺术作品，可以帮助学生了解和欣赏各种不同的美。接触和理解不同文化背景下的艺术作品，学生的审美视野得以拓展，增强对多元文化的理解和尊重，可以更好地理解世界和人本身。

2. 艺术教育促进学生创造力的提升

美可启智，美育在学生创新思维及创造能力的培养中有着其他学科无法替代的作用。艺术体验生成美感，而美感是心与物的融合。人的美感体验过程有回忆、判断及分析等意识活动，有助于提高学生的理性思考力。

艺术的生命在于创新，艺术教育鼓励学生挑战传统观念，发掘新的观点和想法。在艺术创作过程中，学生需要不断尝试不同的材料、技法和构思，从而发现新的表达方式和创作思路。此外，艺术教育可以促进学科的融合，将艺术与其他学科结合，激发学生的创造力。例如，科学与艺术的结合可以帮助学生从不同角度思考问题，提高逻辑思维能力；艺术与文学的结合可以提高学生的审美能力和情感表达力。

3. 艺术教育促进学生情感交流能力的提升

艺术是一种情感表达的方式，艺术教育有助于培养学生健康、丰富的感情世界。艺术教育的特点是参与式、互动式，它不仅仅是以理服人，更重要的是以情动人、以美育人。艺术教育具有很强的互动性，能够加强师生之间、生生之间的情感交流。通过艺术活动，学生可以释放内心的压力和情绪，也可以培养他们的情感智慧。

艺术教育可以增强学生的自信心。艺术教育鼓励学生探索和发展自己的兴趣和天赋。当学生在艺术领域取得成就时，会增强他们的自信心，这种自信可以转移到其他领域，促进学生的全面发展。艺术教育中的许多项目需要学生之间通过情感表达进行合作，这个过程可以培养学生的社交和沟通能力，使他们更容易适应社会生活。

一所有品位和特色的学校，必须重视艺术教育，通过艺术基本知识的学习、艺术作品的鉴赏及创作，提高学生的艺术修养，培养学生正确的审美观，陶冶情操、启迪智慧、培养

个性,促进其和谐而全面地发展。

三、艺术教育支撑学校美育特色的建设

(一)艺术教育向美育特色的升华

国务院办公厅颁布的《关于全面加强和改进学校美育工作的意见》中指出:"美育是审美教育,也是情操教育和心灵教育,不仅能提升人的审美素养,还能潜移默化地影响人的情感、趣味、气质、胸襟,激励人的精神,温润人的心灵。美育与德育、智育、体育相辅相成、相互促进。"

聚焦国家新育人方式、结合学校的办校理念,我们最终确立了"培育'全人+审美力'的时代新人"的总目标。"全人"是朱光潜先生提出的"知情意行和谐统一,德智体美劳全面发展的人","审美力"就是感知、发现、鉴赏、创造美的能力。具体表现为:学生对形式美的感受力,对文艺作品与现实生活中情感的体验能力,学生对作品意义的判断能力,学生对艺术作品的鉴赏力,以及学生的想象力与创造力。

我校的美育特色定位是以艺术学科为主体,拓展至学科美育、活动美育和环境美育,促进以美育为手段的"艺味课堂"建设,完善以美育为载体的校园文化建设,以美育辅助德育,融合体育与劳动教育,以美育人,以文化人,立德树人。

从艺术教育升华为美育需要一个过程,即学校办学理念和实践的升华。2016年以前,尽管学校已经提出以美育为办学特色,但事实上依然处于偏向艺术教育的阶段。无论开设大艺术课还是组织学生参加各级各类竞赛与活动,大家的关注点都在于学生是否取得好成绩,也就是停留在所谓"术"的层面。2016年学校成为特色高中项目学校之后,上海大学文学院刘旭光教授、特色高中创建项目组胡兴宏、徐士强研究员等一大批专家入驻校园指导,深刻阐述美育的价值、内涵、特征等,同时指出将美育窄化为艺术教育是目前很多学校在实施美育过程中的普遍问题,这和不少学校将艺术教育作为学生的升学途径有关。我们深刻地认识到不能将艺术教育与美育混为一谈,艺术教育应该是美育的手段,通过艺术教育培养学生的审美能力是正解,通过艺术来育人是最终目的。艺术教育不是美育的唯一途径,美育还有更广的范畴。学校还为环境、学科教学、综合实践活动等都赋予了美育功能,美育与智育、德育、体育、劳动教育可以互相促进。学校美育理念的形成如同酿酒,是一个长期的过程。

其一,艺术教育只是美育的一种手段,艺术以外,还有很多的自然审美现象和社会审美现象可以充当审美教育的教材和媒介,这些艺术以外的审美现象所具有的审美价值、所产生的审美效应并非艺术所能完全代替;其二,艺术教育的目标是培养艺术人才,如培养音乐家、画家等,因此,它注重艺术才能和艺术技巧等方面的训练;其三,艺术教育可以培养人们的艺术感受力和艺术鉴赏力,进而强化受教育者的审美能力。而美育是通过艺术实践、艺术欣赏、自然美欣赏,对社会性的审美对象的欣赏等方式,来提高人的素质和修养,提升人的情趣与气质,改变人的精神面貌,从而达到培养全面发展的人的目的。其中,核心的观点是:艺术教育首先是技能教育,而美育本质上是素养教育也是情操教育,后者

正是罗中师生的追求。

（二）艺术融入的尚美课程体系建设

我校的美育特色课程发展有着悠久的历史，在当今育人方式变革的背景下，审美教育逐步向课程美育、文化美育、活动美育方向拓展、深化，并形成系列，目前已经形成比较成熟的尚美特色课程群。罗中的"尚美课程"有效地融入了知识的整合、课程的整合和社会的整合。学校通过尚美课程的建设，不仅让学生在优美的认知内容、积极的情绪体验和丰富多彩的实践活动中获得知识、技能、态度、情感、价值观。同时，学校给学生创设宽阔的生命发展空间，让每一个置身其中的生命个体都能在罗店中学这个"求真、向善、尚美"的校园里获得心灵的舒展，迸发智慧的火花，涵育高雅的情趣，一生都能"与爱相伴、与美相随"。

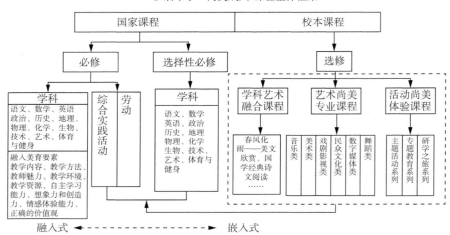

罗店中学"尚美成人"课程整体框架

图2 "尚美成人"课程整体框架

在"尚美成人"的课程框架中，我们不仅能清晰地看到学校特色课程的建构，也能看到特色课程是国家课程的补充。在具体实施的过程中，学校采用了融入式和嵌入式两种不同的方式，有机地将学校特色课程与国家课程整合在了一起。

学科美育融入主要是指将美育渗透到语文等12门必修学科课程中，努力实现国家课程艺味化、校本化。在语文等12门国家必修课程教学中形成有效的系列化的结合点，注重学科美育功能，在教学内容和教学方法上有机融入美育元素，如在教学内容、教学方法、教师魅力、教学环境、教学资源、自主学习能力、想象力和创造力、情感体验能力、正确的价值观等方面有效融入。经过一年的实践，必修学科美育渗透进一步完善，学校已经实现了"框架研究到案例研究"与学科"艺味课堂"的双向提升。

学科美育嵌入是指将学校特色课程有机嵌入学校课程体系，学校特色课程对国家课程的补充，通过特色课程嵌入必修、选择性必修课程，丰富国家课程。学校特色课程是选修课程，特色课程在必修、选择性必修课程中充分呈现、全面融合。学校特色课程嵌入综合实践活动、劳动课以及选择性必修课的部分课程之中,一同形成育人合力。通过综合实践活动进行美育主题整合,将志愿服务、党团活动、军政训练、社会考察等联系美育主题活动,彰显美育特色,全面推行综合素质教育;开展研究性学习及跨学科小组合作探究,使课程实施的形式丰富多彩,确保学生在学习过程中综合素养得到提升,实现学生全面而有个性发展。

在建构了课程框架的基础上,学校进一步梳理课程目标,并以此为依据整合已有课程,构建各课程的具体内容与实施途径。

表1　三类尚美课程体系课程目标

	艺术尚美专业课程	学科艺术融合课程	活动尚美体验课程
以美启智(智):以美感活化认知,丰富想象力,启迪智慧。	通过多元艺术课程的普及性教育,丰富学生的审美经验,了解美、懂得美,获得相应的美的知识。包含美的哲学知识、美的心理学知识、美的艺术知识。	通过美育的学科渗透,将美的哲学知识、心理学知识、艺术知识融合在学科教育中,了解美、懂得美,获得相应的美的知识。	通过各类美育活动,丰富学生的审美经验,了解美、懂得美,获得相应的美的知识。
以美怡情(情):培养对美的敏感性、敏锐性和愉悦感,热爱美的事物、热爱生活、热爱生命。	通过多元的艺术课程体验,激发学生爱美的天性,强调情感培养。内容涉及美的价值取向教育、爱美的同化趋向教育。形成更高层次上的带稳固性、习惯性的情趣爱好和价值选择。	通过学科美育渗透,融合学科特点唤起爱美天性,提升学生的审美情趣,树立和谐的审美价值观。	通过各类美育活动,激发学生的审美热情、审美认同及崇高的理想。
以美培元(意):培养美的人格,美的品德,爱国爱家。	通过多元艺术课程,提升学生的审美能力及审美意识。审美能力包含审美感觉力、审美知觉力、审美注意力、审美记忆力、审美想象力、审美情感力、审美思维力。审美意识主要包括审美趣味和审美观念。	通过美育渗透学科,提升学生的审美趣味和审美观念。	通过各类美育活动,促成学生各项审美能力的强化,确立符合社会主流价值观的审美意识。
以美化形(行):引导学生以富于美感的方式去学习、去生活、去生产、去创造。	通过多元艺术课程的学习,学生在掌握艺术技能的基础上,进行艺术创作,充分表达对美的理解。	通过美育的学科融合,学生能将美与学科成果联结,在学科表现上体现出对美的理解和表达。	学生通过各类美育活动,能够自由表达对美的理解,美的表达与自身成长、理想信念融合。

学科艺术融合课程群:该课程群是对国家课程的拓宽、加深,与社会生活联系更加紧密,融入日常教学,为在共同基础上不同水平的学生提供课程选择。教师以校本课程为抓手,采用丰富的教学手段,帮助学生感悟学科美,为学科专业知识的学习注入新的活力,帮助学生学会用"美"的视野来观察和欣赏学科知识,激发学生的想象力与创造精神,提高人文修养水平,从而达到提升学生对美的感知与感受的目标,提高学生对"美"的感悟力,拓展社会、生活、科学中的艺术视野,提升个人修养,塑造健全人格,培养和提高学生鉴赏美的能力。总计学分≥12分。

艺术尚美专业课程群：艺术源于生活，能够引领社会风尚，激励人的精神，陶冶人的情操。立足于国家艺术课程标准的理念，我校多年来积极探索艺术育人新方式，创立艺术尚美专业课程群，逐步形成了包括音乐、美术、舞蹈、戏剧影视、民俗文化、数字媒体艺术在内的多元艺术体系，让师生们在探究和追问中体验艺术所表现的丰富内涵，理解艺术中蕴涵的人文价值，提高学科素养，提升审美能力。目前开发并实施了33门艺术尚美课程，总计学分≥4学分。

活动尚美体验课程群：活动课程即经验课程，我校活动课程更多地融入了美的元素，是将审美素养内化为学生审美能力的重要途径。我校活动尚美课程群分以下三类："思美"专题教育课程、"寻美"研学活动课程和"行美"主题活动课程。该课程创设各类活动平台，学生在课程中，通过亲身体验，获取丰富多样的审美经验，提升审美能力，涵养审美素养，实现全面发展。

学校目前已经开发15门课程。该课程群学分≥4分。

在整体提升全体学生审美素养的同时，学校充分关注学生的个性化差异和多元化选择，将课程群设置为Ⅰ、Ⅱ、Ⅲ、Ⅳ四个梯度。Ⅰ层为全校普及基础型课程，属特色必修课程，满足全体学生提升美育素养的基础需求，满足美育通识普及；Ⅱ层为兴趣发展拓展型课程，属选修课程，鼓励学生结合自身兴趣寻求特色发展；Ⅲ层为特长培养提升型课程，属选修课程，为学生特色特长培养提供理论和实践支持；Ⅳ层为自主创新拔尖型课程，属选修课程，助推部分特色学生的高阶能力发展。分类分层的设计在确保课程惠及全体学生的同时，给予兴趣度高、富有特长的学生更为广阔的发展空间，从而满足不同层次学生的需求。通过知识普及、活动体验、技能强化、创新探究由低向高分层开设课程，从兴趣培养到高阶思维训练，分层递进地培养学生的审美素养。

（三）"艺味课堂"为核心的课堂教学模式实践

"艺味课堂"是指在学科教学中，以审美化、艺术化的方式，调动学生的学习兴趣与学习热情，以寓教于乐的方式，提高课堂教学效果的一种授课模式。通过创设有趣的情境，以情感、灵性、智慧活化认知，以问题为导向，以美启智，让课堂变得有"艺味"——有美感、有艺术性、有趣味，能激发学生的好奇心和探索欲，让学生的知情意行有机地统一起来，并互相促进。尝试在学科教学中提升学生审美能力，把学科教学与学生审美能力的提高、审美趣味的雅化、审美感受力的提高结合起来，让学科教学不仅仅是知识的传达，还要发挥以美怡情、以美培元、以美化行的美育功能。

为了更好地推进"艺味课堂"的实施，我校每年开展"艺味课堂"教学评比与展示活动，无论是青年教师还是校级、区级骨干教师都参与到活动中。在活动中我们主要实践、探讨、反思三个问题：

1. 教与学的时空拓展

在泛在学习时代，我们努力打破教与学的时空限制，注重教学的课内课外相结合、学科内外相结合、线下线上相结合。慕课、尔雅、MOORs等学习平台为学生提供大量可供选择的资料；微信、QQ、腾讯课堂等个性化辅导App使得学习场景无处不在；极课、必由学等自适应学习系统为学生提供个性化的学习新方式,提高教师的教学诊断准确性与效率。可以说互联网与大数据分析系统拓展了传统教与学的时空界限。此外,充分利用高校资源、高水平场馆资源和各类学习实践基地资源,让学生走出课堂和书本,通过实地探究,丰富学习体验,建立抽象知识与实际生活的联系。

2. 教学方式的变革

美育教育应该融入学生学习的全过程,这就要求教师在教学设计的时候须做全方位的考虑,不仅仅是教学内容的美育元素挖掘,还需要在学情分析、情境设计、教学环节优化、板书设计、语言表达等方面通盘考虑。一是关注知识与生活情境的关联。通过情境的创设,搭建起学科知识和现实生活的桥梁,通过具体生活情境的创设,将抽象的知识具体化,以实现语言之美与问题之美。二是通过美感触动、情感打动、思维互动来促进美育落实。在活动的过程中激发学生的信心和力量,以实现和谐之美与沟通之美。三是通过启发探究深化知识。教师的引导激活学生的智慧与创造,以实现思维之美和生成之美。四是通过倾情践行活化认知。教师通过教学唤醒学生美的心灵和行动,以实现价值之美和仁爱之美。

课程的实施关键在于教师,教师不仅仅是国家课程的执行者,还是理解者、研究者、实践者、探索者。教师对于学科美育的理解程度将直接影响到美育的实施。学校构建了教研组资源共享文化,在此基础上每位教师都形成了自己个性化的教学方法。正所谓"三人行,必有我师焉",学校通过开展微格教学集体研讨活动来进一步开展"艺味课堂"的实践研究,既能避免教师个人理解不足导致的课堂教学无效,又能借助集体的智慧促进、完善艺味课堂的实践。学校规定:45周岁以下的教师每人录制"艺味课堂"的展示课,教研组集体观摩录像课,从课堂设计、课堂呈现、课堂体验等宏观角度开展充分的研讨。有时还要借助外聘教育名家来校指导的机会,教师个人利用课余时间,从课堂规划的艺术性、美育渗透内容的切实性、课堂活动的趣味性等微观角度开展反思与修订,最终形成每位教师的"艺味课堂"精品课。

3. 学习方式的变革

学校基于课程标准大力促进教学方式变革,同时通过"三感育人"(感染、感化、感悟)、课堂结构性变革、翻转课堂、跨学科项目化学习等混合型和综合性的方式来促进变革。将由教师主导进阶为以学生为中心,鼓励学生自主探究,打破学科界限,整合各学科知识,致力于问题的解决。在此过程中,特色课程教师和学科教师的主要职责在于指导与激励。基本形成了"学习、讨论、练习、反思、再学习"的学习过程,通过丰富的体验、探究、反思、感悟,提升思维品质,初步构建起"活动、探究、践行"的课堂模式。

育人的主阵地在课堂,学校不断深入开展"艺味课堂"的研究与实践,视之为学生美育素养提升的关键。我们对"艺味课堂"的精神内涵做了进一步的丰富,首先确立了"艺味课堂"四个维度的教学与评价指标:激起兴趣与探索欲,激发信心与力量,激活智慧与创造力,唤醒美的心灵与行动。其次制定了"艺味课堂"的教学评价表,确立了课堂评价的一级指标、二级指标以及评估要素。编写《罗店中学学科融合美育指引》,作为"艺味课堂"的教学指导,让学生们在学习科学文化知识的同时受到美的熏陶感染。在不断修订《罗店中学学科融合美育指引》的基础上,各教研组通过组内课堂教学实践、研讨活动形成"双新"背景下符合自身学科特点的"艺味课堂"教学实施路径。

考虑到不同学科的特点,各教研组要求新课程在本学科中充分挖掘美育要素、美育资源,在研究了不同学科教学实施路径的基础上,学校又把学科分成人文学科、自然科学、艺术三大类,通过教研组共同体的建设,进行同类学科之间的整合,确立了"艺味课堂"的三大实施模式。

模式一:三感—创造艺味课堂

罗店中学人文学科类教研组在"艺味课堂"探索中立足"三感"模式,紧扣"以美启智、以美怡情、以美培元、以美化行"的美育目标。引领学生有兴趣地学习,享受学习、探究过程的美,构建了"三感—创造艺味课堂"模式。

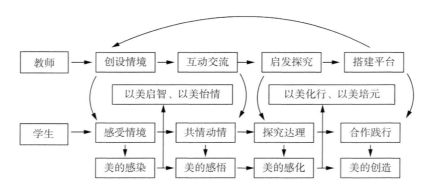

图3 "三感—创造艺味课堂"模式

这一模式中互动交流与启发探究两个环节,教师要建立完整有效的问题链,问题链不仅给学生提供学习支架,也是课堂艺味深化的关键。

模式二:艺术—体验艺味课堂

艺术具有审美的教育功能,罗店中学一直以来都注重艺术教育的发展,引领学生掌握艺术特长、塑造尚美人格是艺术教师的责任担当,在教学活动中运用探究的方式,总结其隐藏的规律,用审美的视角、审美的精神审视这一过程,构建了艺术学科类"艺术—体验"的课堂模式。

流程示意:

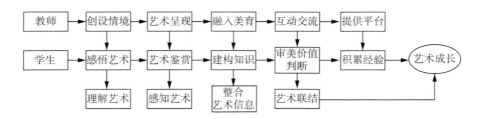

图4 "艺术—体验艺味课堂"模式

艺术课程具有开放性、创造性、人文性和实践性,"艺术—体验"的课堂模式,可以为学生提供宽广的学习和发展空间,在学习的过程中获得愉悦的审美感知,做到以美感人、以美育人。在体验的过程中对模仿美和创造美的艺术形象产生独特的领悟和认识,使学生积极地发挥想象力和创造力,增强审美意识和审美能力。

模式三:5E学习环艺味课堂

罗店中学自然科学类教研组在艺味课堂探索中立足"5E探究"模式,通过吸引(Engagement)、探究(Exploration)、解释(Explanation)、迁移(Elaboration)、评价(Evaluation)五个探究环境,在培养学生学科核心素养的基础上,融入"以美启智、以美怡情、以美培元、以美化行"的美育目标。通过感受科学美,亲历科学探究美,认同思辨美,追求真善美的统一,构建了"5E学习环"美育渗透模式。

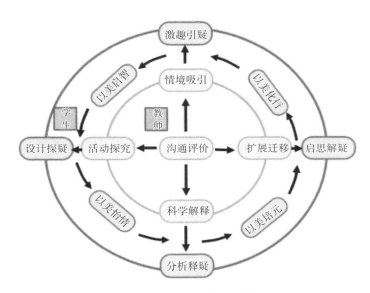

图5 "5E学习环艺味课堂"模式

这一模式将培养学生的科学思维和科学探究的学科素养与培养学生的美育素养相融合,使理科课堂充满"艺味",使学生在理科教学过程中感受和领略科学的真、善、美,并累积为科学审美的品格与气质。

（四）"艺"技之长教师队伍建设

在学校特色建设过程中,我们注重培养一支师德为先,思想品行端正的教师队伍。使其具有一定专业艺术爱好与技能,实现"以美育人";具有一定的审美能力,善于挖掘学科美育因素,促进"以美化人";具有正确的审美价值观和艺术创作观,推动"以美培元"。我们从全体教师通识培养、艺术教师专业提升、非艺术教师特色挖掘三个层面培养美育特色教师队伍,努力将美育融入教育全过程。在对象上,把骨干培养与全员美育相结合,以全员美育为主;在方法上,把集中学习与岗位实践相结合,以岗位实践为主;在形式上,把教学与科研相结合,以培养能力为主;在资源利用上,把校本资源与外聘专家相结合,以校本资源为主。

学校发展的基础是教师队伍的健康发展,美育特色学校的创建使教师内在活力被进一步激发点燃,教师的自我成就感不断增强,尤其是青年教师的发展在近几年取得了可喜的成绩。经过几载摸索,学校积累了以美育推动教师队伍建设的丰富经验。

1. 搭建进修平台,服务特色课程

搭建进修平台是提升教师美育质量的重要保障,其目的在于为教师提供解决问题的思路和策略,从理念、知识与技能入手,对课程、教材、教法等进行解析,满足教师美育素养发展和个人提升的需要。各科教研员、高校专家学者、民间优秀艺术家等为教师美育素养发展提供专业指导,线上线下相结合拓展了进修形式,线上讲座传递美育理念,线下项目活动、专题实践深化内涵理解与反思。在各种平台和技术的支持下,增强教师的美育意识、美育能力,为特色课程走向正轨保驾护航。

2. 孵化个人爱好,开发特色课程

"双新"背景下教师角色有待转变,不应再是只会学科教学的单维劳动者,更应是勇于开拓的多维立体的教育者。学校特色发展为教师的立体发展提供了广阔的探索空间。学校特色课程开发,不仅最大限度地满足学生全面而有个性的发展,也间接促成了教师的个性发展。大美育实施仅仅依靠艺术老师和校外资源是远远不够的,经调查,我校大批学科老师在专业授课之余,都有自己的个性化爱好,能够支持学校特色课程的需求。学校经过连续几年的特色招募,为老师们多方位大展拳脚提供资金、场地、设备等支持,形成了百花齐放的特色课程群,老师们的主动性被唤醒,积极性被调动,创造性被激活,幸福感也得到了提升。

3. 立足研教并举,优化特色课程

一直以来,一线教师长期关注"教",往往忽视"研"。特色课程的良性发展离不开有效研究的反馈,现有的课程学生是否满意? 还有哪些有待改进的方向? 如何优化现有课程,满足学生的进阶需求? 这些问题的答案都需要研究结果的支持。我校市级课题申请成功后,老师们参与教研的信心增强了,激情也被点燃,学校的科研氛围相当浓厚。从学科带头人、教学骨干到青年教师都积极投身于研究的队伍中,目前几乎各学科团队都成功申请了区级或校级美育相关研究课题。这些课题的研究成果将直接服务于美育课题的完善与改进。

(五)富有艺术气息的"育人场"建设

罗店中学地处上海北部的罗店古镇,风景怡人,借助得天独厚的地理位置打造出了一个集传统与现代、传承与创新于一体的美育特色学校。学校美育特色"育人场"紧扣"美"与"艺"大胆规划与设计,打破时间与空间的局限,用无限想象与刻意留白传递罗中人对美育的独特理解。

罗中校园绿化覆盖面积达65%。校园花木繁茂,四季景色宜人。"紫色瀑布""粉色烂漫""金色梦想"呈现出四季更迭的自然美景。将各个教学楼连接起来的"绿色长廊"俨然成为学校中的一道亮丽风景。屋顶的绿化改造,呈现出生机盎然的景象,使得整个学校的自然景观更富整体感及和谐美。

与优美的自然环境相得益彰的是学校的文化环境,三大主题雕塑——《美的唤醒》《无限》《希望之星》,一个艺术雕塑——《乐舞》,四大主题文化长廊展厅——"阳刚之美""诗性之美""仁爱之美""创造之美",还有"枯山水"互动区、"琴棋书画"数字创造区,学校近年又对寝室、朗读亭、师生作品陈列室、线上校史馆等进行改造,串联一个个罗中的故事、罗中的印记。

在人文环境建设上,学校重视文化底蕴的深挖。打造了6个功能齐全的美育基地——"古风新韵"民俗美育基地、"灵犀点通"生命美育基地、周宝良音乐创新实验室、金云华美术创新实验室、金爱华书法工作室、"气象物语"项目学习基地。同时,围绕罗店中学美育特色环境的建设,加强"创新图书馆"建设、整体楼面美化、最美教室建设、交响乐团舞台建设。践行着"人人可艺术,处处皆美育"的校园建设理念。

在引进社会资源上,学校因地制宜,通过走出去、请进来等多种方式打造一套完整的社会支持系统。借助古镇资源加强属地融合,签约高校展馆贯通美育资源,牵手罗店教育集团打造集团化办学高地,拓宽家校社区合作助力师生成长。罗店中学不断开拓进取,力求打造一所环境优美、资源丰富的美育特色高中。

罗店中学一直致力于打造书香校园、尚美校园、精神家园。除了硬件与资源搭建的实体育人场外,学校还格外重视精神育人场。学校紧扣抗逆力三感——归属感、乐观感、效能感,通过个体与内在、个体与个体、个体与群体、构建与群体,形塑宁静、和谐、充盈的育人场域。

四、艺术教育与美育特色建设的未来与反思

(一)艺术教育的未来与反思

1. 当前艺术教育普遍存在的一些问题。

当前,社会分工的专业化和职业化、人们日常生活的程序化和符号化、人际交往的信息化和跨时空化等给学生带来了一定程度的升学和就业压力,艺术教育往往被视作升学和就业的敲门砖,极大地扭曲了艺术教育的原本功能,减弱了其艺术层面与教育层面双重的感染力和影响力。

(1)重视不够。尽管国家的教育督导一直强调体育和艺术课程的落实,但在某些地区,艺术教育仍然无法与学科教学等同,没有得到足够的重视和支持。

(2)资源不足。在一些学校和地区,由于资金、设备和师资力量的缺失,艺术教育无法得到充分发展。

(3)实践缺乏。一些学生虽然对艺术有浓厚的兴趣,但缺乏实践机会,也缺乏展示平台,影响了学生的学习积极性,也阻碍了他们的成长。

(4)评价标准不科学。在一些学校中,艺术教育的评价标准不够科学,过于强调技能和知识的学习,而忽略了对学生创造力和个性的培养。

2. 艺术教育未来的改进建议

(1)提高教师素质。为了提供更优质的艺术教育,未来的艺术教育将更加注重对教

师素质的培养和提高。教师需要具备专业的艺术知识和技能,同时也要具备教育学生的能力和热情。

(2)未来艺术教育将更加注重与其他学科的融合,如科技、人文、社会科学等。这种融合将有助于提高学生的综合素质和创新能力,使他们更好地适应未来的社会发展需求。

(3)随着全球文化多元化的发展,人们对艺术的认知和欣赏能力也在不断提高。未来,艺术教育将更加注重多元化发展,不仅包括不同艺术形式的融合,也包括不同文化背景的艺术交流和互动。

(4)为了提高学生的实践能力和创造力,未来艺术教育将更加注重实践环节,提供更多的实践机会和平台,让学生在实践中体验和感受艺术的魅力。

(5)随着科技的发展,未来的艺术教育将更加注重科技与艺术的结合。例如,数字艺术、虚拟现实、人工智能等新兴技术将为艺术教育提供更多的可能性,也将为学生的创作和实践提供更广阔的空间。

(6)随着人们对教育需求的多样化,个性化教育将成为未来艺术教育的重要趋势。学生可以根据自己的兴趣和特长选择适合自己的艺术形式和学习方式,这将有助于发展学生的创造力和个性特点。

(二)美育特色建设的未来与反思

1. 当前美育特色建设存在的问题

(1)学校美育课程体系不健全。尽管美育在教育体系中的地位逐渐得到重视,但美育的教学目标和内容不够清晰,美育课程体系仍不够健全。

(2)美育与必修学科缺乏融合。学校美育落实与艺术课程教学混同,美育与必修学科未建立有效链接,美育与德育、体育以及劳动教育之间相对独立,成为一种孤立的教育形式。

(3)美育评价国家标准未出台。美育的教学成果,缺乏上位评价标准,过度关注技能和知识的学习,而忽略了对学生审美能力、创造力和人文精神的培养。

2. 美育特色建设未来的改进建议

(1)建立规范健全的美育课程体系。明确美育课程目标和内容,国家、地区、学校由上而下,建立规范健全的美育课程体系。

(2)未来美育将更加注重与其他学科的整合衔接,通过跨学科的教学方式,提高学生的综合素质和创新能力。

(3)未来的美育将更加注重对学生人文精神的培养,通过艺术教育提高学生的审美能力和文化素养,帮助他们更好地理解和欣赏生活中的美好事物。

(4)为了提供更优质的美育,未来的美育将更加注重对教师的艺术和审美素养的培养和提高。

总之,艺术教育是美育的载体,尽管美育仍面临着一些挑战和问题,但随着社会的不断发展和人们对美育的认识不断提高,未来的美育将更加注重规范化、整合性、个性化、多元化以及科技与美育的结合。这将为学生的全面发展提供更广阔的空间和更多的机会。

高中音乐情境教学的实践与研究

上海市青浦区第二中学
青海省果洛西宁民族中学(援青)　　阚延俊

摘要: 我国当前所进行的新课程改革反对过去教师主导学生思维,机械灌输的教育、教学方式,注重学生的个性发展和素质的全面提升。情境教育作为一种全新的教育方式,有着与传统教育方法完全不同的理念。教师对情境教学的理解有所偏差,导致其成为一种课堂上的装饰,而不能真正发挥其核心作用。教育者应该摆脱对情境教学的片面理解,深入挖掘其核心意义,并进行有效的课堂实践研究,让情境教学回归正确的轨道。

关键词: 情境教学;建构主义;艺术教学;自主学习;激发兴趣

高中音乐教学中往往会出现学生对所学内容积极性不高,甚至厌学等现象。那么如何激发学生学习兴趣,使学生喜爱这个学科并能主动地参与学习,真正发挥学习主体的作用呢? 面对这个问题,笔者尝试以情境教学为突破口,在日常教学中不断摸索创设情境的方法和策略,在实践中改进和完善情境创设的有效机制。

一、初步尝试　摸索前行

笔者对"情境"的理解最初来自建构主义理论,它认为:学习环境中的情境必须有利于学生对所学内容的意义建构,这就对教学设计提出了新的要求。也就是说,在建构主义的学习环境中,教学设计不仅要考虑教学目标,还要考虑有利于学生建构意义的情境,并把情境创设看作教学设计的最重要内容之一。

传统的高中音乐课堂上,几乎都是以老师讲、学生听的方式进行日常教学,学生的兴趣逐渐降低,对待音乐课也总是抱着无所谓的态度。

在首次尝试中,为了提升学生的学习兴趣,笔者选择了上海音乐出版社高中艺术课本中《歌剧与音乐剧》一课,在课前导入时,我搜集了大量精美的世界各地的大剧院图片和歌剧、音乐剧演出剧照,并且将其穿插在教学过程中。当一幅幅华丽的图片展现在学生眼前时,果然引起了学生们阵阵赞叹,随后我设置了让学生看图猜测是歌剧还是音乐剧的互动环节,取得了令人意想不到的效果:学生积极反馈持续近 10 分钟。不可否认,这样煞费苦心的教学情境安排,达到了增强学生的注意力、活跃课堂气氛的目的,但同时我也忽略了最重要,也是最基本的一点,那就是想引导学生"学"什么?

对于高中学生来说,戏剧是一门与日常生活距离较远的艺术。学生在欣赏的时候心理上难免存有一种畏难的情绪:太深奥、不能理解等等。因此在导入的设计中,可从大家熟悉的、有趣的作品片段入手,听完让学生说说哪些作品可以归为一类,理由是什么。因为特征很明显,学生很快就回答出来了。情境的创设是为了让学生更好地、主动地学习,不单是为了营造看似热闹的课堂气氛。

二、发现契机　勇于改进

随着研究的推进,我也逐步发现只有创设有效的教学情境才能真正达到改进课堂教学的目的。一些教师创设的教学情境与课程的内容没有实质性的联系,是在课程内容上人为裹的一层"糖衣",学生可能只是被花花绿绿的"糖衣"所迷惑,从而产生兴趣,至于自己吞下去的糖果是什么,却全然不知。在音乐教学中,创设情境只是一种达到目标的方法,而不是一种目标,主要作用是在潜移默化中培养学生的学习能力。然而很多教师只是单纯地为了达到这个目标而创设情境,忽略了创设教学情境的目的是让学生更好地学习。脱离了学生学习的内容而随意添加的情境反而会让学生变得被动,适得其反。

上海音乐出版社出版的高中《艺术》教材中"现代京剧"一课,多数高中生是比较陌生的。所以在上课之前,我对一些学生进行了询问,了解他们已有的一些关于京剧的知识和经验,发现学生对京剧的理解基本局限于一个固定的模式,比如他们认定只有背上插着旗子,脸上画着浓重油彩的人物装扮才是京剧中的,虽然这样的认知听起来很单纯幼稚,但确实是现在普遍存在的问题。其实他们的理解并没有错,只是比较片面。

因此我在课堂上鼓励学生"做一做小老师",让他们以小组合作的形式收集和探究关于京剧的知识。学生在分小组收集资料时,其实已经在学习京剧的知识了。当学生发现资料上的内容和原来的理解不太一样,即已有知识和新的信息发生碰撞的时候,学生自然而然要去思考。有的学生在想不明白的情况下会主动找老师共同探讨。同时学生在小组合作的过程中也学会了与同伴沟通和交流,学会了包容和接受不同的意见。

因此我的实践总结是:情境的设计要考虑学生能否接受,要设计好合适的"路径"和"台阶",便于学生将学过的知识和技能迁移到情境中来解决问题。如果创设的情境与学生的过去经验相剥离,远离学生的认知范围,就无法激起学生学习和探究的欲望,这样的刺激是不成功的。学生没有主动地融入情境,无法理解呈现给他们的问题的意义。仅在外界的压力和强制下从事遥远而抽象的作业时,他们内在主动的天性与好奇心并没有被唤起,这时他们的学习是被动的,结果显而易见。教育者们往往不想浪费时间,直接让学生掌握一些理性内容,比如在学生还没有熟悉经验材料之前,就想把他们直接引导到表现成人理智成就的材料上去,这么做只是拔苗助长。所以,教师提供的情境,一定要精心地选择和设计,由近及远,由浅入深,由表及里,使之能适合于学生,才能被学生理解和接受,发挥其应有的作用。在这样的情境中学习,才能使学生学会知识与技能的迁移,才可能使学生解决具体问题的经验和策略日趋丰富,在新情境中解决实际问题的能力和创造能力逐步提高。

三、步入正轨　趋于成熟

在实践中尝到甜头后,我又以汉族民歌《凤阳花鼓》作为教学内容,在前期对学生进行情感、知识技能的铺垫,鼓励学生联系自己的生活实际和情感经验,为《凤阳花鼓》填词,作为中华民族的一分子切实参与到汉族民歌的创新与发展中。

通过河南民歌《王大娘补缸》和歌曲《好汉歌》的对比欣赏教学,引导学生认识到:汉族民歌是在创新中不断发展的,它是生活中音乐创作的基石和灵感源泉;汉族民歌的未来就在于创新和发展。

在学生的学习情绪达到顶峰时,适时抛出问题:"民歌表达情绪,表现生活情景,我们能不能依据自己对学校的情感,也为汉族民歌的创新作出贡献呢?"我联系学生的实际生活,引导学生关注学校风貌,体会集体生活的美好,感受老师、同学之间真挚的情感,鼓励学生为《凤阳花鼓》进行填词创作。同时我也降低了创作难度,将歌词第一句做了限定:"说XX,道XX,XX是个好地方",学生只要将真实的情感写进第二句歌词就可以了。

通过这次实践,我又深切地感受到情境创设的另一个核心就是注重知识来源于生活,让学生在实践中获取知识,并自我发现问题和自我解决问题,充分发展学生的想象力和创造力。生活情境的创设激发了学生的情感和创作的热情,从学生创编的歌词中可以感受到他们对民歌的喜爱,对学校生活的向往。

四、形成策略　辐射引领

情境的模式多种多样,它影响着每一个学生的情绪状态,而学生的状态则反映出整堂课的教学效果。各种形式的教学情境设计最终目的都是更好地完成教学目标,所以在设计过程中一定要结合教材内容,紧扣教学目标,为学生创设一个有文化内涵的学习环境和活动场所,如此才能将枯燥的讲授和硬性的灌输变得生动有趣,学生才能从中真正体会到学习的乐趣。

以下便是笔者一路实践探索各种情境后总结的经验成果。

(一)创设游戏情境

根据教育学的研究,游戏具有使学生主动地参与学习活动的教育意义。Ruben在《模拟与游戏》中也指出:教学的目的并非只是训练学习者回答问题,而是希望学习者能够广泛及灵活地运用知识,通过特别设定的条件,引导学习者加强、应用、记忆和反复练习,达到整合知识并运用于未来的情况的目的。

在课堂上创设一个有趣的游戏情境,它的作用如同润滑剂,可使工作程序更加顺畅。首先游戏对学生而言是最好的学习方式,一是可以满足学生身体活动的需要,二是可以满足学生好奇心的需要,三是可以满足学生社会性交往的需要,四是可以满足学生自我肯定的需要。其次,游戏对学生的认知和发展也有一定的影响,因为在传统的应试教育背景下,学生是知识的被动接收者,而在游戏的虚拟环境里,学生获得了充分的身心自由,获得知识的过程成为充满乐趣、挑战自我的体验。

（二）创设问题情境

古人云："为学患无疑，疑则有进。""小疑则小进，大疑则大进。"创设问题情境，可激发学生的学习兴趣与求知欲，调动学生学习的主动性、积极性和创造性，能够开发智力、发展能力，更好地引导学生有目的、有方向性地主动获取和掌握新知识。

亚里士多德曾提出："思维自疑问和惊奇开始。""疑问"和"惊奇"哪里来呢？来自课堂的教学提问。问题是思维的表现形式，学生解答问题的过程，就是思维的过程，因为思维总是为解决某个问题服务的，是以解决问题为目的的思想活动。现代教学论研究指出，从本质上讲，感知不是学习产生的根本原因（尽管学生学习是需要感知的），产生学习的根本原因是问题。没有问题也就难以诱发和激起求知欲，没有问题，感觉不到问题的存在，学生也就不会去深入思考，那么学习也就只能是表层的和形式的。[①] 所以提问是教师应当具备的一种教学基本功，是教学的重要组成部分。

然而在教学过程中，问题情境的形成不是自发的，而是教师为把学生引入积极的思维状态而有目的地设置的，所以教师应精心、巧妙地创设问题情境，诱导学生积极主动思维，才能收到良好的教学效果。

（三）创设多媒体情境

在教育现代化的今天，广泛而正确地使用多媒体，能够化空虚为充实、化抽象为具体、化远物为近景、化模糊为清晰、化静态为动态，这必将大大有助于提高课堂教学效率和质量。

高中生思维还不够完善，生活积累较少，一些抽象的内容学起来难度很大，运用一些必要的教学仪器或电教手段，就可以使学生看得见、摸得着，帮助学生理解、掌握有关知识，同时由于某些教学媒体本身具有直观、形象的特点，又能激发学生的学习兴趣，激励他们主动地去学习。

（四）创设想象情境

有研究认为：在人的生活中，有一种比知识更重要的东西，那就是人的想象力，它是知识进化的源泉，学生的想象力越丰富，对知识的理解就越有创见。音乐和美术以声音、线条来表现人们对美好事物的追求，表达人们的喜怒哀乐。而联想和想象是人们感受或创造艺术美的重要手段，因此，作为创造能力中最主要的元素之一的想象力，应该成为艺术教育的一个重要内容。老师的职责之一就是使音乐教育成为一个培养学生创造性联想和想象的过程，让孩子们在联想和想象中发展创造能力。

（五）创设表现情境

表现欲是人类特有的一种欲望，是人对自我抱有期望与信心的显示。学生的表现欲

---

① 裴娣娜. 情境教学与现代教学论研究[J]. 课程·教材·教法，1999(1)：4-7.

受好奇心的驱使,具有求奇、求变的创新倾向。教师对孩子的某些好的方面给予肯定和表扬,哪怕只是点点头、笑一笑,都会使孩子感到满足和受到鼓励,从而增强孩子的表现能力和欲望,为有效地学习知识和发展创造能力奠定情感基础。学生的表现欲是一种积极的心理品质,当学生的这种心理需要得到满足时,便产生一种自豪感。这种自豪感会推动学生信心百倍地去学习新东西,探索新问题,获得新的提高。所以为了使学生的身心健康地成长,教师在课堂上应该正确对待并注意保护学生的表现欲,切不可无视或压抑这种表现欲。让学生在不断自我表现中发展自我、完善自我。而创设表现情境,正是让学生的表现心理得到充分的释放。

核心素养下初中音乐小微单元教学实践与研究

上海市青浦区东方中学　范小程

摘要："小微单元"教学的实施对教师更好地掌握"大单元"的设计思路和实操策略起到了很好的桥梁作用。本文以上海市青浦区 2021～2024 中小学音乐学科教师研修基地项目攻坚组单元实践"民乐齐鸣贺佳节"为例提出关于"小微单元"实施的方法与策略，为促进学生核心素养的高质量发展开展有意义的探索与实践。

关键词：核心素养；初中音乐；小微单元

《艺术课程标准》(2022 年版)四个方面学科核心素养的提出，深化了音乐教育教学以美育人的要求。在这种背景下，音乐课程改革势在必行。为了更好地开展课程改革，实现以美育人的要求，音乐教师需要探寻更具有效性的教学模式。大单元教学是能够更好地实现教育教学目标的教育途径，使实践组从低阶思维走向高阶思维，从浅层学习走向深度学习。然而，直接推行大概念、大单元暂不符合学科教师群体对单元教学的认知现状与实践基础，所以，上海市教育委员会教学研究室从"小微单元"出发，旨在引导教师"以小见大""见微知著"，逐步掌握单元教学有效策略，让"用教材教"真正从观念走向行动。本文将从小微单元教学设计的意义入手，分析初中音乐"小微单元"教学的几点原则，并着重对基于核心素养的初中音乐"小微单元"教学策略展开论述，以供参考。

一、"小微单元"教学设计的含义

崔允漷教授认为："大单元"模式相比普通的单元或章、节，更加能够提高学生的核心素养。大单元是知识、技能的结构化，更是教学活动的结构化、问题的结构化。这里的结构化，是基于深度学习的理念，在大概念、大任务、大情境的统领下，整个大单元教学活动的整合化、条理化、纲领化。

然而，初中音乐学科课程知识为非结构性的，目前音乐教材的编写大多是以人文主题为纲组织作品。教师日常教学中由于工作量等原因，对教材的处理习惯于"所见即所得"，故"就作品论作品，就教材论教材"也是课堂教学的常态，导致教师在平时备课中难以把握教学的内容重点，加之课堂内容求全、求多，因而显得教学条理不够清晰，针对不同学段学生的学习内容难以体现差异，甚至出现低年级高要求，高年级低龄化等倒挂现象，不利于保障课程实施的基础质量，更难以真正落实学科核心素养培育。

小微单元有两层含义：一是"以小见大"——从教的角度，通过小型的、微结构的单元教学设计帮助教师今后更好地掌握大单元的设计思路和实操策略。二是"见微知著"——从学的角度,通过一首或多首聚焦某类音乐表现关键特征的作品的学习,建立可以理解、迁移的音乐性概念,从而获得掌握、理解一类音乐作品学习方法的思维与能力。初中音乐小微单元篇幅应控制在约两课时(不包括评价课)。

二、"小微单元"教学设计的两点原则

(一)抓住作品关键特征、积极落实课标要求

教师在音乐教学实践当中,运用"小微单元"模式时,要把课程标准作为提炼各单元主题的基本依据,同时,教师的单元规划要根据学生的实际学习情况和需求去进行分割,在有限的教学时间内要促进学生对音乐的审美理解,避免"面面俱到"地教作品,而应抓住作品最符合所教学生的年龄与认知特点的"关键特征",以此构成单元教学内容重点,实现从教材内容到教学内容的转化。划分后的各个单元的具体教学内容要具备科学性,不能随性为之,而应当处处落实新课标。教师在进行规划时,要注意参照以下三点内容。一是教学内容要适应学生的实际学习情况,不能超出学生的学习水平,过难会给教学过程增加更多困境,但需要注意的是,也不能低于学生的学习水平,过易的教学内容会使学生产生厌倦心理 。二是教师要注意把教材当中选用的作品的艺术特点进行延展性的发掘。三是注重培养学生的学习能力,让学生学会相关的学习方法。

(二)形成突出重点、目标导向的课堂教学,积极发展学生核心素养

音乐教育改革要牢牢把握"立德树人"根本任务,将文化育人、品格育人渗透到核心素养理念中去。对于初中生而言,音乐课的根本教学目标是让学生在音乐学习中产生更多积极的体验,进而从整体上提升核心素养。在这个过程当中,学生在教师的合理教学和科学引导之下,学习到更多的音乐知识,在音乐实践上获得运用音乐表达和交流情感的能力,并且在欣赏音乐的同时提升自我的审美层次。"学科核心素养"培育要在课堂教学中落地,教师要依据课程标准把握单元教学的重点,在合理确定教学目标的基础上,以"单元统整"的视角有效开展教学的整体设计与实施,以相对结构化的方式,分解、细化并落实教学内容,建立课时教学的关联性。只有如此,才可能形成突出重点、目标导向的课堂教学,在长期的学科关键能力培育和连续的审美实践经验的形成中落实学科核心素养培育。

三、基于核心素养的初中音乐"小微单元"教学策略

(一)全面研究和理解单元教材,从中挖掘和提炼"关键词"

一线教师是教材的二次开发工作者,要在基于课标、深研课标、理解课标的基础上,有效挖掘教材,研究教材,用好教材,备好现有教材,突出"用教材教",而不是"教教材"。音乐教育属于艺术类教育的范畴,本身带有主观属性,教育内容、教学方法以及学生的感知都极为个性化。所以对教材的研究要建立在对音乐音响充分聆听分析的基础上,聚焦契

合学生年龄特点与认知基础的音乐关键特征,简明扼要、突出重点地进行提炼并条理清晰地表述,避免面面俱到和信息冗余。

用上海市青浦区 2021～2024 中小学音乐学科教师研修基地项目攻坚组单元实践"民乐齐鸣贺佳节"为例:这一单元源于少年儿童出版社七年级第二学期《音乐》的《歌乐声声闹节庆》这一人文单元,本单元原有作品共 6 首,其中欣赏板块包含了《欢乐歌》《步步高》《龙腾虎跃》与《闹元宵》4 首作品,演唱、演奏板块涉及《过年啰》《秧歌调》2 首作品。此外,教材编写组在本单元小结中共附录了 4 个关键词:江南丝竹、广东音乐、吹打音乐和中国传统节庆。基于教材中所提供的单元关键词,结合音乐作品的共性分析,实践组发现本单元欣赏板块中音乐作品的演奏形式均集中表现为民乐合奏。此时同步参考了上海教育出版社七年级下册音乐教材第四单元《华夏乐韵》中所涉及的民乐作品,实践组发现在该单元欣赏板块中音乐作品的演奏形式既包含民乐合奏也涵盖了民乐独奏形式。由此实践组基于"小微单元"落脚点的准确性与全面性的考量,分别翻阅参考了全国使用范围较广泛的其他三个版本的教材,通过对有关民乐单元作品的梳理与分析,实践组发现在围绕民乐这一课程内容所形成的人文单元主题中均涉及民乐合奏与民乐独奏两种形式。实践组基于"小微单元"有限课时及原教材作品特点共性的考量,在第一阶段决定将"小微单元"主题的范围聚焦于民乐合奏形式。基于第一阶段的关键词"民乐合奏形式",在第二阶段对所有民乐合奏作品进行分类梳理时发现:根据作品演奏形式特点可以将"民乐合奏形式"进一步划分为"传统民乐合奏"与"现代民乐合奏"。"现代民乐合奏"主要指向的是"融合多种器乐乐种,或融合了中西创作技法"所形成的一类新型民乐演奏形式的作品,其主要表现为民族管弦乐和中西管弦乐这两种演奏形式。同样基于对"小微单元"课时容量以及本单元主题建构的考量,在第二阶段进一步将"小微单元"主题的范围缩小聚焦于"传统民乐合奏形式"。

（二）聚焦单元内容重点与作品关键特征,对教学内容进行重新组合

为了更好地在实践教学当中细化教学内容,教师不能拘泥于教材本身的编排,而应当充分发挥"小微单元"模式的特点,根据教学逻辑和规律以及学生本身的学习基础将单元进行重新组合。在这个组合的过程当中,教师要抓住作品最符合所教学生的年龄与认知特点的"关键特征",建立关联,形成结构,以此构成单元教学内容重点,实现从教材内容到教学内容的转化。

以"民乐齐鸣贺佳节"为例:基于第二阶段将"小微单元"主题的范围缩小聚焦于"传统民乐合奏形式"之后,实践组发现原单元教材中民乐与西洋管弦乐结合演奏形式的《闹元宵》不属于"传统民乐合奏形式"范畴,故将其作为课后拓展的学习资源,不列入教学内容。而教材中《过年啰》《秧歌调》这 2 首音乐作品无涉及本单元主题的明显特征,同样也不纳入本单元教学设计中。在接下来的第三阶段,实践组聚焦于"传统民乐合奏形式",开展了对传统民乐合奏形式分类的梳理工作,在搜集文献资料的过程中,实践组发现传统民乐合奏的分类方法各流派学者说法不一,最后实践组结合了上海音乐出版社、中央音乐学院出版社出版的《中国民族民间音乐教程》,以及《中国大百科全书:音乐舞蹈卷》中有关中国民

族器乐词条的解读,将传统民乐合奏形式划分为弦索乐、锣鼓乐、丝竹乐、吹打乐 4 种。基于对教材作品的共性分析,实践组在第三阶段将视野聚焦于传统民乐合奏中丝竹乐与吹打乐两大类。基于原教材作品所属乐种的考量以及本单元节庆音乐的题材特点,实践组最终将传统民乐合奏形式确定为江南丝竹、广东音乐、河北吹歌、绛州鼓乐 4 种器乐乐种,并分别将其对应 4 首节庆音乐题材的作品。最后,本单元 4 首重构的教学作品在形成丝竹乐、吹打乐两种传统民乐合奏形式分支的同时,在地域上也凸显了南北方的分支特征。由此,在横向民乐乐种分类与纵向音乐题材背景的交叉中,实践组提炼出了本单元的核心概念"传统民乐合奏下的节庆音乐"。基于上述小微单元课程知识架构的建立,实践组为了引导学生厘清但又不仅局限于传统民乐合奏的认知框架,在本单元最后的拓展环节,将教材中原为吹打乐版本的《龙腾虎跃》更改为当今上演率较高的中西管弦乐合奏版《龙腾虎跃》,以此作为学习的拓展资源,为学生们后续有关传统民乐发展与创新的探索预留了学习空间。最终将原教材《歌乐声声闹节庆》"自然单元"重构为学科课程体系下的《民乐齐鸣贺佳节》的"主题单元",并围绕核心概念"传统民乐合奏下的节庆音乐"选择了 4 首音乐作品作为"小微单元"的教学资源。总体而言,"小微单元"的重组不是为了重组而重组,而是为了建立起课时教学的关联性,形成单元教学内容结构。这一方式有助于教师在有限的课堂时间内,围绕内容重点为学生提供持续、丰富的音乐审美实践经历,建构音乐审美认知,积累音乐实践经验,从而促进音乐学习的理解和迁移,进而发展学科的关键能力与必备品格。

(三)抓住教学重点,避免对音乐作品平均用力

"小微单元"的篇幅较小,更需要教师突出重点、把握关键。初中阶段的学生已经有了一定的音乐学习基础,他们对音乐知识的汲取各有侧重。教师对学情要有充分的了解,懂得把握教学当中的重点内容,并以此为依据制定每个课时的主题学习目标,最终的教学架构应当主次分明,各个阶段都有鲜明的教学主题和相应的内容。教学当中最忌讳的就是对各个环节的音乐作品平均用力,没有教学重点。

继续以上述重组单元《民乐齐鸣贺佳节》为例,基于"传统民乐合奏下的节庆音乐"这一单元核心概念,实践组进而梳理出了两条课时线索:第一条线索"丝竹清雅话佳节",通过《步步高》《欢乐歌》两首作品,展现节庆音乐作品中丝竹乐合奏"小、轻、细、雅"的音乐风格特征;第二条课时线索为"鼓乐喧天闹节庆",通过《小放驴》《滚核桃》促使学生进一步感受中国节庆音乐作品中吹打乐合奏"大、长、粗、宏"的显著特征。通过对四首作品的关键特征进行分析,实践组在课堂教学中主要围绕作品《步步高》中的高胡音色、旋律大跳、节奏密集、曲调欢快的音乐特征呈现了岭南语境下奋发热闹的节庆气氛;在《欢乐歌》中聚焦小巧灵活的演奏形式、放慢加花的创作技法表现人们在喜庆节日中的欢乐情绪;在《小放驴》中聚焦管子的音色特点和运用"句句双"的创作技法表现了"放驴"时诙谐的音乐形象与生活情景;而在《滚核桃》中主要检验学生对"句句双"创作技法的掌握,并了解绛州特有的"花敲干鼓"多变的演奏技法。四首作品的教学有不同的重点,学生通过一首或多首聚焦某类音乐表现关键特征的作品学习,建立起可以理解、迁移的音乐性概念,从而获得掌握、理解一类音乐作品学习方法的思维与能力。

基于核心素养的初中音乐"小微单元"教学策略除了上述三条之外还有"以核心概念设立课时关键问题""依据教材教法分析确定单元目标与课时目标""多维化数字化的科学评价体系"等,文章篇幅有限不再一一展开。

结语

"大单元"音乐教学模式有利于培养学生的核心音乐素养,是当前初中音乐教学当中不可或缺的教学手段。但要注意的是,"大单元"教学模式在实施的过程当中不能一蹴而就,而是要循序渐进,依照学生具体的学习情况,在完成阶段性教学目标的基础之上,不断改善、调整和重组架构。在此过程中,"小微单元"在以碎片化的"事实性知识传递"转变为促进理解的"概念性知识建构"中起到了很好的桥梁作用。帮助学生透过具体事实现象来习得概念性理解,建立起对核心概念的完整认知。通过适切、有效的途径在教学中保障学生核心素养培育的落实,引导教师逐步形成基于大观念的单元教学课程理念与实践策略,逐步掌握单元教学有效策略,让"用教材教"真正从观念走向行动,从而促进学生核心素养的高质量发展,发挥音乐学科在新时代创新人才培养中应有的育人价值和特殊贡献。

信息技术手段在音乐学科教学中的有效应用

——以 AU 软件在班级流行音乐会中的实践为例

上海市西南位育中学　陆　梦

摘要：上海市西南位育中学开展以课程标准为准绳,以艺术学科《教学基本要求》为指导的创新性 Adobe Audition 软件技术结合音乐课程的活动,运用 AU 软件技术解决学生在表演时情感表达的困难,贴合学生的实际需求,既提高了学生的音乐兴趣与信息化技能,也为新课程的改革与发展打下基础。该校艺术教研组正在实施新型教学实践,在初中阶段开设艺术多样化课程,对教材内容进行拓展,促进基础教育和学生艺术技能培育的有序进行,其中包括信息化技术的运用,为跨学科课程活动提供助力。

关键词：跨学科；信息化技术；融合

一、研究目的

信息技术的运用已然成为新时代我国基础教育发展的一种必然趋势,通过信息技术在综合性表演中的运用,结合音乐的表现手段、表现形式、表现要素等,对音乐的形式美、内容美以及情感内涵进行表达、表现和创造,使学生感知不同音乐形象和形式,体验不同音乐所带来的音乐情趣,体会流行励志歌曲中积极向上的乐观情绪和正确的价值观,提高审美情趣、提升人文情怀,实现立德树人的根本任务。同时实现信息技术学科与音乐学科的融合,达到了 1+1＞2 的效果,培养学生综合运用学科、跨学科思维以及跨学科知识与技能解决实际问题的能力。

Adobe Audition CC 是提供专业化音频编辑环境的软件,可以提供先进的音频混音、编辑和效果处理功能。学生在准备流行励志音乐班级音乐会时,通过软件剪辑原版音乐,调整歌曲的音乐要素,给歌曲做艺术化处理,解决在演唱和综合性表演时碰到的难点,把原版歌曲改编为更加适合学生特点的歌曲,创设音乐环境,达到综合艺术表现的效果,同时提升学生现代化技术运用能力与审美能力。

对于艺术教师来说,跨学科活动的实践与研究,促进了信息技术与艺术课程的融合与运用；还有助于对中学艺术学科进行长期跟踪研究,不断完善艺术课程评价体系,进一步理解学科核心素养和课程内涵,提升教育能力和育人水平。另外,在音乐课堂中贯通信息技术的跨学科理念也与我校一贯坚持的"人文立校、适位育人"的教育理念高度一致,既能帮助每一位学生找到适合自己发展的学习之路,又能为每一位学生的全面发展保驾护航。

二、研究方法

（一）文献资料法

学习与研究《义务教育课程方案和艺术课程标准（2022 年版）》《上海市初中艺术学科教学基本要求》《中学艺术单元教学设计指南》等材料，了解艺术教育改革动向，明确核心素养在艺术课程中的主导作用，探究初中艺术课程推动学生全面发展的有效策略，并结合艺术课程理论，研究多样化课程对常规艺术教育在教学过程、教学方法、教学效果、学生活动、教学评价等方面的影响，从而探索出一条与信息技术结合的创新型音乐课程的开发路径。

（二）课例研讨研究法

通过积累课堂实录和学生学习评价，跟踪研究对象在艺术学习过程中产生的变化轨迹，结合艺术多样化课程的开发与实践开展课例研讨、邀请专家进行点评和指导、撰写教学案例等活动，反思多样化课程在理论和实践中存在的问题，作出及时的调整与完善。

三、结果与分析

（一）实施的条件保障与优势

七年级的学生具备初步音乐听觉和欣赏的经验，有一定的创作实践能力，求知欲和表现欲比较强，对歌曲的改编有各自的审美与见解。七年级的学生已在艺术多样化课程中学习了酷乐队和音虫软件，但他们对歌曲的音乐要素的分析不够，对音乐情绪情感产生变化的原因、音乐表达的情感内涵的理解也不够，因此在运用 AU 软件技术准备班级音乐会的过程中，要发挥七年级学生的优势，在教师引导下自主学习、合作探究，完成策划与歌曲表演的活动。

（二）信息技术在音乐教学活动中所体现的课标内容

中学艺术课程标准强调学生的综合艺术能力，提倡开展情景化教学来提高学生解决实际问题的能力，能整合艺术信息、感受艺术魅力，提高审美情趣、提升人文情怀。如今，家长们会选择声乐、钢琴、管弦乐作为孩子艺术修养的启蒙课，也会选择欣赏一些优质音乐剧、舞台剧、音乐会来辅助孩子的艺术审美成长。此外，为了培养孩子的逻辑、形象思维能力，提高其艺术思维敏捷性，部分家长更会选择编程、乐高、计算机课等，笔者在此基础上开展跨学科流行音乐班级演唱会活动，鼓励学生们进行活动方案设计、合作演奏体验、音乐创编制作，探究演唱与表演形式的配合，理解音乐形象的塑造和情感表达，体验音乐软件中效果功能在表演中的实际运用，进一步培养学生感知、鉴赏、创造等艺术素养，完成立德树人的根本任务。

（三）信息技术在音乐教学活动中的融入

初中音乐侧重于"音乐感受与欣赏""音乐表现"两个维度,笔者以七年级"少年抒怀"单元为例加以探究。这个单元以流行励志音乐为主题,分析流行歌曲的音乐要素,理解流行歌曲的励志主题内涵,并以开展一次流行音乐班级演唱会为主要任务。其中,第三课时的主要任务是学习运用多种表达手法表现歌曲情感,在活动中,笔者要求学生按照学习单上的要求,运用 adobe audition 音乐软件技术给歌曲做艺术化的处理,帮助小组在表演时抒发情感,主要运用了软件中"效果""编辑"功能辅助"渐强渐弱""停顿留白"的情感表现手法。

1. AU 软件对综合性表演中力度表达的辅助作用

"少年抒怀"单元的第三课时主要对应"音乐情感与创造"维度,要求学生运用多种表达方式表现歌曲主题情感,并按照学习单上的任务依次完成活动内容。

前两节课,笔者结合课内歌曲《蜗牛》与流行歌曲《踏雪》《不为谁而作的歌》,引导学生了解歌曲的音乐要素,理解综合性表演的多种形式,并制定小组表演方案,进行初步排演。在此基础上,本节课笔者引导学生学会歌曲主题情感的表达,能够运用多种表达手法表现情感,把表演形式与情感表达相结合,并完善表演方案。而情感表达的手法都可以围绕音乐要素的变化来实现,比如力度上的变化,在演唱时力度增强,情感也会随之递增,就如同我们在高山上呐喊一样,"喂～",随着音量逐渐放大,情感自然得以宣泄出来,反之,力度减弱,就会产生一种晦涩内敛的情感。以歌曲《蜗牛》为例,曲中"我要一步一步往上爬"这一乐段(图 1),励志的歌词内涵与上行音阶的旋律相呼应,表达了一种积极向上的情感,因此在演唱时,学生可以顺势做渐强处理,使歌曲音乐特点与情感宣泄相融合,这样一来,不仅帮助学生理解情感、表达情感,也能呈现完美的艺术表演效果。

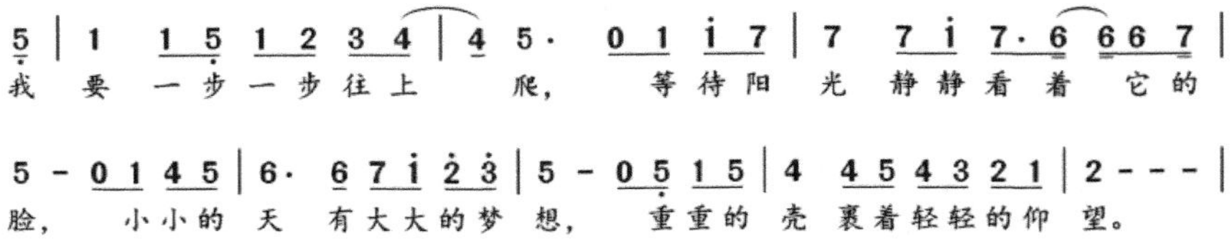

图 1　《蜗牛》片段

而在综合性表演中,情感表达手法与音乐伴奏是相辅相成、相互依赖的,因此在小组表演时,演唱技巧改变,伴奏音乐也应相应调整来配合情感的抒发,这时我们可以运用 AU 音乐软件处理伴奏音乐,例如上面说到的《蜗牛》中的"渐强效果"。首先我们要打开音乐软件,导入伴奏音乐,在音轨中选中"我要一步一步往上爬"这一段,在软件界面上方点击"效果—振幅与压线—淡化包络",并在预设中选择"平滑淡入"选项,这时我们可以看到音轨上出现了一条从左下角至右上角的黄色曲线,这就意味着一个渐强的过程,点击下方"预览播放"可以试听本乐句处理效果(图 2)。当然,像这样的渐强,是音乐从无到有的过程,如果一开始想保留一部分音响,可以向上拖动黄色曲线底端的三角形按键,底端越靠近声道中轴线,音乐就越接近原声的音响大小(图3)。

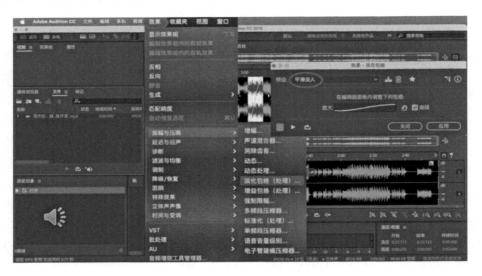

图 2　渐强效果处理界面

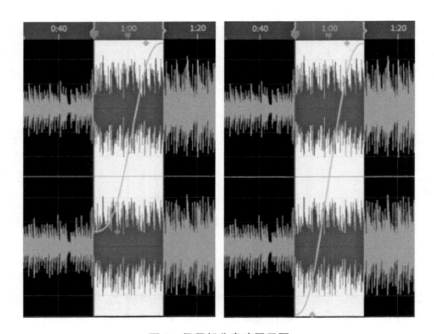

图 3　保留部分音响展示图

除此之外,在歌曲表演、情感表达过程中,多数学生喜欢在歌曲的开头或结尾设计渲染气氛的效果,营造令人遐想的氛围,最常见的就是开头渐强、结尾渐弱的处理,这时,左右拖动音轨开头结尾最上方的"淡入"或"淡出"按键即可(图 4)。

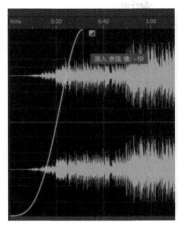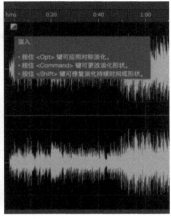

图4　开头淡入效果展示图

2. AU 软件对综合性表演中节奏表现的辅助作用

除了在力度表达上的演绎,表演者还可以通过调整节奏来抒发情感,因此本节课的第二个板块,笔者围绕情感表达中节奏变化的处理——"停顿留白"的表达方式展开。

在各组的表演方案中,不少小组想呈现独奏独舞穿插或者队形道具变换等创新型设计,例如,A 小组选择的歌曲是《我的答案》(图5)。小组成员想把琵琶独奏加入《我的答案》这首歌曲的高潮部分来配合背景音乐中的鼓点声,从而实现中国风中强弱、刚柔的结合,表达对中国检察官处事细腻、刚正不阿的精神的敬佩之情。然而,高潮部分的背景音乐情绪高昂,音量远远超越了清雅的琵琶音响,那该如何既保留多元的中国元素又呈现较好的听觉效果呢?学生可以借鉴《不为谁而作的歌》的结尾部分停顿留白的处理(图6),从歌曲音乐本身出发,打开设计思路,尝试在《我的答案》高潮部分加入一段空白来演奏琵琶,这样琵琶的悠远声音就能被清晰地听到了。

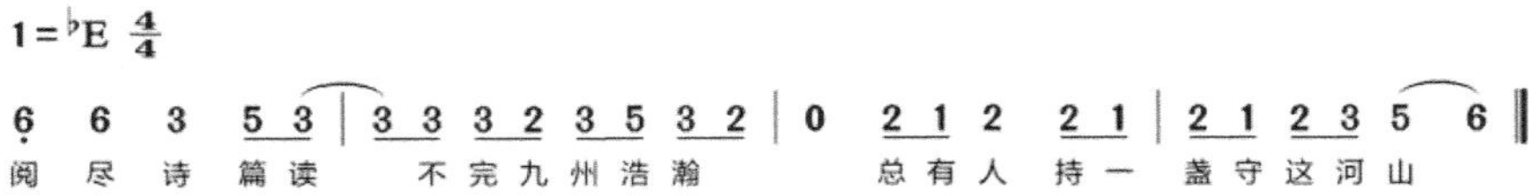

图5　《我的答案》高潮部分

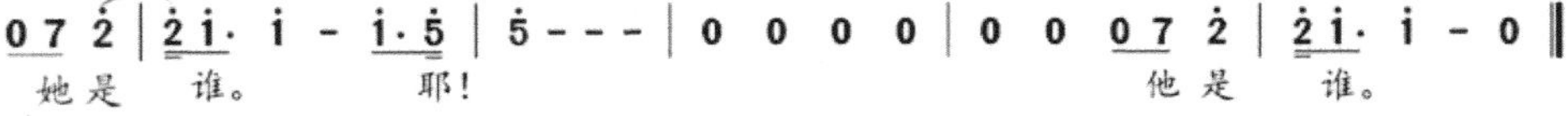

图6　《不为谁而作的歌》结尾

其实停顿留白不仅能凸显某种表演形式,还有发人深思的独特魅力。在表演中,音乐的时间留白是音乐的休止,它是一种在音乐创作和表演中非常常见的技巧,作曲家或表演者通过在作品中有意留出一定的空白,让听众自己去想象、去感受,从而达到更好的情感体验效果。著名古筝曲《春江花月夜》中就有大量的时间留白(图7),作曲家想让听众自己去想象音乐中表达的深远意境。有时缄默比疾呼更加有感染力,使得听众跟随表演者一起停顿、呼吸、思考,意味深长。同样,学生可以把这种表达手法运用到本组表演中,如A小组可以在高潮部分加入一段留白来配合琵琶的独奏表演,这样既能让观众聚焦于琵琶精湛的演奏技术,沉浸于细腻柔美的音色,遐想万分;又能与随后粗犷的鼓声形成鲜明对比,听觉上有了强大的冲击感,也使得整个表演的动机更加饱满。

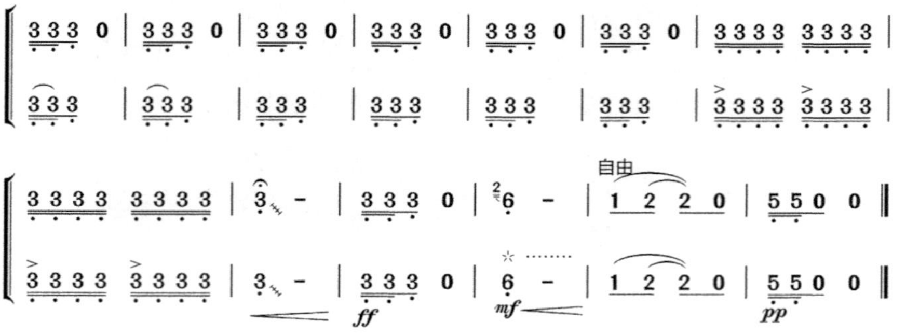

图7 《春江花月夜》曲谱

其实不只是独奏的情感表达需要,表演中一些转场、朗诵等设计也可以通过"停顿留白"来衔接、过渡,而对歌曲表演中"停顿留白"的处理,时长完全可以按照本小组的特点以及想要表达的情感来决定,可以出现在乐曲的开头,也可以出现在曲中或结尾,甚至出现在乐曲中的任何时间段。

这样一来,处理原曲音乐、给原伴奏加入一段空白时间配合表演和情感宣泄必不可少,选择"编辑"功能中"插入—静音"选项,输入所需时长即可。而在音乐与空白的交界处,可以用"渐强渐弱"处理方式,使得音乐过渡得更为柔美流畅。

信息技术软件的运用,不仅有助于学生在表演中表达情感,也解决了表演中的困难,将艺术审美、创意灵感和信息技术紧紧地结合在了一起。

3. AU软件在表演中的综合性运用

AU软件除了可以辅助综合性表演中的情感表达,也可以解决表演所需音乐的基本问题,比如改变曲速、调整曲调、去除人声、消除噪声、伴奏录音、添加混音等。笔者发现,学生们通常会选择自己喜爱的电影、电视剧、动漫插曲,也会因为喜欢某位歌手而偏爱他的歌曲,而较少关注歌曲本身是否适合自己演唱,因此,所选歌曲的速度、曲调未必适合自己及小组成员演唱。比如学生在演唱快歌的时候,由于没有扎实的换气、吐字等演唱技巧,会感觉跟不上节奏;在选择抒情的慢歌时,又会因为气息不够而达不到演唱效果;男生组演唱曲调比较高的歌曲高音区的部分,会感到费力,女生组在演唱曲调低的歌曲的低音区时也会感到压力。

这时,我们可以借助音乐软件调整歌曲的音乐要素来解决问题,在AU软件的效果功能里找到"时间与变调"—"伸缩与变调"选项(图8),点击界面(图9)后,从中找到"新持续时间",对比当前持续时间,也就是曲长时间,再按照本小组的需求输入新的时间值即可,比如原曲3:10:00的数值改为3:20:00,总时间变长,曲速自然就变慢了。当然,学生也可以在"变调"一栏里左右调整音阶时值或直接输入正负几度的数值,这时歌曲曲调就会相应变高或变低,需要注意的是,不管是调整曲速还是曲调,都要适度,以"秒"和"半度"为单位。

图 8 "伸缩与变调"路径图

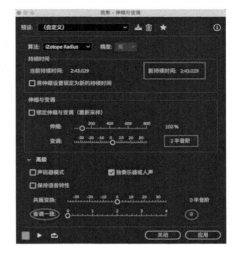
图 9 "伸缩与变调"界面图

图 10 移除人声路径图

除此之外,笔者还发现学生所选的歌曲伴奏几乎都是从网上下载的,时常会出现找不到无人声纯伴奏的情况,这时通过软件中"收藏夹"—"移除人声"选项(图 10)就可以一键去除人声了。还有更多混声、录音等进阶技术,无论是哪种处理效果,都可以来回试听音效,就算音乐生成后也可以撤回,既方便又能及时呈现效果,为学生打开了玩转音乐的大门。

(四)结论与建议

1. 结论

如今,信息化技术走进音乐课堂已然成为新时代基础教育发展的一种必然趋势。AU软件技术的运用,加强了音乐与计算机学科之间的联系,体现了信息技术与音乐技能的融合,有助于培养学生综合运用学科、跨学科思维和科学技术解决复杂问题的能力。在综合性表演中加入 AU 软件技术,体现了人的主导作用,既提升了学生的探索能力,解决了其自身的实际演唱难点,也发挥了不同学科的优势,实现了 1+1>2 的效果,同时培养了学生探索、感知、欣赏等艺术素养,提高其审美情趣、提升其人文情怀,完成立德树人的根本任务。

音乐课堂始终把审美放在核心位置,以培养学生的音乐兴趣为基础,以帮助学生发现美、欣赏美、创造美为目的,调动学生的主观能动性,提高学生的创造思维能力,激发集体意识、合作能力以及其他良好品质,而与信息技术相结合的新型音乐教学模式正符合这一需求。

2. 建议

音乐课堂一直以来都是教师讲授要点、示范表演，学生聆听、模仿的教学形式，如此单一的教学模式往往只能调动部分学生的兴趣，课堂气氛不够活跃，学生对课堂活动积极性不高，达不到良好的教学效果。打破传统教学模式，让信息技术融入课堂，不仅能让各个层次、各类特长、各种性格的学生都发挥自身优势，积极参与到课堂活动中，调动学生感受音乐特点、理解音乐情趣的主观能动性，也能帮助教师引导学生更直观、更及时地理解音乐。在此基础上，教师引导学生把知识、技能进行整合，激发学生的创造欲与表现欲，也大大提高了课堂的效率。

基于民族团结教育的内高班本土音乐课程实践研究

上海市川沙中学　倪旭斐

摘要：本文选取维吾尔木卡姆作为新疆本土音乐的代表，面向内高班学生设计共 4 课时的维吾尔木卡姆课程，借助维吾尔木卡姆态度偏好量表、音乐成就测验、访谈，经过数据分析后得出以下结论：①把木卡姆乐器引入课堂、与木卡姆老师共同备课等措施，对教学有明显帮助；②教学后，学生对中华民族各类音乐文化的关注度明显提高，并能对文化交融产生思考；③学生对新疆地区音乐纳入音乐课堂表现出了积极的态度。

关键词：民族团结教育；本土音乐课程；内地新疆高中班；维吾尔木卡姆

一、研究背景

内地新疆高中班（以下简称"内高班"）从 2000 年开始举办，由新疆地区的学生考入内地经济发达城市就读高中，其目的是让他们受到更好的教育，促进各民族共同进步，更好地实践民族团结教育。而民族团结教育，是指通过学校的优秀传统文化教育，促进各民族团结、交融，增强中华民族共同体意识。[①]

课堂教学应充分重视"民族团结教育"的渗透。以音乐课程为例，《普通高中音乐课程标准》鼓励强化高中阶段民族音乐的学习，也鼓励各地开发本土音乐课程，并且特别强调和鼓励在音乐课堂中引入本民族、本地区音乐文化以及"非遗"。实际上新疆与内地自古以来在音乐文化方面就有着频繁的交流和千丝万缕的联系，如果从音乐课程着手，让内高班学生先对本民族音乐文化有较清晰的认识，再了解其与内地的种种渊源，由此及彼，自然而然地产生亲近感，使民族团结教育更为顺利。对于内地学生来说也是如此。然而，新疆本土的音乐文化资源在大部分内高班音乐课程中没有得到合理的开发利用，内地学生与新疆内高班学生也缺乏音乐文化方面的有效交流，不了解互相之间在音乐文化方面的历史渊源，这对促进民族团结教育造成了一定的阻碍。

有学者表示，多元文化音乐教育，应首先把关注点集中于本民族音乐文化的呈现上，

---

① 崔英锦，吴林柏.中小学民族团结教育研究历史、现实经验及对策[J].教书育人，2021(12)：6.

继而理解其他民族的音乐文化。①那么,内高班学生对新疆本土音乐的了解程度如何呢?据观察,许多内高班学生虽然对本民族的音乐、传统艺术等有所了解,却并不热衷,反而更喜欢流行文化,造成许多青年对新疆本土的传统音乐或艺术知之甚少,更无从得知其与内地音乐文化的联系。在对本民族音乐文化也一知半解的情况下,他们又如何能透过本民族音乐文化,理解其他民族的音乐文化,从而体会到音乐交融、民族交融、文化交融的意义呢?

因此,在内高班音乐课程中适当开发新疆本土音乐文化资源,并以此为桥梁,搭建内高班学生与内地学生之间的文化理解"通道",不仅能帮助内高班学生在获得丰富教育资源的同时,继续保护传承家乡的"非遗",也能弥补"民族团结教育"在音乐文化方面的缺憾,对实践和促进民族团结教育有着积极影响和重要意义。另外,这对于今后进一步面向内地学生开设新疆本土音乐课程、面向内高班学生开设内地本土音乐课程提供了实践经验,也能为学校渗透民族团结教育思想、形成互动融合的民族团结教育氛围提供坚实基础和有利条件。

根据以上要求和情况,我校以民族团结、文化交融为引导,选取具有代表性的维吾尔木卡姆开发内高班本土音乐课程,由此促进民族团结教育。

二、研究过程

(一)研究对象与方法

以我校高一年级内高班共 87 名学生为研究对象,采用教育行动研究法。

(二)研究工具

1. 维吾尔木卡姆课程设计

中国新疆维吾尔木卡姆,是融歌、舞、乐于一体的大型综合艺术形式,于 2005 年入选联合国教科文组织"人类口头和非物质遗产代表作名录",它体现了中华民族所特有的生活方式、道德观念、审美情趣和艺术风格②,具有极高的艺术价值和很好的教育意义。相关保护条例也指出,鼓励木卡姆的教育传承,包括传授基本知识、进行研究、培养专业人才等。

维吾尔木卡姆具有"歌、舞、乐"三位一体的特点,适合面向高一内高班学生开展多样的教学活动,其中木卡姆乐器——新疆手鼓由于学习难度较小、携带方便,适宜作为教学辅助乐器。同时,研究者获得了维吾尔木卡姆专业教师的帮助,共同备课,也有大量的木卡姆书籍作为资料,并在此过程中发现了西域大曲(维吾尔木卡姆的早期形态)与唐代大曲的历史渊源,以及江南丝竹与维吾尔木卡姆在音乐特点上的相似性。

---

① 陈雅先.多元文化音乐教育在民族音乐文化传承中的作用[J].福建师范大学学报(哲学社会科学版),2006(4):164.
② 周吉,汪菁,张云.新疆维吾尔木卡姆艺术[M].乌鲁木齐:新疆美术摄影出版社,新疆电子音像出版社,2015:2,6,156.

表1 各流派木卡姆特征一览表①

流派	音乐结构、时长	主要乐器	唱词来源	主要流传地区
十二木卡姆	12套，20多个小时 琼乃额曼、达斯坦、麦西来甫	【拉弦】艾捷克等 【弹拨】热瓦普等 【吹奏】乃依、巴拉满 【打击】达普、它石、库修克、萨帕依	历代文人诗作 民间歌谣 叙事长诗	伊犁、库车、喀什、莎车、和田
刀郎木卡姆	现存9套，1个多小时	【拉弦】刀郎艾捷克 【弹拨】刀郎热瓦普、卡龙 【打击】达普	民间歌谣	麦盖提、巴楚、阿瓦提
吐鲁番木卡姆	11套，约20小时 特有结构："散、慢、中、快、慢"	与十二木卡姆相同 鼓吹乐形式（纳格拉鼓、苏乃依）	民间歌谣 历代文人诗作	吐鲁番、托克逊、鄯善
哈密木卡姆	12套，约20小时 民间歌舞曲的连缀	【拉弦】哈密艾捷克 【弹拨】哈密热瓦普 【打击】达普	民间歌谣 特有现象：填唱汉语词	哈密、伊吾

综合以上原因，选定维吾尔木卡姆为内高班本土音乐课程的主要教学内容，并加入江浙沪地区的"江南丝竹"进行比较学习，增进学生的文化理解。之后，基于维吾尔木卡姆文献与相关资料，经多位前辈、专家以及木卡姆专业老师的审阅、指点、讨论，确定了课程设计，如下表：

表2 维吾尔木卡姆课程设计

课时	主题	教学内容
1	十二木卡姆	维吾尔木卡姆概述，十二木卡姆音乐风格特点、唱段学习，手鼓基本演奏姿势学习
2	刀郎木卡姆	刀郎木卡姆音乐风格特点、唱段学习，手鼓节奏学习，十二木卡姆与刀郎木卡姆音乐风格特点对比
3	吐鲁番木卡姆、哈密木卡姆	吐鲁番木卡姆、哈密木卡姆音乐风格特点学习，纳格拉鼓、"那孜库姆"模拟舞蹈体验，不同流派木卡姆的异同对比
4	木卡姆与内地音乐的联系	了解维吾尔木卡姆与内地音乐的历史渊源与文化融合，了解"江南丝竹"与维吾尔木卡姆在"即兴性"方面的相似性，引导学生关注更多本土"非遗"

2. 维吾尔木卡姆态度偏好量表

采用李克特量表，依据维吾尔木卡姆的特点自行设计编制，用于施教前测和后测。第一部分是基本情况调查，用于调查学生的木卡姆参与度等问题；第二部分是态度偏好量表，用于检测学生对维吾尔木卡姆的熟悉程度、感受、音乐欣赏习惯等。

① 周吉.中国新疆维吾尔木卡姆音乐[M].北京:中央音乐学院出版社,2008:21-175.

3. 维吾尔木卡姆音乐成就测验

用于维吾尔木卡姆课程教学后测,旨在了解施教之后学生维吾尔木卡姆的基本知识、听辨能力、手鼓演奏能力等。

表 3　手鼓测试评分标准

项目/等级	持手鼓姿势	不同音色	敲击手法	节奏
A	正确	"咚""哒"能区分位置	正确	正确
B	不正确	"咚""哒"不区分位置	不正确	不正确

以上所有测验的音乐材料以音频方式呈现,经过新疆当地的木卡姆专业教师审核,每段音乐长度 20～30 秒,重复播放两次。

4. 访谈

设计访谈提纲,从 2 个班各抽取 7 位学生,于前测、教学实践、后测全部完成后进行,旨在了解学生的学习感受与态度。

表 4　访谈提纲

1	经过学习之后,你对木卡姆有哪些新的认识
2	了解木卡姆和内地音乐的联系之后,你有什么感想
3	学习手鼓之后有什么感想? 你愿意在以后的音乐课中继续学习乐器吗
4	如果让你来设计课程,你会选择哪种新疆本土音乐或艺术
5	你觉得是否有必要在音乐课中学习这些本土的"非遗"? 为什么

三、实施效果与分析

(一)"维吾尔木卡姆态度偏好量表"数据分析

1. 全体学生基本信息

共 87 名学生,回收问卷 87 份,有效样本 85 份,回收率为 100%,可用率为 97.7%。其中维吾尔族学生 54 人,汉族学生 19 人,回族学生 5 人,哈萨克族学生 4 人,东乡族学生 3 人。

结合内高班实际情况,根据本研究需要并参考木卡姆相关文献和《新疆维吾尔自治区地图》,按照以下组别来进行数据分析:民族以"维吾尔族"为一组,"其他民族"为一组;地区以"木卡姆流传地区"为一组,"非流传地区"为一组。

表 5　全体学生基本信息

基本信息		人数	百分比%
民族	维吾尔族	54	63.5
	其他民族	31	36.5

基本信息		人数	百分比%
性别	男	29	34.1
	女	56	65.9
地区	木卡姆流传地区	47	55.3
	非流传地区	38	44.7
上过内初班	是	60	70.6
	否	25	29.4

可见全体学生中,维吾尔族学生占比 63.5%,女生占比 65.9%,木卡姆流传地区占比 55.3%,上过内初班(即新疆区内初中班)的学生占比 70.6%,这四种类型的学生较多。

2. 全体学生对维吾尔木卡姆了解情况

表 6　全体学生对维吾尔木卡姆了解情况

对木卡姆了解情况		人数	百分比%
观看、参加过木卡姆表演、聚会	有	26	30.6
	没有	59	69.4
以往音乐课学习过木卡姆	有	11	12.9
	没有	74	87.1
以往学校曾开设木卡姆课程	有	5	5.9
	没有	80	94.1
家附近有传承基地或景点	有	8	9.4
	没有	77	90.6
亲戚、家人、朋友演奏学习木卡姆	有	5	5.9
	没有	80	94.1

由表可知,"观看、参加过木卡姆表演、聚会"的占比 30.6%,"以往音乐课学习过木卡姆"的占比 12.9%,"以往学校曾开设木卡姆课程"的占比 5.9%,"家附近有传承基地或景点"的占比 9.4%,"亲戚、家人、朋友演奏或学习木卡姆"的占比 5.9%。总体表明,大多数学生在生活中与木卡姆接触不多,且木卡姆的教育传承在以往的学校中还未被充分推广。继续对"观看、参加过木卡姆表演、聚会"与"民族"进行交叉分析,结果如下:

表 7　"观看、参加过木卡姆表演、聚会"与"民族"双向分布表

观看、参加过木卡姆表演、聚会		维吾尔族	其他民族
有	人数	19	7
	百分比%	35.2	22.6
没有	人数	35	24
	百分比%	64.8	77.4

可见,其他民族中也有 22.6%的学生参加过木卡姆表演,只比维吾尔族学生所占比

例 35.2% 稍低一点。这也从侧面反映出新疆地区多元文化并存,各民族融合且互相尊重、接纳的特点。

3. 教学前,不同班级学生对维吾尔木卡姆的态度偏好差异

表 8　教学前,不同班级学生对维吾尔木卡姆的态度偏好差异

项目	高一 11 班			高一 12 班			t	p
	N	M	SD	N	M	SD		
想跟音乐哼唱	42	3.12	1.253	43	3.33	0.865	−0.882	0.381
想跟音乐打拍子	42	3.29	1.154	43	3.42	0.906	−0.591	0.556
想跟音乐舞蹈	42	3.1	1.34	43	3	1	0.371	0.712
联想景色风土人情	42	3.9	0.932	43	3.81	0.906	0.455	0.65
好奇有哪些乐器	42	3.26	1.083	43	3.88	0.879	−2.91	0.005**
喜欢音乐风格	42	3.17	1.057	43	3.6	0.791	−2.166	0.033
愿意体验乐器	42	3.43	1.151	43	3.67	1.107	−1.004	0.318
想看现场表演	42	3.6	0.964	43	4	0.976	−1.923	0.058
想参观博物馆等	42	3.79	1.001	43	3.95	0.925	−0.803	0.424
愿意跟家人朋友聊	42	3.21	1.048	43	3.28	0.934	−0.301	0.764
知道 4 种以上乐器名称	42	2.81	1.418	43	3.16	1.132	−1.267	0.209
知道艺术价值	42	2.43	0.991	43	2.74	0.978	−1.477	0.143
知道有多种流派	42	3.43	1.233	43	3.77	1.043	−1.37	0.175
知道流派所在地	42	2.88	1.173	43	2.93	1.1	−0.2	0.842
音乐影响交融	42	3.36	0.932	43	3.23	1.065	0.573	0.568
其他"非遗"	42	3.4	0.964	43	3.6	0.791	−1.044	0.3

* $p < 0.05$　** $p < 0.01$　*** $p < 0.001$

从表中可看出,教学前,高一 11 班学生态度量表各项目的平均值在 2.43~3.79 之间,高一 12 班学生态度量表各项目的平均值在 2.74~4 之间,两个班级之间只有"好奇有哪些乐器" $p < 0.01$,有较显著差异,其他方面没有显著差异。"班级"与"好奇有哪些乐器"的双向分布情况如下:

表 9　教学前,"班级"与"好奇有哪些乐器"双向分布情况

班级		好奇有哪些乐器				
		完全不符合	比较不符合	一般	比较符合	完全符合
高一 11	人数	2	9	12	14	5
	占班级人数比例%	4.8	21.4	28.6	33.3	11.9

	好奇有哪些乐器				
高一12	人数	0	3	10	19	11
	占班级人数比例%	0	7	23.3	44.2	25.6

由上表可知,高一11班学生的选择集中在"比较符合"33.3%、"一般"28.6%,高一12班学生的选择集中在"比较符合"44.2%、"完全符合"25.6%,且12班选择"完全不符合"与"比较不符合"的人数共3人,共占7%,而11班选择"完全不符合"与"比较不符合"的人数共为11人,共占26.2%,明显高于12班。

这表明教学前,高一12班在聆听木卡姆音乐时,对乐器的关注度明显高于高一11班。根据研究者的实际教学观察,在手鼓教学环节,高一12班确实表现出了较高的兴趣与专注度;在最后的音乐成就测验中,高一12班手鼓演奏题的平均分也明显高于高一11班(见下文中的表14)。

4. 教学后,不同班级学生对维吾尔木卡姆的态度偏好差异

表10　教学后,不同班级学生对维吾尔木卡姆的态度偏好差异

项目	高一11班			高一12班			t	p
	N	M	SD	N	M	SD		
想跟音乐哼唱	41	3.90	0.917	43	3.93	0.669	−0.158	0.875
想跟音乐打拍子	41	4.15	0.823	43	3.95	0.653	1.192	0.237
想跟音乐舞蹈	41	3.71	0.901	43	3.67	0.969	0.161	0.873
联想景色风土人情	41	4.51	0.675	43	4.21	0.709	2.003	0.048 *
好奇有哪些乐器	41	4.00	0.775	43	4.30	0.741	−1.828	0.071
喜欢音乐风格	41	3.80	0.782	43	4.00	0.655	−1.243	0.218
愿意体验乐器	41	4.34	0.728	43	4.16	0.998	0.933	0.353
想看现场表演	41	4.37	0.733	43	4.23	0.812	0.788	0.433
想参观博物馆等	41	4.41	0.774	43	4.21	0.833	1.169	0.246
跟家人朋友聊	41	3.90	0.917	43	3.81	0.932	0.438	0.662
知道4种以上乐器名称	41	3.95	1.094	43	4.09	0.840	−0.668	0.506
知道艺术价值	41	3.83	0.863	43	3.51	0.910	1.640	0.105
知道有多种流派	41	4.54	0.596	43	4.47	0.735	0.488	0.627
知道流派所在地	41	4.27	0.708	43	3.91	0.947	1.974	0.052
音乐的影响交融	41	4.07	0.721	43	4.07	0.884	0.019	0.985
其他"非遗"	41	4.29	0.680	43	4.30	0.773	−0.061	0.952

* $p<0.05$　 * * $p<0.01$　 * * * $p<0.001$

从表中可看出,教学后,高一11班学生态度量表各项目的平均值在3.71~4.54之间,比教学前的2.43~3.79有明显提高;高一12班学生态度量表各项目的平均值在3.51~4.47之间,比教学前的2.74~4有明显提高。两个班级之间只有"联想景色风土人情"$p=0.048<0.05$,有较低程度的显著差异,其他方面没有显著差异。

5. 教学前后,全体学生态度量表总得分的平均值差异

表11 教学前后,全体学生态度量表总得分的平均值差异

项目	平均值 (M±SD)	t	p
施教前 N=85	53.80±10.42	−8.056	0.000 * * *
施教后 N=84	65.43±8.23		

* $p<0.05$　　* * $p<0.01$　　* * * $p<0.001$

从以上结果可知,教学前后,全体学生态度量表总得分的平均值$p<0.001$,有极显著差异,教学后的总得分平均值提高了11.63分,这表明教学以后,全体学生对维吾尔木卡姆的喜好程度有明显提升。

(二)"维吾尔木卡姆音乐成就测验"数据分析

表12 "班级"与"听辨题"平均分的差异

班级	听辨题平均分 (M±SD)		t	p
高一11班(N=43)	7.19	±0.98	0.904	0.369
高一12班(N=43)	7	±0.93		

* $p<0.05$　　* * $p<0.01$　　* * * $p<0.001$

表13 "班级"与"知识题"平均分的差异

班级	知识题平均分 (M±SD)		t	p
高一11班(N=43)	7.72	±1.18	−1.562	0.122
高一12班(N=43)	8.16	±1.43		

* $p<0.05$　　* * $p<0.01$　　* * * $p<0.001$

表14 "班级"与"手鼓演奏题"平均分的差异

班级	手鼓演奏题平均分 (M±SD)		t	p
高一11班(N=43)	2.60	±1.38	−2.726	0.008 * *
高一12班(N=44)	3.32	±1.03		

* $p<0.05$　　* * $p<0.01$　　* * * $p<0.001$

由表 12、表 13 可知，$P>0.05$，各班知识题、听辨题的掌握度无显著差异；而表 14 则显示 $p<0.01$，有较显著差异，即高一 12 班的手鼓演奏平均分高于高一 11 班，这表明高一 12 班整体的手鼓演奏掌握度更好，这与上文中表 9 显示的数据相符，反映出学生对乐器的兴趣程度会影响最终的演奏掌握度。

三、主要发现与讨论

（一）全体学生对本土音乐文化的关注度有明显提升

研究发现，全部研究对象"维吾尔木卡姆态度量表"的后测成绩均高于前测成绩，并达到显著性差异（见表 11）。这表明全体学生在学习维吾尔木卡姆之后，对这项本土音乐产生了积极的态度，且根据分析结果，总体态度有较高的一致性。在文化认同感以及对其他民族音乐、"非遗"的关注度方面也比教学前有了提升。

结合教学后的访谈记录，大部分学生反映对木卡姆有了很多新的认识，包括分布、种类、乐器、演唱方式、木卡姆与内地音乐之间的联系等，对于音乐交融、民族交融、文化交融感觉很神奇，表示愿意继续在音乐课中学习乐器，觉得手鼓学习很有趣；部分学生对"库修克"（木勺）这一木卡姆打击乐器产生了浓厚的兴趣，并认为有必要学习本土音乐，也愿意继续了解中华民族其他的"非遗"。

（二）教学方法对学生的手鼓掌握度有影响

根据手鼓演奏题评价标准，分别从"持手鼓姿势、不同音色、敲击手法、节奏"四个项目进行评分，以"正确""不正确"作为评分结果，得出全体学生正确率如下：

表 15　全体学生手鼓演奏题正确率情况

项目	不正确		正确	
	人数	百分比％	人数	百分比％
持手鼓姿势	15	17.2	72	82.8
不同音色	10	11.5	77	88.5
敲击手法	31	35.6	56	64.4
节奏	34	39.1	53	60.9

从表中可看出，全体学生在"持手鼓姿势"和"不同音色"上的正确率分别为 82.8％、88.5％，高于正确率 64.4％ 的"敲击手法"、60.9％ 的"节奏"，可见大部分学生能学会基本的手鼓演奏姿势，并区分出"咚""哒"两个音色所敲击的不同位置；但对要求更高、更精准的"敲击手法""节奏"，学生的整体掌握度还不够理想。回顾课堂教学情况，发现这与研究者较多面向全体学生进行手鼓示范，缺少个别交流指导有一定的关系，在今后的课程中会继续改进。

四、结论与建议

（一）课程开发角度

1. 特色乐器进课堂

研究发现，教具的选择对本土音乐课程的教学效果有显著的影响。

研究者在维吾尔木卡姆课程中引入了木卡姆常用的打击乐器——手鼓，每节课都会让学生用手鼓学习相应的节奏型，还会结合唱、奏、跳组织教学，与维吾尔木卡姆"歌、舞、乐三位一体"的表演形式相呼应。教学观察发现，每一次的手鼓教学环节，学生都表现得非常活跃，专注程度高于视频赏析、知识讲解、演唱等其他教学环节，且两个班级在这方面的表现一致。结合课后访谈，所有学生都表示愿意在今后的课程中继续学习手鼓或其他乐器，并给出了"好玩""手鼓打法很多样""声音动听"等评价。

研究者自身在教学前也对手鼓进行了充分的练习：向新疆当地的木卡姆老师请教；在前几届内高班学生中找到了一位会打手鼓的学生，面对面进行了练习和探讨；购买《新疆手鼓节奏与演奏技法训练》教程帮助练习。这些前期准备对手鼓的课堂教学起到了非常明显的促进作用。

除手鼓以外，课堂中还展示了都塔尔、艾捷克、排鼓（代替纳格拉鼓）、二胡等乐器，学生也很感兴趣。

2. 专业教师共备课

本土音乐课程的开发，专业教师或民间艺人的加入非常重要。

研究者联系到了中国维吾尔古典文学和木卡姆学会的专业教师，进行了木卡姆学唱、共同备课等，在课堂教学中也使用了木卡姆老师演唱录音＋授课教师现场教唱的方式，保证学生可以聆听原汁原味的维吾尔木卡姆演唱风格与韵味。所有教学内容和音视频资料都会打包发送给木卡姆老师进行审核，如有问题立即进行探讨、修改。

木卡姆老师的加入让研究有了充分的专业支持，课程设计更为严谨、科学，研究过程也更为顺利。今后如果有条件，还可尝试请木卡姆老师走入课堂或田野调查的方式令研究更进一步。

3. 音乐交融共"寻根"

本土音乐课程，更需要教师从"民族团结、文化交融"的角度，引导学生从更高、更深的维度挖掘音乐文化，一起"寻根"。

比如，课程中设计了西域大曲（维吾尔木卡姆的早期形态）与唐代大曲之间的渊源、江浙沪地区的"江南丝竹"与维吾尔木卡姆的比较学习等内容，对维吾尔木卡姆与内地音乐的联系进行了赏析与讲解。结合访谈来看，很多学生在教学之前并不知道这一联系，了解以后觉得很神奇，部分学生还对其他民族、地区音乐之间是否有联系产生了思考。这不仅促进了学生对不同地域文化的理解、对其他"非遗"的兴趣，更开启了他们对中华民族音乐的"寻根之旅"。

当然，今后如有条件，还可在此基础上尝试跨学科教学，不仅能提高学生的中华民族自豪感与共同体意识,也能锻炼学生联结不同学科知识并运用的能力,更能打开眼界,以全新的角度感受音乐、理解文化,在探索世界的同时不忘"寻根"。

(二)学校教育角度

1. 重视音乐课程中的民族团结教育

承办内高班的内地学校对民族团结教育要有全面的认识、充分的宣传、具体的措施,且对音乐课程在民族团结教育中的作用要予以重视。

音乐课程不仅是对音乐本身的学习,更要对音乐背后的文化、价值、历史等进行理解,高中音乐课程标准中就着重强调了"文化理解"的要求,且鼓励地方音乐课程结合自身实际开发本土资源。一方面,学校可以为内高班音乐教师提供民族团结教育相关研讨会、本土音乐相关讲座或进修等资源,鼓励音乐教师开发相关特色课程;另一方面,内高班教师也应主动关注相关政策和活动,并运用到实际教学中。

2. 双向开展民族团结教育活动

除了面向内高班,承办学校还应面向平行班学生双向开展民族团结教育活动,营造"互动融合"的民族团结教育氛围。

比如,在平行班课程中完全可以开发以"江南丝竹"为主、"维吾尔木卡姆"为辅的本土音乐课程,与内高班本土音乐课程相呼应,甚至加入更多两地"非遗"的比较学习,逐步形成"民族团结教育特色课程群"。这样,民族团结教育就不是单向的,而是双向的,意义和效果将更为显著。当然,关于这一点,研究者今后还会进一步探索实践。

又如,可以鼓励定期举办民族团结教育相关活动,比如我校曾举办的"民族团结教育周"、承办的"浦东新区民族团结教育展示"等,包括内高班和平行班共同举办的文艺演出、民族美食文化节活动等,对于增进内高班与平行班学生之间的交流和理解有特殊的意义。

同时,还可借助校艺术团等开展相关活动。比如由研究者改编指导的民乐合奏《俏之韵》《阿拉木汗》,全部是校民乐团与内高班学生的合作曲目,把少数民族乐器融入传统民乐,在区级比赛和民族团结教育展示等活动中收获佳绩与好评,学生也在排练过程中收获了友谊。

总之,维吾尔木卡姆课程对于探索适合内高班的音乐教育有重要的意义,目的是保护中国传统音乐文化,特别是"非遗",希望能为民族团结教育在音乐课程中的实施、"非遗"在学校教育中的保护和传承提供有益的借鉴。今后,研究者将继续就如何实现"互动融合"的民族团结教育,完善内高班本土课程、音乐教育、民族团结教育进行思考和探索。

美育背景下高中"朋辈合唱"教育模式的探索

——以上海市南洋中学为例

上海市南洋中学　杨蒙蒙

摘要：进入新时代，合唱教育作为校园美育的重要环节，越来越受教育者们的重视。在学业繁重的高中阶段，学生参与合唱实践的时间尤为珍贵，因此探索一条科学的、高效的合唱教育之路至为重要。上海市南洋中学积极探索"朋辈合唱"教育模式，推进学校合唱"一条龙"特色项目建设，卓有成效。本文将从"朋辈合唱"教育模式概述、上海市南洋中学"朋辈合唱"教育模式的探索以及美育背景下高中"朋辈合唱"教育模式发展展望三大方向进行探究。

关键词：朋辈合唱；高中音乐；美育

一、"朋辈合唱"教育模式概述

（一）"朋辈合唱"教育模式的由来与发展

1. "朋辈合唱"教育模式的由来

"朋辈"在中文中通常指同辈好友、志同道合的朋友。在英语词典中，"朋辈"翻译为"peer"，即同龄人，同等地位的人，相匹敌的人。"朋辈教育"最早可追溯到二十世纪六十年代西方国家提出的"朋辈互助"概念，随后此概念被引入心理学领域，"朋辈心理辅导"成为一种常用的心理医疗模式。朋辈心理辅导，是指经过专业训练的朋辈咨询员，为身边的朋友或同学提供心理辅导，来帮助在学习、生活上有心理辅导需要的朋辈。

我国"朋辈教育"模式最早运用于高校的思想政治教育工作，二十世纪五十年代，清华大学出现最早的辅导员制度，该制度的特点为：通常由品学兼优，有着很高的工作热情，又有一定组织能力的高年级学生担任政治辅导员，并定期组织学生进行政治学习，管理学生事务。

2. "朋辈合唱"教育模式的发展

"朋辈合唱"最早从高校开始运作，例如华南师范大学经过多年的探索与实践，在2011年提出"朋辈教育"，该校以校园合唱比赛拉开"朋辈教育"序幕，由经过选拔、专业训练后的音乐学院优秀学生作为合唱专业指导，辅导各个非音乐专业学院学生进行合唱训练，最后全校各学院合唱团同台展演。对于高校音乐专业的学生来说，这是一种打破传统的创新人才培养模式。大多数音乐专业学生的职业发展方向是音乐教育方向,在校期间学生有这样的实践机会,对于未来步入社会大有裨益;对于高校各学院来说,这种模式打破了专职合唱指挥教师短缺的困境,为合唱的推广储备了大量人才;对于各学院学生来说,由于指导老师正是他们的朋辈,可以更加平等、友好地交流,各个学院发挥优势,形成合力,共促发展。

笔者于2015年考入上海师范大学音乐学院学习,本科四年当中,对笔者影响最大的就是在合唱团中的排练经历。笔者依旧记得首次排练时,由本声部的一位学姐作为声部长带领我们学唱自己声部的旋律,再由一位学生指挥进行合排。这样的训练模式大大提高了排练效率。另外,合唱团每学期都组织一定数量的音乐会、演出、比赛展演等,学生通常有机会担任小指挥,上台指挥一首合唱作品。这样的模式给了作为学生的我们很多合唱排练、登台指挥的实践机会。

美育背景下,随着学生艺术素养的日益提高,中小学美育工作也不断发展创新。近年来,越来越多的中小学艺术工作者开始探索"朋辈合唱"教育模式,为学生提供艺术实践的平台。比如说,在合唱团中设立学生团长、声部长等职务,协助教师管理合唱团事宜;在全校范围内的"班班有歌声"合唱比赛当中,由班级中的艺术骨干成员当小老师,全程负责本班级参赛过程中的各个环节等,以此来丰富学生的艺术实践经历、提高学生的艺术表达能力、锻炼学生的艺术管理能力、提升学生的艺术核心素养。

(二)"朋辈合唱"教育模式的合理性

1. 符合新时代美育工作的指导原则

2020年,中共中央办公厅、国务院办公厅印发的《关于全面加强和改进新时代学校美育工作的意见》中指出:"坚持改革创新。全面深化学校美育综合改革,坚持德智体美劳五育并举,加强各学科有机融合,整合美育资源,补齐发展短板,强化实践体验,完善评价机制,全员全过程全方位育人,形成充满活力、多方协作、开放高效的学校美育新格局。"

"朋辈合唱"教育模式是中小学美育模式的一次积极革新。"朋辈合唱"是一种以"合唱"为载体的同伴之间相互学习、互助成长的教育模式。在专业老师的指导下,朋辈学生在特定的合唱团体、合唱活动中,学习合唱知识、欣赏合唱作品,提升合唱素养;以优秀学生为代表的合唱骨干学生发挥示范作用,帮助基础薄弱的同伴提高演唱能力,在相互帮助、相互鼓励中完成演出、比赛任务。在这一过程中,学生们面对实际的处境,发挥自身所长,发现问题、解决问题,最终收获友谊和成长。这是一种全方位育人、充满活力、多方协作、开放高效的合唱教育模式。

2. 基于音乐学习具有的特点

进入新时代,美育倡导融合教学,音乐作为美育的重要一环,本身具有体验性、活动性、形象性的学习特点。[1]

音乐学习的体验性,要求增强学习者在学习过程的亲身感受度和独立探索能力,在

---

① 曹理,何工. 音乐学习与教学心理[M]. 上海:上海音乐出版社,2000:158-171.

"朋辈合唱"中,团员们在相互倾听和交流中探索、尝试,最终将合唱情感、歌曲处理磨合到一定境界,这比不经过思考的,只是按照指导教师的要求去做而达到音乐效果更加令人欣喜。

音乐学习的活动性,旨在让学习者通过各种类型的活动浸润式感知音乐。"朋辈合唱"突破了合唱教学的传统模式,适应了新时代背景下学习者日益提高的音乐素养,通过学生团长、学生声部长组织的贴近学生兴趣爱好的、丰富多样的合唱活动,提高合唱学习者的学习兴趣,从而提高合唱素养。

音乐是一门"流动"的艺术,我们可以根据音乐旋律线条、速度力度的变化等勾勒出特有的音乐形象。就像"一千个人眼中有一千个哈姆雷特"一般,同一部音乐作品在听者耳中有着不同的形象,音乐的多元形象性使得"朋辈合唱"教育模式的优势发挥得淋漓尽致。不同的合唱团员之间相互探讨,有利于丰富团员们对音乐形象的理解,使得合唱表演更具表现力。

3. 基于音乐学习的心理过程

音乐学习的本质是学习者通过来自音乐环境的刺激,对音乐进行内在的加工,从而获得音乐技能的过程。音乐学习过程中相对应的心理活动即为音乐学习的心理过程——音乐感知、音乐记忆、音乐思维。[1]

音乐感知可以是听觉的、视觉的、触觉的,因此,应尽可能地利用多种感官进行学习。对于新团员来说,相比教师一对多的合唱教学,或是合唱团员自行学习歌曲,朋辈合唱团员的示范使新团员更能快速、高效地融入集体。对于老团员来说,他们可以通过朋辈合唱团员之间的相互学习温故知新。

音乐记忆是重复音乐感知而形成的,音乐记忆通常分为有意识记忆和无意识记忆,有意识记忆是刻意地、有目的地对音乐旋律、节奏等要素进行记忆,无意识记忆是不经意间感知到音乐,在脑海中留下印象。在合唱团中,朋辈之间一起有意识地记忆合唱曲目,或是有团员在练习时,不经意间使得其他团员留下了印象,这便提高了训练效率。

音乐思维是以审美感知为起点,在音乐记忆过程中形成对音乐的领悟的心理过程。"朋辈合唱"教育模式的魅力之一就是合唱团员们一起歌唱,相互交流,从而进行思维的碰撞。

二、上海市南洋中学"朋辈合唱"教育模式的探索

上海市南洋中学创办于 1896 年,是国人自主创办的第一所新式中学。南洋中学有着悠久的校园合唱文化,曾多次被评为"合唱特色校"。笔者从 2021 年开始担任南洋中学音乐教师,承担艺术类必修课、选修课教学与合唱艺术团训练指导。2021 年以来,为落实上海市人民政府发布的《关于加强本市中小学体育艺术工作的指导意见》、上海市教委等六部门发布的《上海市中小学艺术工作管理办法》等文件精神,南洋中学积极推进学校合唱"一条龙"特色项目建设,该项目遵循科学规律,聚焦影响青少年合唱艺术素养提升的关键

---

① 曹理,何工. 音乐学习与教学心理[M]. 上海:上海音乐出版社,2000:158-171.

因素，因地制宜、创新机制、优化环境，探索优秀合唱艺术人才不断脱颖而出的培养体系——"朋辈合唱"教育模式。

在探索该模式背景下，近两年校级合唱艺术团建设工作卓有成效，校园合唱氛围浓厚。下文将从校级合唱团建设、艺术课堂合唱教学、校内外多元合唱平台这三个方面对南洋中学的"朋辈合唱"育人模式进行探究。

（一）校级合唱团建设中"朋辈合唱"教育模式的探索

1. 设立学生干部，发挥"朋辈榜样"作用

在南洋中学合唱团中，合唱成员由高一、高二年级中，经过挑选的、热爱合唱的、具有良好的歌唱能力的学生组成。在合唱团成员中，有许多歌唱能力强、擅长管理事务、乐于为集体付出的成员，从他们中民主选举出学生团长、声部长，作为合唱团的学生干部，帮助指导老师管理合唱事务。比如，在每年招新时，团长和声部长们会一起参与合唱团新生的面试，根据面试情况进行讨论，共同商议入选人员；在学习新歌时，各声部长先录下示范音频，再传给各个声部的成员们，在合排之前，确保每位成员已经学会唱自己的声部，以确保排练的高效性。这些学生干部们作为"朋辈榜样"，带动合唱团员们的积极性，加强合唱队的凝聚力和向心力。

2. 分配任务小组，各司其职

合唱团队建设需要定期的演出、赛事的"刺激"，这样才能组织团员们阶段性地、有目标地共同朝一个目标发展前进。"朋辈合唱"教育模式之下，所有的演出、赛事按照级别、规模，形成了不同的组织管理小组。由能力强的学生领导者带领具有相应特长的学生组成若干个演出小组，分配不同的演出任务。这样，合唱团的演出任务不至于全部压在指导老师身上，并且团员们可以有选择性地参加某些活动、演出，这就使得整个合唱团焕发活力。

例如，在2024年南洋中学的"三节闭幕式"暨迎新春文艺汇演中，合唱团承接了三个节目的演出任务。分别是歌曲小组唱《永远都会在》、歌舞节目《龙的传人》、大合唱《追》。擅长独唱的九个合唱团员在其中一个学生的带领下组成一个歌曲小组，学生自己完成歌曲的编排、舞台队形变化、服装道具的使用和演出音视频的剪辑；擅长唱跳的十个合唱团员则在其中一个学生的组织下，完成《龙的传人》歌词的分配、戏腔的演绎、rap的表现和现场舞龙的节目设计；大合唱《追》则由指挥老师指挥，在团长和声部长们的组织下完成节目的排练、走台和最终呈现。

又如，在2023年10月份，合唱团受邀参与由上海音乐学院出版社出版的林华教授的合唱作品集的教学视频的拍摄。由于指定作品为女声三声部合唱作品，因此由女生团长和女生声部长们主要负责该任务的排练、专家指导、视频拍摄等事宜。而当女生们在排练该作品时，男生则在男生团长的带领下学习新作品的演唱。这样的模式大大提高了合唱团的排练效率。

得益于这样的高效运转模式，南洋中学合唱团近年来积极参加各级各类艺术评比和展示活动，并且获得佳绩。例如2024年获徐汇区"明星社团"荣誉；2024年获徐汇区学生合唱节一等奖;2023年受邀参与徐汇区学生迎新展演、受邀参与全国中小学艺术教育大会开幕式演出;2023年获上海市实验性示范性高中青春歌会一等奖;2022年获首批市级艺术"一条龙"布局项目高中学校社团展示展演评选活动二等奖、优秀案例征集评比二等奖等。

3. 重视团队凝聚力的建设

合唱团在于"团",重在团队凝聚力、团结互助。在"朋辈合唱"模式运行之前,学生中虽然设立团长、声部长,但他们并没有参与到实际的事务当中,因此经常出现学生团长、声部长并不认识合唱团其他成员的情况。

而在"朋辈合唱"模式运行之后,声部长从面试新团员开始,每次的声部作业回课、分声部排练都与自己声部的成员密切相处。他们对团员的了解有时甚至比指导老师了解到的更全面。在排练之前,当指导老师问起某个声部人是否到齐时,总会有人及时报告情况,再也不会出现"相顾两茫茫"的情况。当笔者本学期带领合唱团学习《游子吟》这首合唱作品,女低声部长告诉我,她们声部的成员们都唤她为"慈母"时,当有位成员因为出国而退学,声部长情不自禁地落泪时,那些瞬间,笔者都被他们之间真挚的情谊所感动。

笔者清晰地感受到,在"朋辈合唱"模式的探索之下,合唱团员们之间的关系更加紧密,他们在合唱团中不仅学习歌唱技巧、乐理知识,完成比赛演出任务,更感受到关爱、友谊和温暖,团队凝聚力在这样的过程中得以形成。

(二)艺术课堂合唱教学中"朋辈合唱"教育模式的探索

1. 基于"双新"背景对艺术课堂的要求

新课标对高中艺术课堂提出了新的要求,艺术课堂合唱教学应注重培养学生的艺术学科核心素养,完成立德树人根本任务。学生在艺术课堂中通过合唱知识的学习,理解合唱的艺术表达方式,提高合唱艺术的感知能力;通过课堂中的合唱实践活动,提高合唱表现力;通过合唱作品的鉴赏,培养健康的合唱审美;通过对中国和外国优秀合唱作品的赏析,了解、尊重中国和世界合唱艺术的多样性,达到一定深度和广度的文化理解。

新课标中强调,应当运用多样性评价方式,提高学生的反思评价能力。在合唱教学中,可以借助师生评价、生生评价的方式,让学生们的合唱学习、合唱表演得到反馈。"朋辈合唱"教育模式更加注重"生生评价"。高中阶段的学生有自己的想法和判断,比起艺术教师的评价,学生们也许更在乎朋辈之间的评价。当然,这也并不意味着艺术教师"袖手旁观",艺术教师应当引导学生培养批判性思维,促使学生形成健康的审美价值判断。

2. 基于高中阶段学生身心情况

(1)高中阶段学生心理特点

高中阶段的学生处于青春期末期,此时他们的身体在迅速发育,同时他们的自我意识也在明显增强,在思考和处理事务等方面有了强烈的自主性;此时他们的情感表达却变得内敛,虽然内心世界非常活跃,但情感的外部表现却并不明显。因而在音乐课堂上,高中生相对于低年龄阶段的学生来说,并不是那么活跃。

在班级合唱教学课堂中,可以明显感觉到,若是班级中有一两名学生愿意放声歌唱,那么整个班级的合唱意愿会更强烈一些;若是班级中没有带头的学生,则整个班级合唱的意愿不强。此时"朋辈合唱"教育模式的优势便可发挥出来。在每个班级中挑选热爱歌唱、歌唱能力强的学生作为榜样,将他们安置于不敢,或是不愿放声歌唱的学生之间,对于带动身边的同学放声歌唱起着至关重要的作用。

（2）高中阶段学生嗓音条件

高中阶段学生处于变声期后期。"变声"指嗓音由童声转变为成人声音的变化过程。男生在变声初期,声音变得沉闷沙哑,会出现发声不稳定、音准不受控制等现象;经过变声期后,男生的嗓音通常会比女声低一个八度,变得低沉浑厚;女生的嗓音变化较不明显,变声期后低音区音色会更加丰满。高中课堂中,女生大多数音域可以在小字组 g 至小字二组的 d 之间,大多数歌曲可以演唱;而男生大多数由于自身音域过低而发不出声音,少数男生可以在比女生低一个八度的音域上歌唱。

经过变声期的学生,声音已经明显区别于童声,在演唱时也无法所有人按照某一个旋律声部进行演唱。因此在合唱课堂上,应当选择难度与音域都适合学生学情的合唱作品。在笔者任教的班级中,简单的二声部作品比较适合目前的学情。在课堂教学过程中,笔者作为女教师,在指导男生时往往缺少示范性指导,"朋辈合唱"模式的优势就在于,男声中唱得好的同学可以做出示范,让其他同学更直观地感受到要求,并且模仿唱得好的声音。而示范的男生,在这一过程中不仅自信心可以得到提高,他在指导其他男生时,本身对歌唱的要求也会得到提高。

（三）校内外多元合唱平台中"朋辈合唱"教育模式的探索

1. 校内平台探索

（1）"班班有歌声"合唱比赛

《关于全面加强和改进新时代学校美育工作的意见》中指出:"要建立常态化学生全员艺术展演机制,大力推广惠及全体学生的合唱、合奏、集体舞、课本剧等实践活动,广泛开展班级、年级、院系、校级等群体性展示交流。"

为落实相关文件精神,近年来"班班有歌声"合唱比赛已成为南洋中学每年艺术节最隆重、规模最大的艺术活动之一。高一年级和高二年级全体同学都要参与其中,每个班两首合唱作品。合唱形式不限,可设指挥、领唱等,合唱声部不限,鼓励多声部合唱。通过这样的集体性合唱活动,高一、高二的所有学生都感受到了合唱的形式之美、内容之美、艺术之美。每个班级的合唱比赛内容由文娱委员、有艺术特长的学生们共同策划,不同班级在比赛现场相互观摩、欣赏,"朋辈合唱"教育的目的在这一过程中得以达成。

（2）"南洋好声音"歌唱比赛

"南洋好声音"作为每年艺术节最受欢迎的歌唱比赛之一,鼓励所有爱唱歌、会唱歌的同学参与其中。此项歌唱比赛不限于独唱,也鼓励重唱、小组唱的形式。在备赛过程中,许多同学有了多种形式的选择,学生与学生之间共同研究参赛所需的合唱作品、声部编配等,"朋辈合唱"模式又多了一种方式。

（3）午间广播音乐会

2023年12月，教育部发布的《关于全面实施学校美育浸润行动的通知》中指出："营造向真向善向美向上的校园文化氛围，把美育融入校园生活全方位。""充分利用校内各种平台，特别是橱窗、展示屏、校园广播、电视台、校园网等打造校园文化艺术展示空间。"

南洋中学午间广播音乐会有着悠久的历史传统，由广播社的同学在每周五时选择由同学们推荐的歌曲，在全校的广播里播放。近年来，随着校园合唱氛围愈发浓厚，在午间广播音乐会时常常可以听到同学们推荐的许多好听的合唱歌曲。"朋辈合唱"模式不仅局限于参与合唱的"唱"，也在于爱听合唱作品的学生们之间互相分享喜爱的作品，让更多学生了解合唱、喜爱合唱。

2. 校外平台探索

（1）鼓励学生参加区级合唱平台

鼓励热爱合唱、有一定基础、学有余力的学生在校内积极参与各项合唱活动的同时，加入区级合唱平台。例如，南洋中学所在的上海市徐汇区有许多由徐汇区青少年活动中心创建的区级合唱团。近年来青少年活动中心创办了一支由徐汇区各高中高一、高二热爱合唱的男生们组成的男声合唱团，我校每年积极推送学生参与，为热爱合唱的学生们搭建平台。热爱合唱的男生们在这样的合唱团中，可以更多地与其他学校、同样热爱合唱的男生们交流沟通，优秀的朋辈之间相互学习。

（2）组织学生观摩校外优秀演出

《关于全面加强和改进新时代学校美育工作的意见》中指出："统筹整合社会资源。加强美育的社会资源供给，推动基本公共文化服务项目为学校美育教学服务……鼓励学校与社会公共文化艺术场馆、文艺院团合作开设美育课程。"

上海是一座有着丰富资源的城市，得益于这样的优势，在上海的高中生们可以充分利用课余时间，走向剧场、音乐厅等艺术场馆。例如2023年4月，在上海市科艺中心的支持下，我校部分合唱团师生在艺海剧院欣赏了音乐剧《春上海1949》，这对学生们来说是一次非同寻常的体验。当他们走出校园、走进剧场，他们感受到更专业的音乐表演，他们看到更加优秀的朋辈们站在舞台上放声歌唱时，他们的内心是无比激动的。相信这些体会将在学生们的心中埋下一粒音乐的种子，随着岁月的变迁慢慢生根发芽，造就他们今后的人生。

三、美育背景下高中"朋辈合唱"教育模式发展展望

美育背景下，学生不断增加的艺术素养教育需求，要求教育者们不断创新教育模式，探索一条高质量的、科学的教育教学之路。目前，高中"朋辈合唱"教育模式尚无系统化的理论指导，笔者作为年轻教师，在不断探索中前进。希望在不久的将来，能够有更多关于高中阶段"朋辈合唱"教育模式的指导，高中合唱团有更多展示、交流平台。

巧用声势律动教学法优化初中音乐课堂的行动研究

上海市松江区民办茸一中学　侯　焱

摘要：声势律动教学法是一种非常有效的音乐教学方法，它将音乐与人体动作有机地结合在一起，不仅能够提高学生的节奏感和创造力，还可以让他们更好地感受音乐的魅力，激发其对音乐的学习兴趣，进而提升音乐学习效率。初中音乐课堂应当重视学生的感官体验，巧用声势律动，优化学生对音乐的理解力和表达力，提升学生的音乐核心素养。

关键词：核心素养；初中音乐；课堂教学；声势律动

一、声势律动在初中音乐课堂的现状

（一）学情分析

初中阶段无疑是人生发展的最重要时段之一，初中生对事物的感知能力在初中阶段得到显著提高，思维能力得到进一步发展，情感逐步趋于稳定，个性渐渐形成。但是在音乐教学过程中，教师却发现很多初中学生在音乐课堂中并不像是一个初中生，处处留有小学生的痕迹，有的随性好动、注意力不集中、没规矩；有的沉闷不语，音乐课没精神；有的不知道怎样上音乐课，音乐素养亟待提高。基于初中生尤其是预初年级学生的音乐学习现状，声势律动教学法是一种符合初中生心理情况、能够有效提高初中生学习效率的教学方法。

（二）教材教法缺陷分析

1. 缺乏教材和资源支持

目前初中音乐教材中对声势律动的教学内容较少，很多教材更多关注音乐的理论知识，而对声势律动的实践教学较少。

2. 教学方法单一

目前初中音乐教学中，教师主要采用传统的讲述和示范教学方法，而忽略了学生的主动参与和互动。这种单一的教学方法使得学生在学习声势律动时缺乏实践和体验的机会，影响了他们对声势律动的理解和掌握程度。

学情推动了声势律动教学在初中音乐课的开展，教材教法的局限单一又导致声势律动在初中音乐教学中并没有得到有效开展。教师针对这些问题提出了相应的策略,以便能够更好地推动声势律动教学在初中的开展,提高学生的音乐素养。

二、声势律动的基本内容

声势律动是指将自己的身体当作乐器,通过不同的动作和姿态发出不同的声音,常见的方式有拍手、拍肩、拍腿、跺脚及捻指等,这些动作产生的声音具有一定的节奏性和规律性,也可以帮助学生更好地表达自身的情感。将声势律动应用到初中音乐课堂中,能够把音乐所产生的律动更加直观地显现出来,同时,利用多种感官参与音乐学习,这对提升初中生的音乐学习热情、音乐的创造力以及学习的积极性,都有着很大的帮助。因此,在初中音乐课堂的实际教学过程中,教师应当充分利用声势律动教学法,使学生充分地感悟音乐,让身体"动"起来、想象力"活"起来、表现力"亮"起来。

三、声势律动在初中音乐课堂中的作用

(一)培养学生音乐节奏感

音乐具有一定的节奏感,初中生在听到音乐时会产生一些身体动作,如身体左右摇摆、手上下打拍等。声势律动不仅可以让节奏感较好的学生得以发挥优势,提高他们的学习技能,也可以改善个别孩子节奏感不佳的情况,逐步提升他们的音乐感知能力,增强其自信心。所以,在初中音乐课堂教学中,教师一方面要给予学生自主展示的时间;另一方面,可以示范、引导,培养学生的律动习惯,有效提升初中音乐教学水平。

(二)有利于增强学生的反应能力,让课堂"动"起来

通过声势律动的长期教学,学生的反应能力会不断提升。声势律动中的肢体动作是音乐的节奏、速度、旋律、音色等因素的反映,通过声势律动的教学训练,学生对音乐的敏感程度不断提升,最后能够根据音乐本身来调整身体动作,反应力便自然提高了,课堂氛围也悦"动"起来了。

(三)有利于提升学生的想象力和创造力,让思维"活"起来

通过声势律动的教学训练,学生的音乐敏感度不断增强,大脑会根据音乐做出反应,身体随之律动,这种反射性的律动需要想象力与创造力才能表现出来。教师在教学过程中应让学生积极主动地参与课堂活动,跟着教师的思路进行联想与想象。所以说,声势律动教学在音乐教学中的应用,唤醒了学生对音乐的再创造潜能,激发了学生的探索欲、表现欲,让学生的想法越来越"活",有利于学生创新性思维的进一步提升。

(四)促进学生的身心健康发展,让心灵"亮"起来

初中阶段学生正处于成长的重要时期,在这个时期,学生变得更敏感也更有主见,对世界也怀揣着好奇与憧憬。同时,初中生的一大特点是不再像小学生一样在课堂中踊跃

发言、热爱表现,这使得初中的音乐课堂相较于小学而言,会显得较为沉闷无趣。声势律动的应用正好可以弥补这个缺陷,将学生从传统的灌输式教学模式中解放出来,代之以新颖的互动式教学模式,为学生营造良好的学习氛围,让学生主动融入音乐课堂,满足学生身心平衡发展的需求。

四、声势律动在初中音乐教学中的应用策略

(一)创设情境,调动学生律动热情

营造情景交融的课堂氛围很容易将学生带入一种特定的学习环境中,带给学生真实的体验,也就更易激发学生学习的热情,从而达到提升课堂教学效率的目的。因此,教师要结合教学目标、教学内容等,利用声势律动教学方式,保证教学内容和方式的多样性,让学生时刻充满新鲜感,培养其声势律动兴趣。具体方式可以是教师在课前通过自创旋律或者选取互联网传唱度较高的歌曲,制作成声势律动短视频在课堂上展示、练习,作为课堂导入环节运用到不同内容的课堂中,也可以选取和教学内容一致的声势律动视频模仿表现,又或是欣赏其他声势律动表演等。

以预备年级开学第一节课教师规范音乐课上课习惯为例,教师教条性地讲音乐课上课规则,难免方式枯燥,学生紧张。教师提前创编了《上课歌》,示范演唱伴随着身体律动,请同学进行模仿跟唱,如歌曲第一句歌词"坐姿端正,后背挺直,迅速安静",以拍手、拍腿、捻指、拍腿交替两遍,再用迅速交叉手拍肩的方式表现,强调安静;第二句歌词"积极参与,互动合作,做最好的自己",因为强调互动合作,所以两人为一组,互相拍手,后半句旋律较高,就以双手在头顶拍手三次表现。

图1 《上课歌》声势律动示范

整个情境创设过程中,由于教师提前录制的视频生动有趣、讲解详细,动作也相对简单、便于模仿,因此每个学生都乐于交流并充满学习热情,有的学生更是在观看视频时就已经按捺不住地随之动了起来,最后呈现出来的整体效果也非常不错。学生不仅记住了上课的行为规范,还提升了律动兴趣。

(二)把身体当作乐器,培养音乐节奏感

节奏感对于少数人来说是与生俱来的,但是大多数人的节奏感基本都是后天培养出来的,特别是一些相对复杂的节奏。

例如,上海少年儿童出版社六年级上册音乐教材中的欣赏内容《阿细跳月》,作品节拍是四分之五拍,速度快速,情绪热烈。教师提问:作品的节拍、速度、情绪是怎样的?经过观察,当学生第一次聆听乐曲时,大部分的学生就会随着音乐的节奏自然地动起来:有的

同学的手指拍着大腿;有的同学脚趾不断地点地;有的同学小腿不停在弹跳;还有的同学不断在摇头晃脑。教师发现这部分学生对节奏的反应较灵敏,但是律动却没有什么规律。另外有部分学生对节奏的表现比较含蓄,身体没有做出反应。因此结果也显而易见,学生回答:速度是快速的,情绪是欢快的,节拍说什么的都有。因此,在实际音乐教学中,教师可以引导学生根据音乐中的旋律、节奏及速度等要素,找出节拍的规律,进而通过身体动作积极地表现出来。

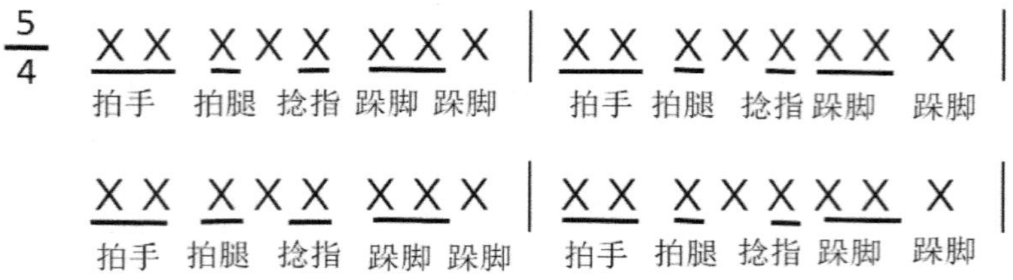

图 2 《阿细跳月》声势律动示范

当学生再次聆听乐曲并随着音乐中的强拍和弱拍有规律地重复,马上得出了答案,节拍是四分之五拍。在这个基础上,教师再把学生分成五六人一组,拉着手围成圈,把前三拍换成小跑跳,把后两拍换成拍手,变换姿态中对音乐的体验更加深刻,不仅强化了音乐节奏感,也更了解跳月已经成为人们沟通交流的一种方式,是人们认识彝族文化的窗口,增强了民族自豪感。当我们将自己的身体当作乐器时,无形中就把自己与音乐融为了一体。这样的结合能够让学生更容易、更快速地进入音乐所表达的情感中,深入理解作品的内涵,抓住音乐的主要元素,促进学生音乐节奏感的培养。

(三)肢体与音乐结合增强学生欣赏音乐的能力

"表现"是一个实践性很强的音乐学习领域,课程标准在这一领域中涉及不同的音乐表演和实践能力的要求,例如,"能够配合歌曲、乐曲用身体做动作""能够在律动、音乐游戏、活动中与他人合作",表达对音乐作品内涵的理解。因此,要想提高学生们的审美水平,律动是一个非常好的方式。大体而言,欢快活泼的乐曲情绪所采用的音乐律动形式较为明快,而悲伤消极等乐曲情绪则需要慢节奏来展现,以表示内心的沉重。因此,我们在运用声势律动教学法的时候,也应根据作品的节奏和情感来选择与之相配的律动模式。[①]

例如,上海少年儿童出版社七年级音乐教材上册《幽默曲》一课的欣赏教学中,为了体验欢快的音乐情绪和加强对曲式结构的理解,笔者利用"丝巾"小道具,设计了三种有规律的动作。主题部分(1~4乐句),欢快跳跃,笔者设计了滑动、停顿、挥舞的动作;发展部分(5~8乐句),抒情柔和,笔者设计了向上飘洒、左右变节奏的动作;再现部分(9~12乐句),重复主题部分的动作。学生在聆听的过程中跟着音乐节奏做肢体律动,反应灵敏,马上得出 A—B—A 的曲式结构,并在律动中掌握强弱规律和欢快的情绪。当然,我们还可

① 席恒.核心素养导向的音乐教学实践探索[M].上海:上海音乐学院出版社,2020:75.

以抓住音乐的旋律来进行声势律动,比如上行的音乐旋律可以使用身体从下往上倾的律动,而下行的旋律就可以让身体从上往下蹲。或者,我们可以用双手去体现旋律的流动。当学生随着音乐做相应的声势律动时,无形中能掌握音乐的基本要素,深入品味音乐内涵,提高音乐欣赏能力。

图3 《幽默曲》声势律动示范

(四)在多声部配合中融入声势律动,提高学生音乐素养

奥尔夫音乐教育观曾提道:"音乐不单只是音乐,而是音乐—语言—动作三者的结合和统一。"在传统的合唱训练过程中常常出现高低声部跑调、声部音量不平衡、团结合作意识差、学生无法体会音乐美感的问题。通过声势教学法,运用不同的动作区分声部,能让学生对自己的声部节奏、速度、力度掌握得更清晰,达到多声部熟练配合的目的。例如:给六年级学生排练合唱作品《Do Re Mi》,在多声部配合中,就利用发声练习中的音阶声势律动,借助不同音高的手势,解决不同声部音准、音色不协调问题。学生从理论到实践,找到了解决问题的方法,更加自信向上,增强了集体荣誉感。

图4 《Do Re Mi》声势律动展示

(五)以学生为主体,激发学生的创作能力

《义务教育课程方案和课程标准(2022年版)》指出:"创造是发挥学生想象力和思维潜能的音乐学习领域,是学生进行音乐创作实践和发掘创造性思维能力的过程和手段。"在音乐课堂中,教师需要转变教学思维,及时纠正自己主导课堂的意识和灌输思想。在声势律动活动中要以学生为主体,给予学生更多的自由发挥空间。一般情况下,教师只需进行简单的引导,重点放在让学生依据自身对音乐的理解去设计声势律动方面,只有这样,

才能使学生更好地发挥主观能动性,从而产生良好的教学效果。①

例如,《赛乃姆》是维吾尔族民间乐曲,展现了维吾尔族人民勤劳热情的面貌,表达了他们热爱家乡、赞美祖国的情感。教师可以先引导学生欣赏乐曲,让其初步了解作品并感受音乐的独特魅力。最后,在学生熟悉乐曲的基础上,鼓励他们从节奏入手并根据歌词创作声势律动来表现作品。创编时要求通过身体发出声响,并结合歌曲风格加入一些维吾尔族典型的舞蹈动作。在这一创编环节中,不同的学生会根据自身的理解做出不同的声势律动。有的孩子会用拍手、跺脚、转手腕的方式表现歌曲,有的孩子则用拍手、拍胸、移颈等动作表现,还有的孩子会借助捻指发出声音,结合"摘葡萄"的动作进一步创编。整个环节学生都创意满满,也符合创作要求。除了鼓励学生进行自我创作,为进一步激发学生合作创编意识,教师也可以将其分为几组,每组按照各自对作品的理解进行声势律动的再次创作,通过竞演的形式选出优秀小组。这样的方式既符合初中生分组讨论的特征,也能让合作创编有更好的交流空间。

综上所述,以学生为主体运用声势律动来帮助他们理解和表达音乐,既能提高学生对音乐内涵的感悟力和对音乐作品的表现力,也符合新课改所提出的以"核心素养为宗旨"的教学理念。同时,声势律动在初中音乐课堂教学中意义重大,已经成为提高学生音乐综合素养、打造活力课堂的重要方式。所以,音乐教师应该更好地将声势律动运用到日常教学活动中,继续尝试并探索更多、更有效的模式,鼓励学生多参与、多表现,让声势律动成为初中音乐课堂教学中不可或缺的实践活动。

---

① 廖乃雄.音乐教学法[M].北京:中央音乐学院出版社,2005:44.

数字化背景下提升小学生民族音乐素养的实践研究

上海师范大学第三附属实验学校　洪礼然

摘要:随着课堂改革的不断发展,数字化教学在小学音乐课堂中越来越受重视。数字化教学可以培养小学生对民族音乐的认知能力,提升其对民族音乐音色的听辨能力、对民族音乐旋律的表现力和对音乐软件的实践操作能力,从各方面提升小学生的民族音乐素养,丰富小学生们的音乐课堂,将小学音乐课堂教学变得更具有互动性,学习音乐更快乐。笔者运用数字化音乐软件来开展教学,在教学课堂实践中取得了较好的成效。

关键词:民族音乐素养;小学音乐;数字化教学

一、概念界定

(一)民族音乐素养

民族音乐是一种具有我国民族特征的音乐艺术形式,在中华民族上下五千年的文明中,我们的祖先创造了大量具有民族特色、能体现民族文化和民族精神的音乐文化。

《义务教育艺术课程标准(2022 年版)》(以下简称"新课标")提出"坚持以美育人的理念",指出:"以习近平新时代中国特色社会主义思想为指导,以落实核心素养为主线,引导学生积极参与各类艺术活动,感受美、欣赏美、表现美、创造美,丰富审美体验,学习和领会中华民族艺术精髓,增强中华民族自信心和自豪感。"

应将我国各民族优秀的传统音乐作为音乐课重要的教学内容,多弘扬民族音乐,理解音乐文化多样性。通过学习,学生熟悉并热爱祖国的音乐文化,增强民族意识,培养爱国主义情操。并且,在教材改革中,小学音乐学科加入了更多的中国民乐欣赏作品,可见提升学生民族音乐素养在小学音乐课堂教学中占据了越来越重要的地位。

(二)数字化教学

2022 年 3 月,上海市教委发布《上海市教育数字化转型"十四五"规划》,提出"进一步推进国家教育数字化转型试点区建设,继续加强在线教学保障工作,积极推进教育数字化转型"。此通知发布后,在小学音乐课堂教学中开展数字化教学的必要性与重要性越来越受到关注,也出现了许多数字化教学平台和软件。

例如"腾讯会议""晓黑板""班级优化大师""钉钉""classin"等软件,可以帮助教师更好地进行音乐教学工作,及时与学生进行音乐互动;"库乐队""随身乐队""音虫软件"等软件,可以更好地辅助音乐教学,帮助学生听辨乐器音色、制作乐曲、演奏乐器;"唱吧""全民K歌""剪映"等软件可以在音乐课堂教学中开拓更好的学习途径,使学生更好地学习音乐、表演音乐、玩创音乐。

（三）数字化教学与提升小学生民族音乐素养之间的关系理解

如今小学民族音乐教学虽然越来越受重视,但是课堂教学的状况却不容乐观。第一,教师在课堂教学时只用口头语言表达对民族音乐知识的解读,学生没有学习兴趣。第二,教师用传统式教学方式讲授民族音乐,学生不知如何欣赏。第三,少数教师能运用多媒体技术进行民族音乐课堂教学,但有效度不够,学生参与度不高。

在小学音乐课堂中进行数字化民族音乐欣赏教学,能够提升学生对民族音乐音色的听辨认知能力,帮助学生简单地演绎民族音乐作品,便于他们实践操作,丰富小学生对民族音乐的学习体验,在一定程度上激发学生对民族音乐的兴趣,有效开阔学生的视野,从而提升小学生的民族音乐素养。

二、数字化音乐软件在小学民族音乐教学中的应用价值

上海音乐学院出版社《音乐》教材中涵盖了很多民族音乐作品。数字化赋能教学,最大的优势是让不会乐器的学生通过软件进行模拟实践操作,在感受音色的同时做一个小小演奏家。

（一）提升学生对民族音乐音色的理解认知度

学生用手指接触民族音乐模拟乐器,直观听辨民族音乐的音色,提升对民族音乐音色听辨的认知能力。

（二）丰富学生对民族音乐旋律的表现力

数字化音乐软件可以多种乐器一起演奏,高年级课堂中可以采用师生合作、生生合作的形式,简单地演绎民族音乐,欣赏作品旋律。在小学高年级音乐课堂的表现性活动中,数字化音乐软件可以丰富小学生们的音乐课堂,培养他们的团队合作能力。

（三）帮助学生在学习民族音乐实践中操作研究

数字化音乐软件解决了传统课堂教学中学生"只听讲,无法动手操作"的问题。在小学中高年级音乐课堂的创造性活动中,运用数字化音乐软件进行模拟操作,为教材中的民族音乐乐曲伴奏,让不会乐器的学生也能做一名小小演奏家。

三、数字化背景下提升小学生民族音乐素养的探索与实践

在小学中高年级民族音乐作品教学中,运用数字化软件,开展提升小学生民族音乐素

养的实践研究。探索将数字化融入民族音乐作品教学的有效方法和途径,尝试解决在民族音乐课堂实践中遇到的问题,设计民族音乐作品教学的课堂观察量表,验证运用数字化软件的实践有效性,并总结实践经验。

(一)探索

1. 探索数字化软件中的民族音乐模块

笔者梳理了各软件中与民族音乐有关的音乐模块。

(1)模拟演奏

包含民族乐器:二胡、琵琶、古筝、民族打击乐器

(2)键盘演奏

包含可改变的民族乐器音色:二胡、琵琶、古筝。

(3)资源库声音片段

包含民族乐器:扬琴、箫、竹笛、古琴、葫芦丝、京胡、三弦……

2. 探索民族音乐作品

笔者梳理了上海音乐学院出版社《音乐》教材中所有小学中高年级民族音乐欣赏作品。

表1　小学中高年级民族音乐欣赏作品

年级	民族音乐欣赏作品
三年级	阿细跳月
	彩云追月
	小青蛙
四年级	宜兰童谣
	赛马
	幸福年
	欢乐的火把节
	洞庭新歌
	鸟投林
	采茶舞曲
	天山之春
五年级	淘金令
	庆丰收
	吉祥三宝
	牧笛
	紫竹调
	喜洋洋

（二）实践

笔者于 2020 年开设上海市"空中课堂"在线教育视频课"音创活动"，于 2021 年开设徐汇区小学音乐学科公开课"玩转'库乐队'——民乐合奏"，于 2022 年开设多节校级数字化民乐课堂公开课。在此基础上，笔者设计运用数字化软件开发民族音乐作品教学的教案，并运用问卷调查、课堂观察，验证其有效性。

"中高年级学生民乐小知识调查问卷"（表 2）面向校内三至五年级学生（共 520 名），回收有效问卷 470 份。本次回收的问卷中，250 份为男生问卷，220 份为女生问卷。调查显示，60% 的学生会演奏一门乐器，20% 的学生会演奏民族乐器，100% 的学生能举例写出一件民族乐器。说明虽然学习民族乐器的学生不多，但是学生对民族音乐基础知识有一些了解。

表 2　中高年级学生民乐小知识调查问卷

中高年级学生民乐小知识调查问卷
1. 你是否会演奏一门乐器？ A. 会，是什么乐器_____ B. 不会 2. 你是否会演奏一门民乐乐器？ A. 会，是什么乐器_____ B. 不会 3. 你能写出一种民族乐器吗？ A. 能_____ B. 不能 4. 你能写出民乐中的一首代表作品吗？ A. 能_____ B. 不能 5. 你对民乐了解多少？ A. 我十分了解民乐，也非常喜欢民乐，在课堂中也经常学习民乐知识，课外也听过不止一次的民乐演出。 B. 我较了解民乐，对民乐较感兴趣，在课堂中偶尔学习民乐知识。 C. 我对民乐不太了解。 6. 你知道库乐队吗？ A. 知道 B. 不知道

为进一步对比在传统式教学和数字化教学场景下，学生民族音乐素养的提升情况，笔者设计了《民乐欣赏教学课堂观察量表》（表 3），并在中高年级中，筛选民族音乐素养水平接近的两个班级（甲班和乙班）。由观课老师和笔者共同针对甲、乙班填写课堂观察量表，笔者收集数据，对比分析数据（表 4）。

表3 民乐欣赏教学课堂观察量表

观察老师：＿＿＿＿＿＿＿＿＿＿　　　　　　　　　　　　　　　　被观察学生：＿＿＿＿＿＿＿＿＿＿

观察内容	观察指标	观察评价		得分
学生对民乐基础知识的了解程度	能看懂民乐简谱,知道民乐的主音只有五音,基本了解民乐的常见乐器	优秀(5分)	完全正确了解民乐基础知识	
		良好(3分)	在老师的提示下,基本了解民乐基础知识	
		合格(1分)	在老师的多次提示和帮助下,基本了解民乐基础知识	
		须努力(0分)	在老师的多次提示和帮助下,不了解民乐基础知识	
学生对民乐音色的听辨能力	能描绘乐器的音色是怎样的,听辨出乐曲中的民乐主奏乐器是什么	优秀(5分)	非常准确地描绘乐器音色,正确听辨民乐主奏乐器	
		良好(3分)	基本准确描绘乐器音色,正确听辨民乐主奏乐器	
		合格(1分)	不太能描绘乐器音色,不能正确听辨民乐主奏乐器	
		须努力(0分)	不能描绘乐器音色,不能正确听辨民乐主奏乐器	
学生对民乐乐器基本演奏能力	在老师的指导下,根据民乐简谱,熟悉乐曲的主题旋律并在软件中简单演奏	优秀(5分)	非常熟悉乐曲的主题旋律,能简单在软件中演奏	
		良好(3分)	较熟悉乐曲的主题旋律,能简单在软件中演奏	
		合格(1分)	不太熟悉乐曲的主题旋律,不太能在软件中简单演奏	
		须努力(0分)	不熟悉乐曲的主题旋律,不能在软件中简单演奏	
学生对民乐作品乐感的基本把握	能掌握乐曲的节拍韵律,并正确表现强弱规律	优秀(5分)	正确掌握乐曲的节拍韵律,准确表现强弱规律	
		良好(3分)	较正确掌握乐曲的节拍韵律,较准确表现强弱规律	
		合格(1分)	不太能掌握乐曲的节拍韵律,不太能准确表现强弱规律	
		须努力(0分)	不能掌握乐曲的节拍韵律,不能准确表现强弱规律	
学生伴奏歌(乐)曲时的合作能力	在小组合作时,与同伴愉快交流合作,有序不乱地合作伴奏	优秀(5分)	能和同伴进行小组合作,做到有序不乱,愉快交流合作	
		良好(3分)	基本能和同伴进行小组合作,较有序不乱,较愉快交流合作	
		合格(1分)	在老师的多次指导下,基本能和同伴进行小组合作,较有序不乱,较愉快交流合作	
		须努力(0分)	不能和同伴进行小组合作,不能与同伴交流合作	
总分:				

表4 对比分析表

	甲班	乙班
民乐基础知识了解程度	200分	200分
民乐音色听辨能力	186分	115分
民乐乐器基本演奏能力	192分	29分
民乐乐感基本把握	138分	97分
合作能力	130分	56分
总分平均值	169.2分	99.4分

　　甲班是数字化教学的班级,乙班是传统民族音乐欣赏教学的班级。通过对比、分析数据,可以发现,学生民族音乐素养水平接近的两个班级,运用数字化进行民族音乐欣赏教学,可以更好地提升小学生民族音乐素养。

在甲班,笔者运用数字化的模拟演奏界面基本还原了乐器原本的样子,甲班学生对乐器的基本构造一目了然。在演奏过程中,学生也能通过不同的屏幕触控方式感受各乐器不同的演奏技巧以及带来的声音变化,比如在二胡演奏界面中,长按琴弦、短按琴弦、滑动、触动等形式可以模拟二胡的拉奏、拨奏、颤弓、拟声等演奏技巧。另外,学生在演奏过程中还能感受到中国五声调式的旋律特点,为今后更深入地学习民乐打下基础。

数字化软件中的模拟演奏、键盘演奏、资源库声音片段功能都可以较为真实地模拟出民族乐器的音色,甲班学生切换乐器、对比聆听乐器音色的操作也非常方便,可以帮助他们更直接地感受到不同民族乐器的音色特点,提高民乐音色的听辨能力。对比乙班传统课堂中学生大多只能唱一唱来表现民族音乐旋律,甲班学生运用数字化软件中的键盘演奏功能不仅可以零基础地以民族乐器音色演奏旋律,还能多种乐器、不同声部合奏。演奏能力较强的学生可以演奏民乐作品完整的主题旋律,演奏能力稍弱的学生可以演奏主题旋律中每小节的第一个音,演奏能力更弱的学生可以使用民族打击乐功能进行打击乐伴奏,既能齐奏又能合奏,可以师生合作也能生生合作,共同演绎民族音乐旋律。

数字化软件的资源库中包含了大量民族乐器的音乐片段,学生想听、想用哪种音色都有,只需要进行组合就能创造出丰富的音响效果。用它能突破传统课堂的资源限制,更好地帮助学生结合已有的音乐经验来创作、表现更多音乐形象。

(三)梳理汇编

笔者将小学中高年级民族音乐作品进行设计汇编,运用数字化创意实践重构中高年级单元内容,以"库乐队"软件为例。

表5 以"库乐队"软件实现的民族音乐作品设计汇编

"库乐队"实践	中高年级民族音乐欣赏作品	"库乐队"实践内容
第一部分:探索"中国打击乐"界面	庆丰收	探索"中国打击乐"组中不同打击乐的声音,有强有弱的声音效果,并编配打击乐为歌(乐)曲伴奏
	淘金令	
	吉祥三宝	
	欢乐的火把节	
	阿细跳月	
第二部分:探索"古筝"界面	洞庭新歌	探索"古筝"界面,用不同的触屏方法和各种不同的功能键,了解古筝音色,以及所奏出的各种音效
	天山之春	
第三部分:探索"二胡"界面	小青蛙	探索"二胡"界面,用不同的触屏方法和各种不同的功能键,了解二胡音色,以及所奏出的各种音效
	赛马	
	鸟投林	
第四部分:探索"琵琶"界面	阿细跳月	探索"琵琶"界面,用不同的触屏方法和各种不同的功能键,了解琵琶音色,以及所奏出的各种音效

续表

"库乐队"实践	中高年级民族音乐欣赏作品	"库乐队"实践内容
第五部分:民乐合奏	彩云追月	使用"多轨录音"界面中录制伴奏、调整音轨等功能制作民乐合奏音乐
	宜兰童谣	
	幸福年	
	喜洋洋	
	紫竹调	
	采茶舞曲	
	牧笛	

四、结语

"库乐队"将小学音乐课堂中的民族音乐欣赏教学变得更具有互动性,改变了传统教学的"填鸭式"知识灌输。"库乐队"利用互动性,加强生生、师生之间的合作,培养小学生的合作能力以及积极展现自我的心态,促进小学生和谐发展,激发小学生学习民族音乐的兴趣,丰富小学生的音乐课堂,增进其对民族音乐的理解。但是本研究由于实践研究时间较短,所以取得的认识有一定的局限性,在下一阶段的研究中可以多关注:

(一)拓宽实践对象

数字化教学不仅可以提升小学中高年级学生的民族音乐素养,也可以赋能小学低年级课堂教学。梳理小学低年级音乐教材中涵盖的民族音乐欣赏作品,以提升小学低年级学生的民族音乐素养。

(二)开发技术资源

关注更多音乐学习软件,除"库乐队"外,例如"随身乐队""音虫软件"等技术资源,也可以在一定程度上辅助音乐教学。帮助学生在"做中学,趣中获",提高音乐的理解能力、乐感与音乐美感的表现力、即兴编创与音乐创作能力,激发学生音乐学习兴趣。

乘数字技术东风，促音乐创意实践

上海市上海师范大学附属闵行第三小学　邵　婷

摘要：在数字化转型的背景下，音乐学科也在更新传统教学方式，尝试应用数字技术创造更具创意的音乐课堂。在本文中笔者将以具体案例的形式呈现数字技术在教学实践过程中的应用，探索能激发学生创意实践能力的方法，从而促进音乐教学智慧创新。

关键词：数字技术；创意实践；音乐课堂

随着数字化时代的来临，音乐课中也在尝试应用音视频剪辑软件、智能设备、信息网络等为课堂提供新的创造力。"创意实践"是《义务教育艺术课程标准（2022年版）》（下文中简称"新课标"）中提及的音乐四大核心素养之一，是综合运用多种学科知识，紧密联系现实生活，进行艺术创新和实际应用的能力。在2023年中小学（幼儿园）见习教师规范化培训中，笔者担任了见习基地的带教导师，借此机会与带教见习教师共研"新课标"，在本文中笔者以闵行区教育数字化转型为方向，以上海音乐出版社小学二年级第一学期《唱游》教材中的《我是人民小骑兵》和三年级第二学期《音乐》教材中的《乘雪橇》作为具体教学案例进行了实践研究，对如何应用数字技术创造能激发学生创意实践能力的音乐课堂作了总结和思考。

一、数字技术激发学生创意实践能力的优势

（一）音乐课堂中常用的数字技术

音乐课堂中常用的数字音乐教学技术主要分为硬件和软件两类，硬件有 MiDi 键盘、排练器、iPad 等，软件有 MuseScore、Procreate、剪映、库乐队、cool edit、FL studio 等。[①]数字音乐技术的主要功能有剪辑、编曲、混音、打谱、音乐可视化等。Procreate、剪映、库乐队是笔者在音乐教学中常用的数字技术软件。

Procreate 是一款专属于 iPad 的绘画工具，使用者可以通过便捷的操作系统、专业的工具栏进行素描、填色、设计等艺术创作，是一款功能强大的画板模拟软件，可以用来画草图、插画、漫画等。

---

① 王天佑.信息化背景下中小学音乐学科个性化教学研究[J].艺术评鉴,2020(16):112-116.

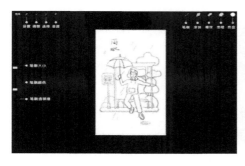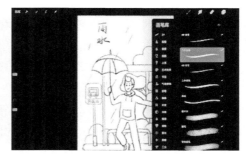

图 1　Procreate 软件基本操作界面

剪映是一种手机视频编辑工具,带有全面的剪辑功能,支持变速,有多样滤镜和美颜的效果,有丰富的曲库资源。自 2021 年 2 月起,剪映支持在手机移动端、Pad 端、Mac 电脑、Windows 电脑全终端使用。

"库乐队"是苹果公司开发的一款软件,主要用来创作音乐。库乐队里有很多种乐器,进行弹奏编辑,就能制作出非常动听的音乐。软件中还有很多功能强大的合成器,让音乐制作更加灵活多变,是深受使用者喜爱的音乐制作软件。

(二)音乐课堂中使用数字技术的优势

1. 更新传统教学,增强课堂趣味性

随着"新课标"的落地,音乐教学从关注"三维目标"更新为关注"四大核心素养",核心素养是课程育人价值的集中体现,是学生通过课程学习逐步形成的适应个人终身发展和社会发展需要的正确价值观、必备品格和关键能力。音乐学科要培养的核心素养主要包括审美感知、艺术表现、创意实践、文化理解。

如今学生学习音乐的途径广泛,很多学生在课外学习了乐器,音乐素养也越来越高,传统的音乐课堂已经无法满足当今学生的需求。基于音乐教育理念的更新以及学生的实际现状,笔者意识到要更新课堂教学方法,不断创造更具吸引力的音乐课堂。由于数字音乐技术功能多样、资源丰富、操作简单、趣味生动,笔者在自己的音乐课堂中经常使用,课堂实践后发现应用数字技术能有效提高学生学习兴趣,提高教学成效。笔者指导的见习教师是一位"95 后"的应届研究生,接受新事物、新技术的能力强,因此在"师徒带教"过程中笔者也将数字技术在音乐课堂中的应用经验分享给了见习教师,师徒共研应用数字技术增强课堂创意实践的教学方法与策略。

2. 依托技术优势,促进个性发展

微课、慕课、翻转课等"新式课堂"层出不穷,现在的学生接受和学习音乐的途径越来越多,教师仅靠语言描述、示范等传统教学方法是无法满足学生的学习需求的。

在带教过程中,笔者除了要求见习教师规范课堂教学、注重教学示范、注重教师弹唱,还要求见习教师学习音乐数字技术,让音乐课堂更加"时髦",多采用音乐数字技术促进个性化教学。

3. 技术赋能教学,培育核心素养

音乐是一门"听觉领先"的艺术,引导学生有效聆听音乐需要靠教师在"听觉领先"的基础上借助技术调动身体其他感官,注重"音乐听觉与联觉反应"的培养。[①] 笔者在音乐课堂中经常会应用"趣味图形谱"和"音乐短视频",以视听结合的方式引导学生多元化体验音乐,从而培育核心素养。

在带教过程中,笔者也将自制"趣味图形谱"和"音乐短视频"的数字音乐技术分享给了见习教师,见习教师也非常好地应用于自己的课堂中。

二、数字技术激发学生创意实践能力的教学方法与策略

笔者在音乐课中经常会根据课堂和学生的需求使用不同的数字音乐技术,助力学生创意实践能力的培养。下文中笔者将以上海音乐出版社小学二年级第一学期《唱游》教材中《我是人民小骑兵》作为指导见习教师的教学案例,以三年级第二学期《音乐》教材中《乘雪橇》作为笔者实践的教学案例,具体阐述应用数字技术激发学生创意实践能力的教学方法与策略。

(一) 自制趣味图形谱,抽象音乐可视化

图形谱是将音乐中的乐谱用图形的形式呈现出来,将复杂的音乐知识与图画有机融合,在看、画、唱的过程中锻炼学生的音乐能力。[②]

《我是人民小骑兵》是吴光锐、齐景全、王小平作曲的一首木琴独奏曲,由手风琴伴奏,乐曲是一首三段体结构的作品,描绘一队小骑兵由远而近、奔驰而来的形象。由于这首乐曲结构鲜明、节奏规整、力度变化大,非常适合用图形谱辅助欣赏,帮助学生将抽象的音乐可视化。因此,笔者在与见习教师共研教材之后,尝试自制趣味图形谱。

《乘雪橇》是美国音乐家安德森的作品。乐曲富有爵士音乐风格,是带再现的复三段体结构。通过主题旋律力度、节奏、演奏乐器的不断变化,表现了乘雪橇奔驰的情景。由于这首乐曲篇幅较长,光靠聆听对于三年级的学生而言较为抽象,很难听出音乐所描绘的故事以及音乐的起伏变化。因此笔者在反复聆听音乐之后,自创了旋律线,并结合音乐中出现的马蹄、马鞭的声响进行趣味图形的设计,自创了趣味图形谱,帮助学生更形象地理解音乐。

案例1:《我是人民小骑兵》中借助数字绘画程序自制图形谱

步骤1:聆听音乐,分析乐曲节奏,设计符合节奏的图形。

步骤2:用"❘"表示四分音符,用"\/"表示八分音符。

步骤3:聆听音乐,分析旋律走向,设计符合旋律的图形。

步骤4:用"⌐┐"表示旋律向下,用"〰➚"表示旋律向上。

---

① 席恒. 中小学音乐学科三类核心活动的实践探索[J]. 现代基础教育研究,2020,37(1):228-234.
② 王倩倩. 图形谱在小学三年级音乐教学中的应用[J]. 家长,2022(36):144-146.

步骤5：用 iPad 中的 Procreate 数字绘画程序绘制趣味图形谱。

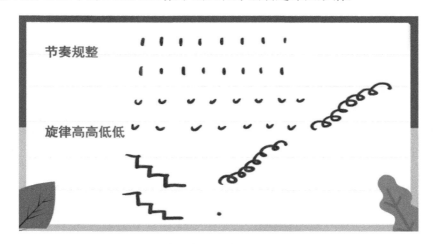

图2　《我是人民小骑兵》趣味图形谱

案例2：《乘雪橇》中借助"万彩动画"程序自制图形谱

步骤1：聆听音乐，分析乐曲结构，设计符合节奏的图形，选择"雪橇""马蹄"和"马鞭"作为三种主要主题图形。

步骤2：聆听音乐，分析旋律走向，设计"雪橇"主题旋律线。

步骤3：聆听音乐，分析节奏规律，设计"马蹄"主题图形谱。

步骤4：聆听音乐，分析力度变化，设计"马鞭"主题图形谱。

步骤5：手绘图形谱。

步骤6：用"万彩动画"程序绘制动态图形谱。

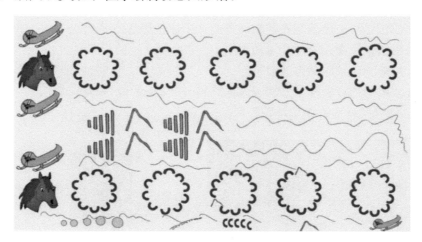

图3　《乘雪橇》动态图形谱

在"听觉领先"的基础上通过"视觉辅助"帮助学生更加形象地理解音乐，也增强了音乐课堂的趣味性，这也是在此案例中应用"趣味图形谱"的意义。

（二）自制音乐短视频，智慧实践创意多

笔者在音乐课上经常会自制音乐短视频引导学生学习音乐知识，增加音乐课堂的创意。下面将呈现笔者研读教材之后，尝试自制音乐短视频引导学生感受乐曲节奏特点的案例。

案例3：《我是人民小骑兵》中借助"剪映"软件自制音乐短视频

步骤1：根据《我是人民小骑兵》趣味图形谱设计小乐器表演来表现音乐。

步骤2：师徒合作，拍摄小乐器表演视频。

步骤3：使用"剪映"软件，导入"小乐器表演视频""《我是人民小骑兵》音频"，应用"草原模板"和"四分音符和八分音符贴纸"，合成音乐短视频。

图4　《我是人民小骑兵》音乐短视频截图

案例4：《乘雪橇》中借助"剪映"软件自制音乐短视频

步骤1：根据音乐设计"滑雪"律动表演。

步骤2：拍摄"滑雪"律动表演视频。

步骤3：使用"剪映"软件，导入"滑雪律动视频""《乘雪橇》音频"，应用"雪景贴纸""雪橇贴纸""iPad贴纸"合成音乐短视频。

图5　《乘雪橇》音乐短视频截图

用学生喜欢的短视频方式引导学生高效学习音乐知识,借助信息技术创设音乐情境,生成更具吸引力和创造力的音乐课堂,这也倒逼教师要不断学习新理念、新技术,只有老师的创新意识不断增强,才能促进学生艺术实践能力和创造力的发展。

(三)引导学生趣编创,提高音乐创造力

"新课标"中指出要通过音乐编创活动,综合运用所学知识、技能和创造性思维,表达个人想法和创意,提升创意实践素养。下面将呈现笔者在研读教材之后,尝试借助"库乐队"软件编创不同风格的音乐的教学案例以及应用"剪映"软件创编旋律的教学案例。

案例5:《我是人民小骑兵》中借助"库乐队"软件编创不同风格的音乐

步骤1:打开"库乐队"App,导入《我是人民小骑兵》伴奏。

步骤2:打开"库乐队"中的"乐器"界面,演奏主题旋律。

步骤3:打开"库乐队"中的"合成器"界面,自主选择喜欢的乐器。

步骤4:回到"轨道"页面,聆听自编的乐曲《我是人民小骑兵》。

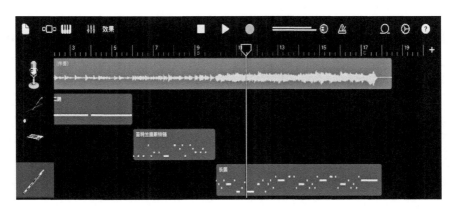

图6 《我是人民小骑兵》编创音轨界面

案例6:《乘雪橇》中应用"剪映"软件创编旋律

步骤1:聆听主题旋律,设计主干音。

步骤2:聆听主题旋律,设计"主干音大挑战"的游戏梯度,确定主干音的梯度。

第一轮:sol re sol

第二轮:solsol rere solsol

第三轮:sol la sol　re re mi　sol

第四轮:sol la sol mi　re re mi　sol

第五轮:sol la sol mi re do　re re mi　sol

步骤3:学生可以在游戏的各轮中,模仿老师设计的旋律创编,也可以主干音为基准加入自己的旋律创编。

步骤4:使用"剪映"软件,导入"旋律线图片""《乘雪橇》音频",应用"圆圈贴纸"合成音乐短视频。

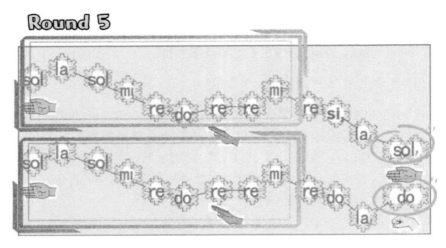

图 7 《乘雪橇》编创音轨界面

　　在信息化背景下,学生对电子设备的操作能力越来越强,教师巧用信息设备,引导学生从兴趣出发便能乘数字技术快车,助力学生形成创新意识,提高音乐实践能力和创造能力。

　　随着信息化技术的不断革新,数字音乐技术必将成为一种新兴的、有效的教学技能,它能为师生提供更有趣、更高效的音乐课堂。笔者执教的"乘雪橇"一课在区级研讨课中获得优秀等第,并制作成"切片课例"发表于闵行区教育学院智慧教育平台的"教学情景录"中。在笔者的带教指导下,"我是人民小骑兵"一课作为优质课在闵行区小学音乐教研活动中进行了展示,作为带教导师我们应该不断总结和反思自己的教学经历,有选择性地、把成功的经验和心得传递给新教师。数字技术不断发展,我们都应对新技术保持敏感,不断学习新技术,探索能够激发课堂活力的新方法,培养学生的创意实践能力,提升学生的音乐核心素养。

数字化赋能初中音乐课堂
——电子钢琴集体课教学探索与研究

上海市宝山区顾村实验学校　严培萌

摘要:电子钢琴集体课创造性地结合传统钢琴教学与现代数字化技术,成为一种全新的音乐器乐教学模式,突破了传统器乐"一对一"的教学,丰富教师的教学手段,开拓学生更广阔的音乐学习天地。本文的研究契合新课标的育人要求,结合现今音乐课堂教学理念,将积累的电子钢琴集体课教学经验进行初步的总结提炼。本文从电子钢琴集体课教学研究背景、教学现状、教学方法、组建数码交响乐团的实践四个方面进行阐述。

关键词:电子钢琴;集体课;器乐教学

在新课标实施背景下,应凸显艺术学科育人价值,聚焦"审美感知、艺术表现、创意实践、文化理解"的艺术核心素养,以培养"全面发展的人"为核心,进一步开展深化以"学生发展为本"的课堂教学。笔者以历时五年的电子钢琴集体课进行探索与研究,草成此文与同行交流。

一、电子钢琴集体课教学研究背景

美国著名音乐教育家詹姆士·莫塞尔曾经说过:"器乐教学可以说是通往更好体验音乐的桥梁,事实上它本身就是一个广泛的音乐学习领域,在这一领域内,它为我们音乐教学提供了独特而令人高兴的音乐教育价值、效果的可能性。"由此可见,音乐课堂中器乐教学是必不可少的,有利于提高学生鉴赏、听辨、识谱、弹奏、创编等能力,使学生的核心素养得到提升。

器乐学习目标和要求在音乐新课标中已作规定,但是课堂器乐教学在实际操作过程中还有待完善与提升。现实中器乐教学面临着师资力量、场地限制、学生的时间和兴趣等诸多客观条件的制约。而电子钢琴集体教学,能够跨越客观条件所带来的障碍,发挥优势。首先在音乐教师专业这一方面,学校音乐教师的专业较多集中于钢琴或声乐,即使是非钢琴专业的音乐教师在大学期间也都学习过钢琴课程,因此,音乐教师都具备教授电子钢琴集体课的能力。其次在提升学生的学习积极性、优化学习效果方面,键盘乐器相较于吹奏乐器,更便于学生把握音高音准。

随着人们生活水平的提高,更多的家长希望自己的孩子能够掌握一门艺术特长,学习钢琴的学生数量日益增多。2023 年中国钢琴行业发展及投资战略咨询报告数据显示:

2012～2019年,我国钢琴市场规模稳中有增,2020年受疫情影响,市场规模下降至47.66亿元,同比下滑12.1％,2021年达到50.74亿元,同比增长6.46％。在中小学音乐课堂中,传统的"一对一"钢琴教学模式已无法满足实际需求。电子钢琴集体课作为数字化赋能音乐课堂的载体,能够适应时代的发展,实现"一对多"的电子钢琴集体课教学模式。

电子钢琴集体课教学相对于传统音乐课堂教学来说,是一种新型的器乐教学模式。笔者在研究国内外相关文献时发现,该教学模式起源于国外,发展较为成熟。近年来,国内电子钢琴集体课教学主要集中于高等院校的音乐专业,在中小学音乐课堂普及较少,这方面研究较为欠缺。

二、我校电子钢琴集体课教学现状

电子钢琴是MIDI乐器的一种。我校电子钢琴教室共25架电子钢琴,其中教师1架,学生24架,每位学生还配有耳机、电脑等设备。

我校电子钢琴集体课主要面向全校所有初中学生,两名学生共用一台琴。练习时每名学生可佩戴耳机互不干扰,教师与每名学生的电脑通过局域网相互连接,可进行独奏、合奏、歌曲创编、课件演示、音频传输、乐谱分发、远程控制、课堂测评统计、互联网搜索等操作。同时,学生根据不同的音乐作品风格特点,用电脑控制选择电子钢琴的音色,他们能够在课堂中弹奏出丰富多彩的乐曲。电子钢琴集体课能让每个班级的学生都能用合奏的表演形式,组建一支属于自己班级的数码交响乐团。学生通过操作计算机,模拟出西洋交响乐团中弦乐组、木管乐组、铜管乐组、打击乐组的音色,以数码交响乐团的形式分多个声部,同时合作演奏音乐课本中所学的曲目。

(一)课程目标设置

初中的电子钢琴集体课,不能要求学生像钢琴专业学生那样掌握娴熟的弹奏技巧,也不应成为单一的技能教学。电子钢琴集体课目标应以"审美感知、艺术表现、创意实践、文化理解"核心素养的培育为依据,在日常音乐器乐教学课中以电子钢琴集体课作为切入点,旨在提高学生听辨识谱、艺术鉴赏、表演实践、作品创编、团队合作等能力,围绕课本内容设计多样的教学活动和灵活的教学策略,将电子钢琴集体课教学与音乐课程教学的基本内容有机结合。以创编环节为例,老师先弹奏一段音乐动机,然后学生按顺序即兴创编,每位学生创编演奏两小节,全体学生参与创作。学生以自主探究团队合作的形式创作音乐作品,在此过程中培养团队意识,激发艺术灵感与创作潜力,在教学过程中获得成就感,提高对音乐学习的兴趣,提升自身艺术核心素养,成为"全面发展的人"。

(二)课程教材建设

电子钢琴集体课内容以音乐书本内容为主,练习所用教材是教师自行编写的校本教材,初中学生有一定的识谱能力,主要以五线谱教学为主,《约翰·汤普森简易钢琴教程》《拜厄钢琴基本教程》《钢琴基础教程(修订版)》等收录的作品作为参考曲目,并且挑选初中生感兴趣的乐曲汇编而成。

三、电子钢琴集体课教学方法

（一）分层教学，因材施教

电子钢琴集体课面向全体学生，但是学生音乐素养和音乐基础都存在个体差异。有些学生有钢琴特长，有人达到钢琴的中等级别，极个别学生达到较高级别，而绝大部分学生是初学者，没有钢琴基础甚至没有器乐学习经验。面对同班不同水平的学生实际情况，将学生分为若干组，便于教师分层教学、因材施教，制定相应的教学计划。例如，对于初学电子钢琴的同学，选择短小优美的乐曲或旋律片段，要求先掌握基础乐理知识，从单手练习到双手练习；中、高级水平的学生，在老师的带领下尝试即兴配奏，学习和声常识，分析作品和弦，改编伴奏音型，进行器乐合奏练习，甚至创编完整的原创作品……学生们可以相互结对，高水平的同学帮助低水平的同学，在课堂演奏过程中，互相交流、彼此激励、共同进步，激发学习兴趣，体验音乐学习的快乐。

（二）学科综合，提升素养

电子钢琴集体课教学与教材每个单元教学融为一体，有效整合各项教学内容与教学环节，充分发挥电子钢琴集体教学的意义和价值，有助于加强学科综合以及学生综合素质培养。电子钢琴可以将抽象的音乐教学内容具象化，便于学生理解音乐知识。比如在讲授音程度数、音级的关系、"节奏"和"节拍"、不同的力度记号等这类抽象的乐理知识概念时，学生通过电子钢琴自主实践操作产生切身体会；学生还可以通过每台和电子钢琴匹配的电脑直接搜索作品的创作背景、风格题材，作曲家介绍和乐曲中蕴含的情感价值等信息，有助于正确表现音乐作品。

（三）器乐合奏，团队合作

一首乐曲通过全班合奏的方式呈现出整齐、美妙的音响效果，这是独奏无法做到的。器乐合奏需要不同的乐器，而电子钢琴可以满足这一需求，课堂中学生通过各项音乐实践活动，每个班学生都能组建一支班级数码交响乐团，通过小组分工合作的方式合奏表演。例如：音乐课中，在欣赏感受复调作品风格特点时，不同能力学生采取不同的欣赏方式。电子钢琴初学者可以选择较为简单又耳熟能详的复调钢琴乐曲，用电子琴的不同音色，分两个声部合作演奏，对初学者来说既降低了难度又能体会到复调音乐风格；针对另一些作品，教师可提前做好乐器编配，将作品改为合奏，根据学生能力将学生分为主旋律组、副旋律组、伴奏和弦组、打击乐组。通过训练，初学者也能够进行简单的器乐合奏，在训练中明白团队合作的重要性，学会倾听他人的声音并与之合作。

（四）课堂展评，助力教学

有效的教学评价能够让教师了解教学进度，调整教学策略，是教学过程中不可或缺的内容。电子钢琴集体课的评价方式有三种：第一，课前评价。学生在新授课之前，通过各种演奏形式,如独奏、齐奏、合奏、接龙、分组表演等形式展示上节课所学内容,将音乐课堂变为全班参与、自我展示的舞台,是一种有效的音乐实践活动。第二,课中评价。课堂时间有限,主要从整体上进行评价,激发学生学习音乐的主动性。教师对学生的演奏进行评价,提出改进方法,讲评过程以鼓励为主,有针对性地提出技术要点及处理方法并通过自身示范,让学生明确改进内容。第三,年级交响音乐会。主要在学期末进行,对本学期或学年的成果进行检验,全部活动流程从拟定活动主题、制定节目单、任务分工到落实演出要求、撰写主持稿、准备道具服装、制作邀请函、布置场地、彩排、联排等都可交给学生自己组织安排。学生通过观摩交流展示,取长补短,学习他人长处从而弥补自己的不足。

四、以电子钢琴集体课形式组建数码交响乐团

随着我国素质教育的发展,强化学校美育的育人功能被越来越多的学校重视,很多学校想组建学生交响乐团作为艺术教育育人的突破口,但组建过程中由于诸多现实条件所限而力不从心。因此,在全国中小学中较成熟的交响乐团屈指可数,主要集中于音乐特色学校或是个别高中学校。

学生交响乐团建设滞后的根本原因有三个方面:①乐团学生招募困难。中小学学习弦乐和管乐的学生数量较少,而交响乐团中弦乐和管乐是主要演奏乐器。②缺乏专职的乐团辅导教师。交响乐团规模大且乐器种类较多,对教师的音乐专业素养要求较高,很多教师无法胜任乐团的排练及辅导工作。③学生需要大量器乐练习时间、较大的排练场地,学校还需配备相应的乐器。由此可见,中小学学生交响乐团建设对人力、物力和财力都有一定的要求。

然而,电子钢琴能发挥多种乐器音响的特点,能让学生快速组建一支数码交响乐团。数码交响乐团与交响乐团异曲同工,电子钢琴集体课对学生数码交响乐团的成立起着至关重要的作用。

(一)人员选拔

我校数码交响乐团在每周一次的社团课时间活动,学生共有 16 人,主要由电子钢琴集体课中演奏能力较强或有一定钢琴基础的学生组成。每位学生按照自己的意愿承担一至两个声部的演奏,根据实际曲目情况进行调整和优化,确保人员配置合理高效。

(二)课程内容

让学生能学到传统交响乐队中每种乐器的基础知识、欣赏世界名曲,体验交响乐队的演奏效果。以全面提升学生音乐素养为目标,在教学中选择适合中小学生的交响乐谱,比如《踏雪寻梅》《茉莉花》《青春舞曲》等中国作品;老约翰·施特劳斯《拉德茨基进行曲》、柴可夫斯基《天鹅湖》中第三首乐曲《四小天鹅舞曲》、音乐剧《音乐之声》插曲《雪绒花》等外国作品,学生通过电子钢琴合奏感受交响音乐的魅力。

(三)曲目排练

排练初期,教师先引导学生正确解读乐曲,了解曲目的创作背景、曲式结构,剖析重难

点乐段以及相关乐器声部配置等,使学生熟知所演奏的乐曲,再按照其意愿选择适合本人演奏水平的声部。数码交响乐团排练和合唱训练一样,都要先分声部排练,需要教师在各声部排练初期循序渐进地组织精细排练。分声部排练是合奏的基础,各声部训练时要明确旋律、节奏、速度、力度、弹奏指法等要素,正确演奏。

各声部合奏阶段分为小组合奏和全员合奏。有弦乐组、木管乐组、铜管乐组、打击乐组和色彩乐组,不同乐器组两两分组,分开先进行小组合奏练习。小组合奏之后是全声部合奏。分段演奏速度由慢到快再至全曲合奏。

数码交响乐团的交响作品中,高、中、低三个声部的平衡尤为重要,通过音量调控按钮在乐曲进行的过程中及时调整音量,让乐曲听起来更加和谐美妙。比如,有时增强磅礴的低音声部音量能够衬托乐曲的气势;有时凸显副旋律声部的中声部会让乐曲更灵动优美;有时增强优雅的高声部乐器音色能增强乐曲的色彩变换,演奏一首成功的数码交响乐作品,能让听者分辨出高中低三个层次的音响效果。有时因作品排练较为复杂,后期学生容易出现疲惫心理,此时教师要科学有效地设计排练计划,注意用正确的方式引导学生,避免学生心理过度疲惫。

综合本文所述,电子钢琴集体课和数码交响乐团,开辟了音乐器乐教学的新途径,让学生感受音乐、热爱音乐、表现音乐、创造音乐。就我们现阶段的教学来看,这类新型教学模式的探索是很有意义的。笔者抛砖引玉,希望这项研究能引起相关领域音乐教师的共同探索,进一步推动数字化赋能音乐课堂的普及与发展。

探索学生管弦乐团跨学段人才衔接培养体系

上海交通大学附属中学嘉定分校　隋　炜

摘要：上海交通大学附属中学嘉定分校（以下简称交大附中嘉定分校）积极践行艺术"一条龙"建设，初步形成了以本校为"龙头"的马陆镇嘉定新城内小学、初中、高中管弦乐人才衔接体系。本文以交大附中嘉定分校艺术"一条龙"管弦乐团跨学段建设为依据，为上海全面推进艺术"一条龙"人才培养，探索学生乐团跨学段顺畅衔接以及构建全学段衔接的美育新格局提供实践参考。

关键词：艺术"一条龙"；跨学段建设；学生管弦乐团

2020 年 10 月 15 日中共中央办公厅、国务院办公厅印发《关于全面加强和改进新时代学校美育工作的意见》（中办发〔2020〕36 号），对新时代艺术工作提出新的目标和要求。上海市人民政府办公厅印发《关于加强本市中小学体育艺术工作的指导意见》（沪府办规〔2019〕10 号）（以下简称《指导意见》）提出构建衔接有序的人才培养体系。随后，上海市人民政府在 2020 年 1 月发布了《上海市中小学艺术工作管理办法》，其中包括 5 个各区必选布局项目，即合唱、中西器乐、舞蹈、戏剧及美术，此外，还有若干个"非遗"、中华传统和海派项目作为补充项目。总体上，各区形成以 5 个重点项目为主，若干个推进项目为辅的"5＋X"学校艺术项目布局结构。原则上，由 1 所市实验性示范性高中阶段学校按照项目与至少 2～3 所初中、4～6 所小学共同组成一个基本的学校艺术项目"一条龙"布局单位，在师资队伍、课程教学、场地设施、科研及评价等方面形成相关项目的高品质、系统性供给，推动实现各学段间培养的有序衔接。构建艺术"一条龙"布局单位，是对学校艺术教育的更高要求和系统化安排。

交大附中嘉定分校在 2021 年成为上海市首批艺术"一条龙"人才培养体系高中阶段学校之一，同年将原校室内乐团正式更名为"上海交通大学附属中学嘉定分校管弦乐团"。乐团就是按照上海市《指导意见》中，积极构建有序衔接的人才培养体系的要求而组建的，力争在短时间内带领乐团在专业技术水准上达到较高水平，并起到引领、示范作用。2022 年根据上海市高中阶段学校招生考试总体安排，该乐团在全市范围内招收艺术骨干生，同年被评为上海市学生艺术（分）团。截止到 2023 年，共录取 18 名艺术骨干生，但是这 18 名艺术骨干生均为外区生源，作为嘉定区艺术"一条龙""龙头"学校，招收的本区生源却为 0，探索管弦乐团跨学段人才衔接培养的任务迫在眉睫，同时大量有艺术才艺的小学、初中学生因升学而放弃乐团排练,甚至放弃器乐学习以及不同学段的学校乐团之间艺术教育目标的不连贯性、教学资源的不均衡分配、师资力量变化等问题亟待解决。作为市级首批艺术"一条龙"学校、嘉定区唯一一所器乐"龙头"学校,寻找和研究构建"学生管弦乐团跨学段人才良性、有序衔接的体系",交大附中嘉定分校责无旁贷。

【概念界定】

艺术"一条龙":原则上,一所市实验性示范性高中阶段学校按照项目与一定数量的初中和小学共同组成一个基本的"一条龙"布局单位,在课程、师资、场地、科研及评价等方面,形成相关项目的高品质、系统性供给。由此形成一个连续的艺术教育体系,其中学生可以在不同学段顺畅过渡,同时保持艺术学习的连贯和深度。

"跨学段建设"指在这个连续体系中,不同学段之间的教育资源、课程内容和教学方法的有效对接和整合。

学生管弦乐团是学生大型艺术社团,一般包括数十种不同类别的乐器,由于它们都有着各自不同的特色,需要专业作曲家对它们的音色进行合理的调配。一个编制较完整的学生管弦乐团一般需要 70 位以上的同学组成。

一、构建跨学段人才衔接培养体系的基础和条件

(一)领导重视

作为嘉定区首个市级学生艺术团,嘉定区教育局、马陆镇教委、学校领导都特别重视交大附中嘉定分校管弦乐团,在组织建设、招新政策、专家引领、经费保障等方面全力支持。

(二)条件保障

学校有艺术专用教室和排练厅 9 间,琴房 6 间、乐团仓库 50 平方米,最大排练厅面积为 443 平方米,255 人座位小剧场,1672 平方米的报告厅配 1920 * 1080 分辨率的显示屏和一流的音响与灯光设备。

(三)队伍基础

目前嘉定区有管弦乐特色的初中和小学很多,据不完全统计,有 30 多所学校有管弦乐队伍,为我们探索跨学段培养提供了可能性。

(四)初、高衔接经验

交大附中嘉定教育集团的集团化办学,为艺术"一条龙"管弦乐跨学段培养艺术骨干生提供了具体的、可实施的操作平台。交大附中附属嘉定德富中学、交大附中附属嘉定洪德中学,作为我们同一集团下的两所初中,已进行过初、高中各学科跨学段课程与活动,其中管弦乐团已经进行了一年的跨学段实验探索,可以将这些经验进一步推广和完善。

二、构建跨学段人才衔接培养体系的方法和策略

（一）跨学段人才衔接培养体系的组织领导

交大附中嘉定分校所在的马陆镇嘉定新城,优先在辖区内进行探索"一条龙"布局单位建设的实践。2022年该区组建了"乐马交响乐团"(见图1),确定以马陆镇教委主任为项目主任,交大附中嘉定分校党委书记担任总团长,共有7所初中、小学参与了区域性艺术"一条龙",7所学校校长任本校管弦乐团团长,专门成立了云谷艺体中心直接对接8所小、初、高管弦乐团"一条龙"衔接工作的具体事务(见图2)。

以交大附中嘉定分校牵头,带动交大附中附属嘉定德富中学、交大附中附属嘉定洪德中学、嘉定区新城实验中学、嘉定区普通小学白银路分校、嘉定区德富路小学、嘉定区新城实验小学、嘉定新城普通第二小学成为该项目布局学校,2022年9月正式组建跨学段乐团,共有高中生34人,其中艺术骨干生8人,小学、初中生16人,共计50人参与,艺术"一条龙"的雏形形成。

交大附中嘉定分校管弦乐团2022年、2023年在全市范围内共招收艺术骨干生18名;从2023年6月开始在全市范围内招收小学、初中预备团员2次,共计招收预备团员46人。2023年9月交大附属嘉定实验学校加入,"一条龙"进一步发展壮大。到2023年12月交大附中嘉定分校管弦乐团A、B团成员有高中生25人,初中生37人,小学生9人。

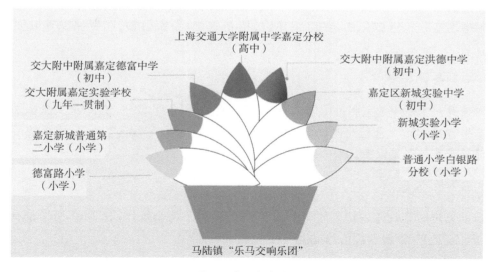

图1　乐马交响乐团

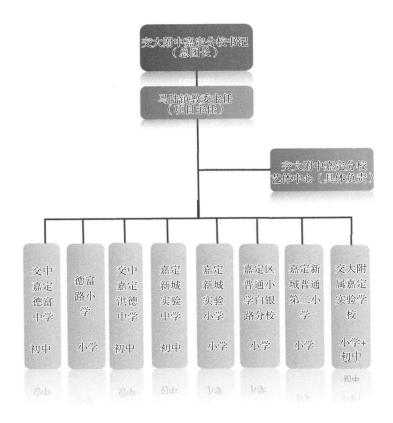

图 2　交大附中嘉定分校艺术"一条龙"组织架构

（二）管弦乐团跨学段人才衔接培养体系搭建

1. 跨学段梯队结构

交大附中嘉定分校管弦乐团实行跨学段"一条龙"梯队化专业人才管理。目前乐团共有 A、B、C 三个团（见图 3），同时设置了每学期考核评优及晋升制度。A 团为正式团员（龙头），须是 8～12 年级在团在籍的上海市学生艺术团团员；B 团为预备团员（龙身），为通过我团每学期招新测试的同学，参加测试范围为全市 4～11 年级有管弦乐特长的同学；C 团为储备团员（龙尾），主要是布局初中、小学乐团内的 1～6 年级的艺术储备人才。

2. 跨学段梯队选拔

B 团在团满一年且每学期考核合格以上者，可被推荐参加上海市学生艺术团团员资格确认考核，通过者即为 A 团团员。C 团主要在布局初中或小学乐团参加排练，B 团每学期会针对 C 团团员进行选拔，在此基础上建立学员成长手册。

A、B、C 三团的建设，搭建出区域内艺术"一条龙"管弦乐人才衔接框架，构建了管弦乐跨学段艺术一条龙"螺旋上升式"培养模式（见图 4）。

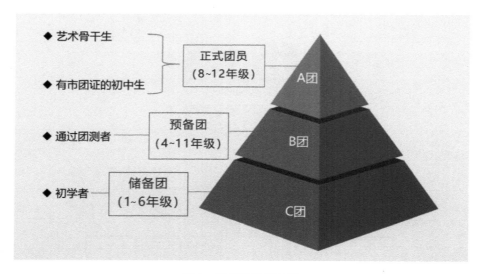

图 3　跨学段梯队结构

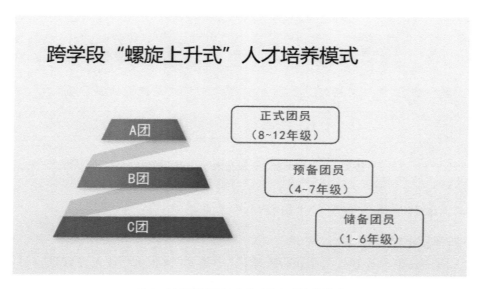

图 4　跨学段"螺旋上升式"人才培养模式

3. 跨学段课程建设

在梯队三团建设基础上,做到理念一致、风格统一的课程共建,保证三团递进式音乐素养训练,推进递进式基本功训练,并形成三团之间老带新、高带初的优良传统。

在一致的目标理念下,通过经验分享,互动研讨,重点落实于"课程"。

A、B 团每位团员每学年课程安排为 260 课时:平时为 4 课时/周;寒暑假分别是 8 课时/天的集训。

学生管弦乐团由于乐器和声部众多,因此乐团课程实行专业课"2+2"模式。A、B 团须统一参加交大附中嘉定分校管弦乐团每周五 17:00~20:00 的"2+2"专业课学习(见图5)。其中声部课 2 课时为:根据不同乐器、不同声部、在团同学相应专业水平和能力实行小班化分层教学,课堂中对每位同学进行专业指导、布置相关作业后进行声部课合排或重奏课程教学,再布置声部或重奏作业,目前 A、B 团共有 14 位声部老师。合排课 2 课时为:乐团合奏课程,专业指挥上课的同时,各声部教师均旁听并及时帮助纠正各自负责学生出现的各类专业问题,让每位团员得到最有效的指导,提高乐团合排效率。

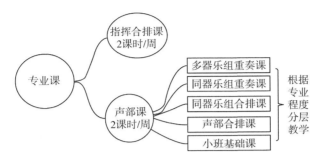

图 5　专业课"2+2"

C 团(布局校乐团)除根据训练计划参加本校乐团排练外,每月还有固定周次参加交大附中嘉定分校跟团课,同时结合不同器乐项目参加布局项目内乐团的大师课、精品课、重奏课等课程(见图 6)。

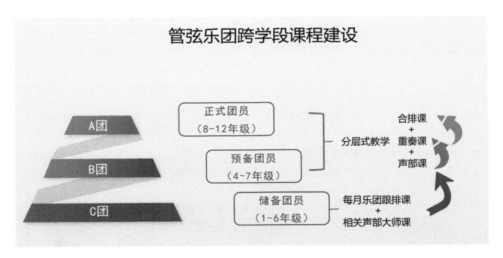

图 6　跨学段课程建设

(三)完善跨学段建设全过程　保障多学段有序衔接

1. 完善工作机制　保障跨学段建设开展

交大附中嘉定分校书记任乐团团长、分管校长任副团长,同学生处和云谷艺体中心直接分管、统筹 A、B、C 团各类各项工作有序、规范开展,其间不断完善跨学段管弦乐团的各类规章制度,先后制定了《上海交通大学附属中学嘉定分校管弦乐团招收艺术骨干生资格确认评价工作方案》《管弦乐团规章制度》《招收预备团员工作方案》《A、B、C 团考核、晋升方案》《管弦乐团业务督导工作制度》《乐团业务质量评价办法》等,不仅保证了乐团每次选拔、招生、晋升的公平性、公正性,不断提升布局项目内各乐团的业务质量,还不断完善多学段衔接工作的具体步骤和操作方案,逐步完善了跨学段建设的各项工作机制。

布局学校艺术教育例会制度。云谷艺体中心召集布局学校定期召开艺术教师会议,讨论布局学校内的各项艺术活动,合理分配资源,建立团员成长信息库,研讨各学校乐团特色发展情况、C团团员成长情况以及每学期A、B团团员编制增减情况,并及时做出调整,在促进艺术团多学段乐团协调有序发展的同时也提升了整体的专业质量。

2. 强化培养过程　推进跨学段建设实施

在跨学段人才培养过程中,探索并形成了"三关注"的过程监控机制:关注教学计划、关注日常训练、关注艺术实践。系统的培养计划、详尽的乐团与声部课程计划、完备的声部课记录册、合排课记录册,这些将全面记录每位团员在乐团学习的情况,每学期将根据学生的课程表现、演出和参赛情况,对每位团员进行过程记录,精心培养各学段艺术人才。

3. 完善评价制度　提升跨学段人才质量

为全面、系统地追踪记录各乐团每位同学的成长情况,云谷艺体中心设计了5维立体"团员成长手册"(见图7),布局单位内各乐团的专兼职教师将从政治思想、文化成绩、专业课程、参赛表演、生活社交5个方面全方位记录A、B、C团每一位团员在不同学段的成长情况,并及时为他们做全面、及时的指导,形成一个连续的艺术人才成长评价体系,让不同学段的团员可以在A、B、C团中顺畅过渡,保持艺术学习的连贯性和一致性;同时,各团专兼职教师通过"团员成长手册"也可以快速、全面地了解"一条龙"布局校各团团员的各方面情况。

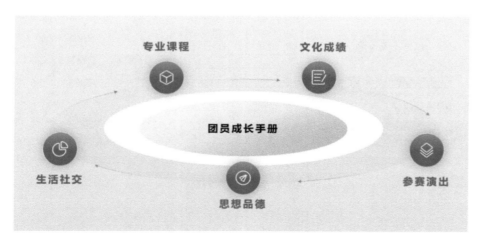

图7　团员成长手册

（四）整合多种资源　实现跨学段学校互补共赢

1. 教研联动　整合跨学段师资

统筹整合同一布局单位内乐团专兼职教师、专业资源,开展跨学段管弦乐团联动教研培训机制,共同提升专兼职专业教师或带团教师的专业能力。目前,"一条龙"布局中的初中、小学乐团均以培养优秀管弦乐团后备人才为指导思想,根据上海市学生艺术团管弦乐团比赛、展演要求,每学年在云谷艺体中心带领下,统一制定本体系内的人才规格、考核选拔标准;统一规范各团、各校专兼职教师的训练思路、训练计划、训练方法、训练难度等;统一各团同级别同类别乐器考核内容、考核标准、考核模式、评价模式等,完善"一条龙"人才培养自下而上逐级输送有序衔接的体系。

2. 资源共享 实现跨学段互补

"一条龙"布局单位内的学校建立有效的资源共享机制,包括日常和寒暑假训练中的专家师资、乐器、场地以及学生训练档案、测试、比赛、展演及文化成绩等资源共享,促进各学段间艺术人才培养的有序衔接。A、B团主要由交大附中嘉定分校保障师资、场地、谱架、常规大件乐器;C团主要由布局体系内初中、小学乐团承担场地布置、部分排练等。

3. 社会联动 引领跨学段发展

充分利用本市文化与教育的资源优势,积极引进各大艺术项目专业领域的名家,以"专业成长、示范引领、教学研究、共同发展"为宗旨,发挥名师名家的示范引领作用。交大附中嘉定分校曾聘请上海音乐学院大提琴专家、博士生导师李继武教授和上海音乐学院副教授、硕士生导师,上音附中室内乐学科主任赵晓鸥老师为乐团进行过多次大师班讲座。每学期的大师课、名师师范讲学、专题对话论坛、教学实践研讨、艺术家指导排练与演出、声部精品课等活动,通过艺术家进驻高水平学生艺术团,为管弦乐"一条龙"各乐团量身定制专业目标,保证各分团总体方向和各类器乐在各学段演奏技巧的质量和水平。

三、构建跨学段人才衔接培养体系的优势与成效

(一)上海艺术"一条龙"人才衔接培养体系的自身优势

1. 辐射引领更具号召力

上海市艺术"一条龙"首批艺术"龙头"学校均为各区的市示范性实验性高中学校,这些学校大多又同时拥有市级学生艺术(分)团,这样的市示范性实验性高中的"龙头"学校在辐射引领、联动社会资源、联合教研等跨学段艺术特色建设中更具影响力。

2. "艺术+升学"两手抓

市示范性实验性高中的艺术"一条龙"人才培养衔接体系,可以更好地实现"艺术特色"发展和升学两手抓、两手硬的任务,也为有艺术才能的小学生、初中生未来学业和专业发展,明确了一条前进和奋斗的方向。

(二)探索跨学段人才衔接培养体系的成效

1. 共享资源 特色突出

A、B、C三团在跨学段教学过程中,布局校之间交流密切,大型艺术活动策划、三团团员成长记录册等信息填写需要大家共同完成,辐射范围内的校际资源共享更加频繁,以市级学生艺术团交大附中嘉定分校的师资、场地及相关资源为依托,不断拓展C团学员团校

优质资源,在实现了布局校乐团专业水平提升的同时,也凸显各布局校乐团专业特色。

2. 跨越学段 技能提升

A、B、C 团在考量不同学段学生特点的同时,又充分考虑每位学生本身的专业水平和能力,让每个有艺术才能的孩子接受适合自己水平的专业训练。尤其是 A、B 团团员的教学其实是打破常规年级的限制,将专业水平相当的孩子放在同一时空内进行专业学习活动。

在交大附中嘉定分校的 A、B 团声部课中经常可以看到初中生,甚至是小学生与高中的同学共同进行专业切磋。可以看见同类乐器团员自行发起的"打擂赛",比如目前的交大附中嘉定分校乐团打击乐声部共有 9 名同学,其中高中生 3 名,初中生 4 名,小学生 2 名,经常是一位四年级小学生与一位高二同学,两人一人一个小军鼓,边打边对视,并不断叫着:双跳、复合跳、backstick、flamdrag、paradiddlediddle……不断变化出更加复杂和密集的节奏。感受节奏带给他们快感的同时又是一场双向教育:一方面,演奏同一乐器的初中生和高中生为小学生不惧困难,敢于挑战高年级同学的精神所鼓舞,高中打击乐声部同学最常说的一句话就是:"四年级小朋友对艺术这么执着,对未来目标这么明确,作为市重点高中学生的我,一定不能松懈。"另一方面,小学生、初中生在与我们学校高中生的沟通交流中,可以更加直观地了解示范性实验性高中的生活,同时会去观察甚至去模仿这些优秀的高中生在高考学业压力下是如何处理自己的学习与爱好之间关系的。

跨越了学段的乐团团员们通过面对面交流、共同练习、探讨总结技巧等形式,专业上强强联合,形成合力。

3. 衔接连贯、目标明确

艺术"一条龙"管弦乐团这种跨学段的艺术人才培养,不仅避免了以前的艺术生流失问题,也解决了不同学段的学校乐团之间艺术教育目标不连贯、教学资源分配不均衡、师资力量悬殊等问题,使得学生管弦乐团各学段团队培养目标更明确,人才衔接培养更持续、连贯、统一。

四、未来展望

根据上海市艺术"一条龙"项目的要求,建构 A、B、C 三团培养目标与内容,达成共识、寻找趋同路径,推进艺术人才培养目标衔接、教学内容融合和教学评价的连贯性,体现各学段内容的层次性、衔接性和递进性,反映整体和局部的协同作用,促进小学、初中和高中的有机衔接,从而形成一个循序渐进、螺旋上升、全面联动的人才培养框架。

希望更多的学校和艺术老师加入管弦乐团跨学段的研究中,同时希望在艺术人才培养的连贯性、持续性和系统性问题上,能不断扩大学生管弦乐团跨学段研究的范围。

(一)纵向:向上向下扩大艺术"一条龙"的跨学段范围

开展丰富多彩的管弦乐体验课程,培养幼儿管弦乐兴趣爱好;加强与大学交响乐团的联系,积极搭建交流平台,实现从幼儿园到大学的全学段艺术"一条龙"管弦乐团人才培养体系。

（二）横向：将跨学段的辐射范围扩大

不断扩大跨学段学生管弦乐团的范围，地域范围扩大至全市甚至更大范围，研究范围扩大至器乐社团、其他艺术社团等，关注艺术人才培养的持续性有序衔接，让更多学生参与艺术社团、参加更多的艺术实践，让更多的学校形成艺术特色，让更多的人关注艺术教育，凝聚共识，营造学校美育发展的良好社会氛围。

加强学生管弦乐团建设是学校艺术工作的重要组成部分，也是上海市学校美育发展"十四五"规划的重要任务，更是新时代学校深化教育改革、丰富艺术实践活动的要求。构建跨学段人才培养的有序衔接体系不仅可以推进学生管弦乐团持续性、连贯性、系统性建设和发展，更是强化学校美育全过程的育人功能，实现五育并举的积极探索。

新时代音乐教育的多元融合
——山东省济宁市中小学美育改革创新与发展

山东省济宁市教育科学研究院　赵　阳

摘要：音乐教育作为中小学学科体系中的一部分，其地位和教师专业素养的提升问题逐渐受到关注。本文以山东省济宁市中小学音乐教育的改革创新为例，探讨了建立协同培养新机制，提高教师培养质量的重要性。特别是通过"仁之声"教师合唱团的活动，展示了音乐教育与其他学科、传统文化和心理健康教育的多元融合及其在提升学生审美素养和促进学生全面发展中的作用。

关键词：音乐教育；教师培养；多元融合；美育改革；山东省济宁市

一、引言

2023 年，《教育部关于全面实施学校美育浸润行动的通知》中，提出了"教师美育素养提升行动""艺术实践活动普及行动""社会美育资源整合行动"等八项举措，对艺术教育提出了新的要求。音乐教育是中小学美育的重要组成部分，对于培养学生的审美素养、创新能力和团队协作精神具有不可替代的作用。然而，当前我国中小学音乐教师的专业素养普遍偏低，且缺乏有效的培训和提升机会。针对这一问题，济宁市采取了一系列改革措施，旨在建立区域协同培养新机制，提高音乐教师的专业素质和教学创新能力。

二、音乐教育的多元融合

（一）音乐课与多种社团的融合

音乐本身就是一门综合性很强的学科，不仅包含历史、文化、语言、社会学等人文学科的内容，也涵盖物理、数理等自然科学的内容，如在中小学生各门课程中，语文、历史、地理、生物、数学、体育等都或多或少与音乐有着一定的关联，这也使得音乐教学与这些课程之间的联系成为可能。因此，我市在美育改革创新中充分运用了这些关联，进行音乐课与各类社团的多元融合。

以"仁之声"戏剧舞蹈团团员杜鹏、武菲菲、李亚楠老师在济宁一中和济宁学院附中（高新校区）开设舞蹈、戏剧社团为例，舞蹈、戏剧节目编排充分体现了各学科的渗透与融合。经过编排，他们巧妙地将话剧《茶馆》、课本剧《小英雄雨来》等音乐舞蹈剧搬进音乐课堂,不同社团互相借鉴、互相补充、互相促进,在校园中创造了良好的艺术环境,让整个校园充满了艺术氛围与气息,有利于培养学生的艺术素养。

以"仁之声"合唱团团员徐林林老师在金乡县实验小学建设京剧特色社团为例。该校编撰教材、开设课程,构建少儿京剧教育校本课程体系;外聘强援,内招硬手,建设高素质、专业化京剧教师队伍;建设京剧社团,以活动育人,助推学校京剧教育发展,全力打造京剧特色学校。经过不懈的创新突破和脚踏实地的拼搏奋斗,目前该校少儿京剧事业的成绩可圈可点。

为解决师资问题,该校实施"请进来,走出去"战略。该校向县政府申请,按照特殊专业人才引进的方式特招研究生徐林林,本科生孟晓、杜鑫、胡依琳四位老师作为京剧专职教师。聘请中国戏曲学院姚志强主任、国家京剧院一级演员孙培鸿、清华大学艺术教育中心主任赵洪、山东艺术学院戏曲学院院长王文清、中国戏曲学院优秀毕业生朱登、优秀戏曲演员盖学泉等二十余位高校领导、专家教授和演艺人员担任京剧顾问或校外辅导员。

为提升教师团队的专业能力,我市多次选派骨干教师参加中国戏曲学院、北京传统文化促进会组织的教学师资培训。2014年,学校开发少儿京剧特色课程,并公开出版发行校本教材《走进京剧》,荣获山东省首届特色课程评选一等奖;2018年修订版《走进京剧》,内容更加丰富,也更适合师生学习。

在课程实施上,采取"课程选修、走进课内、班队活动、社团组织、参演参赛"五种途径助推少儿京剧教育良性发展。坚持每个星期在各班级至少开设一节京剧课,结合小学生年龄特点和身心发展规律,按照"兴趣培养""唱腔教学""身段教学"三级目标组织教学。

通过"京剧与国家课程整合""京剧教育与德育融合",把语文、英语、品德教育、美育等融入课程建设,构建了独具魅力的京剧特色课程。

(二)音乐课与中华优秀传统文化的融合

济宁市音乐教育与中华优秀传统文化融合主要采取了两种形式。

一是开展高雅艺术进校园活动。自2019年至今,在山东省教育厅与山东省歌舞剧院的大力支持下,我市在全市各中小学校开展民族歌剧《沂蒙山》演出、大型交响乐演出、大型民乐演出、经典话剧演出,广大师生以活动为契机,在艺术学习的过程中了解中华文化变迁,触摸中华文化脉络,汲取中华文化艺术的精髓,走进艺术、感受经典、陶冶情操、提升境界。此项活动规模大、涉及范围广,在省内尚属首例。

二是将礼乐融入美育。"兴于诗,立于礼,成于乐",正是说人生修养融于礼乐之道的关键是"乐教"。"礼乐"的目的在于教化、诱导人向善向美,通过教育感化,使学生内化"仁、义、礼、智、信"等社会道德。以济宁学院二附小开展的礼乐浸润校园活动为例,该校收集整理古今诗词歌赋优秀作品编订为美育校本教材,以古琴作为乐教教具。打造礼乐特色课程,开展"孔庙雅乐"等丰富多彩的传统文化活动,该校被教育部评为第三批全国优秀传统文化传承示范学校。

2023年9月,由济宁市"仁之声"教师合唱团原创并演唱的中国第一部以《论语》为题材的无伴奏合唱套曲在北大百年纪念讲堂精彩亮相。在首演过程中,老师们出色的演唱技巧和艺术表现力,让现场观众沉浸式感悟《论语》中所传达的修身、齐家、治国、平天下的儒学思想。现场观看演出的北大师生纷纷表示,这场别开生面的演出让他们在欣赏美妙音乐的同时,也对《论语》中蕴含的智慧有了更深入的理解和感悟。济宁市"仁之声"教师合唱团老师们高水平的专业能力和积极向上的精神面貌充分展示了孔孟之乡教师的风采!

演出结束后,全国著名作曲家、作词家、歌唱家以及儒学研究专家对该文化项目的提升、推广、传播进行了广泛深入的研讨和交流。首都师范大学作曲家尹铁良对济宁市"仁之声"合唱团给予高度评价,并表示无伴奏合唱套曲《〈论语〉节选》与传统的合唱形式不同,采用无伴奏方式进行演唱,更能突显人声的纯粹和表现力,这种创新给听众带来了全新的视听体验,同时也是对演唱者们演唱技巧与配合度的巨大挑战。著名作曲家伍嘉冀先生对尹铁良在音乐构思和创作过程中所展现出的艺术才华表示赞赏的同时,对济宁市"仁之声"教师合唱团的声乐水平与合唱能力进行了高度赞扬,认为这是一支国内高水平的学术型团队,合唱团通过丰富多彩的民族调式,渗透人工音阶、对称音阶,使用民族和声、各类型复调,还有贯穿于全曲的"诵读式"旋律线条,完美地诠释了这部无伴奏合唱套曲。与会专家对作品与合唱团给予高度评价,并对该文化项目的进一步提升提出建设性意见。下一步,济宁市"仁之声"教师合唱团将继续提升专业水平、提高教师的业务能力,通过合唱的形式,将《论语》蕴含的道德内涵和思想智慧向全市中小学生普及。

（三）音乐课与青少年心理健康教育的融合

音乐教育可以通过各种艺术形象来启迪智慧、陶冶情操,促进学生智能、情感的和谐发展,具有其他学科所不能替代的特殊意义。音乐教育与青少年心理健康的融合可以更好地促进中小学生心理的良性发展。济宁市"仁之声"教师合唱团建立了音乐疗愈心理建设工作室。该工作室运用不同的音乐类别培养青少年活泼乐观的性格,疏导部分青少年的心理问题。不同的音乐可以对人的心理产生不同的影响,如欢快的音乐能使人高兴、积极,抒情的音乐能使人情绪舒缓等;而在生理方面,如心率、血压以及脑电波等,都会受到音乐情绪的影响。另外,音乐的节奏可以明显地影响人的行为节奏和生理节奏,例如呼吸速度、运动速度。同时音乐也是一种独特的交流形式,虽然一首歌的歌词可以传达一些具体的信息,但是对于音乐而言,最重要的意义交流是非语言的。

以合唱团团员刘明、娄敏老师在济宁市育才中学开展的"美好音乐疗愈法促进高中生心理健康疏导创新课题"为例。该校针对高中生心理压力大、抗挫折能力弱、人际关系不和谐、沉迷网络等问题,运用音乐治疗学的原理,将音乐的独特魅力和功能渗透于中学生心理健康教育中。将音乐疗愈渗透到学校的音乐课堂教学活动中,既提高了学生的音乐审美能力,又可以使学生学会运用音乐去抒发和表达自己的情感和情绪,从而促进其身心健康发展。

（四）创新型大赛与美育评价的融合

为推动美育教师配备,促进美育课程开设,改善美育条件,促进学生审美素养提升,济宁市充分发挥大赛、活动的杠杆和导向作用,以活动促练习、以大赛促提升。创新型大赛主要通过两种形式与美育评价相融合。

一是以赛促学,开启向美之门,让孩子在成长过程中发现最好的自己。主要体现为举办中小学生艺体大赛,并制定《济宁市中小学生体育艺术大赛实施方案》,建设"济宁市中小学生艺体大赛管理系统",完善艺体大赛工作流程。比赛共设体育、音乐、美术、书法四项,内容全部来自中小学教材。比赛分年级进行,从小学至高中,去除初三、高三年级共有10个年级,每所学校每个年级以班为单位逐级进行比赛。比赛分为四级:一是校级比赛,每所学校每个年级通过比赛选拔 1 个班参加乡镇比赛;二是乡镇级比赛,每个乡镇每个年级选拔 1 个班参加县级比赛;三是县级比赛,每个县每个年级选拔 1 个班参加市级比赛;四是市级比赛,将 10 个年级的比赛交给 10 个县市区承办,每县承担 1 个年级的比赛,市教育局统一选配评委,统一比赛时间。据统计,全市 2.8 万个班的近百万学生参与比赛活动,其中市级比赛参赛学生达 6400 多人。最终每个年级评选出 1 个特等奖、3 个一等奖。获特等奖班级的四科指导老师全部授予"济宁市教学能手"称号;获一等奖班级的四科指导教师授予"济宁市教育教学先进个人"称号;获特等奖、一等奖的学校授予"济宁市艺体教育特色学校"称号。济宁市中小学生艺体大赛这一创新性做法极大促进了美育的发展,在 2020 年被评为"山东省教育改革十大创新案例"。

二是以节促优,拓宽向美之路,让每一个孩子都能踏上出彩的舞台。济宁市学校艺术节已连续举办十一届,设艺术作品类(含美术、书法、摄影、篆刻等)和艺术表演类(含器乐、舞蹈、合唱、戏剧、朗诵等)活动,其中优秀艺术表演类作品集中进行五场展演,参演学生和观摩人员达 31000 多人。更多学生在这个过程中感受美、表现美、鉴赏美、创造美,绽放艺术之花,筑梦未来。

三、实施效果与展望

通过以上多元融合的音乐教育实践,济宁市中小学生的审美素养得到了显著提升。2019 年至今,"仁之声"教师合唱团蝉联五届山东省教师合唱展示活动一等奖(其中三届冠军);2020 年在北京国际合唱节获得一等奖,是山东省唯一获得一等奖的合唱团。2021年 7 月,"仁之声"教师合唱团代表山东省参加第十六届中国合唱节,以优异的成绩在全国82 支合唱团中脱颖而出,斩获金奖,并应邀参加全国合唱节闭幕式展演;10 月中旬,参加了第七届济南国际合唱节,180 支合唱团激烈角逐,"仁之声"教师合唱团以突出的成绩夺得成人混声组金奖。2022 年 7 月,在第十六届中国国际合唱节中,济宁市"仁之声"教师合唱团、济宁市"仁之声"童声合唱团双双喜获金奖;10 月,在山东省"喜迎二十大 放歌新时代"合唱展演中再获金奖。2023 年 7 月,济宁市"仁之声"教师合唱团代表山东省参加中国"聂耳杯"合唱大赛再获金奖,连续两年受到中共济宁市委办公室、市政府办公室的通报表扬,并被团市委评为"济宁市青春担当好团队"。同时,音乐教师队伍的整体素质也得到了提高,为全市的美育工作提供了有力保障。此外,创新举措也为济宁市的美育工作带来了新的机遇和挑战。未来,济宁市将继续深化音乐教育的改革创新,积极探索更多元的融合方式,以适应时代发展的需求和学生个性化发展的需要。同时,加强与国内外其他地区的交流与合作,借鉴先进的经验和做法,推动济宁市中小学音乐教育向更高水平发展。

此外,"仁之声"教师合唱团发挥金色种子的作用,由市级合唱团成员组建县级教师合唱团,由县级教师合唱团组建学校学生合唱团,由市团带县团,以县团组校团,目前市级合唱团已经发展到 198 人,带动县市区成立了总人数达 1000 余人的 13 个教师合唱团,789所中小学校组建了学生合唱团,合唱这种艺术形式正在济宁蓬勃兴起,广大学生、教师得到艺术修养和精神修为的双丰收。

四、结论

音乐教育是培养学生全面发展的重要组成部分,其多元融合的实施有助于提高学生的审美素养和创新能力。济宁市在中小学音乐教育改革创新方面进行了积极探索和实践,取得了显著成效。通过建立协同培养新机制、促进音乐教育与其他学科和传统文化的融合、音乐教育结合心理健康教育和创新型大赛等形式,济宁市的音乐教育呈现出多元化、开放性和创新性的特点。这不仅有助于提升学生的综合素质和促进学生的全面发展,也为我国中小学音乐教育的改革与发展提供了有益的借鉴和启示。

学术性高中创建助力管乐"一条龙"布局项目

——上海市市西中学管乐课程建设

市西中学　张　韵

摘要：本文旨在探索在上海市艺术"一条龙"布局项目和市西中学学术性高中创建背景下，管乐贯通课课程建设、"一条龙"人才培养的联动衔接。

关键词：管乐课程设置；学术性高中；贯通课；学术探究日；一条龙衔接

2019年8月，上海发布的《关于加强本市中小学体育艺术工作的指导意见》指出，原则上，一所市实验性示范性高中阶段学校按照项目与一定数量的初中和小学共同组成一个基本的"一条龙"布局单位，在课程、师资、场地、科研及评价等方面，形成相关项目的高品质、系统性供给；同时指出，结合"一条龙"布局，统筹考虑专业能力和文化学业成绩，做好各高中阶段相关学校招收培养优秀体育学生或艺术骨干学生工作。自2022年起，各"一条龙"高中阶段学校开展优秀体育学生和应届优秀艺术骨干学生的招收培养工作。同时，要加强义务教育阶段不同学段学校间的培养衔接，推进优质体育艺术训练课程、师资及场馆设施等资源共享，进一步为学生参加体育、艺术排练创造条件，在符合入学政策的前提下，研究探索跨学校的优秀体育学生和艺术骨干学生培养机制。

上海市市西中学源于1870年创建的"尤来旬学校"，1953年成为上海市重点中学，2004年成为上海市实验性示范性高中。2021年市西中学启动学术性高中创建，聚焦学生学术素养的培育，更好地促进每一位学生的优势发展。上海市市西中学管乐团成立于1995年，多年来，乐团在几代市西人的努力下不断成长，成果斐然，市西中学管乐团也成为学校文化艺术的名片。2021年，上海市市西中学成为首批市级艺术"一条龙"布局高中学校，经过两年的实践探索，在"一条龙"人才培养的联动衔接以及招生方面形成了具有市西特色的模式。

以习近平新时代中国特色社会主义思想为指导，为全面贯彻党的教育方针，深入贯彻《关于全面加强和改进新时代学校美育工作的意见》《深化新时代教育评价改革总体方案》等文件精神，落实《关于加强本市中小学体育艺术工作的指导意见》《上海市中小学艺术工作管理办法》和《上海市教育委员会关于本市学校艺术"一条龙"人才培养体系首批布局项目及做好相关建设发展工作的通知》等文件要求，进一步深化市西中学和联动单位学校的艺术工作改革与发展，构建衔接有序的人才培养体系，在课程、师资、场地、科研及评价等方面形成具有联动性、衔接性、延伸性的系统化规模，经研究，以下述途径进行模式探索与改革。

一、坚持面向人人,加强优质美育课程建设

为了推进学校全覆盖、多样化、高质量的美育课程体系建设,学校整合现有资源,以学校美育课程带动乐团发展,再以乐团成长不断反哺学校美育教学工作。

首先,保证"面向人人"的艺术基础课程,涵盖了高一至高三年段,延续而完整地为学生构建美育核心素养培育的基本框架。

其次,提供多层次的"艺术审美体验",学校将继续建设优化"早安市西""午安市西"经典乐曲作品欣赏课程,帮助学生积累作品量,扩大听识面,增强对高雅音乐的欣赏能力;在"五育并举""跨学科跨文化文学研究"的理念指导下,各类艺术选修课程开齐开足,拓宽学生艺术视野,提升综合素养;丰富的学校社团涵盖多种艺术门类,为学生提供多元化的选择,从兴趣出发逐步提升艺术欣赏水平和审美能力。

二、学术性高中特色贯通课程打破时间空间局限,优化乐团排练

每周五的市西学术探究日打破年级界限、打破学科边界、打破教师学科差异,学生可以自主、自由、充分选择开展各类学习活动。根据乐团训练的需要,学校安排了周五整个下午的时间开设乐队贯通式课程,并对课程的有效组织、课程的结构化和整体化进行实践研究。

表1 市西中学管乐贯通课程安排

课程名称	课程时间	授课教师	课程内容	课时数
分声部重奏排练课程	周五 14:28—15:48	外聘专家和校内指导教师	解决乐曲难点、加强声部合作	2
乐团合排课程	周五 15:50—17:20	外聘专家和校内指导教师	搭建框架、提出要求、提升效果	2

此外,每周中午还有3次(每次30分钟)固定的基础训练,在学校负责老师的监督指导下,团员能够保质保量地完成专业老师布置的任务,有效提高自身专业水平,从而提升整个乐队的基础实力。

表2 市西中学管乐基训课程安排

课程名称	课程时间	授课教师	课程内容	课时数
基础训练课程	周一、三、五 12:15—12:45	校内指导教师	基础练习和个人技术提高	2

三、外聘高水平专家,提升课程品质

学校成为管乐"一条龙"龙头学校以来,乐团课程的师资等有了大幅度改善。目前,我校外聘国家一级演员、原上海交响乐团长号演奏员、华师大音乐系硕士生导师——师鲁嘉,负责铜管声部课程;上海申城爱乐交响管乐团副团长、曾任教于法国圣沙蒙音乐学院

的青年音乐家——姜汉超,负责木管声部课程。校内专职教师张韵老师有多年市级乐团指导管理经验,除协同外聘专家共同完成4课时的乐队排练外,还开设了音乐常识及背景辅助课程(新乐曲排练前)。学校还定期邀请上海交响乐团专业演奏员、上海学生交响乐团专业教师等参与指导。校内外艺术教师通力合作,乐团领队和指导教师团队每学期举行三次例行会议,就乐队近期情况和工作进行汇报交流和研究,专人对会议内容进行记录,合力增强龙头学校的教学力量。

同时,学校进一步培养校内师资,坚持推荐校内青年音乐老师参加艺术"一条龙"专业教师暑期培训、上海管乐家协会的指挥大师班培训、上海市艺术辅导员培训、上海交响乐团联盟的音乐会学习观摩,加强校内教师专业指导和管理能力。

四、学术探究日全方位多维度培养管乐项目"好苗子"

在市西中学创建学术性学校的背景下,学校优化统整乐团选修课、音乐社团、微型讲座、演出实践活动、研究性学习等,形成有阶梯、有层次的探究日系列活动,成为培养学生学术素养的重要手段,也是市西中学教育教学改革的重大举措。

学术探究日的乐团课程架构分为四个部分。

(一)乐团选修课

分层辅导,兴趣专业齐步走:安排在每周探究日第6、7节课进行,高一、高二年级打通,混龄学习。选修课面向对音乐、器乐演奏学习有兴趣的同学,充分满足学生的个性化需求,培养音乐基本素养、拓展艺术视野,打造声部小齐奏、小重奏等作品,为为管乐团输送新鲜血液打下基础。开课时长方面,第一学期设定有8周中课程模块,16周长课程模块。通过灵活的周课时数及开课时长的设置,让学生在更多的选修课程中选择,按照自身的音乐特长爱好和发展方向进行选课。

(二)音乐学术讲座

全面营造校园艺术氛围:让全校范围内的普通学生在讲座中认识音乐、感受音乐、享受音乐。第一学期安排在周五12:10~12:50进行,历时40分钟;第二学期疫情前为12:20~13:20进行,疫情期间调整为14:00~15:00进行,主讲人有上海音乐学院音乐教育系陈蓉教授,伯克利音乐学院、上海音乐学院在读校友,本校音乐教师和乐团学生等。同时配合学校"3+5"活动和拓展性论文项目的推进,在非周五的时段安排学术论文撰写方法的讲座。

(三)社团活动

艺术骨干带动个性舞台:每周探究日第8节课后延续到放学。这一时间段的学生主要为学习乐团选修课的学生,他们有一定器乐特长,且愿意尝试组成各种乐团。其中管乐特长达一定水平的学生加入管乐贯通课的排练中,另一部分学生自行组成电声乐团、现代乐团、打击乐团等,甚至可以邀请部分有器乐特长的学科老师一起进行合作排练。

（四）校内外实践研究性学习

为专业人才培养奠基：针对具备音乐专长，且高三准备参加艺术类高考的拔尖人才。强化专项才能的重点培养和指导，以专业院校的考学为标准。可灵活利用整个探究日的时间外出进行比赛、公益演出、音乐会欣赏交流等活动。

图1　学术探究日时间，乐团老师帮助单簧管学生进行录音录像

图2　学术探究日时间，木管重奏组合进行专业录音录像

五、学术性高中创建助力管乐"一条龙"布局项目取得初步成果

学术性高中课程实施以来,乐团探究日课程运行平稳,选修课、讲座、社团、实践活动整合为学术探究日的系列板块,各板块联动,形成合力。相比以往单独的乐队排练,以学术性高中建设的学术探究日课程引领"一条龙"管乐项目的课程设置,进一步深化了市西中学和联动单位学校的艺术工作改革与发展,构建衔接有序的人才培养体系,打破校际、年级、班级局限,在课程、师资、场地、科研及评价等方面形成具有联动性、衔接性、延伸性的"一条龙"贯通式项目化的链式培养模式。

(一)"一条龙"项目内学校教研共享教学资源

"一条龙"教研会议线上线下同步召开,会议中"龙身"学校介绍了各自的招生情况、演出比赛情况,在交流中提供了很多值得其他学校借鉴的经验。例如民办新和中学长笛乐团带队老师介绍了学校每年在新生中招收零基础学生进行教学培训的经验:民办新和中学由三位专职长笛专业教师,通过三个月至半年的阶段性目标教学,取得90%以上团员一年后达到4~5级演奏水平的教学效果,同时为进一步提高初一至初三学生的学习兴趣,组成了上海为数不多的长笛乐团。

同时,为便于"龙身"学校带队专业教师的教研、交流,建立了微信群,并通过腾讯文档等小程序收集汇总各个学校学生的年级、声部情况。"龙内"老师随时沟通交流学生学习情况、分享乐团排练演出情况,例如市西初级中学在群内提到因学生声部不平衡,乐团排练曲目选择受限严重,我校外聘专家老师立即根据声部情况从自己的乐谱库中专门选取了改编的莫扎特《k252小奏鸣曲》、德彪西《小组曲》等几份乐谱,提供给相关师生。

(二)"龙内"学校联合排演

在前期的教研会议中多次排摸和协调基础情况,我校通过学术性高中贯通课、音乐学术讲座等时间的调整,形成了"一条龙"项目学校联合排练演出的基本条件,然后通过"龙内"学校团队老师的推荐、学生能力考查,吸收了一部分优秀学生参与"龙头"学校铜管重奏排练,并参与我校主办的已有九年历史的慈善音乐会演出,在华东师范大学铜管系教授师鲁嘉老师、青年萨克斯演奏家姜汉超老师的指导下,排演了 *Mini dance*、*Amor Vittorioso*、《文明开化的钟》等曲目,参与排演的学生收获颇丰,不仅能体验到不同风格的教学方式,更能通过这样的排演感受"龙头"学校的校内艺术氛围。对于"龙头"学校来说,联合排演既为乐团提供了新鲜血液,也能充分了解"龙内"各单位学生的专业能力,同时提升了乐团的品牌辐射力,为构建衔接有序的人才培养体系奠基。联排过程中,姜老师通过微信打卡、学生上传练习视频等方式,在线对每一位学生进行指导,对学生提出的演奏问题也耐心地一一解答;演出之后,师鲁嘉老师给予每一位参演的学生鼓励和建议。一位市西初级中学学生家长发来了一段很长的短信,让笔者感慨万千,也让我们对"一条龙"联动性、衔接性、延伸性的链式培养模式发展充满期待。

（三）乐团近年招生情况

我校依据《市级学校艺术"一条龙"高中招收艺术骨干学生资格确认方案编制指南（专业技能评价）》多次修改并制定了 2022～2023 年上海市市西中学招收市级艺术骨干学生资格确认专业技能线上评价工作方案，精挑细选，严格把关，合理使用有限的名额，按照政策做好与"一条龙"初中学校的对接工作，在为乐队输入新鲜血液的同时，保证整体演奏水平。

两年来，在"一条龙"项目化培养模式下，共有 10 名上海市西初级中学、上海市民办新和中学等"龙身"学校培养的优秀管乐专长学生进入我校乐团。

在学术性高中创建助力管乐"一条龙"布局项目落实以来，参加我校艺术骨干学生资格确认的学生人数逐年增加，2023 年我校艺术骨干招生计划数 8 人，最终录取 7 人，位列上海市艺术骨干招生（西乐项目）满额率前三。

（四）近年"龙内"学校演出情况

1. 2021 年管乐合奏作品《茉莉花开》参加上海市一条龙人才培养体系线上展演。
2. 2022 年木管重奏 *PASSEPIED* 参加市级艺术"一条龙"布局项目高中学校展示。
3. 2023 年铜管重奏作品《文明开化的钟》参加静安区学生艺术节展演活动，获器乐专场一等奖。
4. 2023 年管乐合奏作品《追寻》参加上海市静安区学生艺术节展演活动器乐专场，获一等奖。
5. "龙内"学校联合排演管乐作品 *Mini Dance*。

六、发展与思考

我校乐团在"以学生发展为本，为终身发展奠基"和"艺术为幸福人生奠基，艺术激发创新灵感"的教育理念指导下，将继续秉承"好学力行"的校训，在管乐"一条龙"布局背景下，全面提升乐团的教学水平，明确管乐团"一条龙"项目的发展方向，积极探索跨学校乐团艺术骨干学生的培养，推动项目布局内管乐艺术人才专业水平的螺旋式提升，培养德智体美劳全面发展的社会主义建设者和接班人。

小学音乐云课堂教学中舞蹈教学方式转变的实践与研究

上海市静安区闸北实验小学　　吴轶君

摘要：本文通过对当前小学生在音乐课堂中舞蹈学习方式的调查以及一手数据的分析，旨在探究当代信息技术和环境对小学舞蹈学习方式转变的影响，关注学生舞蹈学习的差异，从而更客观地培育学生的艺术核心素养，为教师进一步调整教学策略与方法提供依据。

关键词：育人视野；音乐云课堂；舞蹈学习；教学方式转变

一、学生对音乐云课堂舞蹈教学的认识

1. 音乐空中课堂教学

在线云舞蹈教学在小学的音乐课堂中，为舞蹈的学习与创作提供了一个优良的环境。我们要更好地适应网络媒体化的舞蹈教学方式，善于利用一切可开发的舞蹈资源，对各种网络渠道、知识资源进行深入探索，使舞蹈教学方式更科学，体现学科育人价值。

为保证学生在线学习的质量，一线音乐教师积极投入教学实践的音乐资源包制作中。通过一次又一次的线上教研活动，最后制定出线上音乐空中课堂的实施路径，通过观看"空中课堂"教学，预设问题，发现不能及时指导的学习难点，孩子更容易对音乐进行探索。在一个个音乐游戏中，对孩子们的节奏感、音高感、音乐感知能力进行全方位、综合性培养。（图1、图2）

 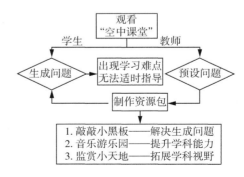

图1　线上音乐学科教研活动　　　　图2　空中课堂资源包流程图

根据音乐学科体验表现，打造三大类核心活动。空中课堂的音乐游戏也分为三大类，

分别是听感类、歌舞律动类、表现类。音乐聆听习惯的培养是为了提高学生对音乐元素的听、辨、反应和理解能力，培养学生的音乐听觉和联觉能力。歌舞律动类游戏注重培养学生的乐感和美感，学生根据对歌词、乐句的总结，塑造音乐形象。创意表现类游戏注重培养学生的即兴创作能力，根据特定的音乐情境，即兴灵活地进行富有创意的综合表演，激发学生的自我表现意识。

2. 云课堂舞蹈教学

教师利用互联网信息技术，将学生的舞蹈课内学习与课外展示结合起来，围绕指定的艺术主题，通过音乐课堂中的舞蹈学习内容，将丰富多彩的资源组织起来，打造一个有个性的网络交流平台，让学生在这个大环境下，共同交流心得，引发情感共鸣，从而提高学生的艺术参与热情和实践能力。例如，可以利用微信公众号推出云端艺术节舞蹈小课堂展示活动，分期推出舞蹈课堂小知识或精彩节目，音乐课堂中学生歌舞表演的精彩视频可以上传。建立舞评反馈信息通道，让学员的表演有更大的交流平台。创新舞蹈课堂教学模式，挖掘舞蹈学习拓展资源，近几年被越来越多的老师所关注。

技术使课堂教学模式也变得更加多样化，学生通过信息技术可以和老师实时沟通交流，保证自己的学习进度和方向。比如电子白板、iPad 投屏、翻转课堂等基于信息技术的教育手段已经运用到教学中，新颖的翻转课堂在舞蹈教学中的应用，不仅可以培养学生的创新能力，促进学生的自主性以及个性化学习，而且还扩大了学生的学习空间。云课堂舞蹈教学的特质主要体现为以下四点：

①云课堂舞蹈教学对学生育人价值的影响；

②云课堂舞蹈教学影响学生的舞蹈学习方式；

③云课堂舞蹈教学对音乐及舞蹈教材内容资源的选择与统整的影响；

④云课堂舞蹈教学对学生舞蹈拓展学习方式的影响。

数字化手段的作用有以下三个方面：第一，学生的舞蹈学习成为理解音乐的桥梁，改变了以技术训练为主要目的的传统教学模式；第二，给学生更多的自主学习和合作的空间，使学生的学习兴趣更加浓厚；第三，在软件操作和讨论交流的过程中，能够表现出学生的思考，形成迁移应用能力。

二、舞蹈教学在小学音乐云课堂教学中的实践

（一）舞蹈社团云上教学活动

经过多年的积淀，舞蹈成为我校的品牌艺术特色项目，我校先后获得全国中小学舞蹈教育传统学校、上海市学生舞蹈联盟学校等荣誉，为研究的实施提供了强大的艺术资源保障。指导教师为中国教育学会会员、上海市教育学会中小学音乐教学专业委员会会员、北京舞蹈注册教师以及中国舞考级老师。指导教师都能根据已有的数据进行跟踪分析，提供比较完整的一手资料，与本校及所在县区的同人进行交流和探讨。

舞蹈云课堂教学需要教师熟练应用直播平台，线上音乐学习需要更多学生参与活动的设计，通过简单的参与活动，激发学生的兴趣，同时还要结合教材，及时完成教学进度。

（图 3、图 4）

图 3　教师线下舞蹈教学　　　　图 4　教师线上舞蹈教学

　　笔者还通过网络舞蹈家长会的形式，及时告知家长舞蹈教学情况。老师采用网络视频点名的方式，与每位同学进行简单的交流，大家行动起来，迅速进入学习状态。将舞蹈教学从线下转移到线上，极大地满足了孩子们足不出户就可以学习的需求。

　　形体动作是舞蹈学习的基础。一节课下来，尽管老师用了多种资源和教学方式，学生还是会有疑问和困惑。老师们及时捕捉到这些疑问和困惑，才能及时答疑解惑，课后作业起到了很大的作用。学生完成作业的过程无疑是完成第二次学习和思考的过程，熟练度提高了，原来的难题也就解决了一半。老师上课时间发课程内容小视频，同学们进行练习，同时家长将学生完成练习的视频录制下来，发送到班级群里打卡，老师会一一点评。通过课上查阅学生的作业，清楚地发现学生学习过程中存在的疑惑，做到及时整理分析，形成题库，为下一节课创造重要的条件。（图 5）

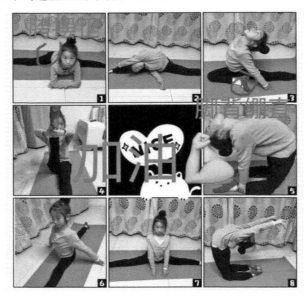

图 5　教师批阅舞蹈课后作业——叠加强化训练

另外,根据舞蹈教学的实际情况,通过线上舞蹈教学的问卷调查,了解学生在线上舞蹈教学中的实际需求,并且专门组成了课后纠错讨论组。在班级直播间进行专项纠错讨论,有效弥补学生自主学习过程中的不足,把课下宝贵的时间利用好。

(二)探究教学方式,形成舞蹈线上资源包

线上音乐教学,由于是隔着屏幕以教学信息手段不断输送知识,因此在流程设计中要尽量设计一些比较好操作的、互动性较强的歌舞学习行为和游戏方式,既要教授知识性内容,又具有趣味性、娱乐性,最终达到寓教于乐的目的? 歌舞学习质量如何提升? 在实践的过程中笔者提出以下问题:

①线上教学中歌舞教学的路径是什么?

②线上教学中歌舞教学怎么呈现?

③线上教学中歌舞教学的评价如何实施?

案例:以音乐学科四年级第二学期第三单元《甜美的梦幻》为例,资源包中主要的教学内容是为歌曲《愉快的梦》进行《梦之纱巾舞》表演,让学生更充分地感受音乐从而激发学生对舞蹈的热情。针对全体学生的需求,本课教学共分为"敲敲小黑板""舞动小天地""鉴赏加油站"三个内容板块。通过网络授课的方式,教授动态的舞蹈动作来表达需要教授的歌曲内容,创设歌曲的情境。

1. 教学目标及内容设定

①领悟歌曲《愉快的梦》的内涵,通过舞蹈感受歌曲的情绪,体验音乐所表现的儿童在梦中神奇的想象。

②巩固手势舞蹈以及纱巾摆动舞蹈,表现歌曲的节奏韵律和情感内涵。

③以观察、模仿、对比、归纳的方式学习纱巾舞蹈中的基本动作;运用信息技术加强自主学习。

敲敲小黑板——复习综合舞蹈表演《少年中国梦》

舞动小天地——学习舞蹈表演《梦之纱巾舞》

鉴赏加油站——欣赏沙画《舞蹈梦》

2. 线上歌舞教学的路径

(1)唱跳结合演绎,加强互动体验,促进情感升华。

音乐课程标准明确指出:"以审美为核心的音乐教育,主要在人的情感世界中起作用。"教师可以在课堂上大胆放手,让学生动起来、玩起来、练起来,感悟音乐而跳舞。

这就是身体表现方式的发展与艺术化。这样可以促使孩子更快地融入音乐课堂,互动体验的教学手段也可以对学生的肢体协调能力进行培养。

设计合理的互动教学内容以及互动体验的教学手段,可以培养学生肢体协调能力,丰富学生的艺术情感。

【片段一】"敲敲小黑板"——《少年中国梦》综合舞蹈表演。此环节主要是上节课教学内容的补充与拓展,进一步巩固知识点。首先,学生完整复习《少年中国梦》前半部分手势舞,教师总结展示歌词以及手势舞图片,师生边做手势动作边朗读歌词。其次,学生完整

表演歌曲《少年中国梦》前半部分手势舞动作以及后半部分舞蹈动作,图文并茂展示舞蹈造型图片,师生总结舞蹈动作要领,教师指导难点动作,加深学生对音乐作品的理解。最后,进行舞蹈综合表演《少年中国梦》。这里选择《少年中国梦》作为复习的资源,让学生进一步体验歌曲的意境,根据本单元的主题"甜美的梦幻",以舞蹈表演流畅地表达少年儿童的中国梦。在歌曲中将舞蹈教学纳入音乐教学中,师生共同参与,能够很好地使气氛活跃起来,达到形象易懂的效果。

（2）多种感官刺激,深入互动实践,培养音乐通感能力。

音乐活动通过对学生多种感官的刺激,有效地提升他们的音乐综合能力。在歌舞的互动实践操作中提高学生音乐素养的同时,激活多种感觉系统、激发多方面感知能力,培养人的认知、想象、思维、创造和表现等音乐综合能力,其中包括唱与音乐的通感、画与音乐的通感、舞与音乐的通感。

【片段二】"舞动小天地"。此环节主要是对本节课主要教学内容的提炼与指导。

唱与乐的通感———唱一首《幸福的梦》,通过难点提炼复习辅导,让学生在美妙的音乐旋律中"动动嘴",根据歌曲的感情启发学生思考。

学生带着感情去演唱歌曲,亲身参与音乐实践活动所得到的感受,往往要比通过理性讲解和仅靠聆听所获得的音乐感受更加深刻。

画与音乐的通感———画一画《愉快的梦》旋律。学生根据听到的歌曲旋律高低走向,跟着老师的图形谱画出图形线条,并且思考开放性的问题:"听到音乐你会怎么画呢?"绘画与音乐相结合,引导学生根据音乐的旋律走向和乐句段落,调动已有的生活经验和感性认识,进行全面再造,激活学生的创作思维,同时提高音乐鉴赏能力。

舞与音乐的通感——歌曲的旋律给人以舒缓荡漾的感觉,看,老师为大家带来了一段有趣的《梦之纱巾舞》,请你仔细看一看,想一想,老师一共做了几组舞蹈动作? 动作有什么特点呢? 老师以视图结合的方式让学生模仿学习简单的舞蹈动作,分析舞蹈动作要领,让学生能够通过肢体动作表演歌曲《愉快的梦》,感受歌曲所传递的荡漾飘逸的意境之美。最后,让学生了解歌曲的乐句并且加深学生对旋律走向的认知,达到寓教于乐的目的。引导学生通过观察、模仿、合作,在师生互动中自主学习舞蹈动作;同时,通过老师的指导、交流、评比,让学生独立学习舞蹈动作。通过动静结合的音乐舞蹈双向互动教学方式,给予学生体态律动（眼、口、体）体验。为多种感官提供强大的冲击力和刺激感,提升学生的审美体验。学生用身体运动去体验音乐,把这种体验变成感觉和认知,全身心地投入音乐活动中。

（3）挖掘网络资源,优化互动操作,提高学习效率。

网络舞蹈教学信息量庞大,在实际教学实践中,可以通过互联网的信息技术将歌舞教学与网络资源平台进行有效的整合,构建一个具有海量专业知识的网络平台,方便实际操作,从而提高课堂效率。

【片段三】"鉴赏加油站"。此环节主要是本节课教学内容的拓展欣赏,增加学生的知识。

本课的最后一个环节中设计了与梦有关的视频欣赏,利用网络资源,下载符合课堂内容的视频素材,通过欣赏沙画《舞蹈梦》,拓宽了学生的艺术视野,让德育的渗透贯穿整节课中。

传统教育模式基本上都是按照固定的学习教材进行教学讲解,而多样化的网络数字媒体则为学生提供了一条便捷的自学之路,同时还可以共享资源。线上的歌舞教学可以通过以下两个方式呈现:

(1)网络直播课堂。

这种方式的最大的优点是,通过校企微信大班课直播群授课,可以很好地解决距离问题。

老师可以通过自己的课件,吸引更多的学生。在歌曲的学习中,需要唱跳互动,可以通过直播间评论区互动以及连麦回答问题等方式来操作。学习方式灵活多变,不受空间和时间的限制,待在家中,便有了学习的任务。而且有回放功能,同学们可以反复观看。

(2)教学资源包。

网络资源选择拥有自主性,教师可以根据教材的内容制作与课堂教学内容相匹配的网络教学资源包,包括PPT课件、微课等。通过多媒体信息技术,生成各具特色的网课视频。学生选择感兴趣的内容,增加了学习的容量,满足了学生个性化的需求。笔者学到了很多先进技术和有价值的理论知识,既熟悉了教材,也为每一节课做足了功课。笔者一共承担了四年级共十课时的微课制作,包括歌唱教学六课时:《吹起我的小竹笛》《箫》《小老鼠找朋友》《叶儿船》《愉快的梦》《小奶牛》;欣赏教学四课时:《洞庭新歌》《鸟投林》《少年中国梦》《西洋名乐曲欣赏》。

3.开发多种资源,丰富课程形式

途径:丰富舞蹈表演形式。

小学音乐课程要以音乐审美体验为核心,引导学生主动参与艺术实践,尊重个人不同的音乐体验和学习方式,从而使学生的审美能力得到创造性的发展。音乐教育的过程不需要正确答案,这个过程只有经过体验和实践才有意义。

在网课的教学中,我发现了一些问题。

(1)学生参与度不高。教师唱"独角戏",变成了单纯的"网络主播",大多数时间是老师一人在讲,学生在听,缺少学生参与,即便老师讲得绘声绘色,时间长了就会产生厌倦心理,我们该如何让学生参与到音乐学习活动中呢?

(2)教学内容缺乏吸引力。音乐课的市级"空中课堂"生动有趣,唱、跳、欣赏、玩等音乐实践活动都包含其中。空中课堂基本上把重难点都进行了教授,如果我们在互动时只是重复、强调知识点,学生会觉得乏味。那么学生的艺术表现力及创造力如何在实践中得以充分锻炼和提升呢?

(3)平台功能限制。我校使用的直播平台是"企业微信",平台的优点是视频、PPT分享便捷,能展开讨论;缺点是无法智能管理班级,直播中不能同时看到全班学生的画面。如何让直播更有效、更有趣味性?需要开发多种资源,形成舞蹈线上资源包。

方法一:选择素材 激发学生兴趣。

所谓学生的"兴趣点",就是能使学生兴奋的、引起共鸣的内容和教学形式,在教学中找准学生的兴趣点,能引发学生积极思考。除了传统的歌唱表演形式,我精心选择了四种拓展素材——舞蹈律动、手势律动、声势律动、节奏游戏。

舞蹈律动:学生听到音乐后,可以根据情节加动作,或者根据音乐节奏本身舞动。

手势律动:学唱歌曲时加入手势舞的学习,更能引发学生的情感共鸣、体会歌词的寓意。

声势律动:形式有趣的声势律动能加深学生对节奏的理解,激发学生的学习兴趣,提高课程的互动性。

节奏游戏:以身边的日常用品作为小乐器,探索它们的演奏方法,再进行节奏训练,感受节奏的魅力,并与当下流行的音乐相结合。

方法二:设计素材 挖掘拓展资源。

精心设计拓展活动,并使活动系列化。活动的设计要丰富多彩,由易到难,循序渐进;注重学生的参与性和体验性,让学生有获得感;活动要成系列,不可单维度重复。

(1)舞蹈律动——动律强且有效。

舞蹈律动的音乐课堂教学让孩子们在美妙的音乐旋律中"动"起来,让孩子们随着身体的律动参与到音乐实践活动中。

(2)手势律动——易上手且有趣。

音乐教学的特点是较为灵活,可以结合肢体动作,营造良好的学习氛围。直播互动时,学生都坐在桌前,大幅度的律动不合适,手势舞只需要手部的动作,学起来比较容易,是最好的选择。每次等候学生进直播间的时间,组织学生复习手势舞,请愿意展示的学生打开摄像头,这也给孩子们搭建了展示的舞台,同时激发了学生的学习兴趣,为新的教学做好准备。

(3)声势律动——操作细且透彻。

声势律动俗称肢体打击乐,是以人体各种肢体动作(如跺脚、拍手、捻指)为媒介,将音乐的节奏感表现出来。声势律动不需要乐器设备,可以提高学生肢体的协调性,也可以帮助学生了解和掌握音乐,使音乐活动更直观、形象。

案例:三年级《哦,十分钟》桌子声势律动(视频)

环节一:节奏拍击。

由于居家学习,学生坐在屏幕前利用桌子,用声势律动为歌曲伴奏。通过拍击四条节奏,老师带领学生将声势律动与音乐相结合。

环节二:声势动作学习。

学习声势律动的基本动作,并且跟着老师模仿拍击,循序渐进地体验透彻。

环节三:声势律动。

将动作录制成视频,老师将相应节奏的动作进行分解,学生边唱边表演,引导学生发现:声势律动是音乐与肢体的巧妙结合,不同的动作能表现出音乐的不同,不同的肢体动作与音乐有机地结合在一起,就会产生不同的节奏组合。

同样在课堂中还加入了舞蹈律动,学生自由选择喜欢的方式即兴互动展示。当然还可以分小组演奏不同的声势律动,利用卡农、赋格等形式达到有层次的合奏效果。后续也会在课堂中实践与探索。

(4)节奏游戏——练反应需挑战。

节奏游戏不仅可以提高学生的学习兴趣,还能培养学生的音乐感知能力、反应能力,增强学生的音乐记忆力等。

玩一玩音乐游戏"布谷鸟",我在网上找了资源,学生在屏幕前练习拍击,不但巩固了节奏拍击的稳定感,也锻炼了学生音乐节奏的反应能力。(图6)

pen beat 对于孩子们来说,是培养节奏感、乐感的好游戏。网上的 pen beat 节奏资源很多,选取《芒种》这首歌,它的速度为中速,适合初学者;提炼简单的节奏型,提供给孩子们学习。(图7)

图6 《认识四分休止符》奥尔夫的音乐游戏"布谷鸟"

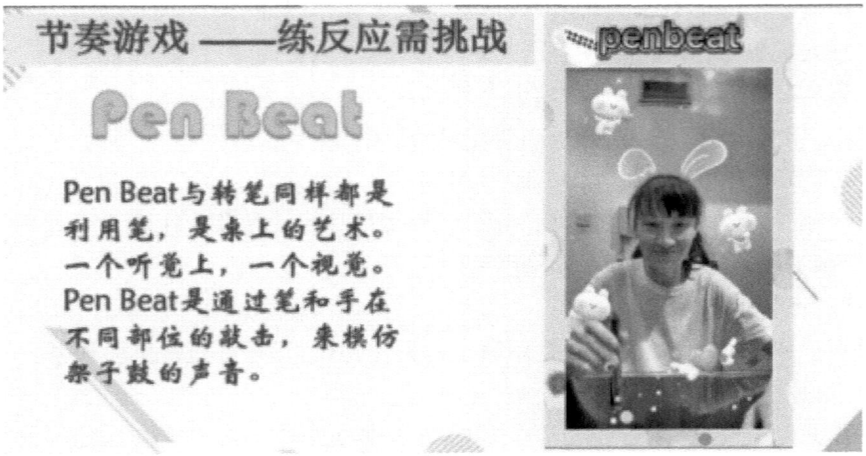

图7 pen beat《芒种》

当然还可以利用杯子、生活中的自制小乐器等，这里就不一一解说了。

四种舞动拓展资源的运用，让线上音乐教学焕发出勃勃生机。舞蹈律动是最常见的舞动方式，歌舞一体，形式有效。手势舞让学生用最简单的方式舞动起来；在声势律动、节奏游戏中，学生感受节奏的魅力。学生音乐课中积极踊跃、争先恐后地打开摄像头展示自己，增强了师生互动性，让学生从新的角度了解音乐，更加自信地展现自我。

丰富的课程资源是混合式艺术"云课堂"开展的基础，老师们充分利用网络资源，例如国家大剧院微信公众号、上海大剧院微信公众号、央视旗下的新媒体"央视频"等，向学生们分享在线精品歌剧演出、顶级音乐会、艺术微课堂等。

为了解决现有数字资源数量不大、不够贴合学生实际等问题，教师自行购置录播仪器、射灯等设备，自行录制示范短视频。同时，教师也对现有课程资源进行再制作，确保时长、知识点、内容等方面既贴合学生实际又符合线上教学需要。

结合学生居家情况，教师对部分课程的内容进行了调整。舞蹈章节的教学，在学生欣赏经典舞剧片段的同时，增加舞蹈训练环节，选取简单的舞蹈动作图片或视频，作为课后作业发给学生，让学生居家上课的同时做适宜的室内运动，达到适当锻炼的目的。（图8）

图8 线上舞蹈直播课堂

4. 多元化评价体系，提升舞蹈教学质量

为了更好地掌握学生的网上学习情况，组内老师对学生的作业情况进行了严格把关。为了尽量达到和线下教学一样的效果，老师们主打的是线上一对一点评模式，老师实时跟班学习，做到反馈更有针对性。课中实时交流互动，老师会在线上一对一答疑解惑，指导学生进行线上艺术实践和创作，并实时点评互动实践成果，通过点评解决普遍存在的问题。课后对学生进行一对一的反馈指导，提高学生的作业质量，并在班级群中进行优秀作品的集中展示与交流，提高学生的学习兴趣，让学生都有美的感受，从而培养表现美、创造美的能力。

传统课程单一地考查学生的技法或理论，更侧重于考查学生在本课程学习过程中任务点完成的实践、讨论等情况。期末成绩占学生总成绩的比例由 60% 降低到 40%，把平时成绩的比例相应提高，真正做到重视学习而不是学习成果。数字化的技术手段使音乐教学更加直观生动，让孩子们对音乐的认识更加全面，通过聆听和操作，锻炼了学生对音乐的感知能力，同时也督促了这样的教学方式的推广。教师要努力提高数字化教学水平，才能更好地开展数字化课堂教学。教育教学的真正意义在于让学生获得更多的经验，以在未来的社会中生存，数字化教学手段对学生的发展是有促进作用的。终身发展的教育内容进入学生的学习生活，让教师的"教"成为极富创造性的"教"，学生的"学"成为个性化的"学"。所以要遵循以下几个原则：

（1）综合性原则。

评价应面向全体学生，兼顾不同能力层次的学生，使每一位学生的潜能都得以开发；通过参与、探索、实践、体验，使学生全面发展。

（2）科学性原则。

精选有意义的学习内容，保证学习材料的科学性，同时评价学生学习的科学性。

（3）开放性原则。

创设开放的学习环境，尽可能地为学生提供更广阔的思考空间，使其能更充分地思考和讨论，从而激发学生的思考力和创造力。

音乐学科周期活动以"冬奥"为主题，通过三项实践活动，制作完成《一起向未来》手势舞小视频。要求学生准备播放设备（手机、电脑）、拍摄支架，录制视频软件并且及时将作业上传至班级作业平台，教师即时评价反馈（图 9、图 10），最终评选出线上舞蹈表现最优者——授予"舞动飞扬"奖章（图 11）。

图 9　视频制作示意图

图 10　网络作业平台

图 11　舞蹈章

三、反思与展望

（一）反思

线上课程优势：同一时间为更多人提供教学资源，并且可以让每个同学都清楚动作，可以反复学习观看。线上课程问题：学员水平差异问题、有限的动作空间、网络稳定性问题、协作问题。因此在实践过程中要注意：

1. 资源开发系列化

活动设计要丰富多彩、由易到难、循序渐进；注重学生的参与性、体验性，使他们有获得感；活动要串联起来，不能单维度重复。

2. 直播录播相结合

为了让律动和节奏游戏的演示更加清晰明了，拓展类的内容要事先录好完整及分解的视频，课后发到班级群里，保证有兴趣的孩子可以利用课后空余时间练习。

（二）展望

我们每个人的创造性都有可能在正确的、适当的环境下得到提高。通过对新课标的学习，笔者体会到音乐教学的整个过程是充实的、有创造性的。随着数字化技术越来越深入生活，音乐"一对一"教学也不再局限于线下，要掌握"互联网＋"时代新的教学技巧，推广"线上＋线下"互补式教学模式，只要我们做一个有心人，全力去做就一定能实现。

智能时代背景下的音乐教育

——以录音技术对高中合唱教学的影响为例

华东师范大学附属东昌中学　　徐悦雯

摘要：本文以高中合唱教学为抓手，以录音技术的智能应用对合唱教学的影响为主题，探究在智能时代背景下，高中合唱教学的变革，探索高中合唱团的传统培养方式及其他多种手段，从声音品质提升、演唱技巧改善、合作意识培养、表演自信心增强、合唱指挥专业提升等多个方面研究录音技术赋能高中合唱团教学。

关键词：智能化；高中；合唱团；录音

人工智能技术日新月异，将人类带入智能化时代，同时为促进教育公平带来新的可能。2019 年 2 月《中国教育现代化 2035》发布，提出"要适应信息化不断发展带来的知识获取方式和传授方式、教和学关系的革命性变化，推动信息技术在教学、管理、学习、评价等方面的应用，全面提升教育信息化水平和师生信息素养，推动教育组织形式和管理模式的变革创新，以教育信息化带动教育现代化"。这就要求我们建设智能化校园，综合运用人工智能、互联网、大数据、交互技术等，并探索新型教学方式，致力于推进教育变革。

合唱是高中音乐教学内容中的重要部分，作为一种最受欢迎的集体歌唱艺术，合唱能够培养学生的表现能力，帮助学生积累音乐表现的感性经验，增强其团队意识。高中阶段合唱相关课程的设置由来已久，传统的合唱教学方式、方法、内容的研究文献不胜枚举，在此笔者不过多赘述。本文主要想通过智能时代背景下录音技术对传统高中合唱教学的影响研究，思考如何引导学生通过智能化技术在音乐学习过程中更好感受音乐之美，增强协作与创造能力，提升艺术审美能力和人文素养。

一、智能化时代音乐教学的现状与变化

中小学音乐教师在课堂教学实践中最常见的智能化应用就是运用音效、画面、文字等现代媒体资源，调动学生的视觉、听觉、动觉并形成联觉，提升其艺术素养。在智能化时代背景下，越来越多的硬件设备、音乐软件也在一定程度上提升了音乐教育的质量。

在智能化音乐教学硬件设备方面，大部分学校都安装了电子黑板、触摸屏幕装置等，全触摸、可记录的硬件设施，大大提高了音乐教学的效率。例如在演奏教学中，利用数码钢琴等乐器代替传统钢琴，运用数码钢琴自带的纠错功能大大提高学生的演奏学习效率；运用数码钢琴自带的音色来调节钢琴的音色，形成不同的音响效果，提升学生的探究学习

能力;运用 iPad 等硬件设备,将音视频材料包提前导入,在课堂教学中运用翻转课堂等方式,大幅提升学生自主学习能力。

智能化音乐教学软件方面,在音乐的创编教学中,运用 iPad 中的 garage band 等软件进行分轨创编,最终形成作品;在歌唱教学中,运用全民 K 歌等软件,提升学生的演唱兴趣,并且根据 K 歌软件中的音准线进一步判断学生的演唱基本素养。音乐软件日新月异,开发者不仅关注使用者的使用习惯,同时也关注教学过程中的难点、重点,提升上课过程中教师的授课效率,同时激发学生的学习兴趣,关注课后评价。

二、合唱团的传统培养模式

(一)传统合唱教学特点分析

从 2018~2023 级某高中合唱团团员艺术学习经历的调查结果(图 1)可见,每一届合唱团成员中有小学、初中合唱团学习经历或声乐学习经历的同学不足半数,近一半的同学有其他艺术学习经历。可见,在高中合唱团中,虽有部分团员已经经历过专业训练,但大多数都是由于兴趣而加入,基础参差不齐,因此在对合唱团团员进行培养训练的过程中,教师应该分层教学、有效培养。

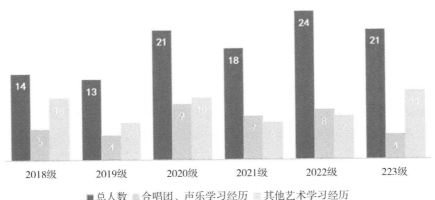

2018~2023级某高中合唱团团员艺术学习经历调查

图 1　2018～2023 级某高中合唱团团员艺术学习经历调查

(二)传统合唱教学中的审美训练

在合唱训练前应培养合唱团团员对合唱艺术的鉴赏能力。通过对优秀中外合唱作品的鉴赏,了解合唱的基本知识和文化内涵,能够感知合唱的和声语汇和各声部在演唱中协调配合的特点,初步建立对合唱的审美鉴赏能力,从而热爱合唱艺术。在教学实践过程中,应当在每学期伊始,准备一些国内外优秀合唱团的作品。学生通过欣赏并结合教师对各个合唱团编制、声部、演唱作品、演唱风格的分析讲解,拓展合唱的相关知识,并对不同音乐风格有初步了解。

这个过程中也启发学生在今后的学习中自行学习和关注优秀合唱团,具体表现为自发欣赏优秀合唱团的音乐、前往现场观看合唱演出、关注优秀合唱团的公众号并掌握合唱团相关动态。

(三)传统合唱教学中的基本训练

前文中提到高中合唱团学生的学习层次不同,因此在合唱团训练的过程中,应该更加关注基本训练,引导学生了解合唱中气息控制、共鸣发声、吐字咬字的重要性,使学生初步掌握歌唱的基本技巧,松弛、自然地演唱。

在每次合唱团训练过程中,教师应精心设计基本训练中的练声环节,根据学生学习的自然规律来设计练声曲目,做到每一条练声曲目有学习目的和训练目的,让学生通过音准训练、和声训练、咬字训练、气息训练等练习,掌握歌唱的基本技巧。

(四)传统合唱教学中的作品训练

作品训练是有效提升合唱团水平的重要方式。高中合唱团需要根据学生的学习基础、声部特点、文化底蕴进行多样的歌曲选择。

合唱团的发展过程中或多或少都会遇到一些阻碍,如某高中合唱团曾因声部编制问题,缺少了男生声部从而转为女生合唱团,在这样的变化下,需要在选歌上从混声转为同声合唱。又如在合唱团发展的过程中,各声部的编制人数时常变化。笔者指导的合唱团曾演唱过混三声部合唱作品,即 SAB。混三声部的作品演唱优点在于,声部较为简单,和声难度较低;但是混三声部的作品对男生声音的统一性要求很高,声音条件特殊的男生唱混三声部的作品会比较吃力。

在学生学习基础不同的情况下,也要选择不同难度的作品进行训练。每年 9 月,即新一届合唱团团员加入的时候,应选择和声简单、声部简单的作品进行训练,引导学生在作品演唱中快速成长。在每年 3 月即后半学期,会有艺术展演、艺术比赛,这时需要根据学生的特点,选择和声有特点、内容有特点的作品参赛。在这里要特别指出,高中生有很强的艺术审美能力,学生团员可以深刻理解作品的丰富精神内涵,因此指导老师也可以引导学生自己选择合适的曲目,提升学生的演唱兴趣。

此外,不同风格的合唱作品,会给学生带来不同的审美体验。指导老师应从作品语言、作品风格、作品历史、作品特色等角度引导学生深入理解,增强学生的审美能力,进一步坚定其文化自信。

三、智能录音技术对合唱教学的影响

(一)智能录音技术对声音品质的提升

以某高中合唱团为例,合唱团每年走进录音棚录制一次单曲、MV。在组织学生进入录音棚前,应对录音棚进行考察,到目前为止合唱团选择录音的场地都超过 100 平方米,可以容纳整个合唱团的人数,并且配有钢琴、专业的监听音箱、音频工作站、话筒、话筒放大器等专业设备,能够满足合唱团录制的基本要求。提前与录音师沟通,不同的录音师的录制风格不同,对声音较敏感的录音师可以及时找到团员演唱的问题和不足,指出并且修改。录音师也要提前了解合唱团录制的曲目,了解声部构成、特点以及节拍、节奏、音域、风格等,便于做好录制准备。

合唱作品录音的方式一般分为两种,一为同期多轨录音,二为分期多轨录音。两者的录音技术和对合唱团的演唱要求都有不同。就同期多轨录音而言,合唱团需要有更扎实的音乐基本素养和演唱能力,因为同期多轨录音的后期制作在修改方面有一定局限性。同期多轨录音要根据录音场地的混响时间对拾音器、传声器、话筒进行变化。就分期多轨录音而言,合唱团在录音前需要有一定的分声部基础,能够适应单声部演唱的节奏、速度、音准。同时,分期多轨录音对钢琴伴奏的节奏、速度的稳定性也有很高的要求,一般会要求先录制钢琴伴奏,再分声部录制合唱,因此钢琴伴奏的"底"打得好不好,决定了合唱成品质量的高低。

在录制结束后,录音师可以根据声部音量平衡、音色、音乐表情记号、节奏速度音准等问题进行后期制作。通常可以运用 Mdlodyne 等软件进行音准的二次校准,运用 Protools 自带的 Clip Gain 功能及音量自动化两种进行音量平衡和表情记号的处理。针对高声部、低声部不同的音色要求,也可以用 Pultec 均衡器等进行频率调整。最后可以使用人工混响、Altiveb 卷积混响等方式调整实际听感。录音技术快速发展,软件的更新换代日益加快,正确、适当地使用录音技术能大大提高合唱作品的最终呈现效果。

录音棚录制后进行修音、混音等处理,能够在还原当下声音的同时提升声音的品质。

(二)智能录音技术对演唱技巧的改善

在合唱团正式进录音棚前,应对合唱团团员进行严格要求。在平时的训练中,合唱团团员需要加强倾听训练、音准训练等,因为在录制的过程中,细微的不足会被录音设备无限放大,因此要获得完美的录制效果,需要在平时的训练中,提升合唱团的演唱能力。

以合唱作品《这世界那么多人》14～16 小节为例(图 1),在录音棚录音前,需进行以下针对性训练。

1. 节拍训练

三个声部的进入节拍不同,但皆为交错进入,在训练的过程中笔者强调进拍的准确性,确保同一声部的团员在同一拍点进入演唱。

2. 呼吸训练

为保证拍点的统一和准确,教师在训练中加入了大量的呼吸训练,指导学生在指挥手势的引导下,用统一的呼吸方式、呼吸长短配合演唱。通过呼吸训练,提升团员的腹部力量,在演唱高音、低音的过程中皆能有气息的支撑,且有自然的共鸣,达到较好的音响效果。

3. 力度变化训练

此外,谱例中涉及的三个声部皆为弱声进入,谱例上标注了 p 和 mp,因此需加入力度

图1 《这世界那么多人》谱例

变化的训练，引导学生感受力度变化给作品带来的效果。

4. 咬字吐字训练

由于声部的歌词略有区别，在训练中要关注咬字的统一性，启发学生在字正腔圆的咬字练习中理解咬字统一的重要性。在咬字吐字的训练中，同时要关注乐句与节奏的特点。如女高声部"那么多人"这一句，"么"是附点、长音且是第一拍、重音，因此要有自然的加强，那么在咬字上就要注意不能把"么"字咬得很紧，要有一定的空间感，体现声音的变化。

5. 乐句线条训练

谱例中三个声部的线条感略有不同，如女低音是主旋律，就需要将起承转合表现清楚；女高音歌词"那么多人"的强调，音域较高，旋律线条变化是从高到低，所以训练时引导学生气息稳定，并且一开口状态就要打开、连贯，不要有滑音；男声声部是一句铺垫，从"哦"进入，带有些许感叹；因此训练时要强调男声口腔的共鸣与声音的浑厚感。

综上，为了进入录音棚有良好的录制效果，指挥处理作品的细节要更加深入，要关注平时可能遗漏的问题，逐字逐句地训练，加强团员演唱的统一性和风格理解力。

进入录音棚后，录制的过程是先录制一段小样，再通过实时监听的方式检验演唱的效果，这个过程能够给合唱团团员及时了解自己声音的机会，团员能够在录音棚环境中关注到细微的声音细节，进一步改善自己的咬字吐字、呼吸控制。受录制条件影响，在发现问题后,需要重新录制,在反复的过程中,合唱团团员可以快速解决自己的问题,实现能力的提升。

(三)智能录音技术对合唱团团员合作意识的培养

录音录制是一个精益求精的过程,因此在录音棚中需要团员相互配合、协调、共同努力。例如录音采用耳机监听的形式,一旦耳机将耳朵堵住就不容易听到其他团员的声音,但是合唱讲究团员间的倾听,这时候就很考验团员之间的配合和默契。录音师会让团员单侧戴耳机,另一只耳朵用来听其他团员的声音,这需要很强的配合能力。

在平时的训练中也需要增强合唱团团员的合作意识,在合唱团练声前先做一些戏剧游戏、团建游戏,目的是引导团员更加熟悉对方,建立友谊,以便更高效地学习。

如在节拍稳定训练课中,要求团员有一个稳定的内心节拍,并且设计几个节拍稳定游戏引导学生掌握节拍的稳定性。最简单的读拍子游戏为先确定一个速度、节拍,如 4/4 拍,♩=80,根据要求读节拍:"一、二、三、四,一、二、三、四",邀请合唱团团员一起读节拍"一、二、三、四",要求合唱团团员把三去掉"一、二、(空)、四",接着要求合唱团团员把一、三去掉"(空)、二、(空)、四",最后再一次打开节拍器验证速度是否一致。

另外还有互动的节拍游戏,以冉天豪编曲的作品《乡愁四韵》为例(图 2),47 小节处,女高音、男高音为先行声部,女低音、男低音为后行声部,两组声部需要有很强的节拍意识,才能够更加准确地演唱。因此要求女高音、男高音为一组,按照节奏朗读第一、二拍的歌词,女低音、男低音为一组,按照节奏朗读第三、四拍的歌词。在熟悉节奏、歌词以后,带入音高演唱。带入音高后演唱会遇到音准问题,这时需要多加引导合唱团团员稳定自己的内心听觉,在不演唱的时候也要保持心中默唱,稳定音准。

类似的训练方式很多,除了可以加强合唱团团员对音准、节奏、节拍、和声等基本合唱技术的掌握,也可以增强合唱团团员相互间的信任感。到录音棚去录音的过程中,遇到需要相互配合的情况,通常团员们一个眼神、一个动作的起伏就可以引导统一,实现更大的提升。

(四)智能录音技术对合唱团团员表演自信心的增强

智能录音技术赋能教育的同时,也能够提升合唱团团员表演自信心。传统合唱教学中,学生很少能够第一时间了解自己的演唱效果,但是通过录音技术,学生可以第一时间知晓自己的演唱特点,并且在熟悉的环境下反复演唱和录制,提升自己的演唱水平,使得最终保留下来的录音音轨是最佳状态。合唱团团员可以形成一种更自信、更自然、更放松的表演状态。

录制完成后,由专业的混音师进行调整、修音、混响,在一系列的电子操作以后,合唱会呈现出最优状态,让合唱团团员感受到自己的演唱被记录和保留的成就感。在录制过程中可以同时拍摄不同角度的视频片段,再结合音乐风格、歌词内容、校园特点,拍摄其他的场景视频,制作一部 MV,并且在学校的各大场合中进行播放,合唱团团员在这个过程中收获自信,同时也起到了宣传的效果,吸收更多更优秀的同学加入合唱团中。

图 2　《乡愁四韵》谱例

（五）智能录音技术对合唱指挥的专业提升

　　走进录音棚进行录制对于一个合唱团而言是一次成果展示，因此在进入录音棚前需要做大量的准备、练习和思考工作。合唱团的指挥是一个合唱团的灵魂，根据合唱团的现有水平，设计一套适合的训练方式，提升合唱团的演唱技能；设想进入录音棚后的问题，在平时训练中予以解决，都是值得合唱团指挥思考的问题。

　　一般而言，一年的时间，一个合唱团可以学习多首曲目，但是进入录音棚录制的曲目有限，因此指挥首先要对现有曲目进行选择。在排练的过程中，除了以上提及的教学智慧，引导高中合唱团的学生有序参与录音棚录制，如接送、服装、化妆、时间要求等也是需要明确的问题。最后，不同场地的演唱，也锻炼了指挥的心理素质。如笔者指导的合唱团，有一次选择了一首较难的曲目，女高音音域跨度大，最高音为小字二组的 C，对于大部分高中团员而言，要有好的状态才能勉强演唱到这个高度。在录音棚反复演唱，显得有些力不从心，如何激发团员的斗志，如何挑战难度，如何最快速度引导团员唱好高音，都考验指挥的随机应变和专业指导能力。

四、总结与反思

高中合唱团的训练、指导和发展对于合唱团团员音乐技能的提升、审美能力的培养及人文素养的培育都有非常重要的作用。相比传统合唱教学，在智能化时代下，运用智能技术能够更快速、高效、准确地检验、评价合唱团的训练成果，引导合唱团指挥在平时的训练中有针对性地提高合唱团的演唱技巧、加强合唱团团员的合作意识，增强学生的自信心，呈现最佳合唱效果。

随着智能化时代下智能技术的日益更新，智能化教育也将进一步发展。随着智能化录音技术的不断完善，或许可以通过硬件设备的更新和软件的提升，在合唱排练室中加入录音设备，在排练的过程中第一时间得到音响反馈，提升学习效率。传统高中合唱队建立过程中编制不全的问题，也可以通过智能化录音技术来解决。

有的学者认为，智能化教育基于智能化和教育之间的社会生活层面，是一种居间性的构成性存在；有的学者认为智能化时代的教学理应有超越技术的价值追求，重拾教学的人文向度；有的学者认为智能技术能够为教学赋能，然而智能之"器"应以教学价值的逻辑思路为内核；也有学者认为智能教育的固有属性会与学生的身体特质产生冲突，应消解技术的沉溺。综上所述，应用智能技术可以为教育赋能，但是需要教育工作者的智慧和思考，过度依赖智能技术，反而会降低学生的主观能动性，可能会使其失去对音乐的真实感受和共情能力。在音乐教育中，情感体验和价值观是教学的重点与难点，因此善用智能技术，平衡技术与教学的关系就显得至关重要。

论河北革命音乐的教育传播与传承策略①

中国传媒大学在读博士
唐山师范学院副教授　　　王雪松

摘要：河北革命音乐资源丰富且历史悠久，在我国广阔的音乐时空中本有一席之地。但随着信息化时代的来临，面对多元文化和海量资源的包围，对河北革命音乐进行及时而有效的传承和传播已尤为紧迫。教育作为音乐传播与传承的重要方式之一，在这一过程中将发挥其独有的优势。通过对河北革命音乐内涵的梳理和对四种音乐教育模式的分析，有望探索出一条河北革命音乐教育传播与传承之路。

关键词：河北革命；音乐教育；传承；传播策略

河北古称冀州、燕赵之地，地处京都腹地且兼有平原、山地、海滨等地理优势，致使历代的革命活动频繁，革命音乐便夹杂在繁复的革命旋涡中凸显其独有的色彩，其中尤以新旧民主主义革命时期为盛，从反映鸦片入侵的《种大烟》到歌颂抗战豪情的《地道战》，无不彰显出河北人民的血肉情怀，在我国音乐历史长河中绽放着不可小觑的光华。

一、河北革命音乐的内涵

"革命"一词，早在上古三代就被明确地提及，其意是实施变革以应天命。② 古时认为天子受命于天，改朝换代便是革天命，即是革命。宽泛地看，人类自社会化以来，所有源于准备进行的、正在进行的或已经完成的推动社会进步的变革运动的音乐，都可以称为革命音乐。借用曾遂今教授《论革命音乐》一文的观点及该文以近现代革命音乐形态为主要研究对象的立场，笔者在此将河北革命音乐界定为：以河北的革命活动为背景，由音乐家或广大群众创作的或以民间音乐改编而成的，以爱国救亡、争取权利、自立图强、揭露黑暗等为内容的各类音乐作品，其中以歌曲为主要表现形式。

由于深深植根于地方，河北的革命音乐即便是原创作品，通常也含有浓厚的地域性。我们可以借吴祖强先生的一段话探究其原因："形式的变化往往落后于内容的变化，新的内容在开始时往往不得不借用旧的形式来表现，例如革命的内容从借用一般的民歌表现形式到逐渐产生具有一系列特征的革命群众歌曲。"③当然，这里除了创作规律的原因之

---

① 本文已在《艺术传播研究》2020 年第 1 期刊发。

② 曾遂今. 论革命音乐[J]. 黄钟，2003(1)：67.

③ 吴祖强. 曲式与作品分析[M]. 北京：人民音乐出版社，2003：5.

外,也有追求时效性、便捷性和通俗性的考虑。由于其内容的多样性和融合性,将其细化分类较为烦琐,笔者遂以创作形式为依据将其划分为三类,即根据民歌改编的革命音乐、根据戏剧改编的革命音乐和原创性革命群众音乐。

(一)根据民歌改编的革命音乐

此类音乐主要根据地方谣曲、时调等民间歌曲改编,一般为旧调填词方式,创作主体为广大群众,内容多以叙述革命事件或百姓实际生活为主,种类多样。如第一次鸦片战争期间根据冀北民歌改编、反映烟毒危害人民的《种大烟》:"青天兰天紫兰天,什么人留下种大烟? 十亩地,八亩田,留上二亩种大烟。"①唐山窑工根据地方谣曲改编的《窑工十二月叹》:"正月里来(呀)闹元宵,没吃饭我抱上了瓢,背井离乡找活路(哇),离开了地主自在逍遥(哇,呼哎咳咳);二月里来(呀)龙抬头,逃荒我来到了马家沟,黑脸的穷人有千千万,找不到下窑的我大叔(哇,呼哎咳咳)。"②由河北传统时调《剪靛花》改编的《坚决去当兵》:"哥儿(呀)田里把田耕,忽听命令来扩兵(呀),心中喜盈盈(,哎呦哎呦,呦哎呦),心中喜盈盈。"③又如19世纪末期河北深县(今深州市)人民为歌颂抵抗八国联军侵略的义和团运动而编创的"义和团民歌"《庚子年》:"清朝庚子年,起了义和团,杀了天主教,又把洋人撵,好好好,作战真勇敢。皇上怕洋人,八国起狼烟,失了天津卫,京城也被占,乱乱乱,迁都到长安。调回李鸿章,他把合约签,保护洋毛子,捕杀义和团,冤冤冤,赔款四万万。"④特别值得一提的是,著名的革命歌曲《解放区的天》也来自河北民歌——它是刘西林在抗战时期根据《十字调》创作而成的。

(二)根据地方戏改编的革命音乐

此类音乐主要根据地方戏改编,创作主体多为民族音乐家,内容以改编革命故事为主。如1959年中国评剧院集体创作的描写中国工农红军北上抗日的评剧《金沙江畔》;20世纪60年代唐山地方戏曲作家在唐山皮影戏的基础上创造的新剧——唐剧,将反映史实、歌颂当代的题材融会贯通,创编了如《断桥》《红云崖》《江姐》等新剧目;保定老调剧团根据宋朝杨家将的历史故事创编的保定老调革命剧《潘杨讼》等。

(三)原创性革命群众音乐

此类音乐主要是以西方作曲技法为主,适当融合民族元素的音乐作品,原创性较强,创作主体多为有西方文论或音乐理论学习背景的文学和音乐工作者,内容以革命叙事、歌颂典型、鼓舞士气为主。如1942年词曲作家方冰和李劫夫创作的革命叙事歌曲《歌唱二小放牛郎》,描写了当时河北保定涞源县小英雄阎富华的英勇事迹;1937年词曲作家麦新根据抗日战争时期河北喜峰口地区战况而创作的歌曲《大刀进行曲》;1965年由任旭东、

---

① 江玉亭.河北地方音乐:上[M].石家庄:河北科学技术出版社,1996:69-70.
② 张跃进.河北地方音乐赏析[M].北京:科学出版社,2017:80.
③ 张跃进.河北地方音乐赏析[M].北京:科学出版社,2017:80.
④ 张跃进.河北地方音乐赏析[M].北京:科学出版社,2017:70-71.

傅庚辰填词作曲的电影主题曲《地道战》，生动形象地描写了河北冉庄人民的抗战热情和群众的抗敌智慧。

可以说这些革命音乐都带有一定的地方乡土色彩，即便在传统音乐文化的定义中不能全部囊括，但也可以看作地方民族文化的重要表现形式，在河北民族文化的教育传播和传承中应予以重视。

二、河北革命音乐的教育传播模式

虽然河北革命音乐有的受到特殊历史时期的影响，增添了政治因素和传播主体的主观偏见，致使其历史主观性较强，但其中仍然存在着丰富的认知价值，需要以历史的眼光加以看待，将其中有益的部分作为传播和传承的范本。文化的传续既需要横向的广泛铺展，也需要纵向的专性加深，教育的传播和传承正是这两种侧重点的不同观照。无处不教育，可以说革命音乐的价值属性都包含有教育意义，在充分分析河北革命音乐本体的基础上，利用好不同特点的教育模式则是对其传承和传播的关键一环。在我国传统约定俗成的概念中，音乐教育一般被分为学校音乐教育、师范音乐教育（音乐教师教育）、专业音乐教育和社会音乐教育四类。[①] 在笔者看来，只有这四种音乐教育模式齐头并进，才能实现河北革命音乐教育传播和传承的最佳效果，无论哪种教育模式均具有相应特点和优势，只有各尽其用才能形成河北革命文化传承的新局面。

（一）学校音乐教育模式

学校音乐教育是一种"绿化"的教育，指幼儿园、中小学、普通大中专院校以培养人的一般音乐素养，传承音乐文化为目标的普通学校音乐教育，归属于普通音乐教育。[②] 中国音乐学院的谢嘉幸教授曾在 1999 年全国民族音乐教育研讨会上提出"让每一个学生都会唱自己家乡的歌"，则是以"学校教育"为主要方式的传统文化传承的强烈呼吁。"本世纪以来，现代社会的文化生态环境已经发生了巨大变化，学校教育已经成为文化传承最重要的领域，因此学校教育的模式，在很大程度上决定了社会文化发展的模式。"[③]谢嘉幸教授将学校教育的传承影响上升到了社会文化发展的高度。在笔者看来，这种普遍式的音乐教育也是河北革命音乐教育传承的最佳方式。学校音乐教育，由于其教授主体受制于学校区域，教学模式具有通识性的特点，其受众的年龄层基本圈定在青少年和幼年，具有更典型的播种式传承关系，更有利于河北革命音乐文化传承的本源性和准确性。在现代师生互动式学校教育活动中，师生间不仅完成规定知识的传授，也可以在充分互动的基础上深入挖掘河北革命音乐文本的内涵价值，获取"新质"，使学生在学习音乐范本的同时不仅获得音乐本体美的体验，也获得知识和技术层面的新知，尤其是河北革命音乐中所包含的历史文化信息，具有其他音乐形式不可比拟的横向资源优势。

---

① 谢嘉幸，郁文武. 音乐教育与教学法［M］. 北京：高等教育出版社，2015：2.
② 谢嘉幸，郁文武. 音乐教育与教学法［M］. 北京：高等教育出版社，2015：2.
③ 谢嘉幸. 寻找家乡的歌：音乐教育的现代观念之三［J］. 中国音乐教育，2001（11）：40.

由于大部分河北革命音乐作品具有典型的地方性和民族性,可以将其作为河北地方民族文化进行传承。在学校教育的民族音乐传承中,我国的多位音乐学家如谢嘉幸、金湘、管建华等都进行过论述,并提出"中华乐派""母语文化"等概念,这是由于近代以来,我国现代音乐教育随着西方音乐的"四大输入"(二十世纪初的学堂乐歌——通过日本学西方;二十世纪二三十年代,专业音乐院校全盘接受德奥音乐教育模式;二十世纪五十年代学苏联——仍然是德奥传统的翻版;二十世纪八九十年代学"欧美"①)始终被西方音乐思维所统治,中国音乐家由此所发出"中国在哪里"的呼喊。笔者认为,如果现在仍从西方音乐审美角度来看待河北革命音乐,那必然使其被大部分学校师生所忽视,而沦为西方音乐思维统治下的音乐旁支。

1. 建立多维体系,进行广泛连接

由于革命音乐的特殊性,在河北学校音乐教育中,要充分建立以民族音乐为基础的革命和地方音乐教育体系,包括理论建设、课程建设、教材建设、师资培训等方面。建立立体多面的民族音乐培养框架,营造地方音乐文化氛围,从低段的学校教育开始逐渐抓起,将河北革命音乐和地方音乐中的历史故事、民歌旋律、革命事件、生活常识进行横向连接。由于文化本身所具有的综合性,音乐教育不仅可以停留在音乐课堂当中,也可以在历史课、语文课、社会课等横向学科中充分利用革命音乐素材讲好文化故事,将音乐与文化充分融合,从而提高学生学习知识的效率。

2. 将"引进来"与"走出去"充分结合

学校音乐教育作为"绿化事业"的基础,其对河北革命音乐的传承和传播不仅要"深"而且要"广"。借助河北地区丰富的革命文化资源,学校可以将革命音乐和音乐人引进校园中,并以适当机会引领学生到河北革命音乐发源地去触碰历史,这有利于学校音乐教育的生动性和感染性的提升,也是课堂学习成果的升华。如邀请唐剧《江姐》、钢琴曲《解放区的天》、评剧《金沙江畔》的当代演绎者走进校园,以讲述、演唱和表演的形式为学生讲授音乐课程;再如,带领学生深入河北冉庄抗战遗址学唱《地道战》、到河北迁西县喜风口遗址学唱《大刀进行曲》等。

3. 以人为本,生成"活性文本"

"活性文本"一词是谢嘉幸教授有感于"方言传承"所提出的。民族性较强的河北革命音乐,也应该充分考虑教师和学生是音乐文本的"鲜活"传唱主体,尤其是教师。首先应让教师领会河北革命音乐的内涵和内容并贯通于心,了解其历史渊源及相关文化背景并在主观层面乐于接受,只有这样在学校教育中才能充分发挥以教师为传授主体的鲜明导向作用。学生的传播作用则是"开枝散叶"式的,将教师传播的内容在学校范围内甚至以外,以人际传播和大众传播的形式将河北革命音乐文本进行扩散,实现文化信息的燎原之势。

4. 充分利用大众媒体

大众传播时代的到来,使得人人皆媒体,正如加拿大传播学家麦克卢汉所言:媒介是

---

① 赵宋光,金湘,乔建中,等."新世纪中华乐派"四人谈[J].人民音乐,2003(8):3.

人体的延伸。[①] 大众传媒将世界变小同时也将世界变大。河北革命音乐在学校音乐教育中不仅要充分利用课堂中的新媒体,更要深入挖掘传统媒体和自媒体等多平台的优势,形成良性的校园"拟态环境"。如建立微博、微信公众号定期推送河北革命音乐故事;开辟校园官网创建学习园地。利用纸媒传递革命文化:将革命音乐文化融入校园杂志报纸中,并鼓励学校老师和学生发表研究文章、诗作、评论等。充分利用大众传媒的多样性和主体广泛性,将"冷""热"媒介科学配置,调动学生的接受能动性,有利于对河北革命音乐文化的有力传承和传播。

5. 拓展校园文化,融入办学理念

将河北革命音乐融入学校的校园文化中,充分利用学校的第二课堂和课余环境继承、发扬河北革命音乐文化。如将革命音乐融入学校现有社团中或者单独成立社团,引导戏剧社、文学社等社团在戏剧和文学创作及表演中将革命音乐因素融入其中,这必然也有显著的功效,湖南师范大学楚魂戏剧社重新排演的话剧《原野》就将革命音乐巧妙融合,突出了戏剧的情感色彩和主题色调,使其熠熠生辉;设立河北革命音乐研究社,在校园中大力推广地方革命音乐文化,制作相关文化产品;利用选课和第二课堂成绩单制度,将学习河北地方和革命音乐纳入学分,唐山师范学院就在第二课堂学习中编排"评剧鉴赏""冀东民歌"等学习项目,将传统音乐带入学生视野;利用节庆纪念日重温革命音乐,河北唐山市宋禾麻庄小学就在校园内设立河北革命英雄包森塑像,在清明节、建军节等时间点咏唱革命歌曲;河北地方高校将革命精神与学校办学理念相结合,唐山师范学院就将大钊精神融入办学理念当中,并积极引进冀东地方音乐,广泛传播地方红色文化。

(二)师范音乐教育模式

师范音乐教育,又称为音乐教师教育,是指师范院校或音乐艺术院校及普通大学中的音乐教育专业等以培养普通学校音乐师资为目标的音乐教育。[②] 师范音乐教育的受众基本是中高等教育阶段的音乐师范专业学生,是我国音乐园丁的后备力量,更是未来"绿化事业"的坚定实施者。河北革命音乐能够在学校教育中顺利传播和传承,首先要解决的便是"活性文本"的主导问题即师资问题,这也是河北革命音乐传播与传承的源头活水。因此,不仅要将民族的、革命的音乐元素融入师范教育中,也要在校园文化环境中渲染民族及革命音乐氛围,同时建设多维的民族音乐教育基础系统,使中国传统音乐观念在"未来教师"的头脑中"母语化",形成与自身音乐审美思维相适应的音乐惯性,使其成为我国下一代传统音乐继承者的合格导师。

(三)专业音乐教育模式

专业音乐教育,又称为职业音乐教育,一般是指音乐艺术院校中以培养演唱、演奏、音

---

① 张国良. 传播学原理[M]. 上海:复旦大学出版社,2017:90.
② 谢嘉幸,郁文武. 音乐教育与教学法[M]. 北京:高等教育出版社,2015:2.

乐创作、音乐研究、音乐教育师资等专门音乐人才为目标的音乐教育。[①] 我国近代以来，现代意义上的音乐教育从无到有，从有到强，培养了无数音乐专业人才，这都得益于"专业音乐教育"。但长期以来以"政治加技术"的专业音乐教育思路，将我国传统音乐及革命音乐中所包含的民族性逐渐边缘化，使得以西方音乐结构为主体的新音乐模式占据上风。直至现在，主流的音乐组织形式和表达方式仍然严重西化，而不像我国的书法、国画那样纯粹。专业音乐教育领域应当加大力度培养我国本土的民族音乐人，河北革命音乐则可以在河北专业音乐院校的民族音乐人才培养中进一步融入，使河北革命音乐的传播与传承事业在普遍音乐素养提升式的"绿化"教育基础上，进一步增添业务较强、素质过硬、能精准传唱和继承河北革命音乐的专业人才。

如在河北民族音乐专业人才培养的教育体系中充分增添民族元素，设置民族音乐学习实验班，完全以民族音腔体系进行人才培养等，进而探索出一套适合当地语言和文化习惯的具有"双重音感"或"多重音感"[②]的，能处理好民族性和世界性关系的地方音乐和革命音乐的传承者，使专业音乐教育不仅能培养出西方音乐文化的领军人才，更能够培养出具有高度民族文化自觉意识[③]、能发展本民族音乐文化事业的高级专业人才。

（四）社会音乐教育

社会音乐教育包含了少年宫、群众艺术馆、业余音乐艺术团体、民间传统音乐社团、老年大学等社会音乐教育机构举办的各类音乐教育活动；包含了家庭音乐教育和个人音乐教育（如社会上的私人音乐教学活动）；还包括了电视音乐教育、广播音乐教育、社区音乐教育等。[④] 社会音乐教育相较于学校范围内的音乐教育来说，组织管理比较宽泛，约束性不强，教育受众素质和年龄层次参差不齐，教授信息缺乏统一标准，教学效果相对较弱，但对于河北革命音乐而言，受众的广泛性能使其传播得到极大拓宽，可深入不同群众的活动场所。广大群众的广泛参与性和普遍娱乐性是社会音乐教育的优势，并且这种教育传播模式在河北当地已经普遍存在。如河北当地的评剧团每年都会上演评剧《刘巧儿》《杨三姐告状》等；保定老调剧团在当地村落也会不时上演由保定老调改编的《平原作战》《潘杨讼》等传统剧目；诸如《迎风飞燕》《红云崖》等唐剧剧目，仍然在唐山地区的乡镇剧团上演，深受广大农民欢迎；在群众性的歌舞、歌咏活动中河北革命歌曲如《地道战》《北风吹》《解放区的天》《歌唱二小放牛郎》等也是经常上演的曲目。这样的民间演艺，促使群众这种"活性文本"充实在乡间村落，为河北革命音乐文化的传承和传播打下坚实的社会基础。

河北当地教育和文化管理部门也应适当组织河北革命音乐和地方音乐的展演、比赛等活动，积极鼓励民间"活性文本"的传承，对自发组织的民间演绎团体要给予经费支持，积极提供展示平台；鼓励媒体创办革命文化学习频道，如中央电视台《信仰的力量》节目和"学习强国"App将革命史实和革命音乐充分融合，感人至深，使故事和音乐得到双重传

① 谢嘉幸，郁文武. 音乐教育与教学法[M]. 北京：高等教育出版社，2015：2.
② 张应华，谢嘉幸. 我国当代少数民族音乐教育操作策略的探讨[J]. 音乐艺术，2012(3)：43.
③ 李松，樊祖荫，张欢，等. 对中国少数民族音乐文化传承的反思[J]. 中国音乐学，2013(1)：15.
④ 谢嘉幸，郁文武. 音乐教育与教学法[M]. 北京：高等教育出版社，2015：2-3.

播；此外，还可以借鉴中国传媒大学赵志安教授的传统音乐文化的传承与传播策略，鼓励社会教育机构及社会媒体将河北革命音乐进行"重新解构"和"多层融合"[1]，使革命元素与其他元素结合产生新的音乐形态，如展览馆、文化馆试听平台的建设等，或做成音乐文化产品来发展文化产业，进而引导群众识记和了解，这也可以说是对革命音乐变相的教育和传播。

用好河北革命音乐，讲好河北革命故事，不仅是建设中国特色社会主义文化的有利举措，也是继承无产阶级革命精神的重要渠道。河北革命音乐既是优秀的教育资源，也载有丰富的民族文化，在知识信息化和文化多元化的当代，河北革命音乐正逐渐被边缘化，对其进行有效的传播和传承是当代河北教育和艺术工作者的紧迫任务。以教育为抓手则是对其根本性的继承和保护，也是挽救一切非物质文化遗产的重要落脚点，充分利用教育传播手段，使音乐和文化巧妙融合，形成"你中有我，我中有你"的全民文化自觉热潮指日可待。

---

① 赵志安. 论传统音乐文化的传承与传播[J]. 当代音乐,2016(5):12.

舞蹈教育

身体与思维的共舞之力

——黄嘉敏的舞蹈教育观与实践逻辑研究

上海师范大学 张岚月

摘要：新艺术课程标准的颁布扩大了舞蹈教育功能的同时，也呼唤指向核心素养培育的舞蹈教育理论与实践。黄嘉敏教授基于爱、信赖和尊重学生的教育观所构建的"三维结构教学法"，以开发学生的直接舞蹈经验和发展舞蹈的多维功能作为逻辑起点，在教学实践中按照"热身—讨论与回顾—提出任务并解释—学生探索并完成任务—评价—总结"六个步骤逐步展开。其舞蹈教育观与教学方法对我国当下中小学舞蹈教育的高质量发展具有借鉴价值，主要体现在重构教师舞蹈教育实践的理路、重塑学生舞蹈学习的思路两个层面。

关键词：黄嘉敏；教育观；中小学舞蹈教育；三维结构教学法

2022 年 4 月，舞蹈终于以"独立"的形态被写入了新版义务教育课程标准中，舞蹈的教育价值有了更广泛的内涵，且被延伸至义务教育阶段，开启了舞蹈教育发展的崭新篇章，督促着舞蹈教育工作者们在指向核心素养的艺术教育的课程与教学中转变理念与思路，为这一新举措的落地贡献力量。当然，在这样的发展契机之下，还没有形成课程与教学体系的中小学舞蹈教育也将面临巨大的挑战。

上海师范大学音乐学院舞蹈系围绕国家级一流本科专业建设项目，在学校"一流师范专业建设"项目支持下，邀请黄嘉敏教授开展了为期三天的学术讲座、大师班和教研会等系列活动。黄嘉敏教授在中国与美国的各级各类学校与教育机构的舞蹈课程教学中所实验的"三维结构教学法"，为我国当下中小学舞蹈课程的有序与高质量开展提供了重要的参考。该教学方法将身体、情感、认知学习嵌入舞蹈学习过程中，通过舞蹈将这三个方面立体地联系起来，使得舞蹈教育不再仅仅是身体的外在规训，而是以舞蹈为桥梁，勾连起大脑、身体与情感的和谐发展。

一、黄嘉敏舞蹈教育观与教学实践的逻辑起点

"教育思想形成教师的伟大，没有教育思想，教师就成了一台教育机器，因此说教育思

想是教师的第一素质。"①教育观是教育思想的核心内容,教育思想是教师教育与教学活动的隐性行动准则,潜移默化并且持续地影响教师的教育与教学行为,同时也是使教师拥有教育尊严的关键基础。因此,教育观的研究能够帮助我们厘清教育者施教的理论根源与实践依据。黄嘉敏教授的三维结构教学法的形成、推广与实施,离不开她坚定的舞蹈教育观的指导,其舞蹈教学实践将开发学生的直接经验与发展舞蹈的多维功能作为逻辑起点。

(一)关注过程:从开发直接舞蹈经验出发

各个阶段、各种层次的舞蹈教育最显著的特征是对身体的艺术性训练,这是由舞蹈的本体特征——身体动作所决定的。在专业舞蹈教育范畴中,舞者身体的极致训练是教育与教学过程中必不可少的内容。在普及性舞蹈教育范畴中,从身体动作这一本体特征出发对学生进行身体的规训式教育有其合理的一面,能够帮助学生通过舞蹈的形式体验不同国家、地域、民族的文化表征。但是,纯粹从身体的规训式训练角度使学生不断获得间接舞蹈经验,普及舞蹈教育的做法是片面的,这是因为普及舞蹈教育有着不同于专业舞蹈教育的教育目的与价值取向,其应该属于美育的范畴,指向艺术核心素养的培育。

黄嘉敏教授的三维结构教学法打破了传授间接舞蹈经验的逻辑,转而从开发学生的直接经验入手,不断激发学生学习舞蹈的内在动机,从而使学生从身体动作的表现与创造中逐渐获取逻辑化、结构化的舞蹈艺术经验。她在四十余年的从教生涯中,从关注学生表现与应用教师教学成果,逐渐转换为关注教师自身的教学行为给学生的发展带来什么影响。这一转换不仅涉及舞蹈教学思维,根源还在于舞蹈教育观的转变。

由此,在舞蹈课程的教学活动中,教师教的活动不再仅仅聚焦于学生的行为表现结果,而将关注重心放在了学生完成舞蹈学习任务的过程本身。无论教学对象已有的舞蹈经验达到何种程度,或是从未有过舞蹈经验,教师在教学中都是运用舞蹈的基本概念来引导学生舞动,换言之,即教师不断激励学生做出来自内心的身体动作。课堂教学的不断推进,逐渐要求学生按照学习任务的要求,开始尝试构建舞蹈动作与生活中事或物的联系。这样的舞蹈学习过程侧重于关注学生将舞蹈的直接经验转换为富有逻辑、结构化的舞蹈艺术经验的加工过程本身,而传统意义上侧重于行为表现结果的舞蹈教学目标不再是教学中最为重要的内容。

(二)关注素养:发展舞蹈的多维融合功能

在学生学习间接舞蹈经验的过程中,尽管学生是教学活动的主体,但实际上趋向于某种被动接受学习的状态,而非主动建构的状态。如此,学生通过舞蹈学习所获得的发展在某种程度上而言是单一的,尤其指向舞蹈技能的提升或言动觉所蕴含的多项能力的提升。从学科课程的范畴而言,学校的每一门学科课程都有其独特的教育价值,但这并不意味着某门学科只能发挥单一的教育功能。在当下"五育融合"的趋势中,各个学科都应该为"五

---

① 经柏龙.教师专业素质:形成与发展[M].北京:中国社会科学出版社,2012:59.

育"的创新融合发展作出相应的教学探索,并且将其与学科核心素养建立联系。对于舞蹈教育而言,舞蹈的教育价值不应该只体现在对身体外在动作的美化训练中,更应该基于具身学习,充分调动身体感官来开发身体的认知能力。

黄嘉敏教授的三维结构教学法便将身体、认知与情感构建为一个整体,使三者形成互动关系,贯穿于舞蹈的教与学的活动中。身体学习指向身体素质的发展、舞蹈技术技巧的习得、舞蹈表现能力以及舞蹈创新与创造能力的习得与强化;认知学习指向对舞蹈艺术的鉴赏能力的提升、对生活的挖掘、对审美品质的追求以及文化自信的养成;情感学习则指向了舞蹈学习兴趣的激发与爱好的培养,获得身与心的愉悦,在舞蹈中学会倾听与交流、沟通与合作。尽管我们能够从理论层面对这三个学习领域进行逻辑上的分析与划分,但无论在具体的教学情境中还是教学方法的理论架构中,三个维度应融合协同,而不是按照先后顺序逐一实现。这三者间融合发展的行动逻辑以身体的动作经验为前提,赋予身体动作以主动认知与情感交流的功能。也就是说,在三维结构舞蹈教学中,所有认知和情感的发生都是基于身体动作经验的,是源于动作经验的,而不是嫁接在动作经验中的。由此,舞蹈教育的功能不再局限于身体外在动作的习得层面,而是以身体动作的直接与间接经验为基点,重在探索基于身体动作经验的认知与情感功能,从而促使舞蹈教育为学生的艺术核心素养发展提供立体性多维功能支撑,最终为学生未来的发展赋能。

二、黄嘉敏舞蹈教育观与教学实践的基本内容

(一)舞蹈教育观:爱、信赖与尊重学生

教育观本质上属于认识的范畴,是对教育基本问题与现象的看法。[①] 这种认识在态度上带有鲜明的倾向性,并且已经内化为教师的心理品质,因而通常以内隐的方式指导或支配着教师在日常教学活动中的各种行为。[②]

黄嘉敏教授在题为《舞蹈教育:身体学习、情感学习和认知学习》的讲座中分享了她从教几十载始终坚守并不断积累完善的舞蹈教育观:"爱每一位学生、依赖每一位学生和尊重每一位学生。"

从黄嘉敏教授自述的舞蹈教育观中,我们可以总结出如下关键信息:爱、信赖、尊重,这三个关键信息是黄嘉敏教授舞蹈教育观的核心。爱学生是黄嘉敏教授舞蹈教育观中最具宏观统摄意义的基本构成要素。尽管我们通常会把爱视为一种纯粹的情感因素,但这一情感因素在教师的教育行动中却起着至关重要的作用,即作为教师所有教育与教学行为自觉进行的重要推动力,并且能够促进教师教育与教学的成功。教师所面对的是正在经历成长与发展的学生,教师的一言一行会对处于成长过程中的学生产生深刻而持久的影响,因此,在教育教学过程中,教师必须具备强烈的责任意识和无私奉献的精神。而责任与奉献是建立在教师对这份事业的热爱上,而非简单将其视为一种职业。爱教师这份

---

① 顾明远.教育大辞典:增订合编本[Z].上海:上海教育出版社,1998:748.
② 经柏龙.教师专业素质:形成与发展[M].北京:中国社会科学出版社,2012:60.

事业,是教师走向成功的重要前提,其中,对学生的爱是爱事业的集中体现。正如黄教授自己所言:"爱是教育中最本质、最精髓,也是最核心的思想,没有爱则无法成为真正的教师。"教师将对学生的爱贯穿于整个教育与教学的过程中,给予学生爱的滋养,才能在学生的心中播下爱的种子,让这份爱永远传递下去。黄教授在课程教学过程中,从不以严肃的语气去要求、命令学生完成舞蹈动作的学习、创作,而是以和蔼可亲的态度,将要求融于语言中,通过对话的形式把教学目标、教学内容传达给学生。

信赖学生是黄嘉敏教授舞蹈教育观中的特殊构成因素。一般而言,信赖学生往往是教师在建构自身与学生之间关系的认知上经常会忽略的因素。信赖学生的最终目的是获得学生的信赖,从而建构起学生与教师之间的双向信任关系,以确保教育与教学活动顺利且有效地进行。在师生双向信任的关系中,学生会逐渐建立起自信,在跟随老师教学逻辑与思路的基础上,教师对学生的信赖能够给予学生更多自主的发展空间,进而会促使学生们不断创生出对既定教学内容的新认知。正如苏霍姆林斯基所言:"要像爱护最宝贵的财富一样爱护儿童对你的信赖这朵娇嫩的花朵。"他把学生的信赖比喻为娇嫩的花朵,一方面意味着师生间互信的建立是十分困难的,另一方面也意味着这种互信是需要不断维护的。而维护师生间的互信关系则需要教师以一种朋友式的态度去关心与陪伴学生的成长。黄教授在讲课时,从未采取传统舞蹈课堂中教师站在教室最前端的位置,学生站在教室中间认真聆听教师的要求的那种课堂组织模式,转而加入学生的队列中,以指导与讨论的方式进行舞蹈教学。尽管这只是课堂中的一个细节,但足以体现出教师自身身份的转换,从权威转换为朋友。

尊重学生是黄嘉敏教授舞蹈教育观中的重要构成元素。尊重学生最重要的内涵就是对学生主体性的尊重,在黄教授的课程中也充分地体现了这一点。从教师的角度而言,在课堂教学过程中,黄教授始终将民主性这一教学原则贯穿其中,始终接受学生对教师"教学影响的选择权"[①]。面对学生对教师提出的学习任务完成得参差不一时,教师不应以某种讽刺的态度去评价学生,而应以欣赏的态度去鼓励学生,接受学生的不完美。从学生的角度而言,学生主体性的凸显表现在能动性、独立性和创造性三个方面。学生在教师创设的具有激发性的舞蹈教学情境中,通过教师的循循诱导,能够独立地创造表达自我情感、性格的动作,并且不断尝试通过舞蹈动作与周围环境中的人和事物交流。学生在执行学习任务的过程中,除了需要合作之处,教师只会在课堂中予以及时的启发与引导,给予学生大致的方向,而不是去纠正学生的舞蹈动作。

(二)舞蹈教学实践的基本逻辑:教学六步法

从教育学、心理学、社会学三者融合的视角来重新厘定舞蹈教育的理论基础与实践取向,是黄嘉敏教授舞蹈教育观的形成与教学实践开展的总体思路。我们可以通过黄嘉敏教授舞蹈教育课程中的教学内容、教学方法的选择与确定以及教学过程本身进一步探究她的舞蹈教育观所体现出的教学实践之基本逻辑。

---

① 余文森.课程与教学论[M].福州:福建教育出版社,2015:188.

　　在三维结构教学法的舞蹈课程中,教学内容多以创意舞蹈为主,换言之即上文中所提到的以开发学生的直接舞蹈经验为主。创造导向的舞蹈课程必定不同于传统舞蹈教学的"口传身授",因为其教学活动是指向过程本身的,也就是在编创舞蹈动作、舞蹈组合的过程中来获取学习经验。教学方法的选用以教学内容的设置为基础,该课程具体教学方法的选用体现出了综合性的特征。这是因为在该课程中,创造导向的教学内容是一个涉及情感、身体与认知学习的整合体,因而教法与学法的选择需要根据教学内容来最终确定。例如"在即兴中探索个性特征的舞蹈动作"课例中,选择的教法是启发与引导,选择的学法是观察、讨论与实践。

　　黄嘉敏教授建立在三维结构教学法基础上的舞蹈课程的教学过程,大致遵循着"热身—讨论与回顾—提出任务并解释—学生探索并完成任务—评价—总结"六个教学步骤逐步展开。第一个教学步骤——热身。该步骤旨在通过唤醒身体各个肌肉与关节,减少身体在接下来的舞蹈活动中受损伤的概率。其中,教师会以情境作为引导,在身心合一的热身活动中,逐渐建立起教师与学生的互信。第二个教学步骤——讨论与回顾。该步骤旨在讨论热身环节中学生的表现以及存在的问题;而回顾则是针对上节课所学内容进行复习。第三个教学步骤——提出学习任务并解释具体要求。该步骤是课程的重要组成部分,以任务驱动的方式激发学生对舞蹈的学习兴趣。提出本节课的学习任务后,教师会接着阐释学习任务的具体内涵与操作要求,不断引导学生更客观和全面地认识学习任务。第四个教学步骤——学生探索并完成任务。该步骤是课程的核心环节,也就是学生根据教师的引导,在探索任务完成方法与路径的过程中进行学习。第三个与第四个教学步骤可能会因为学习任务设计的不同而反复进行。第五个教学步骤——评价。该步骤通常发生在学生完成学习任务之时,评价的方法为自评、互评与师评。评价环节是构成舞蹈教学过程的关键因素,因为黄嘉敏教授不仅把评价视为学生和教师对教学过程进行价值判断的活动,更把评价视为学生发展认知能力的有效方法。通过学生的自评与互评,逐渐使学生摆脱依赖于他者观点认识自己的路径,转为通过自我反思与判断来主动建构对自我的认知。第六个教学步骤——总结。该步骤是课堂的尾声,通常以教师总结与学生发表感悟的形式进行,以帮助学生整理课程的学习内容与思路,加强学习的成效。

三、黄嘉敏舞蹈教育观及教学实践对我国中小学舞蹈教育的借鉴价值

(一)教师层面:重构舞蹈教育实践理路

　　黄嘉敏教授爱学生、信赖学生、尊重学生的舞蹈教育观深刻影响着她本人的舞蹈教学观,凝练在三维结构教学法中。她的舞蹈教育理论与实践能够在一定程度上为我国中小学舞蹈教师提供借鉴,表现在教育观与教学方法两个方面。

　　其一,为舞蹈教师重构舞蹈教育观提供思想上的参照。舞蹈教育观作为舞蹈教师进行舞蹈教学工作的隐性行动指南,潜移默化又深刻地影响着教师的舞蹈教学行为。因此,爱学生、信赖学生、尊重学生在舞蹈教学过程中显得尤为重要,只有爱学生,才能全心全意地教好学生;只有信赖学生,才能够与学生建立起良好的互动关系;只有尊重学生,才能够

使学生建立充分的自信心。这三个层面的深刻内涵值得中小学舞蹈教师学习与思考。

其二,为舞蹈教师改革舞蹈教学方法提供技术上的支撑。每位舞蹈教师都有自己的舞蹈教育理想,但在教育理想转化为教学实践的现实过程中,却会因受到许多条件性或技术性因素的影响而不断降低理想的层次。主要原因在于教学方法的选用不足以支撑艺术核心素养的培育。而三维结构教学法中将身体、情感与认知立体结合的方式,因其本身的过程指向与核心素养培育所体现出的过程性之间存在内在契合,能够为舞蹈教师设计核心素养指向的舞蹈教学提供方法论层面的参考。

（二）学生层面：重塑舞蹈学习的思路

黄嘉敏教授的舞蹈教学实践将学生的直接舞蹈经验作为教学开展的起点,关注学生学习过程本身;将舞蹈的多维功能予以融合,关注学生核心素养的发展。她的教学理论与实践能够为舞蹈课程的参与主体——学生的舞蹈学习思路起到一定程度上的重塑作用,表现在学生认识舞蹈与体验舞蹈两个方面。

其一,为学生认识舞蹈提供新的灵感。学生对舞蹈的认识与理解会影响他们对舞蹈的学习动机与学习态度,比如男生如果将舞蹈视为女生的专属艺术的话,他们将很难参与到舞蹈课堂的学习过程中。而开发学生的直接舞蹈经验的方式,实际上蕴含着"大舞蹈观"的理念,将舞蹈视为一种基于身体动作的生命活动,而不是一种被观赏、被凝视的表演艺术。由此,按照"直接经验—艺术经验"的教学逻辑开展舞蹈教学,能够重构学生对舞蹈的认识。

其二,为学生体验舞蹈提供新的范式。从直接舞蹈经验中开始学习,实际上是建立在学生的生活经验基础上的学习方式。换言之,开发学生的直接舞蹈经验意味着要与学生的生活经验建立联系,找寻生活经验中可以用于舞蹈教学的元素,然后再用艺术的思维将其提升为艺术经验。由此,能够打通舞蹈艺术与社会生活的联系,从生活中挖掘可舞的内容,逐渐培养学生的舞蹈艺术思维,最终实现核心素养的培育。

浅谈戏剧思维下的艺术拓展课

——关于"舞蹈创编"课程的教学启示

上海市静安区实验中学　胡　萍

摘要: 本文以理论和实践相结合的方式探讨戏剧思维下的艺术拓展课对舞蹈创编的培养价值。相较于传统舞蹈教学,戏剧思维下的舞蹈创编能够有效培养中小学生的创编能力。由老师和学生共同构成的课堂,实际上已经具备了观演关系的雏形,因此,若是将一堂艺术拓展课视作一场由老师和学生共同完成的"戏剧表演"也未尝不可。在艺术拓展课的"表演"中,老师和学生互为观众,互为演员,戏剧的思维将使课堂迸发出全新的火花。

关键词: 戏剧思维;艺术拓展;舞蹈创编;中小学舞蹈教育

一、以戏剧之编导理念设计舞蹈课堂

王国维先生在《戏曲考原》中曾言:"戏曲者,谓以歌舞演故事也。"追溯戏剧的源头会发现,戏剧与舞蹈实际上密不可分,无论是"歌舞说""巫觋说",还是"俳优说"其实都离不开以演员身体为载体的"演",这与舞蹈中以舞者身体为载体的"舞"是异曲同工的。此外,诚如一部完整的戏剧作品必然是编剧、导演、舞美等多部门、多环节合力促成,缺一不可,舞蹈作品没有编舞、音乐、服装等部门和环节的配合衔接,便很难呈现出理想的状态。因此,戏剧与舞蹈不仅在表现载体上一致,同时,在整个创作过程中也有彼此契合之处,可以相互借鉴,取长补短。

如前所述,一堂艺术拓展课犹如师生合作完成的"戏剧表演",而这场"戏剧表演"与普通意义上的戏剧演出在根本任务上有着不同的侧重点。后者着重于戏剧演出与观众间的"化学反应",而前者更注重的是学生在这场课堂"表演"中收获的相关知识与技艺。因此,作为拓展课堂这个作品最初创作者的老师应该明确课程最终的任务,并清晰地定位与之相匹配的课程主题和授课流程,就如同戏剧创作过程中的编剧和导演,为戏剧演出而构思的剧本及导演台本。

舞蹈是行为审美的艺术,动作体验是学习舞蹈的基础。发展学生的动作感官应贯穿于舞蹈教学的全部活动中。舞蹈拓展课的教学必须倡导完整而充分地观察舞蹈作品,使学生在审美过程中获得愉悦的感受与体验,启发学生在积极体验的状态下,充分开展想象,并充分保护和鼓励学生在舞蹈体验中的独立见解。也就是说,对于中小学生的舞蹈拓

展课而言,除了继续深化舞蹈动作的基础训练之外,逐步培养学生敏锐的舞蹈感受力、独到的舞蹈鉴赏力以及充分的舞蹈想象力是课程至关重要另一步。

那么,如何迈出这至关重要的一步呢? 仅依靠老师教授动作,学生模仿,只能让学生停留在舞蹈技术层面,而无法领悟舞蹈的本质,从而难以形成真正意义上驾驭舞蹈的能力。因此,需要转换单向授课的方式,激发学生在舞蹈学习中的潜在能动性。何谓转换"单向授课"方式呢? 也就是要改变一直以来舞蹈课上老师示范动作、编排组合,而学生一味听从、模仿的传统课程模式,将戏剧中编剧和导演的环节引入舞蹈教学中,让学生们自己编排舞蹈动作,自己导演舞蹈作品,最后再自己跳起来、舞出来。当每一位学生都成为自己舞蹈的编导时,他们获得的不仅是短暂的新奇感,更多的是对于已经掌握的舞蹈动作的重新认识与反复思考——动作性质的多样性、动作与音乐节奏的关系、动作与队形变化的契合度……所有的重新认识和反复思考将带领学生进入更贴近舞蹈本质的学习。

并且,当学生开始自行编排舞蹈片段时,在犹如戏剧演出的舞蹈课堂上会发生有趣的身份转化:原本是课堂引导者的老师转变为观众,而原本是被指导者的学生则成为新的课堂引导者,以此打破原有的单向授课方式,在学生与老师之间、学生与学生之间形成相互碰撞、相互学习的循环式课堂模式。这种循环式的课堂模式不仅有利于开发学生对舞蹈的想象力与创造力,更有利于老师进一步了解每一位学生的特点,随时调整教学方案,因材施教。因此,在中小学生的舞蹈拓展课中适时适当地开展引入戏剧编导理念的舞蹈创编课程,对舞蹈教学是具有积极意义的。

二、以戏剧之参与体验培养编舞兴趣

舞蹈创编可以说是学生舞蹈学习更高层次的要求。常见的舞蹈教学通常是教师口传身授,学生模仿老师的动作,模式比较单一。而创编是学生从模仿向自主学习探究的跨越。让学生跨出第一步,兴趣的激发尤为重要。有些学生很有创作的热情但是找不到素材与方法;有的学生内向胆怯参与性不强,那舞蹈创编就会变成几个同学的自娱自乐。因此,一般教师比较畏惧舞蹈创编,进而舍弃这一环节。但事实上只要给学生铺设创编的台阶,诱发学生的舞蹈兴趣,引领学生跨越障碍,就会发现不论是动作的呈现,还是情感的表达,学生自己创作出来的作品比起教师编排的更适合学生。那么,问题的关键就在于如何为学生铺设创编舞蹈的台阶,因为只要有了创编的台阶,兴趣的产生、障碍的跨越也就水到渠成。

众所周知,在戏剧教育中参与和体验是非常重要的一环。在专业的戏剧教学中,常通过讨论互动和具体实践相结合的方式进行教学,目的是让学生在参与和体验中将抽象的理论知识转化为具体的切身感受。而在一些非专业性质的戏剧工作坊中也采取同样的方法调动参与者的积极性,增强参与者的体验感。在许多情况下一群对戏剧和表演一无所知的人聚在一起,经过一个下午的训练就能集体创作出一部小戏。但是,对于那些零戏剧基础的人来说,整个戏剧工作坊的流程是陌生的,他们是怎样在短时间内迅速进入小戏的创作状态的呢? 一般来说,面向普通大众的戏剧工作坊会将戏剧的元素打散融入游戏之中：例如用身体模仿各种数字、字母、动物；用大声的自我介绍代替绕口令练声；用分组交流打破陌生的关系氛围。可以看到，针对非戏剧专业人群的戏剧工作坊为了让普通人快速进入戏剧创作和戏剧表演的状态，把戏剧的各种元素拆分，筛选出最简易、最熟悉的部分，将戏剧创作与戏剧表演的技术负担降低到人人皆可为的程度，在活学活用中引导大众对戏剧艺术萌发兴趣。

中小学生的舞蹈创编课也是同理，教师不妨将课程分为三个阶段，由简入繁，逐渐推进。首先，从基训课入手，拆分、提取学生基训课上完成度较好，且较为熟悉的几组动作，作为舞蹈创编的基础素材。然后深入讲解这些动作的力度、性质以及在不同节奏处理下产生不同质感的方式。接下来让学生根据自己的意愿，利用现有动作，完成四个八拍的重新编排，从而在编排体验中建立对舞蹈创编的初步了解和自信心。其次，带领学生一同观看舞蹈视频，讲解不同舞蹈作品中队形变化的要点和特性，通过师生共同参与观察分析，并归纳总结，让学生了解如"卡农""空间变化""队形调度""方向变化"等舞蹈创编的理论与手法，这有助于拓宽学生对舞蹈创编中"空间变化""队形调度"等舞蹈整体效果和作用的认知，并以丰富的舞蹈素材激发学生的创编兴趣。最后，挑选节奏分明、学生熟知且与创编素材的舞蹈动作相契合的音乐，让学生充分聆听并发挥想象力，开始整体构思与创编。

值得注意的是，中小学生的舞蹈拓展课的目的并非培养专业的舞蹈演员，因此不能因过分强调技术技巧而影响学生学习舞蹈的热情，在体验动作的过程中，例如"站下腰"这个动作，有能力的同学可以尝试独立完成，而能力较弱的同学则可以在扶手的帮助下进行，这样既训练了学生的腰部能力，又保护了他们学习的热情。因此，舞蹈创编课应尽可能化繁为简，深入浅出，降低技术门槛，确保每一个学生都有亲身参与和体验的机会，由此激发出他们对舞蹈的兴趣与热情。

三、以戏剧之角色扮演启发舞蹈想象

（一）启发舞蹈的表现力

戏剧是一种综合性舞台艺术，它通过音乐、美术等艺术手段塑造舞台形象，揭示社会矛盾，反映社会生活。例如在《宛丘》中，女子美妙的歌舞与情感相融合，并转化为文学中灵动的诗句。唐诗中常见对舞蹈的描写，从诗句中可以看出唐代的舞蹈艺术已经达到相当高的水平。白居易笔下的舞者美丽大方，貌若天仙，通过歌舞传达诗歌的意境之美，让人仿佛身临其境，提供了无限的想象空间。戏剧的综合表现形式，极大地拓展了师生在舞蹈创编中的想象空间，并进一步丰富思维和舞蹈语汇。

（二）营造舞蹈的意境

具有强烈的好奇心和求知欲是中小学生的天性。戏剧能为学生提供多样化的体验和机会，能够唤醒学生的角色参与意识，让他们在戏剧活动中感受体验五彩缤纷的人生。在我们的舞蹈创编环节中许多构思都可以通过戏剧的形式呈现出来。为了更好地启发学生的舞蹈想象,在教学中我们让学生进行角色扮演、创设情境,沉浸式地体会主人公的人物形象和性格。学生可以尽情地展示自我、释放自我,即便是性格相对内向的学生,也可以在戏剧中找到适合的角色,这对全体学生的发展是大有裨益的。

(三) 塑造舞蹈的艺术气质

苏联教育家加里宁说:"人要是学会跳舞,连走路都会美观和文雅些。"舞蹈之美带给人们的是视觉上的享受、心灵世界的愉悦,营造美好氛围。舞蹈的学习可以促使人的形体和仪态变得端庄优雅。将戏剧文化融入中小学生的舞蹈律动中有助于培养学生的高尚情操和良好的艺术素养,提升其艺术气质。

四、以戏剧之团队合作实现舞蹈创编

正如前述,戏剧艺术的综合性使其整个创作过程必须依靠各个部门的共同协作来完成。虽然中小学生的舞蹈创编课只涉及编舞的环节,但是由于这一阶段学生所掌握的舞蹈知识还处在初级阶段,且非舞蹈专业的学生,因此,要求学生独立编舞不如将戏剧艺术中的团队意识引入舞蹈创编,集思广益,依靠团队合作的力量完成舞蹈创编。

舞蹈创编课程分为三个阶段,教师可在前两个阶段的过程中观察每个学生的长处与不足,到了第三阶段就可以按照学生的特点进行综合分组。将不同特点的学生分在一组,可以让学生互相交流,互相学习,取长补短,编排出来的舞蹈作品也会风格各异。可以看到,分组实践舞蹈创编的形式实际上最大限度地给予了学生自主学习、独立思考的空间。而培养学生自主学习与独立思考的能力正是拓展型课程的重要教学策略与教学目的。在分组创编的过程中,以学生为主体,合理分工,每一位学生都有自己的任务,每组有一名组长,在组长的组织下,组员很快各就其位、各司其职、协调合作。此外,在学生进行分组创作时,教师也应该参与其中,走进各小组,提示学生每一个创编的细节和要求,及时发现问题,并给予适当的点拨与指导,使学生不仅能够自由地展开艺术思考,同时也不失去创编的方向与尺度。最后,当各组编排的作品完成,教师可在班级内开展小型的分组展示,让各组互相切磋,形成良性竞争,进一步调动学生的舞蹈热情。

除了集思广益、独立思考之外,团队创编的形式还有利于培养学生的团队意识和集体荣誉感。当学生们进入分组创编的状态后,每一个学生都承担了相应的创编工作,这不仅是对学生个人能力的锻炼,更可以促使学生切身体会个体与集体间的关系:个体在集体中的位置和作用;集体对于个体的影响;如何在共性与个性之间寻找平衡……这一系列的问题都会在分组创编的过程中体现出来。虽然会经历各种矛盾和困难,但学生们会因为他们共同努力的成果而重新认识这些矛盾和困难,最终个人的认同与集体的荣誉将融合在一起,在学生的心里生根发芽,为日后步入社会打下积极的心理基础。因此,在舞蹈创编中引入戏剧中团队合作的概念,不仅有利于学生舞蹈技艺的锻炼,更是对学生人格、心智的一种磨炼。

中科院心理学研究所张梅玲教授说:"再完美的模仿毕竟是模仿,有缺损的创造毕竟是创造,要创造不能一次求完善,但毕竟是在前进在发展,路是人走出来的。"学生创编的舞蹈作品当然存在着各种各样的问题,但是,任何创作都不可能完美无缺,所有的不足都是为了获取更好的作品而存在的上升空间。因此,中小学生的舞蹈拓展课也不应该因为编创环节的复杂,或是对完成度的忧虑而保守不前。反之,拓宽视野,融入与舞蹈相契合的各种艺术思维与教学理念,大胆创新,尽可能地丰富拓展课堂是教师应该不断思考的问题与追求的目标。

格式塔心物场理论语境下的校外舞蹈教育实践

浦东新区青少年活动中心　　郑祎祺

摘要： 校外舞蹈教育的核心素养包含舞蹈感知、创意表达、审美情趣和文化理解与责任四个方面。本文在格式塔心物场理论语境下以交叉学科视角对校外舞蹈教育进行实践探索。通过课堂实例能够发现，对物理环境的干预和积极的心理引导能够较好地激发学生的创造力和表现力，培养学生舞蹈项目核心素养。

关键词： 校外舞蹈；心物场；身体感知

一、校外舞蹈教育的功能

青少年活动中心、少年宫、少科站等校外教育单位所实施的校外教育作为我国基础教育的重要组成部分，与学校教育并举并重、互补互促、相辅相成，是实施素质教育的重要途径，在全面贯彻党的教育方针、落实立德树人的根本任务、促进学生个性发展方面始终发挥着不可替代的作用。

在大多数中小学校尚未开设舞蹈课程的背景下，校外舞蹈教育兼具提高与普及的双重任务，同时也是体现舞蹈美育的重要载体。课程以舞蹈艺术为教学手段，围绕艺术课程核心素养即审美感知、艺术表现、创意实践、文化理解来促进学生的审美和人文素养的提升，在这个过程中也实现了形体塑造、养成高雅气质等目标。浦东青少年活动中心的校外舞蹈教育课程分为课程班、预备队以及舞蹈团的梯队建设，2022 年更是成为市级团队。中心的课程涵盖面向全区范围的普及型舞蹈教育，面向全市学生选拔舞蹈团团员进行更高要求的教育，在课程建设上更需要老师们进一步探索和研究。这引发了笔者对平衡舞蹈教学中技艺能力和感知体验的关系的思考，故而将格式塔心理学理论引入舞蹈教学中，以交叉学科的视角对校外舞蹈教育进行探究。

二、格式塔之心物场理论

格式塔心理学的正式诞生是在 1912 年，由德国心理学家惠特海默创立，代表人物有考夫卡、苛勒等人。"格式塔"是德文"Gestalt（整体）"的音译，又译为完形主义或完形心理学，本意是指形式、形状或一种被视觉分离出来的整体。该词具有两种含义：①形状或形式，亦即物体的性质；②一个具体的实体和它所具有的一种特殊形状或形式的特征。因此，格式塔心理学也可以说是形的心理学。格式塔心理学认为心理是一个整体，整体并不是部分的简单相加,部分的性质有赖于其在整体中的关系、位置和作用。

格式塔心理学家认为人格是一种格式塔(一个动力的整体),这主要体现在考夫卡提出的心物场理论中。考夫卡是格式塔心理学的创始人之一,其贡献主要在于:①儿童心理发展理论;②知觉研究;③记忆说;④心物场与人格论。

儿童发展理论主要运用格式塔理论来说明心理发展的事实,以整体先于部分的理论依据,认为儿童身心动作发展顺序是由整体开始,再逐步分化发展到特殊,先由全身性的动作再到局部性的精细动作;同时儿童认知活动也符合由概括到精细的法则,从事物的概括认知到学习内容细节。该理论在当时具有一定的先进意义,但否认物质决定意识,过度强调先验论,因此有很强的局限性。

知觉研究强调格式塔不只是一种心理学理论,知觉不仅是感官的集合元素或是其部分的总和,知觉本身就是一个格式塔。

记忆说强调记忆是一种记忆追踪内容的动态变化过程,并且认为遗忘与记忆痕迹相互干扰的结果是相似的。在记忆的重要作用下,动机、态度和意向,代表自我的心理需求,这是心理活动和行为动机。记忆痕迹将持续影响个体对客观世界的理解,这是由于记忆痕迹不是分散和孤立的元素,而是一个不断变化和发展的、有组织的系统。

心物场即心理场和物理场,所谓心理场是观察者知觉到现实进而产生的想法,物理场则是观察者所知觉的客观现实世界。心物场含有自我和环境两个部分,两个部分各自拥有不同的结构:自我包括需要、准需要、意向、意志决心和态度等,环境包括地理环境和行为环境。在自我的影响作用下,场是动态的,不断转变的,同时对记忆产生影响。自我和环境之间的动力交流在很大程度上依赖于自我本身的性质。

本文立足于考夫卡的研究理论,以心物场理论为主要抓手,主要研究对象为浦东新区青少年活动中心1~2年级的预备队班级学生,通过在舞蹈教学中对心理场和物理场的积极干预,探索平衡校外舞蹈教育中技艺能力和感知体验关系的方法。

三、格式塔心物场理论语境下的校外舞蹈教育实践

通过项目课程指南我们能够认识到,校外舞蹈教育的核心素养包含舞蹈感知、创意表达、审美情趣、文化理解与责任四个方面。张麟教授在《身心理论视阈下舞蹈教育之反思与构想》一文中强调舞蹈教育要强调身心一体性,其三个过程为:身体感知环境以获得感性认识;感性认识等不同经验的积累和理性沉淀;理性的经验作用于身体,让身体以更多方式与环境等产生关系。因此传递、建构"身体感知"是舞蹈教育的起点并贯穿始终。

杜威在《艺术即经验》一书中强调我们是世界的一部分,我们不是站在环境之外以客观的身份看待环境,而是本身就是环境的一部分,与环境是一个整体,我们的思想也是环境的产物。格式塔心理学认为心理是一个动力的整体,校外舞蹈教育的"身体感知"是学习者在心物场中对整体的感知觉,是受到学习者心物场作用的感知和体验。

普及型舞蹈美育通过把握舞蹈特性即将身体运动作为信息传递或情感表达的载体,建立与核心素养相对应的课程基本要求与目标定位,规训形态的舞种各自有一套文化内涵丰富、精神特征清晰的舞蹈语汇,是一定情境中"身体感知"的抽象与凝练,校外舞蹈教

育是将普及型舞蹈教育和规训形态融合为一体的教育形态,不能简单地划分为普及教育或单纯以规训形态为主的教育,基于校外舞蹈教育的特殊性,笔者认为其应是一种立足于普及型舞蹈教育的分层教育,特别是在预备队的教学中,这就需要老师在教学中不仅规范学生的体态,注重技艺能力的培养和提高,同时也要重体验、重感知,让学生获得良好的舞蹈经验。笔者将结合教学课例分别从环境层面和自我层面来论述如何根据格式塔心物场理论在校外舞蹈教育中进行实践探索。

（一）环境层面

前文中提到心物场含有自我和环境两个部分,我们首先从环境层面分析如何提升学习者的"舞蹈感知"。舞蹈活动的场地即为环境,对舞蹈课堂来说,环境主要体现在两个方面:硬环境、软环境。硬环境是舞蹈教学的场地等不易移动更改的环境。软环境则包含活动场地布置、多媒体素材;学生本身的穿着、队形、人数;教师着装、课堂状态等。软环境与硬环境一起形成一个整体被学习者知觉。在教学过程中我曾尝试通过丰富教学环境来积极干预舞蹈课堂,例如《小蜜蜂》第三课时(表演与空间),本单元是训练一年级学生的小碎步、空间认知和表现力的组合,单元设计为四课时,第一课时主要是小碎步练习,第二课时进行组合动作教学和原地动作练习,第三课时为空间探索和创造性表演训练,第四课时进行复习与提高。本课程为第三课时,在此之前学生已学习组合动作并能够在规定队列中完成组合表演。本次课程的目标是让学生进行空间探索和表演性训练,同时又是《小蜜蜂》第三次课,需要给学生更多的刺激和引导才能达成更好的效果,笔者选择在此次训练中干预课堂环境,帮助学生理解教室空间,丰富表演情境。课程分为三个阶段,第一阶段:建造花园;第二阶段:游戏阶段;第三阶段:舞蹈表演。

第一阶段即从教室软环境方面着手。首先提前在家长群中让学生带来花朵(真花、假花都可以),在老师组织下让学生利用花朵自由创建属于自己的小花园,教室四周是小蜜蜂的蜂巢,帮助学生认知教室内空间,快速进入学习情境。同时给学生讲解规则:蜜蜂飞舞的时候不会碰到别的伙伴,而且不会在一朵花上停留太久哦!学生在建造花园时会出现集中在一起的情况,老师需适时引导讲解教室空间,让学生对整体空间有更多认识,有大花丛,有小花丛,还有零星的散落的花,帮助学生将花园建造得更加丰富(空间运用)。而后利用多媒体设备给学生播放蜂群的纪录片,让学生直观地看到真实的蜜蜂是如何采蜜的,了解蜜蜂在蜂巢内不管多拥挤仍很有秩序,让学生自觉形成课堂安全意识,避免在自由舞动时受伤。在实施过程中笔者发现,因为真实花园的建造环节,已经把花朵在教室内进行分散和部分集中,教室空间有了初步的划分和展开,学生在游戏过程中会根据花朵的位置积极探索不同空间,减少了聚集在一起或者茫然无措的情况。

（二）自我层面

从自我层面来思考舞蹈教学,笔者经过自身实践以及与同事沟通发现,在教学过程中,老师有时候觉得这节课上得很舒服,学生非常配合,课堂气氛活跃,教学内容容易推进;有时候又觉得课堂氛围低沉,教学内容难以推进。笔者认为这便是老师与学生在自我的影响下心物场间相互作用的结果。对"身体感知"起到主观影响的便是学习者的自我。舞蹈课堂的自我包含学习者本身的舞蹈经验、对课堂的需求和态度，其中舞蹈经验既包含舞蹈身体运动经验，也包含舞蹈文化素养经验，舞蹈课堂会在自我的影响下不断转变。

以《小蜜蜂》第三课时为例，第二阶段和第三阶段便是通过游戏以及增加心理引导等方式影响学生的自我因素。在第二阶段的游戏中，通过观看蜜蜂"8"字飞舞、圆圈舞、摇摆舞，提高学生的舞蹈文化素养，增加舞蹈身体运动素材，学生能够在自由舞动阶段展现出丰富的舞蹈创造力和表现力；通过观看蜜蜂的飞舞形态、老师语言强调蜜蜂飞起来时翅膀振动频率很快以及进行蜜蜂飞行大赛等方式提高学生对课堂的需求度，激发学生的积极态度，学生会主动在碎步飞行时收紧身体并加快脚下碎步的频率。游戏的具体操作如下：首先小蜜蜂自由选择蜂巢，摆出起飞预备姿势（造型训练），学生可能会出现挤在一起的情况，老师可引导学生复习空间认知知识，同时避免学生太过拥挤，在后续游戏中产生碰撞受伤；而后教师敲鼓，鼓点快速密集时小蜜蜂飞出来在花园采蜜，重敲慢速鼓点时小蜜蜂结束采蜜找伙伴，快敲两下重鼓时停止飞行。在游戏中前三遍鼓点转换时需要老师语言提醒，并将语言与观看的视频联系起来，帮助学生产生知识的迁移，提高创造力，丰富舞蹈表现力。在游戏过程中可及时树立榜样给予鼓励，比如适时停下，找出表演好的孩子进行表扬，并让其进行舞蹈动作示范，帮助学生进行更直观的身体感知。

第三阶段：舞蹈表演，在游戏环节的基础上加入组合动作，而后结合音乐完成自由队列组合（教师敲鼓提示），最后学生进行自主表演。

《小蜜蜂》课例笔者分别在三个班级进行过实践探索：一个班级要求提前准备花朵，运用真实花朵营造情境；一个班级采用教室内的练功砖来假装花朵；一个班级是让学生无实物探索表演。通过课堂实践，笔者能明显地感受到，有真实花朵的班级课堂积极性最高，整体氛围十分活跃，学生的表现欲望强烈，大部分学生都自然表现出陶醉地采蜜、闻花朵的状态；采用练功砖的班级在空间探索上优于无实物探索的班级，但在表现力上不如使用真实花朵的班级。由于本课时设计了游戏环节，学生整体反馈还是比较开心积极的，真实的花园营造更能激发学生的积极性，增强课堂丰富性，给学生一个提供现实刺激的物理场，帮助低年级学生增强身体感知与舞蹈创造力。

从花园和蜜蜂的纪录片到课堂中以蜜蜂为主题的舞蹈，从动作元素学习与创造形成最后的表演性组合，学生们能够形成"一个经验"；教师有意识的引导和丰富的课堂环境，在心物场的作用下对学生的表演以及空间的认知产生积极影响，学生课堂积极性高，教学效率高，能较好地培养学生的舞蹈感知、创意表达、审美情趣以及文化理解与责任。

四、结语

舞蹈课堂应尽可能为学生营造丰富的课堂环境，积极干预学生自我的经验积累，提升学生对课堂的需求。在环境方面，舞蹈课堂上师生应穿着合适的服装，利用多媒体设备给学生以视觉刺激，选择符合课堂主题和学生年龄的音乐给学生以听觉刺激，也可准备一些与课堂主题相关的小道具，营造良好的课堂软环境，还可考虑通过采风活动改变环境来进行积极课堂干预。在自我方面，老师可以丰富课堂形式，寻找学生的兴趣点并与学习内容相结合;在舞蹈身体运动经验方面,需要老师在日常课堂训练中给予正确的规范和引导,比如示范动作、意向引导、精确的语言描述,让学生形成良好的身体动作记忆;舞蹈文化素养经验教学,需要老师在舞蹈课堂中贯穿舞蹈文化的教育与启发,比如开展舞蹈文化课、将舞蹈课程与现实情境联系起来等。如今,笔者也在进行"舞动古诗词"系列课程的探索和开发。

综上所述,对于校外舞蹈教育来说,课程的基本理念在于注重核心素养的培养、注重中华优秀传统文化的传承、注重校外教育的特点和规律、注重教育内容的拓展与深化。我们在培养学生技艺能力的同时要重感受、重体验、重创造,因而教师应在舞蹈课堂中对学生自我需求和态度进行引导,让学生能够发自内心地感受、觉察,用身体语言去表达创造的同时培养学生的关键能力和必备品格;引领学生在健康向上的审美实践中感知、体验与理解舞蹈艺术,逐步提高感受美、欣赏美、表现美、创造美的能力;引导学生树立正确的历史观、民族观、国家观、文化观,增强爱党、爱国、爱社会主义的情感,坚定文化自信,提升人文素养,树立人类命运共同体意识,为实现中华民族伟大复兴而不懈奋斗。

基于动作捕捉技术与情境创设的幼师舞蹈课程混合式教学应用探究

——以中本贯通学前教育专业"芭蕾基本步伐组合"课为例

上海市群益职业技术学校 刘 睿

摘要:幼儿园是开设素质教育舞蹈课的第一阶段。因此,学前教育专业学生须具备"寓教于舞"的能力,教师示范动作的规范性是孩子科学、安全习舞的关键。本文基于智能动作捕捉技术,实现了舞蹈动作的直观反馈与分析,为科学的舞蹈教学提供了可视化的数据支撑。此外,舞蹈是一种促进孩子身心发展的审美教育。学前教育专业的学生不能仅将舞蹈作为一种孤立单纯的动作技能,更要以舞蹈为媒介,有效传递其富含的内在情感及深意,从而为孩子的全面发展服务。但是动作捕捉技术只能解决动作规范问题,难以解决舞蹈情感表达问题。因此,需要"强调学生与情境的相互作用"[1],创设舞蹈情境并融合幼儿文学学科知识,引发学生舞蹈情感表达,弥补动作捕捉技术在情感表达方面的缺失,培养学生综合融化能力。同时结合中本贯通学前教育专业幼师舞蹈课程特点,将线上线下混合式教学形式应用到幼师舞蹈课程教学中,构建出混合式幼师舞蹈教学新模式,从而完善幼师舞蹈教学评价体系,提高幼师舞蹈的课堂教学质量与效果。

关键词:幼师舞蹈;动作捕捉技术;情境创设;混合式教学

一、问题的提出

"舞蹈是人们进行社会交往、开展文化娱乐、促进身心健康,具有广泛群众性的一种艺术形式。"[2]作为幼儿园"一日活动"的项目之一,舞蹈是小朋友认识身体、认识世界、树立正确价值观、培养优良品质与良好审美能力的重要途径。中本贯通学前教育专业主要培养从事幼儿教育,具有职业生涯发展基础的高素质技能型人才。据此,幼师舞蹈作为学前教育专业的技能课程,既不像专业学校的纯技能化教育,以培养舞蹈"高精尖"人才为目标,也与素质教育舞蹈不尽相同。它介于两者之间,既是专业技能的教育,也是一种文化的教育,兼具技能性、人文性、愉悦性、整合性与创造性。芭蕾基训是幼师舞蹈课程中一年

---

① 吕艺生.素质教育舞蹈[M].上海:上海音乐出版社,2014:4.
② 隆荫培,徐尔充.舞蹈艺术概论:第2版[M].上海:上海音乐出版社,2009:8.

级的内容,它是后续学习中国舞、幼儿舞蹈的基础,其中"芭蕾基本步伐组合"以训练学生正确的重心转换为目的,对安全、连贯、稳定地完成各舞蹈组合与作品有着重要意义。

根据针对 200 多名中本贯通学前教育专业一年级学生的问卷调查的结果可知:94%的学生入校前并未学过舞蹈;67%的学生认为学习舞蹈很困难,课堂上无法及时发现自己动作的问题所在;51%的学生难以准确记住动作顺序,认为难度较高。可见,学生舞蹈基础较为薄弱,加上芭蕾基训较为枯燥,因此学生的参与度、积极性较低。同时在思维习惯上,学生不善于观察细节,习惯机械模仿,很少关注动作原理与情感表达。长此以往,学生会产生学习倦怠心理,对学习幼师舞蹈没有信心,进而对以后的职业选择产生动摇。综上所述,幼师舞蹈教学中存在如下问题。

（一）查纠盲目,规范缺失

一方面,由于课堂中人数较多,加之舞蹈动作流动性的特点,学生难以多角度看清教师动作,教师也无法在同一时间内观察到每位学生的表现。一旦错误动作未得到及时发现,形成动力定型,规范动作便难以成形。

另一方面,舞蹈技能的学习需要日积月累,而幼师舞蹈课一般一周仅一次,因此,课后练习必不可少。但离开了课堂,当学生在练习舞蹈动作时,便难有精确的参照标准,难以判断自己的动作是否规范。然而,幼师是学龄前儿童崇拜模仿的对象,鲜有学生意识到现在的动作规范即是未来孩子的动作规范;幼师现在的习舞安全即是未来孩子的习舞安全。

（二）动作枯燥,记忆困难

舞蹈训练组合一般无情节设计,以芭蕾基训为代表。然而,芭蕾基训是解决学生体态问题、认识舞蹈中身体基本运动方式以及正确支配身体进行舞蹈的主要途径,芭蕾基本组合训练除了没有情节关联外,单一动作的重复性更高,且动作较为枯燥,因此,学生不仅不易记住动作过程和顺序,在舞蹈情感表达上也有所欠缺。

二、解决的办法

舞蹈是门"跳"与"看"的艺术,从动词的运用我们便可清楚得知其物质载体、表现手段以及感官运用与其他艺术的不同。舞蹈在表演过程中用美的形体和美的动作同时调动起审美主体视觉、听觉以及动觉方面的感知体验,使其"三觉"并进,感受着动作美里诉说的内容美。而审美主体感知程度的深浅首先是由动作美的高低所决定的,只有审美主体通过动作美产生了愉悦感受之后,才能进一步感知寓于动作中的内容,从而引起情感、思想上的共鸣,使知识在舞蹈中传播,高尚情操在舞蹈中养成,这与舞蹈的愉悦性有极大关联。所以,教师示范动作质量的高低将直接影响学生受感染程度的高低,而规范是动作质量的基础,也是舞蹈安全与美感的来源。近些年儿童舞蹈受伤事件屡见不鲜,加强教师示范动作的科学性、规范性是让孩子乐于习舞、安全习舞的关键。

（一）借助平台与录播回放系统,精准发现问题

现代信息技术为学生舞蹈动作的规范表演提供了更多可能。一方面通过平台发布预

习内容,让学生预习后上传自己表演的影像资料、在线答题等,可以帮助教师在课前了解学生的动作表演问题,便于课上更具针对性地教学,提高教学效益;另一方面录播回放视频系统可以帮助学生自己发现表演所存在的问题,进行有针对性的纠错。

(二)借助动作捕捉技术,精准矫正学生不规范动作

动作捕捉(Motion Capture)也称为动作追踪(Motion Tracking),用于记录物体移动的过程并将其模拟到数字模型中。该技术在体育运动分析、电影动画中被广泛应用,近年来也逐步扩展应用于舞蹈训练中。舞者穿戴上采集设备后,如同置身于一个三维空间的坐标系统里,通过运动中"marker"点的位移变化与坐标的关系进行人体动作捕捉,形成虚拟三维空间数据,并在配套软件端解析出骨骼数据,软件界面便可多方位、坐标化呈现学生动作(图1~图3),当学生动作离开一定偏差值时,系统会蜂鸣提示。

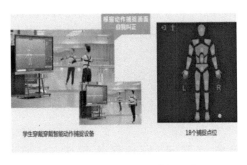

图1　穿戴智能动作捕捉设备

图2　多方位、坐标化呈现学生动作(总)　　**图3　多方位、坐标化呈现学生动作(放大图)**

(三)创设多种情境,引发学生舞蹈情感表达,弥补动作捕捉技术的不足

符号美学理论代表人物苏珊·朗格曾说:"所谓艺术,就是创造出来的表现形式和表现人类情感的外部形式。""舞蹈,艺术的一种"[1],自然也不例外,它是一门传情达意的美的艺术。舞蹈的美,除了美在艺术化了的人体动作之外,还美在其表达的精神内涵与深刻

---

① 王克芬,刘恩伯,徐尔充,等.中国舞蹈大辞典[Z].北京:文化艺术出版社,2010:546.

思想。它是文化传承的载体,是一种促进学生身心发展的审美教育,具有独特的育人功能。因此,"舞蹈是艺术素质不可缺少的重要内容"①。尤其对于学前教育专业的学生而言,未来的教育教学对象是学龄前儿童,舞蹈则是小朋友们认识身体、认识世界的窗口,也是增强身体素质,培养协作能力、审美能力、互赏能力、创造能力,促进人格完善的重要途径,而幼儿园正是践行素质教育的第一阶段。所以,对于学龄前儿童来说,舞蹈的教育意义大于表演意义;加之学龄前儿童正处于具体形象思维阶段,不易掌握抽象概念,其善于感受、体验和模仿,情感也更容易受教师情感所感染。所以,幼师的情感表达能力尤其重要。学前教育专业的学生不能仅将舞蹈作为一种孤立单纯的动作技能,更要以舞蹈为媒介,有效传递其富含的情感表达及作品深意,从而为学生的全面发展服务。但是动作捕捉技术只能解决动作规范问题,难以解决舞蹈情感表达问题。

为此,一方面通过创设多种舞蹈情境,将单调的芭蕾舞蹈动作训练转化为情境故事表演,以此引发学生的舞蹈情感表达;另一方面通过创设游戏情境,增强练习的趣味性。学前教育专业的学生富有童心童趣尤为重要,幼儿舞蹈的可贵之处也正在于童心童趣的表达。但高质量的舞蹈动作,需要多次反复练习,不断地重复难免让人感觉枯燥。基于以上两点,本课程采用游戏形式并融合幼儿文学相关知识,增加舞蹈练习的趣味性,唤起童心,激发童趣。

三、实践探究

(一)课前通过平台发送学习材料,学生预学,教师预知

根据"芭蕾基本步伐组合"内容,教师课前于平台上发布学习素材及三个任务,学生用手机登录教学平台完成作业:①搜索有关幼儿舞蹈安全的案例,群内分享讨论;②观赏两种质量的舞蹈表演,完成问答题;③预习新授组合,自学视频上传平台。

根据平台统计数据(图4),教师实时了解发现:1.50%的学生对舞蹈中动作失误的原因尚不明确;2.79%的学生不清楚该动作的基本规范要求。故将其作为本节课的教学重难点,并设计相应的教学过程和方法。

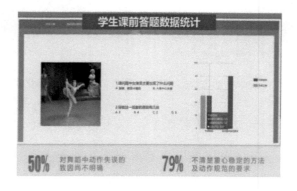

图 4　学生课前平台答题数据统计

①　吕艺生.素质教育舞蹈[M].上海:上海音乐出版社,2014:9.

舞蹈教育

（二）课中混合式教学，促进学生动作、情感表达双提升

1. 借助多种信息技术，规范学生的舞蹈动作表演

首先，通过"实时多角度录播回放"，及时引导学生在直观对比下找出动作的问题、提出动作的标准，进而对动作原理进行初步探究。（图5）。

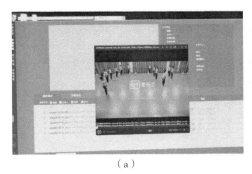
（a）

（b）

图5　实时多角度录播回放

其次，借助动作捕捉技术精准教学。学生穿戴动作捕捉设备，自主精准纠偏。设备将头、肩、手臂、中段、膝、踝的18个惯性模块信息传输到主节点，计算机收集到各个模块发送的数据并在配套软件端解析出骨骼数据，软件界面便可多方位、坐标化呈现学生动作，当学生动作离开一定偏差值时，系统会蜂鸣提示。例如在"芭蕾基本步伐组合"的教学中，捕捉系统记录下足迹点位置，帮助学生将其与红蓝线坐标位置进行对比（如图6、图7所示），进而获知芭蕾步伐动作的技能要求，进行自我纠正，教师据此进行针对性指导，教学双方进行精准纠偏。

通过课前线上学习以及线下应用动作捕捉技术的混合式教学，将技能要点立体化，问题纠正精准化，帮助学生提高舞蹈动作完成质量的同时，科学的训练也避免了错误动作的固化练习带来的安全隐患，达到视角全面、以理塑形、观察细致、动作规范的教学效果。

图6　学生根据动作捕捉画面进行自我和相互纠正

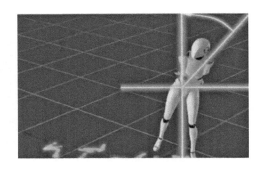

图7　动作捕捉系统记录下的足迹点和坐标

2. 编创舞蹈故事，引发舞蹈情感表达

根据学前教育专业特点，在学生初步掌握动作组合后，融合幼儿文学知识，分组进行

621

"舞蹈故事编创"。教师派发不同动作难度的学习任务,每组组员轮流担任"小模特"和"小小摄影师"完成组合中的基本动作素材拍摄,并根据动作外在形象取名,通过情节将其串联,完成舞蹈故事的编制(图8、图9)。如此不仅帮助学生有序思维,解决了学生动作难记忆的问题,更激发了学生的想象力、提升了学生的积极性。此外,学生也不再是机械式舞蹈,而是以情带舞,以舞传情。舞蹈动作作为表现手段,呈现故事情节,表达人物情感,进而提升学生的舞蹈表现力。

图8 不同动作难度的学习任务

图9 电子舞蹈故事绘本制作

3. 创设游戏情境:"疯狂木头人""趣味时钟",增强练习的趣味性

"舞蹈教育是一种充满情趣的活动"[1],这在幼儿园更为突出。所以,在学前教育专业的日常舞蹈课中需加强教学环节的游艺性,使舞蹈技能与知识在游艺中传播。据此,在"芭蕾基本步伐组合"教学中,适当改变并融入了幼儿园游戏"疯狂木头人"与"趣味时钟":选用幼儿歌曲为游戏音乐,前者在跑跳步中加入舞姿动作,训练学生的重心转换能力,锻炼学生的舞姿稳定性和提高其动作熟悉度;后者根据著名儿童心理学家皮亚杰提出的幼儿"泛灵论"思维特点,将时钟拟人化,每位学生扮演时钟,通过教师口令将同一动作进行时、空、力三方面的变化,展现不同节奏速度、不同空间方位、不同质感下的可爱时钟,不仅克服了技能重复训练所带来的枯燥感,更提高了学生注意力的集中度与练习的趣味性,激发了童心童趣。

最后,学生通过 iPad 进行"对号入座"与"规范美达"游戏,以此巩固本节课知识重点,并进行自评与互评。(如图10、图11 所示)

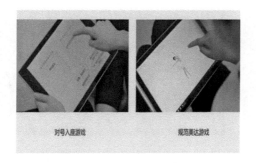
图10 反刍式趣味游戏

图11 自评与互评

① 吕艺生. 素质教育舞蹈[M]. 上海:上海音乐出版社,2014:33.

综上,在幼师舞蹈课程中通过以情节为载体的"舞蹈故事编创""疯狂木头人""趣味时钟"多重游戏教学,以及反刍式学习的"对号入座"与"规范美达"游戏,不仅可以帮助学生在童趣的情境下巧记动作顺序、巩固知识点,更能引发学生舞蹈的情感表达,唤起并激发学前教育专业学生的童心童趣,弥补动作捕捉技术的不足。

四、经验与总结

(一)穿戴智能设备,看得懂、纠得准

学生通过穿戴动作捕捉设备,实时观看屏幕呈现的多方位、坐标化动作,并进行自我纠正,教师据此进行针对性指导,使动作纠正个性化、动作要求具象化,帮助学生明确了纠正方向,将过多的重复性练习改为明确自身改进方向的自主进阶性练习,动作完成质量高。

(二)舞蹈情境创设,记得住、学得趣

组织学生小组合作编创舞蹈故事,融合幼儿文学知识,以共同设计的情节为载体、共同拍摄的动作为素材,制作电子舞蹈故事书,并通过"疯狂木头人"和"趣味时钟"游戏将原本练习过程枯燥、记忆动作顺序较困难的基训过程,转变为有趣的学习过程。既帮助学生有序思考、巧记动作顺序、增强情感表达、巩固动作技能,也提高了学生的参与度与成就感,提高其学习兴趣。

(三)电子游戏练习,巩固知识,提升评价能力

以往教学中,学生掌握技术即可,缺乏幼师职业所需的教学能力的培养。通过组织学生进行梳理知识点的"对号入座"游戏与手动纠正卡通女孩动作的"规范美达"游戏并完成评价,使学生在童趣的情境中反刍式学习、自主检测,既巩固知识,又培养了学前教育专业学生需具备的纠错与评价能力。

五、结语

舞蹈"是以用经过提炼(经典化)、组织(节奏化)、美化(造型化)了的人体动作,为主要艺术表现手段"[①]来传情达意的动态造型艺术,犹如一幅流动的优美画卷,又仿若一首极具美感的诗篇,将人缓缓带入梦境般的彼岸世界。一系列的舞蹈教学设计,拓展时空、自主学习、精准教学、童趣练习,结合学前教育专业中本贯通幼师舞蹈课程特点,将动作捕捉技术以及混合式教学方法应用到幼师舞蹈课程中,构建出基于动作捕捉(信息)技术的混合式幼师舞蹈教学新模式。让学前教育专业的学生乐舞、会舞、善舞,美美与共,将美的舞蹈与情怀传递给未来的每一位孩子,让未来的每一位孩子拥有挺拔优雅的气质、精益求精的精神、自信大方的性格、悦纳互赏的品行,舞出自己的璀璨人生。

---

① 隆荫培,徐尔充.舞蹈艺术概论:第2版[M].上海:上海音乐出版社,2009:8.

  但是本课程仍有值得进一步探究的地方——动作捕捉系统穿戴设备使用不够便捷。希望今后能与相关老师以及企业合作，简化动作捕捉系统的设施设备以及使用方法，从而进一步提升教学效率。

古诗词文化融入小学舞蹈单元教学的实践研究

上海戏剧学院附属静安学校　　贾晓宇

摘要：本文从古诗词文化融入小学舞蹈单元教学的实践中，探索教学实施的总体路径。从构思单元教学内容的选择与设计，到身体训练目标的主体与融合，最终以文化审美修养的渗透与传承作为整体评价，形成了较为完善的课程内容和教学方法。使学生在整个实践过程中，联结诗意，浸润自身的底蕴素养；学生在课堂上的地位从被动向主动转变，完成了身心表达；在以素养为本位的教育原则下学以致用。

关键词：古诗词文化；小学舞蹈；单元教学

一、古诗词文化融入小学舞蹈单元教学的意义

（一）践行课程标准，学科融合育人

基于艺术课程核心素养与艺术新三科中舞蹈学科的新课标指导，舞蹈在艺术教育中以身体为载体，从表现、创造、欣赏、融合四个方面进行学习内容的设置。古诗词的融合是舞蹈与其他学科的融合，跨学科融合的意义在于打开教学方式，促进学生思维发展，落实素质教育与核心素养培育，充分发挥协同育人的功能。

（二）领会文化精髓，提升理解表达

任何国家的教育都离不开本国和本民族的文化传统，优美的诗词、流传的佳句、精湛的语言，是我们实施美育取之不尽、用之不竭的宝藏。诗词的美感来自作者对每一个字、每一组词、每一句诗的文字推敲，将丰富的情感凝练在文字中，作品情繁字简，在读者眼里却能产生情感的共鸣。与此同时，舞蹈是肢体的艺术，是将情感存放进身体里，通过肢体柔婉绵长或刚劲有力的形式表达出来，是看似简单实则极富张力的情感表达。在艺术教育中，坚持以美育人、以美化人、以美润心、以美培元，引领学生在健康向上的审美实践中感知、体验与理解艺术。

（三）探索教学模式，引导自主创造

舞蹈课堂的教学模式更多处于教师示范、学生模仿的单一形式。面向全体学生的素质教育，应尊重学生作为主体的参与、互动，发挥其自主性、能动性与创造性，给予学生发

挥创意的空间,鼓励学生勇于尝试。

二、古诗词文化融入小学舞蹈单元教学的总体设计与实践路径

(一)构思:单元教学内容的选择与设计

1. 聚焦学生身心发展

本文中的舞蹈是面向学校全体学生的舞蹈教育,而非爱好者和特长生等少数群体的兴趣爱好。因此,也可以称为大众化教育、普及性教育,是把舞蹈视为一种文化的教育。学生主要是通过舞蹈认识自己和别人的身体,并通过它认识世界。学生在舞蹈课中更多的是要获得正常人所应有的素质修养。比如对自然与社会的观察和模仿,同学间的交流、沟通与合作,创造与求新的思维方式和习惯以及对知识的理解、迁移和较强的表现欲。除此之外,舞蹈课还能提高学生的意志力、培养吃苦耐劳与坚忍不拔的精神和尊重他人劳动成果的品格,对加强纪律性和团队精神也有着更特殊的益处。

2. 围绕学科核心素养

艺术课程的核心素养包括"审美感知、艺术表现、创意实践、文化理解",舞蹈课程的核心素养脱胎于艺术课程核心素养的四大内容,包括"舞蹈感知、创意表达、审美情趣、文化理解与责任"。学生从诗词中汲取丰富的文化内涵——文化理解;在舞蹈训练中提升表演技能和方法——艺术表现;在舞蹈编创中激发灵感,形成创新意识——创意实践;在舞蹈表演中体验角色情感、展现艺术美感——审美感知。笔者在课题研究中进行单元教学设计时,充分考虑以学生的视角观照和审视周围世界,由此进入课堂教学中,能够对应学科核心素养开展教育教学。

3. 拓展诗词文化关联

古诗词文化作为中华优秀传统文化的一部分,对于学生而言,其精练、优美的语言形式蕴含着丰富的人生智慧和情感体验。在舞蹈学习中融合古诗词的内涵、底蕴,可以引导学生正确抒发情感以及培养学生细致入微的感知力;同时,古诗词也是中国古代文化的重要组成部分,学生从中可以感知到不同历史时期的社会风貌、人文背景,加深对历史的认识,从而思考并选择适合现代社会发展的价值导向;更重要的是,深入了解中华优秀传统文化,增强对自己民族文化的认同感和自豪感,可以帮助学生在精神层面形成对本民族历史与现代文化的崇尚与认同。

(二)实践:身体训练目标的主体与融合

笔者根据主题单元计划表格对过去一年的实践内容进行详细阐述(表1)。

表1 不同年级学生训练内容表

年级	第一学期		第二学期	
	主题	训练内容(难度)	主题	训练内容(难度)
二年级	悯农	腿部柔韧性(入门级)	江南	步伐与方位(入门级)

续表

年级	第一学期		第二学期	
	主题	训练内容（难度）	主题	训练内容（难度）
四年级	咏鹅	形象模仿（初级）	清明	古典舞手位（初级）
五年级	村居	舞姿与步伐（中级）	孔子曰	腿部柔韧性（中级）

1. 韶龀之年：物象捕捉与形象扮演

二年级学生对舞蹈的认知和理解能力相对薄弱，因此对应的学习任务为"物象捕捉与形象扮演"，即通过观察模仿来了解身体部位，塑造健康体态，使学生初步认识肢体语言的特点，具备塑造形象、扮演角色的能力。

（1）二年级上学期古诗主题——《悯农》

二年级第一学期的单元主题选择了古诗《悯农》。这首诗描绘了在烈日当空的正午，农民在田里劳作的景象，概括地表现了农民终年辛勤劳作的生活，最后以语近意深的格言表达了诗人对农民真挚的同情之心。对于学生而言，《悯农》是再熟悉不过的古诗，但最熟悉的往往不一定真的了解或践行，因为学生们基本没有接触过耕种这项劳作，所以从两方面考虑选择了此诗作为主题单元之一。

首先，从舞蹈训练内容的角度来说：第一，具体的形象和具体的动作对于低年龄段的学生而言是最简单的物象捕捉与形象扮演内容（图1、图2）；第二，以腿部柔韧性作为主要训练内容，单一压腿的动作符合农民耕作时弯腰锄地的动势（图3、图4）。因此可以运用角色代入的方式使枯燥的基本功练习趣味化，达到练习的目的。

其次，从诗词的教育意义角度来说：第一，使孩子们尊重劳动者的付出并感激他们为社会作出的贡献；第二，珍惜劳动果实，培养节俭意识。

图1	图2
学生根据观察模仿扮演农民耕种的姿态	

图 3	图 4
教师规范压腿时的动作,在角色扮演的同时也起到训练效果	

（2）二年级下学期古诗主题——《江南》

二年级第二学期的单元主题选择了古诗《江南》。这首古诗运用自然的动植物元素描绘了江南采莲时节荷塘里的景色。诗中后四句"东、西、南、北"并列,用反复吟唱的句式描写了鱼儿的游玩之乐,通过方位的变化展现了鱼儿嬉戏的灵动和生机。舞蹈的音乐选用谷建芬《新学堂歌 古诗词二十首》中的同名曲《江南》。曲风活泼,同时也是朗朗上口的儿歌。

选择该诗作为主题单元的原因,首先,从舞蹈训练内容的角度来说:第一,对于舞蹈教学中基础学段的学生而言,除了对自己身体部位的认知外,还需要熟知外部空间和舞台方位,而《江南》中东、西、南、北四个方位与我们舞蹈表演中的舞台方位不是一个概念,因此学生可以在学习中区分生活中的方向和舞台上的方位;第二,欢快、跳跃的旋律总能让人联想到鱼儿从水中一跃而起的画面,结合舞蹈训练中的步伐,可以更和谐地表现出古诗中自然景物的跃动。

其次,从古诗的教育意义角度来说:关注大自然的万物生长,培养学生保护环境、维护生态平衡的意识。

图 5	图 6
学生根据观察用身体表现鱼儿、莲叶、莲花、莲蓬等形象	

图7　跳踢步练习

图8　碎步、花梆步练习

2. 外傅之年：理解归纳动作再现

四年级学生经过三年多的学习，对舞蹈表演、舞台空间等专业术语有了初步的认知和了解。因此学习任务也是从舞蹈表现力和创造力出发，以形象模仿为基础，尝试简单的舞蹈创编来锻炼学生的肢体表现和思维创造。

（1）四年级上学期古诗主题——《咏鹅》

四年级第一学期单元主题选择了《咏鹅》这首古诗。古诗浅显易懂，选择这首诗的主要原因在于鹅这一形象的再现性和可创造性更广，对于四年级的学生而言，这一形象也相对好把握，可以运用他们所学知识进行简单的创编。笔者以《咏鹅》这个主题单元开展了两次公开课教学（表2），无论是课堂流程设计还是内容实施，都需要不断反思研讨。学校教研活动和专家访谈咨询等方式给予了课题很大的支持，在完善课堂内容、提升学习效果方面，发挥了积极的促进作用。

以古诗《咏鹅》主题公开课教学为例。

表2　《咏鹅》主题公开课教学

课堂进阶内容	教师教授过程	学生学习过程
环节一 以画入境　初步体验	1. 欣赏学生课前绘制的鹅的图画。 2. 教师通过语言或肢体的引导，启发学生做出关于鹅的姿态动作。	1. 学生自荐展示并讲解画中鹅的形态。 2. 跟随教师语言的引导和描述，尝试模仿自己画中的鹅的形态（一个静态造型）。

课堂进阶内容	教师教授过程	学生学习过程
环节二 以形而聚 各展姿态	1. 教师讲解并示范舞蹈编创中两个动作的组合搭配形式。（附匹配要求） 2. 教师辅助调整学生空间站位。 3. 教师引导学生结合《咏鹅》古诗音乐即兴表演。 	1. 学生观察班级其他同学的动作，找到与自己相匹配的同伴。 2. 学生练习、强化自己的动作和站位。 3. 学生听到音乐将环节一中的一个静态舞姿即兴发展成一组动作，表现鹅的动态形象。
环节三 霞思云想 尝试创编	1. 教师讲解舞蹈创编中舞台调度流动的要求。 2. 教师在过程中给予指导与建议。 3. 提议相互观看，并以小组形式进行组内互相学习。 	1. 学生将环节二中即兴动作段落与各小组已编动作段落（之前课堂已完成的部分段落动作）流畅地衔接起来。 2. 根据教师建议进行再调整。 3. 观看其他同学的表现，相互交流，完善自己的动作表现方式。

课堂进阶内容	教师教授过程	学生学习过程
环节四 完整练习　寓情于舞	1. 根据音乐情景,将学生创作的动作元素进行完善整合。 2. 教师提出建议并出示表演要求。	1. 学习教师整合后的规范动作,强化练习。 2. 根据表演要求,合力完成以"咏鹅"为主题的舞蹈。

从对"鹅"这一形象及其动态的初步认知,到根据诗词内容自创动作,再到实践中了解舞蹈创编的形式和方法,学生在教师的引领下共同创作完成一支简短的小舞蹈。学生有了第一次的实践后,在第二学期的舞蹈创编实践课中也能够很好地运用这些方法,丰富自己的表现形式以及增强与同伴的合作默契。

(2)四年级下学期古诗主题——《清明》

第二学期的单元主题选择《清明》这首古诗。作为中国传统文化中二十四节气之一的清明,兼具自然与人文两大内涵,既是自然节气也是传统节日,于学生而言,是一个了解中国传统文化较好的选择。从诗意来讲,既有清明时节阴雨天气的描写,也有人们祭扫亲人悲伤情绪的刻画,而最后两句诗则展现了诗人寻求解脱的愿望。总体来说,这首诗既描绘了自然的景象,也引发了学生对生命的思考、珍视以及对未来的期许。

从舞蹈训练角度来说,诗的内涵契合了舞蹈的情绪表达。舞蹈中除了面部表情之外,通过肢体语言表达情绪的最佳选择莫过于上肢的表现。因此,古诗与舞蹈训练内容的结合选择了古典舞手位及舞姿系列。

图9　"按掌、山膀位"的变形	图10　"双按掌位"	图11　男生"顺风旗" 女生"顺风旗"的变形

手位及舞姿练习

3. 金钗之年:诗律即兴协作创编

五年级学生对舞蹈表演、舞台空间等专业术语有了较深的认识,因此学习任务也注重舞蹈表现力和创造力。在教师的引导下以舞蹈即兴、小组创编等更倾向于自主性的方式,锻炼学生的艺术通感、联觉以及对事物的思考内化等综合能力。

（1）五年级上学期古诗主题——《村居》

五年级第一学期单元主题选择古诗《村居》。诗中描写了春天的农村景象和孩子们放学后放风筝的情景。与诗里的描写不同的是，城市里的孩子基本没有体验过"儿童散学归来早，忙趁东风放纸鸢"式的生活。所以，笔者选择这首古诗也是借助诗中的情节让学生们体验一次放学后轻松自在的时光。同时，学生也从诗中了解到与现代城市面貌迥异的古代乡村，那些同龄人的生活景象。

从舞蹈训练角度来说：第一，诗中既有自然风光，也有人物的动态呈现，所以对于学生的想象力和身体表现力是一次很好的锻炼；第二，五年级学习的训练也从单一的上肢或下肢动作过渡到上下身的协调配合，所以选择舞姿与步伐相结合的形式进行舞蹈创编实践；第三，小学高学段需要加入拓展思维的分组讨论来提升学生的合作能力和丰富舞蹈的表现形式。

（a）　　　　　　　　　　　　（a）

（b）　　　　　　　　　　　　（b）

图 12　学生听音乐的舞蹈即兴表演　图 13　教师指导学生进行舞姿练习

（2）五年级下学期单元主题——《孔子曰》

五年级第二学期选择了《论语》十二章中的部分内容，围绕圣人孔子的哲学理论展开舞蹈的创编实践。从重视知识学习到交友真诚，主要向学生们传递了向德为善的道理以及人与人之间的爱和尊重，引导学生树立正确的世界观、人生观、价值观。

从舞蹈训练角度来说：第一，将身份代入孔子弟子的角色进行对应的动作表现，既了解古代礼仪文化又丰富肢体表现形式；第二，以腿部柔韧性训练为主，是因为软开度的训练与古代学者读书的心境是一样的，虽然枯燥甚至痛苦，但它也是基础和铺垫，为能够自如表演和传递知识打下扎实的基本功。

图 14　学生柔韧性练习　　　图 15　学生对孔子及其弟子形象的塑造

（三）评价：文化审美修养的渗透与传承

素养时代的实践研究与传统意义的实践相比，有着更以人为本的主体性（表 3）。内容以中华优秀传统文化与审美品位作为核心，基于对时代精神的感悟，以肢体语言的形式诠释民族文化语境，并赋予其新的时代意义，映射出更深层次的文化内涵。

表 3　传统意义上的实践与素养时代的实践对比

	传统意义上的实践	素养时代的实践
本质	感性经验获得的手段	真实性的专业实践
特征	具有普遍意义	具有学科/跨学科特征
过程	实践出真知（实践作为认识的前提为高阶思维提供后续加工的感性材料）	实践即真知（知行合一）
结果	浅尝辄止、浮光掠影、变动不居的直接经验	兼具个体意义和专业共同体所推崇的直接经验

1. 联结诗意浸润的底蕴素养

在新课标背景下，舞蹈教育应下沉教育重心，从原点出发，在中华优秀传统文化中找寻优质文化基因，将中国传统文化更巧妙地渗透于中小学舞蹈教育中。舞蹈作为一门实践的教学科目，强调亲自尝试、亲身经历、亲自感悟。教师在情境中引领学生体验、感受诗词所展现的寓意之美，加深学生对古诗词的理解，然后对舞蹈的韵味展开想象，最后究其意蕴开发肢体语言的丰富性。

2. 完整生态过程中的身心表达

以目标结果为导向，舞蹈课是以小舞段的形式呈现的。从开始的情景导入，教师引导学生尝试与体验，激活认知，激发学生的学习兴趣，由内而外增强学生对诗词内容的感悟与体会，到结合动作训练元素，融合诗词内容，经过模仿，学习开发肢体，再根据主题音乐和已学习掌握的主题动作进入发散思维再创造，并在学习对方创编的动作过程中积累动作素材。这一过程可以循序渐进地激发学生自身的肢体表现。最后，再由教师协助给予优化建议。此时呈现的小舞段是由全体学生艺术智慧的结晶创编整合而成,这一阶段学生建立了正向的审美标准。整个进阶式的过程始终以学生为主体,教师引导、协助,激发学生最大的可能性与创造力。

图 16　教学中的完整生态过程

3. 内在机制转化下的学以致用

"舞蹈教育的目的总的来说就是在坚持社会主义办学方向的前提下,提高受教育者艺术鉴赏力和参与力,为国家培养全面发展的各类舞蹈人才。"[①]经过第一学期的教学,笔者在小学舞蹈社团的舞蹈课上对学生课堂学习效果进行了一次检验。以古诗《出塞》为主题(图 17),学生根据诗词内容和音乐旋律进行从舞姿到舞句再到舞段的创作。从学生们的创作过程和呈现效果来看,本课堂与传统模式的舞蹈课堂有着明显的区别(表 4)。

图 17　舞蹈《出塞》排练

表 4　传统模式的舞蹈课堂与素质教育舞蹈课堂的不同

	传统模式的舞蹈课堂	素质教育舞蹈课堂
本能发挥	本能抑制	本能回归
主被动关系	跟着老师学跳舞	自己主动跳舞
界定标准	规定了动作标准	标准依据感受界定
时间分布	大部分时间老师教学生学	大部分时间老师引导学生自主创编

---

① 吕艺生.舞蹈教育学[M].上海:上海音乐出版社,2000:33.

	传统模式的舞蹈课堂	素质教育舞蹈课堂
学生发言	学生较少发言	学生讨论热烈
个性表达	个性要符合统一规范	个性表达被认可和发挥

三、古诗词文化融入小学舞蹈的单元教学方法研究梳理

（一）情景导入激活认知 启迪通感增强感知

充分利用已有资源，包括现有古诗词音乐、视频等。通过查找与古诗词相关的教学资源（目前较多的是根据诗词创作的歌谣和视频动画），从中选择与学生年龄段以及教育教学规律相符的内容，借助教学设备，包括多媒体、图片、道具等为课堂教学创设情境，激发学生的学习兴趣和参与意识。教师可在情境中介绍相关背景资料，学生了解后可谈其感想，从诗词的诵读中品其韵味、思其意境。

（二）模仿学习开发肢体 融合诗词传情达意

根据教育教学规律和年龄段的划分，6～11岁（小学）为初等阶段，11～17岁（小学、初中、高中）为中等阶段。现有舞蹈训练内容，包括身体素质训练和身体协调训练。前者包括力量、柔韧性。力量包含踝关节、腿部、腰腹背、手臂等；柔韧性包含腿部、胯部、腰部、肩部等的软开度。后者即身体各部位的协调配合能力，例如手、眼、头的协调配合，手位与脚位、舞姿与步伐等的上下身配合。明确舞蹈课训练目的，在此基础上融入古诗词的内容和意境，从诗词作者的角度代入，将文字内容"化"进身体，用身体各部位表达，增强肢体动作表现力。

（三）发散思维丰富创意 交流分享合作学习

面向全体学生的素质教育，应尊重学生作为主体的参与、互动，发挥其自主性、能动性与创造性，给予学生发挥创意的空间，鼓励学生勇于尝试。

从学生个体而言，通过融入古诗词的形式，学生可以结合古诗词的内容，尝试初步按诗词和乐曲内容自编简单的舞蹈动作，通过自己肢体动作的表现使诗词内容可视化。教师可将寓情于景的舞蹈元素贯穿整个教学过程，丰富舞蹈教学形式，增强学生的舞蹈意识和自娱感，由内而外塑造学生自身的形体与气质，并引领学生体验、感受、理解舞蹈所展现的诗词寓意，了解舞蹈动作的意义，提升学习效率，开发内在想象，逐渐养成自主探究的思维模式。

从学生群体而言，课堂中的每一个参与者都是独立的个体，既可以呈现个性，也能够促进群己关系。在观看别人创作的动作时，可以从较多动作素材中学会辨别、欣赏更符合主题的动作元素，在主题舞蹈的整合与创编中发挥自己的创造力，尽情享受过程中的探索与创造。

（四）取其精华协助创编 文舞相融增强表现

在本次课题实践研究中，教师始终作为辅助学生进行创作的引导者。所有的动作元素和舞蹈串联均是在每个环节的任务驱动下，教师予以提示和建议，最终由学生自行完成的。在这个过程中，学生体验了舞蹈创作的乐趣。

古诗词与舞蹈的共同之处在于抒发情感，二者融合可以促进学生对诗词情感和意境的感悟，由内而外激活对古诗词中形象的认知，发挥想象力提升自身肢体语言的丰富性，同时借由肢体表现出来的动作反向提升对古诗词的理解，在对古诗词的探究与细致描绘中，学生能够从情感上进入舞蹈所要传达的感情基调，更加准确地把握自己的精神内涵，激发情感共鸣，增强肢体表达。

四、初步成效与实践结论

（一）从单一元素走向关联性内容的学习

艺术课程从单一走向融合，对学生的培养也从扁平化向多元化转变，不同学科或主题之间建立联系，以提供更全面、综合的学习体验。这种学习方法有助于培养学生的跨学科思维能力，促进深层次的理解和知识应用。21世纪需要的是创意人才，创意是多学科综合水平的体现。舞蹈是身体的诗歌，是流动的雕塑，舞蹈艺术必然要与各种知识相融合，尤其在创作活动中，可以结合音乐的听觉、绘画的视觉、诗词的文学性等。通过引入关联性学习内容，学生可以更加全面地了解和应用知识，培养跨学科思维和综合能力，为终身学习打下坚实基础。

（二）从被动接受走向综合性探究的方式

综合性探究的方式是促进学生主动参与、深入探索和综合运用知识的教学方法。笔者作为一名学习舞蹈12年的舞者，历经科班院校的大浪淘沙和专业人才的培养模式，如今面向中小学的普及性舞蹈教育，从最初"紧紧握住"课堂教学内容到逐渐"放手"把课堂和创作还给学生，也经历了从质疑到惊喜的过程。通过情境激趣、合作学习等方式，学生可以从被动接受者转变为主动参与者，培养批判性思维以及解决问题和运用知识的能力。这种学习方式有助于激发学生的学习动力和兴趣，培养他们的终身学习能力。

（三）从知识学习走向生命性成长的需要

"依据学生终身发展和社会发展需要，明确育人主线，加强正确价值观引导，重视必备品格和关键能力的培育。精选课程内容，注重培养学生的爱国情怀、社会责任感、创新精神和实践能力，奠基未来。"这是义务教育课程应遵循的基本原则，学习不仅局限于获取知识，而是要与个人成长、价值观培养和现实生活联系起来。舞蹈可以使学生感受和发扬积极、健康、乐观的思想感情；舞蹈可以使身体器官灵活敏捷，从而增进学生的思维能力；舞蹈可以培养集体主义和纪律观念；舞蹈可以养成优雅的气质和正确的体态，增强辨别美的能力……美国当代舞蹈教育开拓者玛格丽特·道布勒说："舞蹈尤其能够完成教育的多种目的。它能够激发想象力,挑战智力,深化和美化情感生活,拓展人的社交能力,使其在受益于世界的同时亦服务于世界。"①

结语

本课题充分做到以育人为本,面向全体学生,聚焦核心素养,在新课标的统领下根据舞蹈学科课程内容框架构建课题研究内容,以古诗词的融合开展舞蹈艺术实践的学习过程。古诗词对于学生精神的提升、人格的塑造、情感的陶冶、文化素养的形成起着不可估量、潜移默化的作用。舞蹈作为最古老的艺术形式之一,早在人类语言产生之前就已达到很高的水平并为全民所拥有。二者的融合使美育扎根于中国传统文化中。舞蹈的教学从技能化转向用意识引领、开发人的原本性动作,并在此过程中培养普通人的全面素养,培育饱满健全的人格。

① 吕艺生.素质教育舞蹈[M].上海:上海音乐出版社,2014:25.

浅论原本性舞蹈的教育价值及其应用

上海市闵行区实验小学　柳紫璇

摘要：本文以"原本性舞蹈"为主题，结合核心素养将原本性舞蹈的理念及实践作为中小学生艺术课程的学习对象渗透于中小学舞蹈活动课程当中，探讨原本性舞蹈在中小学舞蹈教育中的价值及其所具有的重要理论意义与实践意义：一方面能够改善基于核心素养的中小学舞蹈教学，拓展舞蹈美育的发展路径；另一方面能为当下"创新型人才"的培养与"多学科综合"的实施方法提供关于"意识与肢体融合"的视角。同时也能为当下培育"全人"的宏观理念提供实施方法，促进中小学生全面发展。

关键词：原本性；中小学舞蹈教育

　　"原本性"属于卡尔·奥尔夫"原本性音乐"理论中的核心观点。"原本"的拉丁文为elementaries，意即"属于基本元素的、原始素材的、原始起点的、适合于开端的"。原本的音乐是什么呢？原本的音乐绝不只是单纯的音乐，它是和动作、舞蹈、语言紧密结合在一起的；它是一种人们必须自己参与的音乐，即"人们不是作为听众，而是作为演奏者参与其间。它是先于智力的，它不用什么大型的形式，不用结构，它带来的是小型的序列形式、固定音型和小型的回旋曲形式。原本的音乐是接近土壤的、自然的、机体的、能为每个人学会和体验的、适合于儿童的。……旋律的出发点是布谷鸟叫下行三度，两个音的空间，然后再逐步扩张到一种没有半音的、近乎大调的五声音阶。词的出发点是用呼唤人名、数韵和最简单的儿童诗歌。这一切都是儿童容易进入的天地……"①这是奥尔夫具有代表性的文章《学校儿童音乐教材——回顾与展望》中所谈到的教育思想的起源。

　　"原本性"理念旨在推动音乐和舞蹈的融合与复归，即通过音乐激发内心感情，用舞蹈进行情感抒发，那么，内外兼修的歌舞形式便是原本性的存在方式，为此，奥尔夫研究的便是原本性的存在方式如何在学校教育中发挥作用这一课题，不能忽略的是，"整体的艺术"观念在奥尔夫"原本性"理念中占有极其重要的位置。

　　简单来说，奥尔夫音乐教学法在舞蹈教育中的实践，可以从吕艺生教授团队设计的"素质教育舞蹈课程"中得到验证。"儿童在听到音乐时从自己的内心出发即兴做出的身体动作的律动反应就是原本性舞蹈。音乐是从创造节奏和玩节奏中即兴产生的，那么舞

---

① 李姐娜，修海林，尹爱青.奥尔夫音乐教育思想与实践[M].上海：上海教育出版社，2010：33.

蹈也可以是顺应身体的自然反应,在创造动作和玩动作中即兴而来。"①

在 2022 年 4 月新颁布的《义务教育艺术课程标准》中,首次确定了舞蹈在义务教育中的学科地位,规范了舞蹈学科的育人路径,确定了舞蹈育人目标,坚持习近平新时代中国特色社会主义理论,坚持和完善我国的教育政策,坚持正确认识和把握教育教学的基本原则,坚持树立正确的价值观。根据彭吉象教授的解读,新的艺术课程与以往以美术和音乐为主的分科式教学不同。由于以往艺术分科式教学的育人成效不明显,因此现今将"新三科"(舞蹈、戏曲、影视)融入艺术课标也是大势所趋。

在课程内容设置方面,舞蹈应积极与姊妹艺术相融合,以普及性特点进入中小学生艺术课堂当中。

在普及型舞蹈教育中,原本性舞蹈具有即兴表现、学科综合、身心交融的特征,这三种特征之间为相互递进的关系。原本性舞蹈与传统的舞蹈训练截然不同,原本性舞蹈具有鲜明的教育性。本文从原本性舞蹈的教育性入手,从三个方面探讨原本性舞蹈的教育价值——顺应天性:由被动接受转向主动探究;发展通感:提升学生整体艺术素养;身心协动:健全人格。②

一、原本性舞蹈在中小学舞蹈教育中的价值

(一)顺应天性:由被动接受转向主动探究

顺应天性是原本性舞蹈的教育价值之核心。顺应天性,不是放任学生随心所欲,而是先顺应后引导,培养学生正确的学习动机,从而释放每位学生的本能和个性,使学生在乐中学、在玩中学。在舞蹈中,儿童的天性只有在适宜的环境中才能获得释放,当学生的想法得到尊重时,便可以减少学生学习时的被动性,增强学生的主动性,帮助其形成主动探究问题的习惯。③

1. 强调律动

首先,原本性舞蹈可以伴随身体律动进行,帮助学生回到真正的自我,建立自我认识。均特在她的文章《原本的舞蹈》中谈道:"原始部落时期或是乡间田野的孩子具有令人惊异的动作能力,他们在大人举行的古老仪式中一起击鼓、跳跃、欢呼,在农村的山野间奔跑、爬树、抓虾等一系列动作展现出旺盛的生命力。我们的孩子们在文明社会的要求下也学习传统的身体动作,但是原始部落孩子的环境和经验恰恰是他们所缺乏的,于是,对于他们的身体训练项目,试图利用其他形式的动作作为替代,用来补偿攀爬、游泳、攻击、自卫等原始动作的不足。例如有组织的体操、运动和竞技项目。但是,属于舞蹈的动作游戏场所在哪里呢? 舞蹈动作以原本的力量跃入孩子们的生命和生活,成为他们的钟爱,一旦起舞,如痴如醉,这便是孩子的天性。不幸的是,孩子的舞蹈举动对于世俗生活来说并无功

① 沈阳,颜泯涛,施红. 20 世纪欧洲音乐教育理论对少儿舞蹈素质教育的启示[J].北京舞蹈学院学报,2014(3):28-33.
② 哈泽尔巴赫:奥尔夫教学法的理论与实践:第 1 卷[M].刘沛,译.北京:中央音乐学院出版社,2014:40.
③ 哈泽尔巴赫:奥尔夫教学法的理论与实践:第 1 卷[M].刘沛,译.北京:中央音乐学院出版社,2014:41.

利价值。这样，儿童舞蹈的早期光芒势必走向熄灭，他们的天性难逃受挫或退化的厄运。"中小学的舞蹈课堂应让创意的身体、有趣的想法在原本性舞蹈中生发。正如均特所说："儿童在动作里的表达，是不知不觉之中的儿童宣言。"林怀民认为，我们的身体是一种记忆库，里面储存着祖先的经验和智慧，应该让孩子们在没有受到社会的约束之前，尽情地跳舞，唤醒这种天性与记忆。唤起本能，从娃娃抓起，顺应天性，希望每一个人都能拥有自由的身体和心灵——这便是云门舞蹈教室对舞蹈教育的探索。以专为儿童创设的云门舞蹈教室为例，"鼓励孩子通过律动身体，用身体画出各式各样的圈圈、'盖印章'，让身体'从头忙到脚'，让身体与地面亲密接触"[①]，让学生发挥想象力，从思考身体如何"动"开始。每一位正在成长中的儿童都具有很强的可塑性，教师的引导至关重要。为此，只有设身处地地理解学生，原本性才会真正存在。

其次，原本性舞蹈以人本主义的教育方式引导学生进行身体的创造性活动，在律动中放松学习者紧绷的心灵与四肢。比起灌输式学习，原本性舞蹈采用的人本主义教育方式对教师的要求与挑战大得多，不仅如此，学生的个体差异也成为因材施教的障碍，为此，要树立学生正确的学习动机，要让主动替代被动，营造和谐融洽的舞蹈课堂氛围。

最后，教师在律动教学中营造和谐的课堂氛围，循循善诱，启发学生。教育家叶圣陶认为"教师之为教，不在全盘授予，而在相机诱导"。"诱导"的目的在于顺应学生天性，教师以非灌输的方式帮助学生自然地引出知识或结论；"全盘授予"是指一种"封顶"的教育方式。如果教师将知识系统地进行讲授，学生只需记忆、训练和理解，那么教师则始终处于主体地位，教育评价主体也只能是学生的学习能力；悖谬之处在于，学校提倡学生的个性发展和创造力培育等，就被这样的教育方式扼杀。

综上所述，培养具有创造力的复合型人才，需从基础教育做起。新课标正是基于学生个性发展、创造力培养、艺术审美与技能培养的迫切需要而颁布的。为此，义务教育阶段的舞蹈课程要改变以往训练式教学的艺术课堂，改变以往学生在舞蹈课堂上只赏不评、只模仿不思考、不会合作与讨论，最后不敢想也不敢做的局面，变被动为主动，培养学生在探究中学习的自主精神。

2. 学科联动

首先，表现、创造、欣赏、融合四类艺术实践应该成为舞蹈课程的重点。舞蹈知识领域具体为表现技法、肢体运用、即兴与创编、风格与构图、情感分析、人文综合等。想要在较少的课时中将舞蹈知识和技法教授给中小学生，在内容上必须有的放矢。

其次，原本性理念下的舞蹈教育并不培养舞蹈艺术家。如果将舞蹈作为育人的手段，那么思维、创意、感情与融合才是原本性舞蹈的正题。传统的舞蹈训练课以教师为主导，通过示范动作—教授动作—纠正动作—重复，达到训练的目的，而原本性舞蹈基于四类艺术实践从引导入手，顺应学生天性，完成教学任务。

最后，奥尔夫在原本性音乐与舞蹈的课堂中，曾将动作、音乐、语言、戏剧融为一体，创造过"声势"教法。这种教学方法用于音乐课堂中的动作训练，将身体比作乐器，建立音

---

① 韩笑鑫. 云门舞蹈教室"创意身体"品牌文化研究[D]. 福州：福建师范大学，2018：33.

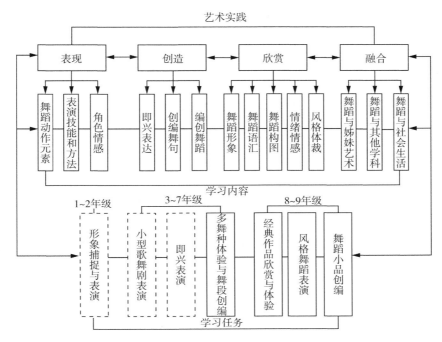

图1 义务教育艺术课程标准(2022年版)对舞蹈教学的要求

乐、舞蹈、戏剧等学科的联系,学生通过"捻指""拍手""拍腿""跺脚"等动作理解音乐中的节奏,在这种动作教学中,将节奏外化于动作是教学的核心。声势教学不仅可以单人还可以双人甚至小组合作,当具有一定人数规模时,呈现出"动作交响化"的场面,在组织过程中,节奏与动作的分配与处理,实际上为学生提供了舞蹈创编方法,从单一传授到小组展示,学生的自主、合作、探究能力能够得到充分锻炼。下面笔者举出两个课例阐述原本性理念下的音乐与舞蹈课堂。

课例一:

《娃娃跳月》由广州南方学院音乐系教师何璐创编,素材来自彝族歌曲《阿细跳月》。课堂根据幼儿的身心特点、认知规律和日常生活习惯,对语言、动作、歌唱进行了分析;将舞蹈、演奏、绘画等多种艺术创作活动相结合,为舞蹈与音乐课堂的结合提供了实例。

课例二:

北京舞蹈学院谢呈老师的"音乐导向的动作即兴:感知—框架—即兴"一课,基于奥尔夫原本性理念在高等艺术教育中的作用,以舞者的身份进行实验,在给予的框架中进行音乐与舞蹈活动。这种"随意"演奏、"随意"舞动的奥尔夫原本性教育过程,在一定的知识积累基础上使得舞蹈者即兴能力得到提升。

原本性舞蹈在多门学科综合作用下,在教师引导学生探究过程中,通过创设环境、尊重学生天性,激发学生的积极性与主动性;在加强各学科联系的过程中,进行多种艺术感知,以身体动作培养学生的发散思维,增强其创造力。

（二）发展通感：提升学生整体艺术素养

发展通感是体现原本性舞蹈教育价值的过程。钱锺书先生在《通感》一文中写道："在日常经验里，视觉、听觉、触觉、嗅觉、味觉往往可以彼此打通或交通，眼、耳、舌、鼻、身各个功能的领域可以不分界限。"一些日常口语及诗句，如"这小姑娘笑得真甜"（视觉与味觉）、"促织声尖尖似针"（听觉与触觉）、"阵阵寒香压麝脐"（嗅觉与触觉）等都展现出通感在日常生活及艺术体验中的重要性。通感的产生源于人的"联觉"感受，建立在人的生物特性基础上，眼、鼻、口、耳、舌等器官在经历外界事物刺激后通过大脑产生联觉进而触动各个感受器官，使人获得通感的体验。

通感的外部表象是各种感受之间的连接、转换和综合，其实质是透过精神的影响，突破感官的限制，达到与整体生活环境的共振。音乐激荡起内心的情感，情感促使肢体的舞动，演奏家深情的演奏也能催发观众内心的不同感受。在创作中，具有艺术创造力的舞蹈者往往能够运用多种媒介来表现其心中所想的抽象形式。经过以上分析，可以推断出通感是一种先天的感知能力，它可以转化出迁移性的作用来影响创造。

1. 重视整体 突出表现

新课标将舞蹈、戏剧、影视（新三科）纳入义务教育课程，且并入音乐和美术学科中统一为"艺术课程"，我们不得不考虑这一做法的目的。

彭吉象教授在解读艺术课标时反复强调："艺术课程的主要目标绝不是培养艺术家或艺术人才，而是培养具有高尚情操和艺术修养的文明人，为此义务教育阶段的艺术课程必须体现出基础性和全纳性。"[①]将艺术课程放置于中小学教育阶段是其基础性的体现，艺术课程"新三科"的加入淡化了学科边界，体现出学科共融的特征，也体现出艺术教育的全纳性。如素质教育舞蹈课例中，教师将书法融入舞蹈中，让学生体会舞蹈中"时间、空间、力量"的关系；再如主题舞谱课堂中，教师通过讲述一段历史故事让学生在小组合作中用身体及队形重现历史的逻辑等。

基于艺术学科课程内容，可以发现舞蹈和戏剧的课程内容第一项都为"表现"，音乐、影视、美术则被置于第二项，基于美术的"造型·表现"可以推测"表现"的本意为人的"情感表现"或"情绪表现"。音乐、舞蹈、戏剧、影视的活动主体是人，具有强烈的主观色彩，而舞蹈和戏剧作为基于身体的表演艺术则须将"表现"置于首位，换言之，身体的表现性可以看作肢体的表现性。

表1 义务教育艺术学科"艺术实践"要求

音乐	欣赏 表现 创造 联系
美术	欣赏·评述 造型·表现 设计·应用 综合·探索
舞蹈	表现 创造 欣赏 融合

---

① 彭吉象,项阳.关于义务教育艺术课程标准中"新三科"的几点思考[J].课程·教材·教法,2022,44(8):61-68.

戏剧	表现 创造 欣赏 融合
影视	欣赏 表现 创造 融合

2. 强调思维 淡化形式

"随着时代的发展,舞蹈作为一种艺术形式,不仅仅依赖于身体的规范化训练,而是需要更加多样化的身体'思维'才能够支撑起一门学科的发展。"[1]原本性舞蹈发扬"即兴"的精神,引导孩子进行即兴表现,通过身体思考社会、音乐、美术、戏剧、自然、感情等。在教学过程中,教师引导学生从综合感知开始,为学生创设多种情景,激发学生对艺术的兴趣,帮助他们寻找适合自己的艺术门类。

在舞蹈专业院校中,舞蹈被细分为舞蹈表演、舞蹈教育、舞蹈编导、舞蹈学等多个专业。在基础教育阶段,让学生学习古典舞、芭蕾舞或者现代舞等的规范化动作所达到的育人效果有限,因其没有生成知识的意义,且独立性较强,所以不能与其他知识进行联系,也无法转化。

奥尔夫认为音乐、舞蹈、语言等都是原本现象,而原本性课堂的艺术学习是综合的,各要素之间是一个整体。所以,基于原本性理念的舞蹈与传统舞蹈存在显著的差异。由于原本性舞蹈不以表演为目的,因此它不用做华丽的动作,也不用下腰、拉筋、劈叉等技术性动作,这不仅淡化了过去视觉掌控肢体的习惯,而且强化了思维作用于身体的感受。因此,在舞蹈教育中,原本性舞蹈加强舞蹈者自身对内心的训导,使舞蹈行为由外显回归为内化。值得注意的是,内化并不代表弱化,而是教师在教学过程中有的放矢,培育学生整体艺术素养的举措。

按照原本性舞蹈的要求,舞蹈必须由人参与完整的过程,无论是构思还是表现,学生都应该参与其中,并作为表现的主体。我们通常会认为,让一个没有舞蹈基础的学生进行即兴、创作和表现是不可能的,但事实证明,普通人也可以即兴和创作。例如素质教育舞蹈课中,学生的舞蹈并不是依靠模仿教师而来,而是在即兴、创编、合作、表现等环节中由教师引导自主完成。这种普及型舞蹈教育考虑到身体的特殊性,以综合的形式发展学生的整体艺术素养,让舞蹈不再囿于动作形式美,而是将重心放置于动作的内容。

最后,回到原本性音乐与舞蹈的原点——整体艺术观念。受拉班、达尔克罗兹、玛丽·魏格曼的影响,奥尔夫和均特为了融合音乐与舞蹈,在实践中尝试让舞蹈"音乐视觉化",并认为"舞蹈也可以成为音乐创作的方式",将理论与实践结合为一种普适性的人本主义教学法;进而言之,均特的"原本性舞蹈"思考更多是打破音乐和舞蹈的学科界限。因为,音乐与舞蹈作为艺术,产生于人的本能,这种本能被效率化后所产生的现代独立学科虽然理性完备且逻辑缜密,但并不代表原始时期那种整体性艺术形式就是应该被取代的低级形式。基于人类学的视角,音乐与舞蹈分化为学科也并不代表进步,而只是人类文明

---

[1] 肖向荣. 面向"新文科"未来的"整体艺术"[J]. 艺术设计研究,2020(3):115-120.

的一种现象。"原本性"整体艺术观念的产生基于奥尔夫和均特对当时艺术形态以及社会现象的反思，笔者认为，这种反思无疑是大胆且值得推崇的。

综上所述，原本性理念下的舞蹈教育是一次美育复归，它使舞蹈不再停留于工具训练的教育方法，以内化的舞蹈形式囊括多种艺术形态，破除大众对舞蹈形式化的看重，重塑舞蹈对身体与思维教育的作用。特别在义务教育阶段，原本性以培育"整体艺术"素养的全人教育观念，用身体（动作）扩展学生的认知，通过淡化形式来达到强化内容的目的，立足核心素养，有利于当代复合型人才的培养。

（三）身心协动：健全人格

身心协动是原本性舞蹈的教育目标。邦正美认为，艺术教育不应是艺术技能的教育，而应是一种帮助学生形成健全人格的人性教育。与此相对应，上文提到的舞蹈观，同原本性舞蹈的交叉点在于：身体应与心智具有强相关性。

1. 动作育人——启迪心智

义务教育面向的是最广大的学生群体，教师既要传授知识，也担负着育人的责任。

首先，舞蹈集体育、音乐、美术、影视、戏剧于一体，具有很强的综合性，是一种天然的身体（动作）教育，也是一种美育教育。但是，传统舞蹈教育以视觉（外在）规定身体（肉体）的育体训练实际上脱离了育心的范围，心智与身体呈现割裂状态，舞蹈课被看作规范姿态的形体课，呈现出"离身"倾向。实际上，舞蹈的"离身"倾向已经深入骨髓，难以撼动，舞蹈教育工作者应尽量避免让学生在工具理性的道路上越走越远。

其次，原本性舞蹈以身体动作为手段，以即兴为核心，培养学生思维与形式的连接能力，其中最大的难点莫过于：身体如何表现思维、思维如何支配身体、教师如何让学生理解身体的作用。面对身体教育的需求，均特是这样认为的：今天的生活方式迫使我们进入一种工作型生活，所以我们的孩子们必须通过尽可能直接的和适宜的途径，使自己接近这种方式，以便使自己在将来"适应生活"。我们中的许多人，是在城市或大城镇成长起来的，家长们经常吃惊地察觉到自己孩子头脑中经验的贫乏，同时又发现他们对各种舞蹈形式大胆的探求和狂热的痴迷，正所谓饿汉狂吃。同理，在节奏贫乏的生活里，孩子们的节奏运动和力度运动需求强烈，一旦遇到舞蹈的表现机会，他们的投入必定狂热，原本的舞蹈恰好能够解决这种矛盾。

最后，身体所具有的隐喻性也暗示着身体教育的重要性。在身体教育中，原本性舞蹈通过动作协调身心，从而启迪心智。根据多元智能理论，舞蹈被列为人类八种多元智能类型之一，其依靠"动觉"存在的身体律动是无法用言语进行形容的特殊感受，它是一种身体知觉与神经紧密联系的感觉；换言之，这种感受具有"隐喻性"，能促进学生对自我及他人身体的理解，将身体内化的隐喻性通过多学科进行外化，是青少年素质教育不可缺少的重要方面。[①]

---

① 李姐娜，修海林，尹爱青.奥尔夫音乐教育思想与实践[M].上海：上海教育出版社，2010:43.

图 2 原本性舞蹈与身体和心智的关系图

2. 舞蹈具身——完善人格

原本性舞蹈可以在具身化教育的语境中得到价值的证实。身体现象学提出身心一元论观点,这种基于舞蹈"具身"的话题得到了广泛探讨,具身化教育为原本性舞蹈的自证提供了理论基础。

首先,具身化教育强调身体与心智的平衡。例如有观点认为,人的身体分为头部和四肢,如果发展不平衡,过于偏重智育会使得"头部发达""四肢萎缩";反之,过于偏重身体能力又将导致"小脑巨人"①的出现。为此,具身化教育站在中间层面通过调和身体与心智的关系,对走向极端的教育提出警示。

其次,基于具身化理论的视角,原本性舞蹈认为动作可以影响思维,自下而上地帮助青少年获得新的认知体验,其中包括节奏、空间、逻辑、身体动作等多种要素。一种不好的情况在多数学校中发生:在义务教育阶段中,中小学生的学习能力强,接受度高,为此学校教育主要在学生的思维能力上花费大量时间,身体的运动任务由体育课承担,动作与大脑的关系处于相互独立的状态,思维和逻辑停留于文本或大脑想象的画面。这种非情景的学习形式对那些抽象思维能力偏弱的学生不利,而基于具身认知的原本性舞蹈能起到调和的作用,即通过动作的情景设定来解决大脑无法想象的抽象性问题。因此,如果在跨入逻辑运算思维的中学生艺术课堂中加入原本性舞蹈教学,既能够在形体和环境的融合中,运用形态各异的形体动作,有效地丰富学生的情绪体验,又能够提高他们的情感表达能力。具身认知认为,肢体动作是最直接、最真实的表达情绪的手段,情绪的输出和肢体动作具有一致性和统一性。运用各种风格的身体语言来表达情感,有利于激发、体验和表达情感,缓解学生的心理压力,培养他们的同情心,从而促进情感与理性的协调发展。

最后,舞蹈教育的主要实施方法为动作教育,而原本性舞蹈的教育不以模仿为主,是教会学生探索心灵支配动作的方式,也是舞蹈具身化教育的实践,其具有天然的具身属性。在原本性舞蹈的教育中,艺术为教育让位,舞蹈被作为一种教育用来调和学生的身心发展。现代情感具身观主张"情感感知、情感理解、情感体现的具体意义"。而舞蹈所具备的身体特性,可以改变学生对肢体的异样感觉,丰富身心,在人生的重要阶段塑造和谐美好的心灵与健全的人格。

综上所述,肢体动作能够最直接、最真实地表达人的情绪,人的情绪表达与肢体表

---

① 吕艺生.舞蹈规范纵横谈[J].文化艺术研究,2019,12(4):26-38.

现具有一致性和统一性。一方面,学生能够运用各种风格的身体语言来表达情感,这有利于帮助其内心情感的培养、宣泄与自我表达;另一方面,这些身体语言能够缓解学生的心理压力,培养他们的同情心,促进情感与理性的协调发展。当肢体作为情感与意志的化身时,原本性舞蹈便得到显现,这是一种心理暗示。进而言之,外界评判肢体是否为心灵舞动并不重要,重要的是舞动的人主观上是否真的觉得自己在"随心而舞",并在舞动的过程中思考自己是否身心协动。

二、原本性舞蹈在舞蹈教学中的实践

情景教学是原本性舞蹈教育的重要方式,原本性舞蹈的艺术表现具有前逻辑和前理性的性质,儿童需在原本性课堂的氛围中表露自身的创造力。为此,笔者在原本性舞蹈教学中为学生创设情景,增强学生对舞蹈的体验。

据调查,目前与原本性理念舞蹈教学相关的研究极少,为证明原本性舞蹈的可行性,笔者以质性研究法对原本性舞蹈课堂进行实践,通过对学生课前心理、课堂态度、课后心理变化等方面的观察对比,修正、完善原本性舞蹈的理念。

为更充分了解中小学生对于原本性舞蹈的态度,笔者对江西省萍乡市××小学三年级学生进行了问卷调查及访谈。发放调查问卷 23 份,回收 19 份;经过 8 周关于原本性舞蹈的授课后再次进行问卷调查,发放调查问卷 23 份,回收 23 份,问卷有效率100%。通过对问卷的对比与分析,笔者发现,学生关于"舞蹈"的理解相对狭窄,停留于模仿—展示的教学形态,在经历了 8 周原本性舞蹈课堂教学后,学生对于舞蹈的观念发生了较大改变。在学生参与测试前,调查结果如下:

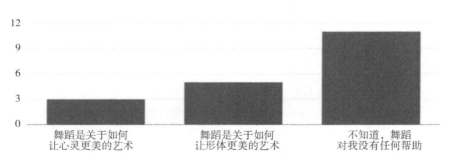

图 3　对舞蹈的认知统计分析

数据显示,约58%的学生(11 人)认为舞蹈对自己没有任何帮助。可见,学生对于舞蹈的体验较少。

对调查问卷的数据进行统计,测试前认为舞蹈能够激发想象力的学生约占 15.7%(3人),而约 83.3%的人(16 人)觉得舞蹈与想象力毫无关系,这表明,大部分学生并不了解舞蹈对意识层面的作用,对舞蹈教育的了解大多停留在肢体层面。授课后,100%的同学(23 人)认为舞蹈能够激发自己的想象能力,进一步证实了原本性舞蹈的教学能提升学生对舞蹈的认知,帮助学生在舞蹈中激发想象力。

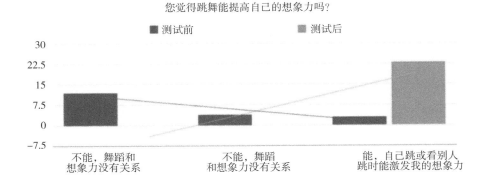

您觉得跳舞能提高自己的想象力吗?

图 4   对舞蹈提高想象力的认知统计分析

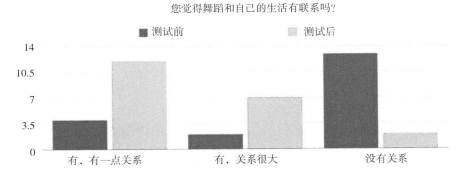

您觉得舞蹈和自己的生活有联系吗?

图 5   对舞蹈与生活联系的认知统计分析

数据显示 14 人中,约 31.6% 的学生(6 人)认为舞蹈与自己的生活有联系,而 68.4% 的学生(13 人)认为舞蹈与自己的生活没有关系。从中可以看出,舞蹈作为艺术并未完全深入学生生活中,反映出学生对舞蹈没有进行深入体验,学生对于身体是陌生的。授课后,学生对舞蹈的正面评价从 31.6% 提升至 83%。经过了 8 周原本性舞蹈教学后,学生认为舞蹈与生活的关系较大,对舞蹈的认识逐渐深入,能够将舞蹈联系自身进行思考,侧面激发了学生的创造能力。

非选择题部分内容如下表所示:

表 2   对舞蹈认知变迁的调查

问题:经过 8 周的学习,你对舞蹈的看法发生了什么改变?
谢*珊:"对自己更有自信,跳舞之后体重数字不再是重点,只要脂肪在健康的范围内,身体线条达到自己的目标就够了。"
吴*芊:"我原本不喜欢跳舞,但是现在我喜欢跳舞,我原本以为跳舞只能开发我的身体,但是现在我感觉跳舞有更多好处。"

黄＊舰："我不再觉得舞蹈对我们没有一点用。"
江＊妍："感觉很有趣,观看的时候可以观察一些舞蹈是怎样的动作,是不是很直,又是不是像虫子一样可以弯曲。"
叶＊帆："我觉得舞蹈和自己的生活有了联系,可以享受舞蹈的感觉,能够认识世界和训练优美的形体。"

经过对采访者非选择题回答的解读,可以推断出规训式舞蹈教学深植于学生的认知中,原本性舞蹈能够让学生发现舞蹈对于生活的重要性,从而促进学生树立更健康、更开放的人生观和价值观,实现心智的全面发展。学生在艺术体验中对舞蹈及其他艺术的认知发生了变化,他们能够从多方面综合考量舞蹈与其他事物的关联,并拥有自己独特的见解。

三、原本性舞蹈在中小学舞蹈教育中的应用

在日常音乐课中,原本性舞蹈从即兴开始,以节奏为基础,学生根据节拍、节奏、歌词、音高旋律表现肢体。原本性舞蹈教育是一种完全脱离了现场的自由的教育。教师创设即兴的环境,引导学生进行表现,这是原本性舞蹈在课堂中的主要表现方式。

（一）即兴与表现的课例示范

1. 课例设计一

以上海市少年儿童出版社六年级第一学期音乐教材中《有趣的旋律线》为例。学生已升入六年级,经过了五年的音乐课学习,能够基本做到安静地聆听音乐,并想象音乐画面,同时识谱,唱谱,分辨音色、音高。针对这一学段,笔者在《愿望》的第二课时中加入了舞蹈即兴环节,希望学生在第一课时用歌声体会歌曲的情感后,能在第二课时用动作表现歌曲。《愿望》这首歌曲为 3/4 拍,速度适中,歌词画面感强。由于节拍的特性,学生进行动作表现难度偏高,因此,教师要让学生多体验拍子的节奏规律。根据以上背景,笔者设置了旋律线,帮助学生体验节拍韵律及乐句规律,引导学生根据音乐结构的逻辑进行即兴表演。

（1）教案。

教学目标:学生能够通过识别旋律线,感受音乐形象,将舞蹈动作与哼唱旋律和谐地融为一体。提高学生对即兴的兴趣,促进学生对乐舞一体的认识。

教学重难点:学生能随着旋律线准确地哼唱旋律,并用舞蹈配合音乐表现和谐的情景;学生能够一边哼唱一边即兴舞蹈。

教学过程:

①导入。

教师将发给每位学生一张图形谱,播放音乐 Pantera Rosa,带领大家用手在图形谱上进行描画。

教师引出问题:大家刚刚跟随图形谱画了一次,是不是很有意思？说说看给你带来什

么样的感受。

学生自由回答:如音调可视化、音乐形象化等。

教师总结:图形谱是一种以实物、点、线或象征形式来表现的抽象音符;能够形象且直观地反映出曲调的走向、节奏的长短以及声音的强度。

引出主题:但我们这节课主要学习的是"旋律线"。简单来说,旋律线是指在一段连续的旋律中,因音调方向的不同而产生的不同的直线或弧线,这种运动就像是一幅图画中线的延伸或波动,因此被称作旋律线。

②初步感知:

教师示范:教师播放已学歌曲《愿望》,用多媒体展示乐谱,并将画好的旋律线展示给学生,学生进行演唱。

学生自画:教师给一分钟时间,让学生在草稿纸上画出《愿望》的旋律线。

教师观看同学们画的旋律线,补充道:我们知道旋律线可以表现音调的高低,我们的身体其实也可以随着旋律线进行舞动,请大家再听一次《愿望》,想象旋律的起伏过程中,人处在什么样的环境或情景下。

播放完毕,教师在多媒体中撤走乐谱只留下旋律线,帮助学生根据旋律线想象情节,并将情节写在草稿纸上。

教师再次播放音乐,引导学生把所写的内容用肢体表现出来,10人一组,分组进行。每组完毕后,教师将大概了解每位学生即兴的内容。

教师评价:刚才老师看到,大家的表现比较符合《愿望》这首乐曲的主题,接下来,由同学们自己想象情节,2人一组画出一条喜欢的旋律线,要求能够以"la"或"lu"等拟声词表现出旋律线,并用肢体配合旋律表现出设计好的情节,时长为8个小节。

③即兴表演。

教师轮流让学生进行表演,表演后作出评价。

教师选取表现较好的2~3组学生进行展示和点评,并邀请其他同学对展示的同学作出评价。

④拓展。

教师引导学生边哼唱旋律,边进行即兴。

⑤小结。

今天我们学习了如何在哼唱旋律线中即兴舞蹈,用身体感受了音乐的起伏,了解到我们的肢体可以和音调和谐共处,将脑海中想象的情景用舞蹈进行演绎。希望同学们通过本节课的学习,可以在其他音乐中找一找主旋律,画一画旋律线,将脑海中的音乐画面通过身体表现出来。

（2）课堂记录表。

表3　课堂记录表(样例)

有趣的旋律线
对象:六年级(双人组)
在谱子上画出旋律线:(六年级歌唱曲目《愿望》)
实践环节: 1. 根据旋律线——一人哼唱另一人思考动作情节 2. 根据旋律线——自行哼唱与舞蹈
展示他评与自评:
教师评价:

2. 课例设计二

以上海音乐学院出版社二年级第二学期唱游课《友谊舞步》为例。二年级学生处于小学低年龄段,这个年龄段的学生对音乐课有较为强烈的兴趣,通常活泼好动,喜欢参加表演、游戏、活动,但又通常缺乏安静聆听音乐的习惯,节奏韵律感处于上升期,表现出不稳定的特点。因此,本节课以培养学生的节奏感为重点,以学生互动、师生游戏、分组表演的环节提高学生的学习兴趣,潜移默化地培养其节奏感、韵律感。《友谊舞步》属于第六课的拓展内容,通过本课的唱、听、创、奏,学生能够分辨四分音符、八分音符,因此在这一课时中教师需要引导学生用各种舞步表现不同的节奏型。

（1）教案。

教学目标:学生能够在共舞中陶冶情操,学会和同学友好相处,收获友谊;在合作中激发对舞蹈的兴趣,养成良好的学习态度;通过模仿、合作、探究等活动,引导学生积极参与舞蹈活动,初步养成学习习惯;学生能够分辨、模仿迪斯科、恰恰舞、华尔兹舞步及节拍,能够随着音乐自然地表现动作。

教学重难点:学生能够学会简单的迪斯科、恰恰舞、华尔兹舞步,并能随着音乐自如地表现动作;教师引导学生熟悉 4/4 拍和 3/4 拍的节奏规律,熟记每个舞步的节奏型。

教学过程:

① 复习导入。

教师带领学生复习《伦敦桥》集体舞。从伦敦桥的集体舞到友谊舞步的双人舞,进行新课过渡。

② 整体感知。

教师播放教材中迪斯科、恰恰舞、华尔兹的三种音乐,提问学生这三种音乐的节奏有何不同。尝试用各种方式表现三种音乐风格,随即提炼三种节奏型。

③ 学跳步伐。

教师引导学生用动作表现以上三种节奏,并教授简单的迪斯科、恰恰舞、华尔兹步伐。教师用"找朋友"的游戏,让学生自行选择合适的舞伴练习。

④ 小组表现。

全班分为三组,学生根据已学舞步挑选自己喜欢的一种步伐,确定组别后,按组表现所学舞步。

教师点评具有代表性的两人舞步,并根据每种舞步设定对应的图画和故事情景,引导学生发散思维,指导学生根据图画编故事,并在两人的配合下设定表现故事的动作。

⑤ 小结。

教师总结三种舞步的区别,迪斯科更具有动感,节奏稍快;恰恰舞快慢结合,先快后慢,整体节奏也稍快;华尔兹舞步更加优雅、从容,速度为中速,是典型的三拍子舞步。迪斯科和恰恰舞通常可以表现矫健的少年和活泼的少女形象;而华尔兹可以表现较为成熟的青年形象。

（2）课堂记录表。

表 4　课堂记录表(样例)

友谊舞步
对象：二年级（双人组）
在表中标记你最喜欢的舞步：
你的舞伴是： 我与舞伴设计的小故事：
展示他评与自评：
教师评价：

（二）创编与合作的课例示范

1. 课例设计一

八年级舞蹈课程任务之一为舞蹈小品创编，要打破学生对即兴舞蹈与创编舞蹈的陌生感，引导学生围绕主题展开想象，把内在的想象外化为舞蹈形式。

上海教育出版社八年级上学期《艺术》教材第一篇章第二单元以"甲骨文"为主题,通过甲骨文引申出绘画、舞蹈、手工等艺术表现形式,教师可以根据学业质量进行选择性教学。在舞蹈方面,该教材以"甲骨文"为参照引导学生以小组的形式创编舞蹈造型,为本文创编与合作的课例示范提供了灵感。

(1)教案。

教学目标:通过学习主题舞谱,帮助学生掌握舞蹈创编的个别技能;通过创编,让学生在群体中形成合作分工的意识,能为后续舞蹈作品的鉴赏与分析提供实践基础。

教学重难点:在教学过程,教师需引导学生认谱、识谱、跳谱,从视觉方位转变到身体图式;强调学生的自主创编,锻炼学生自主完成舞蹈任务的能力;教师帮助学生建立良好的群体关系,协助小组分工,锻炼学生在短时间内合作完成小组任务的能力。

教学过程:

①导入。

教师播放黄豆豆表演的作品《甲骨文》让同学们观看后抒发感想,引出问题:甲骨文的形状与我们的身体是否可以产生联系?

教师在多媒体上展示"人"字从象形文字到现代文字的演变,阐述汉字的产生与身体形象的关系。

教师引入舞谱:"舞谱便是抽象了的舞蹈动作及方位的指示记号,与音符的作用相同,它作为一种现代的记谱方式经过了现代人的发明与考证,因此具有很强的科学性与系统性。"

教师用多媒体展示一些配上舞谱的简单动作,让学生初步学习一些较简单的舞谱符号。

②初步感知。

教师用节奏感较强的音乐带领学生按照舞谱试跳一段,结束后,教师介绍舞谱符号并要求学生随即抄写符号。

教师展示甲骨文的图片,2~4人一组在3分钟内用肢体造型模仿3个古汉字。

教师用4小节舞谱,以造型确定节点,要求小组学生在4分钟之内完成对2个古汉字的创编。

③展示与评价

每组轮流进行创编成果的展示,并由学生自由猜测小组在模仿哪些古汉字。教师每三组进行一次总结评价。挑选完成度较高的三组请全班学习。

④小结

中国文字拥有悠久的历史,从甲骨文到现代汉字的演变可以清晰地反映出人类思维的变化。现代汉字是我国文字进化的较高形态,它与古文字的象形特征相比,具有更高的抽象性。从象形文字中,我们可以看到古人对生活与自然的模仿,这种模仿外化为一种朴素的美感。文字源于对事物的记录,我们的身体同样可以被记录,主题舞谱的出现为我们塑造了一个新的人体"小世界",这一系列符号犹如地图,将我们身体的动作、方位、力量及情感有秩序地排列,为我们发现自己的身体,创造新的肢体动作提供了新的视野。这节课后,大家可以创作4小节的舞谱,并将它跳出来。

（2）课堂记录表。

表 5　课堂记录表样例

符号
对象:八年级(2~4 人组)名字:××× ××× ×××
过程: 观赏独舞《甲骨文》 了解主题舞谱 关联:舞谱与文字皆为符号
画谱(抄谱):

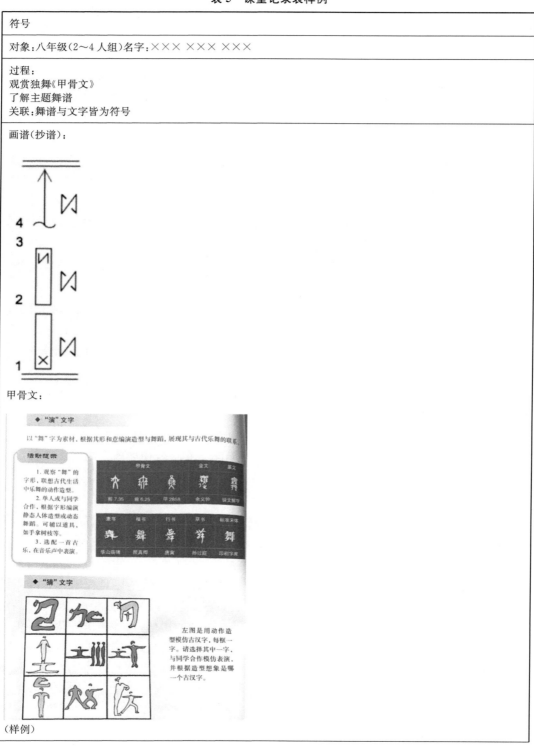

甲骨文:

（样例）

教师评价:
自我总结:

2. 课例设计二

以上海教育出版社八年级第二学期《艺术》教材为例。第一篇章第一单元主题为"江河意蕴",通过歌曲《长江之歌》向"踢踏舞"拓展,教师引导学生表现《大河之舞》。这是本单元的第二课时。

(1) 教案。

教学目标:学生能够在欣赏《大河之舞》的过程中感受踢踏舞的魅力,并尊重理解各国文化,获得崇高的审美体验;通过模仿、合作、探究感受《大河之舞》这部作品,在小组合作、表现中增强集体荣誉感;学生能够体验基本的踢踏舞步,了解踢踏舞步的发声原理,能够做到仔细聆听节奏、表现节奏,探索身体不同部位发声的方式。

教学重难点:学生能够熟悉《大河之舞》的作品背景,了解踢踏舞的基本动作与分类,能进行手指踢踏舞表演;学生能够模仿《大河之舞》中的节奏与动作。

教学过程:

①复习导入。

教师播放歌曲《长江之歌》,学生通过聆听、模唱复习歌曲,后由中国的《长江之歌》引入国外的《大河之舞》,以此过渡新课。

②整体欣赏。

教师播放《大河之舞》视频片段,引导学生边听边思考,作品表现了怎样的情绪。

学生自由回答,情绪热烈、欢快、富有激情。

教师介绍作品,并引入踢踏舞。

③局部感知。

教师示范踢踏舞,请同学对踢踏舞的特征进行评述。

教师教授3个踢踏舞的基本动作,强调踢踏舞脚下动作是如何发声的即可。

教师与学生做节奏传递游戏。教师脚下做一个节奏型的步伐动作,学生轮流依次按照教师给出的节奏做出不同的步伐动作(传递3~4个节奏型即可,重点让学生记住节奏型)。

教师根据刚才的节奏型配合音乐《大河之舞》与全班同学进行合作表演。

④创编与合作。

教师播放《大河之舞》,组织学生以4人为一组(前后桌),观看时每组选取舞蹈中最喜欢的一种步伐创编4个不同的节奏型,并改用手指(食指和中指)将创编的节奏型表现出来。

教师将各小组进行排序,并用固定拍组织学生轮流展示。

教师引导学生"装扮"手指,用自己喜欢的方式为手指穿上衣服、鞋子。

⑤表现与评价。

根据上述固定拍的轮流展示,学生已经对节奏型非常熟悉。教师针对每组的手指踢踏舞进行点评与改进,设计手指舞表演的"场地"(课本上、桌子上、凳子上、茶杯上等)。

学生对教师的改进进行自我消化,然后在教师的组织下,学生按照顺序探讨表演时的队形,全班同学集体表演。

⑥小结。

教师总结:《大河之舞》的音乐速度较快,气氛热烈,同学们想要将原版的《大河之舞》原封不动地跳下来是一件非常困难的事情,但你们能够在自己创编的节奏的框架内自创相应的手指踢踏舞,表现出踢踏舞整齐划一的气势,已是巨大的进步。希望同学们搜集更多关于踢踏舞的作品,我们一起欣赏,学习,进步!

(2)课堂记录表。

表6　课堂记录表(样例)

大河之舞
对象:八年级
过程: 复习歌曲《长江之歌》 观赏舞蹈《大河之舞》 《大河之舞》来自哪个国家: 踢踏舞的特征: 小组创编的节奏型(请写出4个):

续表

教师评价：
自我总结：

结语

　　舞蹈教育对中小学生身心发展具有独特的作用，它不仅作用于形体美更关注心灵美，能够帮助学生在成长的关键期塑造美的灵魂。新课标发布，舞蹈学科初步建立，舞蹈也越来越受到中小学的重视。在许多经济发达地区，学校为学生们提供了舞蹈教室、演出剧场等多种设施场地，并举办各种艺术节以及各种舞蹈类展演，以便让每一位学生都能够体验到舞蹈艺术带来的快乐。但在各类比赛与评比中，成人以量化的方式评价孩子们的舞蹈，将他们认为的规则强加在孩子身上，忽视了舞蹈具有的"教育性"。不仅如此，当舞蹈职业技术的规则下沉至舞蹈普及型教育中时，教师与家长对于技术性的仰仗愈演愈烈，最常见的为通过下腰、劈叉等技巧动作判定学生的舞蹈跳得好不好，将属于儿童的舞蹈"成人化"。笔者认为，教师需通过引导学生重视舞蹈的内在体验，明确肢体的工具性，帮助学生探索舞蹈，为成为身体的主人而努力。为此，"透过艺术来教育"的思想成为本文的逻辑起点，而原本性舞蹈对中小学生的教育价值，为本文的主要内容。

　　"在原本性舞蹈教学中，教师应像父母一样了解学生的日常身体动作经验，并且要求教师的体验世界与学生的动作经验世界相遇，在教室与学生两者之间建立内心的交流，教师应注意的是具体情境的学生，而不是固定的内容、方法的灌输。比如中国民间舞中，新疆的杯盘舞、蒙古族的顶碗舞、藏族的踢踏舞等不只是作为一种舞蹈的'范例'去进行标准化学习的，而是应贴近这些民间的生活，考虑这些舞蹈是如何存在于当下或那个时期的生活中的，那些舞蹈中的人是如何思考舞蹈的，如何产生舞蹈的动作元素的。通过引导学生而非强制性的教育来实现教育目标。这种形式的教学是合理的，学生可以通过日常生活真正接触到舞蹈世界，这不仅是对学生主体的尊重，也是对舞蹈世界际遇的一种交流。"①

---

① 柳紫璇.现象学视阈下的原本性舞蹈与教育研究[J].尚舞，2022(23)：96-98.

论探究式教学法在主题舞谱课程中对思维创新能力的提升

上海市西南位育中学　柴小轩

摘要：新课程标准要求教师对学校的课程与教学进行新的探索和研究，以使教学工作更具有适应性和实用性。在上海市西南位育中学的主题舞谱课程中，根据教学计划、教学目标和教学内容的要求，教师采用了探究式教学法，引导学生以探究合作的方式完成舞蹈创编和表现的任务。该课程采用了"创设情境、小组合作、总结提升、课后作业"的四部分教学结构，旨在拓展和提升学生的思维创新能力。主题舞谱课程的实施和探究式教学法的运用，对学生的主体地位、个性发展、基本素养等方面产生了积极影响。

关键词：探究式教学法；主题舞谱；思维创新；舞蹈创编

为了提高中学生的艺术素养，上海市西南位育中学开设了艺术多样化课程，给学生提供了丰富的艺术体验机会。主题舞谱课程作为艺术多样化课程之一，以舞蹈为媒介让学生得到全面的艺术体验。该课程以探究式教学法为主要教学手段，鼓励学生调动独特的思维方式，通过主动探究和小组合作，创作出别具一格的舞蹈作品，从而培养学生的探究能力和独创性思维。

一、主题舞谱课程的介绍

主题舞谱利用图解法记录舞蹈动作，它可以表现任何动作元素，包括方向、行动、质感以及身体各部位的运用。主题舞谱是从匈牙利鲁道夫·拉班的舞蹈理论中所衍生出来的，它可以创造、记录和保存舞蹈动作并且不局限于任何的舞蹈风格或派别，它的主要特征是只显示舞蹈的核心元素和主旋律。当主体舞谱发挥记录功能时，它只记录舞者认为的重点动作。若根据舞谱创编作品，舞谱上的内容需要全部体现出来，也可以加入舞谱以外的动作以便于增强舞蹈的连贯性。

上海市西南位育中学的主题舞谱课程是在多种艺术门类中积极开发建立的艺术课程之一。它是基于学校"凝练中和位育学校文化，激发每个学生成长自觉"的办学理念，以学校为本位而建立的校本课程。根据课程内容的设置可知，该课程主要利用了舞谱的创造功能，让学生了解主题舞谱创作的一般过程，使学生具有初步的艺术创作能力和艺术表现能力。

该课程在教学内容和方式上更加倾向于活动课程，注重以学生的学习兴趣和能力为基础,通过教师引导进行有目的的活动。活动课程的代表人物杜威认为:"学校科目相互联系的真正中心不是科学,不是文学,不是历史,不是地理,而是儿童本身的社会活动。"他主张"学习来自经验"。在如今的教育理念中,将"经验"作为学习的主要材料甚至是唯一材料是不合理的,但杜威的活动课程理念在某种程度上更适合现在中学艺术类课程的教学。

主题舞谱课程作为艺术多样化课程中的一种,注重教学过程的灵活性、多样性和综合性;此外,它重视学生的需要以及在学习中的自我指导作用,让学生通过探究、合作等实践活动来增长相关经验和技能。

二、探究式教学法在主题舞谱课程中的应用依据

探究式教学法是指从某一学科领域中选择和确立学习主题,在教学中创设相应的情境,学生通过自主探索活动,自行发现并掌握相应的原理、知识、技能的一种方法,发展学生的探索精神与创新能力。它的主体思想是在教师的指导下,让学生主动掌握分析和解决问题的方法,建立起自己的认知模型和学习方法架构。

英国科学教育专家温·哈伦认为:探究可以运用在多个领域,如历史、地理、艺术、科学、数学等技能和工程中。[①] 在舞蹈艺术课程中,探究式教学法是常用的且十分重要的一种方法。根据中小学课程设置的要求,探究式教学法在主题舞谱课程中的运用符合教学计划、教学目标和教学内容的安排,这种教学方法主要运用于舞段创编环节中,使学生在学习与训练的过程中获得艺术表现力和创编能力。

(一)符合教学计划的安排

教学计划是课程设置的整体规划,它规定了不同课程在管理学习方式时的要求及其所占的比例,主要体现于学科的设置、课程开设的顺序以及课时分配中,并对学期、学年、假期做出规划。

1. 课时分配连贯充足

上海市西南位育中学对艺术课程给予了充分的课时支持。本校目前在北、东两个校区的初一和初二年级开设了主题舞谱课程。初一年级在每个学期的前半学期开课,初二年级在每个学期的后半学期开课,每个年级每期主题舞谱课程的开设时间约为六周,每周一次课,每次课占用两个课时,且两个课时连着上。这样的课时安排比较紧密、连贯,而探究式教学法需要占用大量课堂时间,连续的课时能给学生留够充足的时间让他们实施探究、讨论。

2. 采用小班制教学

为保证艺术课程的教学效果,学校对每门艺术课程的上课人数做出了限制。由于本校艺术多样化课程种类丰富,学校为了每位学生的个性发展,让学生依据自身的兴趣和特长选课。每门多样化课程的人数控制在 15 人左右。而探究式教学法恰巧适合人数较少

---

① 叶兆宁. 从"探究"到"实践":探究式教学法的内涵、本质与发展[J]. 自然科学博物馆研究,2022(3):6.

的课堂,如果学生人数过多,难度则会加大,不能保证良好的教学效果。主题舞谱课程人数相对较少,方便教师管理和引导,在动作创编上更加便于师生进行集中讨论和探索。

(二)符合教学目标的要求

新课程标准的教学目标需要学生在舞蹈课中了解不同体裁和风格的舞蹈,感受舞蹈美的丰富性。要求学生掌握不同舞种的舞蹈姿态与基本动作,能运用身体语言,感知、体会、有创意地表现不同体裁和风格的舞蹈,提升艺术表现能力。让学生能运用多种艺术表现形式,独自或与他人合作表达情感、观念和想象,在舞蹈编排和实践中提升创新思维能力。

探究式教学法是主题舞谱课程实现教学目标的重要途径之一。在主题舞谱课上,学生通过欣赏不同舞种的经典代表作品,了解民族舞、中国古典舞、芭蕾舞、现代舞、拉丁舞的舞蹈风格和动作特点,让学生感知舞蹈艺术的美。此外,依据学生的爱好和能力基础,让学生以小组为团体选择其中一类舞种和风格并按照一定的舞谱内容进行学习和创编。探究式教学法应用于小组创编作品的过程,小组根据舞谱开展探索、创编活动,从而让学生掌握某种舞蹈风格与基本动作。学生创编舞蹈的过程也是积极参与创作、用舞蹈语言交流、激发创意思维和提高艺术表现能力的过程。

(三)符合教学内容的安排

舞蹈学科课程内容包括表现、创造、欣赏和融合四类艺术实践,涵盖十四项具体学习内容,并通过多种形式的学习任务组织教学。新课程标准明确了教学需要围绕"多舞种体验与舞段创编"开展,旨在让学生积累舞蹈动作语汇,以体验活动促进学生的艺术表现,引导学生积极思考、积极表演,逐步提高学生认识美、欣赏美、表现美和创造美的能力。

主题舞谱课程内容丰富、章节繁多,结合学生能力特点和课时安排,最终确定学习该课程的前四章内容,以此来保证在短期内让学生得到充分体验,同时也保证了教学内容的连贯性。

学生学习主题舞谱内容的过程就是探究的过程。一期主题舞谱课程包含了四章内容:"时间结构""身体部位参与""方向和水平""力效",这四章是主题舞谱的基础内容,更包含了所有舞蹈艺术种类的三要素——"时、空、力"。以上内容能让学生认识到舞蹈艺术是在人体参与的基础上,融入了时间、方向、水平以及力效等各项要素创造出来的,而融入舞蹈要素的过程就是学生探究的过程。探究式教学法不仅增进了学生对主题舞谱理论知识的认识,更是主题舞谱课程目标实现的必要手段。

三、探究式教学法在主题舞谱课程中的实践与应用

探究式教学法在主题舞谱课程里的教学结构基本可以概括为:在教师的启发下,通过创设情境,让学生经过独立思考或小组合作完成任务,最后在教师带领下进行总结提升并布置课后作业。在教学过程中,教师根据教学内容的需求创设出能够激发学生学习兴趣的情境,让学生根据教学情境学习舞谱内容并发现舞谱创编过程存在的问题,再通过小组

合作、交流探究等活动解决问题,从而将舞谱内容创作成舞蹈作品。最后由教师带领学生对学习活动做出总结并给出改进意见,以此提升学生舞蹈作品创编的质量。探究式教学法旨在通过探究知识或问题的过程拓展学生的思维,以培养学生解决问题的能力。

(一)在创设情境中拓展学生思维

创设情境是指教师在教学过程中,借助声音、图片和表演等方式引入或创设具有一定真实性的场景,从而加强学生对学习内容的理解,并使学生的心理、思维等特定方面得到发展的教学方式。[①] 在课堂上创设教学情境能够带动学生的情绪,调动学生原有的认知结构,让学生开展积极的想象与思考,让学生掌握更多新的学习内容。

例如在主题舞谱课程的"力效"章节中,教师讲解了舞者用身体表达有意识或无意识的情感、冲动或动机,其中主要涉及两方面的力效因素:动力和时间。动力的变化主要指的是启动身体的动力,具体表现为"轻的动作"或"强的动作";时间的变化主要指的是对时间的处理,具体表现为"突然的动作"或"持续的动作"。在做舞谱练习时,教师会创设相应的情境,给予学生一定的提示,让学生根据舞谱创编的要点和情境特征探索舞蹈动作,如表1所示。

表1 "力效"章节中的情境创设

教师:	微风轻拂柳条是运用了怎样的力效	弹掉衣服上的面包屑是运用了怎样的力效	吹灭蜡烛是运用了怎样的力效	拔河比赛是运用了怎样的力效
学生:	轻和持续的力效	轻和突然的力效	强和突然的力效	强和持续的力效
教师:	如何将以上力效用肢体动作表现出来			
学生:	用手臂或躯干做出轻柔的弯曲动作来表现轻和持续的力效	用双手、双脚、膝盖、肩膀等身体部位做出轻快的动作来表现轻和突然的力效	用嘴巴、双手、头等身体部位做出"吹""扇风""甩头"等动作来表现强和突然的力效	用双腿、双臂、躯干等身体部位做出"弓步""牵引""向后倾斜"等动作来表现强和持续的力效

以上情境的创设能够让学生理解"轻质感"的动作应该体现出轻柔,"强质感"的动作要充满力量,"持续"要体现出动作的连续性,"突然"要体现出动作的间断性。

介入情境的探究教学方式,能让学生理解任何动作的发生都会产生与动力和时间相关的力效。让学生在创编作品时,能够从力效的角度去思考和寻找动作表现的更多方式,更加关注动作的质感,这有助于学生把握主题舞谱内容的本质。

(二)在小组合作中激发学生思维

探究式教学法十分注重合作探究的学习方式,它强调教师带领学生共同制定具有合作性的学习计划,形成具有可调性和可控性的创造性学习活动。在教学活动中,教师以调动学生的自主学习能力为主,对小组学习只起到组织、协调、引导的作用,让学生充分利用

---

① 张莹.高中思想政治课探究式教学法的应用研究[D].武汉:华中师范大学,2013:17.

集体智慧探究发现新事物。

为提高舞蹈创编的效率和质量,教师根据学生的舞蹈基础做出分组,让学生按照自己的兴趣、能力以及擅长的舞蹈风格自由结组。学生结组后,教师会根据每组学生的能力特点布置相应难度的创编任务。对于学生而言,每个小组所用的舞谱内容是相同的,但在相同的舞谱下,各个小组成员根据自身经验和兴趣探讨创编什么样的动作以及创编动作的风格。由于每位同学的思维方式不同,动作创编又具有开放性,符合舞谱要求的动作会有很多种,因此学生们通过相互交流激发灵感,集思广益后便可创作出版本不同、风格独特的舞蹈片段(图1)。此外,教师还会让学有余力的小组给能力稍弱的小组提建议、出点子,各小组在创编时相互学习、取长补短,使每个小组创编的舞蹈内容都各具特色,在尊重每位同学能力的基础上提升其表现能力。

图1 小组练习的瞬间

(三)在总结提升中提高学生思维能力

总结提升是在每节课完成教学内容、达成教学目标后,教师和学生一起对学习成果做出总结归纳,对现存问题做出探讨与分析,对当前所学内容进行深化与提高的教学活动。主题舞谱每节课的最后环节是让每组学生展示自己本节课创作的舞蹈片段,并对创编成果做出总结,总结过程分为两种:学生对创编的作品进行相互总结;教师对学生的作品做出总结。

在学生相互总结中,首先让小组成员讲解本组的创编成果,再由其他小组轮流发表意见,做出点评。教师会在学生总结的基础上对每个小组创编成果的成功之处给予肯定,再针对学生没有发现的问题给出建议。

对学生而言,在各个小组相互欣赏和相互交流的过程中,让学生学会总结,能培养出良好的思考习惯。当学生在创编中遇到新问题时,能够学会发现问题、调整思路,主动运用已学的知识去创造性地解决问题。这样不仅能够增进学生对主题舞谱的认知,还能够拓展学生的思维。

（四）在课后作业中培养探究习惯

学生受到课堂时间和上课内容的限制,舞蹈创编的思维依旧会存在一定的局限性,但教师可以通过布置课后作业的方式来继续打开学生的舞蹈创编思路。课后作业一般是具有灵活性的活动探究作业,让学生在生活环境和学习环境中探索事物,经由一系列的观察思考,发现事物并了解事物的运动规律和本质特征。例如:某种事物具有什么样的时间节奏? 在空间方位上有哪些变化? 其中又包含了哪些力效元素? 这些事物的现象能否转化为身体动作且如何转化为身体动作? 此作业侧重思维开拓方面的攻关,指向学生的深度学习和知识建构。作业的具体内容如表2所示:

表2　课后作业的布置

	发现事物	了解事物	转化为身体动作
作业1: 生活环境	树叶飘落时的空间方位和力效元素是什么	从高水平到低水平,左右摇摆;轻、持续的力效	模仿树叶轻轻的、持续的左右摇摆,从高处慢慢飘落到低处的过程
	太阳升起和落下时的空间方位是什么	冬季:东南方—南方—西南方;低—高—低	(东南方=左斜前方、南方=前方、西南方=右斜前方) 舞者在左斜前方移动到前方,再移动到右斜前方,并分别做出低水平、高水平和低水平的动作
	汽车起步时的时间节奏是什么	静止—加速度运动—匀速运动	动作静止—4拍一个动作、2拍一个动作、1拍一个动作—维持1拍一个动作
作业2: 学习环境	擦黑板时的力效元素是什么	持续、强	手臂强而有力地持续性挥动
	立定跳远时的时间节奏和力效元素是什么	慢—快;强、重	一条腿缓慢地、有力地抬起来,双腿同时跳跃后快速"跌落"在地
	跳长绳的空间方位是什么	左斜后方—中心—右斜前方;跳跃瞬间为高水平	舞者在左斜后方移动到舞台中心,再移动到右斜前方,并在舞台中心位置做出高水平动作

促进学生的思维创新,让学生经过主动探索和思考掌握某种知识和原理,提升学生的发现能力和认知水平。利用课后时间由作业驱动学生的思维拓展,在潜移默化中培养学生的探究意识。

四、探究式教学法的应用对学生的积极影响

（一）体现学生的主体地位

学生对自己的学习活动应具有支配权和控制权,以民主、合作的方式进行学习,学习内容应该符合学生自身的需要。教师指导学生自主学习,让学生主动进行知识建构。

探究式教学法十分强调学生在课堂上的主体地位。首先,在热身环节摒弃了教师在

前、学生在后的教师主导式位置,而是教师融入学生的集体,和学生共同随意地围成一个圆圈(图2),在教师和学生以及优秀生和普通生之间没有严格的主次之分,避免了以往根据学生的舞蹈能力安排固定位置、上课氛围严肃等现象。其次,主题舞谱课程以学生创编为主,如果教师把创编好的舞蹈内容教授给学生,那么所有学生只能得到一种舞蹈创编的答案。授人以鱼不如授人以渔,为发展学生的创造力、体现学生的主体地位,教师将舞谱基础知识教给学生并布置相应的创编任务,把课上大部分的时间都交到学生手中,让每个小组可以充分利用和支配时间,发挥创造能力。学生通过画舞谱和创编动作的过程,可以探索并创作出不同版本的、充满特色和创意的舞蹈片段。

图2 师生共同热身的瞬间

教师一定要承认学生的主体地位,敢于放手让学生自己多做尝试,这种学习方式能保证学生的学习是一个主动探索而非教师灌输的过程。在这个过程中,学生可以自主创新,大胆地去表现自己,充分发挥主观能动性,从而将外部的探索活动逐渐内化为自己的舞谱知识和创编技能。①

（二）尊重学生的个性发展

教师在培养学生的个性特征时,要注意个体发展的差异性,根据学生自身特点因材施教。这需要教师了解每位学生的具体特点,在此基础上开展教学,让学生在原有的基础上得到更充分的发展。

在主题舞谱课上,学生的舞蹈能力参差不齐。舞蹈种类主要是中国舞、芭蕾舞、拉丁舞和流行舞四大类,一些有舞蹈基础的学生曾学过的舞蹈种类不尽相同,还有一部分学生没有任何的舞蹈基础。作品创编能够尊重每位学生的舞蹈风格,让有舞蹈基础的学生可创编出自己喜欢或擅长的风格的作品,零基础的同学则不限定风格,更可以没有风格。

---

① 张莹. 高中思想政治课探究式教学法的应用研究[D]. 武汉:华中师范大学,2013:15.

综合学生群体复杂的学情特征,教师根据每位学生的学习能力设定不同的教学难度,让每位学生都可以在原有的水平上积极地开展探究活动,这对促进学生的个性发展、提升学生的自信心具有积极作用。

（三）益于学生的基本素养

基本素养指的是一个人的素质和修养,它包括人的思想品质和道德观念以及世界观、人生观、价值观等内容,并通过一定的言行举止体现出来,课堂上探究式教学法的运用对培养学生的基本素养具有积极作用。

探究式教学法能培养学生的团结协作能力。在创编过程中,小组成员之间通过互相学习、互相探讨,充分发挥探究能力,让思维相互碰撞,把自己小组的舞谱内容由理论知识转化为舞蹈实践,这不仅增强了每位学生的参与感,还让学生在完成舞蹈创编任务的同时培养了集体主义精神,增强了学生的合作意识。

探究式教学法能培养学生相互尊重和相互包容的意识。学生的舞蹈能力和舞蹈风格各不相同,在一个学情丰富的班级中,教师会通过片段练习和作品创编来引导学生相互尊重。在小组创编的过程中学生会相互交流彼此的观点,在相互交流时学生学会了接受其他同学的意见,做到相互尊重和包容。在不同的小组之间,学生通过相互欣赏、相互交流和评价舞蹈创编成果,在多种不同的舞蹈风格之间学会尊重与包容。这种学习方式有助于学生学会捕捉其他同学成果的"闪光点",让学生得到肯定,增强自信心,激发舞蹈表现欲。

虽然主题舞谱的教学内容以舞蹈创编为主,但也会将基本素养的教育融入课堂,在潜移默化中将学生培养成品德高尚的人,让学生形成良好的艺术素养。①

结语

主题舞谱课程运用灵活开放的探究式教学法,充分利用学习群体的基础性、学习内容的丰富性和教学计划的特定性等特点,有效地拉近了学生与艺术之间的距离。探究式教学法能够激发学生的自主探究欲望,提高他们的艺术表现能力和思维创新能力。同时,该教学法的应用也进一步突出了学生的主体地位,充分展现了学生的个性特点,关注学生的基本素养,让学生在深入了解艺术、体验艺术的过程中实现全面发展。

---

① 张焱秋.中小学素质教育实施措施[J].西部素质教育,2020(4):47.

近 20 年国内少儿舞蹈研究评述与未来展望

——基于 CiteSpace 的可视化分析

上海市徐汇区青少年活动中心　麻莫久

摘要:为探究国内少儿舞蹈领域的前沿热点与内容,本文以 2001~2021 年中国知网所收录的 1146 篇少儿舞蹈相关的主题文献为研究对象,运用科学知识图谱软件 Cite Space V 对所获文献进行科学计量和可视化分析。研究显示:我国少儿舞蹈研究的发文量呈波浪形,当前正处于回落时期,研究的主要力量集中在师范类高校和艺术类专科学校,高产作者之间的联系与合作较少,尚未形成一定的关系网络。基于国内少儿舞蹈的前沿热点和内容提出启示:应加大对少儿舞蹈培训的研究力度,加强理论研究和实践操作的结合,尽快提高我国少儿舞蹈教育手段的多元性、科学性。

关键词:少儿舞蹈;舞蹈教育;科学知识图谱

一、引言

因为舞蹈具有得天独厚的优势,经过多年的发展,形成了独特的教育模式。中共中央、国务院于 1993 年发布的《中国教育改革和发展纲要》指出"中小学要由应试教育转向全面提高国民素质的轨道,面向全体学生,全面提高学生的思想道德,文化科学,劳动技能和身体、心理素质"[1],标志着我国少儿舞蹈教育进入了新的历史阶段。时至今日,少儿舞蹈教育事业发展突飞猛进,日新月异,为素质教育带来勃勃生机的同时,也令人眼花缭乱。少儿舞蹈的目的是什么? 有哪些研究热点? 需要注意哪些研究误区?

相较于文献综述和案例分析的主观性和特殊性,文献数据库的研究分析可以更全面客观地反映某一领域的研究前沿和热点。[2] 本研究以中国知网数据库中收录的 2001~2021 年 1146 篇少儿舞蹈研究的相关文献作为研究对象,运用 Cite Space V 可视化分析工具所绘制的科学知识图谱,对年度发文、关键词、高产作者进行定量分析,并对少儿舞蹈的热点问题与发展趋势进行讨论,为我国相关理论研究和实际操作提供借鉴和参考。

本文以中国知网为数据收集源,时间跨度选定"2001~2021 年",将搜索范围定位为"学术期刊",以"少儿舞蹈""儿童舞蹈""舞蹈教育"为主题词,逐一进行检索,检索时间为

---

① 中国教育改革和发展纲要[J].中国高等教育,1993(4):8-17.
② 史国生,范好婧,吕季东.奥运遗产研究前沿与热点分析[J].成都体育学院学报,2018,44(6):68-73.

2021 年 2 月 24 日,共检索到 1169 篇文献,通过数据查重和筛选,共获有效数据 1146 条。

表 1　本研究数据来源

内容	
数据来源	中国知网数据库
检索格式	主题:少儿舞蹈;儿童舞蹈;舞蹈教育
时间跨度	2001~2021 年
文献语种	中文
文献类型	学术期刊
检索结果	1146 篇期刊论文

本研究采用基于 Java 平台的 Cite Space V 软件对 2001~2021 年国内少儿舞蹈的 1146 篇相关文献进行科学知识图谱可视化分析。Cite Space V 是一款由美国德雷克塞尔大学信息科学与技术学院的陈超美教授开发,适用于多元、分时、动态复杂的网络分析的国际领先可视化应用软件。Cite Space V 软件可以将复杂抽象的数据绘制成图形或图像,借助图谱的直观性,研究者可以理清该研究领域的研究目标和知识网络,把握研究前沿最新的发展趋势,客观呈现研究领域的发展和历史演进过程。

二、国内少儿舞蹈研究的总体态势

(一)发文量分布

论文发表数量与时间变化的关系可以反映一个研究领域的历史与发展速度,并预测发展趋势。[①] 本文对收集的 1146 篇有效文献进行时间统计(图 1),发现少儿舞蹈研究成果数量呈稳步上升趋势。从文献发表情况来看,大致可分为三个阶段:第一阶段为 2001~2007 年,少儿舞蹈研究发展相对平稳,发文量均值为 19 篇,峰值出现在 2002 年,发文量为 33 篇;第二阶段为 2008~2015 年,呈爆发式增长,发文量均值为 76 篇,峰值出现在 2015 年,发文量为 118 篇;第三阶段为 2016~2021 年,呈平稳波动阶段,发文量均值为 82 篇,峰值出现在 2019 年,发文量为 98 篇。少儿舞蹈领域的发文量由 2001 年的 14 篇增长到 2021 年的 72 篇,说明 2008 年后舞蹈训练研究的受关注程度大幅提高,学界对少儿舞蹈的研究也进入了鼎盛阶段。2016 年后舞蹈教育发展呈现出学术活动蓬勃发展、学术交流深广兼具、舞蹈文化返璞归真的新态势。[②]

---

① 张君孝,张灵燕,邓潇潇,等. 近 40 年我国小学体育研究进展:基于知识图谱 CiteSpace 可视化分析[J]. 重庆第二师范学院学报,2021,34(1):81-86.
② 曹宁,何晓迪. 2017 年度舞蹈教育发展综述[J]. 艺术教育,2018(1):33-35.

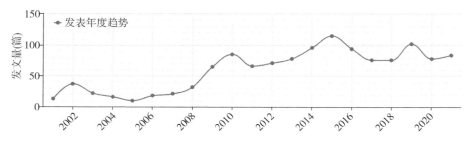

图1　2001～2021年相关研究发文量分布图

（二）关键词共现分析

关键词作为学术论文研究内容的集中表达，其相关性在一定程度上可以揭示学科领域中知识的内在关系。运用Cite space V软件对2001～2021年少儿舞蹈研究高频关键词进行可视化分析，得到本研究关键词共现图谱（图2）和高频关键词的出现频次及其中心度（表2）。

图2　2001～2021年少儿舞蹈研究高频关键词共现图谱

在少儿舞蹈研究关键词共现图谱中，每个节点表示一个关键词，文献节点的大小与该节点的出现频次相关，也就意味着频次越高，圆点就越大。选择网络节点为关键词，阈值设定为初始，生成少儿舞蹈研究的知识共现图谱，如图2所示。其中，圆点较大的有少儿舞蹈（295）、幼儿（128）、舞蹈（128）、儿童舞蹈（127）、舞蹈教学（83）、舞蹈教育（74）、少儿（58）、教学（47）、素质教育（42）等。

表 2　2001～2021 年少儿舞蹈高频关键词及其中心度(前 20 位)

序号	关键词	频次	中心度
1	少儿舞蹈	295	0.57
2	幼儿	128	0.11
3	舞蹈	128	0.14
4	儿童舞蹈	127	0.34
5	舞蹈教学	83	0.08
6	舞蹈教育	74	0.08
7	少儿	58	0.05
8	教学	47	0.06
9	素质教育	42	0.05
10	学前教育	41	0.06
11	儿童	40	0.03
12	幼儿舞蹈	39	0.06
13	少儿舞蹈教育	34	0.05
14	少儿舞蹈教学	33	0.04
15	创编	32	0.01
16	教育	27	0.02
17	创作	20	0.01
18	培养	20	0.02
19	问题	20	0.04
20	作用	19	0.03

　　数据表明,少儿舞蹈研究从大框架来看主要围绕从幼儿到少儿期间的舞蹈教育展开,其中舞蹈教育中所包含的课程教学、作品创编、人才培养是影响少儿舞蹈研究学术共同体发展的重要因素。少儿舞蹈的创作、创新、创编,是少儿舞蹈教育的具体表现。从国内来看,职业舞蹈在北京舞蹈学院的引领下已经形成了一套行之有效的培养方案,但由于少儿舞蹈对象的特殊性及其特定的教育性质,在培养过程中,出现了少儿舞蹈"成人化""专业化"的困扰。因此,对策、方法、现状这一类关键词也成为少儿舞蹈探索研究的主要方向。美育、创造力、兴趣、即兴舞蹈这类主题虽然颜色不深,但是围绕在各大节点的外围,亦成为少儿舞蹈区别于职业舞蹈研究微观发展的新方向、新外延。

（三）关键词时区分析

　　图 3 是少儿舞蹈关键词共现分析的时区视图(Time Zone View),客观呈现研究热点随时间变化的动态发展过程。从图 3 中可以得知,2001～2004 年,少儿舞蹈的相关热点

问题乘势而起,少儿舞蹈、舞蹈教育都是这三年的研究热点;2004~2006年,创作和创新成为研究的新热点;在2007~2009年,音乐、童趣这类跨学科的研究问题成为新的研究热点;而在后续的2010~2012年,少儿教育的现状、问题与影响成为研究者的主要方向;2013年之后,少儿舞蹈的研究热点较为分散,未在图3中显现出来。通过后台的数据统计,可以找出几个相对集中的热点:舞蹈美育、新媒体舞蹈、科学训练、小荷风采展演、本土艺术等,在此基础上,我们可以大胆地预测,少儿舞蹈未来的重要研究方向之一必然是更先进的教学模式和跨学科教学的内容研究。

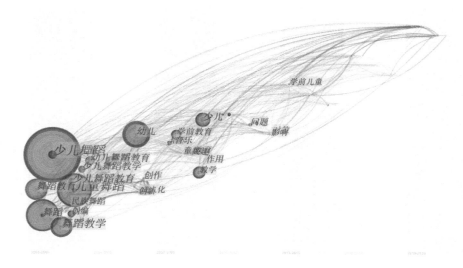

图3 2001~2021年少儿舞蹈研究关键词共现分析时区视图(时间切片为3年)

(四)高产机构分布

少儿舞蹈研究的1146篇文献来自248所研究机构,有67篇文献属于个人发表。表3列出了国内关于少儿舞蹈领域研究发文量排名前11的高产机构,通过对该领域研究机构的分析,能够清楚地了解和把握国内有关少儿舞蹈理论研究的高地。分析高产单位合作网络分布,可以得出:研究机构主要包括综合类院校下的艺术院系、专业艺术学院以及幼儿师范专业院校。从表中可见,本科高校在前11位的高发文量机构中占据了8所,其余3所为幼儿专科学校;且11所机构中,有6所单位是师范类学院或者系别,可见师范类院校是研究少儿舞蹈的重点机构。

表3 2001~2021年主要研究机构分布一览表(前11位)

序号	机构	频次
1	四川幼儿师范高等专科学校	8
2	渤海大学艺术与传媒学院	6
3	长江师范学院	6

序号	机构	频次
4	首都师范大学音乐学院	6
5	西北民族大学舞蹈学院	5
6	沈阳师范大学戏剧艺术学院	5
7	潍坊工程职业学院	5
8	北京舞蹈学院	4
9	北京舞蹈学院舞蹈考级教育学院	4
10	郑州幼儿师范高等专科学校	4
11	亳州学院教育系	4

从图4来看,在21世纪初期,研究少儿舞蹈的机构还寥寥无几,齐齐哈尔幼儿专科学校、中央民族大学等较早地开展了少儿舞蹈的相关研究。到2007年以后,我国涌现出一批少儿舞蹈研究的机构,并在2010～2013年期间达到顶峰。北京舞蹈学院、四川幼儿师范高等专科学校、长江师范学院、首都师范大学、咸阳师范学院等是我国少儿舞蹈研究领域的中坚力量。其中,北京舞蹈学院的吕艺生团队主要致力于素质教育舞蹈的推广,首都师范大学的田培培团队在少儿舞蹈创作和"互联网＋"舞蹈教学平台研究上受到了广泛关注,北京师范大学的肖向荣、王杰等人从美育视角为现代舞蹈教育打开了新视窗,上海师范大学郑慧慧、高娟敏致力于普及性舞蹈课程的推动。以上专家学者及团队已成为研究我国少儿舞蹈教育的代表性个体和团队,极大推动了我国少儿舞蹈领域的学术发展。此外,各地舞蹈家协会、少年宫、文化馆等文化单位密切联动,使得舞蹈教育的体量与规模都大幅扩增。从各层次机构发文的内容来看,师范类高校和舞蹈专科院校偏重于师资培养、课程研发、教育功能等方面,基层学校和校外机构更偏重于舞蹈教育教学、作品创编等实践类研究。

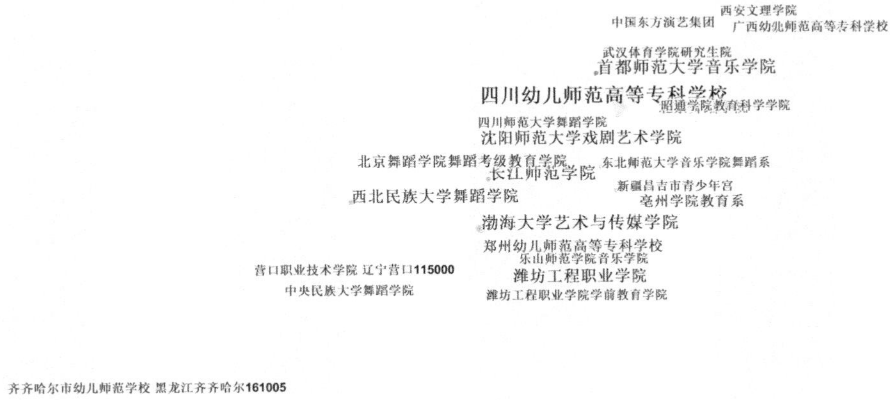

西安文理学院
中国东方演艺集团　　广西幼北师范高等专科学校

武汉体育学院研究生院
首都师范大学音乐学院

四川幼儿师范高等专科学校
照通学院教育科学学院
四川师范大学舞蹈学院
沈阳师范大学戏剧艺术学院
北京舞蹈学院舞蹈考级教育学院　　东北师范大学音乐学院舞蹈系
长江师范学院
西北民族大学舞蹈学院　　新疆昌吉市青少年宫
亳州学院教育系
渤海大学艺术与传媒学院
郑州幼儿师范高等专科学校
营口职业技术学院 辽宁营口115000　　乐山师范学院音乐学院
中央民族大学舞蹈学院　　潍坊工程职业学院
潍坊工程职业学院学前教育学院

齐齐哈尔市幼儿师范学校 黑龙江齐齐哈尔161005

图4　2001～2021年主要机构共现分析时区视图(时间切片为3年)

利用 Cite Space V 可以分析研究者之间的合作关系。我们以 3 年为一个切片区间，对 2001～2021 年间发表少儿舞蹈研究成果的作者进行了合作网络分析，得到图 5 所示的效果图。从图 5 可以看出，国内少儿舞蹈研究者之间的合作或者联系并不频繁，仅有少量作者之间产生了合作与联系。作者、研究机构间合作密度较低，研究成果较为独立。为推动少儿舞蹈理论的深化与发展，应加强不同区域、不同层面的合作，促进跨区域、跨机构的全国性学术互动辐射集群，形成政府部门、高校、科研平台及校外舞蹈教育机构聚焦少儿舞蹈领域的科研智库，促进少儿舞蹈教育研究领域的资源共享、学术共建。

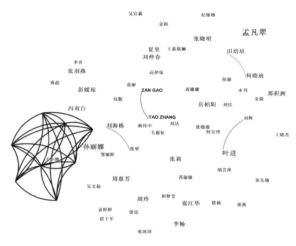

图 5　2001～2021 年少儿舞蹈研究核心作者图谱

三、国内少儿舞蹈研究演进特征与变革趋势

本文借助 Cite Space V 对少儿舞蹈研究的相关文献进行了可视化分析，根据以上讨论的结果，可以得出以下几个结论。

（一）少儿舞蹈教育的育人功能转型

校外舞蹈培训、舞蹈考级一直以来是少儿舞蹈教育的主战场。成人化、专业化的现象依旧存在于当下的少儿舞蹈教育中，各类舞蹈培训成果良莠不齐。中国舞蹈家协会会长冯双白直言不讳地指出当下少儿舞蹈领域存在的问题："少儿舞蹈的考级、培训等还处在'战国时代'，少儿舞蹈的培训还没有真正上升到科学的、体系化的、有中国特色的、有少儿舞蹈艺术理论支撑的、严密的培训体系。"[①]近年来，随着普及性舞蹈课程的呼声越来越高，素质教育舞蹈课、北京的高参小项目、"高雅艺术进校园"等一系列措施的施行，推动了一直处于劣势的校园舞蹈课程的发展。未来应当加强少儿舞蹈教育理论、理念、教学方法以及评价体系的延伸与贯彻，运用符合少儿生理与心理、提升少儿核心素养的舞蹈作品来凸显素质教育与舞蹈美育的真谛。

---

① 　乔燕冰. 少儿舞蹈创作何以走出"魔咒"？［N］. 中国艺术报，2017-08-09(3).

（二）少儿舞蹈创作理论的进一步探索

田培培、曾勤琴指出，对比舞台表演形态下产生的丰硕成果，少儿舞蹈创作理论在现代化的大背景下却表现出了超乎寻常的"冷静"。[①] 仅有少部分研究提及了少儿舞蹈创作的理论研究，但量少题浅，且个性化强，缺少理论总结，没有上升到少儿舞蹈应该遵循的理论指导。因此，我们要提倡少儿舞蹈创编的理论研究和训练实践相结合，一方面从实践中概括、总结舞蹈创作经验，另一方面对创作理论进行改善和改进，形成相辅相成的完整路径。

（三）少儿舞蹈教学亟须跨学科领域的融合

我国少儿舞蹈在教育教学方面取得了一定的成果，这些成果也推动了少儿舞蹈训练、舞蹈教育实践的积极发展。但是，少儿舞蹈在科学训练这一领域的研究程度与体育训练以及成人舞蹈科学训练的差距是客观存在的，并且近年缺乏科学手段造成的舞蹈事故并不少见。究其原因，基层舞蹈教师缺乏科学的训练体系知识储备，主要体现为少儿舞蹈科学训练理论的薄弱与单一。蔡虹认为少儿舞蹈教育是一种科学训练，其科学性体现在多元智能理论（音乐智能、空间智能、运动智能）和合理有序的身体训练上。[②] 因此，少儿舞蹈教育领域的专家有必要联系舞蹈形态学、舞蹈生理学、舞蹈解剖学和舞蹈心理学的专家学者，正确认识少儿舞蹈教学过程中存在的问题，规范少儿舞蹈训练的方法和内容，减少舞蹈训练中存在的安全隐患，尽快提高少儿舞蹈训练的科学性。

（四）新媒体语境下少儿舞蹈教育将开拓新路径

以互联网、移动互联网为载体的新媒体深层嵌入当前社会，改变了包括教育在内的各领域的基本生态。新媒体的出现使舞蹈教学突破了时空桎梏，改变了教学场景，重组了舞蹈教学模式。首都师范大学田培培教授致力于"互联网＋"新型舞蹈教学平台的推动，通过多维度的课程模式、个性化的教学方法和便捷畅通的评价通道促进多元化、多形式、多结构的舞蹈浪潮。新媒体的运用将在未来舞蹈教育中形成一种常态，这种前沿做法实现了不同教育模式的有机结合和优势互补，同时也需要舞蹈教育工作者具备革新、锐意进取的精神。

四、结语

本研究以2001～2021年中国知网中文数据库所收录的1146篇少儿舞蹈相关的主题文献为对象，运用科学知识图谱软件 Cite Space V 对所获文献进行科学计量和可视化分析。基于国内前沿热点内容提出以下几点启示：①推进校园舞蹈课程的渗透与推广，由上到下推行舞蹈艺术教育和人格教育融合的重要理念，将比赛、升学、加分等评价标准区分

① 蔡虹. 对少儿舞蹈教育的思考[J]. 北京舞蹈学院学报，2013(3)：103-106.
② 田培培，赵纯基. 舞蹈艺术教育的"弄潮儿"："互联网＋"新型舞蹈教学平台[J]. 舞蹈，2016(7)：66-68.

开；②加大少儿舞蹈教育的理论研究力度，加强少儿舞蹈创作理论研究和实践操作的结合，弥补理论空缺；③加强舞蹈跨学科研究，杜绝"传统式言传身教""成人舞蹈"教育的照搬，从少儿童真、童趣本质出发，如探讨少儿舞蹈中多元智能理论的运用、美育、素质教育论的落地实施，科学训练课程的开发，网络资源的重塑与共享等，提高我国少儿舞蹈教育手段的多元性、科学性；④转变师资培养目标，时代在改变，舞蹈教师的培养目标也需要转变，舞蹈教师的考评模式应从单一的技术培养转变为专业能力与教育能力同等重要的考评结构，例如教师除了身体技能外还要掌握舞蹈常识、身体原理、舞蹈审美，并对舞蹈创意维度有充分理解。总而言之，少儿舞蹈获得了空前的发展，随着时代的变更，其教育理念也面临转变，还需要进一步厘清学科任务与目标，思考人才定位与责任，为更好地培养新时代的社会主义接班人提供依据。